杨新洪 著

统计通论

基于广东统计1095天的探索与创新札记

（下册）

暨南大学出版社
JINAN UNIVERSITY PRESS

中国·广州

图书在版编目（CIP）数据

统计通论：基于广东统计 1095 天的探索与创新札记（下册）/杨新洪著 . —广州：暨南大学出版社，2021.8
ISBN 978 - 7 - 5668 - 3201 - 6

Ⅰ.①统…　Ⅱ.①杨…　Ⅲ.①统计—管理—研究—广东　Ⅳ.①C829.23

中国版本图书馆 CIP 数据核字（2021）第 138693 号

统计通论：基于广东统计 1095 天的探索与创新札记（下册）
TONGJI TONGLUN：JIYU GUANGDONG TONGJI 1095 TIAN DE TANSUO YU CHUANGXIN ZHAJI（XIACE）
著　者：杨新洪

出 版 人：张晋升
责任编辑：曾鑫华　何　力
责任校对：苏　洁　齐　心
责任印制：周一丹　郑玉婷

出版发行：暨南大学出版社（510630）
电　　话：总编室（8620）85221601
　　　　　营销部（8620）85225284　85228291　85228292　85226712
传　　真：（8620）85221583（办公室）　85223774（营销部）
网　　址：http：//www.jnupress.com
排　　版：广州市天河星辰文化发展部照排中心
印　　刷：深圳市新联美术印刷有限公司
开　　本：787mm×1092mm　1/16
印　　张：41.75
字　　数：725 千
版　　次：2021 年 8 月第 1 版
印　　次：2021 年 8 月第 1 次
定　　价：168.00 元（上下册）

目　录

六、多维多角解构数据

七、"小切口"辟新地 …………………………………………………………… 194

五、共克时艰的统计建设

220
党组践诺：一诺千金

我们党深刻总结了古今中外的历史教训，把党风廉政建设和反腐败斗争提到关系党和国家生死存亡的高度来认识。习近平总书记指出，要坚持党要管党、从严治党，强化党对党风廉政建设和反腐败工作的统一领导，强化反腐败体制机制创新和制度保障。

作为党组书记、局长，我一直牢记党风廉政建设是单位建设的重要基础，党组领导干部的作风是单位作风建设的旗帜，党组领导班子要坚决落实全面从严治党主体责任，以上率下，发挥头雁效应，形成阳光剔透、清正廉明的干事创业氛围。作为班长，我要旗帜鲜明，以身作则，带头承诺、践诺。

班子带头新清净，
南粤数据采集真；
刚律心律挂心上，
专业职业需敬业；
处事公道求公约，
同心同力向前行；
党建业务双融合。

新清净即创新作为、风清气正、干净干事。

刚律心律即党纪国法为刚，三省吾身为心。

2018年6月21日到省统计局报到时，我在会上做了《晒出自己：适应新水土·干活不滑头·公心带队伍》的发言。7月13日下午，在上任的第23天，便在全局副处以上党员干部大会上公开省统计局党组践诺，带领局党组庄严承诺：班子带头新清净……党建业务双融合。并将此《广东省统计局党组践诺》悬挂于党组会议室墙上，时刻提醒和督促党组领导班子，接受党员群众的监督，确保透明规范、科学高效，一起共同发挥正能量。

践行承诺，就是接地气，就是要说到做到，就是要做一个干活不偷懒、不滑头的身体力行实践者。

没有廉等于零。近年来，我和党组一班人以实干履行承诺，带头深入开展"两学一做"教育和"不忘初心、牢记使命"主题教育，带头落实《广东省统计局关于全面落实党风廉政建设主体责任和监督责任的暂行规定》《广东省统计局党风廉政建设主体责任清单》，制定《广东省统计局廉政风险防控实施办法》等制度来规范权力运行，时刻把党纪国法和监督执纪挺在前，时时事事三省吾身，做到忠诚干净、担当作为，建设风清气正的干事创业氛围。

敬业工作全力以赴。坚持冲在前，干在前，带领全局干部职工抓大事、办大事，圆满完成"四经普"、粤港澳大湾区人口普查试点等一系列任务。"四经普"期间，昼夜兼程，一刻不放松自己，一刻不放松任务。"两防"工作调研时9天内率队赴广州、惠州、东莞等13个地级以上市，与市主要领导面对面探讨加强"两防"基础数据统计报送工作的重要意义，共同研究加强"两防"工作的方法和措施。省第四次全国经济普查领导小组办公室采取"时时通气、日日通报、两天碰头"机制，做到督导组加强与各市的联系"不断线"、加强对重点专业监控"不松劲"、加强部门统计协作"不忽视"、加强技术保障力度"不延误"。

221
制定"双会·三有"，提高党组决策能力

议事决策是党组领导活动的核心内容和关键环节，关乎省统计局全面建设，关乎广东统计事业发展。火车跑得快，全靠车头带，要全面提升统计数据服务质量，建设经济大省之统计强省，首先就要在统计局党组决策能力这个领导核心点上下功夫，要不断提高落实中央和省委省政府决策部署的能力，提高决策质量效益，推动广东统计又好又快发展。

为此，担任党组书记后，我和党组领导班子一起制定了广东省统计局"双会·三有"制度，从四个方面努力提高党组决策能力，并将制度张挂在党组会议室。

各项要素具备才上会，"三重一大"必过党组关；民主剔透聚力集中制，"一把手"人财末位说；时间服从质量每事项，执行地气一起真落实。

"双会"：党组会、局务会；"三有"：合规有、质量有、地气有。

一是把好会前酝酿关。上会前的准备工作做到"四个充分"：调查研究充分，听取各方面意见充分，了解相关法规充分，汇报材料准备充分。

二是把好权力运行关。制定《广东省统计局党组重大问题议事规范》并严格落实，坚持一把手"四个不直接分管"（财务、人事、物资采购和工程建设项目），严格落实党组集体决策制度，秉公用权，公开透明。

三是把好民主决策关。发扬民主，集体决策，坚持民主集中制原则，会前广泛听取征求各方面意见。集体决策时，不搞"一言堂"，不首先发言定调，在认真全面听取班子成员和与会人员意见后，综合各方面情况最后发言表态，阐明自己的

观点和看法，变"独奏"为"合唱"，达到集体决策、形成共识、促进团结和谐的目的。

四是把好一线落实关。没有落实，政策或决策就会变成一纸空文，党组在决策时充分考虑落实问题，着眼抓基层一线抓落实的实际情况和可能面临的困难，在组织、人员、物资、资金等方面统筹考虑，提高决策落实的速度和效益。

222
完善"三重一大"决策机制，按制度办事，用制度管人

我的工作岗位调动不少，也在不同的地区待过，工作地点、工作方法这些可能都在随着工作实际而不断调整，可是唯有"廉"一字是我一直不变和坚守的，2018年6月后到广东省统计局来，不可否认的是工作范围、可调动的资金是在增加的。因此作为党风廉政建设第一责任人，在一来就面临10号楼整改时，我就提出了"没有廉等于零"，带头执行"三重一大"，坚持按制度办事，用制度管人，凡属重大事项决策、重要干部任免、重要项目和大额资金使用的必须按照集体领导、民主集中、个别酝酿、会议决定原则进行，不搞临时决议，不以传批方式决定重大事项。

清责任区间。当然在执行"三重一大"之前，必须要先弄明白什么属于"重大决策事项"，哪些属于"重大项目安排"，哪些属于"重要人事任免"，什么额度算是"大额度资金使用"，我在想，对于这个区间不能"一刀切"，不同的工作单位，对这个范围都是有区间小程度的波动的，我不可能用以前工作地的标准来应对现在的工作环境，因此我特地多次请教人事处、办公室、机关党委等相关处室的负责人，也多次召开会议来弄清楚这个界定范围，主旨就是在具体界定"三重一大"范围的过程中，把握好"度"，既不能管得太死，什么都纳入"三重一大"范畴，也不能放得太松，应坚持"抓大放小"，既要注重发挥班子集体决策的智慧和优势，也要注重发挥班子成员的作用和积极性，实现集体领导和分工负责的有机结合。虽然我是党组书记，但他们都是在省局有丰富工作经验的干部，对省局情况的把握也更透彻些，所以在会上和调研中，我认真听取了他们的意见和建议，也提出自己的一些疑问和看法，对于"三重一大"的范围界定有了较清晰的认识理解。

建制度管事。在讨论清楚责任区间后，为进一步落实"三重一大"决策制度，我们研究制定了《广东省统计局大额资金使用管理办法》《广东省统计局财务管理制度》等制度，在制度印发之前还

将讨论稿在全局印发征求意见，制度也不是"本本主义"，一定要保证在廉和工作灵活性的基础上制定，在结合工作实际上规定对5万元以上的经费开支项目必须上局务会研究，20万元以上的项目必须上局党组会研究，同时需附上主办单位的会议记录和廉洁承诺书。同时把审计工作重视起来，建立相应内审制度，划分专职负责人，依法开展内审工作。结合审计整改新建和修订有关经费预算、招标采购、资产管理、财务管理等20多项制度，确保让权力在阳光下运行，坚决把权力关进制度的笼子里，构建不敢腐、不能腐、不想腐的长效机制。

依程序用人。一个单位要营造工作力争上游的氛围，关键就在于干部的晋升一定要公平、公正、公开，能干者能上是对干部的最大激励，因此我在依程序用人、晋升上有严格的要求和规定，必须严

格执行领导班子议事规则和决策程序。坚持"末位表态"，在充分发扬民主的基础上，最后由我综合集体意见做最后陈述表态。干部的刻苦和成绩有时候同事可能了解得更多，所以在干部选拔任用和职级晋升工作中，创新性应用"群众认可度综合分"作为干部晋升工作的重要参考，充分发扬民主集中原则，在提拔副处级领导职务或晋升四级调研员以上的干部时，民主推荐环节要求群众认可度综合分在70分以上。局领导与其他干部所占权重一致，我与党组成员所占权重一致。在分析研判、个别酝酿、会议讨论环节，我与班子成员同等票决权重。这样有效防止个人或

少数人说了算，也是落实干部职工对干部工作的知情权、参与权、选择权和监督权。

223
学无止境，"第一议题学习制度"永不落下

作为局党组书记、局长，省统计局的一把手，我带领局党组始终坚持"第一议题学习制度"。

打铁还需自身硬。要想做好机关党的建设工作，与时俱进的学习是少不了的，坚持落实第一议题学习制度，就是为了保证能在工作中不断获得"源头活水"，学以致用，切实把准广东统计政治方向。在工作中我也有和其

他领导班子一样的难题存在，如业务任务重、出差调研频繁，好像自己能完全留给理论学习的时间会少，但是仔细一想，工作谁不忙，只要你想学，方式、场合、时间都不是问题。建设学习型领导班子是基础，注重加强思想政治理论学习，形成每次党组会以党的十九大精神和习近平新时代中国特色社会主义思想为第一议题的固定做法，提高政治站位和理论水平，增强"四个意识"，坚定"四个自信"，坚决做到"两个维护"，为广东统计改革创新发展提供坚强有力思想政治保障。在多个场合上强调学习的重要性，党组会、中心组学习会甚至局务会和一些出差中大大小小的会议，我都带头坚持第一时间传达学习贯彻习近平总书记重要讲话指示批示和中央及省委重要会议、文件精神。有时候实在因工作无法出席一些会议，都会委托机关党委书记在会上带头及时学习，坚持把自学、集体学相结合，形成全局良好的学习氛围。

搭建立体交流平台。我积极引导广大党员干部学习贯彻习近平新时代中国特色社会主义思想，"闭门造车"难进步，学习也需要"走出去"，才能擦出新的火花。从自身做起，我积极参加中央党校（国家行政学院）厅局级干部进修班提升能力和省里一些领导干部的理论进修班，珍惜每一次学习机会，同时在学习中撰写自己的学习心得，跟大家分享，也一直鼓励局里的党员领导干部有机会都要去参加党校、高校的理论学习培训，还定期组织局里的党务干部参加党务培训，不断提高党员干部的理论水平和党建工作水平，努力把学习成效转化为加快统计改革创新、提高统计服务水平的实际行动。我也会联系相关领域的专家来局讲课，学习一些理论性、专业性强的知识，比如《民法典》等。

创新理论学习方式，认真落实党组会议学习规则和党组理论学习中心组学习制度，将中心组理论学习会打造成为示范引领、固本强基、提升能力、展示成效的学习交流平台，每期中心组理论学习都会邀请局里的其他党员干部在会上以PPT的形式分享自己的近期学习成果，鼓励了一批年轻干部走上中心组学习讲台发言交流，进一步提升政治理论水平。还在局内网增设"读书·思考·进步"和"支部建设"等热点专栏用于全局干部职工学习分享，在年底会组织评出其中优秀的文章以资鼓励；还在党内特定的时间举办读书演讲等活动，更加灵活地改变学习的形式，激发了全局党员干部的学习热情。

224
"自己人"上台，教学相长，提业务能力，展统计风采

在党组中心组学习中，我坚持通过搭建丰富的平台载体增强学习的针对性、感染性。人的积极性必须调动起来，从需要推着他学到自己主动学的，才能真正把理论外化于行、内化于心。在党组会上研究，和机关党委讨论后，我决定改变以往呆板固定的学习形式，让局内"自己人"纷纷走上中心组理论学习讲台，以政治学习为根本，以深入学习贯彻习近平总书记系列重要讲话精神为重点，注重区分层次、优化内容，同时引入PPT 演示、上台演讲等表现直观、令人印象深刻的学习方式开展学习，达到共同提高的目的，通过丰富的学习载体拓宽中心组学习的提升路径。

从 2018 年 7 月实践开始至 2020 年 7 月底，广东省统计局共举行中心组理论学习会 27 期，已有 73 次/58 人走上讲台展示自己，一批年轻干部走上中心组学习讲台发言交流，有理论学习的分享、读书思考的体会，还有工作的经验总结，进一步提升政治理论水平。

在合理范围内扩大学习范围，除副处级干部以外，还增加年度考核优秀人员、统计系统先进个人等参加学习。提高学习频率，由原来的每季度一次增加至每月一次，党员专业人员每年上局党组中心组或支部学习会做主题讲课一次以上，学习结束后，以局党组和党组书记名义，向授课人员颁发纪念证书，激励干部走上讲台，提升统计能力，坚持以学为先，建设统计强省。

"自己人"走上中心组理论学习讲台，既展出风采，又强化学习效果机制。效果和问题"双导向"，建立学习扁平化机制，倒逼中心组学习实效的不断增强，实现学以致用、学用结合、学用相长的目标。

225
"安全带""紧箍圈""方向盘"，廉洁自律"五个一"

"廉洁自律"看似老生常谈，实则常谈常新。对于党员干部来讲，廉洁自律是必备的政治品格，是拒腐防变的第一道防线，既是"安全带"，又是"紧箍圈"，更是确保权力"方向盘"不偏的重要

保证。

"没有廉等于零",这是我对党要管党、从严治党的深刻认识,也是我对自己的一贯要求。无论在哪个岗位上,我都会自觉落实,也都会把这个底线和红线向班子与团队亮个清清楚楚明明白白。

省直机关首先是政治机关。习近平总书记在中央和国家机关党的建设工作会议上把中央和国家机关党员干部的特征概括为七个方面:一是身在重要机关的人;二是起风向标作用的人;三是掌握行使重要权力的人;四是践行"两个维护"第一方阵的人;五是容易产生"灯下黑"的人;六是有病就不是小病的人;七是必须有更高标准更严要求的人。习近平总书记的论述提醒我,省统计局作为省直机关,必须要站位高,要高标准严要求,一刻不得松懈。同时也要落地实,要说到做到,践行力行,体现在各项工作上。

10号楼一楼省统计局环境治理与修缮项目开展时,我在会议上要求班子和领导干部廉洁自律,从最细处着眼,防微杜渐。我提出了"五个一"要求,制作成牌子立在一楼必经之处。要求纪委加强监督执纪,对核心关键岗位人员管理、制度执行、规范操作等进行经常性的检查。

2019年1月19日,国家统计局党组书记、局长宁吉喆查看了省统计局党建与业务创新台账室,当看到《廉洁自律承诺》"五个一"(不收一分钱、不吃一顿饭、不喝一口酒、不抽一根烟、不饮一杯茶)时,会心笑了:"要求真高!""没有廉等于零,说得好!"

"清正廉洁做表率"作为"不忘初心、牢记使命"主题教育要实现的五个具体目标之一,这既是对广大党员干部的具体要求,也是共产党人应该保持的政治本色。打铁必须

自身硬,作为党组书记,我始终不忘初心,不断加强自我修炼、谨言慎行、慎独慎微、慎始慎终,在廉洁自律上做表率。对照习近平总书记对统计工作的重要指示批示精神,以身作则,严于律己,带头在自己分管工作范畴内,实施"阳光工程",自觉接受监督,扛起全面从严管党治党责任,坚决履行好"一岗双责",高标准要求自己,廉洁自律、以身作则、率先垂范,为实现风清气正、海晏河清、朗朗乾坤做出努力。

226
责任与担当,签署党风廉政建设承诺书

"别看今天签订的承诺只是薄薄的一页纸，签了字以后就是一份厚重的责任担当。"

2019 年以来，我提议，省局机关副处（含四级调研员）以上干部都要与党组签订党风廉政建设承诺书，确保党风廉政建设工作责任到位到人。作为建立落实党风廉政建设"一岗双责"台账的主要内容被列为省局"七标准量化"台账机制第二条。

一纸承诺不是形式而是诺言，是要兑现的，是党员干部头上的"紧箍圈"。

承诺书从政治建设、一岗双责、作风和纪律建设、防范统计造假、党建与业务双融合、权力运行等方面，明确了主体责任，进一步强化了要把从严治党放在心上、抓在手上、扛在肩上的责任意识。我感觉到，签订承诺书，有利于干部进一步拧紧螺丝、上紧发条，以身作则守清廉，严于律己保干净，以

责任担当促进有所作为，强化学习培训增"内功"，提升工作能力强"外力"，以良好的党风和作风推动广东省统计工作落实得掷地有声。

无论在基层还是机关，我一直重视党风廉政建设，注重制度建设和干部教育监督管理工作，并在落实党风廉政建设责任制方面形成了较好的机制，也取得了良好效果。实行党风廉政建设责任制，就是通过明确各级领导班子和领导干部在党风廉政建设中的责任与权力，并通过严格的责任考核及责任追究，促进党风廉政建设各项任务的落实。

227
重回青葱岁月，初心依旧不改

2018 年 7 月 7 日上午，得知省直机关第四届运动会篮球比赛在仲恺农业工程学院赛区举行后，我不顾忙碌，不辞辛苦，夹缝

中挤出时间专程看望省统计局篮球代表队。

本届省直机关运动会是为深入贯彻落实党的十九大关于"广泛开展全民健身运动，加快推进体育强国建设"的精神而展开的，省统计局结合实际情况，积极组队参加了篮球、足球、乒乓球等项目的比赛。这不仅能全方位地展示统计干部职工良好的精神风貌，而且为构建经济大省之统计强省工作增光添彩。

看到篮球场上跃动奔跑的灵活身影，听到统计人此起彼伏的助威呐喊，我仿佛也回到了热情洋溢

的青葱岁月。我鼓励各位队员：一不要为名所困，重在参与。要增强信心、增进友谊，赛出风格、赛出水平，同时注意安全。二是发扬英勇作战、团结拼搏的精神。比赛过程更重要，队员间要加强沟通，精诚配合，相互切磋，胜不骄、败不馁，展现当代统计人团结奋进、昂扬向上的精气神。三是加快比赛精神成果转换。篮球比赛只是建设伟大统计事业过程中的一个驿站，加快搞好比赛精神成果转换，把更多好的精神宣传好、传递好，让广大干部职工以更大热情投身统计改革发展事业，为把广东省建设成经济大省之统计强省贡献力量。

228

守土有责敢抓敢管，凝心聚气有位有为

2018年7月13日下午，我主持召开全局副处以上党员干部大会，宣布局领导班子成员分工，并公开省统计局党组践诺。遂文同志、智华同志、梁彦同志、少浪同志参加会议。

工作一盘棋，明确局领导班子成员分工是运筹帷幄第一步，是确保全局工作有条不紊并接受全员监督、一起同心同向同行的重要保障。

我就局领导班子成员分工和党组践诺进行了解读：一是明确分工，抓好工作。此次班子成员分工综合考虑了结构优化、业务整合和个人专长等要素，抓住了班子成员的特点和全局工作的总体要求，体现了坚持工作效率第一的原则。局党组对班子成员分工进行了深入讨论、充分酝酿，并做出了规范，同时向省委、省政府和省领导进行了报备，得到了组织的把关和认可，保障了工作运转更为高效有序。二是科学安排，敢抓敢管。班子成员分工是结合各种要素做出的科学安排，既体现了局党组的细致考虑、压实任务，又体现了精准发力、务求高效；班子敢抓敢管，系统才能强大起来，一个经济大省背后一定要有一个统计强省来作支撑，才无愧这个新时代和省委、省政府赋予统计队伍统计保障工作的任务和要求。三是职责互补，团结有为。班子成员分工实行了 AB 角，打好了补丁，完善了机制。在运转职责、推进工作过程中，会面临着新的情况、新的要求和新的难题，大家一定要有悟性，有大局观念，班子成员要相互补台，团结向前，忠于体制，提高政治站位。有权不能任性，不能推卸责任、推诿计较。

从大局出发，有时候可能要妥协、要放弃、要改变方式方法。只有拧成一股绳，汇作一股气，使集体的力量同心同向同行，这样的一个组织体系，才是真正的勇于担当、能够担当，符合时代的节奏和要求。践行承诺，就是接地气，就是要做一个干活不偷懒、不滑头的身体力行实践者。

我将和局领导班子成员一起接受全体党员群众的监督，以身作则，以上率下，确保透明规范、科学高效，一起凝聚精气神，共同发挥正能量。

229
专业的事由专业的人去干，才能干好

我一直秉持着"专业的事由专业的人去干，才能干好"的职业专业操守精神，希望为统计事业培养坚实的后备力量。我到省统计局后的第二个月就开始筹备组建广东省统计专业委员会，并于 2018 年 8 月 3 日下午主持召开专业委员会第一次会议，宣读专业委员会成立通知，为参加会议的专业委员会主任、副主任、局内委员和专员颁发聘书。广东省统计专业委员会的成立为经济普查提供了强有力的专业力量支撑，也为专业人员研究经济普查相关工作提供了高质量平台。会议对专业委员会的成立及重要意义做了进一步诠释，指出成立专业委员会是经过局党组审慎讨论通过和深圳市统计局的先进经验借鉴，是广东统计的一次新开创和新起步，也是建设统计强省的重要平台和窗口。借此，广东统计既能改革创新，又能提高自身能力。专业委员会的执行主任在开展工作时，可跨专业、跨部门即时调动专员或其他同志参与；遇紧急任务，专员或其他同志可于事后向所属部门负责人报告，也可不报告，由此打破时间界限和行政界限，切实提高各项统计改革创新任务的有效性和针对性，解决各处室的重要统计业务问题，推动专业委员会议的召开从"要我开"向"我要开"发展，不断增强广东统计工作的执行力。至 2021 年 6 月为止，已召开专业委员会议120 多次，并均有会议纪要。

230
脱贫攻坚，"准、实、效、廉"

2018 年 7 月 15 日晚，月色静谧，府院深深，凉风习习。10 号楼七楼依旧灯火阑珊，我和遂文同志一起听取了省统计局对口帮扶的乐昌市廊田镇白平村的驻村工作汇报。

在详细聆听了驻村工作队负责人关于白平村基本情况、前期驻村工作和下阶段工作计划的汇报后，我感到很欣慰，驻村工作队两年来取得的成绩

一点一滴跃然纸上，新一期工作队迅速适应新环境并稳步推进驻村各项工作的场景一画一幕浮现眼前。

我殷切地叮嘱驻村干部：党的十九大对坚决打赢脱贫攻坚战提出明确要求，要深入学习贯彻习近平扶贫思想，全面落实中央和省委、省政府关于打赢脱贫攻坚战三年行动的决策部署，按照局党组的要求，紧密依靠当地党委政府，坚持目标标准，落实精准方略，真抓实干、埋头苦干，坚决打赢白平村精准脱贫攻坚战。下阶段，要按照省委关于开展"大学习、深调研、真落实"的工作要求，贯彻落实全省打赢精准脱贫攻坚战工作推进会精神，扎扎实实做好对口帮扶工作。

进一步做好驻村工作，带领白平村精准脱贫，对我们新时代的"驻村人"提出了"准、实、效、廉"的要求：

一要"准"。要加强调研，切实摸清情况，准确把握当前扶贫开发的形势任务，始终保持战略定力，既精准发力，又量力而行，有针对性地做好帮扶工作。要精准识别贫困人口，根据实际情况调整纳入五保、低保的贫困人口和一般贫困人口，分类施策，一户一策。

二要"实"。要深刻认识精准扶贫精准脱贫的核心要义，实实在在地开展扶贫工作，始终落实帮扶举措到户到人，下足绣花功夫，切实增强贫困群众获得感。要提高脱贫质量，撸起袖子加油干，确保扶真贫、真扶贫、真脱贫。要多做实实在在的事情，搞好白平村的基础设施建设，探索"农村青年领头人＋农户"等多种脱贫途径，坚决杜绝"数字"脱贫。

三要"效"。要以目标为导向，坚持"两不愁三保障一相当"的标准，花大力气搞好白平村香芋、马蹄等特色经济作物种植，充分发挥已有的养蜂合作社的平台优势，建立稳定增加贫困户收入的长效机制，增强贫困户脱贫的造血功能，充分体现帮扶工作的成效。扶贫资金使用要精准，更要体现成效，真正把有限的资金用到脱贫的刀刃上。

四要"廉"。要深刻认识打赢脱贫攻坚战的关键在党，切实加强党风廉政建设，扎实开展"扶贫领域作风年"建设，坚决治理扶贫领域腐败和作风问题。要始终对照高线，守住底线，廉字当头，始终做到压实责任改进作风狠抓落实。驻村工作队负责人要切实履行"一岗双责"，履行第一书记职责，一心为公，廉洁扶贫，干净干事，充分展现省统计局的良好精神风貌和优良工作作风。要打造过硬的扶贫攻坚队伍，以更有力的行动、更扎实的工作，坚决打赢脱贫攻坚战。

231

莫道桑榆晚，为霞尚满天

2018年7月13日，我和梁彦同志出席省统计局离退休干部大会，省局离退休老干部80多人参加会议。

"老吾老以及人之老，幼吾幼以及人之幼"，两千多年前的亚圣孟子就提出了这样的儒家思想。离退休老干部为广东省的统计事业做出了卓越的贡献，是构建经济大省之统计强省的奠基人和先驱者，是我们省统计局的宝贵财富。会议上，我给各位老前辈通报了近期省统计局的主要人事变动，介绍了现阶段的重点工作和老干部工作的思路方法：一是局党组和领导班子将在今后的工作中坚定执行省委、省政府指示，本人作为新班长将带头勤政廉政，坚决做到"适应新水土、干活不滑头、公心带队伍"，以适应广东经济大省之统计强省的需要；二是衷心感谢省统计局各位老前辈、老领导为广东统计工作打下的坚实基础，局党组及领导班子将在此基础上传承、创新，高标准完成新时期统计工作的各项使命任务，恳请各位老领导监督；三是局党组将继续高度重视、关心和支持老干部工作，尊老爱幼是为人本分，老同志的健康幸福是大家的共同追求，也是局党组的重要工作目标；四是局党组及领导班子将在依法依规和政策允许的前提下，尽全力保障好各位老同志的生活学习和医疗服务，同时也希望各位老同志能够继续关心关注广东统计工作，为广东统计发展和改革创新献言献策、贡献力量。

看着这些两鬓斑白的老同志，他们之中有些已是耄耋之年但仍然精神矍铄，我不禁想起刘禹锡的诗句"莫道桑榆晚，为霞尚满天"。最后，我代表局党组送上了最诚挚美好的祝愿，祝福离退休老干部身体健康、家庭幸福。

232

植树绿化，感怀"三心"，事业开新篇

2018年8月4日，我和省统计局党组成员、副局长、机关党委书记朱遂文，副巡视员杨少浪和局机关各党支部书记及党员代表共20人，赴深圳市统计局扶贫点——汕尾陆丰市玄溪村开展主题党日活动，深入开展精准扶贫精准脱贫工作调研，开展植树美化活动。

在活动中，我对玄溪村扶贫工作取得的成效表示充分肯定，对市、镇、村各级给予的大力支

示感谢。同时指出，乡村振兴是党的十九大报告明确提出的重大战略部署，精准脱贫是决胜全面建成小康社会的三大攻坚战之一。现在距离2020年全面建成小康社会只有两年左右时间，扶贫攻坚进入了关键时间节点，我们必须抓紧抓好各项工作，以"三心"走进战略战役：一是喜悦之心。看到援建敞亮的村公共服务站，环境卫生明显改善，精准扶贫给老百姓生活带来的新变化，心里感到有种喜悦之情。同时，为老百姓谋福祉，为扶贫脱贫做贡献，也值得喜悦。二是责任之心。按时实现全面建成小康社会，农村脱贫奔小康至关重要，省统计局也有扶贫点，担负重要职责使命；还参与扶贫监测工作，负责制定脱贫验收指标，也是一种责任。三是感恩之心。国家实施扶贫战略，通过发挥输血造血功能、落实智力扶贫等措施使农民脱离贫困，对扶贫付出

应怀感恩之心。城市的发展繁荣，也要感怀黑土地上那些人的努力打拼，要以扶贫工作成果回馈农民，确保贫困户实现如期脱贫。

我带领大家参观了相关扶贫开发项目，来到村生态园周边开展植树活动。顶着正午的炎炎烈日，挖坑、搬树、扶苗、填土，挥汗如雨，一棵棵树苗整齐地挺立在池塘边上，省统计局各支部还分别挂上树牌标记，留下一份感恩之心。同时要把植树这件有意义的事种在心田上，不忘初心，砥砺前行，做好工作。

提任省统计局局长一个多月来，我身怀"三心"，带领新一届省统计局领导班子以闻鸡起舞、日夜兼程的工作作风和时不

我待、只争朝夕的精神状态，勇担当、敢作为，一手抓业务，一手抓党建，注重建章立制，大力解决存在问题，施政呈现新气象，工作打开新局面，取得了明显成效。正是：炎炎六月天，清风来拂面；撸袖加油干，旧貌悄变颜；责任扛肩上，创新走在前；强统施良策，事业开新篇。

233
制度"长牙"，纪律"带电"，发挥纪律建设标本兼治的利器作用

2018年8月8日上午，省统计局机关纪委召开会议，集中学习习近平总书记关于巡视工作的重要讲话精神，认真学习中央巡视组向广东省和国家统计局反馈的意见，深入学习广东省纪委十二届三次全会精神，总结2018年以来机关纪委工作，研究部署下阶段的工作任务。我出席学习会并讲话。

我首先肯定机关纪委的工作，明确提出要让制度"长牙"、纪律"带电"，发挥纪律建设标本兼治的利器作用。

中国特色社会主义进入新时代，党要有新气象、新作为，必须靠严明纪律作保证。党的十九大把纪律建设纳入党的建设总体布局，在党章中充实完善了相关内容。最近中央将对《中国共产党纪律处分条例》再作修订，就是把党章和新形势下党内政治生活若干准则等党内法规的要求细化具体化，实际上是坚持问题导向，扎紧制度笼子，实现制度与时俱进。

政治纪律最重要、最根本、最关键。要牢固树立"四个意识"，突出维护党中央权威和集中统一领导，严明政治纪律和政治规矩，始终保持党的先进性和纯洁性，不断巩固党执政的政治基础。同时要把执纪和执法贯通起来，严格依照纪律和法律的尺度，坚持纪严于法、纪法协同、纪在法前，强化日常管理和监督，抓早抓小、防微杜渐。要通过抓纪律避免党员干部犯更大的错误，这也是对干部最大的爱护。要巩固和发展执纪必严、违纪必究常态化成果，下大气力建制度、立规矩、抓落实、重执行，让制度"长牙"、纪律"带电"，充分发挥纪律建设标本兼治的利器作用，使铁的纪律真正转化为党员干部的日常习惯和自觉遵循，推动全面从严治党向纵深发展。

全局党员干部要做到忠诚坚定、担当尽责、遵纪守法、清正廉洁。全局党员要有底线思维，干净干事，不仅要成为执行纪律的尖兵，更要成为遵守纪律的典范。各相关处室要加快制度建设，尽快制定和修订局党组工作规则、局务会议规则、党组重大问题议事规范及预算执行管理办法、内部审计工作规定、固定资产管理办法、采购管理实施办法、合同管理暂行办法等规章制度，以制度管人管事，有效防范廉政风险。

234
脚踏实地、分类推进、精准脱贫

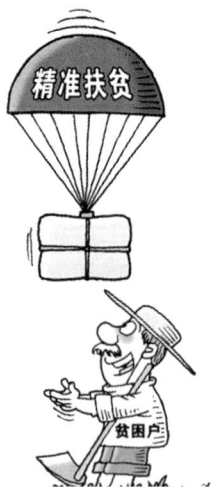

2018年8月7日，我奔赴省统计局定点帮扶村——韶关乐昌市廊田镇白平村调研指导精准扶贫精准脱贫工作。

在白平村委会，我集中听取了乐昌市、镇、村和驻村工作队扶贫有关工作的情况汇报，并对白平村扶贫工作取得的成效表示认可，对韶关市和乐昌市、镇、村各级给予省统计局扶贫工作的大力支持表示感谢。

乡村振兴是党的十九大报告明确提出的重大战略部署，精准脱贫是决胜全面建成小康社会的三大攻坚战之一，现在距离2020年全面建成小康社会只剩下两年多时间，驻村工作队要拓宽思路，想方设法帮助贫困户增加收入，确保贫困户如期脱贫。

扶贫攻坚已进入了关键时间节点，要取得脱贫攻坚战的胜利，必须脚踏实地、分类推进、精准扶贫。一要善于运用市场力量，建立扶贫攻坚的造血机制。对于生产性扶贫等造血项目，要适时交给市场，通过市场的力量，实现扶贫产业的长远发展。可考虑"公司＋农户"的合作模式，打通销售渠道，帮助贫困户将芋头、马蹄、蜂蜜等各种特色农副产品

顺利售出。二要强化政府兜底保障，提供农村基本公共服务。及时帮助贫困户购买社保、医保、养老保险，并跟踪落实各种奖励补助政策。通过新农村建设，完善村级基础设施建设，美化村容村貌，提升农村基本公共服务水平。三要发挥村级组织作用，提高集体经济为村民办实事的能力。充分发挥村委会和村民小组理事会等村级组织的积极性，通过多种方式增加集体经济收入，对于小型生活性扶持改善项目和集体性扶持保障项目，要继续大力支持，切实提高村民和贫困户的获得感。

座谈会后，我带队到驻村工作队宿舍实地了解其居住条件，仔细询问其工作和生活情况。随后，查看了邓屋美化工程，对

推进新农村建设提出了意见和建议；深入贫困户蔬菜大棚项目和白平祥明农副产品专业合作社项目养蜂现场，要求驻村工作队积极探索产业扶贫的新路子；入户看望并慰问贫困户，鼓励贫困户发展种养产业，靠自己双手实现脱贫。

235
敬藏，进藏，智藏，粤藏同心同向同行

为深入推进统计援藏工作，加强粤藏统计工作交流，应西藏自治区统计局邀请，2018年8月9—11日，我率队进藏调研并亲切慰问省统计局援藏干部。

在西藏自治区统计局，我与西藏自治区统计局主要领导及相关处室负责人进行了座谈，并就援藏工作进行了深入探讨。我谈到，广东省统计局高度重视统计援藏工作，广东统计援藏既是全国援藏工作

的一部分，也是全国统计大家庭互帮互助、携手推进统计改革的重要组成部分，广东与西藏在统计改革创新道路上携手共进，同心同向同行。此次进藏调研，我自己感受颇深，收获良多：一是敬藏。来到西藏充分体会到了西藏人民在雪域高原生产生活的不易，而西藏统计人在统计改革道路上兢兢业业更加令人敬佩，只有心怀敬畏之心，才能懂得高原的艰难。二是进藏。只有走进西藏，亲近西藏，才能亲身感受到西藏人民，尤其是西藏统计人的淳朴可爱，西藏人民浓浓的热情也化解和减轻了高原反应。三是智藏。当前，西藏处于统计改革创新的关键时期，统计基层基础建设环节较为薄弱，扶贫扶智，推进西藏统计系统智力建设，加强统计援藏工作造血功能尤为关键。

我建议，广东统计系统要以智藏方式深入推进统计援藏工作：一方面，以省统计局在厦门大学开展的干部全员脱产培训为契机，帮助西藏自治区统计系统培训统计骨干，提升统计工作能力，加强统计队伍建设；另一方面，要发挥广东统计在信息化建设方面的优势资源与先进经验，协助西藏自治区推进统计信息化建设，加强西藏统计系统软硬件建设。

西藏自治区统计局党组书记喻达瓦在座谈会上指出，广东作为全国经济大省，省委、省政府将援藏工作作为一项重要的政治任务来抓，政治站位高，工作力度大，成效显著，为西藏政治稳定、经济社会发展、人民幸福生活做出了重大贡献。当前，西藏统计正处于统计改革爬

坡过坎的关键时期，广东省统计局选派优秀干部前来支持西藏统计事业，同时积极推进智力援藏项目，体现了老大哥对西藏的无私帮助和亲切关怀，西藏统计工作者深表感谢。随后，喻达瓦为我们一行敬献了哈达并致以藏族人民最崇高的敬意。

236
以巡视整改为契机，压实夯实做实统计数据

2018年8月22日上午，按照国家统计局统一部署，我主持召开了领导班子"防范惩治统计数据造假"专题民主生活会。会议以习近平新时代中国特色社会主义思想为指导，深入贯彻落实习近平总书记关于巡视工作的重要讲话精神，围绕高质量完成中央第三巡视组巡视国家统计局反馈意见的整改要求，对照落实习近平总书记关于防范惩治统计数据

造假的指示批示精神，深刻剖析问题原因，主动全面认领责任，严肃认真开展批评与自我批评，切实提高政治站位、强化政治担当。国家统计局统计设计管理司副司长王萍、统计标准处处长孙洪娟、统计方法处副主任科员李婧到会全程指导。

省统计局党组对召开本次专题民主生活会高度重视，会前先后3次召开党组会议进行部署，认真做好各项准备工作。一是认真组织学习。重点学习近几年习近平总书记对统计工作作出的指示批示精神，学习中央《关于深化统计管理体制改革提高统计数据真实性的意见》（简称《意见》）《统计违纪违法责任人处分处理建议办法》和省委《关于深化统计管理体制改革提高统计数据真实性的实施意见》等重要文件。深入学习贯彻习近平新时代中国特色社会主义思想和党的十九大精神，学习习近平

总书记在中央纪委二次全会上的重要讲话、习近平总书记关于巡视工作的重要讲话精神，学习中央巡视组向国家统计局的反馈意见。制定印发了《开展"以数谋私、数字腐败"全面排查和专项整治工作集中抽查方案》和《关于开展治理"以数谋私、数字腐败"专题学习讨论活动的通知》。二是广泛征求意见。针对中央第三巡视组巡视国家统计局党组反馈意见重点查摆政治担当、统计弄虚作假、统计数据质量、数据审核把关、推进深化统计管理体制改革、统计执法执纪监督、统计数据反腐七个方面问题，分别召开各党支部书记、军转干部等座谈会，发函给各地级以上市统计局、省直有关单位和省局各党支部，广泛征求有关部门、基层单位和干部群众对省统计局领导班子和成员的意见与建议。三是深入开展谈心谈话。党组主要领导与班子成员之

间、班子成员之间、班子成员与分管部门主要负责人之间会前开展谈心谈话20多人次。四是深入调研

了解情况。我上任后，马不停蹄、日夜兼程投入工作，带领各党支部书记和有关人员深入基层开展调研，赴西藏进行对口帮扶工作对接，作出为西藏统计援智（培训干部）的决定；深入"四经普"试点现场指挥和督导试点工作；积极会见各有关市和省直部门领导，加强相互沟通交流，探讨高质量发展大计，共商新时代统计大业。五是认真撰写对照检查材料。我亲自组织起草班子对照检查材料，召开党组会议专题审议。班子成员认真撰写个人对照检查发言提纲，结合个人

实际深入剖析根源，提出整改措施。

会上，我代表局党组班子做对照检查，指出了贯彻落实习总书记指示批示精神不够深入，部分地区存在严重统计造假、弄虚作假行为，监管不够严格，统计数据审核评估机制不够健全，贯彻落实中央《意见》不够到位等突出问题。认真分析了存在问题的原因，提出了今后的努力方向和具体措施：一是要端正实事求是态度，正视客观存在问题。二是要树立科学辩证思维，积极稳妥消化差距。三是要规范数据审核评估，将数据质量管理导入正轨。四是要加大统计执法力度蹄疾而步稳，遏制数字上腐败勇毅而笃行。五是要公开透明开门办统计，开诚布公纳谏听净言。随后，我和其他党组成员及副巡视员分别做了个人对照检查，并相互提出了批评意见。大家联系思想、工作、生活、作风等实际情况，

聚焦中央巡视组反馈意见，正视问题、刀刃向内，坚持把自己摆进去、把职责摆进去、把工作摆进去，深入查摆自身存在的问题，主动认领巡视反馈意见和班子对照检查中的问题与责任，自我批评直指问题、不遮不掩，见人见事见思想，相互批评开诚布公、直言不讳，红脸出汗有辣味，气氛庄重热烈、坦诚较真，体现了党内政治生活的政治性、时代性、原则性和战斗性。

王萍在讲评时对广东省统计局领导班子民主生活会给予了充分肯定，认为主题明确，组织有序，严肃认真，是一次质量较

高的民主生活会，达到了统一思想、凝聚力量、增进团结、鼓舞斗志的预期目的。具体表现在四个方面：一是准备工作比较充分；二是查摆问题比较全面；三是开展批评和自我批评比较到位，特别是党组书记、局长杨新洪同志夙夜在公、以身作则，对存在的问题主动担责、迎难而上，自我批评全面深刻，对班子成员的点评切中要害，发挥了"头雁"作用；四是整改措施比较务实。

王萍同时还指出了存在的问题和不足，并对下一步工作提出了五点要求：一是进一步强化政治意识，坚决落实"两个维护"。二是进一步夯实思想根基，持续深入学习贯彻习近平新时代中国特色社会主义思想。三是进一步落实管党治党责任，推动统计系统党风廉政建设和反腐败斗争向纵深发展。四是坚决防范惩治统计数据造假，矢志不移提高统计数据质

量。五是强化责任担当，奋力推进统计改革发展。

总结讲话时，我代表省统计局党组表示，要认真学习贯彻王萍同志代表国家统计局党组提出的五个方面要求，持续深入学习贯彻习近平新时代中国特色社会主义思想和党的十九大精神，持续深入学习贯彻习近平总书记关于巡视工作的重要讲话精神，持续深入学习贯彻习近平总书记关于统计工作的重要讲话和指示批示精神。要切实把抓好巡视整改工作作为当前统计系统的首要政治任务，抓紧抓好抓出成效。要以巡视整改为契机，压实夯实做实统计数据。要全面客观把握实事求是原则，直面漏统问题。出台科学客观、切实可行的具体指导意见，切实解决好数据波动的问题。进一步完善统计执法检查对数据的核查标准。改进以企业税务申报资料为数据核查最主要标准的做法。继续完善"三新"统计制

度。深入研究建立反映数字经济、共享经济、现代金融服务等新经济统计制度，做到既要防止"虚报浮夸"，又要防止"少漏低估"，确保统全统准全社会的统计数据，为党委政府科学决策和社会大众提供优质统计服务保障。

237
以较真劲头，"务实、踏实、求实"抓整改

2018 年 8 月 22 日下午，根据省委统一部署，我主持召开党组班子"巡视整改暨全面彻底肃清李嘉、万庆良恶劣影响"专题民主生活会。会议围绕中央第十二巡视组反馈意见指出的突出问题，结合全面彻底肃清李嘉、万庆

良恶劣影响，认真查摆剖析，严肃开展批评与自我批评，对症下药制定整改措施。

我代表局党组班子做了深刻的对照检查。省统计局党组坚持用习近平新时代中国特色社会主义思想武装头脑、指导实践、推动工作，坚决贯彻落实习近平总书记重要讲话精神，牢固树立"四个意识"，坚定"四个自信"，做到"四个服从"，坚定维护习近平总书记的核心地位，坚定维护以习近平同志为核心的党中央权威和集中统一领导，自觉在思想上政治上行动上同以习近平同志为核心的党中央保持高度一致。对照中央巡视反馈意见和全面彻底肃清李嘉、万庆良恶劣影响，联系实际认真查摆在学习贯彻落实习近平新时代中国特色社会主义思想和党的十九大精神、政治思想建设、组织建设、作风建设、纪律建设等方面以及全面彻底肃清李嘉、

万庆良恶劣影响方面存在的突出问题，深入剖析了存在问题的原因，并提出了五个方面的整改措施。

紧接着局党组成员逐个做了个人对照检查发言，大家结合个人思想、工作、生活实际，聚焦问题、开诚布公，深入查摆自身存在的问题，主动认领巡视反馈意见和班子对照检查中的问题与责任，提出了具体可行的整改措施。

在会议小结中，我建议，要把巡视整改作为当前必须抓紧抓好的重要政治任务，作为检验"四个意识"强不强的"试金石"。要继续全面彻底肃清李嘉、万庆良恶劣影响，抓好班子突出问题的整改落实，营造风清气正的良好政治生态，确保做到"三个决不允许"。要忘记个人利益、得失，贯彻立党为公的理念，才能超脱各种"圈子"；没有"圈子"，才能营造风清气正的良好政治生态，打出"破圈"（对事不对人）、"出圈"（新官理旧政）、"无圈"（干净担当）这套组合拳，为统计事业发展提供坚如磐石的政治保证。要对标对表中央巡视整改要求，立足统计部门职责定位，带头以较真的劲头"务实、踏实、求实"，把巡视整改工作部署不折不扣落到具体工作中去，为奋力开创统计工作新局面提供坚强政治保证，为实现"四个走在全国前列"、当好"两个重要窗口"提供坚实统计保障。

238
"授人以渔"，"智慧统计·智能创新·智我前行"

2018年8月26日至9月1日，广东省统计局在厦门大学思明校区举办粤藏统计思维创新与能力提升培训班。我出席开班仪式作动员讲话，提出广东统计要"授人以渔""智慧统计·智能创新·智我前行"，并以"科学度量·求变求新"为题讲授本次培训班第一堂专题课。

授人以鱼不如授人以渔，省统计局援藏工作贯穿敬藏进藏智藏思路，着力开拓智力援藏项目，通过培养统计人才，扶持西藏统计的造血功能。本次粤藏统计思维创新与能力提升培训班，邀请了西藏自治区统计系统业务骨干共同参加省统计局在厦门大学的2018年第二期全员干部培训，目的就是提升西藏统计人才的创新能力和综合素质。培训班的成功开班，是省统计局近期赴西藏调研统计援藏工作的重要成果，也是贯彻落实全国统计系统援藏工作会议精神的重要举措。统计援藏是全国援藏工作的重要组成部分，广东统计系统将以本次粤藏统计思维创新与能力提升合班培训为新起点，发扬粤藏统计传统友谊，加强粤藏统计业务与人才交流，积极拓展智力援藏项目，推进西藏统计智力建设，提升统计援藏造血功能，共筑粤藏统计美好未来。

广东正面临统计改革创新关键期，必须做到智慧统计、智能创新与智我前行。随着经济社会的快速发展，以互联网经济、AI技术和VR应用为代表的新科技新技术层出不穷，对传统的统计数据生产方式和统计产品提供方式提出了严峻的挑战，也为统计改革创新提供了前所未有的发展机遇和技术支撑。广东统计要抓住发展机遇，拥抱新经济、新技术、新科技、新工艺，厚积薄发，以智慧统计为改革创新的目标和方向，以智能创新为改革创新的手段和方法，以智我前行为改革创新的基础和支撑，改革重塑统计生产方式，创新丰富统计产品服务，推动广东统计实现"人无我有、人有我优、人优我强"，为广东实现"四个走在全国前列"、当好"两个重要窗口"提供统计保障。

广东通往统计强省之行要学无止境，专业为崇，能力无敌。近期率队赴西藏调研时遭受"高原反应"，引发了三个感悟：通过"高反"，方知差距，认识到有海拔高差，亦就有知识落差，需要补差；通过"高反"，方知痛处，如何应对，需要精神的坚韧与学习的力量；通过"高反"，方具情怀，知行坚韧不拔，粤藏统计系统同心同向同行。广东统计要知差距，知痛处，从省统计局机关破冰，从东南之厦大学起，打开思维惯性，开放开明，从五个方面着力构建经济大省之统计强省：一是形成特别强的统计改革创新能力，尤其在专业的方法制度与工作的方式方法上；二是培养特别精准的数据解读

析能力，始终把握数据的话语权和诠释力；三是力争专业业务评比与统计分析位居全国前列，具有广东统计影响力，与习近平总书记对广东提出的"四个走在全国前列"同向而行；四是破解各方统计难题案例与统计科研水平能领改革风气之先，具有一定的风向标和引领气质；五是具备与新时代要求相适应的南粤统计"精气神"，党建业务"双融合、双促进"，开创精进常勤新气象。

多吉战都在开班仪式上向广东省统计局举办粤藏统计思维创新与能力提升培训班、帮助西藏统计系统培养统计人才表示最诚挚的感谢。多吉战都指出，当前西藏统计系统干部队伍建设相对薄弱，广东省统计局举办粤藏统计思维创新与能力提升培训班是一场"及时雨"，对提升西藏统计系统干部业务素养和综合能力具有重要意义。西藏统计系统参

训学员要认真遵守培训纪律，加强同广东统计学员的沟通交流，创新思维，开阔眼界，共同促进，切实提升培训效果。多吉战都代表西藏自治区统计局，向广东省统计局赠送了"敬藏进藏智藏——大爱无边"的匾额，为我敬献哈达并致以藏族人民最崇高的敬意。

开班仪式后，我以"科学度量·求变求新"为题为培训班讲授了第一堂专业课，详细介绍了广东省统计局开发并在近期的全国统计改革发展务虚会上受到国家统计局主要领导关注与好评的"广东智能普查"项目，通过新颖的解读视频，生动展示"人脸识别、扫码读数"技术在经济普查中的应用，以简约务实饱满而又新颖活力的讲授方式述说广东统计改革创新的新思路、新举措、新成果。我还与大家分享了近年来深圳统计改革创新中卓有成效的工作思路、体制机制、运

行模式，以及被国家统计局高度评价并广泛推广的"$9+n$"改革创新成果。本次专题授课紧扣统计改革主线，以破解统计难题为切入点，高屋建瓴、思维开阔、丰富新颖，充分展现了广东统计改革立时代潮头、领风气之先的坚定信心与强大实力，催人奋进。历时3小时的课程既深入浅出又轻松活泼，受到广大学员的一致好评和高度称赞，达到了良好的授课效果。

239
以建设经济大省之统计强省为出发点和落脚点，促模范机关创建

2018年9月14日，我主持召开省统计局模范机关创建活动动员会，并作题为"创建模范机关　助推统计强省"的动员讲话，强调要把建设经济大省之统计强省作为创建模范机关的出发点和落脚点。

我深刻阐述了开展模

范机关创建活动的意义。省委决定在省直机关开展模范机关创建活动，是深入学习贯彻习近平总书记对推进中央和国家机关党的政治建设重要指示精神，充分发挥省直机关各级党组织和广大党员干部在推进党的政治建设中的带头作用，推动全面从严治党各项举措落地见效，开创机关党的建设和各项事业新局面的具体行动。在省统计局机关开展模范机关创建活动，是推进机关党的政治建设的重要举措，是树立统计队伍良好形象的重要途径，是建设经济大省之统计强省的重要保证。广大党员干部必

须统一思想，进一步提高政治站位，充分认识开展模范机关创建活动的重大意义。

创建模范机关要明确目标，突出重点，扎实推进。一要明确主题主线，认真谋划创建工作。努力建设政治过硬、本领高强的模范机关，打造高素质、专业化统计队伍，为广东省奋力实现"四个走在全国前列"、当好"两个重要窗口"提供坚实统计保障。二要聚焦突出问题，扎实推进创建任务。突出当好"三个表率"，带头讲政治顾大局。突出服务"四个走在全国前列"，带头抓落实促发展。突出创建模范机关，带头转作风提效能。三要紧密联系实际，着力建设统计强省。把建设经济大省之统计强省作为创建模范机关的出发点和落脚点，把创建活动融入统计强省建设之中，不断改革创新，奋力开创新时代统计工作新局面。

要把模范机关创建与推动机关党组织全面进步全面过硬相结合，与实施加强党的基层组织建设三年行动计划相结合，分步实施，整体推进。一要周密部署安排，确保创建活动良好开局。着重做好教育动员统一思想认识、深入查摆问题制定问题清单、切实抓好整改完善制度规定。二要加强组织领导，确保创建活动有序推进。成立局模范机关创建活动领导小组及办公室，明确职责要求，把模范机关创建工作作为重要政治任务摆上议事日程，切实抓紧抓好。三要加强检查督促，确保创建活动取得实效。加强对落实党建责任制、遵守政治纪律和政治规矩

以及模范机关创建活动开展情况进行督查，并把创建活动纳入党支部书记年度述职评议考核范围，作为评先评优的重要依据。

240
加强自身建设，勇当创建模范机关排头兵

2018年9月30日，我以一名普通党员的身份参加核算处党支部组织生活会，并结合核算业务讲党课，要求核算发挥模范带头作用。

我对核算处如何发挥模范带头作用提出了五点意见：一是模范机关创建活动是省直工委主办的一项非常必要的活动，核算处作为创建共产党员先锋

岗的处室之一，要深入领会活动精神，突出主题，认真贯彻落实。二是构建经济大省之统计强省需要业务作保障，将党建与核算业务糅合在一起，除了理论学习，还要有应用成果体现，要按照党的十九大构建统计指标体系的要求，建立"三新"指标监测体系。三是核算作为业务工作龙头，要在工作上带动各专业提高统计能力，深入解析数据，解读问题，不但有总体描述，还有结构变化。提高统计业务能力还在于解决上中下的衔接，要落实中央深化统计改革的各项任务，推进地区生产总值统一核算改革，衔接要有个时间节点，要充分借助经济普查的契机，做好上至国家、下至地市的衔接。四是提升"精气神"，改善机关环境和党员面貌，每个党员都是体现模范带头作用的主体，要按照模范机关创建要求完成角色转换，提升"精气神"，增强凝聚力。五是核算干部要在加强自身建设上争当排头兵，强大自身能力需要丰富的知识储备，改进方式方法，不断提高自身的应对能力和解决问题能力。

241
本领恐慌，终身学习，持之以恒做好党员干部学习培训工作

2018 年 10 月 22 日，我主持召开党组中心组（扩大）理论学习会，重点对省统计局赴厦门大学举办干部思维创新与能力提升培训班成果进行交流研讨。

会上，省统计局赴厦门大学干部思维创新与能力提升培训班（第一期）7 个学习小组分别选派了一名干部代表本组制作精美的 PPT，形象、生动地汇报交流了为期一周脱产学习的体会和感受。

我对 7 名干部勇敢走上讲台，并从不同角度提纲挈领、简明扼要地交流学习体会给予了高度评价。整个发言紧紧扣住了一个"统"字，始终围绕统计谈学习谈体会谈收获，并坚持把统计强省作为学习、工作目标激励的方向；发言还体现了一个"新"字，每一位同志的发言形式不一、载体不一、角度不一，动了脑筋，做了思考，体现了"台上一分钟、台下用了功"，表明了省统计局机关统计干部队伍的整体素质比较高、过得硬。

干部学习培训是一项需要长期坚持的工作，尤其是加强省统计局机关、各地市优秀年轻统计干部的学习培训，是一项迫在眉睫、重中之重的工作，要持之以恒开展好，为年轻干部勇挑统计事业大梁、推进全省统计事业不断向

前发展铺路架桥打基础。一是要提供提升能力素质的平台。主动联系国内重点高校或权威培训机构，积极搭建短期、中期、长期的学习培训、进修深造的平台和路子，形成机制，为全省统计系统青年干部有力成长顺畅渠道、创造条件。二是要为学习培训提供有力保障。"磨刀不误砍柴工"，妥善安排好人员岗位、单位工作，舍得选送干部尤其是年轻干部外出学习培训，开阔视野，提升能力素质，并足额保障好培训经费。三是要为干部提供展示才能的舞台。要给干部压任务、添动力，鼓励干部特别是青年干部在各项统计改革创新中勇带头、挑重担，在构建统计强省的大舞台上展示才能。四是要从严抓好干部学习培训管理。落实干部学习培训规定，严格遵守各项纪律，坚决杜绝利用学习培训走亲访友、游山玩水等违纪现象，做到学有所成、学有所获。

242
再进藏，对接对口援藏事宜，赴青海交流"四经普"单位清查工作

为贯彻落实全国统计援藏工作会议精神，促进广东统计对口援藏工作，进一步加强对西藏自治区林芝市统计工作指导帮扶力度，并加强与兄弟省份交流第四次全国经济普查工作，继8月中旬进藏后，2018年10月29日至11月1日，我再次率队进藏，到林芝市统计局对接对口援藏事宜，并赴青海省交流"四经普"单位清查工作。

在林芝市统计局对口援藏座谈会上，我听取了林芝市统计局2008年以来受援基本情况及提出的下一步援藏建议，感受到了林芝市统计局对广东省统计局援藏的热切期盼。从踏入林芝市至座谈会场，充分感受到了林芝市统计局干部职工的质朴、热情。林芝是广东对口援建地区，

情深意浓，这么多年来，血浓于水，血浓于情。8月份到西藏自治区统计局慰问援藏干部和这次来林芝，都是基于国家统计援藏大计，虽然时间节点有点晚，但对雪域高原有激情、有感情，要以这种真情来带动援藏事业，并一直延续下去。

天下统计是一家，统计工作是一项事业，无论何时何地，都需要统计人去服务、去理解、去开拓，对林芝市统计局的援藏建议，会带回去研究细化，人员挂职的时间，可以长短结合，学习机会可以安排更多，明年广东省统计局举办的青年培训班，可以安排林芝市统计局的人员一起培训，共同进步、共同提高。对资金支持的问题，会按照需要与可能相结合的原则，用多年连续接力给予支持，使林芝的统计工作更上一层楼，把中国统计搞得更好、更强。

座谈会结束后，我为林芝市统计局及林芝市部分县（区）统计局干部授

课，在题为"探索构建广东省高质量发展综合绩效评价体系"的讲课中，充分阐述了创新、协调、绿色、开放、共享五大发展理念，广东历来开风气之先，从过去高速增长转为高质量高效益发展的理念，这一点广东也走在全国前列。对本人的授课，林芝市统计局干部评价为"自进统计局以来听到的最精彩授课"。

在西宁，我们一行与青海省统计局充分交流了"四经普"工作，尤其对单位清查、"两员"补贴等工作进行了深入交谈，我表示，要借鉴青海省单位清查进度快、县（区）清查数据集中验收的有关做法，进一步促进广东省单位清查进度和数据验收工作。

243
以廉为先，以职守责，以干得助，以忠报效，敢于担当

根据工作安排，2018

年 12 月 13 日，我对省统计局新晋升的 7 名科级干部进行任前集体谈话。

我首先向新晋升的干部表示祝贺。局党组非常关心关爱年轻干部的成长，高度重视选人用人工作，大力营造干事创业的良好氛围，努力打造一支构建经济大省之统计强省的人才队伍。勉励 7 位新晋升干部，在新时代要有新担当，站在新起点，展现新作为。一是以廉为先，讲的是干净要求。廉字当头才能走得更远更长。要强化底线意识，筑牢思想防线，恪守职业红线，清正履职，廉洁从政。二是以职守责，讲的是操守要求。要增强责任感和使命感，立足岗位，认真履职尽责。三是以干得助，讲的是担当要求。天道酬勤，一分

耕耘一分收获，年轻人更要展示实践实干实效的精气神，积极作为，勇挑重担。四是以忠报效，讲的是大局要求。要形成良好的政治品格，牢固树立大局意识，恪守统计职业道德，忠于职守，报效祖国报效统计事业，不辜负组织的培养和信任。

7 位新晋升干部立足自身分别谈了感想和体会，一致表示牢记组织嘱托，认真履职尽责，带头弘扬干事创业精神，传播正能量，虚心学习，踏实工作，为构建经济大省之统计强省贡献自己的力量。

244
弘扬井冈山精神，加强基层党组织建设

2018 年 12 月 13 日，省统计局召开党组中心组（扩大）理论学习会，传达学习《中国共产党支部工作条例（试行）》（简称《条例》），交流赴井冈山举办党务干部专题培训班

学习情况。省纪委监委驻省审计厅纪检监察组副组长刘孝亭到会指导，并传达中央纪委有关文件精神。我出席会议并讲话。

我认为，省统计局组织赴井冈山开展党务干部专题培训很有意义，也很有必要。通过4名同志的汇报交流发言，共同重温了井冈山革命斗争历史，深切感悟了"坚定执着追理想、实事求是闯新路、艰苦奋斗攻难关、依靠群众求胜利"的井冈山精神，接受了一次党性再教育再锤炼。新制定颁布的《条例》，就是为了坚持和加强党的全面领导，弘扬井冈山时期确立的"支部建在连上"的光荣传统，落实党要管党、全面从严治党要求，全面提升党支部组织力，强化党支部政治功能。因此，要继续深入学习《条例》，并与学习习近平总书记视察广东重要讲话精神有机结合起来，以创建模范机关为抓手，以实施"基层组织建设三年行动计划"为重点，全面加强党支部各项建设，牢固树立"四个意识"，坚定"四个自信"，践行"两个维护"，充分发挥党组织的战斗堡垒和党员的先锋模范作用。要大力弘扬井冈山精神，坚持实事求是原则和求真务实作风，千方百计搞准统计数字，做到既要防止弄虚作假、又要防止少报漏报。要大胆开拓创新，对经济高质量发展和提高经济发展的平衡性、协调性等问题深入开展调查研究，提供优质统计服务，扎实推进经济大省之统计强省建设，让井冈山精神在统计工作中结出丰硕成果。

时值岁末，我们既要做好年度收尾工作，又要谋划好明年工作。一要同频共振，高质量完成全年工作任务。各单位要把思想和行动统一到习近平总书记视察广东重要讲话精神上来，统一到省委决策部署和局党组的工作要求上来，全力以赴做好各项工作，高质量完成各项任务。二要统筹兼顾，突出抓好快报、年报和经济普查工作。各专业要深刻学习领会省政府有关会议精神，强化责任担当，抓住主要矛盾，切实把数据统准、统全、统实。继续做好经济普查单位清查数据的核实修改编码和查疑补漏等工作，提前谋划好普查登记前各项准备工作，为普查正式入户登记打牢基础。三要继续办好党组中心组理论学习会这个平台，精心设计议题，让更多同志踊跃走上讲台，展示风采，使之真正成为一个探讨解决问题、提升能力水平的"大讲堂"，有效促进党建工作与统计业务的融合发展。

会上，省农业普查办

还汇报交流了赴浙江等六省市调研农业普查和农村统计工作情况。

245
阳光心态，健康心理，做好自己

2018年12月19日上午，省统计局邀请中国心理学会临床和咨询心理学专业注册系统督导师、广东省心理卫生协会团体辅导与团体治疗专业委员会委员沈家宏教授开展心理健康专题辅导讲座。

我应邀参加了辅导讲座，并分享了感想：人在社会上有多种角色，有不同责任，在家庭里，自己既是儿子又是父亲，必须同时演好这两个角色；在单位里，自己作为家长，有责任管理好干部职工的情绪，创建一个团结协助、积极向上，使大家身心愉悦的工作环境。我激励全局干部职工：一要有阳光心态。这是指平常、积极、知足、感恩、达观的心智模式，能够让我们带着好心情去创造成功，体验过程。二要有健康心理。这是指人格健全统一、能够控制自己的情绪、具有坚强的意志品质。心理是行为的主宰，健康的心理产生健康的语言和行为。三要做好自己。人生是自己的，自己不努力，谁也帮不了你。去做，你能收获一个更好的自己，你想要的，只要努力，时间都会给你。得失之间看担当，要善于化解来自家庭和工作等各方面的压力，坚定走好自己所选择的路，实现好自己的人生价值。

沈家宏教授以"职场生涯中的家庭关系"为主题，从个人、家庭、社会三者的关系，分析原生家庭对个人成长和职场的影响，围绕如何经营好与父母、与配偶、与孩子的三种关系，重点讲述化解过度压力和焦虑的心理学方法。同时运用各种图片、视频和案例与大家互动，让干部职工在工作之余接受一次心理健康的辅导和启迪。

246
以廉为先、廉字当头，"没有廉等于零"

2018年12月25日，我与有关局领导、处室负责人谈心谈话，提醒大家"没有廉等于零"，要求进一步强化以廉为先、廉字当头的理念，把廉字记于心见于行。

今天我重点谈谈廉洁纪律。"没有廉等于零"，甚至是负数；腐败成本很高，甚至损失无法挽回。作为领导干部，要时刻把"廉刀"高悬。廉字当头，实干托底，这才是新时代干事创业的绿色通道和安全保障。作为当代的党员干部，要做到以下几点：一要自律自重。珍重自己的人格和声誉，时刻绷紧廉政弦，处处用党纪国法来规范和约束自己的言行，要经得住诱惑，耐得住寂寞，守得住清贫。二要明白风险隐患。权力是一把"双刃剑"，可以使人高尚，也可以使人堕落。如果不洁身自好、廉洁从政，就难以抵御诱惑，抗拒风险，最终滑向腐败的深渊，导致无法挽回的损失。三要自觉接受监督。既要有自觉接受监督的坦荡胸怀，又要把自觉接受监督作为一种内在的自我需求。要把监督看作一种约束，一种爱护，一种警诫，把监督视为人生的"安全网"和"防火墙"。四要以上率下。廉洁方能聚人，律己方能服人。作为领导干部，其言行有示范和导向作用，只有品行端正，作风正派，清正廉洁，干干

净净，才能发挥表率作用。五要常怀敬畏之心。敬畏权力，权力是把"双刃剑"，不要在权力的面前失足；敬畏组织，珍惜组织的培养和提拔，不要给组织抹黑；敬畏法纪，不要在法纪约束前出轨；敬畏职责，不要在工作上失职渎职。

247
洁身自律，敬畏岗位，加快适应，发扬作风

2018年12月25日，省统计局首次组织与新的军转干部集体谈话，我出席会议并讲话。

我代表局党组对2018年度5名军转干部的到来表示热烈欢迎，希望同志们能够一如既往保持军人优良作风，尽快完成角色转变，更好地融入统计大家庭，为构建经济大省之统计强省贡献力量。我勉励大家，一是洁身自律，廉字当头，讲规矩、守纪律，强化底线意识，廉洁从政。二是敬畏岗位，珍惜到省统计局工作的机会，要有荣誉感和归属感，鼓励大家积极发挥自身本领，不断进步。三是加快适应，加强业务知识学习，更快地进入工作状态、融入各自的工作岗位中。四是发扬作风，继续保持发扬部队的优良传统作风和拼搏进取精神，再创佳绩。

军转干部结合自身实际分别谈了感想和体会，一致表示感谢局党组的关心关怀，深受鼓舞，今后将一如既往、遵规守纪、听从指挥，积极调整自己，尽快适应并融入统计工作，成为真正的统计人，并以能够为统计事业贡献力量为荣。

248

寄语全省统计财务人员廉洁自律，提升能力，全力做好服务保障工作

2018 年 12 月 25 日，省统计局在湛江市举办全省统计系统 2018 年度财务结算工作培训班，总结全省年度财务工作，部署明年财务工作中心任务，布置年度决算工作并对决算报表进行培训。因工作安排，我无法出席会议，请省统计局党组成员、巡视员梁彦代为转达了对全省统计财务人员的殷切寄语。

寄语希望全省统计财务人员要廉洁自律，提升工作能力，全力做好服务保障工作。一是先自律然后才能律人。财务人员担负着各项财经纪律、财务制度以及各项开支标准的审核把关责任，要做遵章守纪、廉洁自律的模范带头人和引领示范者。论语"吾日三省吾身"，财务人员要躬身自省、自警、自律。打铁必须自身硬，先自律然后才能律人。二是打造本领高强、能力一流的财务队伍。新时代统计任务艰巨，全省统计系统要全力为广东实现"四个走在全国前列"、当好"两个重要窗口"的目标要求提供坚实的统计服务，努力打造统计强省，为数据需求者服务。要完成这些职责任务，必须打造一支本领高强、能力一流的统计队伍，统计专业队伍如此，财务队伍亦如此。能力来自不断的学习与探索实践，财务人员要学深悟透财经制度，不断提升自身能力。三是全力保障统计创新及中心工作任务。财务工作是保障统计工作正常开展的基本要素，保障机关正常运转是基本要求。财务要全力为统计创新及中心工作任务做好服务保障，财务人员要根据统计工作实际情况，积极与财政部门沟通，调整项目级次，优化经费结构，争取新增项目盘子。要严格按照《中华人民共和国预算法》科学、精准、细化编制预算，严格预算执行，确保统计经费的使用安全、高效。

249

最美不过夕阳红，新春慰问暖人心

年关将至，羊城的街头吹起了凛冽的寒风，肆意侵蚀着路人的每一颗细胞。

然而，10 号楼却充斥着阵阵暖流。2019 年 1 月 23 日上午，省统计局老干部年度工作座谈会在 10 号楼召开，党组班子和老干部们齐聚一堂，喜迎新春。

我首先代表局党组向全体离退休人员致以新春

祝福，祝愿大家节日快乐，健康长寿。会上，我给各位老干部讲述了2018年以来全省统计工作的成绩和亮点，尤其是加强统计改革创新，为数据需求者服务，构建经济大省之统计强省的重点举措；我详细介绍了2018年全面完成广东经济社会统计任务情况，鲜明提出坚持"两防"加强数据质量、后来居上完成单位和个体清查等"四经普"工作、治理统计机关办公环境打造"精气神"、党建业务双融合、创新党建内容方式、甘为人梯打造培育统计后继可持续力量等改革创新工作。

我和老同志们亲切交谈，感谢他们长期以来对统计工作所做出的贡献。老干

部是省统计局的宝贵财富，局党组一贯高度重视老干部工作，近期在为全局在职干部制作工卡的同时，还为每位老同志定制了具有纪念意义的工卡，希望老同志们一如既往地关心和支持统计工作，为广东统计事业的发展献计献策。

与会的老同志们虽风鬟霜鬓，但个个精神矍铄，他们对省统计局改革创新所取得的成绩倍感肯定，纷纷表示在局党组的正确领导下，2018年全省统计事业创新发展，成果丰硕，亮点纷呈，出现新气象、新面貌、新格局，对统计工作取得的成绩表示由衷的喜悦和祝贺，对局党组和局领导的关心表示衷心感谢。

250
党建业务双融合初显成效，创新发展再提升仍需努力

2019年1月31日，省统计局召开2018年度党支部书记抓党建工作述职评

议会议。我出席会议并讲话。

2018年，各党支部以习近平新时代中国特色社会主义思想为指引，认真贯彻执行《中国共产党支部工作条例（试行）》和中央及省委关于加强基层组织建设的一系列重要部署，围绕党组提出的"党建业务双融合""构建经济大省之统计强省"要求，紧扣统计中心工作，认真落实党建工作"七标准量化"台账机制，以"模范机关创建"为抓手，对标排查抓支部规范化、制度化建设，各党支部的整体建设有了新进步、新提升。

局机关党建业务工作齐头并进、相得益彰，省统计局牵头构建《广东省高质量发展综合绩效评价体系》，认真透析广东经济，做好参谋助手，建立2018年广东省本级新经济统计监测制度，推出"广东智能普查"创新项目等，得到省领导的充分肯定。省统计局在去年省直单位

党建工作绩效考核中获得97.5分的较好成绩，上线2018年最后一期广东"民声热线"直播节目，以94.5分的成绩获得省直单位本年度现场最高分。2019年1月19日，国家统计局宁吉喆局长来省统计局检查指导工作时，对党建、经济普查等工作给予了充分肯定。

党建业务双融合初显成效是把深圳速度、深圳效率、深圳激情融入省统计局，是各党支部和广大党员干部默默奉献、敢为人先、勇于创新的结果。工作中既有强度，又有甜度，体现了"真英雄"、知行合一。新的一年，机关党建工作要紧紧围绕局党组确定的2019年为"统计能力提升建设年"目标，实现"构建经济大省之统计强省，全面提升'统计改革创新、统计法治建设、统计数据质量、统计监测预警、统计服务水平'能力"的具体要求，为统计改革发展提供坚强有力的组织保证。

一要再创新。要继续深化和巩固"两防"措施，实施好高质量发展评价体系，建立分性别统计制度，开展第七次全国人口普查港澳人员普查试点等工作，以永远在路上的坚韧不断创新，做到"人无我有、人有我优、人优我强"。

二要再融合。要紧密结合统计特点，推进党建与业务的深度融合。融合到一定程度要有自己的东西，融合的面可以更广、参加人员更多，在内容与形式、体制与机制上融合更充分、更到位。

三要再提升。要按照"统计能力提升建设年"的目标和加强基层党组织建设三年行动计划及创建模范机关的要求，把习近平总书记视察广东重要讲话精神作为支部党建工作的重要政治任务，认真落实《中国共产党支部工作条例（试行）》，不断提升政治理论素养和统计业务素质，在构建经济大省之统计强省、深化"为数据需求者服务"工作中，更好地发挥党支部的战斗堡垒作用和党员的先锋模范作用。

251
巾帼不让须眉，红颜更胜儿郎

为纪念第109个"三八"国际劳动妇女节，进一步增强全局妇女同志的归属感、获得感、幸福感，2019年3月6日上午，省统计局妇委会组织了一场别开生面的座谈会，座谈

会以"为构建经济大省之统计强省贡献巾帼力量"为主题，特别邀请了省妇联主席冯玲一行莅临省统计局与全体女同胞相聚一堂，共同庆祝女性特有节日。我出席座谈会并作节日致辞。

冯玲表示，这是自己首次应邀参加省直单位"三八"主题活动，深感荣幸，从踏进统计局大门的那一刻起，心头一直涌动着温暖和惊喜。惊喜一是，距自己上次来省统计局仅短短半年时间，统计局无论是办公硬件还是工作理念都发生了翻天覆地的变化。一踏进统计局，首先映入眼帘的是"为数据需求者服务"几个金灿灿的大字，这是开门办统计的全新工作思维。惊喜二是，在这个"三八"节收到杨新洪局长赠送的一束鲜花、一首诗歌、一段视频，实属难得，这种同志之间相互支持、相互爱护的大爱给自己内心带来满满的温暖。

冯玲饱含深情地说道，"有水平、有情怀、有温度"是杨新洪班长带领的省统计局领导班子给自己留下的深刻印象。"有水平"体现在人无我有的创新意识，创新需要的不仅是勇气和对职业的高度负责，更需要的是魄力，体现的是大智慧、大格局和大气魄。"有情怀"体现在为数据需求者服务的观念转变，由闭门做数据转变为开门广泛听意见，实现科学精准统计。"有温度"体现在统计涉及千家万户，涉及各行各业，统计对外有温暖的服务，对内有人文的关怀，"士为知己者死"，在这样的领导班子带领下，全省统计干部队伍一定具有非常良好的精神面貌。

我对冯玲主席一行莅临指导表示衷心感谢。

在简短的话语中，我以高兴和敬重的心情为省统计局的女同胞们送上代表节日祝福的鲜花，并现场朗诵自己创作的诗歌《构建经济大省之统计强省巾帼力量》，播放了自己精心制作的展示女同胞风采的视频集锦，点点滴滴，一屏一影，在会场汇聚成股股暖流，感染着每位女同胞。

心有境界行则正，腹有诗书气自华。通过一年的接触，我感受到我们省统计局的女同胞们特别美，不仅长得美，而且政治素养高，业务能力强，精神面貌佳，工作成效好，统计巾帼力量在构建经济大省之统计强省中发挥了重要作用。因为有了女性的柔与韧，才能区别男性的刚与直，方能看清自己的方位与情怀，她们是社会最重要的力量，值得所有人敬重。

主题不离题，座谈会以"为构建经济大省之统计强省贡献巾帼力量"为主题，就是要激励妇女干部职工围绕统计工作目标再接再厉，奋发向上，在各自岗位上取得新的成绩，贡献巾帼力量。我也诚挚地期望省统计局每一位女性都有人生出彩、梦想成真的机会。

践诺与期待，"省三八红旗集体"荣誉的获得离不开集体的努力，是大家实实在在干出来的，但成绩已成过去，要从新的起点再出发，带着负重拼搏的使命、责任和担当，履职践诺，努力作为。妇儿监测工作还要不断创新，性别统计制度仍需继续完善，期待明年"三八"开花结果，花香四溢。

252
一棵树，一群人，一片林

为践行习近平总书记"绿水青山就是金山银山"的发展理念，将新发展理念贯彻到实际行动中，增强生态意识，展现省统计局机关干部"勇于担当、敢于作为"的精神面貌，2019年3月12日，在第41个植树节到来之际，省统计局中青年干部职工义务植树活动在广州市南沙区黄山鲁森林公园举行。

阳春三月，披着初春的暖阳，沐浴着清新的春风，在优美恬静的白灰田水库岸边，我亲自填土种植了一株"英雄树"树苗，这是一株木棉，我双手握住树苗，用脚踩紧潮湿的泥土，用清水浇灌密布的根须，用心放飞对未来的憧憬，初生萌芽的新绿比思绪飞得更远，柔软的春风温情地轻抚过我的耳畔，阳光把叶脉中滚动的露珠映射得剔透，亮丽成迷人的景物。

省统计局青年干部职工们都风风火火投入植树活动中，通过分组挖坑、扶苗、填土、夯实，历经半天终于让一株株黄花风铃木挺立在湖边。明年此时，这100多棵最具春天气息的黄花风铃木将会欣欣向荣、绚丽绽放，宛如一条鹅黄色的玉带，环绕在这碧水岸边。

植树活动结束后，我率队参观了明珠湾规划展览馆，对南沙自贸区以及明珠湾的发展规划和建设成果有了直观的了解和认识。我们还调研了广汽丰田汽车有限公司，现场感受企业先进的生产科技水平和完善的管理制度，与公司高管面对面细算企业产值、增加值及效益指标，期待公司始终能质量优先，以质取胜，支撑全省汽车工业经济高质量发展。

253
从严治党，"五个坚持"助力完成重点统计任务

2019年3月18日，国家统计局召开全国统计部

门全面从严治党视频会议，视频会议结束后，我立即主持召开会议，就学习贯彻3月18日上午省委召开的全省传达学习贯彻习近平总书记重要讲话精神暨全国"两会"精神干部大会以及全国统计部门全面从严治党视频会议精神，落实落细国家统计局和省委、省政府部署，脚踏实地完成全省以第四次全国经济普查为重点的各项统计工作任务，提出了"五个坚持"：

坚持以习近平新时代中国特色社会主义思想为指导，坚持政治站位不动摇。政治站位问题永远在路上，要把"两个维护"永远放在心坎上，正如省委书记李希所讲的那样，做到政治认同、理论认同、情感认同，其中，情感认同是最真切的认同。要以支部为单位，以应知应会常识为读本，原原本本认真组织学习习近平总书记的重要讲话和"两会"精神，原汁原味汲取其中蕴含的马克思主义哲学和科学工作方法。通过学习实践，增强"四个意识"，坚定"四个自信"，坚决做到"两个维护"，具体落实好省委、省政府"1+1+9"工作部署，为扎实做好全年经济社会发展各项工作服务好，奋力在实现"四个走在全国前列"、当好"两个重要窗口"的征程上迈出新步伐。

坚持以数据质量为生命，坚决落实"两防"要求不放松。要以"四经普"中一时难以找到的单位为突破口，以工作中的薄弱环节为着力点，勤于集思广益，善于寻找蛛丝马迹，勇于克服重重障碍，不故步自封，不敷衍了事，不轻言放弃，确保颗粒归仓。

坚持以改革创新为己任，坚决当好省委、省政府的参谋助手。统计作为一门应用科学，具有鲜明的理论性和实践性，要勤于透过现象看本质，及时解读世界局势、经济走势、行业强势、区位优势，精心研判经济社会发展中稳中有进、进中有忧、忧中有机的逻辑关系，为省委、省政府提供既有理论依据，又有实际参数的第一手资料。

坚持以党建业务双融合为抓手，坚决全面落实"一岗双责"责任。要以"不忘初心、牢记使命"主题教育为契机，以副处以上干部签订的责任承诺书为依据，以为数据需求者服务的初心，夙夜在公，攻坚克难，在追梦路上凸显统计工作者的一颗公心和良心。

坚持以模范机关创建活动为载体，坚决把个人成长成才楔入岗位职责要求。以中央近日修订颁布的《党政领导干部选拔任用工作条例》为依据，将权力关进制度的笼子里，形成"百舸争流"的格局，努力用好、用对、用活干部，让优秀干部脱颖而出。要以《广东省统计局人力资源分布一览图》为对照，从挂图看干部，从挂图看责任，从挂图看使命，以圆满完成"四经普"这一阶段性工作任务为重点，以各项常规性统计工作为己任，让方法靠近科学，让数据接近真实。

254
坚持党建工作与统计业务"双融合"——在2019年省直机关党的工作会议上的交流发言

尊敬的张义珍部长、各位领导，大家上午好！很荣幸能代表省统计局党组，作为五个发言单位之一作经验交流发言。我发言的题目是"坚持党建工作与统计业务'双融合'"。

一直以来，省统计局党组高度重视机关党的建设，按照中央和省委关于加强党的政治建设的部署要求，认真学习贯彻习近平总书记对广东重要讲话指示批示精神以及对统计工作的重要指示精神，以党的政治建设为统领，以构建经济大省之统计强省为目标，坚持党建工作与统计业务"两手抓""双融合"，促进党建与业务质量同步提升，开启了统计工作新局面，得到了省委书记李希、省长马兴瑞和国家统计局局长宁吉喆的充分肯定。省统计局在去年省直机关党建工作绩效考核中获得了97.5分，在去年上线最后一期"民声热线"直播节目，获得94.5分的年度现场最高分。

我主要从三个方面介绍省统计局抓党建工作与统计业务"双融合"的做法和经验：

着力在落实党建主体责任与统计业务责任上融合。坚持把政治建设摆在首位，切实提高政治站位，认真履行"一岗双责"，确保党建与业务融为一体、高度统一，层层压实主体责任。以"承诺践诺"亮责，以"任务清单"明责，以"标准量化台账"履责，以"建章立制"尽责。

着力在提振干部精气神和推进统计改革创新上融合。坚持党对统计工作的领导，突出政治标准选人用人，贯彻正向激励机制，强力提振统计干部队伍精气神，坚定不移深化统计改革创新。强化"关键少数"学习能动性，把学习成果转化为工作创新的效能。坚持把深入学习领会贯彻习近平新时代中国特色社会主义思想和党的十九大关于完善统计体制部署等作为党组会第一议题和党组理论学习中心组第一课堂。加强教育引领，激励干部在知行合一中主动担当作为。强化专业能力锻炼，培养干部干事本领。

着力在强化过硬作风纪律和提升统计服务质效上融合。领导干部率先垂范，强化统计工作作风纪律建设，努力做好"为数据需求者服务"工作。以严谨负责和求实精细作风加强"两防"（防注水、防少漏），夯实统计基层基础。积极释放全局智慧潜能，主动做好经济分析和预警预判，当好省委、省政府参谋助手。省统计局主要领导带头，撰写的统计分析材料被誉为经济分析的标杆和样板。积极践行"甘为人梯"和为民服务情怀，竭诚提供优质统计产品和服务。

255
"四责"抓落实，"交心"上党课

2019年4月2日上午，我应邀参加人事处党支部专题组织生活会，以"坚持党建工作与统计业务双融合双提升"为题讲授专题党课。

近期召开的2019年省直机关党的工作会议暨模范机关创建工作推进会上，省统计局作为五个代表单位之一上台发言，体现了省委、省政府对省统计局党建工作的高度重视和充分肯定。省统计局坚持党建工作与统计业务"两手抓""双融合"，促进党建与业务质量同步提升，为构建经济大省之统计强省提供了坚强的政治保证。

我从三个融合阐述如何抓好党建工作与统计业务双提升。

在落实党建主体责任与统计业务责任上融合。坚持把政治建设摆在首位，切实提高政治站位，认真履行"一岗双责"，确保党建与业务融为一体、高度统一，层层压实主体责任。主要通过"四责"抓落实："承诺践诺"亮责、"任务清单"明责、"标准量化台账"履责、"建章立制"尽责。

在提振干部精气神和推进统计改革创新上融合。坚持党对统计工作的领导，突出政治标准选人用人，贯彻正向激励机制，强力提振统计干部队伍精气神，坚定不移深化统计改革创新。具体有三个"强化"：强化"关键少数"，坚持把深入学习领会贯彻习近平新时代中国特色社会主义思想和党的十九大关于完善统计体制部署等作为党组会第一议题和党组理论学习中心组第一课堂；强化教育引领，激励干部在知行合一中主动担当作为；强化专业能力锻炼，培养干部干事本领。

在强化过硬作风纪律和提升统计服务质效上融合。领导干部率先垂范，强化统计工作作风纪律建

设,努力做好"为数据需求者服务"工作。通过"三个积极"主动作为:积极加强"两防"(防注水、防少漏),夯实统计基层基础;积极释放全局智慧潜能,主动做好经济分析和预警预判,省统计局主要领导带头,撰写的统计分析材料被誉为经济分析的标杆和样板,当好省委、省政府参谋助手;积极践行"甘为人梯"和为民服务情怀,竭诚提供优质统计产品和服务。

我殷切叮嘱人事处的干部:人事工作是长期而又系统的工作,政策性强,责任重大,希望人事处全体人员攻坚克难,锐意进取,新时代新担当新作为,进一步强化服务意识,加强规范化管理和相关政策理论学习,为统计事业的长足发展提供坚强的人才和智力支撑。

人事处的同志纷纷表示,我以上率下讲党课,示范引领抓党建,讲授的党课有高度、有要求、有温度、有渗透力,是一堂很"交心"的党课,这是对人事工作的高度重视,更是对人事处党员干部的关心关爱,大家倍受鼓舞。通过学习,大家进一步领会了省统计局党组对推进机关党建工作与统计业务双融合双提升的科学内涵,明确了今后工作努力的方向,纷纷表示要以更高标准做好人事工作,为构建经济大省之统计强省做出自己的贡献。

256
传达省领导指示要求,不负重托,推动统计工作再出发

2019年4月16日下午,我主持召开2019年度第五期省统计局党组中心组(扩大)理论学习会,传达学习省委常委、组织部部长张义珍在省委党校2019年春季学期开学典礼上的讲话和全省教育工作会议精神。

会议首先播放了马兴瑞省长视察省统计局的视频。我谆谆教导大家,马省长利用休息时间来省统计局听取广东统计数据中央多功能控制室功能介绍,查看重点联网直报企业数据报送情况,调研指导广东统计工作,并作出重要指示。省统计局全体干部职工要以马省长的检查指导为契机,不松气、不松劲、不松懈,努力把各项工作提高到新水平,不辜负省领导的期望。

我指出,张义珍部长的讲话政治站位高,理论指导强,全体干部要认真学习落实,深刻领会习近平总书记关于"在常学常新中加强理论修养、在真学真信中坚定理想信念、在学思践悟中牢记初心使命、在细照笃行中不断修炼自我、在知行合一中主动担当作为"的重要论述,旗帜鲜明讲政治,敢于担当作为,严于律己做事,做政治上的明白人、统计业务上的内行人。

省统计局要更加规范和重视内审工作,紧密结

合日常工作，用"显微镜"精神，将平时认识不到位、制度不规范的地方找出来、改正过来，进一步完善内审工作各项制度。要抓细抓小抓严内审工作，用专业台账意识对待各项经费开支，从小事抓起，以小见大，从小到大，从严要求；要发挥内审工作保障统计事业全面健康发展的作用，努力实现"人无我有、人有我优、人优我强"的经济大省之统计强省的奋斗目标。

257
回望历史响自强之音，不负青春为统计添彩

省局举办纪念五四运动100周年演讲比赛，我谈自己的几点看法和想法。

近代著名学者梁启超先生在散文《少年中国说》上这么说过："少年智则国智，少年富则国富，少年强则国强，少年独立则国独立……"

历史的长河大浪淘沙，洗涤过多少岁月；时代的画卷波澜壮阔，记载了无数英杰。今天，我们回望岁月峰头，拨开历史烟云，追寻火红足迹，一起回味曾走过的风风雨雨。

为纪念五四运动100周年，弘扬"爱国、进步、民主、科学"的五四精神，激励引领广大统计青年树牢"四个意识"，坚定"四个自信"，自觉做到"两个维护"，2019年4月30日，广东省统计局举办"弘扬五四精神、构建经济大省之统计强省"为主题的演讲比赛。省统计局全体干部职工参加比赛活动。

比赛现场，来自各处室、中心、所共15名参赛选手准备充分、沉着应赛，他们结合自身经历、工作实际，或慷慨激昂、抑扬顿挫，或徐徐诉说、娓娓道来，讲述"构建经济大省之统计强省的责任感"，阐述"当代统计青年的使命感"，诉说对工作的热忱、对初心的坚持等，为观众呈现出统计青年蓬勃向上的精神风貌。

特别的是，本次比赛除了专家评分，还邀请现场观众通过微信投票，极大激发了全体干部职工的参与热情。经过激烈的角逐，机关党委办公室张冲以"家风鼓帆、奋勇前行"为题，凭借出色的表现赢得了第一名。

赛后，我对参赛选手一一进行点评。本次演讲比赛准备充分，选手们表现突出，充分展示了广东统计青年的光彩与智慧。

这场耳目一新的比赛给我带来"一个没想到"和"六个想到"。"一个没想到"是本次活动在短时间内能组织得如此成功、平时奔忙在各自统计岗位上的演讲者们演讲水平如此之高、主持人主持风范如此出彩。

"六个想到",一是想到"自己",想到曾经紧紧抓住青春的尾巴,即使年龄不再年轻,内心也应跨越年龄的标准,实现青春的永驻;二是想到"青春",面对省统计局当前人员结构老化现象,选人用人正在开启青春之道路;三是想到"分数",选手们分数段位较高,表现分有所值,再次证明了统计青年的智慧与力量;四是想到"组织",省统计局团队组织建设势在必行,才能更好地凝聚青春团结之力,激荡青春梦想;五是想到"岗位",从不同岗位走出来的统计青年,在此次演讲中展示出复合型人才的风貌,或铿锵有力,或娓娓道来,或故事动听等;六是想到"未来",未来是完全掌握在青年人的手上,应参照用核算专业看人才的任用,将人才培养落到实地。

258
进京,五月学旅,打造"统计黄埔"

2019年的五月,这个似水的季节,我悠然地倚靠在暮春的肩头,阳光不经意地透过稀薄的云层,化作缕缕金光,洒遍大地洒进心扉;风儿轻轻拂过,温润柔软,像极了婴孩的小手。我载着满满的统计行囊,奔赴祖国的心脏——北京,出席在中国人民大学举办的广东统计系统青年干部业务培训班,开展一场温馨的求知充电之旅。

我在广东统计系统青年干部业务培训班开班动员讲话中提出,举办本次干部培训有"三要":

需要。加强优秀青年干部业务培训,提升干部业务水平和能力,是提高青年干部自身综合素质的内在需要。

必要。当前经济形势错综复杂,统计工作任务繁重,加强统计青年干部培养教育,是推进统计事业科学长远发展的客观必要。

重要。本次统计青年干部业务培训,是统计干部"黄埔一期",是加强统计系统青年干部队伍建设和促进统计事业发展的重大举措,是构建经济大省之统计强省的重大举措,重要且迫切。

我在讲话中殷切叮嘱广大青年干部,要认真学习,提高水平,努力使自己成为本领域内的行家里手、工作骨干和业务尖子;

要深入思考，注重调查研究，不仅要苦干实干，还要巧干会干；要坚持理论和实践相结合，做到学以致用，学用结合，举一反三，不断提高学习的有效性；要端正态度，严格要求，提高自律，强化纪律作风修养，确保学习效果。

我希望人事处以举办本次青年统计干部培训班为契机，建立青年干部学习教育和业务培训长效机制，将广东统计系统青年干部培训班打造成广东统计人才建设的"黄埔军校"，为构建经济大省之统计强省提供坚实人才支撑和智力保障。

随后，我以"经济运行：怎么看·准不准"为题向培训班讲授第一门专业课。我以翔实的数据，详细分析研判全国和广东2018年及2019年经济运行情况，提出2018年广东经济运行"经济结果不容易""经济过程不容易"和"经济预期目标安排不容易"，中国经济"越爬坡过坎，四十年再出发"，越需往南看，谨防产业空心化。我还提出在分析经济运行研判和数据分析解读中要走出"六个误区"：误区一，质疑数据，误判失机，在经验与否定之中，失去总体观测——吃了绝对与相对之亏；误区二，以我为数，很自我，只见森林，不见树木，个体为大——极端观察与大数妄议；误区三，愤青愤世于学院派与经典理论，不能面对变化的人性与现实经济存在——单一、片面的想法，让位于混搭实操经济管理；误区四，陷于表象，不能开膛破肚，看透摸清经济状况——积极财政与稳健货币政策，"六稳"于经济；误区五，经济增长的可持续性，不仅是经济要素量的简单扩张，更是增长动力形成与质的提升——创新驱动与高质量发展，是经济可持续增长的路径；误区六，囿于制度法规，看不见心理或忽略心律变化是最大的不确定，人性是"和平与稳定、发展、战争"最看不见的根子——单极与多极的博弈，跃然于世。

广大参训学员纷纷反馈，我的授课数据翔实、内容丰富、深入浅出，既有丰富的理论讲解，又有生动的案例剖析，受到了大家的高度肯定和积极好评，得到了中国人民大学统计学院教授、老师的点赞认可。

259
整装再出发，与新提拔正处级干部进行集体任职谈话

首先要祝贺你们5名新提拔的正处级干部，这次干部提拔是对你们之前工作成绩的肯定。接下来，要收拾心情，整装再出发。

一直以来，省统计局党组高度重视选人用人工作，非常关心干部成长进步和干部队伍建设，致力于打造一支构建经济大省之统计强省的人才队伍。

此次干部提拔正是把握政治方向、大局意识和工作的需要。选出匹配岗位需要的处室领头人是为了更好地履行省委、省政府赋予的统计工作任务，也是局党组充分酝酿的结果。

新提拔正处级干部要进一步提高自身综合素质，对自己有更高的要求。要坚持廉洁自律，牢记"没有廉等于零"，时刻绷紧"廉"这个底线。要作风过硬，以身作则，率先垂范，把处室同事带动起来，实现党建业务双融合双提升。要团结同事，坚持民主集中制，多角度权衡利弊得失，选取最大公约，团结带领处室争创一流业绩。要积极作为敢于担当，将党性落到具体行动落到实际工作上，不要背包袱、患得患失，大胆开展工作，局党组会"为担当者担当"。

希望你们不辜负局党组的信任和嘱托，进一步提高政治站位，认真履职尽责，廉洁自律，以身作则，团结带领处室同志踏实工作，为构建经济大省之统计强省贡献自己的力量。

260
"五个锦囊"妙计，扎实搞好主题教育

习近平总书记关于不忘初心、牢记使命发表了一系列重要论述，从2013年全国人大至今的6年间，先后43次谈到不忘初心。开展这次主题教育，是强化理论武装、推进新时代党的建设的必然要求，是锤炼坚强党性、建设作风过硬党组织的重要举措，也是推动改革创新、构建经济大省之统计强省的迫切需要。因此，2019年6月10日，我在中央党校学习，专程请假回来出席省统计局主题教育动员部署会，并作题为"坚守初心使命、敢于担当作为，大力推动构建经济大省之统计强省"的动员讲话。

我在讲话中强调，要严格按照中央和省委部署要求，明确职责任务，统筹谋划和扎实推进主题教育各项工作。一要把"守初心、担使命，找差距、抓落实"的总要求贯彻主题教育始终。二要准确把握主题教育的目标任务，深入学习贯彻习近平新时代中国特色社会主义思想，锤炼忠诚干净担当的政治品格，团结带领全局干部职工为统计改革发展事业而奋斗，达到"理论有收获、思想政治受洗礼、干事创业敢担当、为民服务

解难题、清正廉洁作表率"的目标。三要扎实推进主题教育各项重点工作，把持之以恒深化学习教育、深入实际开展调查研究、深刻检视剖析存在问题、扎实抓好整改落实贯穿主题教育全过程，确保主题教育不虚不偏不空不走过场，确保抓出成效、抓出特色、抓出影响。

授人以鱼不如授人以渔。在会上，我给大家传授了搞好主题教育的"五个锦囊"。第一个锦囊是要加强组织领导，及时成立主题教育领导机构，落实工作责任。第二个锦囊是要发挥示范引领作用，领导干部要以身作则、以上率下，带头抓好主题教育各项任务落实。第三个锦囊是要加强督促检查和指导，确保高标准高起点开展学习教育。第四个锦囊是要发挥求真务实作风，坚决力戒形式主义，不搞形象工程、不搞过度留痕。第五个锦囊是要把主题教育作为当前一项重大政治任务，以高度的政治责任感和历史使命感，高质量完成主题教育各项任务，用主题教育促进工作落实，用工作成绩检验学习教育成效。

省委第十巡回指导组组长刘鸣代表省委第十巡回指导组对省统计局开展"不忘初心、牢记使命"主题教育的前期准备工作给予了充分肯定。他认为，省统计局党组对主题教育高度重视，及时传达学习中央、省委关于开展"不忘初心、牢记使命"主题教育部署文件精神，成立了主题教育领导小组专题研究部署开展主题学习教育有关工作，制订了既有一定理论高度又结合统计工作实际、既明确工作重点又有整体安排的实施方案，开展主题教育是有准备、有学习、有思考的，启动恰逢其时。

刘鸣对开展主题教育提出了五点要求：一要在牢牢把握根本任务上抓落实、求实效。二要在认真贯彻"十二字"总要求上抓落实、求实效。三要在努力达到"五句话"的目标上抓落实、求实效。四要在推进"四项"重点措施上抓落实、求实效。五要在真抓实干、力戒形式主义上抓落实、求实效。

261
四个到位，从紧、从严、从实推进主题教育

2019年6月19日，我专门听取局主题教育领导小组办公室的工作汇报，审阅省统计局主题教育学习教育实施方案、调研工作实施方案等材料，我认为，局主题教育领导小组办公室近期工作卓有成效，值得充分肯定，下一步要继续抓紧、抓严、抓实主题教育各项工作，确保要求到位、措施到位、职责到位、成效到位。

严格制订方案，确保要求到位。要认真学习省委主题教育实施方案，深刻领会方案的精神实质和目标要求，结合省统计局

实际进一步完善主题教育总体实施方案，不断细化工作总体安排，并抓紧完成学习教育、调查研究、检视问题和整改落实等分方案，使方案既符合中央和省委主题教育要求，又突出统计特色。各党支部也要根据局主题教育总体方案要求，制订本支部具体的实施方案。

严密组织实施，确保措施到位。要按照总体方案和分方案的工作安排计划，认真组织实施。在学习教育环节，局领导要集中5~7天时间进行学习研讨，可采取党组理论学习中心组扩大学习会、党组扩大会、党组专题学习会、现场教育学习等形式，丰富学习载体，提高学习效果。调查研究要紧密联系统计实际，突出问题导向，注重针对性和实效性。要广泛听取意见，深入查摆问题，并结合省委巡视和党建绩效考核反馈意见指出的问题进行全面整改。

明确任务分工，确保职责到位。局党组对主题教育负主体责任，局主题教育领导小组要加强组织领导，及时研究主题教育重大问题。领导小组办公室要做好日常统筹协调工作，并具体实施和督促落实。领导小组办公室人员要熟悉情况，集中精力，按照职责分工落实任务。特别要加强与省委第十巡回指导组的联系和对接，主动接受指导和监督，同时加强对局各单位主题教育的指导检查，确保主题教育各项任务高质量完成。

严实纪律作风，确保成效到位。要把开展主题教育作为重大政治任务，切实增强政治责任感和历史使命感。领导干部要带头，发挥"头雁效应"，学在先、做在前，树标杆、作示范。要以严的纪律、实的作风抓好主题教育，力戒形式主义，不搞形象工程、不搞过度留痕，扎扎实实开展工作，争取实实在在的效果，达到理论学习有收获、思想政治受洗礼、干事创业敢担当、为民服务解难题、清正廉洁作表率的目标。

262
"四个结合"，增强学习效果

2019年6月23日星期日，我们利用休息时间召开党组理论学习中心组（扩大）理论学习会，开展"不忘初心、牢记使命"主题教育集中学习研讨，重点学习《习近平新时代中国特色社会主义思想学习纲要》第一章"中国特色社会主义进入新时代"和第二章"当代中国发展进步的根本方向"。结合近段时间我在中央党校的学习成果，对习近平新时代中国特色社会主义思想作辅导解读，并和大家交流主题教育学习心得。

感谢省委主题教育第十巡回指导组成员杨胜、汪绪慧不辞辛苦到会指导。

开展集中学习研讨，是体现思想建党、理论强党基本原则的政治要求，是主题教育的关键环节和规定工作，将为构建经济大省之统计强省注入强大精神力量和坚强政治保障。我们要提高政治站位，把学习教育贯穿主题教育始终，把集中学习研讨作为学习教育的重中之重抓紧抓好。要集中精力读原著、学原文、悟原理，以《习近平新时代中国特色社会主义思想学习纲要》和《习近平关于"不忘初心、牢记使命"重要论述选编》及党章党规等为学习蓝本，结合安排的学习专题，深化对习

近平总书记系列重要讲话的系统学习，深刻领会习近平总书记对广东、对统计工作的重要讲话指示批示精神，进一步用习近平新时代中国特色社会主义思想武装头脑、指导实践、推动工作。

今天是第一专题的学习，接下来局党组将安排一周时间进行集中学习研讨，希望同志们要集中精力投入学习，全面掌握习近平总书记思想的基本内容、基本要求，深刻理解其核心要义、精神实质、丰富内涵和实践要求。要注重四个结合，增强学习效果。

学学结合。坚持集中学习研讨和自学相结合，既要保证集中重点的专题学习，也要在自学中扩展学习范围，丰富学习内容，增强学习的系统性和全面性。

学悟结合。要学思践悟，深刻领悟习近平新时代中国特色社会主义思想蕴含的世界观、方法论，

在精研细读中感受总书记思想的强大真理力量、实践力量，从中汲取智慧和营养。

学讲结合。在学习中，既要认真听领导讲，听专家讲，听同事讲，也要联系实际进行深入思考，并主动发言，交流学习心得，分享学习成果，领导干部还要讲好党课。

学用结合。学习的目的在于运用，运用也是最好的学习。要坚持理论联系实际，强化问题导向，以解决具体问题体现学习成效、促进学习提升。

统计工作的初心就是要客观真实反映经济社会发展情况，担当精准反映经济社会客观存在和发展变化这一重大使命。我们要深入查找统计工作中存在的短板和不足，把开展主题教育取得的成效转化为推动全省统计改革发展再上新台阶的生动实践，为数据需求者服务，构建经济大省之统计强省。

263
风尘仆仆、头雁先飞、群雁齐追

2019年6月23日，我像一只南归的鸿雁，从千里之外的首都北京风尘仆仆赶回广州，参加省统计局党员领导干部"不忘初心、牢记使命"主题教育集中学习，并作动员部署和带头发言。我把参加中央党校厅局第73期"生态文明建设"研究专题班学习习近平新时代中国特色社会主义思想的系统理论知识与构建经济大省之统计强省实践结合起来，亲自制作通俗易懂的PPT，与全局处以上党员领导干部和党员干部代表共同分享学习习近平新时代中国特色社会主义思想学习心得与体会。

我在交流发言中，回顾了中国特色社会主义理论体系形成的起点——《解放思想，实事求是，团结一致向前看》、中国特色社会主义理论体系奠基之作——邓小平理论形成过程中的重要文献、中国特色社会主义理论体系的丰富与发展——形成"三个代表"重要思想和科学发展观，重点阐述了中国特色社会主义理论体系的进一步丰富发展——习近平新时代中国特色社会主义思想的创立。

我用翔实的数据和事例回望了党执政70年来取得的举世瞩目的成就，展望了完成"两个一百年"宏伟目标实现中华民族伟大复兴的美好未来，坚定了应对国际形势日趋错综复杂，尤其是中美贸易战、科技战，以及国内各种不利因素和困难局面的信心，强调只要牢固树立"四个意识"，坚定"四个自信"，坚决做到"两个维护"，就可以克服一切困难，战胜一切困难。

一如既往深入开展"不忘初心、牢记使命"主题教育，要把握总体要求，明确目标任务，把学习教育、调查研究、检视问题、整改落实贯穿主题教育全过程，要学好用好《习近平新时代中国特色社会主义思想学习纲要》《习近平关于"不忘初心、牢记使命"重要论述选编》，要在深入思考上下功夫，不断提高政治站位和理论素养；要在融会贯通上下功夫，全面系统学习领会习近平新时代中国特色社会主义思想的精髓要义；要在知行合一上下功夫，全省统计系统广大党员干部要树立鲜明实践导向、问题导向、效果导向，在中央和省委的领导下，坚守初心使命、敢于担当作为，以习近平总书记对广东工作及统计工作重要讲话和指示批示精神为指引，围绕党中央决策部署和广东"1+1+9"工作要求，坚决实施粤港澳大湾区发展战略，坚决打好三大攻坚战，应对和化解各种风险挑战。

6月23日开始，省统计局为期一周的集中学习正式拉开序幕。"头雁先飞、群雁齐追。"目前，10号楼的广大党员干部正以饱满的热情，积极投身"不忘初心、牢记使命"主题教育之中。

264

卸下戎装，披上素服，平心再出发

在中国人民解放军建军92周年即将来临之际，2019年7月29日，我邀请全局的复转军人共60多人参加座谈会，共同回忆他们半生戎马生涯，畅想未来美好统计前程。

首先，我代表局党组对全体复转军人致以节日的问候，对他们为国防事业做出的贡献表示崇高的敬意和衷心的感谢，祝愿大家节日快乐、工作进步、家庭幸福。岁月的河流缓缓流淌，广东统计发展的每一步，完成的每一项工作，都饱含复转军人流下的汗水，凝聚了大家的心血，这种积极转型、主动融入、顾全大局、无私奉献的精神，令人十分敬佩、敬重，得到了历届局党组的高度评价和充分肯定。

一直以来，局党组十分重视并关心关爱复转军人的思想、工作、生活。复转军人到地方工作，成为改革开放的时代弄潮儿，取得了骄人业绩，是党和国家的宝贵财富，更是统计局的宝贵财富。局党组一直把培养好、使用好复转军人当作重要政治任务来完成，这是义不容辞的责任。在复转安置时，省统计局尽量结合各人的优势和特长，做好工作岗位安排，力争人岗匹配，人尽其才，给每位复转军人提供展示才华、实现价值的平台。对于复转军人遇到的问题、困难及近期出现的思想顾虑，我完全能够理解，局党组将积极回应，依法依规给予解决，请大家放心。

我勉励复转军人一定要干好、以干得助。要努力完成思想和行动上的转型，继承部队优良传统，保持军人良好作风，谦虚谨慎，积极进取，甘于奉献；要提高思想认识，放下思想包袱，主动融入统计大家庭，开创自我发展的新空间；要珍惜工作岗位，加强业务学习，勇挑重担，扎实工作，不断提升统计业务能力，为统计事业再立新功。

座谈会上，7位复转军人代表回顾了各自的军旅生涯，讲述了军旅感悟和来到统计局后的工作体会。他们有的半生戎马、华发早生，有的从容稳健、泰然自若，有的朝气蓬勃、意气风发。

大家一致表示，感谢局党组对复转军人的关心和培养，自己将不忘入伍初心，保持军人本色，努力成为新时代统计战线的生力军，为构建经济大省之统计强省奉献力量。与会人员还对复转军人关心关注的问题展开热烈讨论，并进行深入交流。

265
常警醒，掸掉初心上的尘埃

"不忘初心、牢记使命"主题教育如火如荼地进行着，为进一步增强主题教育实效性，2019 年 8 月 2 日下午，我和全体党员干部一同观看党风廉政教育专题片。

在局会议室里，大家齐整地坐着，整个会场肃穆而安静。因为要放映影像资料，所以灯光稍显昏暗。

我们观看的是由广东省纪委监委摄制的警示教育专题片《浊流之虐——揭阳市惠来县系列腐败案警示录》《恶伞——原省国土资源厅党组成员、执法监察局局长李师案警示录》。晃动变幻的光影投射到一张张或青春、或沧桑的脸庞上，我想，也投射到了大家的心底，触碰到灵魂深处的那根弦。

警示录中的这些涉案人员都曾受到组织良好的培养教育，担任一定的领导职务，手中掌握着一定的权力，他们就在我们身边，却在各种诱惑前难以自控、淡忘初心，与黑恶势力沆瀣一气，带头违纪违法、卖官鬻爵，导致政治上蜕化变质、经济上贪得无厌、生活上腐化堕落。可见，经历世事变迁、岁月流转，掸掉初心上薄薄的尘埃，保持初心的纯洁剔透，是多么重要的一件事。

观看警示教育专题片后，大家纷纷表示，要以这些典型案例为鉴，不断检视作风形象问题，坚决反对特权思想和特权现象；要坚守自身底线，增强拒腐防变能力，做到警钟长鸣；要牢记初心使命，以更高的标准和更严的纪律要求自己，立足本职岗位，践行统计初心使命，努力构建经济大省之统计强省，为广东实现"四个走在全国前列"、当好"两个重要窗口"提供高质量统计服务。

266
开班第一课——一个人的"三力"修身

哈尔滨，坐落于中国版图的东北角，美丽的松

花江穿城而过，孕育了秀美的山川和广袤的黑土地。从羊城到冰城，4 个半小时的航途，难免有些倦怠，然而下飞机的一刹那，不同于羊城八月的热浪翻滚，阵阵清浅的凉意袭来，瞬间让人感受到，高纬度的独特魅力。

为什么选择把 2019 年广东省统计局干部综合能力素养提升培训班定在哈尔滨？全国各大城市千篇一律，无非是密密麻麻的钢筋水泥森林，繁华喧嚣的街道，熙熙攘攘排成长龙的车队，摩肩接踵的匆忙人群。哈尔滨却不是这样，她别具一格的城市风貌，她异域风情的生活韵味，被称为"东方莫斯科"。尤其正值炎夏，到哈尔滨可以避暑纳凉，驱散暑气，感受和南方的燥热不一样的气息。哈尔滨工业大学又是一所历史悠久的工科名校，在这样的历史底蕴厚重的校园里培训，必然心旷神怡，收获颇丰。

我认为，办好 2019 年广东省统计局干部综合能力素养提升培训班有"三要"。首先是需要，推进干部教育培训工作，是当前加强干部队伍建设的客观需要；其次是必要，全面提高干部个人综合能力，对做好新形势下统计工作很有必要；最后是重要，举办 2019 年省统计局干部综合能力素养提升培训班，对为数据需求者服务和构建经济大省之统计强省十分重要。

我殷切叮嘱参加培训班的同学，一是要认真学习，勤于思考，将哈工大"规格严格，功夫到家"的精神贯彻学习始终；二是要学以致用，理论联系实际，将学习成果转化为构建经济大省之统计强省的统计能力；三是要遵守纪律，端正态度，严格要求，确保本次培训班取得良好的培训效果。

我还以"一个人的'三力'修身：原创力、动手能力与执行力"为题向培训班讲授开班第一课。我从 2019 年广东"统计能力提升建设年"的目标切入，以新时代改革创新要求和主动担当作为精神，提出一个人要全面提升自身综合能力，应从原创力、动手能力与执行力落脚，并结合广东统计改革创新工作对"三力"进行诠释。其中，原创力的"五个构件"为独立思考能力、深入碰撞出清力、抓住主要矛盾能力、与时俱进创新力、厚积薄发力；动手能力的"六个元素"为不等不靠"两先"自制力、身体力行克制力、熟悉情况果断力、攻坚克难力、办法比困难多行动力、数据解读应对能力；执行力的"五个境界"为无条件、无我、无敌、无畏、无包袱。最后，我期望全体统计工作者要脚踏实地把统计的开放之心，化为"新（改革创新）、先（先行先试）、实（落实求实）"的南粤统计之风，以实际统计行动牢记初心使命。

267
一个人的"三力"修身：原创力、动手能力与执行力

2019 年 1 月 11 日，中共广东省统计局党组印发《关于构建经济大省之统计强省开展统计能力提升建设年的通知》（粤统党字〔2019〕2 号）（简称《通知》）。

《通知》决定在全省开展"构建经济大省之统计强省，全面提升'统计改革创新、统计法治建设、统计数据质量、统计监测预警、统计服务水平'能力"工作，以 2019 年为"统计能力提升建设年"。

《通知》要求全省统计系统全面贯彻党的十九大精神，认真落实习近平总书记对广东工作和统计工作重要指示批示，筑牢思想根基，推动统计改革创新，强化统计法治建设，提升统计数据质量，加强统计监测预警，提升统计服务水平，树立统计"四个意识"，全面提升统计能力。

一个人的"三力"修身：原创力、动手能力与执行力。

原创力"五个构件"之独立思考能力：2018 年 6 月，"聚焦当下地方统计执行层面热痛点之空中几点不成熟思考"获宁吉喆局长批示；2018 年 9 月，下发《关于加强"两防"基础数据统计报送的通知》（粤统字〔2018〕76 号）显独立思考之精神；2019 年 7 月，向宁吉喆局长提出改善统计执法方式意见建议；在中央政策研究室《学习与研究》2019 年第 7 期发表《从统计视角认识广东发展不平衡性不协调性》。

原创力"五个构件"之深入碰撞出清力：2018

年 8 月，成立统计专业委员会，目前已召开会议 26 期，破解构建高质量发展绩效评价体系、部分行业总产出核算等统计难题；学习传达《公务员职务与职级并行规定》的有关内容，与军转干部多次沟通座谈，关注军转干部切身利益。

原创力"五个构件"之抓住主要矛盾能力：在广东"四经普"过程中，以"七个一到底"的做法推动普查工作，提高普查数据质量；2019 年 4 月，印发《关于进一步加强国民经济核算工作的通知》，要求"一把手"主管国民经济核算工作。

原创力"五个构件"之与时俱进创新力：国家统计局宁吉喆局长高度关注和肯定广东改革创新工作，多次给予指导和提出要求；2018 年 8 月，开发并完善"广东智能普查"项目，提高普查信息化水平；2018 年 9 月，构建《广东省高质量发展综合绩

效评价体系》；2018 年 10月，建立新经济统计制度反映广东高质量发展；2019 年，加强粤港澳统计工作交流，与澳门政府统计机构签署人口普查合作协议，开展港澳台和外籍人口普查登记专项试点。

原创力"五个构件"之厚积薄发力：宁吉喆局长"1919"到省统计局调研肯定广东统计改革创新，要求加强"两防"全面完成"四经普"工作任务，着力构建统计强省；2019年 7 月 22 日，宁吉喆局长到广东调研高度肯定广东统计改革创新工作和"四经普"数据质量；李希书记高度重视统计工作，多次对省统计局报送的工作情况报告、季度经济运行参阅材料圈阅；2019 年，马兴瑞省长两次到省统计局调研，高度肯定省统计局改革创新和"四经普"工作；省统计局 2018 年度绩效考核获省直机关一等奖；兄弟省市统计局多次到广东局学习调研。

动手能力的"六个元素"之不等不靠"两先"自制力：2018 年 9 月初，"两防"调研，9 天 13 市，闻鸡起舞、日夜兼程、风雨无阻；10 月"四经普"督导，4 天 4 市，根据各市工作实际提出不同工作要求；2019 年 2 月，参加省专题研讨班，充分利用课间、午间和餐间等间隙，见缝插针，先后分别向全省 21 个市中的 17 个市的与会主要领导，汇报交流各市"四经普"入户登记进度情况。

动手能力的"六个元素"之身体力行克制力：每年每季，坚持自己动手，精心打磨，撰写季度经济深度分析作为全省经济分析会阅研材料，获省领导和相关部门领导多次点赞好评；《目标区间运行：上半年广东全省经济"几面观"》获国家统计局宁吉喆局长肯定批示，要求国家统计局相关专业司也要学习借鉴，多掌握更细更具体的情况。

动手能力的"六个元素"之熟悉情况果断力：2018 年 7 月，根据江门"四经普"试点情况，当即决定增加深圳市南山区为省级综合试点，提高省级试点的代表性；在"四经普"单位清查数据上报截止的最后一天提出完成第一阶段"七个一到底"之后需"五个再出发"，各市经普办负责人及专业负责人也坚守工作岗位坚持做好清查数据上报工作；4 月 8 日，清明节后上班第一天，抢抓时间节点，立即主持召开数据研判分析会，研究一季度数据报送工作。

动手能力的"六个元素"之攻坚克难力：在"四经普"关键阶段，提出"结果、权重、原因、专业、力量、信心"六个导向，完成冲刺过一千万个清查对象的目标；两次进藏调研交流，提出"敬藏进藏智藏"，派出三批援藏干部，邀请西藏统计人员参加干部能力建设培训；

撰写《未观测金融调查研究》，获邀在联合国统计大会上作主题发言，为中国统计在世界发出广东声音。

动手能力的"六个元素"之办法比困难多行动力：深圳市光明新区红坳渣土受纳场滑坡事件，核损48小时，顺利完成市委市政府任务；2018年9月，茂名调研强调落实"两防"之"防少报漏报"要做到求变求新，脚踏实地，办法比困难多；2019年1月，在全省政协会议上发言，广东2018年全省经济"三个不容易"，同时要做到"三个向"。

动手能力的"六个元素"之数据解读应对能力：快速反应，进退得当，数据说话，以《新春洪福，走近走进解读解构深圳GDP是一件令人辛苦感动敬重而高兴的事儿》应对《深圳2017年经济数据挖掘——辛劳的统计局公务员们!》，以《全面辩证看待数据背后的广东经济增长》应对《倘若没有民

企，广东经济还剩下什么?》，2018年10月，广东PMI事件，里外得失之间见担当。

执行力的"五个境界"之无条件。贯彻党的十九大精神、习近平新时代中国特色社会主义思想、中央经济工作会议、全国"两会"和全国统计部门全面从严治党视频会议精神；深入学习贯彻省委十二届四次全会精神，为粤港澳大湾区提供高质量统计服务。

执行力的"五个境界"之无我。建章立制，局党组践诺、局党组议事规范、"双会·三有"制度；以普通党员身份参加支部组织生活；开明开放开门办统计，与各地市领导交流座谈统计工作，为数据需求者服务；甘为人梯，加强队伍建设，举办广东统计系统青年干部业务培训班，打造统计"黄埔一期"。

执行力的"五个境界"之无敌。培养干部多种能力，中心组学习引入PPT

演示、上台演讲等表现直观、令人印象深刻的学习方式；举办纪念五四运动100周年演讲比赛，激励青年不负青春为统计添彩；参加省局心理知识讲座，与大家分享"阳光心态、健康心理、做好自己"。

执行力的"五个境界"之无畏。壁立千仞，无欲则刚。与新提拔正处级干部进行集体任职谈话，坚持廉洁自律，时刻绷紧"廉"这个底线；中心组学习专题讲授党课，"让制度'长牙'，纪律'带电'"；多次与干部谈心谈话，提醒"没有廉等于零"，对驻村干部提出四要求"准、实、效、廉"，高度重视大力支持纪检监察工作。

执行力的"五个境界"之无包袱。2018年6月上任伊始，提出适应"新水土、干活不滑头、公心带队伍"；开展10号楼环境治理项目，天井镌刻"不忘初心、牢记使命"和"为数据需求者服务"，

面貌焕然一新，提升南粤统计"精气神"。

脚踏实地把统计的开放之心，化为"新（改革创新）、先（先行先试）、实（落实求实）"的南粤统计之风，以实际统计行动牢记初心使命。

268
党建业务双融合之设构理念、路径轨迹与实践实效

深圳市统计局"机关党建台账化"项目荣获市"党建杯"创新大赛一等奖，入选中直机关工委全国百优案例，走进中南海《紫光阁》介绍经验，获省直工作技能大赛党建创新类第七名；多项统计业务研究成果国家统计局以《要情专报》形式上报党中央、国务院；党建业务双融合成果获国家统计局机关报、官方微信八次登载，荣获五年一度的人社部、国家统计局"全国统计系统先进集体"表彰。

从深圳到全省，广东统计系统党建业务双融合取得丰硕成果。广东省统计局作为五个发言单位之一，以"坚持党建工作与统计业务'双融合'"为题在省直机关党的工作会议作交流发言；妇女儿童监测组获"省三八红旗集体"，1名科级干部获"省五一劳动奖章"，2018年度绩效考核获省直机关一等奖；撰写《未观测金融调查研究》，获邀在联合国统计大会上作主题发言。由此可见：

"天堂与地狱都由自己建造。如果你赋予工作意义，不论工作大小，你都会感到快乐。如果你不喜欢做，任何简单的事都会变得困难、无趣。热爱工作，它才能给予你最大的恩惠、获致最大的结果"——《洛克菲勒给孩子的38封信》。

2018年3月14日，现任深圳市委副书记，时任深圳市委常委、组织部部长郑轲到深圳市统计局调研党建业务双融合实践实效，对市统计局党建业务工作作出"四好"的高度肯定评价，他饱含深情、眼眶湿润地说，新洪把统计当作自己的孩子一般呵护、对待与养护，这样的人在队伍中不多。

统计，是一列开往充满期待春天的火车。墙内开花墙外香，国家统计局、香港澳门统计机构、各兄弟省市统计局络绎不绝到访调研，切磋技艺，弥足珍贵。2019年6—9月，仅上海市统计局密集来粤调研学习达5次之多。

围绕人·手里牌·543。

党的统计事业要靠人来支撑，任何存在都有一个如影随形的主体，那就是人。个体和集体的作用在工作中都应得到同等重视，如此方能让大写的人字有大写的精神。

为适应经济社会发展新形势、统计数据生产方式深刻变革，广东省统计局及以深圳市统计局为代表的各地市局认真落实省委、省政府决策部署，以党建推动业务工作，加强统计改革创新，提高统计数据质量，科学准确实事求是反映广东经济社会发展变化。

围着事·椭圆桌·渐佳境。

参照深圳做法，广东省统计局成立统计专业委员会，实现扁平化管理，以"平等、高效、尊崇"为核心价值观，加强各处室间关联沟通，依托专业力量凝心聚力开展工作，跨部门高效解决各种统计业务难题。委员专员都可以根据统计业务需要，动议、发起统计专业委员会议，跨专业、跨部门即时调动其他委员专员或人员参与。

目前，省统计局已召开统计专业委员会50多期，解决了高质量发展综合绩效评价体系构建、物流行业增加值核算、新经济统计制度建立等多项统计专业难题，牢固构筑"专业的事由专业的人去干，才能干好"的职业专业操守精神。

主要做法·123·9 + n。

"1"化——台账化。

围绕理论学习和中心工作、业务特点、重大任务，交融并进，有机结合，如实记录工作进展，有秩序、有系统地整理形成"台账"，以党建为"主干"、业务为"枝干"，构建统计业务与党建工作相融合的"台账"，真正形成党建业务"一张皮"。

"2"律——刚律和心律。

刚律，守住底线硬约束。坚定政治站位，严守党纪国法，要求各个层级与岗位"一把手"履行"一岗双责"，树立"四个意识"，强化党内监督。做到"双抓"（抓制度、抓监督）、"双实"（落实、诚实）、"双透"（不披着藏着率性剔透、民主集中公约担当明透）。

心律，根源寻求软约束。在内心尺度上，提倡吃亏是福，只有能力带不走；在三省吾身上，以"经济人"假设为反向靶子，倡议无条件执行、不找借口、专注细节，努力做到知行合一、身体力行；在基本要求上，讲求对得住岗位薪酬；在人生境界上，追求随喜惠佑，淡泊明志，自我纠偏，坦坦荡荡做人干事创业。

"3"载体——量化、列表和绘图。

量化，横向板块记录工作轨迹，体现在党支部、机关党委、党组三级"七标准量化"工作上。

列表，纵向时间记录

事件成果。工作运行机制与轨迹的"六张表"：学习表、基层表、议事表、创新表、结果表、时间表。

绘图，"局部"放大指导工作开展。"外单内共"数据共享系统流程图，统计大数据开发利用推进循序渐进。"新常态、新思维、岗编责、干兴统"人力资源分布一览图，干部培养任用有章可循。

"9 + n"平台——脚踏实地改革创新。

2016 年，国家统计局发文同意在深圳开展 9 项改革试点，宁吉喆局长特许深圳改革创新试点不封顶，目前任务已达 21 项。以"9 + n"为平台，推动统计改革创新，为国家统计顶层提供大量鲜活可用的经验，深圳统计改革成为中国统计改革的试验田与风向标。这些改革创新工作，获得了宁吉喆局长、马兴瑞省长等省部级领导多次重要批示。

选人用人破解修昔底德陷阱。

在选人用人上，破解修昔底德陷阱的方法：路人皆知。在干部的提任布局上，着力缺什么补什么、什么弱强什么，不论资排辈，"串联 + 并联 = 关联"，在集体布局上，重统筹谋划，重听取党支部意见，更优先考虑德能勤绩廉"五观"全面的干部，向全局毫不保留干部重任、平转与交流的机会、意图、线路，鼓励大家以干得助、有为有位，最终导向"以干得助，同等条件优者为先"的良好氛围。

双融合双提升领导心中有统计。

国家统计局宁吉喆局长 2019 年两次到广东调研，高度肯定广东统计改革创新工作和"四经普"数据质量；李希书记高度重视统计工作，多次对省统计局报送的工作情况报告、季度经济运行参阅材料圈阅；马兴瑞省长 2019 年两次到省统计局调研，高度肯定省统计局改革创新和"四经普"工作。

2019 年 1 月，兴瑞省长对广东统计工作作出批示：2018 年，全省统计系统紧紧围绕中心，深化重点领域统计改革，推进"两防"基础数据报送，扎实开展"四经普"工作，为省委、省政府科学决策提供了重要数据支撑，应予充分肯定。

伟中书记对深圳市统计局党组关于党建业务融合推进情况的报告批示：市统计局工作务实，依法开展统计工作。望继续严格执行统计法规，坚持实事求是，使统计数据为我市经济社会发展提供准确的数据支撑。

在路上守心律能力建设年。

2019 年 1 月，省统计局党组印发《关于构建经济大省之统计强省开展统计能力提升建设年的通知》（粤统党字〔2019〕2 号）（简称《通知》），决定在全省开展"构建经济大省之统计强省，全面提升'统计改革创新、统计法治建设、统计数据质量、统计监测预警、统计服务水平'能力"工作，以2019年为"统计能力提升建设年"。

《通知》要求全省统计系统全面贯彻党的十九大精神，认真落实习近平总书记对广东工作和统计工作重要指示批示，筑牢思想根基，推动统计改革创新，强化统计法治建设，提升统计数据质量，加强统计监测预警，提升统计服务水平，树立统计"四个意识"，全面提升统计能力。

269
重温红色记忆，牢记初心使命

遵义的山，因20世纪30年代一场改变中国命运的会议而名震寰宇；遵义的水，因无数革命先辈热血的浸染而"红"彻华夏；遵义的精神，因一位伟人豪迈的诗句而流传中华。从那以后，遵义这座革命圣地，在一辈又一辈中国人的心间矗立。

2019年9月16—21日，广东省统计局在贵州省遵义市红色文化教育培训学院举办"重温红色记忆、牢记初心使命"党务干部党性教育专题培训班。

一直以来，我对遵义这座革命圣地充满了亲切感、崇敬感和历史使命感。举办这次"重温红色记忆、牢记初心使命"党务干部党性教育专题培训班，是加强党员干部党性锻炼的一项重要举措，是提供"充电""补钙""提神"的一次难得机会。

全体参训党员干部要结合学习党史、新中国史深入了解遵义会议历史，深刻感悟遵义会议精神，领悟中国工农红军、中国共产党、中国革命转危为安、走向胜利的真谛。

要把锤炼坚强党性作为本次学习培训的主题，自觉加强党性修养，提高政治站位，坚定理想信念，坚决做到听党话、跟党走。

要按照习近平总书记在2019年秋季学期中央党校中青年干部培训班开班式讲话要求，主动经受严格的思想淬炼、政治历练、实践锻炼，在复杂严峻的斗争中经风雨、见世面、壮筋骨，真正锻造成为烈火真金。

要按照新时代党的建设总要求，以政治建设为统领，进一步拧紧世界观、人生观、价值观这个"总开关"，树牢"四个意识"、坚定"四个自信"、做到"两个维护"，自觉从思想上政治上行动上同以习近平同志为核心的党中央保持高度一致。

要通过追忆革命历史，重温革命传统，接受精神洗礼，牢记初心使命，在革命传统教育中寻找智慧的源泉和克服困难的力量，把学习领悟到的遵义会议精神转化为努力工作的内生动力，以闻鸡起舞、日夜兼程、风雨无阻的精神状态和讲政治、顾大局、能战斗的奋斗姿态，不怕艰难险阻，勇于开拓创新，不断改进工作作风，提高能力水平，努力构建经济大省之统计强省，推动全省统计事业迈上新台阶，促进党建与业务"双融合""双提升"。

希望参训学员要珍惜学习机会，端正学习态度，严守各项纪律，专心学习，认真思考，确保党性教育培训取得实实在在的效果。

这次集中培训学习时间虽短，但主题鲜明，内容丰富，安排紧凑，针对性强。

一是培训内容精。培训班安排了"遵义会议与遵义会议精神"和"不忘初心、牢记使命——信仰的力量"等课程；到遵义会议会址、遵义会址陈列馆、红军总政治部等具有代表性的红色场址进行现场教学；瞻仰了红军山烈士陵园，并向革命先烈敬献花篮，并重温了入党誓词。

二是课程安排实。整个培训过程，计划周密，落实到位，既有专题授课、现场观摩，又有情景教学，提高了培训质量和效果。

三是培训要求严。参训学员严格遵守学习纪律、请假制度，按时到课听讲，做好学习笔记，做到了学有所思、学有所获。

四是学习风气浓。每名学员都非常珍惜这次学习机会，亲身体验老一辈无产阶级革命家的无畏情怀和无畏精神，全方位、多角度地接受了红色传统教育和革命精神的洗礼。

短暂的学习培训虽然结束了，但这只是一个新的开始，我殷切希望大家以此为新的起点、新的动力，进一步深化"不忘初心、牢记使命"主题教育，把学习贯彻习近平新时代中国特色社会主义思想作为根本任务，锤炼忠诚干净担当的政治品格，发扬斗争精神，提高斗争本领，把初心和使命落实到本职岗位上、一言一行中，进一步解放思想，改进作风，真抓实干，不断开创统计改革发展新局面。

270
从"五个用人导向逻辑"出发，构建广东统计专业干部系统工程，打造干部队伍成长价值链

2019年10月11日，我们召开省统计局第二次职级晋升干部大会。

一走进会场，看到大家热切期待的目光，我内心感触很多，我们党组迫切希望把好事办好。我认为，第二次职级晋升是符合"五个需要"的，构建广东统计专业干部系统工程、打造干部队伍成长价值链是广东统计强省的根本保障。

新修订的《中华人民共和国公务员法》（简称《新公务员法》）已于2019年6月1日正式实施。为了将国家的顶层设计按时保质落实落地，加快打造一支适应省委工作部署、经济布局要求的统计干部队伍，同时，让更多同志第一时间享受新政策带来的红利，激发干部队伍创新创业工作热情，省统计局党组立足"早"字谋篇布局，人事部门加班加点拟订方案，局党组多次连夜开会研究部署干部职级套转和职级晋升，并加强工作协调，确保政策得到了严格、及时、有效的贯彻落实。

《新公务员法》作为国家法律规范，具有十分严格的规范性、严肃性和强制性。为防止在贯彻落实新公务员法过程中出现走样、走偏、走调等问题，把好事办好，进而凝聚共识、争取最大公约数，省统计局严格按照《新公务员法》规定的程序和方法，一步一动，一步一个脚印，坚持公开、公正、公平，循序推进，让职级套转和职级晋升始终在阳光下运行。省统计局还主动向省委巡视组汇报工作进展情况，自觉接受纪检监察机关的巡视检查，力争让这次政策要求高、程序要求严、涉及面广的职级套转和职级晋升工作，经得起群众的质询和时间的检验。

政治路线确定之后，干部就是决定的因素。针对省统计局原干部队伍中存在的问题，一年多来，通过优化结构、交流轮岗、异地学习、挂职锻炼和美化办公环境等措施，

取得了一定的成效，全局上下精神面貌焕然一新，多项工作得到国家统计局领导和机关的肯定，省委、省政府领导以及省委巡视组、主题教育指导组也多次对省统计局工作给予表扬，多名干部受到各级表彰。但当前干部队伍整体能力素质与构建经济大省之统计强省的要求还有一定距离。局党组勇于担当，充分利用此次职级晋升的机会，进一步优化结构、补齐短板、消除弱项，形成寻觅人才求贤若渴、发现人才如获至宝、举荐人才不拘一格、使用人才各尽其能的可喜格局。

省统计局曾提出"五个用人导向逻辑"，即匹

配、极限、围弈、梯序与润物。算总账：机关与参公事业。方式方法：优者提、久者调、急者序、轻者用、清者明、平者静。切结构到人头：老中青，顶格打通、绩效优先、兼顾公平、良性循环。以此纾解省统计局用人之难之要之需之路。时隔半年，实现干部队伍建设良性循环已初见成效。特别是通过这几次职级晋升，搭起"连心桥"，不挤"独木桥"，打通干部进出上升、新老交迭的通道，让年轻人有希望、有盼头，让年纪大的干部更加珍惜时光，站好最后一班岗。

如果把新时代的统计工作比喻成一座大厦，那么，统计专业干部队伍就是支撑这座大厦的"四梁八柱"。为了保持大厦的稳固，统计专业干部队伍更新换代、新老交替，既是自然规律，又是统计事业长远发展的客观需要。因此，老干部老同志要搞好传帮带，以"功成不必在

我，功成必定有我"的思想境界，甘为人梯，主动让贤，成人之美；年轻干部既要有仰望星空的专业追求，又要有脚踏实地的谦虚精神，接好统计事业的"接力棒"，共同努力跑好属于这一代统计人的事业赛程。

271
讲担当，求实效，推进民心工程

2019年10月20日上午，我利用周日休息时间，带队对10号楼厕所改造工程进展情况进行逐层检查。

10号楼厕所改造工程是省统计局办公环境治理工作的重要内容，是全局

干部职工关心的一项民心工程。近些年来，10号楼厕所排水排污设施老化，常有渗漏，排气通风不畅，异味较大，影响干部职工办公生活，是群众反映较为集中的一个问题。厕所改造工程得到了全局上下积极响应，改造方案不断优化，深入广泛征集各处（室、中心、所）意见，考虑到了不同需求，适当增设了沐浴、坐厕、扶手等设施。工程施工中尽量减少对办公秩序的影响，开挖、复填一次到位，杜绝群众反感的"拉链"工程，厕所隐性工程务求经得起时间考验。

我逐层认真查看了厕所改造的隐性工程，检查工程材料、施工质量，并与施工组组长互留微信和手机号码，鼓励施工人员坚持"质量至上"意识和标准，严密组织施工，严把安全关，确保工程质量和效益，施工中如遇到问题和困难，可直接向局领导汇报、与局领导沟通。

除此之外，我还十分关注 10 号楼顶层渗漏治理工作。10 号楼顶层雨水渗漏问题存在多年，涉及省府大院几个单位，是个老大难问题。在检查完厕所改造工程之后，我步行至楼顶，俯下身子与施工人员一起查看渗漏部位，了解工作进度，商议治理计划。

推动 10 号楼环境治理，是为了提升质感、凝聚人心，倾心尽力打造广东统计人的精气神。我在检查中希望大家一要讲担当，10 号楼有几个省直单位办公，环境治理工作不推诿，厕所改造从顶楼到底楼，不分使用单位，一并解决；顶层雨水淤积渗漏问题主动承担，继厕所改造施工后，进一步全面解决。二要求实效，10 号楼环境治理工作，是民心工程，去年一楼的修缮治理反响很好，厕所改造要多听取群众意见，要以群众满意度作为环境治理工作的评分标准。

272
"做好事、办实事、出实效"，坚决打赢脱贫攻坚战

2019 年是决胜全面建成小康社会、打赢脱贫攻坚战的关键之年。2019 年 11 月 29 日，我亲自带队赴韶关乐昌市廊田镇白平村调研省统计局定点帮扶工作。

在白平村委会二楼党建会议室，我观看省统计局帮扶白平村成效宣传片，充分感受到白平村帮扶工作取得的显著成果，对市、镇、村各级给予的大力支持表示的感谢。近年来，通过实施乡村振兴战略和扎实推进定点帮扶工作，作为贫困村的白平村日渐变化，村集体经济增收明显，村容村貌极大改善，实现了一个贫困村的美丽"蝶变"，我为白平村点赞，为所有付出辛勤努力的扶贫干部点赞。全体扶贫干部要继续以习

近平新时代中国特色社会主义思想为指导，深入学习贯彻习近平总书记关于脱贫攻坚的重要论述，全面贯彻落实中央和省关于打赢脱贫攻坚战的工作部署，咬定目标不放松，下足马力，铆足干劲，全力以赴坚决打赢脱贫攻坚战。驻村工作队也要再接再厉，立足"做好事、办实事、出实效"，完成既定的各项任务，为白平村 2020 年全面实现脱贫打下坚实的基础。

随后，我们查看了扶贫工作台账，对"贫困户户户有台账、扶贫经费分类归档"十分满意。在白平村委会楼顶光伏发电项目前，我详细询问项目的投入成本与发电收益情况，计算投资回报率，提出扶

贫项目投入要算好"经济账"。在"平安白平"网络视频监控室，我仔细了解监控系统运行情况，很高兴该项目运行以来大大提升了白平村的治安管理水平。在调研付村广场绿化美化和环境整治项目时，我对协调推进白平村脱贫攻坚、乡村振兴战略和加强基层党组织建设提出了意见和建议，要求驻村工作队积极探索和实践党建促脱贫、巩固脱贫攻坚成果的新路子。在调研岗九文体广场周边项目时，我了解白平村的历史文化和风土人情，提出要把改善农村人居环境与发展乡村休闲旅游等有机结合，留住美丽乡愁，激发农村发展新活力，进一步提高农村集体经济收入和村民收入。

2019年初，贫困户彭志牛荣获2018年度南粤慈善盛典"年度脱贫奋进人"荣誉奖项。作为勤劳致富的先进人物，彭志牛的事迹在当地引起了强烈

的反响和极大的关注。我专门赶赴彭志牛家看望慰问，详细了解他家产业扶持、住房条件、医疗保障、子女入学、技能培训等情况，充分肯定了他靠自己的双手摆脱贫困的自强自立精神，为其他贫困户脱贫致富树立了标杆，勉励其保重身体、勤奋工作，创造更加美好的生活，有困难多与驻村工作队沟通，并送上慰问金。

调研期间，我详细了解2019年的农作物收成和市场销售情况。要求全省统计部门要秉持为数据需求者服务的初心使命，关注和加强农村统计，深入基层调查研究，多举措提高农村统计能力，搞准农村源头统计数据，为推进乡村振兴战略做出统计部门应有的贡献。

273
"激重联亮"，寄语青年，为构建经济大省之统计强省贡献青春力量

根据共青团广东省直属机关工作委员会批准，12月24日，省统计局召开机关第一次团员大会，选举产生省统计局机关第一届团支部委员会委员。

我热烈祝贺共青团广东省统计局机关支部委员会成立。团组织的诞生，不仅意味着青春血液的融入，还标志着省统计局团员青年拥有了一个属于自己的家园，迎来了一个温馨的集体，广东统计事业保障的梯队由此逐渐成形。面对在座充满青春气息的青年团员同志，我寄予"三个你们"之憧憬：

憧憬一：看见你们，就遇青春。青春是何模样？如你们这般，许是青涩、单纯。往前的路很长，年轻的同志需要引领和方向，

莫慌张，任何一个群团组织都牵动着党团组织，共青团作为党和政府联系青年的桥梁和纽带，要把最大多数的青年紧紧凝聚在党的周围。省统计局团支部虽刚成立，但是局党组高度重视团员青年组织建设。团支部必须做到党有号召，团有行动，保有"党建带团建"的意识，以先进带后进引领青年同志们成长成才。

憧憬二：你们强，统计强省则强。如今数据化潮流汹涌澎湃，在技术操作上更具优势的青年同志对待工作更应努力做到写在纸上、动在手上、想在脑上，通过多岗位多经历来获得更快的成长。虽说术业有专攻，但是交流融合过后产生的复合型人才，对双专业的理解和运用会更加彻底和深刻，这就是省统计局一直在打造的广东统计干部的价值链。少年强，国家强，优秀的前辈们对年轻人而言是榜样更是标杆，时代在发展，

事业在创新，更应推陈出新，你们强，统计强省则强。

少年强，国家强

憧憬三："激重联亮"，广东统计未来有你们。何为"激重联亮"？想起先前我任职共青团南平市（地）委书记时，获得全省共青团工作创新金奖后感慨万分，青春需汗水浇灌，至今初心未改。"激"是激发个人活力，引燃工作激情，无怨无悔投入统计事业当中；"重"是突出工作重心，干一行、爱一行，敢于挑重担、破难点，直面人生各类挑战；"联"是联系一切可以团结的力量，充分发挥团组织在工作攻坚、生活互助上的作用；"亮"是亮出青春风采，无畏担当，各骋所长，勇于在各类平台

展示个人能力水平。拿走你的辛苦，但有一种叫能力的东西却拿不走，坚持"激重联亮"，广东统计将因你们而绽放。

现实工作生活中有这三种人：一种是接到任务不问困难，努力完成的人；一种是要提提条件，才会完成的人；还有一种是不提条件也不去努力完成的人。我希望省统计局的年轻同志都能向第一种人看齐做起，年轻人要耐得住寂寞，不惧艰难，不畏风霜，团结一心干事创业，为社会做贡献，为统计事业做贡献，在追逐梦想、建设经济大省之统计强省的路途上脚踏实地、行稳致远。

274

百尺竿头，更进一步，增强能力，勇于创新，廉洁自律

2020 年 1 月 15 日，我与新提拔的 2 名正处级、15 名副处级领导干部进行

集体任职谈话。

我首先祝贺此次提拔的正处级和副处级干部，在历经党组酝酿、群众测评和党组任命等各个环节后脱颖而出，顺利完成提拔工作。省统计局党组非常关心干部成长和干部队伍建设，特别是关心青年干部的成长进步，为广东统计事业塑造中坚力量。希望17名新提拔干部要戒骄戒躁、再接再厉，我再提五点要求共勉：一是这次提拔是省统计局首次如此大规模地提拔处级干部，会在广东统计历史上记上浓墨重彩的一笔。新提拔干部是广东统计承前启后的需要，17名新提拔干部，90%都是80后、70后，以他们为荣。提拔后要明确自身的工作方向，加强使命职责感。二是要

百尺竿头，更进一步，要忘记过去，展望未来，不能躺在功劳簿上吃老本，必须具有从头开始的精神，不忘初心、牢记使命，以更大的热情投入统计事业中去。三是要进一步增强能力建设，攻坚克难，不钻牛角尖，抓住主要矛盾和矛盾的主要方面，大胆作为，为广东统计事业增添新鲜力量。四是要勇于改革创新，新提拔干部既要脚踏实地，又要勇于开拓创新，在各自的岗位上勤于钻研，扎实工作，做出新的更大的成绩。五是要守住廉洁自律的底线，涉及财物、经费开支等事项要格外谨慎，防微杜渐，时刻记住"没有廉等于零"，坚守底线意识，明明白白做事，堂堂正正做人。

与会的其他省统计局领导也对新提拔干部提出了期望，要求大家按照杨新洪局长的指示，积极发挥作用，尽职尽责干好工作，加强沟通协调，争当廉洁自律的表率，不负局

党组的重托。

新提拔干部分别谈了感想和体会，一致表示要尽最大努力做好本职工作，加强自身能力提升，提高党性修养，廉洁自律，发挥带头作用，踏实干事，和同事一起增强团队的凝聚力和战斗力，决不会辜负局党组的信任和嘱托，为广东统计事业添砖加瓦。

275
再忙不能不忙人事，再累不能放下"提任"，再难不能被难倒

2020年1月16日，我在2020年第一期党组中心组（扩大）理论学习会上，对省统计局2019年干部选拔任用和职级晋升工作进行了系统梳理，提出

以"三个再""三个的"理念开展选人用人工作。

"三个再"：一是再忙不能不忙人事。统计工作千头万绪，在开展常规统计工作时以"7 + n"为切入口，推动统计改革创新，局党组在投入业务工作的同时，不但没有忘记干部人事工作，更将人事工作"忙到点儿上"，将干部个人进步和统计事业进步有机结合、统筹推进，充分体现在干部个人成长上、干部提拔使用上。

二是再累不能放下"提任"。局党组夜以继日、加班加点、不辞辛劳对干部人事工作开展分析研判、讨论研究，及时启动干部提拔和职级晋升工作，将"负重前行""突破前行"的干部、有突出实绩、勇于创新、踏实工作的干部及时提拔使用起来，让他们在更适合的职位、岗位上发挥更大作用。

三是再难不能被难倒。由于历史原因和职数限制，有大量干部没有得到及时提拔使用，每个干部的情况又各有不同、纷繁复杂，局党组在人事政策制度的框架下，尽最大的努力，克服各种困难，按照"优者提、久者调、急者序、轻者用、清者明、平者静"原则将职数的使用效率最大化。

"三个的"：一是"怎么考虑的"。首先，局党组选人用人、提拔使用干部，工作需要是第一位的，工作实绩是最重要的，要把忠于职守、勤勉尽责、勇于担当、工作实绩较好的干部提拔使用起来。其次，根据局内各个部门的工作任务和职能特点，进行人员的老中青合理搭配，发挥传帮带的作用，充分发挥不同年龄段干部的特点，达到人力资源的优化配置。最后，量化认可，创新性应用"群众认可度综合分"，量化群众公认度，把群众满意的干部提拔使用起来。在提拔副处级领导职务或晋升四级调研员以上的干部时，民主推荐环节要求群众认可度综合分在70分以上（总分100分，局领导认可度满分50分，其他干部认可度满分50分）。局领导与其他干部所占权重一致，局党组书记与党组成员所占权重一致，充分落实干部职工对干部工作的知情权、参与权、选择权和监督权。

二是"怎么操作的"。"来自巡视，强起要求。" 2019年省委巡视组对省统计局开展了选人用人专项检查，指出省统计局干部队伍建设存在薄弱环节、行政编制与事业编制"混岗"等问题。局党组对巡视反馈意见高度重视，坚持"整体性、系统性、向好性、预期性、开放性"

原则，逐条逐项真改实改。启动两次处级领导干部选拔任用工作，提拔20名优秀干部，其中有17名是70后、80后年轻干部，盘活了干部资源，优化了干部年龄结构，配齐配强了干部队伍。鼓励干部"走出去"，积极推荐干部到地市统计局任职、到国家统计局跟班学习、参加省直单位公开选调等，进一步拓宽年轻干部培养渠道。对于"混岗"问题，坚持"科学定编、人岗相适、先后有序、稳妥推进"工作原则，细化直属三个参公单位的职能，明确编制职数，实施按编制职数配备人员、各事业单位可派出1~2人至局机关或其他事业单位一同办公、事业单位中副处职及四级调研员以上人员回归编制所在单位、撤销广东省统计局统计科学研究所且原人员按编制属性重新安排、1年内退休人员工作岗位原则上不调整、"混岗"问题逐步减少存量不再出现增量的工作

思路，基本解决了困扰已久的"混岗"问题。

三是"怎么要求的"。责任的要求，新提拔干部和调整岗位干部有三个月的工作交接期，财务等特殊岗位可延至一年，具体由分管局领导把关，确保工作顺利交接。迎难的要求，调整到新的工作岗位，要尽快适应新的工作要求，迎难而上、迎难不难。求进的要求，新提拔干部都是广东统计的中坚力量，要再接再厉，有担当有作为，为广东统计事业发展添砖加瓦、贡献力量。用人的要求，要有大格局，以破冰精神面对人员不足问题，用人用长处、用到点上、用到位。时间的要求，涉及工作岗位变动的干部，春节前调整到位。具体的要求，做到"分管局领导协调，各处室具体负责，人事处、机关党办监督，人事处、办公室给予行政保障"。

2019年省统计局开展了两次处级领导干部选拔

任用、三次职级晋升工作，涉及人数为历年最多。局党组对人事处一年来的辛勤工作给予充分肯定和感谢，希望新的一年继续努力提高选人用人能力水平，着力培养高素质专业化统计干部队伍，为构建经济大省之统计强省提供强有力的组织和人才保障。

276
安全重于泰山，带队开展节前安全检查，确保节日期间安全

为确保全局度过一个安全、祥和、喜庆的春节，在2020年1月21日上午全省统计工作暨第七次全国人口普查动员培训会议刚刚结束，下午，我心系安全问题，不辞辛

苦，马不停蹄带领局办公室负责人及相关人员对全局办公场所，尤其是安全重点部位开展安全检查。

在省府 10 号楼顶楼和 4 楼中心机房天台，对前期渗漏补漏部位逐一进行了查看，细心询问工程施工质量和效果，要求办公室加强跟踪了解，特别是春节期间，如遇下雨，要安排好检查，及时消除隐患，确保中心机房等重要部位安全可靠，营造良好的工作环境。此举得到了同楼办公的省方志办人员的点赞，他们对省统计局治理办公环境、消除雨水渗漏问题表示了感谢。

随后，我带队步行到 10 号楼消防气体灭火系统气瓶存贮间，认真查看灭火系统修复项目情况，检查大楼消防设施设备，要求办公室高度重视安全管理工作，以规章制度为基础，坚持精细化标准，落实安全管理责任制，节前对局各场所，特别是安全重点部位再进行一次彻底

检查，消除隐患，确保节日期间安全无事故。

277
疫情就是命令，"三个进一步"切入疫情防控工作

庚子年初，新冠病毒突然来袭。2020 年 2 月 5 日一上班，我立即主持召开局疫情防控工作领导小组会议，深入学习习近平总书记关于新冠疫情防控工作重要指示批示精神，贯彻落实省委、省政府关于疫情防控工作部署要求，听取局疫情防控工作小组近期工作汇报，总结梳理近期疫情防控工作经验，研究部署下一阶段疫情防控工作。

我高度肯定局近期疫情防控工作。自新冠疫情发生以来，省统计局疫情防控工作领导小组以习近平总书记对疫情防控工作的重要指示批示精神为指导，贯彻落实省委、省政府疫情防控工作部署要求，

坚决把人民群众的生命安全和身体健康放在第一位，守土有责、守土负责、守土尽责，采取多种有力有效措施，坚决做好局新冠疫情防控工作。局办公室、人事处和机关党办等部门通力合作，充分发挥基层党组织战斗堡垒作用和党员先锋模范作用，积极采购疫情防控所需紧缺物资，悉心引导干部群众做好日常防控，排查梳理与疫区密切接触重点人员，测算疫情对广东经济增长影响，加强网络信息安全监测防护，周密做好疫情防控后勤保障，防控工作主动到位，防控措施效果显著。

为了继续做好下一步疫情防控工作，我提出

"三个进一步"的要求。一是进一步做到疫情防控和统计业务"双不误"。在做好自身疫情防控的同时，还要积极主动作为，创新数据服务，加强监测预警，充分发挥统计部门的职能优势，科学测算疫情对广东经济增长和社会发展影响，为疫情防控提供坚强有力统计服务保障。二是进一步发挥基层党组织战斗堡垒作用和党员先锋模范作用。各支部和广大党员要提高政治站位，增强大局意识，强化责任担当，树立奉献精神，身先士卒，靠前指挥，在疫情防控斗争中接受组织考验。三是进一步谋划部署好省统计局近期各项重点工作。在疫情防控的同时，要未雨绸缪，积极谋划好以下工作：加强对精准扶贫工作领导、扎实做好省直机关年度绩效考核、全面推动全省第七次全国人口普查、优化直属事业单位人员分工、高标准推进省统计数据资料楼（省统计资料灾难备份中心）建设等。

278
心中有数据，带队现场研究省统计数据资料楼建设

新年谋全局、心中有数据。为高起点、高标准推进省统计数据资料楼建设工作，2020年2月5日下午，我带队前往位于广州市白云区三元里大道480号的广东省统计数据资料楼进行调研查看，现场研究资料楼下阶段建设有关事宜。

在资料楼处，我们认真检查大楼外观、环境安全、周边设施等，逐楼层查看楼内原有的布局设置，边走边认真听取局办公室关于大楼建设使用历史、2019年局收回大楼后的管理措施、安全责任落实情况等汇报，并结合资料楼前期建设规划，现场集体研究下一步具体建设计划。

听完介绍后，我不禁感慨道，经过不懈努力，省统计局能够争取到省政府大力支持，把此处房产交给省统计局用于建设省统计数据资料楼，来之不易，要很好珍惜、科学利用。局党组一直以来对资料楼的建设高度重视，多次开会研究商议资料楼的建设规划，加大与省政府职能部门沟通协调，并成立省统计数据资料楼筹备工作小组进行前期筹划准备，特别是局办公室在大楼收回、管理等方面做了大量有效的工作，值得充分肯定。2020年上班伊始，我们又来实地调研，是"创新数据服务年"工作举措落实落地的重要体现。下一步，要以省政府办公厅批复文件要求为指导，加快科学筹划、推进功能建设，在建设筹划、立项、保障等方面，继续加强与相关职能部门沟通协调，加快建设进程，确保省统计数据资料楼为建设经济大省之统计强省提供强有力的支持。

调研现场，我问候了春节期间一直坚守值班岗位的保安人员，送上新春祝福，对他们的辛勤付出表示感谢。

279

"三入手"致力党建业务双融合，提升为数据需求者服务能力

习近平总书记在强调处理好党建和业务的关系时指出，要解决"两张皮"问题，关键是找准结合点，推动机关党建和业务工作相互促进。各部门党组（党委）要围绕中心抓党建、抓好党建促业务，坚持党建工作和业务工作一起谋划、一起部署、一起落实、一起检查，使各项举措在部署上相互配合、

在实施中相互促进。习近平总书记对党建工作尤其是对机关党建工作寄予的厚望，我时刻印在脑海，记在心头，落在实处。

2018年6月，当我从深圳市统计局调任省统计局党组书记、局长之时，我立刻感受到作为经济大省之广东统计引领者的责任与使命。统计部门不是单纯的业务机关，它首先是政治机关，必须坚持党对一切工作的领导原则。上任伊始，我牢记"把抓好党建作为最大的政绩"要求，第一件事就是深入机关各党组织开展党建工作调研。调研中发现，全局18名在职支部书记中，除了2名为70后外，其他均为50后、60后，大部分支部书记在处长岗位上工作了10余年，机关党委办公室的4名专职党务工作人员平均年龄超过55岁，干部队伍老化现象相当严重，加之统计业务工作繁重，少数党员工作中先业务、后党务，党的会

议、理论学习为业务让路的情况时有发生。新任支部书记、委员做党务工作经历不足，对党支部的工作职责、组织程序把握不清，抓党建工作力不从心，面临想干不会干的窘境。尽管党务干部个人能力素质、抓党建工作的热情比较高，有一些手段和措施，在党建与业务融合上也想了一些办法，尽管机关各党组织和广大党员干部为广东统计默默无闻、兢兢业业付出了辛勤劳动，为广东经济社会发展做出了应有贡献，但实事求是地讲，党务干部队伍缺乏活力，党建工作成效转化为推进统计改革创新的具体成果仍有提升空间。究其原因是多方面的，而主要是在抓党建工作中缺少促融合促提升的有力抓手。

为了切实解决党建与业务"两张皮"问题，我和党组一班人深入开展调查研究，努力探寻党建与统计业务深度融合发展之举措。落实每月举办一次

党组中心组理论学习扩大会，发挥"关键少数"在理论学习上的"头雁效应"，打造示范引领、固本强基、能力提升、展示成效的理论学习平台；认真落实《广东省加强党的基层组织建设三年行动计划（2018—2020年）》，深入开展模范机关创建活动，高标准开展"不忘初心、牢记使命"主题教育；按照"好干部"标准，以"优者提、久者调、急者序、轻者用、清者明、平者静"为原则选拔任用领导干部，推荐干部到地市统计局任职、到国家统计局跟班学习、参加省直单位公开选调，优化干部队伍结构，选调党性强并有一定党务工作基础的年轻干部，充实专职党务干部队伍；牢牢把握真实客观反映经济

社会发展的统计工作初心，勇于担当为数据需求者服务的统计使命，推进改革创新，加快构建现代化统计调查体系，真实准确反映广东经济发展变化，在深入推进统计创新服务等基础上，认真总结提炼机关党建实践中的创新经验，坚持从特殊到一般，从个性到共性，从感性到理性，不断上升为规律认识，形成了具有统计特色的党建与业务工作深度融合的"七标准量化台账"机制。"七标准量化台账"机制包含一个全年党建重点工作安排主题树、落实党风廉政建设"一岗双责"台账，一张体现党建与统计专业双融合的党组织活动表以及每月记录量化党组、机关党委、党支部书记带领党员专业人员到帮建企业开展业务指导工作的统计月度台账，党员在局党组中心组理论学习会或支部学习会作主题讲课台账，每年开展一次以上紧密结合统计中心工作的高质量

民主生活会或组织生活会台账，一个机关党建工作与统计专业委员会协同运作机制等内容，既较好地明确了党建与业务工作目标，又达到了党建工作和统计中心工作一起谋划、部署、落实、检查的目的，找准了党建与业务工作的结合点。

习近平总书记曾经说过，制度制定很重要，制度执行更重要。作为党建工作第一责任人，我带领党组班子成员和机关各党组织负责人率先落实"七标准量化台账"机制，切实把党建工作抓具体、抓深入、抓到位。在机关各党组织和广大党员干部共同努力之下，有力促进了机关党建与统计业务工作双融合双提升，党建和统计业务工作取得明显成效，一些成绩实现了省统计局历史突破。省统计局党建工作绩效考核连续两年走在省直机关前列，抓机关党建工作经验做法在省直机关党建工作会议上作了

交流，3 个党支部和个人被省直机关工委评为先进党支部和优秀党员、先进党务工作者；2019 年，我们在省委、省政府的坚强领导和大力支持下，举全省统计系统之力，经过全省近 10 万普查人员两年多夜以继日的艰苦奋战，全面摸清了广东经济家底，为广东经济统计奠定了坚实基础。

持续推动以地区生产总值统一核算为重点的三大核算改革，全省主要指标保持稳定增长，2019 年GDP 达 107 671 亿元，成为全国首个突破 10 万亿元的省份。完成国家统计局赋予广东建立新经济统计制度全面真实准确反映广东"三新"业态、依托粤港澳大湾区统计协作机制做好人口普查专项试点、首创分性别统计制度加强性别统计监测等 7 个国家级统计改革创新试点，并进行了党在新中国成立前的统计史研究以及"杜甫指数"测算、建筑业企业

研发统计会计辅助记账标准试点、服务消费试算等一系列统计改革创新，引领全国统计之先，得到国家统计局的高度认可与支持，受到省委、省政府和国家统计局、全国妇联主要领导的批示肯定。党组班子坚持以"为数据需求者服务"为导向，深入调研，看透经济，撰写了大量有分量、有深度的统计分析报告，为党政决策提供参考。在全省每季经济形势分析会上提供深度分析材料并作主题汇报发言，对广东经济进行深度解读和入微研判，得到省领导、省直各部门和各地市领导肯定。广东省统计局各专业在国家统计局 2019 年度业务工作考核中，获得 12 项"优秀"，位居全国前列。省统计局分性别统计监测小组被评为"省三八红旗集体"、1 名年轻干部获得"省五一劳动奖章"。新时代对党建工作赋予了更新更重要的内涵和任务，省统计局机关党建工作需

要紧扣机关党建时代特点和党员思想行为特点创新理念思路、方式手段，积极探索破解难题的新途径新办法，积极探索信息化条件下开展工作的新载体新路数，在党建业务深度融合上出新招、实招，推动统计业务工作实现新的历史突破。

280
巾帼不让须眉，统计玫瑰，绚丽绽放

阳春三月，万物复苏。在第 110 个"三八"国际劳动妇女节来临之际，我代表省统计局领导班子向全省统计系统广大妇女同胞致以节日祝福，

向她们的无私奉献和辛勤工作表示崇高敬意和亲切慰问。

一年来，全省统计系统广大妇女同胞围绕省委、省政府和国家统计局赋予的各项统计任务与改革创新使命，以巾帼不让须眉的姿态，激扬巾帼风采，奉献巾帼智慧，为数据需求者服务，在构建经济大省之统计强省中发挥了"半边天"作用，铿锵玫瑰，绚丽绽放，事业家庭双丰收。

百尺竿头、更进一步。希望全省统计系统广大妇女同胞在新的一年，以饱满的工作热情和奋发昂扬的精神状态，以女性特有的勤劳睿智和严谨细致，在新的起点上再出发，统筹推进疫情防控和统计业务，为广东统计改革创新注入美丽"半边天"风采，为构建经济大省之统计强省持续贡献巾帼力量，用勤劳和智慧谱写南粤统计华章。

281
以干得助，得道多助，能者可助，勉励新晋升干部在新起点做出新贡献

2020年3月27日，我与新晋升的一批调研员、主任科员进行任前集体谈话。

首先我代表局党组对新晋升干部表示祝贺，干部选拔是选人用人工作的风向标，希望大家珍惜来之不易的荣誉，并以"三个助"勉励大家要以职级晋升为新起点、新动力，扎实工作，担当作为，履职尽责。

翔实准确的数据背后，都是干部的汗水和付出，大家在岗位上尽职尽责地努力工作，局党组都看在眼里，记在心里。提及此处，我忆起自己两年前到省统计局履新时提出"干活不滑头"，至今兢兢业业，加班加点工作履行诺言。选人用人，实干至上，通过自己的苦干实干，干出新变化，来提升群众认可，赢得支持和帮助。是金子总会发光，希望大家能科学干、用心干、努力干，干出新成绩。

孟子言："得道者多助，失道者寡助。"积极向上，努力付出，才会得到多数人的支持和帮助。在干部晋升中，省统计局创新性地引入群众认可度测评，为酝酿和分析研判干部提供了重要参考，是选人用人工作的新视角，也是省统计局选人用人改革过程中量化和质变的重要体现。群众认可度不是凭空喊出来的，而是以德以才令人心悦诚服达到的。欲立事，先立人，从而获得组织和绝大多数群众的认可。

德行、才干和名节作为局党组选人用人的充要条件，缺一不可。一个人表现此充要之程量愈宏，则其应得之支持愈甚。这样"以专业赢得尊重"，扑下身子，将一件事情做到极致的干部，广东统计队伍里济济一堂，未来定能为广东统计事业添上浓墨重彩的一笔。

科学、正确的选人用人观念价值与方法方式，是不变的道理与实践的检验力量，不会也不可能改变，望新晋干部能朝着"三个助"去努力，多交流、多交心，把握自己新的起点，融入新的集体，提升自我成长的空间，争取更大的进步。

会上，新晋升干部代表谈了感想和体会，一致表示十分感谢局党组的关心和厚爱，今后要尽最大努力做好本职工作，廉洁自律，加强学习，促进自身素质和能力的提升，紧跟新时代统计改革创新的步伐，以工作实绩回馈组织，为构建经济大省之统计强省做出新的贡献。

282
今人植树，改善生态，福泽后人

根据省委、省政府统一安排，2020年3月30日，我到广州开发区中新广州知识城九龙湖公园，参加"为南粤添绿，为'抗疫'助力"主题的2020年度广州地区义务植树活动。

在淅淅沥沥的春雨中，随同李希书记、兴瑞省长等省领导以及驻粤部队官兵，植下一株株绿油油的秋枫、铁冬青、黄花风铃木树苗，以实际行动践行习近平总书记"绿水青山就是金山银山"生态文明思想，以实际行动为南粤添绿、为"抗疫"助力。

省统计局作为广东省绿化委成员单位，践行为数据需求者服务理念，积极配合提供统计数据，加强相关监测分析，推进国家森林城市建设，营造植绿护绿的浓厚氛围，为建设天蓝地绿水清美丽南粤和广东迈向高质量发展、实现绿色发展提供统计服务。

283
务实高效，优化标准，改革创新，为统计事业贡献人才

2020年4月13日下午，我组织发起并主持召开省统计专业委员会会议，研究制订广东省深化统计专业人员职称制度改革实施方案。

在听完局人事处情况汇报后，我指出，统计专业人员职称制度改革是加强统计专业技术人才队伍

建设的重要组成部分，是推进统计事业和统计服务高质量发展的智力基础，是贯彻落实中央深化职称制度改革的重要举措，对加快全省统计专业人才队伍建设，提升统计专业人员综合素质具有重要的现实意义。

我对进一步修改完善实施方案提出了三点意见：一是务实高效，严格按照工作方案的时间节点完成每一环节工作；二是优化标准，坚持德才兼备，以德为先，突出对能力水平和实际贡献的评价；三是改革创新，创新评价机制，丰富评价方式，科学设置符合广东统计专业人员特点的评价条件。

284
点美首届"岭南杯"建模大赛，"赛出水平、赛出能力、赛出南粤统计精气神"

2020 年 4 月 29 日，"岭南杯"首届广东省统计建模比赛经过紧张的初赛后，进入决赛环节。全省统计系统通过网络视频同步参与收看。

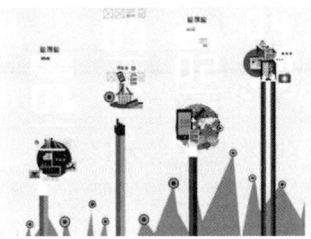

先是简约的入场仪式，参赛队员、评委团依次入场，我代表省统计局党组为评委颁发聘书。

按照赛事安排，由我作赛前动员讲话。我开门见山道出了开展建模比赛的初衷，希望建模比赛成为统计系统的"平台、擂台、舞台"：一是成为统计人良师益友的平台，互相学习研讨，交流借鉴，取长补短，提升能力和水平。二是成为统计人切磋技艺的擂台，今天决赛是 9 支强队竞高低，重在参与，贵在坚持，展示风采。三是成为展示统计能力、提高统计水平的舞台，打造这个舞台是希望在这舞台看到更多统计同仁的身影、汗水以及团队合作精神。这是经济大省之统计强省背后的一支无形力量，构建经济大省之统计强省不是数量型的强大，而是质量型的强大，是能力型的强大。期待参赛选手在"平台、擂台、舞台"上全面绽放风采。

紧张激烈的论文答辩赛正式开始。首先是论文陈述环节，各参赛队指定一名代表进行陈述，论文 PPT 展示内容丰富、制作精美、引人入胜。接着是答辩环节，由参赛队员随机抽取问题，评委进行提问。评委团根据参赛队陈述和答辩情况进行评分，各决赛队按论文评比得分的 60%、论文答辩得分的 40% 计算出最终得分。

实力决定分数，分数决定名次。"岭南杯"首届广东省统计建模比赛结果如下：服务业处、数据中心、社科处联队获一等奖；广州市代表队、城乡统计调查中心代表队、珠海市代表队获二等奖；湛江市代表队、普查中心代表队、核算处代表队、东莞市代表队、数据中心、贸外处、人事处联队获三等奖。局领导现场宣布比赛结果并进行颁奖。

颁奖后，我作了总结发言，首先向优胜者和参赛者表示祝贺，与大家一起分享举办有水平高质量建模比赛、感受这场统计工作统计专业盛宴的喜悦之情，感谢前台幕后工作人员的辛勤劳动，感谢评委团的认真评审，感谢各参赛队伍的精心准备和积极参与。

选手参与比赛，是在平台上赛出能力水平，在舞台上亮出青春风采，在擂台上打出未来之路。大部分参赛选手是80后、90后，"岭南杯"首届广东省统计建模比赛更显开创意义，是一个新的开端，年轻统计力量的专业之路会在"三个平台"上尽显英雄本色。今天比赛结果只是名次之差，所有参赛者、参与者都是收获者，都是投入者。统计建模要用抽象符号进行大量推理，要把很多想法、做法甚至猜想体现在模型中。模型不是算命先生，与实际结果会有偏差，需要不断修正完善。这正是建模的魅力所在——引领统计人不断探索和钻研，在以后工作中发挥重要作用。

希望通过建模比赛充分展示全省统计队伍干事

创业、奋发有为的良好精神风貌，提高全省统计人员特别是年轻骨干发现问题、聚焦问题、分析问题、解决问题的能力，培养统计业务骨干人才，打造统计强省年轻力量。希望以统计建模比赛为契机，引导和带动全省统计系统广泛关注和积极参与统计科研，推动统计改革创新蓬勃开展，营造科学准确、求真求实氛围，开辟一条统计改革创新的新路子。

285
"六个充分"，谋划资料楼预可研与设计改造建设

2020年5月11日上午，我主持召开广东省统计数据资料楼建设项目全过程咨询业主需求说明澄清会议，党组成员、二级巡视员，各处（室、中心）主要负责人，3家受邀工程咨询单位业务人员参加了会议。

会上，副局长朱遂文作了《关于广东省统计局数据资料楼建设项目的报告》，翔实介绍基本情况、总体要求、建设规划三方面项目建设需求；党组成员、一级巡视员梁彦就建设工程施行全过程咨询及政策依据进行了说明，并介绍受邀单位。其间，与会人员与工程咨询受邀单位进行了深入讨论交流，进一步明确建设需求，破解存在的困难，提出建设性意见。

就此，我提出"六个充分"做好统计数据资料楼预可研与设计改造建设。

一要充分体现需求。要先做加法后做减法，想打好资料楼建设基础，首先要把项目的基础功能及扩展功能等相关需求了解清楚，才能有的放矢去开展工作。二要充分想到问题。做事情要化解问题，解决问题，不责怪问题，树好需求导向、问题导向，才能为科学决策提供依据，才有参考价值。三要充分

兼顾可能。在有限的投资上，要将项目中可能遇到的情况考虑周全，把项目办好办实。四要充分确保底线。首先要确保安全底线，没有安全一切免谈，项目全过程必须考虑到各种安全因素，做好安全保障。其次要确保投资底线，从头到尾要树立节约意识，能省则省，不在没必要的内容上增加开销。五要充分体现统计特色。要将项目改造为实用、简洁、干净的资料楼，紧贴统计实际，不奢华不浮夸。六要充分考虑参与。到会的各咨询单位前期进行了现场勘察、认真准备，对此项目高度重视，省统计局非常感动，事后将向参与单位颁发"工程项目咨询满意单位"精致牌匾，表示感谢。

286
自我硬约束率先垂范，良好家风作风低调实干

2020年5月21日，我

与新提拔正处级领导干部、试用期满转正的正处级领导干部共5人进行集体谈话。遂文、骁婷、智华、丽莹、梁彦、少浪、德国、国新、杨凡，人事处、机关党办负责人等参加了谈话。

祝贺2名新提拔正处级领导干部在历经群众认可度测评、民主推荐、考察等各个环节后脱颖而出，祝贺3名试用期满正处级领导干部通过一年期检验如期转正。省统计局党组非常关心干部成长和干部队伍建设，特别是关心关注青年干部的成长进步，5名70后正处级领导干部提拔任用，将为蓬勃发展的广东统计事业注入新的活力。希望5名新提拔及试用期满转正的正处级领导干部继往开来，再接再厉，履职尽责，奋力前行，为构建经济大省之统计强省贡献力量。

在此，分享从政心得与各位新提任干部共勉：一是自我硬约束，严要

求。顾大局、守纪律、敢担当、善作为、葆廉洁，德、能、勤、绩、廉各个方面都要实打实硬碰硬。自我要求、自我提高、自我净化，越是在重要岗位越要始终保持清醒头脑、昂扬斗志。二是率先垂范，担当作为。带队伍重在以身作则、率先垂范、亲力亲为、担当作为，快速响应高效执行，充满生机活力的战斗团队方得以锻炼塑造。三是提升能力，服务数据需求。统计能力乃统计干部立身之本，唯有持之以恒积累打磨提升，方能厚积薄发，洞悉变幻、条分缕析，为数据需求者提供高质量服务。四是良好家风作风，内外一致。以好家风涵养好作风，以好作风浸润好家风，廉洁齐家，和睦爱家，要让美满的家庭成为支持统计工作及统计事业发展的坚实后盾。五是低调实干，凝心聚力。以干得助，以干图强，凝聚共识，团结奋进，为南粤统计事业大发展携手并进、砥砺前行。

与会的其他领导勉励新提拔及试用期满转正的正处级领导干部，按照杨新洪局长的指示要求，秉承南粤统计"新、先、实"之风，大胆探索，积极作为，忠诚统计，清正廉洁，不负局党组的重托，不负全局干部的殷切期望。

新提拔及试用期满转正的正处级领导干部表示：将不断提升履职能力，提高党性修养，发挥带头作用，踏实干事，廉洁自律，不断增强团队的凝聚力、战斗力，决不辜负局党组的信任和嘱托，为广东统计事业发展添砖加瓦。

287
"真、实、保、全"，决战决胜白平村脱贫攻坚战

确保到2020年农村贫困人口实现脱贫，是全面建成小康社会最艰巨的任务。目前，省统计局定点帮扶的乐昌市廊田镇白平村的脱贫攻坚战正处于决战决胜的关键阶段。为了确保如期完成，2020年6月10日，我带队到白平村开展脱贫攻坚专题调研。

在听取驻村工作队白平村脱贫攻坚工作情况后，我深感欣慰，要求"真、实、保、全"，做好白平村脱贫攻坚工作：一是真，要用真心、投入真感情来

做好白平村的扶贫济困任务、帮助贫困户，并将这种感情转化为做好扶贫工作的力量；二是实，工作要实在，不论是村容村貌、贫困户家庭条件还是帮扶的项目工程，要让白平村村民实实在在感受到省统计局帮扶带来的变化；三是保，要克服新冠肺炎疫情带来的不利影响，对照党中央、国务院扎实做好"六稳"工作，全面落实"六保"任务的要求，稳住贫困劳动力就业、保住无劳力贫困人口基本民生；四是全，不仅要全面完成脱贫攻坚任务，还要注意安全，保障驻村干部人身安全、扶贫资金使用安全，扶贫工作相关责任人要廉洁自律。

省统计局将今年的"扶贫济困日"活动安排在白平村举办。我向参加活动的工作人员和村民介绍，省统计局在 2020 年计划通过工会采购、干部职工个人购买等方式购买白平蜂蜜等特色农副产品，第一批消费扶贫总额达到 5 万元。同时，今年的募捐活动采取以购代捐的方式进行，爱心捐赠可以换来等值的农副产品，这既可以拓展白平村农产品的销路，也能让大家消费到品质有保证的原生态农产品。在活动现场，我代表省统计局为新发布的白平村村标揭牌，村标有力提升白平村广大干部群众的归属感和凝聚力，激励大家共同为白平村乡村振兴璀璨前景而奋斗。

疫情防控是当前重要政治任务。"扶贫济困日"活动结束后，我带队马不停蹄来到村卫生站和白平小学查看常态化疫情防控工作情况。在卫生站，我与医生亲切交谈，询问常态化疫情防控的物资和药品是否完备、当前如何做好白平村的疫情防控等情况。在白平小学，我实地查看危墙改造和体育设施建设项目，并向白平小学师生和白平村委会赠送了慰问物资。白平小学校长向调研组详细介绍了白平小学疫情防控和复学复课情况，感言道，省统计局不仅投入了近 50 万元资金，大大改善了小学的办学环境，此次能够顺利复课，也多亏了省统计局爱心赠送的口罩和酒精等防疫物资，他代表白平小学全体师生向新洪局长和省统计局表示衷心感谢。我回应说，少年儿童是祖国的未来，是中华民族的希望，扶贫必扶智，通过教育阻断贫困的代际传递是解决贫困的根本途径，帮助白平小学复学复课我们义不容辞。

为了解决贫困户的脱贫情况，我带队到曾经的贫困户徐建洪家进行慰问。家住付村的徐建洪是种养

殖大户，通过勤劳的双手已于2019年脱贫。我详细询问了他家的住房条件、子女教育、医疗保障、产业发展等情况，了解到徐建洪通过建设养殖场和鱼塘，靠养鸡、鸭和鱼脱贫，充分肯定了他靠自己努力脱贫的自强自立精神，并送上慰问金。徐建洪激动地说，全靠省统计局和工作队的帮助，帮自己购买化肥、鸡苗、鸭苗等生产资料发展种养殖，以后会努力帮助村内其他贫困户，共同脱贫致富。

习近平总书记指出，乡村振兴，既要塑形，也要铸魂。乡村文化振兴是乡村振兴的铸魂工程，我和调研组特意查看了两个别具特色的文化广场。在付村党建文化广场，我认真查看项目的建设进度，认为打赢脱贫攻坚战、实施乡村振兴战略，必须要有一个敢打硬仗、能打胜仗的基层党组织，要充分发挥基层党组织的战斗堡垒作用和党员的先锋模范

作用，党建文化广场注入党建元素和文化元素，让党员群众在休闲娱乐中感受党建文化，提升党在扶贫攻坚、乡村振兴中的号召力和凝聚力，意义重大。在白平村民俗文化广场，我被建设民俗文化广场项目的思路深深打动，民俗文化广场的建设功在当代，利在千秋，有利于传承民间传统文化，建立乡村文化自信，助推乡村文化振兴。穿过广场中一片苍翠欲滴的竹林时，我有感于

竹子笔直挺拔，感慨道，统计工作既艰苦又具专业性，统计人要像竹子一样，秉承为数据需求者服务的初心，始终保持奋发向上的精神和虚心谦逊的品格，无私奉献，坚韧不拔，为建设经济大省之统计强省

添砖加瓦。得知竹林尚未命名，我提议称这片竹林为"忘忧红九林"，取岗九自然村名之九，统计扶贫在韶关红色之机理，得到村委和调研组人员的一致认可。

288
"七一"赴粤东，讲党课，抓基础，开调查

2020年7月1—2日，在中国共产党建党99周年的重要日子，受汕头市委、市政府邀请，我远赴粤东为统计基层讲党课，并与汕头市委、市政府及澄海区委、区政府领导一起开展主题党日活动。同时，督导第七次全国人口普查工作、检查数据质量、开展百名景气企业家信心调查。

主题党日以报告会的形式举行。7月1日下午，在中共澄海区委理论学习中心组（扩大）会议上，我作了题为"'九不·九

类表（图）'：看庚子年经济变化"的专题报告，和省、市、县、区、街道的基层党员同过主题党日。我从学习习近平总书记对统计工作的一系列重要指示批示精神讲起，结合大量丰富翔实的数据和案例，从全球视野和历史发展规律，全面分析了新冠疫情对全国及全省经济的影响，深入浅出地解读国家经济基本盘、地方面临经济增长的挑战，并就中国及广东和汕头经济前景预测提出建设性的意见和建议。

与会者如是说道，报告会以一次触动灵魂的党性锤炼唤起共产党人的初心，在思想上、理念上加深了对经济形势的理解和认识，进一步保持定力、增强信心，为推动经济高质量发展，加快汕头经济特区发展、建设省域副中心城市、打造现代化沿海经济带重要发展提供了强大的思想动力。

汕头市市长郑剑戈，市委常委、常务副市长双德

会，市政府秘书长陈春松，市及各县（区）统计局领导，澄海区各级领导干部共300人出席了报告会。

随后，我带队赴广东汕头超声电子股份有限公司、奥飞娱乐股份有限公司、汕头华勋水产有限公司、汕头潮南民生医院开展百名景气企业家信心调查，并召开调研座谈会，听取企业负责人对企业所在行业发展现状、发展规划、生产经营和新冠疫情影响等情况的具体介绍，为企业的发展方向和如何应对新冠疫情造成的影响把脉开方。在企业，我向企业介绍开展"百名景气企业家信心调查"的背景、目的和重要意义、调查方法，并向以上4家企业颁发"百名景气企业家"牌匾及证书。

在汕头市开展统计调研座谈中，我与各行各业企业家交流互动，集中表达了当下克服经济困难要树立的"几个意识"：一是信心意识。要"稳"字

当头，"稳"中求进，在下阶段"抢时补短盯盘"，千方百计攻坚克难，服务好企业，服务好省委、省政府的经济决策。二是求真意识。要贯彻落实好《统计法》，把增强"四个意识"、坚定"四个自信"、做到"两个维护"贯穿于日常统计工作之中，防范统计弄虚作假，坚决担负起维护统计法治权威、维护统计数据质量的"忠诚卫士"的职责。在开展百名景气企业家信心调查过程中，要求由企业负责人亲自填报，做到不代填代报，确保数据源头真实可信。三是责任意识。要全面做好统计基层基础建设，特别是统计队伍建设。要理好账，坚持"两防"。同时，要全面准确反映企

业的生产经营数据变化，为数据需求者服务。

289
带头捐款，养护"忘忧红九林"，弘扬创新、开放、实干岭南统计精神

为推进乐昌市廊田镇白平村人居环境整治工作，建设和谐美丽新农村，传承红色基因和岭南统计文化，助力全面打赢脱贫攻坚战，2020 年 7 月 28 日，我带领二级巡视员以上领导干部慷慨解囊，主动捐款养护"忘忧红九林"，大力推进白平村开展"忘忧红九林"美丽乡村环境整治工作。

"忘忧红九林"位于乐昌市廊田镇白平村岗九自然村，是省统计局帮扶白平村美丽乡村环境整治的重要组成部分，"忘忧红九林"中的一簇簇竹子由国家、省、市统计局人自愿养护。"忘忧红九林"取岗九自然村名之九、统

计扶贫在韶关红色之机理，寓意"勤于统计，乐而忘忧"。竹林附近建设广东统计文化室，宣传统计文化，传递统计情感，讲述统计故事，传承并发扬南粤统计精神。"忘忧红九林"的建成，将成为全省统计系统开展"传承红色基因、恪守初心使命"红色主题教育实践活动和岭南统计文化教育的主要基地。

省统计局领导主动捐款养护"忘忧红九林"，充分表现了恪守为数据需求者服务的初心，胸怀传承红色基因的使命，发扬创新、开放、实干的岭南统计精神。号召全省统计系统干部职工学习罗湘林同志等岭南统计先驱对党无限忠诚、为统计事业不懈奋斗的先进事迹，传承革命优良传统，坚定统计人理想信念，增强统计人党性修养，像竹子一样始终保持奋发向上的精神和虚心谦逊的品格，坚韧不拔，默默奉献，为建设经济大省之统计强省添砖加瓦。

290
打造优良作风纪律，切实履行新时代统计部门的职责使命

2020 年 7 月 28 日上午，省统计局召开以"严守政治纪律，践行'两个维护'"为主题的 2020 年纪律教育学习月活动动员大会。我主持会议并作动员讲话。

广大党员干部要充分认识开展纪律教育学习月活动的重要意义。一是重视党的纪律建设是我们党一贯坚持的优良传统和政治优势。无论是新民主主义革命时期还是社会主义建设时期、改革开放时期，我们党始终高度重视加强党员干部队伍纪律

建设。二是落实习近平总书记在中央和国家机关党的建设工作会议上强调的要带头做到"两个维护"，着力推进党的政治建设，加强对党忠诚教育，引导党员、干部严守党的政治纪律和政治规矩，增强践行"两个维护"的政治定力和政治能力。三是推进统计改革创新发展的内在需要。党的十八大以来，习近平总书记从党和国家事业全局高度多次就统计工作发表重要讲话、作出重要指示批示，既为新时代统计创新发展指明了前进方向、明确了行为规则、提供了根本遵循，也对统计改革创新发展寄予了殷切期望。我们需要顺势而为、乘势而上，积极开展纪律教育学习月活动，锻造坚强的政治品格、牢固的党性意识、过硬的统计本领、优良的作风纪律，切实履行新时代统计部门的职责使命。

全局党员干部认真组织、积极参加纪律教育学习月活动。一是要紧扣"严守政治纪律，践行'两个维护'"主题。坚持全面从严治党，坚持教育学习活动的政治性，积极组织和参加各项教育学习活动，进一步增强"四个意识"、坚定"四个自信"、做到"两个维护"。二是要熟练掌握教育学习的主要内容。深入学习贯彻习近平新时代中国特色社会主义思想，认真学习贯彻习近平总书记重要讲话精神和关于全面从严治党重要论述，认真开展党章党规党纪和法律法规学习教育。三是要丰富教育学习的形式。坚持学习与教育相结合、自学与集中学习相结合。开展正、反典型案例教育和"六个一"具体活动。通过形式多样的学习教育方式方法和灵活丰富的教育载体，增强教育的针对性、实效

性和吸引力。

全局党员干部要把纪律教育学习月活动取得的成果转化为推动统计工作再上新台阶的实际行动。要严格落实主体责任，以身作则，带头接受教育，带头参加活动，带头落实整改。机关纪委要加强督促检查、强化考核问责。全局党员干部要坚定信心、提振精神、压实责任，克服新冠肺炎疫情和洪涝灾害等不利因素的影响，做好第七次全国人口普查、迎接统计督察的各项准备工作，深入开展百名景气企业家信心调查活动，强化统计分析监测能力，不断完善统计调查体系，持续抓好"两防"工作，提高统计数据质量，为广东扎实做好"六稳"工作，全面落实"六保"任务，确保各项决策部署落地生根，坚决打赢脱贫攻坚战，为努力完成全面建成小康社会目标任务提供坚实的统计保障。

291
贯彻落实，才是检验学习《习近平谈治国理政》（第三卷）效果的最好诠释

为深入学习贯彻习近平新时代中国特色社会主义思想，2020 年 8 月 6 日上午，我主持召开局党组会议，专题学习《习近平谈治国理政》（第三卷），重点学习第一部分《谱写新时代中国特色社会主义新篇章》有关文章，以此拉开省统计局专题集中学习《习近平谈治国理政》（第三卷）的序幕。在会上，我带头结合学习贯彻落实情况谈了三个层面的体会：

要扛起政治责任，精心组织部署。《习近平谈治国理政》（第三卷）生动记录了党的十九大以来以习近平同志为核心的党中央，着眼中华民族伟大复兴战略全局和世界百年未有之大变局，不忘初心、牢记使命，统揽伟大斗争、伟大工程、伟大事业、伟大梦想，团结带领全党全军全国各族人民推动党和国家各项事业取得新的重大进展的伟大实践，集中展示了马克思主义中国化的最新成果，充分体现了我们党为推动构建人类命运共同体贡献的智慧方案，是全面系统反映习近平新时代中国特色社会主义思想的权威著作。局党组能够充分认识学习贯彻《习近平谈治国理政》（第三卷），是用习近平新时代中国特色社会主义思想武装头脑、指导实践、推动工作的重大政治任务，而且在第一时间研究部署了有关工作，购买了一批《习近平谈治国理政》（第三

卷）发放给党员干部学习，也印发了《关于学习贯彻〈习近平谈治国理政〉（第三卷）的通知》，明确了学习方式方法，提出了具体要求，但关键是要抓好落实，机关党委、各党支部要高度重视、精心组织，确保理论学习不漏一人、不缺一课。

要发挥引领作用，带头学习研讨。《习近平谈治国理政》（第三卷）和第一、二卷一脉相承、联为一体，全面、系统、深入地阐释了习近平新时代中国特色社会主义思想的重大意义、科学体系、丰富内涵、精神实质和实践要求，为党员干部学习领会习近平新时代中国特色社会主义思想提供了"理论宝典""营养套餐"。要将学习《习近平谈治国理政》（第三卷）作为党组会议第一议题、机关党委和党支部会议常设议题，作为党组理论学习中心组的重要内容，主要领导和班子成员以及党员领导干

部要带头读原著、学原文、悟原理，要带着问题深入思考，寻找解决问题的良策。要以习近平新时代中国特色社会主义思想为指引，认真学习习近平总书记关于统计工作重要指示批示精神，围绕坚持全面深化统计管理体制改革，努力构建经济大省之统计强省，为广东实现"四个走在全国前列"、当好"两个重要窗口"提供高质量统计保障目标搞好学习研讨，撰写学习体会，交流学习经验。

要结合工作实际，推动统计创新发展。习近平新时代中国特色社会主义思想源于实践、指导实践，具有鲜明的实践品格。要坚持理论联系实际的马克思主义学风，做到边学边用、真学真用，空谈理论是假学习，只有贯彻落实才是检验学习效果的最好诠释。要紧密结合统筹推进常态化疫情防控和经济社会发展工作、省委"1+1+9"工作部署，以及第

七次全国人口普查、百名景气企业家信心调查、严抓"两防"（防注水、防少漏）、做好迎接国家统计督察准备、推进"7+n"改革创新等重点统计工作，引导广大党员干部努力克服新冠肺炎疫情、贸易摩擦带来的不利影响，切实把学习成效转化为增强"四个意识"、坚定"四个自信"、做到"两个维护"的自觉行动，转化为应对风险挑战、推动统计事业发展的治理能力和工作水平，为保持广东经济稳中向好、长期向好的基本面，为推动广东经济行稳致远提供高质量统计服务保障。

292
学以致用，提高能力，知行合一

2020年8月7日上午，我主持召开2020年度第八期党组中心组（扩大）理论学习会议，专题学习《习近平谈治国理政》（第三卷）。在听取6位支部书

记汇报开展学习《习近平谈治国理政》（第三卷）情况并结合工作实际谈学习体会后，我作重点发言。

领会精神，学以致用。《习近平谈治国理政》（第三卷）以党的十九大报告开篇，随后的19个专题集中展现了党的十九大以来理论、实践和制度创新成果。党员干部尤其是党员领导干部，要通过理论学习，达到提升党性修养水平的目的，做到以知促行、

以行促知。6位上台发言的同志分别以学习贯彻习近平总书记关于坚持以人民为中心、推动经济高质量发展、全面建成小康社会、全面从严治党等重要论述指导实际工作作了发

言，用实现"两个构建"（构建经济大省之统计强省、构建现代统计调查体系）的鲜活事例印证了学用结合、学以致用的重要性。《习近平谈治国理政》（第三卷）多处对如何做到知行合一、学以致用进行了深入阐释，广大统计干部要在知行合一、学以致用上下功夫，切实用科学理论指导统计实践。

坚持"两防"（防注水、防少漏），夯实数据。统计数据质量是统计工作的生命线。省统计局党组提出统计"两防"要求，就是全面贯彻落实习近平总书记关于实事求是的思想路线的具体体现，就是全面贯彻落实习近平总书记等中央领导同志关于统计工作的重要指示批示精神以及省委、省政府和国家统计局有关工作要求的具体措施。"两防"是要两头抓，结合起来就是"真防"，不要片面或者以这一面取代另一面的做法，需要数据落地落实，需要

全面准确反映经济社会的发展变化的高质量统计数据，这才是统计工作者的使命和职责所在。

增强能力，迎难不难。面对新冠肺炎疫情严重冲击，省委、省政府认真贯彻落实习近平总书记和党中央关于统筹疫情防控及经济社会发展工作取得重大成果。当前，全省复工复产逐月好转，二季度经济增速逆势转正，主要经济指标全面好转，供给端不断改善向好，"三驾马车"动力正在回暖、增强。但是当前国际疫情还在蔓延扩散，面对不稳定性不确定性依然存在的复杂形势，必须把思想和行动统一到党中央的决策部署上来，根据省委、省政府的工作安排，立足省统计局实际，认真开展"数据创新服务年"活动，打造一支忠诚、干净、担当的统计干部队伍，营造能干肯干、以干得助的干事创业氛围，切实增强应对机遇挑战和防范风险压力的能

力，坚定信心，迎难而上，化危为机，为努力完成广东全年经济社会发展目标，推动广东经济高质量发展再上新台阶提供优质统计服务。

293

压实责任，严于律己，守住底线，严守国家安全纪律

为进一步增强全局干部职工自觉维护国家安全意识，筑牢防间保密工作防线，2020 年 8 月 13 日下午，我主持召开警示教育会并讲话。

当前世界正处于百年变局，国际国内形势错综复杂，以美国为首的境外反华势力利用各种舆论手

段不断"污化""抹黑"我国，企图动摇我党执政地位，分裂我党与人民群众的血肉联系，并采取各种手段窃取我国各行业机密，以此大肆制造负面舆论，从而达到攻击瓦解我国国家安全防线的目的。

统计部门作为国家经济运行数据的权威发布部门，担负搜集、使用、分析、解读数据的任务，掌握着经济运行第一手数据。统计数据是开放的，但数据发布有严格审批程序，解读数据有对应归口部门，个人不能越线发布或解读数据。

全体干部职工要提高政治站位，维护好国家安全大局。一要压实责任，守土有责。"自家孩子自家抱"，局领导要监督好分管的处室负责人，各处室负责人要管理教育好处室人员。特别是对于年轻干部，既要帮助他们成长、历练，更要教育他们遵守纪律、严守规矩，尤其是涉及统计数据方面，要与责任挂

钩，不能淡化职责。二要严于律己，消除隐患。对外提供和解读数据要严格遵照程序，环节不能简化、缺漏，要按统计方案制度，客观真实解读数据。要从近期发现的问题苗头中挖掘更深层次的问题，举一反三，坚决消除安全隐患。三要守住底线，不为诱惑。2014年五四青年节，习近平总书记考察北京大学期间，曾告诫学子"当官就不要想发财，想发财就不要去做官"。统计局的党员干部作为体制内工作人员，要牺牲放弃很多，统计人更是辛苦而寂寞。没有色彩缤纷，只有数字相伴；没有随心所欲，只有严谨汇编；没有觥筹交错，只有青灯相伴；没有迎来送往，只有默默奉献。要克服心理不平衡，发现精神上的收获，拨开云雾才能看到真谛。要时刻保持统计人本色，沉下身心，钻进业务，跳出利益的桎梏，守住责任的底线。

294
"位、干、公、廉、严"，与新晋升干部共勉

2020年广东省统计局第四次干部选拔晋升工作刚刚结束，有7名同志获得晋升。按照惯例，2020年9月4日，我与省统计局新晋升干部共7人进行集体谈话。

我首先祝贺7名干部以干得助，经群众认可度测评、民主推荐、考察等各环节考验获得职级晋升。晋升不仅意味着各位同志过去的工作得到了局党组和全局党员干部的认可，也意味着要有更大的责任和担当，为此提出"五字"与新晋升同志共勉：一是"位"，即提高政治站位。切实增强"四个意识"、坚定"四个自信"，把牢政治方向、站稳政治立场，坚持政治原则、坚定政治道路，坚决维护习近平总书记党中央的核心、

全党的核心地位，坚决维护党中央权威和集中统一领导。二是"干"，即实干加油干。大道至简，实干为先。干是赢取事业胜利的根本保证，也是获得个人成长进步的必由之路，以干得助永远在路上。三是"公"，即讲公心树正气。成者，公心为上，存公心，才能干实事干成事；选人用人，公心为上，存公心，才能得到群众发自内心的认可。四是"廉"，即廉洁自律。"没有廉等于零"，清正廉洁是党员干部必须坚守的准则。廉洁之本在于自律，自律之本在于防患未然，守住底线，筑牢防线，不断增强廉洁自律的本领。五是"严"，即高标准严格要求。德、能、勤、绩、廉各个方面都要实打实硬碰硬。自我要求、自我提高，大胆探索，积极作为，为南粤统计事业大发展携手并进、砥砺前行。

新晋升干部一致表示：将加强思想政治学习、业

务学习，不断提高党性修养，提升履职能力，廉洁自律，踏实干事，为南粤统计事业发展添砖加瓦，为构建经济大省之统计强省贡献力量，不负局党组的信任和嘱托、不负全局干部的殷切期望。

295
勇于担当，迎面破解环境"脏乱差"老大难

三年来，省局围绕统计强省目标，狠抓基础建设，我以办公环境治理为突破口，改变陈旧面貌，见贤思齐，不遗痛患，以革命的热情，不躺安乐、担当实干，勃发统计生机。

南门是正门。

不记得何时，省府10

号楼的进出改走北门，正统的南门少人走，落魄成了后门。南门缺打理，门房改作了工具杂物房，门口垃圾桶排成了行，情况十分不堪。恢复南门是我局办公环境综合治理的楔子。

通常，在国家机构编制内，各级党政机构都要挂牌办公，悬挂机构名牌也是其正常运转的重要体现。省府10号楼有几个省直单位入驻办公，名牌挂在各自楼层，省统计局名牌挂在7楼，聊胜于无。构建经济大省之统计强省，首先要悬挂好单位的名牌，挂在正门。新修的南门，红墙映衬、厚重古朴，"广东省统计局"名牌庄重肃穆！

来省局天井打卡，天井这边独好。省府大院内得天独厚给了10号楼一个天井。曾经忽视了它的坏处，常年积水、蚊虫滋扰，恨不得少了它。

改造后发生蜕变，步入其中，广东统计人找到

归属。进入大门，天井红墙环绕，抬头所见"不忘初心　牢记使命"八个鲜红大字。红色是革命的传承，为人民谋幸福、为民族谋发展，我们的宗旨就是为人民服务。

中间银色不锈钢拉丝材质写着隶书字体"为数据需求者服务"，射灯照亮下，其现代感契合广东经济强省与排头兵定位，其材质反映出对数据质量的追求，其内容寄托了对统计事业的追求。

右下的石头是我们：几块小的，顶着一块大的，或是一块大的，护着几块小的——怎么都像统计一家亲。在光线的照耀下黄灿灿，石头喻示我们矢志不渝，金子般的颜色显我赤诚。

一轴两翼，变出精彩。多年来，省府10号楼一楼是附属房的存在，仓库、杂物房、水电房、花工、维修工、保安混杂着用。改变始于一个夏日的中午。

记得是午饭后，我等

不及下午上班，召集局领导班子，在一楼现场办公议事。要解决的问题不止于：广东全国第四次经济普查急切需要集中办公用房，省直机关工委检查指出我局党建陈列室用房不达标。这个中午，"一轴两翼"功能布局的构思变了出来，同时，也是一楼环境综合治理的起点。

"一轴两翼"的建设，化腐朽为神奇：所谓一轴，位于一楼居中的位置，南门门厅、天井、统计强省大厅呈南北走向，三进格局，串起我局精神风貌的走廊；两翼东西向拓展，改造增设省人口普查集中办公用房、省经济普查集中办公用房、省统计数据中央控制室、省局党建与业务创新台账室等功能要素，为我局向统计强省目标迈进提供了战场资源。大变局源于大格局大决心。

厕所革命在我局实践。不少地方，厕所是影响群众生活品质的短板。多年来，省局厕所也不让人满

意。办公楼盖了有30年，厕所的铸铁下水管破了漏、漏了补，堵了塞、通了堵，隔不久就要维修。由于生活品质的提高，人们难以接受有异味的厕所，何况出了楼层电梯门循着味就能找到的厕所。

以我为主，打破楼层、单位的隔阂，坚信以群众认可作为出发点和落脚点就不会错，整栋楼、东西两侧所有厕所改造，当仁不让，由省局一手操办。一致的装修、相同的配备，一次性整体改造节约资金，减少对办公秩序干扰，赢得了不同楼层友邻单位的赞许。

厕所是件民心工程，大家抱有期待，两次全局征集改造意见建议，局主

要领导逐层检查施工质量，为有特殊需要人群提供贴心选择等，保证了群众满意度。在充分参与下，省局干部职工集体认同感因厕所加分。

有人说："厕所是最不容易干净的地方，最不容易产生快感的地方，最不容易芳香的地方。而把这个地方打扫得一尘不染，打扮得芳香雅致，提炼出文化的醍醐，那么其他的地方就可想而知了。"厕所是一个单位的又一门面，改造好厕所，抓住了牛鼻子。厕所革命在我局落地。

天台补漏，跨界显担当。屋顶渗漏是老房子常有的事。省府10号楼原有9层，后来又加建了一层，因重力缘故，楼顶中间形变比四周低，易蓄积雨水，一场大雨后常渗漏半月以上。补漏这事成为老大难。

一栋楼多个单位入驻办公，外墙与天台维修和管理一直是省府机关事务管理局负责，使用单位反映后进行过多次补漏操作，

由于未在结构上大改，修修补补不得要领。趁着厕所改造的机会，我们把天台补漏搞彻底。

虽说管理责任不在我局，但既然厕所改造要换管道，我们把到天台的落水管也一并换了，改大口径，同时重修天沟，做好防漏措施，让雨水即时通过管道排走。

经过雨季，10号楼天台漏雨现象不再有，补漏这件事值得总结。想，都是问题；做，才是答案。存在多年的雨水渗漏问题解决不好，缺的是担当，多的是等靠。须知自力更生，哪怕手伸长点，跨界做点实事。

环境治理改变我们的作风。一楼环境治理伊始，为了节俭办事，我提出"干净、流畅、合理、简

约"八个字要求，强调说我们不是搞装修，不需要豪华。贯彻八个字要求，便改变了我们的作风。

我们的改造是朴素的：东西两翼改建功能要素房间，天花、地面都保留不动，天花没有吊顶也没有加以装饰，甚至保留了20世纪80年代使用的电风扇（吊扇），地面仍是最早留下的水磨石；窗户只是做了深度清洁，年代久远推不动的铝合金窗换了滚轮；南门正对的院墙把省府办公区与外面家属区隔开，破旧的围墙影响景观，种上"爬山虎"才一年，已经满眼翠绿，看着和谐。

追求环境干净的同时，干净做事也可圈点。为防微杜渐，廉洁办事，项目现场制作摆放了一个廉洁自律"五不"承诺牌：不收一分钱、不吃一顿饭、不喝一口酒、不抽一根烟、不饮一杯茶。"五不"承诺牌摆放在现场，提醒业主代表干净办事，向施工方表明业主方态度，同时

便于群众监督，效果很好。

只买对的、不买贵的、堪用就行，干净、流畅、合理、简约之风成为我局环境治理一以贯之的基调。

通过办公环境综合治理，我局形象发生深刻变化，是一场环境革命，直观反映了广东统计人积极奋发的精神风貌，是局党组带领全局干部职工勇于创新、锐意进取、实干担当的写照。

296

认领一簇竹，勤耕于统计，乐于奉献，传承岭南统计文化

2020年9月19日上午，我到省统计局定点帮扶的乐昌市廊田镇白平村专题调研脱贫攻坚和美丽乡村建设情况，参加"忘忧红九林"簇竹认养活动。

在"忘忧红九林"揭幕仪式上，我有感而发，白平村人杰地灵，我心向往，自今年6月来村调研

之后仅时隔三个月，"忘忧红九林"和白平村乡村人居环境整治取得巨大的进展，可以说是"旧貌换新颜"，"忘忧红九林"建设更是创造了"统计速度""白平速度"。这些是韶关市和乐昌市各级党委政府关心支持的成果，集中展示了省统计局定点帮扶白平村的工作成效，是白平村美丽乡村建设的重要组成部分。

广东统计要以认养簇竹为契机，进一步恪守统计初心使命。忘忧，就是忘记统计工作的辛劳，积极进取，持之以恒耕耘数据质量。希望全省统计工作者能像竹子一样始终保持奋发向上的精神和虚心谦逊的品格，无私奉献，

坚韧不拔，秉承为数据需求者服务的初心，恪守构建经济大省之统计强省的使命，共建一片属于岭南统计人的"忘忧红九林"。要以学习岭南统计先驱罗湘林为契机，进一步传承岭南统计精神。统计是一项伟大事业，是经济社会发展重要的基础性工作，是宏观调控的重要依据。在即将跨入"十四五"的时间节点上，希望全省统计工作者脚步不停，汗水不止，牢记"真实可信、科学严谨、创新进取、服务奉献"为主要内容的统计核心价值观，继往开来，传承和发扬创新、开放、实干的岭南统计精神，勤于统计，乐于奉献，积极推进构建现代统计调查体系，促进广东统计事业上新台阶。

揭幕仪式结束后，我步入"忘忧红九林"，来到自己负责养护的簇竹前，仔细查看竹子的生长情况，详细询问竹子的品种、生长的习性等，并饶有兴致

地拿起铁锹为簇竹培土。感慨道，簇竹之中见颗颗数，数堆之里感粒粒苦。在省统计局定点帮扶的白平村，拥有这一片苍翠欲滴的竹林，正是寓意着广东统计工作者的使命和追求，学习竹子的默默奉献、虚怀若谷和高风亮节。每个岭南统计人通过养护这簇簇青竹，时时自省，"胸有成竹"，为建设经济大省之统计强省添砖加瓦。

为构筑一个提振向上精气神的统计家园，省统计局党组决定在白平村建设广东统计史料馆。全省统计系统响应省统计局号召，积极踊跃捐赠具有统计历史的"老物件"。目前，广东统计史料馆收集

到有纪念意义的算盘、老式计算机等老物品 100 多件，有代表意义的统计台账、统计年鉴等统计资料 1 200 多本，是全省统计工作者的共同资源宝库。

簇竹认领结束后，我来到广东统计史料馆，仔细观看了馆内省统计局和 21 个地级以上市的统计资料展柜、统计老物件和统计文化宣传牌。随后，我和其他局领导在广东统计史料馆为踊跃捐献统计文物史料的地级以上市统计局、省统计局处室负责人颁发捐赠证书，并对全省统计系统主要负责人说，"忘忧红九林"和广东统计史料馆，是全省统计系统开展"传承红色基因、恪守初心使命"红色主题教育实践活动和岭南统计文化教育的重要基地，对传承红色基因和岭南统计文化具有重要意义。省统计局帮扶工作要充分利用统计优势，拓宽帮扶思路，努力将"忘忧红九林"和广东统计史料馆建设成为

省统计局帮扶白平村的亮眼名片。

省统计局党组成员、副局长朱遂文、杨骁婷、刘智华，二级巡视员杨少浪、熊德国、汪国新，乐昌市委书记沈河民，21 个地级以上市统计局主要负责人，省统计局各处（室、中心）负责人一起参加了上述活动。

297
青年干部培训班开班首课，"四个感"与青年干部共勉

2020 年 11 月 17 日，广东省第二期统计青年干部培训班在广东省团校（广东青年政治学院）开班，我出席开班仪式并作动员讲话，省团校负责人致欢迎辞，局人事处、城乡中心负责人参加活动。

在开班动员讲话中，我提出"四个感"与青年干部共勉。本次培训是继 2019 年广东省第一期统计青年干部培训的再一次青

春汇聚，活力青春激发活跃思考，所思所想促进所干所行，是以干得助的真实体现，希望广大学员在学习培训中把握好"四个感"，珍惜机会，学有所成，学以致用。一是"时代感"。站在历史交汇点上，新时代带来的新形势和新变化，对青年干部提出了更多的新要求和新期盼。要坚定理想信念、树立远大理想、勇立潮头，要牢牢把握时代赋予的机会，直面时代挑战，争当时代先锋。二是"责任感"。青年干部要怀揣历史责任，在学习培训中结合工作岗位和个人实际，以"一往无前的奋斗姿态""风雨无阻的精神状态"学深悟透，不懈努力，勇挑重担，敢于担当。三是"能力感"。这次培训为大家提供了一个

学习充电、提升能力的平台，作为统计系统的未来和希望，统计青年要善于利用统计方法、统计观察和统计分析，不断积累统计实力，提高自身能力，以学获能，以干得助。四是"接续感"。统计青年是统计事业的传承、统计发展的原动力，既要继承统计前辈的优良传统和作风，牢记统计职责和初心使命，更要发扬南粤统计敢为人先的改革创新精神，不断接力广东统计事业蓬勃发展。

随后，我以"统计能力的'五重力'"为题，为培训班讲授开班第一课。我以翔实的数据详细分析全国和广东2020年前三季度经济运行情况，并用"烟斗型"准确而形象地描述经济走势，以生动的讲解提出统计能力的"五重力"——数据的解构力：多维视角，看透经济；法治的守底力："两防"思想，实事求是；思维的创新力：立足统计，成章立

项；快速的执行力：准备就绪，蓄势待发；无我的向上力：甘为人梯，奉献向上。以点示面，使统计能力更立体、更专业、更落地，为统计青年提高自身能力提供了参考方向和成长导向。

课后，广大学员上台主动添加我的个人微信，大家纷纷表示授课高屋建瓴、内容丰富、深入浅出、通俗易懂，既有丰富的理论讲解，又有生动的案例剖析，既贴合工作实际，又颇具前瞻视角，为今后的工作拓展了视野、开阔了思路。

广东省统计局各处室、省直相关单位、各地级以上市统计局、西藏自治区统计系统青年干部共110人参加了学习培训。

298
荣幸连任广东省统计学会会长，责在肩，勇担当

2020年12月11日上

午，广东省统计学会第十次会员代表大会在中山市召开，选举产生广东省统计学会第十届理事会、理事会监事、常务理事会和新一届学会领导机构，我荣幸连任会长。

会上，受广东省统计学会第九届理事会委托，我作《广东省统计学会第九届理事会工作报告》，报告总结了四年来第九届理事会所取得的成绩。一是坚持党的绝对领导，确保省统计学会工作健康发展；二是着眼统计需求，积极开展统计分析研究工作，为广东改革发展献计献策；三是注意发挥省统计学会组织协调功能作用，鼓励和引导会员参加统计科研交流活动；四是加强平台和窗口建设，为会员学习和交流信息提供方便；五是认真履行会员单位职责，全面完成中国统计学会分配的工作任务；六是加强规范化管理，各项工作稳步健康发展。

新一届理事会产生后，

我代表广东省统计局、广东省统计学会新一届理事会作了讲话指出，过去四年来，第九届理事会坚持以习近平新时代中国特色社会主义思想为指导，深入学习贯彻党的十九大精神，坚持遵循《广东省统计学会章程》，紧扣省委、省政府中心工作，聚焦统计事业发展主旋律，在服务广东统计事业的繁荣发展方面做出了积极贡献。作为新一届理事会，要按照构建经济大省之统计强省目标要求，进一步解放思想，着力改革创新，紧紧依靠大家的智慧和力量，携手续谱省统计学会新篇章。要明确定位，把握特点，切实发挥省统计学会的自身作用；要深入研究，多出精品，为数据需求者提供优质统计咨询决策服

务，秉持着让数据接近真实，让方法更加科学的态度，全力打造广东统计服务精品，切实为数据需求者提供优质服务；要解放思想，大胆创新，不断提升省统计学会工作水平。

会议审议通过《广东省统计学会第九届理事会工作报告》、《广东省统计学会理事会财务工作报告》、《广东省统计学会章程》（修正案）、《广东省统计学会选举办法》，还选举赵云城、朱遂文、赖志鸿、郭驰、夏南新、陈光慧、彭荣 7 人为副会长，冯位东为秘书长。

299
喜祝贺，再出发，同谱广东省统计学会工作新篇章

2020 年 12 月 11 日，广东省统计学会第十次会员代表大会刚刚结束，我旋即组织召开广东省统计学会第十届理事会第一次会长办公会议，进一步明

确省统计学会改革发展的方向，研究部署了今后工作任务。

会上，我向刚刚当选的广东省统计学会理事会的领导成员表示祝贺，希望勠力同心为省统计学会繁荣发展贡献力量。未来，省统计学会将认真贯彻落实会员代表大会会议精神，坚定不移以习近平新时代中国特色社会主义思想为指导，坚持遵循《广东省统计学会章程》，以构建经济大省之统计强省目标任务为主题主线，以"创新贯穿、能力打造、思维方法"为思路，以稳健务实的工作作风，努力将省统计学会打造成为助力广东统计创新发展的学术性服务型团体，再谱省统计学会工作新篇章。

当前，统计改革发展正处于关键时期。省统计学会要增强做好工作的使命感和责任感，紧紧围绕影响和制约统计改革发展的重点领域与关键问题，着眼党委政府中心工作需求，组织广大会员深入开展统计理论和实践研究，为构建经济大省之统计强省提供智慧支撑，为广东开启全面建设社会主义现代化国家新征程提供统计服务保障。

一是强化统计理论和方法创新研究。统计科研看似远离统计业务一线，处在边缘"江湖"地位，却肩负着破解当下统计问题的先知先觉使命与统计改革创新新挑战。广东改革创新发展走在全国前列，为统计理论和方法的创新提供了肥沃的土壤。省统计学会要传承广东统计"7＋n"的创新基因，勇于担负起统计理论和方法创新的重任，为中国统计改革创新提供广东智慧和方案。

二是创新平台建设。借国家统计局刚刚批准广东开展统计学家信心调查制度的契机，省统计局决定创办《统计学家》内部资料，为统计与统计学人搭个家。省统计学会作为《统计学家》编印单位，务必将《统计学家》办成统计人的一个精神家园。

三是促进统计教学科研与实务工作相结合。高等院校统计专业和科研机构作为省统计学会的重要力量，要牢固树立为统计工作服务的理念，主动将相关工作放到为统计改革和建设提供科学支撑上，借助各类统计科研项目和各层次学术交流，开展深度研究，提出解决问题的思路，充分发挥统计教学科研在服务推动统计实践中的作用。

四是加强统筹能力建设。本次选举产生的学会负责人，年龄结构较为合理，且略显年轻化。学会是学术性、群众性的社团组织，具有自身特点。年轻人充满活力，如何将广东省统计学会打造成为创新发展的学术性服务型团体，需要加强统筹能力建设，以更好地组织广东统计理论与实践领域最优秀的专家和学者积极参加学术交流活动，不断提高省统计学会的聚集力和影响力，更好树立广东省统计学会的良好形象。

与会的各位副会长结合各自情况，重点围绕省统计学会工作定位和自身职责，统计理论和方法的创新，创新服务平台，省统计学会工作服务和推动广东统计的实践，提高统筹组织能力等方面发表意见与建议。

会议还商议了广东省统计学会第十届理事会领导工作分工及第十届理事会秘书处副秘书长人选，决定任命张劲松、陆小环、严继发、杨德生为第十届理事会秘书处副秘书长。

300
延续"三个传承"，巩固和深化脱贫攻坚成果

2020年12月28日，我会见省统计局定点帮扶的乐昌市廊田镇白平村两委干部及贫困户代表一行并举行座谈会。

我代表省统计局党组向白平村两委干部和贫困户代表的到来表示热烈欢迎，并对五年来村两委对省统计局驻村工作的支持表示衷心的感谢。2016年以来，省统计局先后共派出10名优秀干部到白平驻村开展精准扶贫精确脱贫工作，深入脱贫攻坚第一线，在农村土地上得到充分的锻炼，驻村干部的迅速成长，离不开白平村这个锻炼平台。在脱贫攻坚战中，从贫困户的精准识别到精准帮扶，每一项工作的开展都离不开村两委干部的密切配合。特别是在"忘忧红九林"建设过

程中，以"忘忧红九林"为支点，撬动白平村美丽乡村的建设热潮，带动当地基础设施建设，村干部和当地党委政府给予了大力支持。白平村干部群众赠送给省统计局的锦旗是一份珍贵的礼物，我们要将锦旗作为一面镜子，时时提醒省统计局干部职工把人民放在心中最高位置，把群众作为工作的出发点和落脚点。

在省统计局的帮扶下，白平村已圆满完成贫困村出列、贫困户脱贫任务，村容村貌发生巨大变化，干部群众精神面貌焕然一新，在白平村建成的"忘忧红九林"更是成为韶关美丽乡村建设典范。下一步做好"三个传承"，进

一步巩固和深化脱贫攻坚成果：一是使命传承。要提高政治站位，自觉把人民放在心头，通过帮扶工作践行为人民服务、为数据需求者服务的初心使命，不断增强人民群众的获得感和幸福感。二是精神传承。要把"忘忧红九林"忘忧、忘我、无我的精神作为一笔宝贵的精神财富传承下去。要珍惜和厚植脱贫攻坚事业中结下的兄弟情谊，善始善终，善作善成，要把这种情谊一直保持下去，欢迎白平村的父老乡亲以后多到省统计局走走看看。三是工作传承。目前，正值村两委换届选举工作开展之时，驻村工作队要加强工作指导，确保村两委换届工作平稳有序进行。脱贫攻坚任务完成后，白平村将转入乡村振兴，要做好巩固拓展脱贫攻坚成果与乡村振兴的有效衔接工作。

座谈会上，白平村党支部书记戴天福代表白平村干部群众进行发言，向省统计局五年来对白平村的大力帮扶表示衷心的感谢，并向省统计局赠送题为"统计忘忧红九林、脱贫致富报党恩"的锦旗；"广东省脱贫奋进先进人物"彭志牛分享了在省统计局帮扶下实现脱贫致富的历程。

省统计局帮扶工作领导小组及办公室成员、历任驻村工作队成员参加座谈会。

301
以五"力"勉励，寄语新入职干部为广东统计贡献青春力量

2020 年 1 月 27 日，省统计局召开 2020 年度新入职干部座谈会。我出席会议并讲话。

我首先对 11 名新入职干部加入广东统计大家庭表示诚挚的欢迎，希望大家珍惜省统计局提供的平台，传承开拓创新精神，在新的工作岗位上发光发热，并以五个"力"共勉。

一是带来新力。回望庚子年面临的困难和挑战，广东统计选择了拨开阴霾，迎难而上。辞旧迎新，新年展望新愿景，纳故吐新，新力原力齐交融。新的统计力量的加入，不仅缓解了省统计局机关干部队伍年龄偏大的问题，还为广东统计事业的改革创新带来了新的变化和可能。希望新入职干部为广东统计事业发展注入强大新生力量。

二是扬起新气力。不管何时，都要做一个阳光、纯粹的人，有朝气，去暮气。没有朝气就没有创新，就发现不了工作上和生活中存在的光与机会。如果不是统计队伍众人的奋力拼搏，就没有来

自社会各界赞赏的目光时刻聚焦在 10 号楼。朝气不是面面俱到，而是踏上时代的脉搏，站在历史的潮头，敢破敢立，永不停止地去探索，去发现，去创新。广东统计需要的，便是这样的朝气，便是这样积极向上、朝气蓬勃的干部。

三是聚向一线工作力。那些基层的、直面数据的、贴近群众的工作，常常耗尽人的心神，但正是这一个又一个的数据报表，一茬又一茬的统计任务，终将凝结成统计人为之奋斗的事业；正是基层的、一线的耕耘，使统计人在面对质疑和询问时有了反驳与解释的强大支撑。一线的工作能为个人成长提供无穷的力量，组织提供的机会要牢牢把握住，迎难而上，不断塑造成为复合型人才，才能勇挑重担，快速适应任何一个岗位提出的需求，在奉献中实现自我价值，获得精神上的认可和满足。

实现自我价值

四是拧成一股合力。新的征程俨然向广东统计提出了更高的要求。站在"十四五"规划起步之年这一崭新起点，统计人要敢破敢立，同心勠力，凝聚共识，团结奋进，拧成一股合力，心往一处想，劲往一处使。新同志要尽快融入集体，转变身份，尽快融入统计工作，成为一名合格的统计人，与南粤统计事业大发展携手并进、砥砺前行。

五是落到政治力。统计机关首先是政治机关，统计人必须旗帜鲜明讲政治。紧贴工作实际，从"不忘初心、牢记使命"出发，找准立足新发展阶段、贯彻新发展理念、打造新发展格局的战略支点，提高政治判断力、政治领悟力和政治执行力，这样引申出的广东经济内核和广东统计改革创新才具有生命力和凝聚力。在座的军转干部在讲政治方面有着铁一般的纪律，令人肃然起敬，值得学习。新同志要在实践中找到政治力的落脚点，坚定理想信念，以正确的意识形态指导工作。

随后，我将《广东省统计"7 + n"改革创新》专题片三种语言版本的光盘赠予 11 名新入职干部，并与他们一起观看。

与会的其他局领导对所有新入职干部表示了热烈的欢迎，并寄语勉励他们按照杨新洪局长的指示要求，秉承南粤统计"新、先、实"之风，珍惜平台，积极作为，实事求是，开拓创新，为构建经济大省之统计强省贡献力量。

会上，新入职干部结合各自实际进行交流发言，一致表示在将来的工作中会严格要求自己，不断学习，踏实干事，守纪律、讲规矩，用实际行动为广东统计事业的发展凝心聚力、添砖加瓦。

302

心系白平再调研，巩固脱贫成果，共创美好未来

在新春佳节即将来临之际，2021年2月3日，我带队到省统计局定点帮扶的乐昌市廊田镇白平村调研巩固拓展脱贫攻坚与乡村振兴有效衔接工作，并开展春节慰问活动。

为了解白平村脱贫攻坚成效巩固情况，我一下车就到脱贫户曾瑞娟家里进行慰问。经过帮扶和自身努力，曾瑞娟两个女儿先后考上大学本科，现大女儿已就业，2020年全家人均可支配收入超过2万元。我为曾瑞娟一家感到高兴，也不无感慨道，扶贫必扶智，省统计局定点帮扶白平村以来，通过加强教育帮扶，有效地阻断贫困的代际传递，从根本上消除带来贫困的思想总根子。在详细了解曾瑞娟脱贫之后的生产生活情况后，我提出要进一步巩固脱贫攻坚成果，完善防返贫监测和帮扶机制，继续加强就业、产业帮扶和配套设施建设，促进脱贫提质增效。

随后，我入户看望慰问老党员张春华。张春华与共和国同龄，有将近50年的党龄，是一个令人尊敬的老前辈，我非常感谢他多年来对党和国家事业，特别是白平村乡村建设做出的贡献，并送上春节慰问品，嘱咐当地党委政府要多关心、关怀、帮助老党员，让他们持续感受到党组织的关心和温暖，发挥老同志的余热，为乡村振兴多出点子、多做贡献。

在省统计局帮扶建设的"忘忧红九林"调研期间，我现场听取驻村工作队关于脱贫攻坚与乡村振兴有效衔接工作进展情况的汇报，对坚守在一线的扶贫干部表示慰问，鼓励他们再接再厉，继续为白平村美丽乡村建设做贡献。今天是2021年二十四节气中的立春，立春是岁首，代表着万物起始、一切更生，过去五年省统计局在脱贫攻坚中取得了不错的成绩，帮扶成果显著，为下一步乡村振兴打下坚实的基础。站在新的起点，要戒骄戒躁，乘势而上，扎实做好脱贫攻坚与乡村振兴有效衔接工作。我专门来到自己负责养护的簕竹前，认真查看竹子的生长情况。经过冬季风霜的洗礼，竹子依旧青翠挺拔，已有春笋破土而出。不禁感慨，竹子四季常青固然是本性使然，更离不开厚壤滋养，正所谓强基方能固本，今年是省统计局统

计基层建设年，全省统计系统要夯实统计基层基础，增强统计业务能力，咬定青山不放松，着力构建现代化统计调查体系和经济大省之统计强省。

我们一行从"忘忧红九林"步行来到广东统计史料馆，这里正在进行白平村迎新春送春联送文化下乡活动。馆内竹影摇曳，窗明几净，书法家们将红纸悉心铺开，凝神聚气，挥毫泼墨。一张张大"福"字笔饱墨酣，一副副春联笔力苍劲，墨香和纸香融合在一起，浓浓的年味扑面而来。我们向在场的村民赠送了春联和"福"字。春联是中华传统文化重要组成部分，写下喜庆吉祥的春联和大大的"福"字，寄寓美好祝福，希望白平广大村民辛丑年平安吉祥，向着明天的美好生活大步前进。

据悉，此次迎新春送春联活动，来自乐昌市书法家协会的书法家现场为村民免费书写春联和

"福"字共 150 副。根据疫情防控需要，活动采取"集中写、分批送"的方式，既减少人员集聚，又能将新春祝福在春节前夕送给村民。

韶关市统计局局长杨水养、乐昌市副市长邱才郁、省统计局人事处负责人陪同调研。

303
心中有你，慰问离退休干部，共谋"十四五"统计新篇章

2021 年 2 月 2 日上午，省统计局召开 2021 年离退休干部迎春座谈会，大家欢聚一堂，共迎新春、共叙情谊、共谋"十四五"统计新篇章。我出席会议

并讲话。

会上，我向各位老干部致以新春的问候和佳节的祝福，并回顾了 2020 年工作，认为省统计局党组始终坚持围绕中心、服务大局，坚守"为数据需求者服务"的初心使命和"统计强省"的建设目标，各项工作得到省委、省政府和国家统计局的高度肯定。南粤统计取得的丰硕成果，离不开各位老领导、老同志一直以来的关心、支持和帮助。

局党组历来高度重视和大力支持老干部工作，关心好、照顾好、服务好老同志是局党组一项重要职责，也是中华民族的传统美德。要深怀爱老之心，

恪守为老之责，多办为老之事，真正做到政治上尊重、思想上关心、生活上照顾，让老干部有归属感、获得感、幸福感。局系统广大党员干部要向老干部学习，发扬老干部的好经验、好思想、好作风，特别是要结合学习"忘忧红九林"的丰富内涵，传承红色基因，坚定为民统计的理想信念，提振南粤统计的精气神，在奋发有为中践行初心使命，为持续推进构建现代统计调查体系和经济大省之统计强省而奋斗。

会上，我为大家现场演示了数字政府"粤治慧"经济运行平台。"粤治慧"经济运行平台以省统计局专业数据为主体，融合相关部门数据，以"1+6+n"布局，客观、全面、立体展现广东经济全貌，充分体现依法依规从源头治理政府数据的理念。会议还组织观看了《广东省统计"7+n"改革创新》专题片和"南财

对话·权威访谈"，专题片回顾广东统计近年来推动智能普查、分性别统计、高质量发展综合绩效评价体系构建等"7+n"改革创新的不懈努力，重温"7+n"改革创新所取得的积极成果，增强推动广东统计改革的决心和信心。

老干部纷纷表示，对近几年来南粤统计事业所取得的成绩感到由衷高兴和无比自豪，对新一年的工作献言献策，对党的关怀和温暖深表感激，一定切实增强"四个意识"，坚定"四个自信"，做到"两个维护"，为助推南粤统计事业发展凝心聚力，发挥余热！

304
感恩奋进，新春团拜祝福南粤统计

年关将至，春意渐浓。2021年2月9日上午，我带领局党组全体成员，开展春节团拜。

在焕然一新的10号楼天井，橙红色的砖墙朴素而应景。"不忘初心　牢记使命"八个大字赫然醒目，一排射灯投影出温暖而祥和的光束，把"为数据需求者服务"映衬得璀璨夺目。全体干部职工从10号楼的各个岗位汇聚而来，岁月无声，雕镂刻画着一代又一代的统计人，他们有的青涩稚嫩、裙角飞扬，有的鬓生华发、饱经沧桑。他们脸上都书写着一分坚定，一分喜悦，一分期盼。坚定的是构建经济大省之统计强省的赤诚初心，喜悦的是庚子年的辛勤耕耘终于凝结累累硕果，期盼的是辛丑年粤统同仁勠力同心，开创南粤统计新篇章。

我手中拿着《统计学家》和《统计宏观经济监测月报》两本沉甸甸的统计精品，饱含深情地说，一是感恩，感恩习近平总书记、党中央和省委、省政府对广东统计事业的关心厚爱。二是奋进，在原

有的改革发展基础上，南粤统计人要求进求善、接续奋斗、砥砺前行。三是祝福，祝福南粤统计星途璀璨、再创辉煌；祝愿全体干部职工新春快乐、阖家幸福、万事如意。

最后，全体干部职工手举"福"字、春联、年画、统计精品，在摄影师的快门下，定格了南粤统计大家庭的浓浓情谊、深深祝福。

305
我与南粤统计同行，激发干部职工工作热情

2021年2月5日，我出席了省统计局举行的"我与南粤统计同行"主题读书演讲比赛活动并讲话。

在讲话中，我充分肯定2020年全局统计工作，面对新冠肺炎疫情严重冲击、面对艰巨繁重的广东统计改革发展任务，局党组带领机关各党组织和广大党员干部坚持以习近平新时代中国特色社会主义思想为指导，紧紧围绕党的十九大，十九届四中、五中全会赋予统计工作的职能和要求，以坚持党的建设为引领，以构建现代化统计调查体系、构建经济大省之统计强省为主线，以"为党委政府决策、为数据需求者服务"为核心，以统计专业委员会为平台，以统计"两防"为措施，以深化"7+n"统计改革创新为动力，团结带领广大党员干部努力提高统计数据质量、提高统计分析预测监督能力，用实际行动深化统计体制改革、发挥统计监督职能、推进统计现代化改革，为广东在全面建设社会主义现代化国家新征程中走在全国前列、创造新的辉煌的使命任务提供了坚实统计保障。10多个统计改革创新项目获得国家统计局的肯定、推广和省委、省政府领导批示，10多个统计专业在国家统计局组织的评比考核中被评为优秀，在省直机关组织的党建工作绩效考核中取得较好成绩，组队参加国家统计局统计建模大赛荣获二等奖，1名干部被评为省抗击疫情先进个人，局妇女儿童发展统计监测组荣获"全国三八红旗集体"荣誉称号。2019年度，党组班子在省委组织部组织的考核中被评为优秀班子，局主要负责人和1名局领导被评为优秀个人。

在开启"十四五"广东统计改革创新之际，在进入全省统计系统开展"基层基础建设年"之时，省局举办"我与南粤统计同行"主题读书演讲比赛活动非常必要。活动突出了主题性，体现了原创

性，散发了青春性，彰显了力量性，留下了期待性。活动既讴歌了南粤统计人推动南粤统计传承历史、立足当下、创新进取的责任担当，弘扬了"真实可信、科学严谨、创新奉献、服务人民"的统计核心价值观，又进一步激发了广大干部职工立足岗位职责，锐意改革创新，奋发图强，让书香和激情伴着统计事业不断向前发展的热情。新的一年，要坚持把党的政治建设摆在首位，突出政治统领，进一步强化政治机关意识；要坚决落实全面从治党要求，站稳政治立场，进一步推动新一轮党组织建设；要坚持新时期好干部标准，做到政治过硬，进一步打造高素质南粤统计队伍；要贯彻落实"十四五"部署，明确政治任务，进一步推进广东统计现代化改革；要坚决压实主体责任，永葆政治本色，进一步树立新时代广东统计新风尚。

14名参赛选手中，服务业统计处余昭君获得一等奖，普查中心雷城乐、数据中心秦一凡获得二等奖，人事处方清蓉、执法监督处龙泳盈、办公室肖辉莉获得三等奖。

演讲比赛结束后，部分支部还自编自导自演了反映统计工作和对口扶贫工作的文艺节目。

306
深学细悟守正实干，高起点开启省局党史学习教育

2021年2月24日，我主持召开党组中心组（扩大）理论学习会议，学习习近平总书记在党史学习教育动员大会上的重要讲话精神，传达全省党史学习教育动员大会精神，并结合省统计局统计工作实际，部署贯彻落实工作。

在庆祝我们党百年华诞的重大时刻，在"两个一百年"奋斗目标历史交汇的关键节点，以习近平同志为核心的党中央在全党集中开展党史学习教育，具有十分重大而深远的意义。习近平总书记在党史学习教育动员大会上的重要讲话，深刻阐述了开展党史学习教育的重大意义，深刻阐明了党史学习教育的重点和工作要求，为全局开展好党史学习教育指明了方向，提供了根本遵循。全局要按照中央统一部署和省委要求，迅速把思想和行动统一到以习近平同志为核心的党中央决策部署上来，在全局深入开展党史教育。要及时成立局党史学习教育领导小组，加强组织领导和部署实施，发挥领导带头示范作用。要教育引导统计干部做到学史明理、学史增信、学史崇德、学史力行，学党史、悟思想、办实事、开新局，以昂扬姿态奋力投身于统计现代化改革大潮，为广东在全面建设社会主义现代化国家新征程中走

在全国前列、创造新的辉煌的使命任务提供坚实统计保障，以优异成绩迎接建党一百周年。

我在会议上强调，要"深学、细悟、守正、实干"，在更高起点开启省统计局党史学习教育各项活动。一是在"深学"上求实效。要把党史学习教育与学习贯彻习近平总书记关于广东工作、统计工作重要讲话指示精神联系起来，与巩固深化"不忘初心、牢记使命"主题教育成果结合起来，与学习新中国史、改革开放史、社会主义发展史和统计发展史贯通起来，联系实际学、带着问题学。二是在"细悟"上提站位。要深

化规律认识，增强历史自觉，树立正确党史观，提高政治判断力、政治领悟力、政治执行力，切实增强"四个意识"、坚定"四个自信"、做到"两个维护"。三是在"守正"上担使命。要在党史学习教育中弘扬优良传统，砥砺初心使命，树立机关"群众观"，坚守统计为民的理念，创新方式方法，创建模范机关，"让统计进入寻常百姓家"，为省委、省政府决策和数据需求者提供高质量统计服务，推动统计现代化改革发展成果惠及全省人民。四是在"实干"上有作为。要继续弘扬南粤统计人敢闯敢试的精气神，以"构建现代化统计调查体系、构建经济大省之统计

强省"为己任，以"为群众办实事、为发展开新局"的实际行动，以更大魄力在更高起点上推进统计现代化改革，推动全省统计工作再上新台阶、再创新业绩。

会上，党组理论学习中心组成员、干部代表结合思想和工作实际深入进行了学习体会交流。

307
抓关键时间节点，抓基础数据质量，抓组织落实到位，行动见真章

2021年2月26日上午，我主持召开专题会议，研究贯彻落实习近平总书记在党史学习教育动员大会上的重要讲话精神和全国统计系统全面从严治党工作会议精神，以严格贯彻执行国家年报制度为切入口，以讲政治的高度切实把好年报数据质量关，确保广东统计系统全面从严治党落实落地见效。

我认为，习近平总书记在党史学习教育动员大会上的重要讲话和全国统计系统全面从严治党工作会议精神是推进广东统计"两构建"的基本遵循和基本要求，而统计年报既是统计工作的一个重要构成，是地区生产总值最终核算核实数的数据来源，更是地区经济真实存在的全面、客观、真实、准确反映，省统计局统计专业人员作为体现全省经济发展成果的操盘手，全省上下必须以政治高度和发展眼光，以高度责任心和专业精神高质量做好年报工作。

一是抓关键时间节点。统计年报制度有明确的时间节点，目前离年报上报截止时点不足两旬，在这个重要的时间窗口，容不得统计人员半点懈怠。春节刚过，长假后基层统计人员特别是企业统计人员往往有假期综合征，有的会等到最后时限才上报，甚至有的可能还未归位。

各地各专业需提振精神，时不我待，实时关注报送进度，扎实做好指导、催报、查询、反馈，确保按时完成上报任务。

二是抓基础数据质量。统计部门全面从严治党成效主要体现在统计数据质量上。各专业要明确年报工作职责和任务重点，将"两防"要求落到实处，从源头数据保证统计数据质量，专业人员要认真按照方法制度和工作要求对基层数据审核把关，及时查询核实异常数据，确保统计汇总的年报数据能真实反映本地发展情况。加强规上工业成本费用及非成本费用、资质以内建筑业、房地产开发经营业、限额以上批发和零售业、限额以上住宿和餐饮业、规上服务业等"一套表"企业财务状况，批发和零售业销售额，住宿和餐饮业营业额，资质以内建筑业总产值，劳动工资统计中非营利行业和非企业单位工资，研发活动统计中企业研发费用等年度数据的核准核实核全，从重点指标入手，全面如实反映企业经营状况和行业发展情况。

三是抓组织落实到位。各级统计部门主要领导落实从严治党主体责任，当前要高度重视，全力聚焦年报工作，加强专业年报工作的组织领导，明确各专业的工作职责和当前的重点任务，亲自走进年报，亲自深入专业，亲自指导保障，确保节后工作不松懈、不松劲、不松手。党员同志充分发挥先锋模范作用，业务骨干做到忠诚、担当、作为，上下协同，确保2020年专业统计年报圆满收官。

308
第 111 个"三八"妇女节,"三气"勉励统计系统女干部职工,贡献巾帼力量

2021 年 3 月 8 日上午,在省统计局党组的高度重视与支持下,省统计局妇委会以"巾帼心向党 奋斗新征程"为主题,精心筹备了一场"一书一花一问候"的"三个一"现场活动。我带领局领导班子与全体女干部职工共聚 10 号楼天井,欢庆第 111 个"三八"国际劳动妇女节,向全省统计系统女同胞致以节日的祝贺和美好的祝福。

我在节日致辞中表示,过去的庚子年,全省统计系统妇女同胞秉持"为数据需求者服务"的初心,以巾帼不让须眉的姿态,勇敢逐梦新时代,充分展示了新时代女性风采。"三个一"节日礼物内涵丰富,意蕴深远,蕴含着"三气"。

一是一本书下的书卷气。"腹有诗书气自华。"女性的美丽不单是靠外表,更重要的是要用知识武装自己,让内心变得丰富与强大,才能真正自强、自立,才能让美更优雅、更可持续、更有战斗力。统计系统女同胞要走进书籍,走进自己的精神世界,构筑自己的精神家园,安定自己的内心世界,这是一辈子的事。

二是一支玫瑰下的艳气。"花气袭人知骤暖。"妇女同胞要以"构建现代化统计调查体系、构建经济大省之统计强省"为己任,在各自的专业岗位上建功立业,用自己的辛勤与汗水浇灌出理想之花,散发出诱人艳气,充分展示南粤统计"半边天"的专业风采。

三是一份问候下的和气。"万事以和为贵。"妇女同胞要积极做文明风尚的倡导者,以平静之心,与家人、同事和睦相处,团结一心,凝心聚力,拧成一股绳,方有可能实现人生的各种愿望。

全体女同胞手举鲜花,心揣祝福,满怀希望,在天井下,在 10 号楼前,合影留下绚烂的节日记忆。

309
学史明理,学史增信,学史崇德,学史力行,省局拉开党史学习教育序幕

2021 年 3 月 17 日下午,我主持召开党史学习教育动员大会并作动员讲话,党组成员、副局长朱遂文、杨骁婷、王丽莹,二级巡视员杨少浪、熊德国、汪国新、邱国祥以及四级调研员以上干部共 80 人参加大会。

在讲话中,我指出,在建党 100 周年的重大时

刻，在处于"两个一百年"奋斗目标历史交汇的关键节点，党中央决定在全党开展党史学习教育，是牢记初心使命、推进中华民族伟大复兴历史伟业的必然要求，是坚定信仰信念、在新时代坚持和发展中国特色社会主义的必然要求，是推进党的自我革命、永葆党的生机活力的必然要求，也是贯彻落实总书记对广东系列重要讲话和重要指示批示精神，在全面建设社会主义现代化国家新征程中走在全国前列、创造新的辉煌的必然要求，还是贯彻落实党中央关于统计工作重要决策部署、加快推进统计现代化改革的必然要求，对于省统计局深入学习习近平新时代中国特色社会主义思想，进一步统一思想和行动，加快推动广东统计事业不断向前发展，为广东在全面建设社会主义现代化国家征程中提供坚实统计保障具有重大意义。

全局上下要高度重视党史学习教育，为此我提出了三个方面要求：一是要提高政治站位，切实做到"两个维护"。开展党史学习教育，是对全体党员干部的一次深刻思想洗礼，要在党史学习教育中进一步增强"四个意识"、坚定"四个自信"、做到"两个维护"，不断提高政治判断力、政治领悟力、政治执行力，守正创新抓住机遇，锐意进取开辟新局，努力推进全省统计"十四五"规划落地见效。二是要加强学习，切实做到学史明理、学史增信、学史崇德、学史力行。要用党的奋斗历程和伟大成就鼓舞斗志、明确方向，用党的光荣传统和优良作风坚定信念、凝聚力量，用党的实践创造和历史经验启迪智慧、砥砺品格。要系统掌握贯穿习近平新时代中国特色社会主义思想的马克思主义立场观点方法，提高党员干部用科学理论武装思想、破解现代统计面临的难题瓶颈、推动统计改革不断向前发展的能力水平。要科学分析和看待当前统计体制改革、发挥统计监督及推进统计现代化改革面临的难题，增强做好新时代统计工作的信心、决心。要涵养为民情怀，坚守统计为民的理念，锤炼务实作风，守牢廉洁底线，增强政治定力、纪律定力、道德定力、抵腐定力。要以"构建现代化统计调查体系、构建经济大省之统计强省"为目标，以"为群众办实事、为发展开新局"的实际行动，推动全省统计工作再上新台阶、再创新业绩，为省委、省政府决策和数据需求者提供高质量统计服务。三是要抓好党史学习教育各项工作，切实取得预期效果。要加强组织领导。各党支部要召开党员干部大会，深入学习领会习近平总书记在党史教育动员大会上的讲话和各级关于党史学习教育动员讲话精神以及有关部署要求。局学习教育领导小组要发挥领导作用，学习教育办公室要切实履行职责任务。要制定党史学习教育具体安排。各党支部要对标方案，联系工作

职责和党员干部队伍实际，细化制订党史学习教育具体方案，坚决克服形式主义、官僚主义，确保学习教育落到实处。要坚持学用结合出成效。做到知行合一，学出政治站位，展现"两个维护"新境界；学出担当精神，展现敢为人先新作风；学出过硬本领，展示南粤统计新能力；学出廉洁形象，展现统计部门风清气正新风貌。

会上，朱遂文宣读了

省统计局党组开展党史学习教育实施方案。该方案既遵循了习近平总书记在党史学习教育动员大会上的重要讲话指示，又深入贯彻了中央、省委关于开展党史学习教育活动的要求，还紧密结合了省统计局实际，阐明了学习教育的指导思想、重大意义、目标任务、学习重点，明确了学习教育时间、参加人员、具体活动安排，提出了活动要求。

六、多维多角解构数据

310
17 小时黄金舆情的远距离"高冷":数大任鸟飞,奕易无须"撕心裂肺"谶语弥新平凡归来

2018 年 2 月 13 日吃过晚饭,似乎离春节又近了。

恰恰这个时候,平凡的统计数据引发网络抛出《深圳 2017 年经济数据挖掘——辛劳的统计局公务员们!》(简称《辛劳》)重磅一文。《辛劳》的结论:"深圳三分之二的工业部门产量萎缩,金融萎缩,地产萎缩,深圳可以拿得出手的三大行业统统萎缩,但深圳统计局依然能够算出高达 11.8% 的 GDP 绝对值增幅(指 2017 年 GDP 22 438 亿元对应 2016 年

GDP 20 078 亿元的增幅,实为名义 GDP 增长速度)。对此,只能对深圳统计局的公务员群体致以深深的敬意!"

在正确的时间,出现不正确的"蛮"文,无疑一石投湖激起千层浪。

"只能对深圳统计局的公务员群体致以深深的敬意。"

对"老蛮"这句话,无须细思细想,显然是反着说。

《辛劳》一文在除夕前夜重磅推出,一时让无数人惊悚,让人感觉不同寻常,似乎也让我有些措手不及。

一整个晚上,陆续有一些朋友、熟人甚而亲戚们不断向我转来这一篇

《辛劳》,语气虽平缓让我关注,从中却可读出,他们比我还着急这个事儿。

因为还没过节,次日是 14 日,还是西方情人节,总不能在节日到来之际,像泼妇般怼开。

我照例环保出行,从 2 号线侨香站进地铁,至市民中心虽不到半个小时,但这足以让我在思忖了一夜之后闪电般形成了构架,我不停地运用食指尖撰出一个长长的标题,并开头直奔主题出来两段话,由此引导奠定整个"高冷"又不损害春节祥和之大气文风。

出了地铁直接进食堂。用早餐时,我见到在自己身后的市纪委派驻第十一组林冰组长,侧身向她问好。她对我说,今天上班的同志都是好同志。当然,没来上班的也是好同志,我们会意一笑而过时,又轻松调侃一句。

取完菜准备入桌用餐时,我环视一下四周,只见市法制办胡建农主任热

情向我招呼，示意坐他那儿。还未等我走过去挨他而坐，他便急忙问我看到《辛劳》一文没。

我平静地说，昨晚上看到了。

他接着说："我压根不相信那篇文中的胡说八道，因为我相信你，相信由你带领出品的统计数据。"接着他又说，建议有必要回应一下，澄清还原数据事实的真相。我知道他不仅仅是市里的法律大伽，更是深圳这座城市正义的守护使者。

于是，我打开随带的电脑，让他看我已初拟回应之文的开头与框架，并说完整文档中午在微信上见。

到市民中心 B 区红塔楼办公室一路上，我一见到同事，就问她（他）们知不知、看没看到《辛劳》一文。那时候问得的情况是知不知者各半。

一进办公室，我即致电负责对外数据公布的综合部门，让他们迅速跟进看看网上反应。不一会儿，他们对我说有上万人跟阅了，而且人数还在直线上升增加。

凭借着自己在 2004 年处理深圳人均年薪 4.8 万引发的热议非议经验，判断《辛劳》很快就会成为深圳舆情。"抢时应对、时不我待"已摆在当口。

为此，我当即调整原定于 9 点 30 分在党组会议室召开的"营商环境评价指标体系"专业委员会，而优先召开应对《辛劳》专题会，并由我主持，确定综合、核算、工业、办公室四个相关分管领导与部门负责人、骨干加入，每人手持一份从我电脑打出的文档提纲。

果然，未到一刻钟，局办主任叶志林就接到市委宣传部相关电话，请我们关注这一凸显的舆情。

此时此刻，我清楚清醒地意识到兵贵神速，速度就是效率，这是深圳这座城市留给我们最不凡的精神财富。

当然，如何"胸有成竹、精准出手"则需基于自己对统计专业技术娴熟掌握和对这座城市数据逻辑的掌握程度。

一张执行线路与方法图在自己的脑子清晰浮出。

分工布置、立即行动，平行分布、同时开工，一个框架、点线连接、运用围弈，一个小时见面。

然而，一个小时过去，效果并未达到自己设想的预期。

阅读人数继续攀爬。

我知道，这背后还藏着多少双眼睛，在盯着期待着。时间分分秒秒在走，如何出品再一次聚焦自己脑际。我不断对自己说，无声过手之前需亲手打造出"高冷"窓充十之品。

急促时刻，除了远距离传输、移动办公弥合，鲜见自己从 10 楼至 9 楼，又从综合到工业，再到综合又去核算，三台电脑平行运转，如同一对多围弈，一脑多用。

分合、合分，几个回

合下来，一脉相连，一个文风，一见气度。

终于在中午 1 点左右，拿出标题长达 33 字的署名"呆充十"的文章：《新春洪福，走近走进解读解构深圳 GDP 是一件令人辛苦感动敬重而高兴的事儿》（简称《新春洪福》）。文章开篇直奔主题。

深圳 GDP 因 R&D 纳入呈现创新增长，总量已过 2 万亿万重山，2017 年达 22 438.39 亿元，居位大中城市第三，引人瞩目，让有识之士走近走进解读解构深圳 GDP，无不是一件令人辛苦感动敬重而高兴的事儿。走近走进 GDP，解读解构深圳 GDP，是一件令人辛苦感动敬重而高兴的事儿。准确全面核算 GDP 是个世界性难题，需要在制度性与规则性统计框架下去认识、解读与使用。不仅仅需要热情走近，更需要用专业技术、现行制度与全面辩证思维走进每一个指标与核算逻辑。

我把相关部门与专业人员召集一起，相约 1 时 17 分准时发声，同一时间出击。分别从"深圳统计外网之动态、统计分析与公众号"三个管道集体亮剑。与此同时，要求每个参与者也通过自己的微信自媒体平台第一时间发布传播出去。

"消息哪里来，消毒回哪里去。"

这是我对同事们的底线要求。

一时间，《辛劳》之文阅读人数还在上升，已过 5 万人。不过此时的声音，已不是一边倒，出现"杂音"分化。

"冰雪消融，春风化雨。"我在想这个多变的季节。待雨后烟柳成阵，便春意宜人了。这个雨水，在每个统计人的心间故乡，是否也下起了一场诗意的微雨？

见此，我松了一口气，第一时间向市委宣传部刘石磊副部长作了微报告："这是我们的一次软回应解读，向刘部长汇报。"

14 日 2 点整，刘副部长随即回说："厉害了，统计局！杨局不愧是专家！"

我有些感慨又有些调皮说："情人节之礼物，谢谢部长的厚爱！"

刘副部长也迅即回复了个"想念熊喜欢你"表情包。

踏上返乡的列车，终于让自己长长缓了一口气。

紧张应对与举重若轻一直形影如初。虽无针锋相对，却也在外柔内刚之中于无声处听惊雷。

这是自己面对此次舆情一直恪守的行事风格。

平心而论，这次舆情

"时点特、来得快、传播广、影响深"，不单单直指数据以及数据背后的市委、市政府，而且将动摇深圳这座城市经济总量位次与首当其冲的工业支撑，甚而带来大大削弱城市软实力的影响。

当然，当自己疾步如飞上了开往武夷山东站的高铁列车，着实全身内外交热，早已大汗淋漓。

入座稍许，列车便徐徐开启向前，多少有点像这次舆情的出现。

而此时对自己来说，也有不少的工作圈与朋友圈，亦需要做"消息哪里来，消毒回哪里去"的功课。

一路两侧美景尽收眼底，又风驰电掣而过。不时"飞进飞出"的微信消息，也在行云如水般穿行。

胡建农对我说："非常好，正反对比，杨局长的科学态度和专业水准高出不知多少级！非常值得我们的尊敬和学习！"随后，他进一步说："此文写得甚好，数据准确，表述清晰，论证严谨，结论可信。祝新洪新春快乐！"

我回说："谢谢胡局长！貌似网友也开始不买'老蛮'的账了，评论风向开始转变。"

"谢谢胡局长仗义与对统计的一往情深！"我又说。

不久，胡建农发来他与他朋友的微信对话。

"笓充十，这个名字有学问。"

"笓充十，这不就是深统计嘛，这确实是应对不实之词的一种策略。"

"确实如此，学习了！我与杨都认为此事并非坏事，有助于让更多的人关注统计，了解统计，故而以平和心态对待。"

"感动感谢胡局长。"

"胡是北大高才，他赞肯为典范，亦是可鉴可喜，一次成功的化解与超越。"

"'化解与超越'太对了，文章是精品，还饱含浓浓的情怀，若不是对统计有着深厚感情，也写不出这样的经典。"

这一次高水平的过招体验，无不令人感动感慨。

随着"消毒"回去，微新闻与自媒体言论持续发酵。

"写得太好了！专业并且深入浅出，标题尤其贴切！""祝我们的领头人带领我们新年洪福齐天，应了您'新洪'贵名。""情人节特别的礼物我又拜读两遍，一气呵成，作为范本珍藏了。"

市政府办公厅财金处代浩然的留言："节前这么快作出如此到位的回应，特别是产品产量部分。功底深厚！十分钦佩！领导果然是出手不凡，我也转我们领导学习学习。"

"这种方式以正视听，也是一种统计宣传，而且效果更好哦！"

我说，我们应对"及时、精准、大气，柔中见刚"；云山石说，在舆情应对上，也是"职业，专业，卓越"！

一直关注着动态的雪涛发来微信说："是的，从'老蛮'最后的回应看，感觉他在我们的专业解读面前，是理屈词穷、无计可施了，只好说'好的，我没意见，就这样吧'。"

"膜拜啊！犹如弹指一挥间，文学作品里从容淡定的英雄人物就真实地在我们身边，我们为有您这样大气磅礴、才华横溢的引领人而自豪！"Sy说。

这样的文风文格，举重若轻，绵里藏针，舍我其谁。在今天的每分每秒，我下着一盘围棋，穿行三台电脑，直接出手，争分夺秒，赢取深圳速度与效率，终于在1点17分精准出击。让过五万人跟进后开始见效，直到缓冲至59 535人，我终于长舒了一口气。

"想想您独自沉着应对，一支笔抵千军万马，真正是回味无穷、精彩绝伦！"

其实，我想想自己，何止一人，背后站着的是深充千里的千军万马统计人呐。

见此情形，参与者建平说："杨局确实是棒棒哒！"东方源则向前说："祝杨局新时代走在前列，新征程独领风骚。"

远处的地势坤王文韵于15日凌晨1时30分留言《新春洪福》及胡文同志的文章读后感。

"昨天中午，《新春洪福》在深圳统计公众号发布不到10分钟，我就很幸运地在朋友圈中看到，并一口气读完全文。刚才，即将入睡的我习惯性地浏览了一下手机，又几乎第

一时间在朋友圈中看到了新洪局长分享的胡文同志的文章。夜不能寐，两点感言：一是，回头看。几年来，作为一个深圳统计人，我有幸在新洪局长的带领下亲历和见证了深圳统计近几年的蓬勃发展，打心眼里为深圳统计的成长感到高兴，为深圳统计的成就感到自豪；二是，向前看。我们完全有理由相信：有经济生活这一培育统计事业成长的坚实土地，有社会变革这一激励统计事业发展的广阔天空，有不断奋斗这一焕发统计事业活力的蓬勃精神，有兄弟单位与社会各界的友好协作和关心帮助，新时代的深圳统计史册必将写下更加壮美的篇章。"

此事不仅仅是在统计系统内发酵，而且诸多表现在系统外发声。

中国综合开发研究院（深圳）P·S说："今天流传一篇质疑深圳2017年经济数据的文章，打开一看，又是这个'老蛮'在胡说

八道，什么叫现价与不变价都搞不清楚，还增加值大致相当于税前利润，整篇文章就没有几句对的话，刚刚从天津 GDP 学来一个注册地与生产地统计，忙不迭搬过来，发现新大陆般指出这也是深圳的造假模式。上次流传甚广的'六个省养全国'也是此公炮制，最基本的财政体制运行和统计指标概念都不懂，就敢长篇大论，更可悲的是还有无数人引用，还惊呼'哇，数据帝'。我赶快把文章发给杨局，杨局不愧是统计专家，早已写就专文'解读'以正视听，署名'罙充十'，杨局解释是'深统计'去掉偏旁，明白，去旁门左道之意。现在大家对搞永动机的'民科'已经很了解了，但是网上还充斥着无数'民社科'，他们在写各种崩溃、危机、震惊之前，还是应该先找本统计学初级教材补补，至少先看看杨局这篇统计科普，希望他们能看懂。"

随着"消息哪里来，消毒回哪里去"，这场由"老蛮"评说引起的舆情向纵深推进，并开始好转。

"这个充十是哪位？"得到答案后，显得很兴奋。

"太棒了，不能任由这些人胡说胡写！"进一步说："此人号称数据帝，但是基本没有统计概念，经常胡说；上次有篇'六个省养全国'，也是他写的；按说那篇文章，已经不是质疑和探讨了，形同造谣。"

"杨局不愧是统计专家，确实统计是个很专业的学问，经常被网红误读；杨局普及统计知识功莫大焉。"

"这个时间段，一直同步跟进关注舆情动态，他那种对统计数据的情怀不仅仅在态度上，而且跃然纸上，令人感动。"

到达闽浙赣交界偏僻的小县城，已是午夜时分。

越往下走，到达四五线城市，在很多人的老家，信息越不发达、不透明，更是处在整个中国财富生态链的最底端，于是城市里卖不动的假货在这儿有，城市里玩不下去的传销在这儿有，赚得最少，贬得最快，还容易被骗，他们其实最需要正确的信息和理念。

初四，独自坐在一隅。

在小小家乡，小城小街小巷有着小年味，可以安静地开始慢慢回味这场突发而来的舆情。

Sy 说："胡写得也很好，他与您文章风格相似，因此大段引用您的原文，可见其钟爱，当然他也无从下手修改如此经典，您沉着自信、专业平和、耐心平等的快速应对方式也是他十分欣赏和佩服的，包容正是您说过的深圳特质之一。坏事变好事，化腐朽为神奇，这真是新年第一件幸事！您的文章也激起了胡大才人的豪情，写美文跟进，你们相得益彰，很是精彩！！！已给予胡文最高赞赏，以表胡对统计关心支持的崇高敬意！佩服您的敏锐，换了别的局长没有市领导指示很可能不敢主动回应，更不懂如何回应才妥。您一不留神成了新年的'网红'啦，这是给我们新年祝福的最好礼物。"

"杨局，这篇文章写得太好了，既说清了此次事件的来龙去脉，又引用我们的文章段落继续释疑，最关键的是文中及最后评判十分客观、中肯。理越辩越明，道越论越清，没有激烈的思想交锋，就没有大家对深圳经济、深圳统计更深层的认知。"

又有博文言之：

"恰到好处妥善处理到位，同时又不失大城大家风范，非常难得。""南山、大鹏等几个区发来消息说，顶礼膜拜，节后立即组织学习。还建议市里统一组织各区进行舆情应急培训。"

这一波冲击波影响全国各地。雪涛加入了这一波交流中。

郑州局工交处处长："有了你这篇文章，我可以拿去怼那个发我文章的人了。"

"是的，杨局带领我们应对这次舆情事件，如大禹治水，疏而不堵，实乃治本之策，值得我们学习。"

"'老蛮'下次再想写深圳，估计心里都会掂量掂量了。"

"此人好要，有点根号二。"

"今天杨局带领我们回应得有理、有据、有节！"

熙说："敬佩您运筹帷幄、胸有成竹的处理方式！"

"向您学习您的专业智慧、工作效率和敬业精神！"

"是啊，新闻加上专业素养，卓越！"玉壶说：

"杨局当机立断作出专业应对。大赞！"叶子说："刘部长说得太对了，杨局就是大专家！""向杨局致敬、致谢！""为局长点赞！"沐木说："孰是孰非，一目了然，广大读者的眼睛是雪亮的，恭祝杨局新年大吉，万事顺意。"

"以前我在单位做过舆情工作，知道这一块非常重要，尤其是回应得不及时，会造成混乱。您的理论和经验都很充实，回应起来得心应手。"深圳市社会科学研究院刘红娟博士如是说，她从转"老蛮"评论一次，改为转发多次"胡文"。

顺心顺意、曲线救国、勇于发声，靴子落地。

看似简单，这是一次有勇气、有担当、有能力、有智慧的回应！

云山石之语铿锵掷地有声。

钟裔细说："那人的文章凸显了其对统计的无知，他通过数字的东拼西凑吸引眼球，统计专业人士看来自是嗤之以鼻，可是从该人文章下面的大众留言看，因为统计常是犹抱琵琶半遮面，很多人因不懂统计，尤为相信此类文章中谬用的数据。而正是在杨局您带领下，此次我们局的舆情应对普遍反映是及时而高效，从专业性和科学性进行有力解疑和应对，也是一次向大众进行统计知识的普及。"

她转述昨天在一些统计群里对"蛮"文的评论："一篇零分的作文，呵呵。""看到自媒体的一篇文章，非常乐呵，非常搞笑，真是娱乐。有夜郎自大的人，用一篇胡说，给我们拜年了！"

"化危机为良机，一次解读统计的机会，让更多的人进一步走进统计。向杨局您致敬。我已经转到群里，朋友圈。""杨局您提纲挈领，统领全局，有您的思路，棒棒哒。"

"杨局，这就是您处理应急事件的智慧之处，恰到好处！为您点赞。"坐看云起时说。

云山石又说："局长辛苦！洪福！""确实是新年洪福！"

"局长带着愉快轻松圆满的心情回老家过年！"

过年回到闽北老家探亲两老，往返于山村与县城的亲戚同学之间，见了很多人，聊了很多话，回答了很多问题。

过年门槛已然跨过，春风将徐徐拂起，把万物撩拨得充满喜气。你我所奋斗的城市，又将张开怀抱迎接各自归来，勃发新的峥嵘生气并揭开春天帷幕。

深统换新颜，欢乐过了年；戊戌无须务虚，戊戌务须扎实。

一年之计在于春。多一些讨论，多一些争论，多一些思考。欲行动，理念先行。

311
周末又见面

2018年5月20日的前一日，是一个周末。

本以为可以安静下来休息放松一下。可是，静谧的时光并不静。

局办博士后张军超发微信给我说："杨局，刚收到市舆情系统发来的关于我市统计数据解读的一般舆情。"

他进一步说出处，"老蛮"《成功的去工业化——深圳一季度经济数据简析》：

首先，我们必须先恭喜深圳，在今年它终于成功地实现了去工业化，就要变成一个纯粹的产业空心化的城市了！让我们为深圳点赞！

在这里我必须先给出地址：深圳市统计局的月

报数据库。三组关键数据：今年一季度，深圳规模以上工业企业的亏损率为 39.8%，四成的企业处于亏损状态，这已经不知道该怎么形容了。这个数据必须对比一下。全国今年一季度末的亏损率为 22%（82 058 家亏损企业/372 197 家），这个数据当然本身也不好看，然而身为一线城市的深圳，工业企业亏损率居然比全国的平均水平高出一倍。此外，工业企业利润同比去年同期下滑 19.9%，而总亏损额同比去年同期暴涨 54.3%。这种情况，与我们之前提到的上海和杭州等城市的企业经营情况一模一样，当然，这一定不是由于深圳高企的房价造成企业经营成本的全面上涨，与地产泡沫吞噬实体行业利润的经济规律一点关系都没有。这一定是由于深圳的制造企业老板不懂得经营，管理水平太次，无法与深圳的一线城市地位相匹配。让我们一

起鄙视这帮制造企业的土老板并欢迎他们赶紧离开！

顺带说一下，深圳工业企业的应收账款在一季度已经达到了 7 667 亿元的惊人规模，甚至比其 6 792 亿元的主营业务收入还高。这些应收账款如果有点风吹草动，有个 10% 无法收回变成坏账的话，那就有 700 多亿元的坏账，足以吞噬掉全部利润了。当然，反正深圳对土得掉渣的制造业也没啥热情，就让它们集体挂了好了，无所谓。

深圳截至 2016 年末有 377 万的制造业从业人员，占其当年度 926 万总劳动人口的比例为 41%，远远超出金融业的 12 万员工以及地产业的 34 万员工。深圳的制造业现在由于土老板们不善经营，整体看起来都要垮了，这当然意味着会出现 300 多万失业人口。没关系，他们都去干金融和地产就好了。看看金融行业才 12 万员工，地

产业才 34 万员工，太少人了，对不起深圳最强一线城市的地位。把深圳金融和地产的规模再做大 10 倍，就足以吸纳失业的制造业工人了。这么一想，真不错，深圳的发展前景足以让世界震撼！忍不住为自己点一下赞！

还有，深圳居民今年的挣钱能力也很弱了。截至 4 月底的深圳居民存款 10 822 亿元，较去年同期的 10 553 亿元，增幅只有 2.5%；较去年年底的 10 807 亿元，仅微弱上升了 0.1%。麻烦在于与此同时，深圳的居民贷款还在显著上升，截至 4 月底的深圳居民贷款 18 243 亿元，较去年同期的 15 808 亿元，增幅为 15.4%；较去年年底的增幅为 4%（18 243 亿元/17 534 亿元）。就这么看起来，深圳居民当然处于严重的资不抵债之中。如果要说深圳居民将存款都投入各种理财和股市之中了的话，从数据上看起来也不太像。

因为深圳的"非银行金融企业存款",也就是各种理财、基金和深交所的资金总和,截至 4 月底为 12 148 亿元,较去年底的 13 140 亿元,还减少了 7.5%。怎么看,深圳都没发生居民存款搬家的事。

所以,我们总结起来看的话,深圳的土鳖制造企业基本上处于整体仆街的边缘,今时今日,中美贸易战愈演愈烈,中兴莫名躺枪,其本身和上下游的几十万工人面临失业,这些事情,都是深圳今年要面对的麻烦事。当然了,去工业化本身,本来就为深圳人民所喜闻乐见,就让这事顺其自然地发生就好了。麻烦在于深圳居民的存款真的因此丧失了增长性,并且由于深圳人民从骨子里酷爱高杠杆炒楼,所以居民贷款一直在高速增长。如果金融和地产行业不能迅速扩大十倍规模的话,可能深圳市民的资金链条整体就要断裂了。

不过,我们当然对深圳有信心!不就是金融地产扩大十倍规模吗?算啥啊真是。既然深圳当时可以从一个小渔村建成现在的一线城市,那么,深圳也当然可以再创一个金融和地产的奇迹!

又是"老蛮"。我内心嘀咕,"老蛮"说"蛮",尽管如此,还得处理应对。

于是,十分钟后,我发出通知。

"先发工业陈中、小钟和核算沈宜以及综合麦、胡,办公室叶,先消化一下,下午 3 点到办公室碰头。"又进一步说:"同时与局办主任志林电话对接一下,核算涉及金融,谁来由沈宜定。"

为有效低调应对,我接到舆情后立即开始思考框架。经过一个小时反复琢磨,搭架成型。

标题是"'部分·总体、近·远与新旧进退'方寸之间,乐见深圳经济运行与工业变化",提纲如下:

一是上两万亿 GDP 数据背后的深圳经济体,有容乃大韧性而稳健。

二是每个大的经济体皆有多支撑多支柱,综合数据显示工业支撑地位未变。

三是变化运转着的经济规律,需从多角多维时空全面解构数据变化。

四是影响深圳经济因子复杂多变,需全面切入深入研读观测数据变化方得总括。

连响应的署名都想好了,叫斯土仁。这个名儿是一个看上去很洋,读起来很土的名。舆情属于二级响应,署低一层名,为红塔柱之意,乃市统计局办公大楼。

下午 3 点过一点,大

家如约而至。

简单分析一下舆情之后，我即按先前内心所想所思，分工合作交叉交替进行组装写稿与加工解析数据。

一个小时之后，统了一次稿。我删除了重复数据分析文字，进一步提炼中心词、关键语，捋顺上下逻辑与层次，保持我们一直秉承的风格，不纠缠不直面，把道理与数据背后本身经济说清楚，让读者去评判是非对错。

以平常心应对，方有总括，亦有收获。我对同事说，舆情也是一面镜，可以检验统计能力成色。

在主体框架下，大家齐心协力，内容几易几改，3 小时之后，终于敲定稿子。

题为"'部分·总体、近·远与新旧进退'方寸之间，乐见深圳经济运行与工业支撑"。

每座城市经济发展总是呈现出各种经济业态变化运转，有着不同的运行状况。深圳作为一座创新型城市，坚持以稳中求进，坚持新发展理念，加快建设社会主义现代化先行区。在这一过程中，以特区特别作为的经济坐标、方略与取向，不断引领新产业、新业态与新商业模式等新经济增长因素转换新动能，保持着这座城市经济的稳健运行与创新增长。

一、上两万亿 GDP 数据背后的深圳经济体，有容乃大韧性而稳健

深圳 GDP 于 2016 年步入两万亿元增长区间，深圳也成为全国内地第三个 GDP 破两万亿元的城市，经济体量相对较大，增长基数相应变大，增长速度也总体稳健。进入 2018 年，深圳经济开局良好，经济发展仍具有潜力大、韧性足、回旋余地大等特点。

在当前国内外经济复杂多变下，深圳经济连续三年首季增速均稳定在 8.0% 以上，实现总体经济良好开局，表明深圳经济运行具有一定的稳健性。主要经济指标增势良好。一季度，深圳多项经济指标增势良好，规模以上工业增加值增速 8.9%，创 2012 年以来同期新高；固定资产投资增速 28.1%，创 2005 年以来新高；社会消费品零售总额 9.0%，创 2013 年以来第二高增速，仅低于上年同期 0.1 个百分点；外贸进出口增速 21.7%，创 2014 年以来新高。深圳多项主要经济指标同时创近年同期新高或次高，表明深圳经济总体发展向好。

经济增长活力不断增强。从新增企业上看，2017 年深圳"四上企业"

新增量和净增量均继续保持全省第一，新增工业、商业、服务业等企业总体增速均远高于全市平均水平。从新七大战略性新兴产业来看，2018 年一季度包括新一代信息技术、高端装备制造、绿色低碳、生物医药、数字经济、新材料、海洋经济七大战略性新兴产业共实现增加值 1 965.71 亿元，按可比价计算，增长 11.4%，高于 GDP 3.3 个百分点，占全市 GDP 比重 37.7%。在经济稳健运行的格局下，经济增长的新动能加快成长，对经济增长的支撑作用进一步增强。

二、每个大的经济体皆有多支撑多支柱，综合数据显示工业支撑地位未变

一季度全市完成生产总值 5 209.81 亿元，同比增长 8.1%，比全国、全省分别高 1.3、1.1 个百分点。其中一、二产增速高于全市平均速度，三产低于全市平均水平 0.6 个百分点。

从产业结构看，二产占比 40.3%，其中建筑业占比提高 0.2 个百分点；三产占比 59.6%，其中营利性服务业占比提高 1.0 个百分点，金融业下降 0.7 个百分点。

从主要行业看，前三大行业分别是工业占 GDP 比重 37.3%、金融业占 14.8%、营利性服务业占 12.3%，增速高于、低于全市平均水平的行业各占一半，工业、建筑业、营利性服务业、非营利性服务业增速高于全市平均水平，金融业、住宿和餐饮业增速低于 3%。其中全市第一大行业工业增速加快，引领作用增强，贡献率提高。

从高端产业看，先进制造业、现代服务业表现突出，增长超过全市平均水平及本产业平均水平。一季度先进制造业增加值增长 12.7%，高于全市 4.6 个百分点，高于二产 3.9 个百分点；对全市贡献率达 40.9%，拉动全市 GDP 增长 3.3 个百分点。一季度现代服务业增加值增长 8.2%，高于全市 0.1 个百分点，高于三产 0.7 个百分点；对全市贡献率达 40.8%，拉动全市 GDP 增长 3.3 个百分点。

从经济"四个象限"来看，去年以来实体经济占 GDP 比重按季分别为 64.1%、64.0%、65.1%、66.0%、64.4%，今年一季度占比同比上升 0.3 个百分点；金融地产占全市 GDP 比重分别为 23.9%、23.4%、23.1%、22.0%、23.1%，今年一季度占比同比下降 0.8 个百分点，非营利性服务业占全市 GDP 比重分别为 9.2%、9.7%、9.0%、9.1%、9.6%，今年一季度占比同比上升 0.4 个百分点；R&D 支出占全市 GDP 比重除去年四季度为 2.9% 外，其他各季稳定在 2.8%。

综合数据显示工业支撑地位未变。一季度工业增加值增长 8.7%，比同

期增速加快了 1.4 个百分点，对 GDP 的贡献率达 43.1%，比同期提升了 10.3 个百分点，拉动 GDP 增长 3.5 个百分点，同比增加 0.7 个百分点，工业对深圳经济增长的主导地位未变，且支撑力度在增强。从规上工业企业经营情况看，1—3 月主营业务收入同比增长 11.7%，比 2017 年同期加快 5.6 个百分点，高于 2016 年一季度 8.0 个百分点。企业费用控制有成效，1—3 月规上工业企业三项费用合计 977.79 亿元，同比增长 8.4%，每百元主营业务收入中的三项费用为 14.4 元，比 1—2 月减少 1.05 元，比同期减少 0.44 元，但深圳出口型企业因人民币升值导致的汇兑损失等使财务费用大幅提升以及百元主营业务收入成本的增加对企业利润的影响需引起关注。

三、变化运转着的经济规律，需从多角多维时空全面解构数据变化

（1）整体稳健运行，不代表结构部分升降，尤为新旧经济动能转换。

工业新旧动能持续转换。一季度工业高端化进展加快，先进制造业和高技术制造业增速均由上年同期的个位数提升至两位数。先进制造业和高技术制造业增加值分别为 1 280.89 亿元和 1 195.06 亿元，增幅分别为 12.7% 和 11.1%，分别比上年同期提高 4.7 个和 1.9 个百分点，分别快于规模以上工业增加值增速 3.8 个和 2.2 个百分点，占规模以上工业增加值比重分别为 69.1% 和 64.5%。同时，也会出现不增长、少增长甚至负增长，但是总体是

向好向上。

（2）趋势走势轨迹，不可以月季波动看经济存在，宜远近结合诠释经济周期变化。

经济的发展具有周期性。受经济周期和趋势的影响，一些需求的收入弹性较高的行业受影响较为明显，可能会出现明显的波动。分析行业的经济情况，不能只以月度或季度的波动为基础进行分析，应结合周期和趋势进行全面的诠释。

纵观 1990 年以来的数据，全市经济快速增长，年均增长 16.6%。从四项构成来看，深圳劳动者报酬占比呈持续上升趋势，生产税净额占比略有上升，固定资产折旧和营业盈余占比总体均呈下降趋势。劳动者报酬是居民收入的基本组成，占全市生产总值比例最大，意味着初次分配向居民倾斜，反映深圳居民的生活水平和宏观消费需求均有较大的提升，这有利于扩大内

需，推动消费升级，为经济可持续发展提供有力支撑。

深圳经济具有外向度和市场化程度"双高"特点，宜远近结合诠释经济周期变化。月季度规上工业财务指标波动起伏较大。2016年全市规上工业企业亏损面由1—2月的40.0%到1—12月21.5%；2017年由1—2月的38.2%到1—12月20.3%；利润总额增速由2016年的1—2月的79.6%到1—12月的7.0%，2017年1—2月的－54.1%到1—12月的13.6%。月季度财务指标上下波动十数个点亦有，年度数据趋势则相对平缓，2015年规上工业利润总额增长9.6%，2016年增长7.0%，2017年增长13.6%。实不宜以一月一季波动看经济存在。

（3）经济体背后的度量变量指标成千上万，需从国民经济新行业分类去科学解读。

随着我国产业结构转型升级加快，互联网经济和现代服务业迅猛发展，尤其深圳新产业、新业态和新商业模式大量涌现，为全面、深入、准确地反映我国新兴产业的发展，满足国家制定产业发展战略的需要，国家统计局开展国民经济行业分类的修订工作，并经国家标准化管理委员会批准，《国民经济行业分类》国家标准（GB/T 4754 – 2017）于2017年10月1日正式发布实施。

《国民经济行业分类》（GB/T 4754 – 2017）共有20个门类、97个大类、473个中类、1 380个小类，这共同构成了全社会经济活动。由于社会经济结构极其庞大，相关的指标也复杂多变，不能从单个或少数几个指标去推论经济的全面运行情况。只有深入解读行业分类、学习统计制度方法、了解统计指标内涵，方可对经济数据有更为科学的解析。

四、影响深圳经济因子复杂多变，需全面切入深入研读观测数据变化方得总括

社会经济现象错综复杂，经济运行状况是多种因素综合作用的结果，各个因素变动原因也不相同，其中有经济因素，也有政策、制度的影响因素。要了解经济发展全貌，只使用某几个指标往往是不够的。即使是经济运行某一方面的数据表现，亦需要将指标置于总体框架下来观测和分析，在正确分析部分与总体关系的同时，还需观测指标的动态变化，通过指标在时间上变化和发展的一系列数值，从中发现动态变化规律性东西，

以更准确全面辩证地判断一个城市经济走势。

我定案拍板最后一稿，把标题里的"工业变化"改为"工业支撑"，立得更好，更有对"蛮"文绵里藏针之味。并决定晚上20：30在统计局官网和深圳统计微信公众号上同步发布。

同时，要求同事们保持低调，不主动，也不回避，做到有来有往，坚持网络礼尚往来，不扩大，不视而不见。

一上官网官微，不一会儿就有正能量出现。

"傍晚才看到那篇文章，您这边回应已经在线，有胆有识，有理有据，有节有度，有典有则，有问有答，有始有终。"

"把深圳经济的动力解读得很清楚。用数据支撑深圳经济'潜力好、韧性足、回旋余地大'的特点，深圳在这方面走在全国前列。罗湖将组织专业人员学习这篇文章。"

"再次展现深圳统计局的专业能力和担当精神！"

"@活力瓮 这么一说，每次舆情处理，还是展现我们深圳统计工作质量的好机会。"

"市局的专业和担当。龙华局组织专题学习。"

"每次舆情处理都能从中学习不少，获益良多。"

"@活力瓮 向市局学习、致敬、看齐！"

于是乎，当晚我让局办及时向市舆情相关部门报告。

"市统计局在2018年5月19日上午，收到关于《成功的去工业化——深圳一季度经济数据简析》的舆情消息后，我局高度重视，我立即召集综合处、核算处、工交处等相关处

室分析研究，并分头组织针对这一舆情写出《"部分·总体、近·远与新旧进退"方寸之间，乐见深圳经济运行与工业支撑》，于当晚20：30发布在统计局官网，以正视听，消除负面影响。同时，做好继续关注舆情变化与应对措施。"

处理完一切，我调侃自己与同事。

一场不期而遇的舆情出来，让我与同事周末又见一次。

312
以稳开局、稳中见好，半年经济的"支撑性、压力面、着力点"与清单路径

2018年上半年全省经济延续增强2017年"7"字头增长的基本面，GDP总量46 341.93亿元，增长7.1%。如果用一句话描述上半年经济运行，那即总体呈现一个"以稳开局、稳中见好"的全省经

济基本面。

具体表现为"六个有"：直接核算 GDP 的 24 个指标增减"有波动"，新旧动能转换"有韧性"，主要指标进退之间"有支撑"，基本面结构性变化"有见好"，总体上实现全省经济稳中求进"有质量"，但也有不少"压力与问题"持续存在。

一看，基本面的变化。

2018 年上半年全省经济总体在"7"字头增长区间上运行，但产业增长速度、结构与贡献率百分点有变化。就增长速度而言，上半年比一季度提高 0.1 个百分点，比去年同期回落 0.7 个百分点；就产业结构而言，上半年与一季度比，第一产业回落 0.3 个百分点，第二产业提高 1.3 个百分点，第三产业回落 1.0 个百分点；就贡献率而言，上半年与一季度比，第一产业提高 0.3 个百分点，第二产业回落 1.3 个百分点，第三产业提高 1 个百分点。

二看，支撑性的存在。

近年广东聚焦发展实体经济思维，着力打开创新增长空间，相关重点产业行业和一批骨干实体企业支撑着全省经济基本面。一是全省农林牧渔业增加值同比增长 4.0%，增速明显提升；二是三大行业、先进制造和高技术产业增速均高于全省规上工业平均水平；三是规上服务业营业收入增长 17.5%，保持平稳快速增长态势；四是社会消费品零售总额同比增长 9.3%，市场总体稳定；五是 2017 年广东 R&D 经费同比增长 15.16%，创新增长成为新动能内核支点；六是 GDP 增速稳定、物价温和、就业面扩大，展现"多稳"局面。

三看，复杂性的交替变化。

要看透今年上半年经济，需重点关注工业"三重叠加"因素影响与消费出现放缓迹象。2018 年上半年，全省规上工业增加值增长 6.2%，比一季度（6.7%）回落 0.5 个百分点。

一是中兴通讯的影响。因美国制裁事件，中兴通讯从 4 月份开始大幅减产，5—6 月份直接停产，"0"产能（含河源），这对全省工业数据影响较大。二是部分大企业生产回落的影响。2018 年上半年，全省部分大企业受国内外形势和环保督查等影响，生产经营状况有所回落，对全省规上工业增速特别是对 6 月当月增速造成影响。三是部分地市如韶关、河源等 6 月当月规上工业增速回落较大。四是部分企业本期数存在少报的情况。在对各地企业联网直报数据的实地核实中，发现部分企业本期数存在低于实际数的情况，这在一定程度上造成全省平台数据的回落。五是出口交货值增速出现回落。2018年上半年，全省规上工业出口交货值增长3.7%，比一季度（6.9%）回落3.2个百分点，比上年同期（8.2%）回落4.5个百分点。六是社会商品零售总额出现结构性放缓增长值得关注。2018年上半年，广东限额以上单位汽车类商品零售额增长3.4%，较同期回落3.6个百分点，较一季度回落6.4个百分点。拉动限额以上单位商品零售额增长1.2个百分点，较同期下降1.0个百分点。

四看，经济韧性的基础。

影响GDP核算的23个核算指标增减进退、高高低低，回旋余地较大，显示经济总体稳健，稳中有升有进。

一是直接核算GDP的23个专业指标与一季度相比整体稳定，但强弱不一。用于GDP核算的23个基础指标中，有9个比一季

度提高，共拉高GDP 0.41个百分点，2个指标持平，12个指标下降，共拉低GDP 0.48个百分点。二是GDP好不好，关键看影响GDP季度核算的23个基础指标。全国统一采用23个基础指标进行地区GDP季度核算，各地因行业结构不同，每个指标对GDP增速的拉动作用也表现不一，不同地区、不同季度都会不同。从全省2018年上半年完成指标情况来看，23个指标中有10个指标比一季度提高，11个指标下降，2个指标持平。

五看，投资结构性的变化。

固定资产投资重返一季度两位数增长态势，但存在机构与地区增长不平衡。2018年上半年，广东固定资产投资15 496.85

亿元，同比增长10.1%，增速比一季度回落1.2个百分点，但比1—5月增加0.8个百分点。其中：项目投资增长4.1%，房地产开发投资增长20.2%。

六看，不确定性。

从不确定性中寻找经济确定性，把握"政府赋能市场"边界。政府"这只手"，既要适应遵循市场"另一只手"，更要反作用于市场，不贻误市场时机，尤为在经济复杂多变环境里，去精准把握经济博弈脉络。改革开放基本经验，是政府赋能的市场经济。今年一季度全省经济形势分析会上，兴瑞省长提出廓清"政府与市场"边界问题，要求不越位但要到位地做好政府赋能经济事项。

2018年上半年各地加大八项支出力度，全省增长12.9%，比一季度全省八项支出增长提高2.3个百分点，由此多拉动GDP增长0.156个百分点，其中有11个地级以上市实现

两位数增长，这是政府赋能的直接变化，但也有 10 个市只个位数增长，下半年值得关注。一是关注总量大但今年负增长的工业企业；二是重点关注限额以上销售额下降的批发企业；三是重点关注限额以上销售额下降的零售企业。

对 2018 年下半年全省经济增长预期预判，我们认为"经济平稳平衡运行仍然是主态势，全年经济目标可望在 7% 左右区间"运行。但也必须清醒地认识到进入今年全省经济的下半场，广东要实现"四个走在全国前列"的担子会更加繁重与令人期待，影响经济发展的因素会进一步全面显现；左右经济基本面的掣肘要素，会变得更加复杂多变和不确定。

建议一，各地与涉农部门进一步抓好农业经济这个容易被忽视的基础经济"板块"，把它作为一个地方经济体的重要构成；建议二，重视加强解决全省工业经济发展的不平衡

性问题，一是地区间发展的不平衡，二是行业间发展的不平衡，三是企业间发展的不平衡；建议三，拉动扩大内需重点应加强限额以上批发零售和住宿餐饮企业培育及服务工作，重点服务好"航空母舰型"批发零售和住宿餐饮企业；建议四，认真把握全国"第四次经济普查"，是补"经济总量缺口"与真实反映各地"经济蛋糕"的重要契机。

313
以 80 页之长"列表算数"半年广东经济，受关注和好评，被誉为经济分析的标杆和样板

2018 年 7 月 20 日下午，在全省上半年经济形势分析会上，我作题为"列表算数：半年经济的'支撑性、压力面、着力点'与清单路径"的报告。我利用宝贵的半小时时间，对长达 80 页的分析报告提纲挈领，通过"列表算数"，向省领导和各地市各有关部门主要负责同志阐述了上半年全省及各市经济的"支撑性""压力面"和"着力点"，为各级党委政府研判经济形势、找准薄弱环节、制定经济措施提供了高质量的参考，深受关注和好评，被誉为经济分析的标杆和样板。

一是一气呵成，精准完美无瑕导向全省半年经济脉搏，增减在哪里。从"主脉""强脉"和"弱脉"三个方面诊断经济体运行状况。首先是把好"主脉"。我介绍了上半年全省经济总量和增速，揭示了全省经济延续增强"7"字头增长的基本面和结构性变化见好的支撑性，

把握住"以稳开局、稳中见好"这个经济"主脉"。其次是探准"强脉"。深入挖掘一、二、三产业中高于平均增速或保持平稳快速增长态势的重点行业，抓住创新增长这个新动能内核支点，展现 GDP 增速、物价与就业"多稳"局面，列出直接核算 GDP 的 23 个指标中走强的指标，亮出投资结构性变化中的积极面。最后是摸清"弱脉"。在行业上，对规上工业增加值回落和消费结构性放缓进行行业细类及企业层面的分析；在地区上，列出直接核算 GDP 的 23 个指标中走弱的指标，指出各市经济运行的弱项和短板。

二是耳目一新，全场安静得只听到解析经济的声音。我以翔实的数、表、图和富有逻辑性的解读使大家高度集中注意力，全身心投入经济分析的世界里。在框架设计上，分析报告围绕"支撑性""压力面""着力点"和"政策建议"4 个要点分为 4 大板块，前 3 个板块又分别由 2 个"看"构成，如"支撑性"包含"一看，基本面的变化"和"二看，支撑性的存在"。在分析方法上，一改以往注重谈宏观形势的方法，把对中观和微观层面的分析摆在重要位置，对行业细类乃至重点企业进行细致分析，深入贯彻、全面落实马兴瑞省长关于"看透"经济的指示要求。

三是高水平诠释，地市部门同赞为经济分析标本。多个地市市长，会后以不同形式点赞。如，深圳市市长陈如桂认为该分析报告是全省经济分析的标杆，应成为各地经济分析的标准；中山市市长焦兰生先后表示："很好！一股清风，明细准确。""今天早上我还在看你的发言稿，很系统！是一本很好的教科书。"东莞市市长肖亚飞表示："分析材料做得好，是一种冲击。新颖到位，估计大家没见过。"会间，省财政厅厅长戴运龙认为该分析报告清晰，指向精确；省经信委主任涂高坤握着我的手说："的确水平高！"省民政厅厅长卓志强赞叹："耳目一新，鲜见的表达。"

四是根据数据变化提出政府赋能的市场经济，实现统计向经济工作者转变。戴运龙听后，专门关注了这一新颖的提法，私下进一步诠释获得认同称赞。作为与经济密不可分的统计数据采集、监测与管理者，如想以自己的努力建言于现代经济体制的建立，必须注重南中国经济发展与产业体系形成中的本土化因素。当遇到现实经济问题时，不是照搬现成的理论，而是深入分析考察问题的本质和决定因素，这样才能找到解决问题之路。理论的适用性决定于条件的相似性，对于经济发展复杂而多变的现阶段，市场面临的条件与其他发展中国家接近，但此时更需重视"政府这只手"服务企业，主动赋能市场经济，这对比来自发达国家应用"另一只看不见的市场手"之理论，更具有现实借鉴意义。

314
全面辩证看待统计数据背后的广东经济增长

党的十八大以来，广东经济增长保持中高速，综合实力迈上新台阶。经济总量连续 29 年稳居全国第一，2017 年广东地区生产总值接近 9 万亿元，比上年增长 7.5%。2018 年以来，广东经济运行延续"总体平稳，稳中向好"的发展态势，新旧动能接续转换，质量效益稳步提升。

从主要经济指标看，2018 年上半年，广东实现地区生产总值 46 341.93 亿元，同比增长 7.1%，比一季度提高 0.1 个百分点；1—7月，广东固定资产投资同比增长 10.1%，社会消费品零售总额增长 9.3%，进出口增长 4.3%，规上工业增加值增长 5.9%，全社会用电量增长 9.6%，地方一般公共预算收入增长 10.5%，金融机构本外币存款余额增长 8.7%，金融机构本外币贷款余额增长 15.4%。

内需是广东经济增长的主要动力和基石。2017年，广东的最终消费和固定资本形成对地区生产总值增长的贡献率为 93.5%，拉动当年地区生产总值增长 7.0 个百分点；货物和服务净流出对地区生产总值增长贡献率为 6.5%，拉动当年地区生产总值增长 0.5 个百分点。根据经济学的基本知识，我们知道，货物和服务净流出包括货物净流出、服

务净流出。其中，一省的货物净流出又包括海关货物净出口和省际货物的净流出，也就是说，货物净出口只是货物和服务净流出的一个分项，净出口对地区生产总值的影响有限，远远动摇不了广东经济增长的基础。

广东外贸进出口能力不断加强。目前，广东贯彻国家扩大进口政策的效应逐步显现，对外贸易平衡发展取得实效。2018 年 7月，广东出口 3 757.5 亿元，同比增长 5.6%，贸易顺差 1 116.9 亿元，增长 13.7%。加工贸易明显回暖，一般贸易持续增长。7月加工贸易进出口值为 2 385.2亿元，增长 16.9%；一般贸易进出口 2 979.2 亿

元，增长 15.2%，延续了今年以来的快速增长态势。新业态蓬勃发展。跨境电商规模不断扩张，进出口规模达 147.8 亿元，增长 6.2 倍；市场采购出口 241.8 亿元，创历史月度峰值。主要贸易伙伴进出口均呈增长趋势。对中国香港、美国、东盟、欧盟分别增长 8.8%、6.9%、20.0%、4.7%。

广东规上工业利润持续平稳增长。根据广东省统计局有关数据，2018 年 1—7 月，广东规上工业企业实现利润总额 4 662.10 亿元，同比增长 6.6%。其中，国有企业实现利润总额 935.22 亿元，同比增长 10.5%；民营企业实现利润总额 2 363.65 亿元，同比增长 9.5%；外商及港澳台商投资企业实现利润总额 1 651.23 亿元，同比下降 2.6%。随着广东民营企业的快速发展，虽然外资经济在广东工业经济中的比重有所下降，但仍然发挥了稳固的支撑作用，1—7

月外资实现利润总额占全部规上工业利润总额的 35.4%，就是一个很好的例证。

工业企业就业人员略有下降反映了广东产业转型升级和经济结构加快调整的成效，也是经济发展的客观规律。近年来，广东加快服务业发展，2017 年三次产业结构为 4.2∶43.0∶52.8，服务业比重超过五成，服务业的就业人员不断增加，服务业就业人员比重近两年提高 1.6 个百分点；工业淘汰落后产能，转型升级向高端化演进，用工少、产出高，技术含量较高的高技术制造业和先进制造业发展良好，2018 年上半年广东先进制造业增加值增长 8.4%，高技术制造业增加值增长 8.8%。随着用工成本的增加，工业企业普及应用工业机器、生产自动化程度不断提高，2018 年 1—7 月，广东工业机器人产量增长 47.4%。因此从就业人数看，1—7 月规上工业

企业平均就业人员 1 314.63 万人，同比下降 4.5%。其中，国有控股工业企业平均就业人员 79.06 万人，同比增长 1.7%；民营企业平均就业人员 666.37 万人，同比下降 3.4%；外商及港澳台商投资企业平均就业人员 604.46 万人，同比下降 6.2%。

正确科学解构规上工业统计数据。规上工业的统计数据用的是"同比"口径，计算的是"同比数据"，这不仅仅是与上年同期数据相比，而是要与同口径、同范围、同批企业进行比较才能真实反映经济情况。因此，计算规上工业企业利润增速，要用今年规上工业企业利润总额除以上年同批企业的同期利润总额。根据统计制度规定，规上工业企业的统计范围是年主营业务收入为 2 000 万元及以上的工业法人单位。每一年，工业企业数量由于企业经营状况的变化而变动，有新建的、有注销的、有合并

的，还有规模变大进入2 000万元统计门槛的，也有规模变小退出2 000万元门槛的。在此情况下，要计算得出"可比口径的增长率"，是要把今年的样本数据，与今年样本的上年数据相比较，才能得出"可比口径的增长率"，这才是科学的统计。而不能简单地把今年的统计结果与去年的统计结果相比，从而得出不全面的统计数据。

产业行业企业结构优化显现创新引领。创新驱动渐显成效，新产业新业态发展迅速。党的十八大以来，广东全面推进创新发展战略，将创新驱动作为经济发展的"第一动

力"，以创新为主要引领和支撑的经济体系和发展模式加快形成，在珠三角基本形成"1+1+7"一体化区域协同创新格局，新旧引擎正在加快转换。区域创新综合能力排名跃居全国第一。2017年研究与试验发展经费支出占GDP比重提升到2.61%，企业R&D经费首次超过两千亿元，达2 083.01亿元，比上年增长14.1%。新增3个国家级高新区，国家级高新技术企业从6 652家增加到30 000家，跃居全国第一。高新技术产品产值达6.7万亿元，年均增长11.4%。有效发明专利量、PCT国际专利申请量及专利综合实力连续多年居全国首位，技术自给率和科技进步贡献率分别达72.5%和58%。2018年上半年，广东先进制造业增加值占全省规上工业比重55.7%，同比提高3个百分点；高技术制造业增加值占全省规上工业比重30.1%，同比提高2.3个百

分点。高技术服务业营业收入增长21.4%；其中互联网和相关服务业、软件和信息技术服务业营业收入分别增长39.1%、21.0%；一批互联网软件信息公司蓬勃发展。技术含量更高，创新更为活跃的新产品产量增长加快，2018年1—7月广东集成电路产量增长25.3%，碳纤维增强复合材料产量增长37.4%，服务器材料增长33.4%，新能源汽车材料增长66.9%。

315
接受《南方日报》采访，解读2018年前三季度广东经济数据

2018年10月20日，广东省统计局对外发布2018年前三季度广东经济数据，并在"广东统计"微信公众号中推出图解产品《一张图看懂2018年前三季度广东经济运行情况》。我接受《南方日报》采访，对2018年前三季度广东经济运行情况进行

解读。

初步核算并经国家统计局核定，前三季度，广东实现地区生产总值7.06万亿元，同比增长6.9%。其中：第一、二、三次产业增加值同比分别增长4.2%、5.8%和8.0%。前三季度，全省生产需求总体平稳，结构持续优化，效益持续改善，高质量发展实现良好开端。

首先，供给质量持续提高。一是农业经济加快发展，乡村振兴战略成效逐步显现。前三季度，农林牧渔业实现增加值增幅比上半年提高0.2个百分点，比上年同期提高0.8个百分点，是2010年以来的最高增幅。二是工业结构持续优化。前三季度，规上工业实现增加值同比增长6.0%，增幅连续两个月

保持稳定。规上先进制造业和高技术制造业实现增加值分别增长8.0%和9.2%，占规上工业的比重分别为56.0%和30.9%，比上年同期分别提高3.7个和3.3个百分点。全省百强企业增加值增长14.7%，高于全省规上工业平均水平8.7个百分点，百强企业增加值占全省规上工业的比重达35.6%。智能电视、新能源汽车、集成电路、工业机器人产品产量分别增长16.1%、116.6%、10.2%、35.7%。三是营利性服务业保持较好增速。前三季度，营利性服务业实现营业收入同比增长20.2%。高技术服务业实现营业收入同比增长21.5%。铁路运输总周转量增速比上半年提高。邮政电信业务总量高位运行。

其次，需求结构持续优化。一是投资增速稳定。前三季度，完成固定资产投资额同比增长10.2%。生态保护和环境治理业强劲增长171.5%，重点投向

黑臭河涌治理、水环境综合整治、惰性物料处置等项目。中高端工业行业投资发展较快，装备制造业和高技术制造业的投资分别增长12.0%和16.0%。租赁和商务服务业投资增长72.9%。房地产开发完成投资增长19.9%。二是新兴消费保持良好态势。前三季度，实现社会消费品零售总额2.92万亿元，同比增长9.1%。新兴消费业态持续发展，限额以上单位无店铺零售业零售额增长14.7%。三是进出口增速连续三个月回升。前三季度，进出口5.2万亿元，同比增长5.9%，增速比上半年加快3.2个百分点。其中，出口3.06万亿元，同比增长0.4%；进口2.14万亿元，同比增长14.8%。

最后，经济效益持续改善。一是地方财政收入增速平稳。前三季度，地方一般公共预算收入同比增长10.0%，连续40个月基本保持两位数增速。二是规上工业效益好转，利润总额同比增速连续3个月回升。三是居民收入稳定增长。前三季度，全省居民人均可支配收入同比增长8.6%。城镇居民人均可支配收入增长8.3%；农村居民人均可支配收入增长8.8%。农村居民人均可支配收入实际增速高于城镇居民人均可支配收入0.8个百分点。四是绿色发展稳步推进。能源利用效率进一步提高，前三季度，规上工业能源加工

转换效率70.3%，同比提高1.2个百分点。部分绿色清洁可再生能源增长较快，余热、余压、余气发电量同比增长13.2%，垃圾焚烧发电量增长27.6%，沼气发电量增长26.9%，太阳能发电量增长48.7%。

据悉，除《南方日报》外，《羊城晚报》《南方都市报》《广州日报》等媒体也对2018年前三季度广东经济运行情况进行了报道，人民网、南方网、金羊网、中国新闻网、搜狐财经、网易财经、腾讯财经等多家网络媒体转载报道，引起社会关注。

316
"五个角度"看待2018年前三季度经济运行变化、压力与切入

据初步核算并经国家统一核定，今年前三季度广东GDP总量70 635.22亿元，同比增长6.9%。广东经济"总体稳定，来

之不易"。增长高出全国0.2个百分点，体现出广东对全国经济的"支撑性"，但比上半年回落0.2个百分点，又显示出经济环境变化的"不确定性"。

从整体来看，全省经济运行"变化"保持在合理区间，没有改变"稳"的格局。"压力"主要表现在一些经济指标增速出现"趋缓、回落、下降"：部分指标"高位趋缓"，部分指标"直接回落"，部分指标处于"下降负增长"通道，这些因素抵消了另一部分回升好转指标带来的增长，形成当下全省经济运行"稳中有压"的局面。

第一个角度看"三次产业"：出现"一产增长、二产有压、三产趋缓"的新变化。

前三季度，全省GDP总量70 635.22亿元，同比增长6.9%，从三次产业看，第一产业2 614.17亿元，增长4.2%；第二产业29 095.66亿元，增长

5.8%；第三产业38 925.39亿元，增长8.0%。

乡村振兴战略成效显现"一产稳定增长"。前三季度，全省农林牧渔业增加值2 691.21亿元，同比增长4.2%，增幅同比提高0.8个百分点，环比提高0.2个百分点。

工业运行"有支撑也有压力"。前三季度，全省规上工业增加值23 173.86亿元，同比增长6.0%，增幅与上月累计持平，比上半年回落0.2个百分点，同比回落1.2个百分点。企业经济效益有一定支撑。

建筑业生产稳步向好。前三季度，广东资质以上总承包和专业分包建筑业企业完成建筑业总产值8 755.45亿元，同比增长

16.6%，增速同比上升1个百分点；建筑业增加值2 040.02亿元，同比增长6.0%（可比价），增速同比提高3.3个百分点。

规上服务业增长势头趋缓。前三季度，全省规上服务业实现营业收入17 003.2亿元，同比增长15.1%，增幅比上季度回落1.1个百分点，快速增长势头有所趋缓；营业税金及附加119.6亿元，增长8.2%；利润总额2 690.7亿元，增长6.0%。营利性服务业增长20.2%，增幅与上月持平，比上季度回落1.8个百分点。

第二个角度看"三驾马车"：投资、消费、净出口拉动经济出现此强彼弱。

前三季度，预测广东最终消费支出、资本形成总额、货物和服务净流出对GDP增长的贡献率分别为56.6%、46.5%和-3.1%，拉动GDP增长3.9个、3.2个和-0.2个百分点。

广东消费品市场供给

充裕，居民消费价格温和上涨，消费需求在持续扩张。消费延续平稳较快增长态势，是经济增长顶梁柱。

固定资产投资增速略有加快，土地购置费保持同比62.5%的较高增长，制造业和基础设施投资增速分别放缓0.6个和1.5个百分点。

对外开放水平持续扩大，货物进口增速比上半年加快2.2个百分点。货物出口扭转上半年的下滑态势，同比增长0.4%。货物净出口增速（-22.0%）下降幅度收窄5.0个百分点。

第三个角度看"三个区域"："一核一带一区"经济呈现不平衡增长趋势。前三季度各市经济运行与全省一样，总体也显现

"稳中有压"态势，各地部分经济指标上行产生的拉升作用不足以抵消主要指标回落产生的影响。同时，体现出各个区域经济增长的不平衡性。

分地区看，"一核一带一区"格局稳定，珠三角核心区 GDP 总量 59 326.36 亿元，增长 7.0%，占全省比重达 80.4%；沿海经济带 GDP 总量为 10 210.46 亿元，增长 5.4%，占全省总量的 13.8%；北部生态发展区 GDP 总量为 4 287.91 亿元，增长 4.3%，占全省总量的 5.8%。分地市看，与上半年比较，21 个市有 5 个市增速比上半年上升，有 15 个市增速比全省平均增速低，6 个市增速高于全省平均水平。

第四个角度看"多重因素叠加"：经济环境的各种变化加大下行压力。

从全省来看，用于地区生产总值核算的 23 个基础指标中，与上半年比，11 个指标增幅提高，1 个持平，11 个下降。拉动 GDP 上升的 4 个主要指标：建筑业增加值拉高 GDP 增速 0.067 个百分点；保费收入拉高 GDP 增速 0.047 个百分点；商品房销售面积下降幅度收窄减少影响 GDP 增速 0.044 个百分点；人民币贷款余额增速拉高 GDP 增速 0.041 个百分点。

中美贸易摩擦持续影响广东。美国第一轮加征 25% 的 500 亿元商品清单对中国经济影响总体可控，但对 2 000 亿美元商品加征 10% 乃至 25% 后，广东相关企业如中兴等产业和企业受到首当其冲的波及和影响。

工业增长存在隐忧压力。一是从企业增长面 54.0% 看；二是从 PMI 和工业用电量等先行指标看；三是从国际形势等外部环境看。

产业转型升级深入优化还在路上。前三季度，全省规上制造业增加值增长 5.9%，低于全省平均水平 0.1 个百分点，实体经济势头不强。传统行业增速明显较低，全省工业企业转型升级任务依然艰巨。

房地产市场影响经济因素依然存在。前三季度，广东商品房销售面积同比下降 10.7%，降幅同比扩大 19.2 个百分点；房地产开发企业共完成投资 10 295.15 亿元，增长 19.9%，增长比上半年回落 0.3 个百分点。

能耗"双控"形势不容乐观。前三季度，全省能源生产总体平稳，能源消费增速放缓，规上工业能耗和全社会用电量增长放缓。三大指标下降率较上半年均有一定幅度的扩大，但单位生产总值能耗下降率尚未达到 2018 年下降 3.2% 的年度目标，节能降耗形势仍不容乐观。

与防造假注水相比，防数据少报漏报更是广东主要矛盾。从全面实事求是来看，防止造假虚报的同时，防止少报漏报仍是广东统计数据的主要矛盾和矛盾的主要方面。这次兴瑞省长在全省"四经普"专题电视电话会议上深刻分析统计数据报送存在"六难"问题，讲得"一针见血，十分精准"，值得我们深入思考，脚踏实地完成对每个企业与个体的如实统计。

第五个角度看实现7% 左右增长的目标：须十分清晰并紧盯各自长短指标，全面冲刺发力。

继续重视农业农村增产增收。从一至三季度全省农林牧渔产业主要指标数据长短分析，各地各市都有自己指标的长短与发力的侧重点。

盯住拉低各地规上工业增加值增长的企业。全省前三季度增加值总量较大且增速为负的 200 家工业企业，占全省规上工业的 10.1%，增加值下降17.7%，共拉低全省规模以上工业增速 2.3 个百分点。对这些重点企业应逐家跟进，了解情况，及时帮助企业解决困难、实现增长，以此推动当地工业经济发展。

加快工业大项目开工建设进度。工业大项目对经济的拉动作用明显，决定了经济发展的潜力。前三季度，全省工业项目完成投资在 1 亿元以上的有896 个（含设备购置），同比增长 1.6%，合计完成投资 2 741.04 亿元，同比增长 5.4%，比全省工业投资增速快 6.1 个百分点。

重视培育零售批发企业消费热点增长。加快夯实旅游、文化、体育、健康、养老、教育培训等领域消费的政策基础和保障，培育、挖掘新的消费热点，积极推进供给侧结构改革，增强中高端产品有效供给能力，满足不断升级的消费需求，抑制"消费外溢"现象。

以上从五个角度看待2018 年全省前三季度经济运行的"变化、压力与切入"，归结起来，就是一句话，当下全省经济处于"稳中有压"的状态。在接下来不到一个季度的时间里，要在"稳就业、稳金融、稳投资、稳外贸、稳外资、稳预期"六个稳的经济金融方略指导下，正视影响经济增长与结果的各项指标，全面发力"强长补短"，不断增强经济工作的针对性，实现全年7%左右的预期目标仍可期。

317
讲授"科学度量求变求新"，分析经济与统计内在关系

2018 年 11 月 22 日晚，我在深圳为江门新会统计干部培训班讲授"科学度量 求变求新"专题讲座。

我从"三新"破题，

以新产业、新业态、新商业模式反映经济新旧动能转换为切入点，生动介绍广东省统计局和深圳市统计局统计改革发展创新成果，详细讲述新经济与2017版国民经济行业分类划分标准变化，深刻分析经济与统计的内在关系。

一是统计是科学度量的工具。统计通过定量分析方法去认识事物、探求知识和研究规律，具有"信息、咨询、监督"的职能，是监测、指导经济运行和社会发展的重要手段，统计数据是国家和地区经济运行的"晴雨表"。统计干部更要掌握统计理论知识，熟悉统计方法制度，强化和提升数据分析、解读和应用能力，才能充分发挥统计的科学度量作用，准确把握经济社会发展中的实际问题。

二是认识当代经济需要颗粒度更细。随着经济社会快速发展，互联网、大数据、云计算等现代信息技术加速发展，大众创

业、万众创新蓬勃兴起，新产业、新业态、新商业模式等新经济层出不穷。统计工作者要根据经济社会发展变化，精准描述经济颗粒，细化行业分类标准，完善"三新"统计制度，构建现代调查体系，真实准确反映经济存在和新旧动能转换成果。

三是完成现代治理需要开膛破肚的统计观察。当前国内外经济社会形势错综复杂，社会治理已从过去的"大水漫灌"转变为"精准滴灌"，数据需求更准更细，对统计工作也提出了更高要求。统计系统要加强改革发展创新，深入调查研究，拿起手术刀，用好显微镜，聚焦病灶，开膛破肚经济肌体，

深入观察经济细胞，提高统计服务能力，为各级党政领导社会治理和经济决策提供精准参考。

专题讲座受到了参训学员的一致好评和高度称赞。参训学员纷纷表示很受教育和启发，专题讲座内容丰富，形象生动，对江门新会的统计工作具有很强的指导和借鉴意义，并邀请我到江门新会调研指导工作。

318
从统计视角把握广东经济发展短板，提高发展平衡性和协调性

2018年11月29日，省政府党组书记、省长马兴瑞主持召开省政府党组（扩大）会议，深入学习习近平总书记视察广东重要讲话精神，重点围绕提高发展平衡性和协调性专题进行研讨，研究部署落实工作。我列席会议并发言，提出从统计视角把握广东经济发展短板。

在发言中，我认为，贯彻落实习近平总书记视察广东重要讲话精神，从近年广东统计数据看，不平衡性是广东经济发展的突出特征。区域发展不平衡是制约经济协调发展主要短板，工业经济不够强是产业结构不平衡主要根源，农村基础设施建设欠账是城乡发展不平衡关键。要从"三个视角"着力关注广东区域发展的不平衡性。

一是从"强、快、保"增强区域发展平衡。珠三角核心区的经济总量要从"大"变"强"，实现从量变到质变的高质量发展，全面推进区域一体化，培育世界级先进制造业集群。东西两翼沿海经济带要加快发展，实现"量"的积累，变大变强。北部生态发展区强化生态屏障保护作用，健全生态补偿机制，严格控制开发强度，在确保全省生态安全的前提下实现绿色发展。

二是从"升、增、稳"增强产业发展协调。加快工业转型升级，实现工业经济增长对地区生产总值增速的正向带动作用。实现农村增产增收，尤其要提高农民收入，确保农业经济稳中有进，推动乡村振兴战略成效逐步显现。稳定服务业的发展，大力培育服务业龙头企业，增加服务有效供给与扩大服务消费需求的融合互动，满足人民生活需求。

三是从"三加"增强城乡发展协调性。加速粤东西北城市化进程，推进农业转移人口市民化，打破城乡二元壁垒，统筹城乡社会经济发展。增加农村居民人均可支配收入，坚决打赢脱贫攻坚战，全面释放农村市场消费潜力。加快推进农村基础设施建设力度，尤其是在粤东西北欠发达地区，有针对性地进行项目投资，全面推进乡镇基础设施和基本社会服务建设。

发言中，我还汇报了省统计局作为一个专业技术部门，正在着力构建经济大省之统计强省，要进一步"清晰职能、清楚职责、清新操守"，把落实习近平总书记视察广东重要讲话精神，结合广东统计工作实际，把"落点切角"放在"三个一"上：

一是一个评价指标体系，构建《广东省高质量发展综合绩效评价体系》，推动广东经济高质量发展体制机制走在全国前列；二是一套新经济统计制度，建立广东省新经济统计监测制度反映广东新经济发展现状；三是一支专业委员力量，建立广东统计专业委员会跨部门协调解决广东统计专业难题。要充分运用统计这一科学计量工具，知信行统一，紧密结合广东统计实际，切实落实习近平总书记视察广东重要讲话精神和省委、省政府"1+1+9"统一工作部署要求，全面实事求是科学反映广东高质量发展变化。

我的发言从统计视角深入切入广东区域、产业和城乡发展不平衡不协调现状，准确把握广东经济高质量发展短板，脉络清晰，视角新颖，数据翔实。这一紧扣贴切主题较高质量的发言获得在场省领导的肯定与认可，引起马兴瑞省长的高度重视，在发言中和发言结束时就广东不平衡发展问题相关数据表示进一步关切并交流询问，我均对答如流，精准提供相关情况，其他省领导听后也一致肯定统计部门的专业分析能力。

319

省工信厅宣讲，多维度切入解码广东经济

2018年12月29日下午，我应省工业和信息化厅邀请，到省工信厅党组

理论学习中心组（扩大）学习会作"多维解码广东经济"专题辅导报告。

在讲座中，我从多个维度深入切入，解码解读广东经济：第一维码分析经济的天然属性，落在科学计量的统计基础工具上，认识与走进经济离不开统计，两者是密不可分的鱼水关系；第二维码解读国民经济行业分类，中国经济的"新华字典"，观察经济的颗粒度"变小变快"，因广东而起也得益于广东，使广东有着观察经济变化发展的前沿能力；第三维码从工业化与城镇化进程反映广东经济基本面"一四五"的一二三次产业结构特征，决定经济

转型升级在路上，经济底板空间在挤动未成形；第四维码突出不平衡性是广东经济的特征，在"一核一带一区"格局中，珠三角核心区与东西两翼经济带、北部生态山区，构成典型的"八二"不协调发展；第五维码解析创新驱动，创新增长是不竭动力，人往高处走，经济亦往价值高地流，经济中可持续的R&D投入，不断打造一个又一个价值高地；第六维码侧重经济密度，居全国九分之一强的广东全省法人与个体工商户，是经济的厚植土壤，也是经济与统计的"衣食父母"，他们是一列开往期待春天的列车；第七维码需供需齐发力，将新供给和新需求匹配起来，就是春天的道路；外维码从更长远的空间来看，经济的发展历史，就是一部如何度过经济周期的历史。

讲座结束后，涂高坤向我表示了致敬感谢：杨新洪同志给大家上了一堂

精彩纷呈的经济统计课，倍感受益匪浅，希望能够再次为省工信厅进行讲授。杨新洪同志勇于担当，在小升规工作和 PMI 舆情应对上都给予了很大支持和帮助。省工信厅和省统计局要进一步加强沟通联系和业务交流，为广东实现"四个走在全国前列"和当好"两个重要窗口"同心同向而行。

当日晚上，涂高坤再次向我发送微信表示感谢：今天的报告大家反映非常好！有高度、有深度、有广度，又很接地气！非常感谢！

320
学习省政府工作报告，"三个不容易"与"三个向"

2019 年 1 月 28 日上午兴瑞省长的政府工作报告，全面具体、言之有据、言之有理、言之有物，体现出一个"务实、开拓、担当"的政府。过去一年全省经济展现出"三个不容易"：

一是经济结果不容易，全省年度增长 6.8%，保持在合理经济增长区间，高于同期全国 0.2 个百分点。

二是经济过程不容易，全年面临复杂多变与多重因素叠加的影响，按照省委"1 + 1 + 9"的工作部署，由一项项经济指标、一个个经济措施加强而得到经济成果，达到 9.73 万亿元，从经济过程看结果实属不易。

三是经济预期目标安排不容易，2019 年全省经济增长安排在 6.0% ~ 6.5% 区间，总量突破 10 万亿元大关，同样需要各方付出脚踏实地的努力。

就经济增长规律和统计规律观察，实现 2019 年新的一年全省经济增长预期目标，需要上上下下扎实做到"三个向"：一向科技创新高质量发展要增长；二向不平衡不协调发展拓展经济空间保增长；三向改革开放再出发实现新增长。

321
运行保持合理区间，解读 2018 年广东经济数据

2019 年 1 月 28 日，广东省统计局对外发布 2018 年广东经济数据，发布继续采用"新闻通稿 + 专家解读 + 图解经济"的模式，在"广东统计"微信公众号中推出《一张图看懂 2018 年广东经济运行情况》。我接受《南方日报》采访，对 2018 年广东经济运行情况进行解读。

2018 年广东经济运行保持在合理区间。初步核算并经国家统计局核定，2018 年，广东实现地区生产总值 9.73 万亿元，按可比价格计算，比上年增长6.8%。第一、二、三产业增加值分别为 4.2%、5.9%、7.8%。

首先，实体经济运行稳健。在外部环境复杂严峻的情况下，广东经济运行保持总体平稳，季度累计经济增速波动在 0.3 个百分点以内；主要指标均运行在合理区间。一是就业平稳。2018 年，广东城镇就业继续扩大，年末城镇登记失业率 2.41%，比上年末下降 0.06 个百分点。二是物价温和。价格涨幅低于预期，居民消费价格上涨 2.2%；工业生产者出厂价格和工业生产者购进价格分别比上年上涨 1.8%、2.5%。三是实体经济稳健。与实物量指标相协调与匹配，全社会用电量增长 6.1%，货运量和主要港口货物吞吐量分别增长 6.0% 和 6.8%。四是企业实力增强。规上

工业企业总量超过 5 万家，跃居全国第一。五是结构优化。三次产业结构为 4.0：41.8：54.2，第三产业增速高于第二产业1.9 个百分点，比重比上年提高 0.6 个百分点。

其次，新旧动能转换接续。2018 年，广东新经济增加值比上年增长8.9%，增幅高于同期地区生产总值 2.1 个百分点，占地区生产总值的比重为25.5%。一是科技创新后劲不断增强。2018 年，广东专利申请量和授权量分别增长 26.4% 和 43.7%，PCT国际专利申请量约占全国一半，区域创新综合能力

排名保持全国第一。规上工业企业设立研发机构占比达到 38%，比上年提高 1个百分点。二是工业中高端产业发展良好。规上工业企业累计完成增加值比上年增长 6.3%，其中，先进制造业和高技术制造业增速分别高于规上工业 1.5个和 3.2 个百分点，占规上工业比重达 56.4% 和31.5%。三是新兴消费业态持续较快发展。限额以上餐饮企业通过公共网络实现的餐费收入比上年增长60.3%，增幅同比提高18.1 个百分点；高铁完成客运量增长 27.1%，占铁路客运量的比重达 67.4%；4G 用户期末数比上年末增长 19.0%，占移动电话用户比重达 83.2%。

再次，市场活力进一步增强。重点领域改革向纵深推进，"放管服"改革成效明显。一是市场主体大量增加。2018 年，广东新增登记各类市场主体229.7 万户，日均新登记市场主体 6 293 家。二是

对外开放水平不断提升。实际利用外商直接投资1 450.90亿元，同比增长4.9%，高于全国平均水平4.0个百分点；进出口总额超过7万亿元，创历史新高，达7.16万亿元，占全国的23.5%。三是代表市场活力的民营经济发展良好。民营单位达1 120.12万个，比上年增长12.0%；民营经济实现增加值5.26万亿元，同比增长7.3%，增幅高于同期地区生产总值0.5个百分点，占地区生产总值的比重为54.1%，比上年提升0.3个百分点。

最后，老百姓幸福感增强。随着惠民生政策力度的加大，人民群众获得感、幸福感和安全感进一步提升。一是居民收入稳定增加。2018年，广东居民人均可支配收入35 809.9元，比上年增长8.5%。城乡居民人均收入倍差2.58，比上年缩小0.02。二是民生保障力度加大。城镇、农村特困人员基本生活标准分别达到年人均14 207元和11 756元；城乡居民基本养老保险覆盖率达到98%以上。三是居民消费升级提质。居民恩格尔系数为32.6%，比上年下降0.9个百分点。

322
赴"肇庆学习论坛"，开2019年第一讲，调研经济普查工作

2019年3月27日下午，肇庆市委在星岩礼堂举办市委理论学习中心组学习报告会暨2019年"肇庆学习论坛"第一讲，我应邀作"多维解码广东经济"专题讲座。

报告会上，我结合长期统计工作的丰富经验，从解读分析经济与统计关系、广东经济引出更小经济颗粒度、实体经济的支撑、不平衡性、创新驱动、经济密度、供需发力等多个维度，深入浅出地解读了广东经济发展情况，让与会人员对当前广东经济发展形势有了更深层次的认识和理解。

肇庆市委副书记、市长范中杰在主持讲话中强调，粤港澳大湾区建设为肇庆带来了前所未有的发展机遇，各级领导干部要深入学习、认真钻研经济工作，努力成为抓经济工作的行家里手，提高对宏观经济的分析能力，掌握粤港澳大湾区内各种经济要素流动的趋势和规律，找准经济工作的切入点和着力点，加快把肇庆建设成为粤港澳大湾区连接大西南枢纽的门户城市。

报告会后，我还来到肇庆市蓝宫宾馆和迪星艺术学校，现场指导第四次全国经济普查入户登记工作。我详细了解企业的经

营情况，深入剖析普查工作中遇到的疑难问题，强调要把全国经济普查工作作为一项重大国情国力调查来抓细抓实抓好，各地要抢抓工作进度，做好"两防"工作，特别要防止少报漏报瞒报，为摸清地区经济家底，如实反映当地经济情况做出应有的贡献。各普查对象也要依法予以支持和配合。

323
从结构看基本面，解读 2019 年一季度全省经济增长的"五变化·六关注"，获多方认可肯定

2019 年 4 月 21 日下午，省长马兴瑞主持召开省政府 2019 年一季度经济形势分析会。省直各部门、

21 个地级以上市主要领导和各地市统计局局长 100 余人参加会议。

省统计局作为会议第一个汇报单位，我以"从结构看基本面：全省经济增长'五变化·六关注'"为题作了 38 分钟汇报发言，对 2019 年一季度广东经济运行作了深度解读和入微研判，有数据有图表，有横纵向比对，全面解剖全省经济运行变化、值得关注数据长短项与存在问题，得到了与会省领导、省直各部门和各地市领导的认可与肯定。

针对 2019 年一季度经济形势分析，我加班加点，亲自操刀，精心打磨，撰写 84 页深度解析材料《从结构看基本面：全省经济增长"五变化·六关注"》，进行"列表算数"的切入解读："五变化"为一是经济基本面呈现稳健特征，二是此消彼长显经济韧性，三是新经济成为增长重要引擎，四是三大需求拉动率转正，五是

八项支出增长对经济贡献明显；"六关注"为一是乡村振兴农业指标强弱项，二是全省区域经济增长不平衡性，三是投资增长结构性隐忧，四是工业增速提高可持续性，五是内外贸增速趋缓低迷，六是"四经普"统一核算 GDP 经济家底。

马兴瑞省长在听取汇报后指出，2019 年一季度广东经济稳中有进，存在多方面有力支撑和积极因素，但也应看到，宏观经济运行仍然存在不少困难和问题，外部经济环境总体趋紧，国内经济存在下行压力。各地市和各部门要创新经济形势分析方式方法，分析方式不能落入俗套，分析材料不能流于形式，要深入基层企业调研，要形成自己的观点看法，不仅要有基本面的宏观分析，更要从微观企业、重点行业等结构面进行深度解剖，为制定经济决策提供科学支撑，全面准确反映广东经济真实存在。

马兴瑞省长听取关于第四次全国经济普查统一核算 GDP 经济家底汇报后，要求全力以赴扎实做好经济普查工作。"四经普"是一次重大的国情国力调查，经济普查数据将作为统一核算的基础数据，工作极为重要。目前全省经济普查上报工作已进入最后收官阶段，部分地市普查数据和快报数据还存在一定缺口，数据质量也还有待提高，各地市要切实重视经济普查工作，确保统计力量投入和条件保障，夯实基础数据质量，弥补全部或大部分缺口，确保普查数据和年快报数据的基本衔接，为下一步全省地区生产总值统一核算做好准备。

324
从结构看基本面：全省经济增长"五变化·六关注"

2019 年一季度，全省经济总量 23 886.77 亿元，增长 6.6%，保持高于全国增速 0.2 个百分点。延续平稳增长势头，在"稳""进"与"变"经济格局中，"变"的权重因素更多更大，春节因素、市场变化与政策力度同频共振，其中政府赋能经济明显增强，从 3 月份开始影响经济的积极因素不断增加，主要经济指标从低位开始明显回升。

从逐月监测，全省经济运行虽好于预期，但波动也明显，主要指标"一月增长落在目标区间，二月滑出，三月又回到区间上方"。这一变化显示全省经济运行仍存"不确定性、结构性与波动性"交织叠加，警示我们要向好思危，不可掉以轻心，不容忽视。这里从经济运行的"五个变化""六个关注"，进行"列表算数"的切入解读。

变化一：经济基本面呈现稳健特征。

从 2019 年一季度广东地区生产总值行业构成看，全省经济基本面显示实体经济增强，各行业支撑明显，产业结构合理，实现全省经济良好开局。在全省 23 886.77 亿元经济总量中，第一产业增加值 772.53 亿元，增长 3.5%；第二产业增加值 9 492.43 亿元，增长 6.0%；第三产业增加值 13 621.81 亿元，增长 7.2%。全省经济开局平稳，积极因素逐渐增多，经济发展质量较高。全省一季度经济运行主要特征：一是经济总量扩大，二是增长支撑性增强，三是产业结构合理稳健。

变化二：此消彼长显经济韧性。

农业稳中有进。2019 年一季度，全省农林牧渔业增加值为 797.5 亿元，同比增长 3.7%，增幅比上年同期提高 0.4 个百分点。从全国看，全省农林牧渔业增加值增速高于全国平均水平，增速居各省市前列，分别比江苏、山东和浙江高 3.3 个、1.1 个和 2.2 个百分点。

建筑业保持较快增长。2019 年一季度，全省完成建筑业总产值 2 943.23 亿元，同比增长 19.3%，增幅比上年同期提高 1.5 个百分点；建筑业增加值 772.65 亿元，现价同比增长 13.9%，增速同比提高 1.3 个百分点。

工业增长稳中有升。2019 年一季度，全省规上工业企业生产形势总体向好，累计实现增加值 7 348.48 亿元，同比增长 6.5%，高于上月累计（3.0%）3.5 个百分点，有较为明显的提高，低于上年同期（6.7%）0.2 个百分点，高于上年全年（6.3%）0.2 个百分点；其中 3 月当月实现增加值 2 948.38 亿元，增长 11.7%，比 2 月大幅提高

9.0 个百分点。

规上服务业稳定增长。一季度（规上服务业为 1—2 月数据，下同），广东省规上服务业总体保持较快发展态势。实现营业收入总额为 4 321.59 亿元，同比增长 12.6%。其他营利性服务业实现营业收入总额为 1 900.37 亿元，同比增长 17.6%。

房地产市场持续分化。2019 年一季度，全省房地产市场总体回暖，开发投资同比增长 12.8%，增幅同比回落 10.0 个百分点，有所放缓；广东商品住宅销售面积同比下降 6.9%，降幅同比收窄 2.4 个百分点；区域分化显著，销售均价增幅回落。

变化三：新经济成为增长重要引擎。

2019 年一季度，经测算广东完成新经济增加值 5 984.91 亿元，占 GDP 的比重为 25.1%，同比增长 7.0%，高于同期 GDP 增速 0.4 个百分点。其中，第一产业增长 10.1%，第二产业增长 10.0%，第三产业增长 3.4%。工业战略性新兴产业同比增长 8.6%，发展势头良好，互联网平台、现代金融服务引领经济新路径。

变化四：三大需求拉动率转正。

2019 年一季度，测算广东最终消费支出、资本形成总额、货物和服务净流出对广东地区生产总值增长的贡献率分别为 55.9%、38.3% 和 5.8%，拉动地区生产总值分别增长 3.7 个、2.5 个和 0.4 个百分点，拉动率与 2018 年全年相比均转正。

变化五：八项支出增长对经济贡献明显。

广东通过积极的财政政策实现政府赋能经济增长，八项支出较快增长，

对全省地区生产总值增长贡献明显。一季度全省八项支出增长 22.6%，比上年同期的 10.6% 提高 12.0 个百分点。在八项支出快速增长带动下，非营利性服务业增加值对 GDP 增长的贡献率为 18.0%，比上年同期提高 3.9 个百分点，拉动 GDP 增长约 1.2 个百分点，同比提高 0.2 个百分点。

关注一：乡村振兴农业指标强弱项。

从区域看，东翼、西翼和北部山区农业经济发展快于全省平均水平和珠三角地区，东翼、西翼和北部山区农林牧渔业增加值增速分别比全省平均水平高 0.8 个、1.4 个和 1.2 个百分点，分别比珠三角地区高 1.4 个、2.0 个和 1.8 个百分点。

关注二：全省区域经济增长不平衡性。

2019 年一季度，各市经济平稳开局，呈稳中有进、稳中趋好态势，全省经济增长内在质量提高，区域发展协调性增强，其中珠三角核心区同比增长 6.9%，沿海经济带增长 5.8%，北部生态发展区增长 4.1%。以广州和深圳为主引擎、珠三角地区为核心、沿海经济带和北部生态区协调发展的区域创新格局初显，珠三角地区继续领跑全省，区域间增长差距缩小。

关注三：投资增长结构性隐忧。

2019 年一季度，广东固定资产投资 6 523.03 亿元，同比增长 11.2%，增速比 1—2 月小幅加快 0.1 个百分点，比上年同期小幅回落 0.1 个百分点，其中项目投资 3 744.35 亿元，增长 10.4%，房地产开发投资 2 778.68 亿元，增长 12.8%。在投资保持快速增长的同时，仍存在一定结构性隐忧。一是工业投资，同比下降 0.4%，出现负增长；二是新开工项目不足，同比下降 5.9%；二是固定资产投资成本持续上升，减弱了民间资本投资积极性。

关注四：工业增速提高可持续性。

3 月份受季节性因素及税改政策影响，全省工业增加值增速较 2 月份大幅提高，但从中长期来看全省规上工业企业生产情况一般会保持相对稳定状态，当前工业能否持续向好并保持较快增速还有待观察。与上年同期相比，一季度累计增速仍低于同期 0.2 个百分点。其中部分行业特别是汽车制造业下降 1.4%，仍为负增长；重点企业仍存在分化现象，工业百强中 1/3（33 家）企业增加值为负增长；企业经营状况和盈利情况仍有待改善。

关注五：内外贸增速趋缓低迷。

内贸：限额以上汽车类商品零售额下降 6.6%，成为影响消费增速首要因素；石油及其制品类价格波动下行影响消费增长；服装鞋帽针纺织品和化妆品类商品零售有所下降；部分居住类商品零售增速继续放缓；肇庆、揭阳等9市一季度社会消费品零售总额增速较同期下降幅度超过省平均水平。

外贸：2019 年一季度全省进出口总额 1.55 万亿元，同比下降 1.0%，比 2 月（下降 3.4%）缩小 2.4 个百分点，但比全国低 4.7 个百分点，占同期全国进出口总值的 22.1%。

其中，出口增长 1.8%，同期全国增长 6.7%；进口下降 4.8%，同期全国增长 0.3%，进口降幅比 2 月扩大 1.4 个百分点。

关注六："四经普"统一核算 GDP 经济家底。

统一核算将以各市经济普查资料计算的 GDP 为基准，采取统一核算方法和统一数据来源，并采用按各市总量份额分劈差距的方法衔接省市差距，因此本次经济普查核算 GDP 总量比快报多，将更有利于统一核算后各地区 GDP 核算，更有利于科学准确客观反映各地区经济发展状况。

目前经济普查数据上报工作已进入最后收官阶段，数据存在较大缺口的地市要切实重视，确保统计力量投入和条件保障，夯实基础数据质量，着重梳理均值偏低等多项影响数据质量的相关指标，关注"负增加值、税收小于营收"的企业与单位，以弥补全部或大部分缺口，

全面准确反映全省经济真实存在。

总的来看，一季度广东经济稳中有进，存在多方面有力支撑和积极因素。但也应看到，宏观经济运行仍然存在不少困难和问题，外部经济环境总体趋紧，国内经济存在下行压力，广东实现全年区间目标增长仍不轻松，不能懈怠。

325

经济运行：怎么看·准不准——认识经济，走出"六个误区"

一名统计局局长或政府统计人，遇到的两个高频句子："怎么看经济……""数据到底准不准……"归结起来，无非是何为"走进经济"。

中国经济"爬坡过坎，四十年再出发"，需往南看，谨防产业空心化。

过去这一年，就全国、广东经济而言，GDP 其实就是两组数：一个是总量，

2018 年全国超 90 万亿元，广东 9.7 万亿元，逼近 10 万亿元；另一个是速度，全国 6.6%，广东 6.8%。这两组数据对于老百姓和非专业人士来说没什么区别，但专业人员却不能这样看，其中有现价、不变价因素，还有平减指数问题。

2019 年一季度，全国国内生产总值 21.3 万亿元，同比增长 6.4%。全国经济运行保持在合理区间，经济结构持续优化升级，市场预期明显改善。2019 年一季度，广东实现地区生产总值 23 886.77 亿元，同比增长 6.6%，规上工业增加值增幅创近 9 月新高，市场信心明显提升，新旧动能转换加快，经济运行总体平稳，好于预期，开局良好。

虽然广东一季度总量 2.39 万亿元，增速高于全国 0.2 个百分点，二三产业结构继续维持"四六开"，其工业比重与增速对 GDP 增速具有重要影响。外资代工厂回迁或外迁，工业增速的不断回落，这对于壮大实体经济和经济可持续发展带来一定的"隐忧"。

遵守制度尺度经济，走出误区一：认识经济，使用数据而又质疑数据，误判失机，在经验与否定之中，失去总体观测——吃绝对与相对之亏。

认识经济，一定离不开统计。国民经济行业分类是观察认识统计的基础，是中国经济的"新华字典"，观察经济的颗粒度"变小变快"，因广东而起也得益于广东，使广东有着观察经济变化发展的前沿能力。

监测经济的考量源头在于设计管理，包含了标准、方法、指标、口径和制度，反映经济变化的专

业龙头在于核算。GDP 核算涉及国民经济一二三产业，其影响因素和参与单位多，是一个复杂的系统工程。全国统一采用 24 个基础指标来进行地区 GDP 季度核算，不同地区、不同季度都会不同。GDP 好不好，关键看这 24 个基础指标。

见长短时空变化，走出误区二：以我为数，很自我，只见森林，不见树木，个体为大——极端观察与大数妄议。

"三个"之家："用"趋势是大家，"看"波动是小家，"切"结构是专家。以此把握诠释宏观经济数据，已成为影响当下人们经济生活的重要构件。

"梦想"照进经济很"骨感"，走出误区三：愤青愤世于学院派与经典理论，不能面对变化的人性与现实经济存在——单一、片面的想法，让位于混搭实操经济管理。

"老蛮"事件，摆数据，讲道理，进退有度，

科学解剖，应对有方，快速回应。

广东 PMI 事件，里外得失之间见担当。智能寻找法规缺陷平息，以非法规应策而完成收官；契合，彰显背后的大量沟通与担当。

科学看待认识广东经济"三个不容易"，要做到"三个向"：一是经济结果不容易，二是经济过程不容易，三是经济预期目标安排不容易；一向科技创新高质量发展要增长，二向不平衡不协调发展拓展经济空间保增长，三向改革开放再出发实现新增长。

政府与行业经济赋能无所不至，走出误区四：陷于表象，不能开膛破肚，看透摸清经济状况——积极财政与稳健货币政策，"六稳"于经济。

在饱受批判中不断接近数据背后的经济全貌，在指向经济发展中，有两种截然不同的方式职守：外职——像中央电视台的新闻联播一样，传出声音正向而标准；内守——像一位开膛破肚动手术的外科医生，血淋淋地叙说经济细胞。

孕育经济增长制高点，走出误区五：经济增长的可持续性，不仅是经济要素量的简单叠加扩张，还是增长动力形成与质的提升——创新驱动与高质量发展，是经济可持续增长的路径。

不管你把多大数量的驿路马车或邮车连续相加，也绝不能得到一条铁路。创新增长需不竭动力，人往高处走，经济亦往价值高地流，经济中可持续的 R&D 投入，不断打造一个又一个价值高地。

广东省统计局构建高质量发展综合绩效评价体系，贯彻新发展理念，体现广东"一核一带一区"发展特色和区域特点，得到省领导高度肯定，引领广东各地市高质量发展。

正视有需求的不变人性，走出误区六：囿于制度法规，看不见心理或忽略心律变化是最大的不确定，人性是"和平与稳定、发展、战争"最看不见的根源——单极与多极的博弈，跃然于世。

从更长远的空间来看，经济的发展历史，就是一部如何度过经济周期的历史。经济波动与周期，源于人的心理取向与市场、政策变化的叠加，形成经济曲线和周期。

所以，不要谈周期而色变，周期是人性，是天道。人性不灭，周期长存。

326
历史沧桑沉淀时光印记，多维视角数解广东经济——到中山大学作经济形势报告

在号称"东方塞纳河"的珠江南岸，耸立着

一座古典而雄伟的牌坊，上面工整地书写着"国立中山大学"，这六个大字年复一年吸引着追梦少年来到南方。中山大学里错落散布着一座座崇楼高馆，满目都是欧式风格、中西合璧的红灰建筑，历史的风雨将他们的艳丽剥去，留下了一股沧桑的古典风韵。

4月25日上午，2019年首场广东经济形势报告会在中山大学梁銶琚堂举行，我来到这所百年名校，作有关当前广东经济形势的报告。

报告简要回顾了2018年国家和广东经济运行的总体情况，我重点利用统计数据，从经济的天然属性、国民经济行业分类、工业化与城镇化进程、产业结构特征、广东经济特征、创新驱动、经济密度、供给与需求等多个视角切入，对2019年一季度广东经济现状进行深入剖析，指出了广东经济增长有挑战、有不确定性，但也有潜力、有空间，我们有信心、有能力为人民交上满意答卷。

2018年是改革开放40周年，是广东改革发展史上具有重要意义的一年。习近平总书记亲临广东视察，多次对广东工作做出重要指示。总书记对广东的重要讲话和重要指示批示，为新时代广东改革开放再出发、不断开创工作新局面提供了强大动力和根本遵循。广东有责任，也有义务，有能力，也有信心，肩负起"四个走在全国前列"的光荣使命。

我最后期望，广东坚持以习近平新时代中国特色社会主义思想为指导，用习近平总书记重要讲话精神统揽广东工作全局，总结运用"大学习、深调研、真落实"的工作成果，做出"1+1+9"工作部署。改革开放40年走过的历程，让广东拥有应对风险挑战的丰富经验和强大底气。今年广东又迎来了粤港澳大湾区建设的重大历史性机遇。只要保持战略定力，积极主动作为，就一定能化挑战为机遇，变压力为动力，推动广东经济社会发展取得新成绩，以优异成绩庆祝中华人民共和国成立70周年。

中山大学党委书记陈春声在总结中谈到，我的报告紧扣全国以及广东经济发展脉搏，以2018年和2019年一季度经济数据为切入点，内容丰富、数据翔实，学理性和专业性强，既有基本面宏观分析，又有微观企业和重点行业等结构面解剖，充分展现了全国以及广东改革开放和经济建设的伟大成就，令人鼓舞，催人奋进。

扎根广东，加快建设中国特色的世界一流大学，为国家与广东发展输出更多高素质人才、更多高技术成果、更多高水平研发机构，是中山大学必然的使命与责任和不懈的担当与追求。希望在座师生，将个人追求与党和国家事业紧密联系起来，为服务广东创新发展，为实现中华民族伟大复兴贡献力量！

高素质人才

327

走进省总工会，多维角度深入剖析广东经济

2019年5月6日上午，广东经济形势报告会走进广东省总工会，我以"多维数角看经济"为主题，以翔实的统计数据和鲜活的事实案例，作关于中国经济、广东经济和数据分析的经济形势宣讲。

在报告会上，我以数据说话，重点分析了2018年和2019年一季度全国及广东的经济形势。2018年，

广东经济呈现出"三个不容易"：一是经济结果不容易，增速保持在合理经济增长区间，比全国高0.2个百分点；二是经济过程不容易，经济成果由一项项经济指标、一个个经济措施加强而得，从经济过程看结果实属不易；三是经济预期目标安排不容易，2019年全省经济增长在6%~6.5%，这需要各方付出脚踏实地的努力。进入2019年一季度，广东实现地区生产总值23 886.77亿元，同比增长6.6%，高于年度预期目标上限0.1个百分点，百强工业企业贡献率近六成，新经济增加值占GDP的25.1%，市场信心明显提升，新旧动能转换显著加快。

我还从七个视角深入剖析广东经济现状：分析经济的天然属性，落在科学计量的统计基础工具上，认识与走进经济离不开统计，二者密不可分；解读国民经济行业分类，观察经济的颗粒度"变小

变快"，因广东而起也得益于广东，使广东有着观察经济变化发展的前沿能力；广东经济基本面"一四五"的一二三次产业结构特征，决定经济转型升级在路上；不平衡性是当前广东经济的突出特征，在"一核一带一区"格局中，也是广东未来经济发展的后劲；创新增长是不竭动力，经济中可持续的R&D投入，可以不断地打造一个又一个价值高地；从经济密度看，广东占有全国九分之一强的法人与个体工商户，是经济的厚植土壤；经济发展供需齐发力，将新供给和新需求匹配起来。

供　给

在报告会后，省总工会副巡视员李和森指出，杨局长的经济分析与政策

解读，让省总工会干部职工对省情实际有了更充分的认识，也对广东的发展前景增添了信心。省总工会干部职工要认真学习，深刻理解和领会报告内容，统一思想认识，树立发展信心，担当起团结引领广大职工群众听党话、跟党走的政治责任，坚持"四最四让"工作把握，全面履行主责主业，激发广大职工积极建功新时代，为全省经济社会高质量发展做出应有的贡献。

我的宣讲报告受到省总工会广大干部职工的欢迎和高度评价。大家纷纷表示宣讲报告将枯燥的数字讲活了，干货很多，既有宏观视野，又有微观视角，理论性强、实操性高，具有很强的针对性和指导性，听完之后收获很大，意犹未尽。大家一方面，增长了统计专业知识；另一方面，掌握了统计思维方式方法，对广东省情实际有了更清晰的认识，对广东发展前景充满信心。

328
走进岭南忠诚卫士，公安部门同样关注经济运行

人民警察，一个光荣而神圣的称谓，一个使命与责任的化身，他们是和平年代守护一方平安的忠诚卫士。

2019 年 6 月 10 日下午，广东经济形势报告会走进广东省公安厅，我以"经济运行：怎么看·准不准"为题作经济形势宣讲报告，以翔实的统计数据解读了当前中国和广东经济运行，以透彻的统计分析诠释了统计工作真实反映经济社会发展情况的初心。

广东省副省长、省公安厅党委书记、厅长李春生在报告会前会见了我。他对我来省公安厅宣讲表示欢迎，对省统计局一直以来对广东公安工作的支持和帮助表示感谢。他亲切地说："杨新洪同志代表广东经济形势报告团到公安厅进行宣讲，体现了省委的高度重视和关心支持。希望通过此次宣讲，在全省公安机关进一步兴起学习宣传贯彻习近平总书记对广东重要讲话和重要指示批示精神的新高潮，切实增强广大公安民警担当作为、履职尽责的使命感和责任感，把习近平总书记对广东的殷殷嘱托落到实处。"

会场满满一堂，座无虚席。我在报告中以翔实的统计数据和鲜活的经济案例，全面准确分析了当前中国和广东的经济形势，充分展现了新时代广东经济稳中向好、韧性强、潜力足、预期好的良好态势，展现了广东统计的初心和风采。我在报告中介绍，

广东统计在中央和省委的领导下，坚守初心使命、敢于担当作为，扎实开展"不忘初心、牢记使命"主题教育活动，推动构建经济大省之统计强省。广东统计工作者以"不忘初心、牢记使命"主题教育活动为契机，认真学习习近平总书记对广东工作和统计工作重要讲话和指示批示精神，围绕党中央决策部署和广东"1+1+9"工作要求，以统计工作客观真实反映经济社会发展情况为初心，深入开展调查研究，加强统计分析研判，推动统计改革创新，为数据需求者服务，努力推动构建经济大省之统计强省。

近年来，省公安厅在维护广东社会安全稳定和打击违法犯罪方面成效显著，是镇守岭南、保卫一方平安的指挥塔。省统计局是解读经济社会发展的风向标。我们将牢牢记住和切实担当起精准反映经济社会的客观存在和发展变化的重大使命，不断加强与省公安厅在人口统计等多个领域的交流合作，为数据需求者服务，携手为广东经济社会发展贡献力量。

329
牢记统计工作初心，诠释为数据需求者服务的初心使命

2019年6月22日，广东经济形势报告会中山市专场暨市委理论学习中心组（扩大）学习会在中山市会议中心举行。我以"经济运行：怎么看·准不准"为题作经济形势宣讲报告，介绍当前全国以及广东经济运行形势，讲解透过统计数据分析经济形势方法，以实际行动注解统计工作精准反映经济社会客观存在的初心，诠释为数据需求者服务的使命。中山市委书记陈旭东主持学习会。

报告中，我首先分析了全国以及广东当前的经济形势。今年以来，全国国民经济运行保持在合理区间，延续了总体平稳、稳中有进的发展态势，呈现了生产稳中有进、需求持续扩大、就业物价稳定和创新驱动增强等特点。广东认真贯彻落实党中央、国务院各项决策部署，坚持稳中求进工作总基调，经济继续运行在合理区间，主要经济指标也总体保持平稳，消费品市场增速回升，固定资产投资持续保持两位数增长，进出口增速连续三个月回升，交通运输平稳增长，物价和就业保持平稳，广东经济表现出了强大的韧性和后劲。但在当前外部经济环境总体趋紧、诸多挑战与不确定因素并存的情况下，各地市要紧盯本地区经济发展的长短板，以"六稳"为目标，积极主动作为，持续筑牢夯实经济健康发展的基础。

我还在报告会上讲解了利用统计数据分析经济的方法。统计工作是经济

运行的重要监测手段，统计数据反映了国民经济和社会发展的总体情况，是各级党委政府科学决策管理和制定宏观调控措施的必要依据。统计工作者要以习近平新时代中国特色社会主义思想为指导，主动担当，积极作为，加强"两防"，提高数据质量，不忘精准反映经济社会客观存在的初心，牢记为数据需求者服务的使命。结合"怎么看经济"和"数据到底准不准"，我提出在研判经济运行和数据分析解读时，要熟悉国民经济行业分类，掌握经济指标涵义，了解 GDP 核算流程方法，把脉数据指标长短板，同时还要走出"质疑数据，误判失机""只见森林，不见树木""想法单一片面，不能面对变化

的人性与现实经济存在""陷于表象，不能开膛破肚""只见量变不见质变，忽视创新驱动与高质量发展""囿于制度法规，看不见心理或忽略心律变化"这六个常见的误区。

陈旭东在小结中对省统计局对中山工作的长期支持和我的精彩宣讲表示感谢，强调全市各级各部门要凝聚共识，始终坚持发展是第一要务，把中央经济工作会议提出的"六稳"要求落到实处，坚定不移推动经济高质量发展。特别是要认真学习我透过统计数据分析经济形势的方法，加强统计研判分析，把全市经济形势看准摸透，加强"两防"，提高统计

数据质量，直面问题、查找短板、剖析原因、迎难而上，有效引导全市各部门各镇区主动作为、精准施策，破解制约高质量发展的瓶颈，努力交出一份让省委、省政府和全市人民满意的成绩单。

我的宣讲内容丰富，深入浅出，既有翔实的统计数据，又有鲜活的经济案例；既有丰富的理论分析，又有实用的实操介绍，深受参加学习的中山市广大领导干部的热烈欢迎和一致好评。

330
见缝插针赴江门，解构经济运行"怎么看·准不准"

2019 年 7 月 5 日，我利用在中央党校学习空隙时间，到江门市新会区作经济形势宣讲，以"经济运行：怎么看·准不准"为题分析解读了全国及广东经济形势，同时结合省统计局"不忘初心、牢记

使命"主题教育活动，见缝插针到基层开展经济形势和数据质量调研，向当地群众征求基础数据报送和提高数据质量意见建议。江门市委常委、常务副市长许晓雄陪同调研。

2019 年以来全国经济面临错综复杂的内外部形势，延续了总体平稳的发展态势，生产稳中有进、需求持续扩大、就业物价稳定和创新驱动增强，总体运行保持在合理区间。广东认真贯彻落实党中央、国务院各项决策部署，坚持稳中求进工作总基调，经济总体平稳运行于合理区间，"三驾马车"拉动经济稳步发展，尤其是固定资产投资持续保持两位数增长，进出口增速连续三个月回升，金融、物价和就业等领域保持稳定，经济增长新动能不断显现，支撑高质量增长因素不断积累，经济保持来之不易增长势头。但也应看到全球经济增长放缓和中美贸易摩擦等不利因素

影响仍将长期存在，各地要坚持中央经济工作会议要求和省委"1 + 1 + 9"工作部署，保持战略定力，化挑战为机遇，紧盯数据长短板和"六稳"目标，全面发力，为实现全年经济增长目标打下坚实基础。

在新会劳动大学，我观看了周总理 1958 年 7 月到新会视察调研时的珍贵录像录音资料，回顾了周总理在新会七天六夜深入农村、学校、工厂、街道和机关广泛接触各阶层群众的点点滴滴。这些陈旧的影像资料，在缓缓的时空长河中洗涤，虽然有些失真，泛着杂音，但仍然沉淀出时间的质感和精神的印记。

我向当地部门和群众详细了解物价水平、就业和收入等情况，同时征求加强基础数据报送和提高数据质量的意见建议。

回程的列车呼啸而过，车窗外路边的光影飞驰，我渐渐陷入了沉思。这次

到新会宣讲和调研，我的收获颇丰、感受颇深。统计工作者应当学习周总理忘我工作的敬业精神、实事求是的科学态度、深入实际调查研究的工作方法、密切联系群众的优良作风，不忘真实准确反映经济客观存在的初心，牢记为数据需求者服务的使命，为广东实现"四个走在全国前列"、当好"两个重要窗口"提供有力统计服务保障。

许晓雄同志对我百忙之中到江门新会宣讲和调研指导工作表达了感谢，用他的话来说，我的讲授方式新颖、实在、接地气，加深了大家对全省经济和新会经济的理解认识，对解读数据和推动工作很有帮助和指导意义，同时还增进了对经济背后数据来

源的认识和数据分析方法的理解，很有启迪意义。接下来将进一步重视落实、统筹协调，把工作要求有效传递到基层，采取措施把统计工作做实做细，全面扎实完成"四经普"等各项重点工作。也希望能多一些这种经济形势报告会，提高数据解读能力和经济分析水平。

331

庖丁解牛"几面观"，精准分析研判上半年全省经济运行

2019 年 7 月 21 日下午，省长马兴瑞主持召开 2019 年全省上半年经济形势研判会暨全省工业经济运行专题工作会议，分析上半年全省经济运行情况，研究解决经济运行中的突出问题。我有幸参加会议并第一个发言汇报，通过 91 页的多维数解和对主要经济指标庖丁解牛，精准分析研判上半年全省经济运行。

我以"目标区间运行：上半年广东全省经济'几面观'"为题从"几面观"深入切入，多维立体解读剖析上半年广东经济运行。其一，观"基本面"：总量、结构与速度保持韧性匹配，呈现"总量继续扩大，结构比重稳定，速度落在目标区间"的稳健特征；其二，观"支撑面"：新经济成为全省经济重要的增长构成，主要体现在"农业农村、先进制造业、现代服务业、百强骨干企业"等新的经济增长点上；其三，观"压力面"：行业、企业与区域面临"回落、陡降、非经济突发不可控因素"下行与弱化影响；其四，观"经济立面"："投资、消费、净出口"之"三驾马车"贡献呈现新变化；其五，观"着力面"：有针对性因地制宜施策，坚持每月每季"以强补弱、以长补短"，实现"强强长长"全面发力，方可保持经济稳定，实现全年区间目标增长。

马兴瑞省长听取汇报后频频点头，指着桌上的会议材料说，上半年全省经济攻坚克难，实现 GDP 总量 50 501.17 亿元，同比增长 6.5%，与一季度比回落 0.1 个百分点，保持目标区间运行，总体延续来之不易的增长势头。这份经济"成绩单"与省直各部门和各地市的共同努力是分不开的。精准分析是做好经济工作的基础。今年以来，大家都很重视分析工作，这里统计局的、省各有关单位的、各市的，厚厚的"三大本"，表明分析越来越好，越来越透，这对于全省和各地做好经济工作提供了很大帮助，对决策调控提供了有益参考。

41分钟的汇报一气呵成，大家都全神贯注、求知若渴。会场上只有我抑扬顿挫的声音和翻阅材料的窸窣声。汇报结束后，省委常委叶贞琴在发言中认为，报告中将农业对GDP的新贡献放在"三个关注"的首位，充分体现了省委、省政府对乡村振兴战略的重视；副省长欧阳卫民指出，报告中金融部分分析到位，体现了金融对当前经济的重要贡献；副省长陈良贤谈到，报告中工业篇幅很重，鞭辟透彻，找到工业经济运行的薄弱点；副省长覃伟中在会议间隙结合自己的工作经历，探讨石油进出口的统计问题。省政府办公厅主要负责同志说，报告引经据典，很有文采；省科技厅主要领导认为，这91页的分析材料，下了很大功夫。肇庆市市长范中杰表示，肇庆市局也要认真学习；江门、中山和东莞市主要领导指出，报告的"压力面"以问题为导向，

一针见血指出了本地经济存在的问题，分析得很好、很到位。

332
遇见传媒，传递数字的力量

媒体，是一面镜子，可以让人自我检视。媒体，又是一扇窗口，让人探索外面的世界。媒体，还是一座桥梁，让人通向全新的彼岸。

2019年7月21日，省统计局对外发布2019年上半年广东经济数据。在半年数据收官打结的紧要节点，我接受《南方日报》采访，对2019年上半年广东经济运行情况进行解读。

这并不是我第一次面对新闻媒体，在记者面前，我没有一丝的局促。我想，这种泰然，是我经年累月跟纷繁复杂的数据打交道所积淀的沉稳，也是对上半年广东统计数据的了解和笃定。

333
解读上半年广东经济数据，主要从"一个总体""四个三"着手

2019年上半年广东经济运行在合理区间，延续了总体平稳、稳中有进发展态势。初步核算并经国家统计局核定，上半年，广东实现地区生产总值突破5万亿元，达到50 501.17亿元，按可比价格增长6.5%。

"四个三"支撑广东经济在合理区间运行。

三次产业发展总体平稳。服务业发挥"稳定器"作用，广东服务业增加值增速对地区生产总值增长的贡献率达到65.2%。工

业支柱产业支撑力较强，三大支柱行业增加值增速合计对规模以上工业增加值增速的贡献率为61.0%；大型企业生产稳定，规模以上工业中大型企业实现增加值增长6.4%。建筑业发展较快，实现增加值同比增长7.5%。第一产业稳中有升，农林牧渔业增加值增长3.9%。

"三驾马车"运行总体回升。固定资产投资保持两位数的增速，连续57个月高于全国平均水平。教育医疗等民生投资快速发展，教育业投资增长37.0%，卫生和社会工作投资增长40.8%。市场消费较快回升，实现社会消费品零售总额同比增长7.7%，增幅比一季度提高0.8个百分点。消费升级类商品，如通信器材类、中西药品类和文化办公用品类商品零售保持两位数增速。进出口总额增速有所好转，进出口总额同比增长1.3%，增幅连续三个月呈现正增长趋势。

三大民生表现良好。就业保持稳定，全省"四上"企业就业人员同比增长1.5%，近九成行业就业人员增加。居民消费价格指数涨幅温和，同比上涨2.5%，涨幅与上年同期持平。居民收入平稳增长，居民人均可支配收入为20 322元，同比增长8.6%，增速与上年同期持平。

三大结构持续优化。三次产业结构为3.4：40.6：56.0，服务业比重比上年同期提高1.2个百分点。现代工业产业比重不断提高，上半年先进制造业和高技术制造业增加值分别占规模以上工业比重56.5%、31.6%，比上年同期提高0.8个、1.5个百分点。4G用户、通信消费、快递业等新业态表现突出。珠三角地区发挥"领头羊"作用，珠三角核心区地区生产总值同比增长6.6%，高于全省地区生产总值0.1个百分点。民营经济发展相对较快，规模以上民营工业实现增加值占规模以上工业的52.3%，民间投资占固定资产投资的58.4%，民营企业进出口占进出口总额比重的50.7%，民营经济就业人员占全部"四上"企业就业人员比重的73.1%。

下半年，广东要以习近平新时代中国特色社会主义思想为指导，认真贯彻落实党中央、国务院各项决策部署，坚持稳中求进工作总基调，坚持以供给侧结构性改革为主线，按照高质量发展要求，深化改革开放，优化营商环境，推进关键领域自主创新，充分调动各方面积极性，狠抓"六稳"政策落实落地，推动经济平稳健康发展。

334
到省财厅宣讲，唯以数据，方能看透经济

2019年7月25日，广东省财政厅举行广东经济形势报告会，我以"看透经济·唯以数据"为题进行经济形势宣讲，通过翔实数据和生动案例，从多个角度切入，对上半年全国和广东经济形势深入分析研判。

在宣讲中我介绍了上半年全国和广东经济总体形势。上半年国内生产总值450 933亿元，同比增长6.3%，经济运行继续保持在合理区间，延续总体平稳、稳中有进发展态势。上半年全省经济总量历史首超5万亿元，实现地区生产总值50 501.17亿元，同比增长6.5%，与一季度比回落0.1个百分点，其中第一产业增长3.6%；第二产业增长4.9%；第三产业增长8.0%，经济保持目标区间

运行，整体呈现"增减交替、此消彼长"经济韧性，延续来之不易的增长势头。但同时也应看到，虽然上半年广东经济增速高于全国0.2个百分点，二三产业结构继续维持"四六开"，但外资代工厂回迁或外迁，工业增速的不断回落，对于壮大实体经济和经济可持续发展带来一定的"隐忧"。

我在报告中从"几面观"深入切入，多维立体解析上半年广东经济运行。一观"基本面"：总量、结构与速度保持韧性匹配；二观"支撑面"：新经济成为全省经济重要的增长构成；三观"压力面"：行业、企业与区域

面临"回落、陡降、非经济突发不可控因素"下行与弱化影响；四观"经济立面"："投资、消费、净出口"之"三驾马车"贡献呈现新变化；五观"着力面"：坚持每月每季"以强补弱、以长补短"。我还讲解了利用统计数据分析经济方法，要走出"质疑数据，误判失机""只见森林，不见树木""想法单一片面，不能面对变化的人性与现实经济存在""陷于表象，不能开膛破肚""只见量变不见质变，忽视创新驱动与高质量发展""囿于制度法规，看不见心理或忽略心律变化"六个误区。

当前内外部环境错综复杂，经济下行加大，财政政策作为政府宏观经济管理的重要逆周期相机抉择工具，在稳定经济增长上发挥了重要作用。上半年全省经济围绕中央"稳中求进"工作总基调，全面落实中央提出的"六稳"和省委"1+1+9"

工作部署要求，面对内外部经济环境变化的挑战，紧扣"强投资，拉消费"双驱动，适时增加需求端动力，注入供给侧内生力，

全面实施积极财政政策，加大教育医疗等民生投入，完善促进消费体制机制，较短时间拉回一季度消费明显下落势头，实现广东经济平稳增长。其中上半年广东财政"八项支出"7 338.38亿元，同比增长17.2%，拉动GDP增长1.36个百分点，对经济增长起到了重要的稳定器作用，充分体现管理层对赋能经济的及时研判与适时把握。

戴运龙在报告会后指出，感谢省统计局一直以来对广东财政工作的支持，感谢我到省财政厅进行经济形势宣讲，为大家上了一堂精彩的统计经济课。我在全省经济形势分析会上的报告多次得到省领导的肯定和认可，本次宣讲结合自身丰富的统计工作经历，运用大量翔实的统计数据，对当前全国尤其是广东的经济形势进行了鞭辟入里的讲解，分析深入，脉络清晰，生动活泼。希望我能多到省财政厅进行宣讲，提高广大财政系统干部运用数据分析经济的能力和水平。

财政厅广大领导干部纷纷表示：报告站位高，数字背后的故事有品位，有原则，有底线，深入浅出，通俗易懂；内容生动，有过去，有现在，也有对未来的想象，现场感强，立体感强，亲和力强，吸引大家认真听、仔细听，没人开小差；在座的领导和专业同志都是跟数据打交道的，本以为宣讲会比较枯燥，结果却恰恰相反，大家非常专注，非常有获得感；数据诠释，价值无限，给了大家一笔丰厚的人力资本金。

335
宁吉喆局长肯定《"几面观"》挺好，有行业、企业数据支撑，有深层次多维度解码剖析

2019年7月23日，国家统计局党组书记、局长宁吉喆对我撰写的上半年广东经济形势深度分析材料《目标区间运行：上半年广东全省经济"几面观"》（简称《"几面观"》）做出重要批示，肯定这个报告写得挺好，有行业、企业数据支撑，有深层次多维度解码剖析，要求国家统计局相关专业司也要学习借鉴，多掌握翔实具体情况。这对我而言是莫大的肯定和鼓励。

在当前内外部环境错综复杂，经济下行加大的形势下，为了做好上半年

数据报送和经济形势分析工作，我结合主题教育调研活动，先后辗转广州、中山、江门和湛江等地市座谈调研，把脉诊断各地经济走势，与省统计局各专业人员分析研判指标长短，深入解剖分析上半年广东经济。

在调研和分析的基础上，我加班加点、挑灯夜战，亲自动手几易其稿，发挥精雕细琢的工匠精神，终于"千淘万漉虽辛苦，吹尽狂沙始到金"，孵化形成了91页的《"几面观"》深度分析材料。

分析材料在7月21日召开的上半年全省经济形势分析会上提供给省领导、相关部门和各地市主要负责人参阅，会上我还以《"几面观"》为题作41分钟发言，获得了省领导和参会代表的高度认可和点赞。

同日，省统计局第一时间将包括《"几面观"》在内的4份切入较深的研判解读分析材料报送省委主要领导参阅掌握。

7月22日，宁吉喆局长到广东开展"不忘初心、牢记使命"主题教育活动调研时，省统计局将《"几面观"》呈送宁吉喆局长一行参阅，7月23日返回北京后，宁吉喆局长对该参阅材料做出重要批示。

336
分析广东半年经济形势，解构中国经济的"新华字典"

2019年7月28日上午，受中山大学岭南学院邀请，我来到2019年高级统计师培训班并作题为"看透经济·唯以数据"的专题讲座。参加这个班次的，是全省180名已取得中级以上统计师资格的专业技术人员。我从统计视角讲授数据分析方法，以丰富数据解读当前经济形势。

上半年国内生产总值450 933亿元，同比增长6.3%，延续总体平稳、稳中有进发展态势。上半年全省经济保持目标区间运行，整体呈现"增减交替、此消彼长"经济韧性，延续了来之不易的增长势头。但目前广东全省内外部经济环境面临复杂多变的挑战，仍存在工业增速不断回落和地区经济发展不平衡等问题，需要脚踏实地关注解决。

我在讲座中详细讲解了国民经济行业分类划分标准和国民经济核算方法。认识经济，一定离不开统计，国民经济行业分类是观察认识统计的基础，是中国经济的"新华字典"，新修订的国民经济行业划分最大价值在于反映经济的颗粒度，突出新产业、新业态、新商业模式的"三新"存在。监测经济的考量源头在于设计管理，包含了标准、方法、指标、口径和制度，反映经济变化的专业龙头在于核算。GDP 核算涉及国民经济一二三产业，其影响因素和参与单位多，是一个复杂的系统工程。全国统一采用 24 个基础指标来进行地区 GDP 季度核算，不同地区、不同季度都会不同。GDP 好不好，关键看这 24 个基础指标。

分析经济不仅要从"几面观"深入切入，同时还要防止"六个误区"。经济分析"几面观"：一观"基本面"，二观"支撑面"，三观"压力面"，四观"经济立面"，五观"着力面"。经济分析"六个误区"：一是要走出"质疑数据，误判失机"；二是"只见森林，不见树木"；三是"想法单一片面，不能面对变化的人性与现实经济存在"；四是"陷于表象，不能开膛破肚"；五是"只见量变不见质变，忽视创新驱动与

高质量发展"；六是"囿于制度法规，看不见心理或忽略心律变化"。

我的专题讲座受到了参训专业技术人员的一致好评和高度称赞。参训学员表示，专题讲座内容丰富，数据翔实，形象生动，增进了大家对统计工作的了解，提高了数据分析能力，对今后的工作和学习很有启发和教育意义。

337
书香大西关读书讲坛，把脉会诊云浮经济运行和产业结构走向

2019 年 8 月 8 日下午，云浮市举办市委理论学习中心组专题报告会暨第七十四期云浮市"书香大西关读书讲坛"。我有幸在浮躁的炎夏邂逅一场书香文化的盛宴，并以"看透经济·唯以数据"为主题做经济形势宣讲报告，把脉会诊云浮市经济运行和产业结构走向。

在宣讲中我以"怎么

看经济，数据到底准不准"为切入点，通过翔实的数据分析上半年全国和广东经济运行走势。上半年全国和广东经济延续总体平稳、稳中有进发展态势，全国 GDP 总量 450 933 亿元，同比增长 6.3%，广东实现地区生产总值 50 501.17 亿元，上半年经济总量历史首超 5 万亿元，同比增长 6.5%，全国和广东经济增长均保持在目标区间运行，延续来之不易的增长势头，呈现"增减交替、此消彼长"经济韧性。但目前广东全省内外部经济环境面临复杂多变的挑战，在看到广东经济增长的"基本面"和"支撑面"同时，也要看到"压力面"和"着力面"，防止"灰犀牛"和"黑天鹅"，关注新经济和新动能，以实际行动推动广东经济高质量发展。

在宣讲中，我特别提到近年来香港经济空心化导致增速低迷的现象，这是一面折射镜。通过生动

具体的案例和国际国内横向对比，结合云浮当前经济发展阶段和一二三产业结构特点，我对地区工业化与经济发展的一般规律进行深度阐释，为云浮地区经济发展把脉问诊，为推动云浮经济高质量发展提供有益意见建议。

希望云浮在守住经济安全线的前提下，遵循经济发展客观规律，根据区域经济发展特点，在保持农业、石材等特色产业的基础上，因地制宜并采取有力措施，聚力补短板、强弱项，充分发挥工业在经济发展中的支撑作用，巩固提升经济增长内生动力，探索实践更多好经验和好做法，实现地区经济平稳持续高质量发展。

市直机关及各县（区）党政领导共200多人参加了本次宣讲报告会。宣讲受到了参加学习的广大云浮干部的高度肯定和好评，纷纷表示我用数据说话，以案例叙理，内容丰富，指引性强，为云浮市经济发展和产业结构调整提出了具有较高参考价值的意见建议。大家会场上都专心致志、鸦雀无声，生怕错过一字一句；会后感觉醍醐灌顶、如沐春风、非常解渴，希望我以后能多到云浮授课。

338
汕头之行，以数据说话

2019年8月30日，汕头市委举办理论学习中心组专题报告会，应汕头市委邀请，我到会作题为"看透经济·唯以数据"的经济形势专题宣讲，详细分析全国、广东上半年经济形势，深入解剖汕头市经济增长长短板和产业结构特点。

在宣讲中我以数据说话，详细分析全国和广东经济上半年运行走势。上半年全国GDP总量450 933亿元，同比增长6.3%，广东实现地区生产总值50 501.17亿元，上半年经济总量历史首超5万亿元，同比增长6.5%。全国及广东经济运行均保持在合理区间，延续总体平稳、稳中有进的发展态势，呈现"增减交替，此消彼长"的经济韧性。在看到"农业农村、先进制造业、现代服务业、百强骨干企业"等新经济增长积极因素的同时，也要看到全省增长面临"回落、陡降、非经济突发不可控因素"等各种回落放缓因素影响，紧抓粤港澳大湾区建设重大历史机遇，积累支撑经济发展的有利因素，实现汕头经济高质量发展。

在宣讲中我还根据产业经济发展的一般规律和上海重庆等地工业经济增

长数据，深入解剖汕头经济增长长短板和产业结构特点。汕头经济总量2018年突破2 500亿元，2019年上半年1 267.85亿元，同比增长6.0%。与全省平均水平相比，汕头上半年24个GDP核算指标中规下工业增加值和证券成交额等8个指标增速高于全省平均水平，规上工业增加值、电信业务总量和财政八项支出等15个指标增速低于全省水平，1个指标持平。从分行业看，推动汕头经济增长的因素仍以传统行业为主，工业、批发和零售业、营利性服务业是支撑经济增长的主要行业。汕头市要在充分发挥地区优势产业的基础上，采取有力措施补强经济增长短板，推动经济平稳高质量发展。

汕头市委副书记郑剑戈对我来汕头进行经济形势宣讲和工作调研表示感谢，对省统计局长期以来支持汕头工作表示感谢。郑剑戈要求各级各部门增强对统计工作重要性的认识，充分发挥统计工作的基础性作用，为汕头打造省域副中心城市、全省新的增长极、积极融入粤港澳大湾区建设提供坚实的统计保障；统计部门要开拓创新，充分发挥统计工作的预警和保障决策作用，准确把握全市经济发展趋势，预警新情况、新问题，全面提升经济运行监测预警和解读分析能力，为党委政府宏观决策和科学管理提供有力数据支撑。

在汕头期间，我还前往汕头市潮南区印染环保综合处理中心、上海电气风电产业园和万顺新材料股份有限公司等项目和企业实地调研，了解项目建设进度和企业生产经营情况，并结合调研情况对汕头市经济发展规划、产业结构转型升级和加强统计"两防"工作等提出有针对性的意见建议。

339
R&D与创新增长

西方著名经济学家约瑟夫·熊彼特说过："不管你把多大数量的驿路马车或邮车连续相加，也决不能得到一条铁路。"

经济增长的可持续性，不仅是经济要素量的简单叠加扩张，还是增长动力形成与质的提升。创新是经济增长的不竭动力，人往高处走，经济亦往价值高地流，经济中可持续的R&D投入，不断打造一个又一个价值高地。

科技创新驱动，是经济稳定可持续增长的重要路径。

关于 R&D 与纳入 GDP 核算方法改革。

R&D 统计的意义：R&D 是衡量一个国家、地区科技发展水平的重要指标；R&D 是用来说明科技活动规模和发展速度的重要指标；R&D 指标是衡量科技投入强度和科技含量的重要指标。

研究与试验发展（R&D）经费指统计年度内全社会实际用于基础研究、应用研究和试验发展的经费，包括实际用于研究与试验发展活动的人员劳务费、原材料费、固定资产购建费、管理费及其他费用支出。R&D 活动的主要分类有基础研究、应用研究、试验发展等。

研究与试验发展（R&D）经费的统计范围为全社会有 R&D 活动的企事业单位，具体包括工业法人单位、重点建筑业和服务业法人单位、政府属研究机构、高等学校以及 R&D 活动相对密集行业（包括农、林、牧、渔业、

金融业等）中从事 R&D 活动的企事业单位。

国家统计局于 2016 年 7 月 5 日发布公告，按照联合国等五大国际组织联合颁布的国民经济核算国际标准《2008 年国民账户体系》（2008 年 SNA），改革研发支出核算方法，并据此修订了 1952 年以来的国内生产总值（GDP）数据。新的核算方法将能够为所有者带来经济利益的研发支出作为固定资本形成处理，而不再作为中间消耗。因此，据此修订后的各年经济规模相应增加。

研发支出计入 GDP 核算带来的影响：一是进一步完善国民经济核算体系；二是推动促进科技创新；三是有限增加 GDP 总量；四是引起经济结构变化；五是改变地区经济格局。

新的核算方法将研发支出计入固定资本形成，而不再作为中间消耗，因此无论使用生产法、收入法还是支出法中哪种方法来计算 GDP，经济总量都

会有所增加。美国、英国、瑞典、韩国等经济体实施研发支出核算方法改革后的数据，发现其 2010 年的经济总量分别比改革前上调了 2.5%、1.6%、4% 和 3.6%。经系统性修订 1952 年以来的 GDP 数据，中国各年的 GDP 总量相应增加。从近十年的数据看，各年 GDP 总量的增加幅度呈上升趋势，年平均增加幅度为 1.06%。

关于广东 R&D 投入水平与结构特征。

2017 年广东研究与试验发展（R&D）经费投入 2 343.63 亿元，同比增长 15.2%，总量连续两年保持全国首位。R&D 人员 87.99 万人，增长 19.7%，位居全国第一位。R&D 经费投入占地区生产总值（GDP）比重 2.61%，比上年同口径提高 0.09 个百分点。

一是规模以上企业 R&D 经费投入总量大。2017 年，全省企业 R&D 经费投入 2 083.01 亿元，同

比增长 14.1%，占全部 R&D 经费投入的 88.9%。其中，规模以上工业企业 R&D 经费投入为 1 865.03 亿元，同比增长 11.3%。按活动类型分，用于基础研究的经费投入为 15.2 亿元，增长 5.7%；应用研究经费 119.10 亿元，增长 27.7%；试验发展经费 1 948.8 亿元，增长 13.4%。

二是 R&D 人员队伍快速增大。2017 年，全省 R&D 人员 87.99 万人，增长 19.7%。其中，企业 R&D 人员 77.32 万人，高校 R&D 人员 6.33 万人，科研机构 R&D 人员 1.75 万人。高素质研发人才不断增加，2017 年全省拥有博士学历的研发人员达 3.40 万人，同比增长 19.8%。

三是研发机构数量增幅较大。2017 年，全省研发机构数量达 2.33 万，同比增长 62.7%。其中，规模以上工业企业研发机构数 2.00 万个，增长 69.3%。规模以上工业企业有研发机构的覆盖率 37.1%，比

上年提高 14.4 个百分点。全省研发项目数由 2016 年的 13.57 万个提高到 2017 年的 17.02 万个，增长 25.5%。

四是珠三角核心区聚集效应大。2017 年，全省主要的研发活动集中在珠

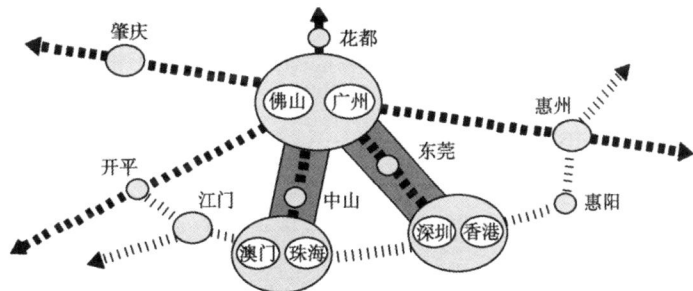

三角核心区。分区域看，珠三角核心区研发经费达 2 226.63 亿元，同比增长 15.3%，占全省 95.0%，较上年提高 0.1 个百分点。而沿海经济带（东西两翼）R&D 经费 84.85 亿元，同比增长 13.8%，占全省 3.6%。北部生态发展区 R&D 经费 32.17 亿元，同比增长 11.6%，占全省 1.4%。

根据国家统计局最新公布的数据显示，2018 年

广东共投入 R&D 经费 2 704.70 亿元，比 2017 年增加 361.07 亿元，增长 15.41%，继续位居全国首位；R&D 经费投入强度为 2.78%，比 2017 年提高 0.17 个百分点，超越江苏，位居全国第三。其中，企业研究与试验发展（R&D）经费投入 2 411.40 亿元，同比增长 15.87%；R&D 人员 90.74 万人，增长 17.58%。规模以上工业企业 R&D 经费投入强度（R&D 经费与主营业务收入之比）达 1.50%，比上年提高 0.11 个百分点。

关于大湾区科技创新引擎。

《粤港澳大湾区发展规划纲要》（下称《规划纲要》）的正式发布，标志

着粤港澳大湾区建设实现了从战略构想到全面实施、加快推进的新阶段和新跨越。《规划纲要》是指导粤港澳大湾区当前和今后一个时期合作发展的纲领性文件。《规划纲要》将创新提到一个新高度，其中提及"创新"139次，提出建设国际科技创新中心。

2019年8月18日，中共中央、国务院发布《关于支持深圳建设中国特色社会主义先行示范区的意见》，提出到2025年，深圳建成现代化国际化创新型城市；到2035年，深圳高质量发展成为全国典范，城市综合经济竞争力世界领先，建成具有全球影响力的创新创业创意之都；到21世纪中叶，深圳以更加昂扬的姿态屹立于世界先进城市之林，成为竞争力、创新力、影响力卓著的全球标杆城市。

但从综合实力来看，粤港澳大湾区目前在四大湾区中创新能力还相对较

弱，研发投入还相对较低，科技进步对经济增长贡献率不高；在世界大学排名200强的高校中，世界级城市群大部分拥有10所以上，而粤港澳大湾区城市群200强高校为个位数且全部集中于香港。

在2018年全球财富500强中，旧金山湾区包括苹果、思科、谷歌等科技巨头，无论是营收体量还是专利数量，都在全球占据重要位置。粤港澳大湾区的20家入围企业分布在互联网、通信、汽车、家电、大宗商品、保险金融以及房地产等领域，在高科技领域还有较大差距。

关于企业创新发展机遇。

中美贸易战向科技战、金融战全面对抗升级的趋

势越来越明显，对处于转型升级阶段的企业而言，不得不正视这个被动的现实，并采取相应的应对措施。

企业是社会细胞，面对百年未遇之国际政治经济大变局，不怨天尤人，审时度势，积极应对，熬过雪山草地，浴火重生自会来到。

加强科技创新，掌握核心技术，华为就是榜样。年报显示，华为2018年研发费用高达1 015亿元，约占广东全省研发经费37.5%。全国除排名前6的省份外，华为一家企业的研发经费，比剩余25个省份都高。2018年全球企

业研发投入排行榜中华为位列中国第一，世界第五。

广东企业要发挥大湾区核心区位优势和科技创新优势，借鉴国际先进国家发展经验，融合粤港澳大湾区的资本、人员、技术、管理等高端资源，加大科技研发精力投入，通过创新驱动推动高质量发展。

340
《南方日报》专访："五特点"解读 2019 年前三季度广东经济数据

2019 年 10 月 20 日，广东省统计局对外发布 2019 年前三季度广东经济数据，发布继续采用"新闻通稿＋专家解读＋图解经济"的模式。我接受《南方日报》采访，对 2019 年前三季度广东经济运行情况进行解读。

数据显示，前三季度广东 GDP 超过 7.7 万亿元，按可比价格增长 6.4%。我表示，前三季度广东经济呈现出五个主要特点：三次产业生产有支撑，内需支撑更加显著，经济效益有好转，新动能加快成长壮大，区域经济分类发展。

从"三驾马车"看，固定资产投资和社会消费品零售总额增速双双创下今年以来的最高增速，呈现出稳中有进的良好态势，内需支撑更加显著。投资方面，前三季度，广东固定资产投资同比增长 11.3%，基础设施投资保持高位增长 23.7%。工业投资及工业技改投资增速自 5 月份以来连续 4 个月加快，其中工业技术改造投资增长 11.7%，增速创年度新高。消费方面，呈现农村市场消费潜力释放、消费升级趋势明显、社会消费总额增速加快三个特点。前三季度，广东社会消费品零售总额 31 423.47 亿元，同比增长 7.8%，同样创今年以来最高增速。外贸方面，贸易结构进一步优化。前三季度，广东货物进出口总额 51 442.6 亿元。一般贸易进出口占进出口总额的比重为 49.5%。

从产业动能看，第一、二、三产业实现增加值分别增长 3.8%、4.6% 和 7.9%，体现前三季度广东三次产业生产有支撑。工业方面，中高端工业发展快，新动能加快成长壮大。前三季度，广东先进制造业增加值占规模以上工业比重为 55.9%；高技术制造业增加值占规模以上工业比重为 31.5%。部分工业新产品产量增长较快。服务业方面，从产值增长的贡献率看，服务业当仁不让成为主角。前三季度，广东服务业增长对地区生产总值增长的贡献率为 66.2%。营利性服务业发展势头较好，1—8 月，广东规模以上服务业营业收入同比增长 11.4%。第一产

业方面，前三季度，广东第一产业实现增加值增幅比上半年和一季度分别提高 0.2 个、0.3 个百分点。

从民生发展看，在就业稳定的同时，经济效益呈现好转态势。区域协调发展方面，前三季度，珠三角的地区生产总值占全省地区生产总值的80.5%，珠三角核心区主引擎作用明显；北部生态区和西翼经济发展增速有所回升，前三季度的地区生产总值增速分别比上半年提高 0.3 个和 0.1 个百分点。西翼的社会消费品零售总额（8.1%）、进出口总额（20.6%）在四个区域中领先。

341

前三季全省经济来之不易，从"六难"实现"六稳"，以"八变化"诠释广东经济"6字头"运行

2019 年 10 月 21 日下午，省长马兴瑞主持召开2019 年全省前三季度经济形势研判会。我有幸参加会议并依惯例第一个发言。

以 91 页的《前三季全省经济来之不易：从"六难"实现"六稳"凸显"6字头"的增长变化》深度分析材料为蓝本，我凝炼出 38 分钟以点带面的经济专题分析汇报。从"季度变化"切入，聚焦"八个变化"，透析研判前三季度广东经济运行情况：一是"一核一带一区"区域经济此消彼长；二是产业增长"一产稳升二产回落三产放缓"；三是行业贡献"三高一平五低"；四是重点企业支撑与增长强弱不一；五是产品门类齐全，工业具备增长基础与空间；六是"三驾马车"凸显消费与投资增长贡献；七是新经济多样性融合性，粤统计与您同行；八是冷静观测每个经济体，离不开经济重心与可持续的增长点，当下应重点关注二产比重下降对经济的影响。

汇报发言全过程，马

兴瑞省长没打断没插话，参会人员认真翻阅材料，会场安静得仅可听见纸张翻页声。

马兴瑞省长听取汇报后指出，统计局的报告分析得很好，大家可以学一学。报告中提出的"来之不易"总结得很到位，前三季度全省能取得"地区生产总值77 191.22 亿元，增长 6.4%"的经济成绩单，超出预期，确实不容易，这与省直各部门和各地市的辛勤努力是分不开的。面对当前全省经济增长下行变化和中美经贸摩擦影响等问题，要像报告中提出的"理性、辩证、冷静"看待，保持战略定力，坚定发展信心，稳定发展预期。报告中提出的"做好点对点服务好企业"的建议很有意义，在当前

的经济形势下，各部门都要转变作风，把问题弄清楚，不要照着稿子念，要主动与企业做好对接，了解企业经营中实际存在的问题，帮助企业解决问题，推动全省营商环境的持续优化和升级。

我的现场汇报和深度参阅材料也得到了参会省市和有关部门领导的高度肯定。陈良贤和张光军副省长也先后点赞，认为报告重点分析了当前工业运行存在的问题和症结，提出的工业应占地区生产总值40%警戒线的观点很有价值和指导意义；省财政厅、省工业和信息化厅、省委外办等部门主要领导认为报告对经济分析很精准，无可挑剔，很有专业视角，体现专家水平，把脉全省与各市经济，对本部门的工作也很有借鉴意义；各地市领导认为报告从产业、行业、企业、区域等多维时空角度解读，听了让人感觉分析得透、讲解得清、研判得准。

342
"科学度量·求变求新'9 + n统计改革'"专题上线国家第111期时代统计大讲堂，点击量近万人次

近日，我主讲的"科学度量·求变求新'9 + n统计改革'"专题在国家统计局在线学习中心上线，被列为全国统计系统人员重点学习内容，8月12日上线以来点击学习量近万人次。

专题主要围绕"科学度量·求变求新"，紧扣统计改革主线，以统计创新为切入点，通过鲜活典型的工作案例，深入浅出地阐述深圳"9 + n统计改革"创新工作思路、做法和成果，传递广东统计勇立改革潮头的精神、以干得助的工作理念、科学度量的工作态度、求变求新的工作思路，得到了广大学员的充分肯定。

343
率队上线"民声热线"，厚、准、增"解码"广东经济，统计月报数据发布等话题受关注

2019年12月17日上午，省统计局广东"民声热线"节目上线直播，我率队前往。各地市统计月报数据发布时限、第七次全国人口普查和广东统计改革创新等成为焦点话题。

厚、准、增"解码"广东经济。今年，省统计局完成了被省政府主要领导称赞为"这项工作完成得非常出色"的广东省第四次全国经济普查。在这次普查中，全省统计系统以"七个一到底"的坚定决心和毅力，全面摸清广东经济发展的底数，也为全省下一步经济发展奠定基础。厚，"四经普"摸清了广东经济厚实的家底。2018年末，广东从事第二

产业和第三产业活动的法人单位占全国的 14.3%，产业活动单位占 13.8%，单位从业人员占 12.0%。准，高质量普查数据综合差错率仅为 1.05%，比全国平均水平低 0.04 个百分点。国家统计局局长宁吉喆充分肯定广东统计数据质量，认为广东"四经普"主要经济指标差错率小，统计数据质量总体情况很好，数据扎实没有问题。增，五年间规模与速度倍增是今后发展坚实基础。广东经济发展有着厚实的"土壤"，也是当前经济保持平稳健康、高质量发展呈现良好态势的底气和保证。

在民声调查环节，节目现场播放了记者暗访视频。对于部分地市统计月

报数据公布迟缓，地市统计部门能否减少发布差距等问题，我一一做了回应，按照《统计法》数据公布要求，规定上一级公布以后，下一级才能依法公布。公布时间选择在哪个时点上，这个可以由本级统计部门作安排和跟进。地市统计部门公布月报数据的时间之所以不同，大概有这样两种情况：一是根据工作安排，可能在这个时点上公布，更有利于工作，更有利于数据的进一步理解或者使用。二是可能有进一步抓实、核实数据质量的考虑。今天现场给大家带来"一顶帽子"，帽子一边是 9.99，同时有一把金钥匙，是开启数据质量的金钥匙；另外一边还有一个"7 + n"的改革，也就是全省统计系统面临经济转型升级，特别是出现新经济、新产业、新业态、新商业模式这个过程当中，需要使用很多方法去实现。要把数据背后的事情弄清楚，需要做功课，

特别是要对数据进行核实，这个会有时间差，因此，地市公布的时间有先有后，这也是为了让数据质量更加有保障。针对这个问题，去年省统计局在第四季度专门发文，对发布工作作了更具体的要求。总体的要求就是上一级发布以后，下一级再核对。今后，全省统计系统的工作将更加重视这些问题。不仅是要采集好数据，还要及时发布数据、解读数据，这样才能使统计数据更加具有说服力。同时，统计工作者对统计数据也要有自信，统计强省，不仅仅是数据大省，数据解读能力也要精准到位，不怕公布数据，只怕解释不了数据。相信经过全省统计系统的齐心协力，一定能够实现更加规范、统一的发布，使统计数据更好服务民生、服务百姓。

对于第七次全国人口普查的亮点问题，我指出，目前人口普查工作处于筹备阶段。在普查内容上，

这次普查将增加登记居民身份证；在数据采集方式上，将采取电子化方式开

展普查登记，探索使用智能手机采集数据和住户自主申报数据，实时上报数据；在业务环节上，增加普查登记结果与部门行政记录比对环节，广泛应用部门行政记录，推进大数据在普查中的应用，提高普查数据采集处理效能。

344
解读 2019 年广东经济数据，新经济占粤 GDP 超四分之一，稳定 2020 年广东经济增长预期

2020 年 1 月 19 日，我应邀接受《南方日报》专访，对 2019 年广东经济运行情况进行全面客观解读。根据专访材料，《南方日报》以"新经济占粤 GDP 超四分之一"为标题在 A06 整个版面发布了 2019 年广东经济数据。

我认为，2019 年广东经济运行总体保持平稳，发展质量稳步提升，为全面建成小康社会和"十三五"规划收官之年打下坚实基础。

根据国家统计局统一核算，2019 年，广东全年实现地区生产总值 107 671.07 亿元，突破 10 万亿大关。事实上，2019 年广东经济不仅在量上实现突破，在质上也有大幅提升。具体表现为：其一，多项主要经济指标总量优势明显。世界级城市群加速崛起，两个中心城市（广州、深圳）的经济总量之和超 5 万亿元，佛山新加入万亿元城市行列，万亿元级产业集群支撑有力。其二，主要经济指标的积极变化增多，全

年稳住经济基本盘。2019 年，广东经济增速快于全国平均水平 0.1 个百分点，反映生产端和需求端的六个主要经济指标"一稳两快三回升"。其三，经济结构不断优化调整，"进"的特征更加凸显。服务业比重比上年提高 0.7 个百分点，产业协同性增强，工业中高端产业发展较好。新经济引领新动能聚集。新经济增加值占地区生产总值比重达 25.3%。工业新产品产量较快增长。其四，经济稳定向好、长期向好的趋势并没有改变。虽然短期走势略有波动，但仍在正常范围内。广东的经济基础扎实，韧性足，潜力大，发展"土壤"比较厚实。我表示，随着各项"六

稳"政策效应的进一步发挥,外部环境预期的改善,以及粤港澳大湾区和深圳建设中国特色社会主义先行示范区"双区驱动效应"的充分释放,2020年广东的经济稳定增长可以预期,并实现有质量、有效益的增长。

345
"韧""变""机",解读 2020 年一季度广东经济数据背后逻辑

2020 年 4 月 21 日,广东省统计局对外发布 2020年一季度广东经济数据,发布继续采用"新闻通稿 + 专家解读 + 图解经济"的模式。我应邀接受《南方日报》采访,对 2020 年一季度广东经济运行情况进行解读。

数据显示,一季度广东经济按可比价格下降6.7%。一季度广东经济负增长是由于突发严重事件带来的结果,并非经济发展基本面的正常反映,不

具有历史可比性。事实上,这个结果是来之不易的,新冠肺炎疫情袭来,居家防疫使得广东经济生产端和需求端两头承压,对工业生产、交通运输、建筑施工、旅游餐饮住宿、文体娱乐会展等行业的冲击尤其大,而广东是开放大省、人口大省,"外防输入,内防反弹"的压力相对国内其他地区更大,客观上也使得企业复工复产、满工满产难度要大。值得欣慰的是一季度广东经济展现了"韧""变""机"的特点。

经济发展的"韧"。经济生产秩序加快恢复,

一季度,广东规模以上工业增加值同比下降15.1%,降幅比 1—2 月收窄 8.1 个百分点;固定资产投资下降 15.3%,降幅收窄 6.1 个百分点;进出口总额下降 11.8%,降幅收窄 3.4 个百分点。全社会用电量下降 10.4%,降幅收窄 2.8 个百分点。虽然一季度的主要经济指标和上年同期相比明显下滑,但经济运行逐步向常态恢复,部分经济指标降幅明显收窄。从 3 月份的数据观察,这种积极因素和向好的势头体现得更加明显。主要经济指标的回升,充分显现了广东经济发展的韧性和潜力,二季度全省经济有望逐步回升。

经济发展的"变"。转型升级为抗疫提供强大底气。在抗疫期间,广东农产品供给有保障,防疫物资供应有保证,金融对实体经济的支持力度也在加大。广东近年产业的转型升级为抗疫提供深厚的

支撑，工业现代产业发展态势良好。从需求端看，与抗疫相关的消费较快增长，金融、信息传输、软件和信息技术服务，以及租赁和商务服务业保持较快发展。一季度，广东金融业增加值增长 7.8%，信息传输、软件和信息技术服务增加值增长 13.4%，租赁和商务服务业增加值增长 13.8%。

经济发展的"机"。经济新动能蓬勃生长，面对疫情的冲击，经济发展发生变化，而在变化的过程中也蕴藏着新的机会和新的机遇。一季度，广东新经济增加值占地区生产总值的比重达 26.1%，比上年同期和上年全年分别提高 1.0 个和 0.8 个百分点。工业新动能发展稳定，中高端制造业投资相对活跃。数字经济、在线消费、无人配送等新模式、新业态快速发展，大健康产业和公共卫生体系建设显示出强大的潜力，这些新领域、新业态将为广东经济增长提供新动能。

346
"九表"诠"数"，一季度广东增长"进入历史低点与新的起点"，当下疫情之外如何"抢时补短盯盘"重要而紧迫

2020 年 4 月中旬以来，针对新冠肺炎疫情影响下的一季度广东经济，我撰写了《"九表"诠"数"：一季度广东增长"进入历史低点与新的起点"，当下疫情之外如何"抢时补短盯盘"重要而紧迫》（简称《"九表"诠"数"》），呈省委常委和省政府领导参阅掌握，获省委书记李希，省长马兴瑞，省委常委、广州市委书记张硕辅，省委常委、常务副省长林克庆，省委常委、省纪委书记、省监委主任施克辉，省委常委、省委秘书长郑雁雄和副省长覃伟中等多位省委、省政府领导的批示与肯定。

批示与肯定涉及全省经济变化各个方面：一是《"九表"诠"数"》从与经济紧密相关的九类表为切入，深入分析疫情影响下的一季度广东经济增长变化，分析得很好，很清晰，很透彻，对省委省政府领导研判疫情影响和科学决策具有重要参考价值，要求将《"九表"诠"数"》转发省委政策政研室和广州市有关领导参阅。马兴瑞省长还要求在此基础上，进一步对全省规上工业企业中"国有、集体、民营、外资"等类型企业和新增规上工业企业对工业增长影响作进一步补充梳理。二是《"九表"诠"数"》对重点企业运营情况和投资、消费、净出口"三驾马车"贡献进行入微分析，提出警惕"负悲

熵"，对地区生产总值、投资、消费和规上工业等主要指标完成年初任务增长目标进行测算，从时序角度提出"抓产能"和"抢订单"双轮驱动并重的建议，对各地各部门做好"六稳""六保"具有重要指向作用。三是《"九表"诠"数"》对全省各行业维度的"长短表"深入研判，研究新经济增长，肯定科技教育在疫情影响下对经济的突出贡献，分析非营利性服务业在疫情影响下的发展变化，不仅对经济部门，对科教文卫和综治管理等各部门统筹做好疫情防控和经济社会发展具有重要导向意义。

2020 年头季，为广东经济庚子年史上极其不易的一季，受新冠肺炎疫情影响，广东地区生产总值同比下降 6.7%，从实施分季度核算 GDP 看，首次出现季度负增长。但在省委、省政府坚强领导下，全省经济经风雨化影响，从 1 月下旬起，经历艰难的 2 月，

全力以赴稳住 3 月，从历史低点开启新的起点。为深入诠释和精准分析疫情影响下的一季度广东经济形势，做好为数据需求者服务，我召集各专业处室业务骨干加班加点，精心构思，细研琢磨，撰写 85 页的深度分析材料《"九表"诠"数"》，打开疫情影响下的广东一季度地区生产总值 "－6.7" 这盘数，并建议警惕"负悲熵"，坚定信心，从"六稳"到"六保"，在下阶段时间里"抢时补短盯盘"，每月每季咬住时序进度目标要求，实现年度目标任务既艰巨又可期。鉴于当前的特殊形势，省统计局创新数据服务方式，第一时间将《"九表"诠"数"》专报所有省委常委和省政府领导，供参阅掌握疫情下的一季度广东经济形势，为科学决策提供高质量统计服务，获得多位省委、省政府领导批示好评。

《"九表"诠"数"》的主要构架为"九类表"，

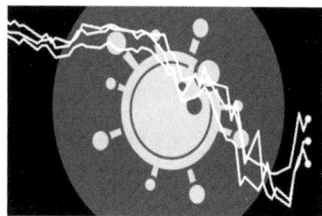

第一类时间维度"点位表"：受疫情影响，广东一季度出现实施 GDP 分季核算史上首个负增长，为历史低点，也是新的起点。第二类行业维度"长短表"：全省国民经济行业完备，支撑全年 10.7 万亿元经济体量，对 GDP 贡献影响和变化不一。第三类企业维度"细胞表"：企业有经济有，企业强经济强，各行业前 100 强、50 强都是经济块头与增长支撑点。第四类区域维度"权重表"："一核一带一区"比重不同，其比重此消彼长，"东边不亮西边亮"，是经济的韧性和区域不平衡性的回旋余地。第五类变化维度"指标表"：统一统算后，GDP 核算基础指标从 24 个增至 36 个，其中财政"八项支出"改为

"六指标十三项构成"的工资增长。第六类"三驾马车"维度"依存表"：复产复工解决供给，但没有订单亦不行，需新老基建投资齐发力，需同时稳住内需内销和外资外贸基本盘。第七类新经济维度"贡献表"：新经济以新模式产生经济成果，对冲疫情影响，成为经济新增长点。第八类快速问卷维度"晴雨表"：企业敏感度反映经济增长冷暖，值得关注和服务，形成"市场基础性与政府重要作用"合力与高效，给予新赋能。第九类任务目标维度"时序表"：从"时间经济"看疫情影响目标任务，"抢时补短盯盘"时不我待，须月月抓，季季补，稍纵即逝，时不再来。

347
应邀解构疫情之外GDP统一核算改革，研判诠释经济变化

2020年4月30日，江门市举办市委理论学习中心组专题报告会，邀请我以"科学度量经济的'指示器'——自上而下的GDP统一核算"为题作报告，解构疫情之外GDP统一核算改革若干经济观察，以"九表"诠释一季度广东与江门经济运行变化。报告会以电视电话会议形式开至各市（区）、各镇（街）。

在报告中，我认为GDP统一核算改革要紧把"三个具体层面""四个主要方面"和"四个基本逻辑"。统一核算改革是党中央国务院的重大决策部署，具体实施主要包括普查年度统一核算、季度统一核算和常规年度统一核算三个层面。深入理解统一核算改革要重点把握四个主要方面：统一核算改革的核算主体、核算方法、核算工作机制和有序开展派生产业增加值核算。广东统一核算改革工作正根据国家统计局部署有条不紊开展，切实做好要遵循四个基本逻辑：统一核算的灵魂在于统一办法，统一办法的核心在于科学准确，科学准确的关键在于过程用心，过程用心的结果在于指向客观忠心。

一季度GDP负增长主要是由于突发疫情带来的结果。由于新冠疫情影响，2020年头季GDP负增长，为广东经济庚子年史上极其不易的一季，要以负增长思维从五个方面研判经济基本面变化：一是从宏观指标匹配性看，基础指标支撑偏弱，对绝大多数指标来说下降欠账面相当大；二是从实施分季度核算GDP看，自1992年以来首次负增长进入历史低点；三是从近现代历次经济危机相关数据看，每次

危机化解的时间均缩短；四是从研判疫情对全省经济影响看，时序点位的增长变化较大，应尽可能减少"负悲熵"带来的心理影响；五是从规上工业增加值增速来看，3月出现显著反弹，未来有望实现持续恢复增长。

要实现年度目标任务，需坚定信心，"抢时补短盯盘"。从时间维度"点位表"；行业维度"长短表"；企业维度"细胞表"；区域维度"权重表"；变化维度"指标表"；"三驾马车"维度"依存表"；新经济维度"贡献表"；快速问卷维度"晴雨表"；任务目标维度"时序表"九类表切入。一季度广东以及江门增长都"进入历史低点与新的起点"，需坚定信心，从"六稳"到"六保"，"稳"字当头，"稳"中求进，"稳"住经济基本盘，在下一阶段的时间中"抢时补短盯盘"，每月每季咬住时序进度目标要求，千方

百计攻坚克难，闻鸡起舞，持续奋斗，实现年度目标任务既艰巨又可期。

林应武在报告结束后感谢我的精彩解构和入微诠释，感谢省统计局长期以来对江门工作的关心支持。林应武要求全市各级各部门认真学习授课内容，高度重视统计工作，严实细致推动地区生产总值核算改革工作；各级领导干部要压实统计工作责任，成为抓统计、促发展的行家里手；统计部门要加强工作协调和分析预警，配足配强基层统计力量，加强统计业务指导培训，不断提升统计数据整体质量和水平，为经济社会发展提供优质统计保障。

我报告的解构诠释分为现代治理能力数据支撑决策、经济运行怎么看、经济核算怎么算、经济增长指向哪里四部分，内容丰富，深入浅出；涵盖核算理论、广东统计工作实践和一季度经济运行，视野开阔，实践性强。各级党委政府部门纷纷表示，通过学习加深了对统计工作的理解，对做好有关工作很有帮助：一是认识到统计结果倒向统计过程，统计工作对于经济现实意义很大；二是改革后核算指标更细，针对经济变化更准，GDP的指导器作用发挥更淋漓尽致；三是统一核算改革工作是一项涉及众多部门众多指标的系统工程，下一步将积极支持配合统计部门做好相关工作。

报告会后，我到蓬江区康师傅江门供应部、帝晶光电等企业调研，深度了解疫情之下企业生产经营状况，问计于企业，共

同研讨许多新经济新模式新技术诸领域问题。

348

古有"九章算术"，今有"九表诠数"

2020 庚子年初，新冠肺炎疫情席卷全国以及全球。新冠肺炎疫情是"二战"以来最严重的全球公共卫生危机，大量人口感染，也深刻影响中国以及全球经济发展前景。受疫情影响，2020 年一季度中国 GDP 同比下降 6.8%；广东一季度地区生产总值同比下降 6.7%。

如何看待疫情影响下庚子年全国及全省经济的变化，我从"九不·九类表（图）"切入，分享如下。

第一层面：经济基本

盘的国家逻辑。

第一个"不"：不设全年经济增长目标，不等于不要中国经济增长，而是由于不确定性很难设具体增长目标。

对于疫情影响下的 2020 年中国 GDP 增长目标还要不要设、怎样设，成为两会前的热议话题。

4 月 23 日，李克强总理召开部分省市经济形势视频座谈会，强调直面困难挑战，坚定发展信心，稳住经济基本盘，力保基本民生。

5 月 29 日，李克强总理出席"两会"记者会，回答政府工作报告中没有设定 GDP 增速问题。今年没有确定 GDP 增长的量化指标，是实事求是的。但是确定了"六保"的目标任务，这和经济增长有直接关系。经济增长不是不重要，这样做实际上也是让人民群众对经济增长有更直接的感受，使经济增长有更高的质量。发展是解决中国一切问题的关键

和基础。如果统算一下，实现了"六保"，特别是前"三保"，就会实现今年中国经济正增长，而且要力争有一定的幅度，推动中国经济稳定前行。

第二个"不"：不要总从正增长看增长，而要从负增长去看增长。

过去习惯于从正增长研判经济运行，当下要从负增长思维角度观察经济基本面的变化。一季度全国 GDP 下降 6.8%，是在统一核算下一次不可能复制的压力测试。

从需求端"三驾马车"看，全国社会消费品总额下降 19.0%，固定资产投资下降 16.1%，进出口下降 6.4%。最终消费支出拉动 GDP 下降 4.4 个百分点，资本形成拉动下降 1.4 个百分点，货物和服务净出口拉动下降 1.0 个百分点，合起来就是 −6.8%。非市场消费部分大体稳定，比如虚拟住房服务不会因为疫情而变化，教育等公共服务消费也会

照常发生，有些部分如卫生服务、公共管理服务甚至还会提高。

分析 2020 年一季度广东经济数据时，我认为全省地区生产总值下降 6.7% 的结果来之不易，是由于突发严重疫情带来的结果，并非经济发展基本面的正常反映，不具有历史可比性。广东经济在受疫情影响巨大冲击的同时，还体现了经济发展"韧""变""机"三大特征。

第三个"不"：不去破坏市场规则，脱钩逆全球化，不等于不要产业政策，"六稳六保"赋能经济。

受疫情影响，全球经济中的保护主义抬头，脱钩逆全球化的声音增强。长远来看，"脱钩论""逆全球化"无益全球抗疫和经济发展，疫情下全球化有"变"有"机"。一方

面抗击疫情需要全球合作；另一方面疫情也对世界经济格局和贸易产生影响。

中美双边贸易额再创新高，警惕美贸易保护主义抬头

基于一季度经济数据，在 4 月 17 日召开的中央政治局会议上，提出形势面临前所未有的冲击和挑战，并做出"六保"的科学决策。

"六保"政策离不开货币政策和商业银行，但更需要财政发挥作用，而财政手里又没有钱。货币政策唱独角戏，是难以完成六保任务的。当前我国必须采取财政金融紧密结合的办法，使积极的财政政策更加积极有为，形成新形势下的新组合，做到

适度赤字货币化。

经济数据支撑经济决策，经济决策形成经济政策，经济政策影响经济生活。经济政策，也会对居民的日常生活和财富选择产生影响。中国居民在过去所积累的财富不是靠储蓄，而是选择对了配置的资产，当前居民资产中房产占比高达 70%。房产的增值在一定程度上对冲了通货膨胀的影响。

第二层面：地方面临经济增长的挑战与精进。

第四个"不"：不失经济重心，先进制造业为先，融合现代服务业发展。

从经济质感出发，存在两种经济形态变化。若重实体，会像秤砣一样让人感觉到有重心；若轻实体，则会像风筝一样飘忽。一个地区的经济发展好不好，强不强，后劲足不足，二产尤其是其中的工业必须要占一定的比重（一般认为 40% 左右），保持一定的增速，不然很容易出现产业"空心化"。此外，

40%的强劳动力占比与经济增长间接紧密相关。

近30年来，广东二产占比一直在40%～50%区间内，但近10年来呈逐步下降趋势。工业占比和增速的不断回落，为壮大实体经济和经济的可持续发展带来一定"隐忧"。提高二产比重，加强先进制造业和现代服务业融合，推动制造业高质量发展，是广东经济发展的一个重要选择。

人口是经济增长的重要因素，人口年龄、劳动力与经济增长存在较强逻辑，人口红利也是近年中国以及广东快速发展的原因。"七人普"是摸清广东人口家底的重要契机。马兴瑞省长高度重视，出席全国统计工作暨第七次全国人口普查动员电视电话会议并作重要讲话，对广东"七人普"工作提出明确要求。

第五个"不"：不能从国外创造更多市场额，不等于放弃抢滩登陆开放世界经济视野。

广东出口额总量全国第一，占全国比重大，外贸依存度高，国外市场在广东经济增长中具有极为重要的作用。

工业出口交货连着"五头"是撬动的杠杆与抓手：第一头，连着出口贸易这一重头，占比大；第二头，连着规上工业的外资企业增加值增长；第三头，连着规上工业企业的出口；第四头，连着产业链供应链的"端头"；第五头，连着需抢占国内外市场的广东份额。

出口的下降对工业经济的影响十分明显。今年一季度广东规上工业中出口交货值占销售产值的比重为25.3%，高于江苏的19.3%、浙江的17.7%和山东的8.4%。因此，要积极拓宽国外市场空间，稳住外贸基本盘，保障外贸产业链，保持国际市场广东应有份额。

鉴于广东严峻的外贸形势，马兴瑞省长高度重视，多次召开会议进行专题研究，要求牢牢保住广东外贸基本盘。为了积极应对新冠肺炎疫情影响，努力稳住外贸外资基本盘，帮助外贸企业拿订单、保市场，第127届广交会于6月15日在网上开幕。

中央高度关注疫情下外贸企业的发展。6月22日，《国务院办公厅关于支持出口产品转内销的实施意见》（国办发〔2020〕16号）发布，在鼓励企业拓展国际市场的同时，支持适销对路的出口产品开拓国内市场，着力帮扶外贸企业渡过难关，促进外贸基本稳定。

第六个"不"：不去繁花似锦，小而全、大而全，不等于放弃产业链和供应链的精进创新。

广东全省国民经济行业齐全完备，各自支撑着全年10.7万亿元这一经济大体量。在新冠肺炎疫情影响下，各行业对GDP贡献的影响和变化不一，呈现出增加值"三正一平六负增长"的趋势。

非营利性服务业、营利性服务业、金融业增加值增长8.0%左右，对全省经济起到积极支撑作用；农林牧渔业表现稳定，总量与上年持平；房地产略有回落，增加值小幅下降2.7%；工业、交通运输仓储邮政业、建筑业和批发零售业增加值分别下降13.9%、15.2%、16.7%和20.5%；住宿和餐饮业受疫情冲击较大，增加值大幅下降，下降了38.8%。

健全产业链，提升供应链，提高广东产业竞争力关键在创新。一季度广东完成新经济增加值5 874.77亿元，占GDP的比重为26.1%，比2019年大幅提高0.8个百分点，占据广东经济版图的四分之一。

第三层面：经济前景预测与财富增长考量。

第七个"不"：不平衡发展为经济韧性所在，区域经济"东边不亮西边亮"，保持经济定力，增强自身内生动力。

"一核一带一区"是全省经济的重要构造板块，有着不同的经济比重，显示出其动态影响的大小变化。在近18万平方公里的全省区域上此消彼长，有着"东边不亮西边亮"的经济韧性，也是区域不平衡性的另一种回旋余地。

疫情下，各市经济均受到不同程度影响，但总体经济基本面未改变，全年或现"前低后高、前负后正"走势。一季度，全省21个地市中，除汕尾GDP实现正增长以外，其余各市GDP均为负增长。高于或相近全省平均增速的有广州、深圳、韶关、梅州、汕尾、阳江、肇庆、潮州、云浮9个市；其余12个市增速均明显低于全省平均水平，增速介于-7.8%至-13.1%之间，其中3个市达两位数的负增长。

第八个"不"：不去攀登珠穆朗玛峰，不上长城，不等于不去憧憬"十四五"之登高远望。

认识经济，一定离不开统计。国民经济行业分类是观察认识统计的基础，是中国经济的"新华字典"，观察经济颗粒度"变小变快"，因广东而起也得益于广东，使广东有着观察经济变化发展的前沿能力。广东位于改革开放的前沿，加强对广东经济业态观测，推动统计方法制度改革创新，对于全国亦有重要借鉴意义。

监测经济的考量源头在于设计管理，包含了标准、方法、指标、口径和制度，反映经济变化的专业龙头在核算。GDP 核算涉及国民经济一二三产业，影响因素和参与指标众多，是一个复杂的系统工程。

统计数据也是国家制定国民经济发展长期规划的重要依据。我应邀参加了国家统计局召开的"十四五"重大指标测算专题会议，并对粤港澳大湾区主要目标测算工作进行了专题汇报。

第九个"不"：不在庙堂之上，不等于相忘于江湖，就能独善其身，只有宏观好，微观才能好。

广东 GDP 增长目标测算：若实现广东全年地区生产总值增长 6% 左右的目标，二季度当季增速应达 5.8%，方可弥补一季度疫情影响，上半年实现零增长；三季度、四季度当季增速在分别达到 10.1% 和 12.1% 的两位数增长情况下，才能完成年初设定的 6% 左右增长目标。

在 2020 年一个新年代的开季，全省面临经济运行的挑战前所未有，不确定因素复杂多变，需坚定信心，从"六稳"到"六保"，"稳"字当头，"稳"中求进，"稳"住经济基本盘，在接下来的时间里"抢时补短盯盘"，每月每季咬住时序进度目标要求，千方百计攻坚克难，闻鸡起舞，持续奋斗，实现年度目标任务既艰巨又可期。

349
古有"九章算术"，今有"九表诠数"，深分细析值得肯定

2020 年 5 月 11 日，国家统计局党组书记、局长宁吉喆高度评价我呈报的《"九表"诠"数"：一季度广东增长"进入历史低点与新的起点"，当下疫情之外如何"抢时补短盯盘"重要而紧迫》（简称《"九表"诠"数"》），并作出肯定批示："古有'九章算术'，今有'九表诠数'，深分细析值得肯定。请来运同志阅转综合司。"

《"九表"诠"数"》的影响持续发酵，宁吉喆局长从历史维度的肯定评价引起热议和反响：《"九表"诠"数"》获宁局长充分肯定，喻义之高，与"九章算术"相提并论，必将鼓励鞭策广东统计人奋力前行。宁局长被辛勤付出、视事业为生命的人所感动。宁局长、马省长是学者型领导，识才、惜才、重才而不嫉才、屈才，这是广东统计奠基之幸，广东统计人才之福，广东统计发展之春。古有《出师表》，现有《出数表》（九表），内容非常丰富，"数"既有数据翔实

之意，又有数量多（九表）之意，"抢时补短盯盘"用得非常好，贴切、准确，省领导引申为"抢时补短护盘"，政府推动经济发展需要护盘，而统计客观反映经济存在，因此是盯盘。《"九表"诠"数"》的"表"内涵丰富，表面上是表格，更重要的是表述、表达，还是古代一种公文文体（奏章）。再次重温学习4月27日省统计局要事报道，"九表诠数""历史低点与新的起点""警惕负悲熵"，彰显了广东统计人对广东经济的深刻把握和精准判断，彰显统计强省的担当与作为。

庚子年开季，新冠肺炎疫情席卷国内外，广东作为人口、经济和进出口大省所受冲击更为严峻复杂。一季度广东全省地区生产总值与分行业数据经国家核定后，针对疫情影响下的广东经济运行，我抽丝剥茧，细分缕析，加班加点撰写了一季度广东经济深度分析材料《"九表"诠"数"》，从时间维度"点位表"、行业维度"长短表"、企业维度"细胞表"、区域维度"权重表"、变化维度"指标表"、"三驾马车"维度"依存表"、新经济维度"贡献表"、快速问卷维度"晴雨表"、任务目标维度"时序表"九类表切入，对广东经济进行数据解构分析和多维度深入思考，呈报省委、省政府和国家统计局领导参阅掌握。在相继得到省委书记李希和省长马兴瑞等省委、省政府领导批示和肯定后，国家统计局宁吉喆局长也于5月11日做出了上述批示。

350 以"怎么算"落脚讲解统一核算方法制度，以"九表"切入多维诠释广东经济形势

应韶关市委邀请，2020年5月22日，我赴韶关市参加韶关市委理论学习中心组召开地区生产总值统一核算改革专题报告会，并作"科学度量经济的'指示器'——自上而下的GDP统一核算"专题报告，以"怎么算"落脚系统讲解地区生产总值统一核算方法制度，以"九表"切入多维诠释疫情影响下当前广东和韶关经济形势运行变化。韶关市委书记李红军主持报告会。报告会以视频会议形式开到10个县（市、区），参会人员约700人。韶关市政协主席王青西、市委副书记朱余旺等市领导以及市直有关单位主要负责同志在主会场参加学习。

GDP统一核算今年正

式实施，如何理解统一核算呢？我认为要把握四个方面主要内容：一是改革核算主体，改革后由国家统计局统一领导、组织和实施各省 GDP 核算，各省统计局共同参与；二是改革核算方法，改革后以国家分行业数据为基准，合理分摊确定各省分行业增加值，再加总得到各省 GDP；三是改革工作机制，改革后国家统计局从国务院有关部门统一获取核算所需的各省财务、决算等基础资料，各省统计局负责提供统一核算所需统计专业资料；四是开展派生产业增加值核算，改革后由国家统计局商有关部门制定全国派生产业分类标准和核算方法，有序开展文化产业、体育产业等派生产业增加值核算。

积极看待疫情影响下的广东经济运行的可喜变化。在省委、省政府坚强领导下，全省经济经风化雨，从 1 月下旬起，经历艰难 2 月，全力以赴稳住 3

月，进入持续改善的 4 月。尤其是 4 月份以来，全省复工复产复市扎实推进，生产需求逐步好转，生产生活秩序加快恢复，经济活

跃度提升，主要指标延续了 3 月份的恢复改善势头，累计降幅比一季度普遍收窄 2～6 个百分点。其中，1—4 月规上工业增加值下降 10.1%，比一季度收窄 5.0 个百分点；投资下降 9.0%，收窄 6.3 个百分点；社会消费品零售总额下降 17.6%，收窄 1.4 个百分点；进出口下降 9.8%，收窄 2.0 个百分点。广东经济已进入疫情后新的起点。

李红军认为报告非常精彩，对指导韶关经济社会发展各项工作有指导意义。要求全市各地各部门

要切实提高政治站位，深入学习贯彻习近平总书记关于统计工作的重要论述，认真贯彻落实党中央、国务院决策部署和省委、省政府工作要求，注重统计学习，增强统计本领，善用统计方法，找准问题症结，发挥好统计工作服务促进经济社会发展的重要作用，为市委、市政府决策提供强有力统计保障，推动韶关经济社会高质量发展。

韶关市 700 多名听讲干部好评如潮，认为：一是学习机会难得，听讲过程中心无旁骛；二是诠释深入浅出，分析透彻清晰，数据翔实丰富，开阔视野眼界；三是讲解贴近现实经济变化，上午收听"两会"，下午即有对相关数据的解读分析，及时提振信心；四是措施受用管用，指向精准，对于经济相关部门都有指导意义；五是报告推动党政各级部门重视统计工作，对于各部门落实"两防"举措和

提高数据质量都有推动作用。

351
解构疫情下落实中央《意见》《办法》《规定》精神，从GDP统一核算改革视角观察与诠释经济变化

2020年6月5日，我应省委党校邀请，为市厅、县处班及部分参加省委党校培训的外省学员等130多人作专题报告会，省委党校常务副校长张广宁主持会议。我以"科学度量经济的'指示器'——自上而下的GDP

统一核算"为题，解构疫情之下，进一步落实落细中央《关于深化统计管理体制改革提高统计数据真实性的意见》《统计违纪违法责任人处分处理建议办法》《防范和惩治统计造假、弄虚作假督察工作规定》（简称《意见》《办法》《规定》），从GDP统一核算改革的视角观察与诠释全球全国经济变化，以"九表"诠"数"切入与广东经济社会发展的紧密关系。

党的十八大以来，习近平总书记高度重视统计工作，多次就统计工作做出重要指示批示，并先后主持召开中央全面深化改革委员会会议，审议通过《意见》《办法》《规定》等重要文件。党的十九大明确提出要完善统计体制，十九届四中全会进一步提出要发挥统计监督职能作用。这充分体现了以习近平同志为核心的党中央对统计工作特别是对提高统计数据真实性前所未有的

重视，充分体现了加快构建与国家治理体系和治理能力现代化要求相适应的统计管理体制机制的迫切需要。

2013年12月3日，习近平总书记在十八届中央政治局第十一次集体学习时提出："我们讲不要简单

以国内生产总值增长率论英雄，要看全面工作水平，就是说要按照生产力发展规律去发展，而不要违背规律蛮干。"疫情影响下，坚持实事求是，数据实打实，让高质量的经济数据支撑经济决策，经济决策形成经济政策，经济政策影响经济生活。全国全省经济怎么看、统一核算改革后地区生产总值怎么算？更加迫切需要"科学度量

经济的'指示器'——自上而下的GDP统一核算"。由于新冠疫情影响，2020年头季GDP负增长，为广东经济庚子年史上极其不易的一季，要以负增长思维从四个方面研判经济：一是现代治理能力，数据支撑决策——用数据说话之经济数据。2020年4月17日，国家统计局发布一季度国民经济运行数据，引起社会各界广泛关注，对中央经济决策形成重要支撑，同一天，中央首提"六保"。——用数据说话之金融数据。在疫情下，从金融数据看，金融体系对实体经济信贷支持力度明显加大，在信贷供给总量增长明显的同时，信贷结构优化，信贷支持的针对性和有效性在增强。——用数据说话之结算数据。在世界金融体系中，规则最为重要，谁掌握了规则制定权，谁就掌握了主动权。二是经济运行，怎么看。从供给端三大产业看，全国GDP一产

下降6.3%，二产下降9.6%，三产只下降5.2%。其中，二产权重超过35%，三产接近60%。从需求端"三驾马车"看，全国消费、投资和出口合起来下降6.8%。2020年一季度广东GDP下降6.7%的结果来之不易，不具备历史可比性，广东经济在受疫情影响巨大冲击的同时，体现了经济发展的"韧""变""机"三大特征。三是经济核算，怎么算。统一核算改革有改革核算主体、改革核算方法、改革核算工作机制、有序开展派生产业增加值核算这四个主要方面内容。季度统一核算要关注《季度地区生产总值统一核算方案》主要变动、主要基础指标变动、统一核算方案使用的部门指标、36个基础指标对全省GDP影响、农林牧渔业核算方法、季度全省及分市统一核算结果六个方面。在统一核算时还要遵循"统一方法、科学准确、过程用心、客观忠心"四个

基本逻辑。四是经济增长，指向在哪里。从时间维度"点位表"、行业维度"长短表"、企业维度"细胞表"、区域维度"权重表"、变化维度"指标表"、"三驾马车"维度"依存表"、新经济维度"贡献表"、快速问卷维度"晴雨表"、任务目标维度"时序表"九类表切入解读。

张广宁在报告结束后，感谢我从高质量的统计数据对推进国家治理体系和治理能力现代化的重要作用深入阐述，让广大学员对提高数据质量有了更深刻的认识。报告从现代治理能力，数据支撑决策；经济运行，怎么看；经济核算，怎么算；经济增长，指向在哪里这四个方面，进行了精彩解构和细致诠释，从全国的视角深入分

析疫情影响下的一季度广东经济增长变化，从统计数据角度进行分析精准测算，提出工作建议和对策。授课深入浅出、内容丰富、数据翔实、案例生动，理论联系实际，充分展示了杨新洪博士深厚的经济学理论功底和丰富的统计工作实践，为学员们上了一堂精彩的统计专业课和形势分析课，对深入了解统计工作、重视统计工作、支持统计工作，努力做好"六稳"工作，落实"六保"任务，提供了有力指导，增强了必胜信心。

报告会后，参加听课的学员纷纷上讲台与我互动加微信，有的说，听您讲课感到很实在、很实用、很解渴。有的感慨道，您水平很高，是真正的专家、学者、官员、儒雅集于一身，非常值得敬重和交往，国家多一些您这样的官员，治理体系和治理能力现代化就很有希望！有的诚挚讲，感谢您全面而有高度、专业又有深度的授课，受

益匪浅，很高兴认识您，希望您能到本单位授课。我对大家的肯定表示感谢，对大家诚挚的邀请表示接受，当场表态只要工作允许，非常乐意到各单位分享政府统计的点点滴滴，来增进大家对政府统计的了解认识，共同推动广东统计乃至全国统计事业繁荣发展。

352
"六变化、五关注与七建议"，丝丝逻辑扣入分析半年经济运行，精准解读获得各方赞肯

受新冠肺炎疫情的影响，全国经济面临巨大压力，广东经济上半年经济形势受到多方关注。2020年7月19日下午，省政府召开全省上半年经济形势分析研判会。我参加会议，将98页的深度参阅报告《"GDP-2.5%的落点"："修复、际善、收窄、转正、支撑、出清、韧性"

的七个半年经济运行特征与百名景气企业家若干建议》，精炼为39分钟的汇报发言，以上半年广东经济呈现出的"修复、际善、收窄、转正、支撑、出清、韧性"七个经济运行特征为切入点，深入解构剖析上半年"GDP-2.5%的落点"，精准解读丝丝逻辑扣入分析半年经济运行，获得省长马兴瑞等省领导及各地级以上市领导的认可和肯定。

我的发言和报告主要从七个维度关键词切入半年经济运行。关键词一"修复"：修复基本面，全年广东GDP增长每个百分点将影响达一千一百亿元经济总量；关键词二"际善"：际善"三驾马车"，投资、消费与净出口边际变化持续改善；关键词三"收窄"：收窄下降幅度，全省上半年主要经济运行指标变化普遍"二季好于一季"，大部分指标收窄幅度在2~12个百分点之间；关键词四"转正"：转正增

长行业，全省上半年农业、建筑业两大行业主要指标由负转正；关键词五"支撑"：支撑增长，金融业、营利性服务业和非营利性服务业持续支撑三产增长；关键词六"出清"：出清影响，一些影响各地增长的"黑天鹅"因素进一步消除或减弱，下阶段工业经济可望出现新的增长点；关键词七"韧性"：韧性经济，"一核一带一区"、经济与新经济、生产部门与非生产部门各板块的产出构成广东经济的韧性增长。

景气回升：百名景气企业家信心变强与若干建议。

我现场汇报了省统计局在全国首创开展的百名景气企业家信心创新调查情况，数据显示，广东二季度百名景气企业家即期信心指数增强，触底回升至126，重返临界点上。出现六变化：一是农业企业家信心稳定；二是制造业企业家信心企稳回升；三是建筑业企业家信心增

强；四是房地产企业家看好区域市场；五是商业企业家信心逐步恢复；六是服务业企业家信心提升加快。五关注：一是供给端收紧；二是行业市场需求不足；三是资金周转紧张；四是产品价格下降；五是中小企业融资困难。七建议：一是降低企业成本；二是加强金融扶持；三是留住高端人才；四是提振消费信心；五是简化行政审批；六是加大用地支持；七是加强知识产权保护。

马兴瑞省长在分析研判会总结中充分肯定我的发言和报告，认为：一方面，我为这次经济分析会准备工作十分充分，报告内容翔实，让人对广东上半年宏观经济情况了然于胸；另一方面，报告分析很科学，实事求是，精准

研判上半年经济运行，分析了疫情下的半年经济运行特点与问题症结，对于抓好当前的经济很有帮助。马兴瑞省长在强调报告中观点的同时，还询问大家有没有把握得准、理解得透。

我的发言和报告也在各地级以上市中引起积极反响：您如庖丁解牛般列数广东上半年经济运行七个变化特征，可谓观察入微、痛快淋漓，展示出广东统计人的能力和担当；结束语部分，恳请各级重视统计数据形成的过程……以平常心面对数据升降变化……以更加有为的定力去孕育广东经济产生新的格局，深切道出统计人的期盼，字字句句，统计真情。杨局长经济分析准备得很充分，分析很精准，令人佩服！提高全省统计能力，亦说出我们的心声，办了统计事。今天您的发言效果很棒，下了狠功夫，省长也很肯定。我们这个系统都要向您好

好学习，继续努力工作。

同时，省统计局还将《"GDP－2.5%的落点"："修复、际善、收窄、转正、支撑、出清、韧性"的七个半年经济运行特征与百名景气企业家若干建议》深度参阅报告呈报省委书记李希和其他未参加分析会的省委常委参阅，得到了充分肯定。省委常委、省纪委书记、省监委主任施克辉让秘书致电：收到杨新洪对全省上半年经济运行的分析，很有特色、很清晰，对纪委监察工作也很有启发，谢谢提供这样的分析；省委办公厅也要求将深度参阅报告再次报送进行深入学习。

353
"变"与"不变"，深度解读 2020 年上半年广东经济数据

2020 年 7 月 19 日，广东省统计局对外发布 2020 年上半年广东经济数据。我受邀接受《南方日报》记者专访，以数据看广东经济的"变"与"不变"，对 2020 年上半年经济数据进行深度解读。

数据显示，上半年广东地区生产总值同比下降 2.5%，主要经济指标恢复性增长，经济运行稳步复苏，基本民生保障有力。

要从三个维度看经济的"变"。维度一：主要经济指标的回升与修复。广东主要经济指标全面好转，形成一条经济数据回升曲线。从 6 月当月速度看，规模以上工业增加值增速重回正增长，同比增长 3.9%；固定资产投资连续 3 个月保持当月正增长，6 月当月创下投资量的新高，同比增长 11.6%；社会消费品零售总额降幅连续三个月收窄；进出口总额回到正增长区间，同比增长 0.8%；地方一般公共预算收入和税收收入均由负转正。上半年，固定资产投资恢复最快，同比速度由负转正；规模以上工业增加值、进出口、地方一般公共预算收入等降幅均由两位数逐步收窄至一位数；社会消费品零售总额降幅连续四个月收窄。维度二：供给端的不断改善与向好。农业生产稳步回升，上半年农林牧渔业总产值同比增长 0.9%，增幅比一季度回升 2.2 个百分点。工业生产稳步改善。上半年，规模以上工业增加值同比下降 6.4%，降幅比 1—5 月、1—4 月和一季度分别收窄 2.1 个、3.7 个和 8.7 个百分点。服务业生产明显改善。上半年，服务业增加值同比增长 0.1%，增幅比一季度提高 1.6 个百分点。维度三："三驾马车"动力的回暖与增强。一是固定资产投资恢复正增长。上半年，完成固定

资产投资同比增长 0.1%，增幅比一季度提高 15.4 个百分点。二是市场销售逐步回暖。上半年，累计完成社会消费品零售总额同比下降 14.0%，降幅比一季度收窄 5.0 个百分点。三是进出口的向好。上半年，广东进出口同比下降 7.1%，降幅比一季度收窄 4.7 个百分点。

从三个方向看广东经济的"不变"。方向一：新经济加快发展与壮大趋势不变。上半年，广东新经济增加值同比下降 1.9%，高于同期地区生产总值 0.6 个百分点；占地区生产总值的比重 25.6%，同比提高 0.5 个百分点。方向二：基本民生保障不断增强保持不变。居民收入增速小幅回升，财政支出更加注重民生保障，物价涨幅小幅回落，就业基本保持稳定。方向三：广东经济持续向好的态势不变。上半年，广东经济逐步克服疫情带来的不利影响，经济运行呈恢复性增长和稳步

复苏态势，发展韧性凸显。

与上年同期相比，主要经济指标速度还在下降区间，要弥补疫情带来的损失仍需时日。当前国际疫情依然在蔓延扩散，全省防范疫情输入压力仍然较重，经济恢复面临较大压力。下一步广东要抓重点、补短板、强弱项，扎实做好"六稳"工作，全面落实"六保"任务，确保各项决策部署落地生根，坚决打赢脱贫攻坚战，努力完成全面建成小康社会目标任务。

354
"六聚六看"全省前三季度经济变化，以"烟斗形"精准形象描述经济走势获各方认可

2020 年 10 月 22 日下午，省政府召开全省前三季度经济形势分析研判会。我以 25 分钟的精炼发言，通过《平面解构——"三个维度"看三季度全省经济运行》和《立面解

构——与全国同步增长："六聚六看"全省前三季度经济变化》两份材料深入解构经济数据，以"∠"烟斗形状精准描述经济走势，得到省领导、有关部门和各地市的肯定认可。

在报告中，我根据统计数据分析当下经济，认为全国经济走势是个地道的"∠"烟斗形状，广东也一样，并非标准的"V"形反弹。但也有不一样，不一样的是季度回升速度"前慢后快"，由二季度开始从地下走出地上，三季度累计摆脱负增长，实现与全国同步。分季度看，第一、二、三季度当季增速分别为 - 6.7%、1.0% 和 6.7%，三季度当季增速高于全国的 4.9%，已恢复到疫情前水平，甚至超过 2019 年 6.1% 和 2018 年 6.4% 的同期当季增速，显示广东经济基本面修复速度加快。

在报告中，我从"六聚六看"切入透彻分析前三季度全省经济变化。聚

焦一：看全省经济"前慢后快"运行特点的基本面，上半年恢复相对较慢，三季度加速追赶追平全国；聚焦二：看整体向好的区域增长长短板指标变化，"一核一带一区"的复苏共同支撑全省 0.7% 的增长；聚焦三：看实现全为正拉动的"三驾马车"变化，消费、投资、净出口分别拉动 GDP 增长 0.2 个、0.4 个和 0.1 个百分点；聚焦四：看规上工业、社消零、进出口，是广东与东部主要省份相比的短板和影响增长的最重要因素；聚焦五：看影响经济增长高低的经济重心，保持规上工业比重对于增长具有"稳定器"作用；聚焦六：看新经济、信心景气与 3 个建议，夯实"十三五"收官年经济基础，去开启"十四五"广东新的起点年。

省长马兴瑞认为，前三季度广东实现 0.7% 与全国同步增长来之不易，报告深入剖析支撑广东经济快速恢复的背后逻辑，重点研判广东与全国及东部主要省份的短板指标，会议间隙还就非营利性行业七个指标影响 GDP 情况与我面对面作进一步深入了解；省委常委、常务副省长林克庆认为，以"烟斗形"描述前三季度经济走势新颖精准，十分形象；有关部门认为，报告重点分析新经济在疫情下对全省经济恢复的支撑，对经济高质量发展具有重要引领作用；各地市认为，报告很有启发和参照意义，其中的经济重心、各地市短版、四季度 GDP 测算等内容对于经济工作具有重要的指导作用。

355
权威解读年度经济数据，学习强国平台分别以 4 分多和 47 分多时长视频转载

2021 年 1 月 24 日，省统计局对外发布 2020 年全省经济数据，受到各大新闻媒体高度关注。正在参加省政协十二届四次会议的我在百忙中接受了广东广播电视台专访，对 2020 年广东经济运行情况进行解读。广东广播电视台以"专访省统计局局长杨新洪：广东 GDP 超 11 万亿具有强大韧性"为题播出，当天即被学习强国平台转载，视频全长 4 分 36 秒。

在采访中，我对全年数据进行了细致且深入的剖析解读。2020 年是非常不寻常的一年，广东经济在一季度经历了历史性负增长的低点，随后开启了新的起点，三季度实现了正增长，全年增长 2.3%，实现期待的目标，与全国同步增长。特别从经济结构的表现看，更展现了广东经济的韧性和向上引领性。广东脱贫攻坚工作顺

利进行，并与乡村振兴工作有效衔接，为全省经济持续稳定发展起到基础性支撑作用，2020 年农林牧渔业增加值增长 4％，比全省 GDP 增长率高出 1.7 个百分点，展示了脱贫攻坚奔小康上出现的一个经济结果的反哺。从农业内部结构看，水果、蔬菜等经济作物明显提速。新经济新业态呈现出新活力，以数字经济、新一代信息技术等为代表的新经济不断发展壮大，引领了全省的经济增长，2020 年新经济增加值增长 3.0％，占地区生产总值的 25.2％；特别是战略性新兴产业发展很快，软件业信息业都达到两位数的增长。规上工业回升明显，尤其是制造业回暖拉动规上工业增长，全年规模以上工业增加值 3.31 万亿元，增长1.5％，先进制造业、高新技术制造业较快发展和稳步提升，全年先进制造业增加值占规模以上工业的56.1％，对全省经济起到

稳定器的作用，更好支撑了全省经济，这是产业支撑中最重要的硬实力、硬道理。只有大力发展实体经济，大力发展制造业，才能带来现金流、资金流、人流，并在构建国内外双循环中体现广东力量，发挥广东作用。

1 月 26 日，学习强国平台转载了《南方财经》全媒体集团 47 分多时长的权威访谈"广东省统计局局长杨新洪：广东经济韧性强成色足潜力大 新经济新业态呈现新活力"。《经济日报》《南方日报》《羊城晚报》《南方都市报》《新快报》《广州日报》《深圳商报》和人民网、南方网、腾讯网、新浪网等报纸和网络平台均进行了相关报道。

356
从统计视角谈"两有四性"经济增长重心与信心

站在"十三五"规划

圆满收官，"十四五"规划开局起步的历史节点上，放眼岭南大地，春天的第一番风信涌动，暖风拂面而来。在这样的庚子年末辛丑年初，聚气会神地解剖数据，有条不紊地测算分析，凝思感悟"经济有重心，增长方有信心"。

经济重心从哪里来？

从理论的纬度看，长时间作为经济与数据统计工作者，40％ 经济重心分界线是作为一名统计工作者经年累月在数海沉浮中的数字规律中发现的。从现实的纬度看，过去的一年，广东经济运行总体"前低后升"，从历史的负增长低谷开始新的起点，呈现出"烟斗形"走势，稳中求进，来之不易。同时，广东规上工业经济上

升明显，制造业回暖拉动全省经济增长，有效发挥经济增长稳定器作用。

在理论与现实的交织碰撞中探索出经济重心分界线，它指的是一个国家或地区，二产增加值在生产总值占比40%左右，保持这一结构水平，是当代经济发展的重心分界线。超40%越高，经济重心越稳；反之，经济失重。

增长信心落地何处？

把握经济增长"四性"方可四平八稳。

一是基础性。产业发展的基础性要求筑牢40%底线。制造业是实现工业化和现代化的主导力量，也是国家综合实力和国际竞争力的体现。实体经济的供给有限，需求无限；虚拟经济的供给无限，需求有限。但经济增长的动力主要来源于需求端，因此，若重实体，会像秤砣一样重心稳、底气足、基础牢；若轻实体，则会像风筝一样没有方向、随风摇摆，像海市蜃楼一样扑

朔迷离、虚无缥缈，一旦遭受外部经济波动的冲击，极易分崩离析、瓦解破碎。因而应极力避免经济重心滑出40%底线，规避产业空心化对经济增长的不利影响，坚决防止经济脱实向虚。各地各部门要落实省委、省政府指示精神，坚持制造业立省不动摇，推动产业基础高级化和产业链现代化，推动形成合理分工、优化发展的制造业空间布局，以培育壮大10个战略性支柱产业集群和10个战略性新兴产业集群为重点，推动制造业高质量发展，在新的高度挺起广东制造的产业脊梁。

二是匹配性。产业发展的匹配性要求握住40%边线。一把钥匙开一把锁。从经济增长与产业结构的匹配性来说，二产占比

40%及以上，产业结构更加协调，经济结构更趋稳健，经济成色更显亮丽。近年来，广东二产尤其是工业占比逐年下降，这一变化趋势值得警觉深思、有效应对。没有最优的经济结构只有最适合的产业结构。因而应在"理性、辩证、冷静"的基调中，保持一颗赤忱初心，心如明镜、清澈通透地看待各类指标起伏变化，发展构建适合自身的产业结构。全省各地市要根据区域特点，乘势而上、主动作为，因地制宜、因材制宜地发展适合自身的特色产业，大刀阔斧构建制造强省，细针密缕打造国之重器，保持全省二产比重和经济重心持续上移，实现经济的平稳增长。

三是阶段性。产业发展的阶段性要求守住40%分界线。从世界经济的产业发展规律来看，经济发展到一定时期，进入后工业化时代迈向服务经济为主导的阶段，服务业在国

民经济中的地位不断攀升，制造业逐步转移，第二产业占比呈缓慢下降趋势。伴随着二产比重的下降，一连串的蝴蝶效应接踵而至；产业空心化、经济增速相对放缓、经济发展的不稳定性日益凸显。虽然二产比重下降是产业阶段性发展的一般规律，但要见微知著、困极思变，坚决守住二产占比40%的分界线，笃定心志发展制造业；乘风破浪、激流勇进，运用逆周期调节工具，矢志不渝振兴实体经济。在广东产业现行发展阶段，秉承人们对美好需求的憧憬向往，接续奋斗、砥砺前行，加速建设制造强省，通过发展先进制造业不断吸引人才与资金，在"双循环"新发展格局下贡献更多广东力量。

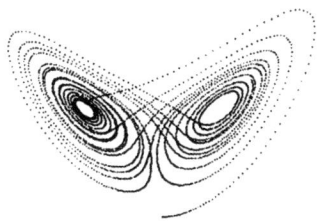

四是可持续性。产业发展的可持续性要求创新40%主线。促进科技创新成为经济可持续增长的主引擎。经济增长的可持续性，不仅是经济要素量的简单叠加扩张，还是增长动力的形成与质量的提升。众多工业企业是科技创新活动的主体，通过自身的科技研发活动，在壮大自身和行业发展的同时，也推波助澜带动整个社会的经济增长和发展进步。2018年广东R&D总量连续三年居全国首位，投入强度2.78，超过江苏居全国第三，科技创新在广东经济增长中的贡献不断增加。因而要建立以企业为主体、市场为导向、产学研深度融合的科技创新体系，加大科技创新人才的引进与培养，促进科技成果转化应用，持续推动科技创新成为广东当下经济增长最重要的驱动力。

世界潮流，浩浩荡荡。经略既张，宏图将举。聚焦岭南大地，坚定二产比

重在40%左右，矢志不渝地推动制造业高质量发展，乘势而为打造制造强省。在历史的裹挟中，在时代的浪潮里，在迈进"十四五"的新征程中，奏响属于广东的时代华章。

357
省长马兴瑞批示肯定《四梁八柱》全年分析，"很清楚、很透彻"

2021年1月25日，省长马兴瑞对我呈报的年度分析材料《2020年广东跨上11万亿新台阶的"四梁八柱"》作出批示："报告分析得很清楚、很透彻！请新洪同志送省政府各位领导阅研，也要送贞琴同志，他分管农业。"

经自上而下的统一核算并获国家核定，2020年广东全省及各市主要指标数据稳中求进。广东GDP总量110 761亿元，增长2.3%，比前三季度提高1.6个百分点，与全国同步增长。全省经济运行结果

来之不易，上了 11 万亿元新台阶。我从支撑这一大经济体量的主要因素解构，形成《2020 年广东跨上 11 万亿新台阶的"四梁八柱"》分析，分别呈送省委常委和省政府领导等参阅。分析除得到马兴瑞省长的肯定批示外，也得到了其他省领导的高度肯定。省委常委、广州市委书记张硕辅 1 月 25 日批示："请政研室阅。"省委常委、省委秘书长、宣传部部长张福海 1 月 26 日批示："很受启发，谢谢！"省政府秘书长、办公厅主任叶牛平批示："请省统计局送省政府各位副秘书长一并阅参。"

《2020 年广东跨上 11 万亿新台阶的"四梁八柱"》从"四梁八柱"入手，深入解构全省超 11 万亿元大体量的"经济大厦"的支撑因素。"四梁"构新格局显现广东经济的向上韧性与引领性：投资拉动经济，新经济引领整体经济，R&D 创新增长经济，"四上"企业单位"众星拱月"经济。"八柱"支撑显示此消彼长的广东经济犄角性与互补性：规上工业是经济的"稳定器"，建筑业成为第二产业的重要构成，营利性服务业凸显数字经济，金融业是经济运行血脉，营利性服务业形成服务产出，农业是国民经济基础，消费成为经济内循环的重要支点，交通运输是经济命脉。

358
"三方九看"重点领域经济运行长短增长支点，精准解构一季度广东经济受各方赞誉

2021 年 4 月 21 日上午，省政府召开全省一季度经济形势研判会。我首个发言，通过《平面解构——从主要指标变化看一季度全省经济运行》《聚焦解构——"三方九看"重点领域经济运行长短、增长支点与"双百"建议》两份汇报材料，以 30 分钟的精炼发言，深入剖析广东重点领域经济数据长短，聚焦解构后疫情广东经济增长支点，依托全国首创的"双百"调查提出建议，获省领导、有关部门和各地市的普遍认同和高度赞誉。

省长马兴瑞认为，报告上下了真功夫，分析的七个主要指标和"三方九看"的重点领域，都是保持全省经济健康、稳定、可持续发展的关键点。统计工作光靠统计局重视还不行，各地、各部门都要冷静下来，行动起来，抓统计的科学性、系统性、完整性，把市场主体等有关情况摸清楚，把广东经济这座高楼大厦的地基加固。省委常委、常务副省长林克庆指出，统计局在经济分析上做了大量工作，汇报材料是个金矿，各地

市要好好研究。广东省政府原秘书长、现浙江省副省长刘小涛仍然十分关注一季度分析报告，会前问道："您一季度的大作出来了吗？可否发来我个人学习一下？"读后致谢道："拜读了！学习视角和方法！"会后，省金融局局长于海平说："91页，融会贯通，那么短时间，水平实在高！太牛太棒了！"江门市市长吴晓晖赞道："您做的分析，堪称教科书式统计分析，听完竟有如沐春风的感觉。"中山市副市长叶红光认为："三方九看，教科书般的统计分析，不是一般的牛！"

在发言中，我认为，全省一季度主要经济社会指标运行稳健开新局，有力支撑全国增长，要"三方九看"重点领域经济运行长短、增长支点与"双百"建议。第一方面：冷静地从同比、累计环比、两年增长相比，三个维度看"前高回稳"运行走势。疫情下的广东经济形势总体稳定，不仅要看同比，还要看累计增幅环比与两年增长之比，全面辩证客观看待，保持清醒冷静头脑。第二方面：客观地从"一核一带一区"、"六个行业"（农业、工业、建筑业、商业、金融业、服务业）、"双十"产业、"新经济"、"三大需求"和"四上企业"六个维度看增长支点。从"一核一带一区"看，广东经济向好，显强大韧性；从农业、工业、建筑业、商业、金融业、服务业等六个行业看，它们已成为广东经济增长支点；从"双十"产业看，广东经济稳定增长支柱作用凸显；从"新经济"看，广东经济增长引擎强劲；从"三大需求"看，消费成为经济增长主要动力；从"四上企业"看，全省经济细胞稳定增长，不断厚植广东经济产出土壤。第三方面：理性地看"百名景气企业家""百名统计学（专）家"信心调查结果与若干建议。百名景气企业家、统计学（专）家对广东经济的即期与预期看法想法信心普遍增强，他们从各自角度提出相应加强经济运行的政策措施建议，值得重视关注。

总的看，广东经济是棵"常青树"，随风潜入夜，润物细无声，韧性强大，生机盎然。近年来，全省GDP各季占比呈"前低后高"，显示无论是总量还是增速，一季比一季重要。今年一季度广东GDP总量2.7万亿元，预计占全年比重也是20%左右，全省以此为开季起点，二、三、四季度都会逐季加重。对此，必须高度重视，一季抓一季，稳定每一季增长，巩固"前高回稳"的经济走势，确保全年6%以上增长目标的实现。

七、"小切口"辟新地

359

接地气上书五条，反映当下统计痛点、难点、热点——聚焦当下地方统计执行层面热痛点之空中不成熟思考

2018 年 6 月 22 日傍晚，虽为南国雨季，空客 321CZ3155 航班飞机却准时在风雨中飞起。

当飞机在万米高空平稳飞行时，我感到特别的踏实与安静。我也在思考当下统计数据背后的经济存在与增长，不断聚焦当下地方统计热点、难点与痛点，慢慢形成五点小观察。虽未能十分精准，但仍愿把在空中 2 个多小时里所想的写出呈上，以期仁者见仁地去发现和把握。

一是，挤水分需慎防"借驴下波、道德滑坡"。就具体的统计单位调查对象而言，报数是月季年循环往复的法定义务，既尽宏观经济之责，也需花大量的基层统计力量去维护与付出，在"3、6、9"高压强压下，常常听到明哲保身、宁愿少报不报、少惹事等基层声音，调查对象也借机不愿认真报全报实，不同程度地存在"敷衍了事，打发填报"的现象。

二是，严厉执法执纪需谨记以"以偏概全、以小否大"。出现"3、6、9"甚至于成倍的假报数据，大多出现在欠发达地区的"代填代报、相关影响权益方授意"等相关国有企业上，造假幅度倍数不小，但总量比重并不大。统计执法是冲有问题的对象而去的，还要注意甄别"一粒老鼠屎丢在锅里坏了一锅汤"情况，由此质疑近年抓统计数据质量主体是好的局面，就总体而言，应清醒地看有"百分之七八十的地方有百分之七八十的数据"真实可信。

三是，压实报告期数据也需给予"基期下树、反映增长变化"。这是统计业内需要给出方法办法选项的良方，否则，可能会出现数据来源自下而上层层汇，出现总体数据严重"塌方、塌陷"的结果。我们在"杀气腾腾"严厉治理数据造假注水的同时，也要看到 99% 的统计工作者没有造假动机，的确值得重视保护基层统计力量的工作积极性，给予数据挤水分之"出路与活路"，避免出现"经济面未有根本变化，却出现统计数据坏了"的被动局面。

四是，压实数据很重要，总体研判总体数据也

很重要。数据质量存在虚假，但也存在少漏低估，除了统计力量不足外，方法制度也有值得检讨的地方。比如，"四下、规下"方面的统计调查，2017年底，国家局下决心推进改革，由地方负责执行，限上限下归属一个专业处做，有利样本数据质量提高，体现了统计顶层相信基层。目前这方面的统计改革进展顺利，应逐步尽可能尽快地让限下的服务业商业调查结果基础数据在核算上获得采用。

五是，经济普查是摸清"经济家底"的重要抓手，也是全面真实描述经济本来面貌的重大契机。不要为去衔接"快、年报数据"所困，务实求实地开展普查并使用普查成果，注意在方式与时间节点上精准把握。比如，基本单位清查安排8月份开始，可能时间窗口上看似合理，但是不接地气，宜提倡因地制宜，根据各地自己实况一气呵成，做到清查、

普查时间无缝承接，避免出现空档时间，使刚组织起来且已培训过的上门一线普查员力量，因需无薪酬空等几个月而造成自然流失。

以上五点空中思考，不仅仅是在打发时间中对当下聚焦统计与统计数据热点的挚爱，更是自己在地方统计岗位的境遇心得。当然，亦仅仅是从地方角度与基层干部执行层面的不成熟看法，供参考与批评指正。

360
与工信厅座谈，分析工业经济形势，指导PMI编制工作

2018年9月14日下午，我会见省经济和信息化委主任涂高坤一行，共同分析座谈当前工业经济运行形势，探讨交流数据共享机制，指导PMI（制造业采购经理指数）编制工作。

首先，我从统计部门角度分析今年的经济形式。今年以来受中美贸易战等因素影响，工业经济运行不确定性加大，规上工业企业增加值增速回落，工业投资增速低迷，国内外经济形势复杂，扎实的统计工作和真实的统计数据尤为重要。省统计局近期贯彻实事求是的指导思想，落实"三个全面"，发文要求加强"两防"（防注水、防少漏）基础数据统计报送工作，就是为了真实刻画企业经济活动，准确反映社会经济总量，提高统计数据质量，在错综复杂的经济形势下，为党委政府经济决策和宏观调控提供参谋，当好助手。同时，我对省经信委在PMI指数编制方面做的大量工作表示肯定，但也应该客观认识现有编制方法存在样本量不足和

样本代表性偏弱等缺陷与问题。结合自己在深圳市统计局 PMI 编制工作和经验，我建议省经信委应结合广东制造业特点和发展趋势，对现有 PMI 指数样本数据库进行扩样，在增加样本数量的同时，优化样本结构，兼顾地区、行业、规模，来增加样本代表性，提高 PMI 指数编制质量。同时，省经信委还要在省统计局法规处备案 PMI 指数问卷调查，提高调查的合法合规性。

涂高坤主任开门见山地表明了此行的来意和目的。首先是感谢，感谢省统计局长期以来对省经信委工作的大力支持，及时提供统计数据和分析材料，为广东经信委工作提供了数据支撑和决策依据；其次是学习，杨局长在全省上半年经济形势分析会上的报告深受关注和好评，值得各部门认真学习。近期杨局长又到各地市密集调研"两防"工作，得到了省领导的高度赞扬和肯定；希望省统计局和省经信委能加强工作交流，对省经信委的"小升规"、工业经济和工业投资运行分析、PMI 指数编制等工作给予协助和指导。

双方还就省统计局向省经信委提供的规上工业企业名录、选派专家协助省经信委系统进行统计知识培训等工作达成了一致和共识。

361

构建"三个一"，科学度量广东高质量发展变化

2018 年 11 月 7 日，我参加广东省市厅级主要领导干部学习贯彻习近平总书记视察广东重要讲话精神专题研讨班。在专题研讨班分组研讨中，我以"构建'一个评价指标体系、一套新经济统计制度、一支专业委员力量'科学度量广东高质量发展变化"为主题作研讨发言。

深入学习习近平总书记重要讲话精神，脚踏实地联系广东统计，作为一个专业技术部门最大的使命是清晰职能、清楚职责、清新操守，把"落点切角"放在如何全面实事求是地科学考量总书记指示的从速度增长向高质量发展与广东发展不平衡不协调问题的变化上。落实总书记重要讲话集中体现在构建"三个一"上：

构建《广东省高质量发展综合绩效评价体系》旨在推动广东经济高质量发展的体制机制上走在全国前列，充分发挥绩效评价的激励和导向作用，引领各地高质量发展。这一评价指标体系，共有 39 个指标，33 个共有，6 个区域特有。评价指标从广东

发展特色和区域特点出发，创新地采用分类考核的办法，依据"一核一带一区"区域发展新格局，分为珠三角核心区、沿海经济带（东西两翼）、北部生态发展区三个区域设置指标。珠三角核心区突出创新驱动、开放水平；沿海经济带（东西两翼）突出城镇化水平提升、协调发展和发展后劲；北部生态发展区突出绿色发展和环境保护，体现有底线、有红线的发展。这是一个能较全面衡量广东高质量发展，又可在全国率先引领的综合绩效评价体系，可为全国提供较强的借鉴引领。

"入道弥深，所见弥大。"建立 2018 年广东省本级新经济统计监测制度，突出"新一代信息技术、生物医药、数字经济"等九大重点发展领域的产业基础指标监测，按季度（年度）核算广东新经济增加值。广东新经济的业态形态相对全国其他地区

出现得早，也最为复杂，需在科学考量上对新经济制度进行不断修改和完善，充实统计内容与完善指标设置。建立"准四上"调查单位监测机制，充分利用工商、税务和住建等部门的共享数据，丰富"准四上"调查单位数据库，加强"准四上"调查单位动态监测，以确保符合入库条件的企业及时入库报数。开展全省资产负债编表试算，持续健全《广东省地区 GDP 数据质量评估办法》等 18 项统计数据质量审核评估办法，指导、监督各级统计部门严格按照相关统计调查制度和业务规范采集、审核、汇总、报送、公布相关统计数据。

"一打纲领不如一个行动。"7 月成立广东省统计专业委员会，依托专业力量凝心聚力展开专业工作。依专业业务需要，实现扁平化管理，每个专业委员可动议、发起综合或单一统计专业委员会，跨专业、跨部门即时调动业务专员，

协调各项专业关联工作，增强统计能力和工作执行力。目前，全局已召开统计专业委员会 15 期，不断破解文化、旅游、物流等行业增加值核算多项难题，牢固构筑"专业的事由专业的人去干，才能干好"的职业专业操守精神。

"看似简单最统计，成如数据却艰辛。"充分运用统计这一科学计量工具，知信行统一，紧密结合广东统计实际，身体力行"若网在纲，有条不紊"地以构建"三个一"科学度量为己任，切实落实习近平总书记视察广东重要讲话精神和省委、省政府"1 + 1 + 9"统一工作部署要求，全面地、实事求是地、科学地反映广东高质量发展变化。

362
熵值评价，是科学度量广东高质量发展的一个方法选项

在深圳工作时，因岗

位也因操守，我几乎每个季度都要同华为的财务经理们打交道，也因此需要同外联部的那些年轻而又高学历的理工男探讨科学方法问题，其中涉及熵值方法应用研究。

2018年6月从深圳到省工作后，我一直在思考如何做好工作。从问题与需求双导向出发，围绕增强统计能力，我已向全省统计系统提出了"如何构建经济大省之统计强省"这一现实奋起目标。联系到广东在"四个走在全国前列"中，第一个就是要求在"构建推动经济高质量发展体制机制"上走在全国前列。可见，科学准确反映经济高质量发展是近年来统计部门重要职能

之一。前不久，省统计局组织制定的《广东省高质量发展综合绩效评价体系》，获得省委、省政府主要领导的充分肯定与认可。

就方法应用而言，如何科学度量亦是构建经济大省之统计强省的重要标志。

广东是工业经济大省，改革开放以来广东工业经济取得举世瞩目的成绩，总量大幅提升，但质量效益方面还存在发展不平衡不充分等问题。研究工业经济高质量发展问题，是促进经济高质量发展的重中之重。今年广东省统计局带领各地市统计局开展"工业经济高质量发展"课题研究，在利用"熵值法"客观评价的基础上，通过计量的方式，作出客观的综合评价，共同探讨全省及各地区的工业经济高质量发展情况，找出经验和不足，提出相应的对策建议。这既有意义，也很有必要。

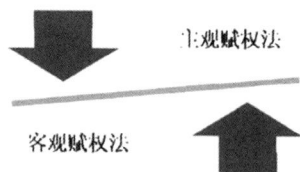

采用"客观赋权法"来确定各项指标的权重，是客观计量评价的切入选项。一般而言，指标权重的确定方法分为主观赋权法、客观赋权法以及主客观组合赋权三类。主观赋权法根据评价者主观上对各指标的重视程度来决定权重，主要有专家打分法（Delphi 法）、层次分析法等；客观赋权法则是通过数理统计方法和技术，通过原始数据之间的关系计算赋权，常用方法有熵值法、变异系数法、因子分析法、主成分分析法等；主客观组合赋权则将两者相结合。

在这次广东高质量研究中，采用客观赋权法中常用的"熵值法"确定各级指标权重是熵法的客观赋权法的一个方法选项，有一定的技术含量。"熵"原本是物理中热力学的概

念，后发展为信息学中熵值法理论，并且在指标赋权中应用广泛。熵是对不确定性信息的一种度量，熵值法根据各个指标传递给决策者的信息量大小来确定权重：某些指标离散程度越大，该指标对结果的影响越大，赋予的权重也就越大。

通过熵值法的赋权和对综合发展指数的计算，2017 年广东工业经济高质量发展综合指数（HQDI）为 70.08%，比 2007 年（28.48%）上升 41.06 个百分点。与江苏、浙江和山东相比，广东工业经济高质量发展水平和江苏相当，优于浙江和山东；广东在创新驱动和对外开放方面优势较为明显，在协调发展和成果共享方面仍需进一步提高，对促进广东工业经济高质量发展提出若干对策建议，比如提出树立高质量发展理念、实施创新驱动发展战略、加快促进协调发展、构建开放型经济新体制，都有

一定角度的借鉴意义。

同时，参与本次专项研究的各地市对本地的工业经济高质量发展做了深入研究，提出了不少有见地的统计视角思考，这也是一种构建经济大省之统计强省的有益探索。比如，广州测算出本市 2011—2017 年工业经济高质量发展综合指数（HQDI）不断上升。创新推动广州工业动能转换，发展动力持续增强，出口依赖度降低。对促进广州工业经济高质量发展提出"内外兼修"诸建议；深圳工业经济高质量发展综合指数由 2011 年的 13.77% 提高到 2017 年的 91.16%，提升了 77.39 个百分点。其主要特点是自主创新能力不断增强，为工业高质量发展注入核心动力；先进制造业和高新技术产业快速发展，质效显著提升；向价值链高端延伸，结构优化调整不断深入；节能降耗不断推进，坚持走绿色低碳发展路径；对外开放均

衡发展，和谐共享发展成果。珠海、惠州、中山、江门、肇庆、韶关等市也从各地各自角色进行了相应工业高质量发展的研究，这些观点与建议都体现了生动活泼的统计专业工作者的思考与表达。

"一花独放不是春，百花齐放春满园"。当下，广东统计人正构建"经济大省之统计强省"，"为数据需求者提供服务"方始终。期待许许多多广东统计工作者，尤其是统计年轻人，能脚踏实地、静心安心深入研究统计数据背后的经济逻辑，为决策者提供更好更强的数据解读解构服务。

363
从广东发展特色和区域特点出发，全国首创分类综合绩效评价体系，获省委、省政府领导肯定批示

为认真贯彻落实习近平总书记对广东提出的

"在构建推动经济高质量发展的体制机制上走在全国前列"的重要指示，推动广东经济高质量发展，根据省政府工作安排和马兴瑞省长有关指示要求，2018年3月底，省政府专门成立由分管副秘书长统筹，省统计局牵头的起草组，研究起草了《广东省高质量发展综合绩效评价体系》（简称《评价体系》）。

省统计局高度重视这项工作，我积极部署，亲自指导，先后召开两次统计专业委员会议进行专题研究。2018年8月3日，我主持召开广东省统计专业委员会第一次会议研究《广东省高质量发展综合绩效评价体系（征求意见稿）》，提出三点要求：

一是要加快试算，评价体系的构建要从现在开始"试水"，要有材料、有数据，并坚持"底线思维"。

二是要先易后难，评价体系的构建要分块推进，逐项落实。针对某类指标，可通过召开小规模会议等方式，由相关专业带上数据参会研究落实。

三是要根据实际情况取舍，评价体系的构建要遵循可操作和简明原则，既要在指标数量上取舍，也要在权重结构上取舍。对缺乏数据来源的指标应及时舍去，对指标权重进行设置时应讲究均衡，并按照发展规律，适当增大趋势向上指标的权重。

《评价体系》的设置考虑多方面因素：一是充分体现新发展理念；二是充分体现广东发展特色和区域特点；三是最大限度引导推动高质量发展；四是充分体现以人民为中心的发展；五是充分体现有底线、有红线的发展。《评价体系》按照珠三角核心区、沿海经济带（东西两翼）和北部生态发展区等三个区域设置指标。珠三角核心区突出创新驱动、开放水平；沿海经济带（东西两翼）突出城镇化水平提升、协调发展和发展后劲；北部生态发展区突出绿色发展和环境保护。每个区域的评价指标按"1＋5"的框架设置，即设置综合、创新、协调、绿色、开放、共享六个一级指标。起草小组多次进行集体研究和座谈调研，来不断修改完善；业务骨干加班加点、攻坚克难，精密测算、数易其稿。

省领导高度重视这项工作。2018年7月18日，广东省省长马兴瑞对广东省统计局上报的《广东省高质量发展综合绩效评价体系》作出批示："这个思路很好！评价体系可先集中一些指标体系，运行一段后，再搞细一些的指标体系。"8月21日，马兴瑞省长召集有关省直单位对《评价体系》和评价结果进行全面深入研讨。8月27日，林少春常务副省长召集起草组对《评价体系》再次进行研讨。8月上旬到中下旬，省统计局先后三次向《评价体系》涉及的省直属部门和各地市发函征求意见。2018年8月底，省政府常务会议审核通过《广东省高质量发展综合绩效评价体系》，马兴瑞省长对省统计局的工作表示充分肯定："这活干得不错。"

2018年10月，马兴瑞省长在省统计局呈报的《广东省高质量发展综合绩效评价体系》情况汇报上批示："请李希书记审示。这是经过几轮的研究与讨论形成的，有一定的创新，是落实中央巡视要求和省委十二届四次全会战略实施的要求。可以下发试行。"李希书记批示："同意。"《广东省高质量发展综合绩效评价体系》得到省委、省政府主要领导的高度评价。

在全国范围内，广东是率先出台高质量综合绩效评价的省份，这体现了广东在引领新时代再创新局面的实践要求，一丝不苟地落实习近平总书记的指示要求。《广东省高质量发展综合绩效评价体系》从广东发展特色和区域特点出发，创新地采用分类考核的办法。同时，充分体现广东改革创新发展，以人民为中心的发展，有底线、有红线的发展。《广东省高质量发展综合绩效评价体系》是一个能够较全面衡量广东高质量发展，又可在全国率先引领的综合绩效评价体系，可以为全国其他省份提供较强的借鉴参考意义。

364
循总书记足迹，调研感悟"四个提高"，精准描述农村经济颗粒

2018年11月26日，我在清远市召开的广东省第四次全国经济普查方案

培训班和经济普查领导小组办公室主任会议上作了讲话后，又马不停蹄、轻车简从地赶往英德市电子商务产业园调研。

走进农特产品体验馆，我不无感慨地说，今天离习近平总书记视察广东刚刚过去一个月，习近平总书记重要讲话言犹在耳，循着习近平总书记的足迹来到英德，十分激动，十分有必要。我听取产业园有关负责人的讲解，重温习近平总书记到英德视察的难忘时刻，详细了解英德红茶、麻竹笋、清远鸡等特色农产品的生产和电商销售情况，并了解英德红茶和英石的历史发展轨迹。在电商服务中心，我深入果康源农产品专业合作社，与合作社负责人愉快地交流合作社的运营方

加大政策支持　促进农民合作社发展

式、生产和销售情况等，询问合作社是否有工商登记，是否参加了经济普查单位清查，并勉励合作社负责人要把习近平总书记到社视察的精神财富转化为物质财富，形成模式，把合作社搞得更好，把更多的农产品通过电商销售出去，带动更多的农民走向致富道路。

在英德深化农村综合改革和农业有关情况展板前，我了解了英德农业概况和主要农业统计数据后，对抓好全省农村统计数据质量提出了"四个提高"，精准描述农村经济颗粒：一是提高农村统计工作重要性的认识。乡村振兴战略是习近平总书记在党的十九大报告中提出的重大决策部署，在实施乡村振兴战略的大背景下，农村统计工作更加重要，更加有意义。在英德等农业大县，农业占GDP的份额还很高，不必遮遮掩掩，但要改变过去对农村统计不重视的观念和做

法，高度重视农村统计工作，搞准数据客观反映"三农"家底和实施乡村振兴战略的成效。二是提高"两防"（防注水、防少漏）认识，统准统全数据。要解放思想，开阔思路，正视农业发展。调研以后，进一步印证农业大有可为，可以大发展，也可以高增长。统计工作要接地气，实事求是地把经济发展反映出来，把工作成果反映出来。要重视源头数据报送，细化农村经济颗粒度，做到颗粒归仓。三是抓住重点提高数据质量。要以农业核算为龙头，加强数据审核评估。要以问题为导向，抓住蔬菜复种次数偏低等少报漏报重点，查漏补缺。加强现代农业、农业新经

济、地方特色农业等方面的研究和数据收集。必要时开展相关农产品价格补充调查，搞准特色农产品价格。四是加强基础建设，提高农村统计工作能力。各级要加强农村统计人员业务培训，强化报表制度和指标理解，来提高统计工作能力。要充实农村统计力量，配备与经济总量、工作任务相适应的工作人员，保证各项统计工作顺利完成。农业大市至少要安排2名以上专职人员进行农村统计工作，农业大县要设置专职的农村统计人员。

365
率队上线广东"民声热线"，解社会关注问题

广东"民声热线"由中共广东省直属机关工作委员会和广东广播电视台等单位主办，机关单位参与，是推动解决人民群众反映最强烈的党风政风问

题的节目。2018 年 12 月 25 日上午，我率队上线广东"民声热线"直播节目，该节目以年度最高分（94.5 分）完美收官。

在"民声发布"环节，我代表省统计局介绍了广东第四次全国经济普查的最新情况。截至 2018 年 11 月 15 日 24：00，全省已核查单位和个体总数为 1 068.71 万个，已核查有效总数为 844.60 万个，占全国总数九分之一强，为普查登记奠定了良好基础。这一成绩的取得，凝聚着各级领导的坚强领导、政府部门的密切协作、社会各界的大力支持、近 10 万普查工作者的无私奉献和广大普查对象的理解配合。2019 年 1—4 月将开展普查登记工作。普查登记以填报普查表为基础，采取网上直报、手持移动终端（PAD）采集、自主申报等方式，摸清全省第二、三产业发展的基本数据和分布区域。面对复杂多变的国内外经济形势，

全省将群策群力，加强组织领导，密切部门协作，加大宣传力度，强化经费物资保障，严格落实规章制度，为打赢经济普查这场硬战奠定坚实基础。

在"民声调查"环节，节目现场播放了记者暗访视频。对于 2018 年以来广东省社会消费品零售总额增速呈现逐月回落趋势，是否反映百姓消费意愿降低，"消费降级"是否存在等问题，我进行了回应：今年以来，一方面广东社会消费品零售总额累计同比增速虽然有所回落，但这主要受汽车消费增幅回落影响，剔除该因素，社会消费品零售总额累计同比增长平稳。另一方面，单从社会消费品零售总额增速变动不足以全面判定消费的变化：一是社会消费品零售总额主要反映实物消费，只包含实物商品及餐饮消费，而没有包括服务消费，实际上服务消费这一块增长速度更快。二是消费模式在不

断转变。过去消费者可能在门店消费较多，现在更多集中到网络消费，这是

一种消费模式的转变。三是消费选择更加多样化、个性化。总体来说，随着经济发展与人民生活水平的提高，食品、烟酒、衣着等生活必需品消费的比重逐年下降，交通通信、教育文娱、医疗保健等服务类消费比重则不断攀升。从这个角度来看，消费实际上不是降级了，而是升级了。此外，商品消费增长具有周期性特性，新消费模式出现、新技术产品上市、产品升级换代都可以带动新一轮消费增长。目前，5G 通信产品等待出场，新能源汽车技术提升，汽车国六标准启动等将迎来新一轮消费增长。

对于统计部门自由裁量权问题，我表示，专家学者所提出的思考角度是对省统计局行政处罚自由裁量权的重要参考，省统计局将予以充分的重视和吸收。关于在流程上属于"三重一大"如何界定的问题，可以从公正、公平、透明的角度，而不是人为来确定行政处罚的裁量权。接下来，省统计局将会根据上位法进行修订，做到依法依规。关于幅度的宽泛问题，征求意见稿是基于广东较大的区域经济差异来拟定的，考虑为县级以上部门留足更细致的制定空间。省统计局将从全省的角度把处理的权限规定得更合理、更具体，努力使自由裁量权的制定达到一个更高水平。

在"民声连线"环节，现场接入群众来电。对于企业因营业收入已达规定限额而纳入统计之后的好处及报数工作是否复杂的问题，我认真做了回答：按照国家统计局的制度规定，按时向统计部门填报统计报表，是每一家规模以上或者限额以上企业的法定义务。当企业纳入统计名录库后，将会有独立的联网直报系统账号，企业使用本企业账号，通过互联网自行登录系统进行报送即可，在企业端的使用界面上，功能并不复杂。另外，对于首次报送报表的企业，各级统计部门都会安排相应培训或上门辅导服务，如培训期间仍有疑问，也可联系区、镇街统计员进行协助。企业提供统计报表于国于民于己都很有意义。一是为当地制定正确产业扶持政策提供依据，有利于当地党政部门了解企业发展状况，制定良好的产业政策、创造更好的营商环境来支持企业发展。二是为国家宏观决策提供最基础来源，每家企业都是国家整体经济中的组成细胞，没有经济细胞就没有经济全局，从省委、省政府到党中央、国务院的每项决策都是通过调查对象的数据来支撑的。三是影响每个人的经济生活。各级各部门要了解行业的发展信息，寻找投资方向，哪些是产能过剩行业，哪些是前景广阔的新兴行业，在进行投资决策时，就必须借助相关的统计调查数据。

在"民声十问"环节，节目组网罗了老百姓对广东省统计局最关心的十个问题后，选择人气最高的问题作为上线必答题。其中，对于普查对象如果拒绝提供或胡乱提供普查数据会产生什么样的法律后果的问题，我指出，普查对象拒绝或胡乱提供普查数据的行为是违法的，将受到统计法律法规严肃

惩处，构成统计上严重失信的企业将纳入信用信息公示平台进行公示，并受到有关部门的联合惩戒。企业不能真实提供数据，会带来整体数据的失真，影响整体经济决策。实际上，统计工作者呼吁避免这样的行为，希望企业给予统计工作者更多的理解和支持，自觉参与并完成统计任务。

在被问到普查对象如何确认普查员身份，企业如何辨别真假普查员以保障信息安全时，我介绍道，政府普查人员佩带有可用手机扫码认证的经济普查员证或指导员证或督查证，证件加盖广东省第四次全国经济普查领导小组办公室公章；政府普查人员一般情况下有当地基层干部陪同普查；同时普查对象也可打电话到县、乡政府普查机构直接查实普查人员身份。另外，通过"广东智能普查"微信公众号也可以核验普查员的身份信息。

对于"双十一"购物狂欢节，统计部门是否存在统计的问题，我也作了回应，"双十一"购物狂欢节的销售数据，已经统

计在社会消费品零售总额中。政府统计主要是针对国计民生的社会经济情况进行的全面系统的统计。"双十一"作为市场的一个时点行为，与大市场是相互呼应的。目前，国家统计局对重点电商的数据来源有制度安排，有监控，也有利用大数据，哪里消费哪里购买也看得清楚。目前，国家统计制度对统计数据"分割"的方法也在进行进一步研究与完善，使数据能够更精准体现经济社会发展。

366
三个方面下功夫，助力粤港澳大湾区发展

2019年3月26日上午，省统计局召开2019年度第四期党组中心组（扩大）理论学习会，传达学习《粤港澳大湾区发展规划纲要》精神。我主持会议并提出学习贯彻的具体要求。

会上，我传达学习了《粤港澳大湾区发展规划纲要》（简称《规划纲要》）和省委书记李希、省长马兴瑞在全省推进粤港澳大湾区建设工作会议上的讲话精神。

建设粤港澳大湾区，是习近平总书记亲自谋划、亲自部署、亲自推动的重大国家战略。习近平总书记对粤港澳大湾区建设提出了一系列重要论述，省委、省政府对深入学习贯彻落实《规划纲要》作出了全面部署。统计系统党员干部要提高政治站位，

强化战略思维,增强大局意识,看清发展大势,主动担当作为,着重在三个方面下功夫:

(1)在学深悟透上下功夫。各党支部要把学习习近平总书记对粤港澳大湾区建设的重要论述和《粤港澳大湾区发展规划纲要》及李希书记、马兴瑞省长的讲话精神作为主要内容组织一次专题学习,切实学懂、学会、学好。

(2)在结合实际上下功夫。《粤港澳大湾区发展规划纲要》内涵十分丰富,许多内容与统计工作密切相关,广大党员干部要联系所在部门的任务、所在岗位的职责、所在专业的要求,找到找准粤港澳大湾区发展建设的关联点,把任务、职责、要求摆进去,在粤港澳大湾区发展建设中发光发热。

(3)在提升工作能力上下功夫。深入落实党组确定的2019年为"统计能力提升建设年"要求,努力在构建经济大省之统计强省中,全面提升"统计改革创新、统计法治建设、统计数据质量、统计监测预警、统计服务水平"能力,为广东省实施《粤港澳大湾区发展规划纲要》提供统计服务保障。

367
大湾区统计合作拉序幕,粤港澳三地交流形合力

2019年4月15日,粤港澳大湾区统计合作座谈会暨广东统计数据中央多功能控制室启用活动在10号楼拉开帷幕。

广东省副省长张虎莅临出席,并会见国家统计局领导和港澳统计人士,指导第七次全国人口普查专项试点工作。

座谈会上,星光熠熠,大咖云集。国家统计局人口和就业司副司长崔红艳、香港特别行政区政府统计处副处长陈萃如、澳门特别行政区政府统计暨普查局副局长麦恒珍、省大湾区办常务副主任曹达华、省港澳办副主任彭秋云等莅临指导。

张虎副省长在座谈讲话中指出,感谢国家统计局对广东统计工作的指导,感谢香港和澳门统计部门对广东统计工作的支持。本次粤港澳大湾区统计合作座谈会,不仅可以为国家统计局制定《第七次全国人口普查港澳台和国外人口普查登记办法》提供重要参考依据,还是加强粤港澳大湾区统计机构交流合作的重要契机和平台。希望国家统计局多到广东指导工作,粤港澳三地统计部门也要加强沟通交流,形成合力,精准判断大湾区经济形势。广东统计系统要在国家统计局的业务指导下,认真学习习近平总书记对广东工作和对统计工作的重要讲话指示批示精神,牢牢把握广东统计工作中的突出问题,聚焦统计业务主业,加强统计探索创新,落实粤港澳

大湾区规划纲要，以统计数据质量为核心，提供更多精准数据，为粤港澳大湾区国家战略实施提供更好统计服务。

张虎副省长还利用广东统计数据中央多功能控制系统，分别与国家统计局数据管理中心副主任张毅、深圳市统计局局长王虎善和珠海市统计局副局长华吉波等进行了远程视频互动。在视频互动中，张虎副省长对国家统计局对广东统计工作的支持表示感谢，希望国家统计局能将更多改革试点任务放到广东，广东统计系统将在国家统计局的业务指导下，努力探索，积极创新，扎实做好第七次人口普查等试点工作，不辜负国家统计局领导的期望和信任；张虎副省长在互动中还要求深圳、珠海两市认真落实习近平总书记视察广东重要讲话精神，贯彻省委、省政府决策部署和大湾区规划实施纲要，认准自身定位，借助区位优势，认

真干、努力做，走在改革创新的前列，努力成为粤港澳大湾区中耀眼的增长极。

我在座谈会上汇报了粤港澳大湾区统计合作和人口普查登记创新方法应用试点的筹备情况。根据国家统计局宁吉喆局长年初在广东调研时指示"要安排更多统计改革创新试点在广东"的要求和国家统计局关于同意广东开展2020年全国人口普查港澳台和外籍人口普查登记试点的批复，进一步推动粤港澳大湾区统计工作合作，广东省统计局拟联合香港、澳门统计机构，开展2020年全国人口普查港澳台和外籍人口普查登记专项试

点，同时在利用基层人口行政记录、采用不同数据采集工具和加强普查登记宣传三个方面开展创新举措，高质量完成普查试点任务。

我还向张虎副省长读屏广东统计数据中央多功能控制系统华为、格力、中兴和腾讯等重点联网直报企业数据报送情况，粤港澳大湾区人口分布和无纸化会议办公流程等人工智能项目。广东统计数据中央多功能控制室，是落实粤港澳大湾区重大战略、推动广东统计信息化、为数据需求者服务和构建经济大省之统计强省的重要创新成果，集视频会商、决策、应急指挥、监控调度、信息接收等功能于一体，性能先进，功能齐全，上联国家统计局、下联全省21个地级以上市统计局，具有数据可视化、管理扁平化、指挥统一化和会议多元化等特点，可满足多种统计业务需求。

368
时间长河一小步，粤澳合作一大步

澳门，翩翩时光中荡来的一叶轻舟，轻缀着葡国遗留的风情，披一袭东方赌城的奢华与迷蒙，缓缓而来。世界，因一朵别致芳香的莲而璀璨，这有着东方蒙特卡罗之称的花园城市，在四百年错综斑斓的时光里，被东西方文化交揉裹挟着盛开绽放。

2019 年 5 月 27 日，2019 年粤澳合作联席会议在澳门召开。我陪同马兴瑞省长出席会议，会见澳门特别行政区统计暨普查局局长杨名就，共同签署《广东省统计局与澳门特别行政区政府统计暨普查局关于 2020 年在粤澳门居民人口普查登记的合作协议》（简称《合作协议》），推动粤港澳大湾区统计合作。

签字仪式上，镁光灯频频闪耀，墨绿色的背景墙和正红色的主席台交相辉映。我作为本项协议的粤方签约代表、杨名就局长作为澳方签约代表，分别在《合作协议》上签字。短短的签名，凝结了厚重的意义，这只是时间长河中的一小步，却是推动粤澳统计合作的一大步。

《合作协议》在粤澳政府合作总体框架指导下，经广东省统计局与澳门特别行政区政府统计暨普查局友好磋商，基于平等互利、相互尊重的原则，就 2020 年在粤澳门居民人口普查登记有关事宜达成一致意见。《合作协议》是广东省统计局贯彻落实《粤港澳大湾区发展规划纲要》、加强粤澳统计工作交流与合作的重要成果，对建立粤澳统计合作交流机制、服务与推动粤港澳大湾区国家战略实施具有重要意义。

会议期间，我还与杨名就局长在进一步深化粤澳统计合作交流和落实《合作协议》等方面进行探讨。我们一致同意在《合作协议》指导下，加强粤澳人口统计人员交流及人口普查方法技术等方面合作，建立人口普查数据交换机制，就共同感兴趣的人口普查或人口统计议题进行人员交流和组织专题研讨，在利用基层人口行政记录、采用不同数据采集工具和加强普查登记宣传三个方面开展创新举措，高质量完成 2020 年全国人口普查港澳台和外籍人口普查登记专项试点任务，为粤港澳大湾区国家战略实施提供坚实统计保障。

会后，我还向杨名就局长赠送了编号为"A0001"的粤港澳大湾区统计合作卡牌，并邀请杨名就局长适时到广东省统计局考察访问，就粤澳人口普查登记合作事宜再作深入交流。杨名就局长欣然应邀、表示感谢，并表示澳门特别行政区统计暨普查局将在《合作协议》框架下，全力以赴做好人口普查专项试点工作。

369
10号楼的小会议，为大湾区战略提供统计保障，统计部门怎么做

省委十二届七次全会刚落下帷幕，我思索着，10号楼也应该即刻传达学习会议精神。于是，2019年7月29日上午，我主持召开会议，结合当前统计重点工作研究贯彻落实意见，要求为粤港澳大湾区国家战略实施提供坚实统计保障。

省委十二届七次全会是广东以习近平新时代中国特色社会主义思想为指导，深入学习贯彻习近平总书记对广东重要讲话和重要指示批示精神，在扎实开展"不忘初心、牢记使命"主题教育活动的关键时刻召开的一次重要会议，省委书记李希代表省委常委会作报告，省委副书记、省长马兴瑞就粤港澳大湾区建设作工作部署。建设粤港澳大湾区是习近平总书记亲自谋划、亲自部署、亲自推动的重大国家战略，要坚持以习近平新时代中国特色社会主义思想为指导，在建设国际一流湾区和世界级城市群中笃定前行、扎实推进。

统计部门要根据省委十二届七次全会要求，紧密团结在以习近平同志为核心的党中央周围，不忘初心、牢记使命、闻鸡起舞、日夜兼程、风雨无阻，扎扎实实做好粤港澳大湾区建设各项工作，为粤港澳大湾区国家战略实施提供坚实统计保障。

博学之，明辨之。要认真学习、深刻领会全会精神，切实把思想和行动统一到习近平总书记关于粤港澳大湾区建设重要部署上来，进一步提高政治站位，迎难而上、勇挑重担，为粤港澳大湾区建设贡献统计力量。

慎思之，笃行之。全面落实省委"1+1+9"工作部署，深化统计改革创新，提高统计数据质量，强化统计服务意识，加强统计监测预警，结合统计部门职责全力做好"六稳"工作，为粤港澳大湾区建设提供扎实数据支撑。

以初心，连使命。要结合正在开展的"不忘初心、牢记使命"主题教育活动，不忘统计工作精准反映经济社会客观存在的初心，牢记为数据需求者服务的使命，在省委主题教育巡回指导组的指导下，全面扎实推进主题教育各项活动。

常交流，强保障。在《粤港澳大湾区发展规划纲要》的总体框架指导下，加强与香港澳门统计机构的合作交流，落实好《关于2020年在粤澳门居民人口普查登记的合作协议》

内容，做好港澳台和外籍人口普查登记专项试点总结和第七次全国人口普查准备工作，为粤港澳大湾区国家战略实施提供坚实统计保障。

370
深入东莞企业调研，助推制造业高质量发展

2019年8月5日，应省工业和信息化厅邀请，我来到东莞滨海湾新区，深入工业企业开展高质量发展专题调研。

这次调研是为贯彻落实省委、省政府关于"推动制造业高质量发展"和"制造强省建设"工作部署，深入了解全省工业经济发展态势，在省委、省政府领导指示要求下展开的，意义重大深远。

在滨海湾新区，我首先观看了新区规划展板，实地查看新区开发情况，详细听取新区规划及重点项目招商情况，了解新区

在集聚高端制造业总部和发展现代服务业的政策措施。随后到东莞市以纯集团有限公司、永大精密模具（东莞）有限公司、广东万里马实业股份有限公司开展企业调研，与企业相关负责人进行座谈交流，听取企业的发展历史和生产经营情况介绍，深入了解中美贸易摩擦和增加值税率下调对企业的影响，企业在经济面临下行压力下的应对措施，同时听取企业对全省制造业高质量发展和对统计工作的意见建议。

推动制造业高质量发展是近年来全省促进高质量发展的重点，在经济下行压力加大的环境下，全省的制造业企业加大了创新和研发力度，采取有效

措施应对中美贸易摩擦带来的影响；各类新区和开发区充分利用自身优势，搭建平台，升级规划，努力促进高质量的制造业集聚，促使全省制造业保持平稳发展的态势。希望各级各部门和企业一起，积极应对国际国内环境的变化，通过加大研发投入和强化自主创新，不断提高制造业发展质量。

371
加大科技研发投入，科技是第一生产力

2019年8月10日下午，根据省领导指示要求和进一步贯彻落实上半年全省经济分析研判会暨工业经济运行专题工作会议精神，我与省科技厅厅长王瑞军一行到深圳开展高新技术企业高质量发展专题联合调研。

我们一行先后到深圳中电科新型智慧城市研究院有限公司、深圳摩方材

料科技有限公司和优特普科技有限公司调研。三家企业是近年来深圳涌现出来的高新技术企业的代表，其中中电科是国内知名的新型智慧城市整体解决方案的运营商和服务商；摩方材料是国内领先的微纳米 3D 打印系统的提供商；优特普是以视频传输产品智能智造为基础的高技术企业。

在中电科，我详细询问企业生产经营情况，了解企业产品的创新特色和市场占有率，询问中美经贸摩擦对企业生产经营的影响以及应对举措；在摩方材料，我听取企业主营业务及未来发展战略介绍，询问企业在研发投入和人才队伍建设方面的主要做法；在优特普，我参观企业创新实验室和研发中心，了解企业 R&D 统计报表填报情况，听取他们对统计工作的意见建议。

整个调研过程，我感受到深圳三家高新技术企业的创新战略和创新成果

是值得高度肯定的。时代变迁、技术更迭，科技创新对企业经营发展的作用越来越大，科技创新已成为企业发展的第一动力，是企业得以发展的最重要基因。深圳的高科技企业正是依靠科技创新成功抵御了中美经贸摩擦的冲击。统计部门也对原有的核算方法进行改革，将企业研发支出纳入 GDP 核算，较好地反映了科技创新对经济增长的直接贡献，又对推动全社会重视科技创新起到了重要的引导作用。

我勉励三家企业继续加大科技研发投入，加强创新人才队伍建设，加快科技成果转化应用，依靠科技创新不断做大做强，在实现自身高质量发展和为广东经济做出更多贡献

的同时，也为全省制造业企业高质量发展探索有益道路。

372
规范、培育、发展，民间统计应成为统计力量的重要构成

2019 年 9 月 1 日上午，我到深圳市精邃统计师事务所有限公司开展全省统计中介机构培育和发展工作的专题调研。

我参观了企业办公环境，现场指导一线工作人员审核企业数据，听取企业负责人就统计中介服务行业发展状况的专题汇报，并对精邃统计事务所在严把数据质量关所采取的措施给予了充分肯定。

近年来，广东省各级政府、政府统计部门深入贯彻落实国家关于鼓励和促进社会中介服务组织健康有序发展的精神，在规范引导民间统计发展上做了大量的探索。深圳作为改革开放的前沿阵地，早

在 2009 年就颁布了《深圳市统计代理管理办法》，这是全国第一个关于民间统计活动的法律法规，对民间统计机构代理政府统计调查活动和调查对象的报送业务都作了明确规定；为进一步规范和促进民间统计机构的健康发展，2017 年深圳市又发布了《深圳市统计中介机构管理规范指引》，这是全国第一个统计中介机构管理规范的指引，它积极推动了在普查及日常统计工作中向民间统计机构购买服务以及统计调查对象委托报送统计数据等业务，有效提高了统计工作效率，促进了民间统计机构的健康发展。

国家统计局高度重视统计中介行业的发展，已在全国范围内推广广东及深圳的做法。今天是 2019 年 9 月 1 日，既是开学日，也是统计"一套表"联网直报平台的开网日。全省统计工作者就像学生一样，回到"统计大学堂"，用创新的思维、有效的手段、扎实的作风推进统计工作的进行。

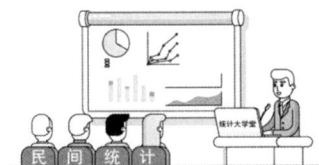

我殷切希望统计中介机构能围绕三个方面提升工作：一是要把行业培育和规范发展抓实抓细，充分发挥好社会统计力量对政府统计工作的补充作用；二是要严守数据质量红线，认真做好"两防"工作，与统计部门一道实现统计事业的长青；三是要进一步理清求变与求实的关系，立足"哪里有经济、哪里就有统计"做好服务、强化创新。

373
战略谋划，战术执行，统计部门全力支持深圳先行示范区建设

2019 年 9 月 12 日，我在深圳统计局听取王虎善局长关于深圳经济特区建立以来的经济社会发展成就和 2019 年以来深圳市统计主要工作情况介绍，重点听取省统计局在支持深圳建设先行示范区过程中支持协调的统计业务权限管理、统计改革创新试点和调查项目审批权限下放等相关事项。

我认为，今年以来深圳市统计局的进步和变化是值得充分肯定的。深圳市统计工作与中央、省委、省政府决策部署同心同向而行，统计数据有增长，统计业务有提升，统计干部有成长，党建业务深融合，化学变化悄然发生，精神面貌焕然一新。

支持深圳建设中国特色社会主义先行示范区，是习近平总书记亲自谋划、亲自部署、亲自推动的重大国家战略。广东统计系统要坚持以习近平新时代中国特色社会主义思想为指导，认真学习贯彻习近平总书记对广东重要讲话

指示批示精神，深刻认识建设先行示范区对科学社会主义运动、推进国家治理体系和治理能力现代化、新时代广东和深圳改革开放再出发的重大意义，切实把思想和行动统一到习近平总书记和党中央决策部署上来，推动统计改革创新，完善统计管理体制，提高统计数据质量，提升统计服务水平，以切实行动和有力举措支持深圳建设中国特色社会主义先行示范区。

省里能够直接解决的立即支持，上下沟通，专业联动；省里无法解决的，省统计局将和深圳市统计局共同努力，向国家统计局积极呼吁，争取在合适的契机时机尽快解决。

要有统计战略意识和战术思维，在统计战略上充分认识深圳当前的产业发展现状、国际国内外环境和建设先行示范区的重大历史机遇，把握当前经济发展不平衡中的新平衡，在统计战术上要落实落细，

针对需要支持协调的事项，通过解决一个个难点问题，落地一项项改革创新举措，来扎实推动先进示范区建设。

将支持深圳建设中国特色社会主义先行示范区和"不忘初心、牢记使命"主题教育结合起来，始终保持统计工作者的初心使命，为数据需求者服务，为深圳建设中国特色社会主义先行示范区提供扎实统计保障。

374
"两支持三立足"，推动深圳先行示范区建设

2019 年 10 月 29 日，深圳市统计局局长王虎善

一行来到省统计局座谈。听取了深圳市统计局关于建设中国特色社会主义先行示范区的情况汇报，我很欣慰，深圳市统计局在深圳建设中国特色社会主义先行示范区方面的工作进展是值得充分肯定的。

支持深圳建设中国特色社会主义先行示范区，是习近平总书记亲自谋划、亲自部署、亲自推动的重大国家战略，统计部门有条件、有能力发挥更大的作用。9 月初，省统计局曾到深圳进行调研，就相关工作进行初步协调对接，将从统计战略与战术上全力支持深圳建设中国特色社会主义先行示范区。近一段时间，市统计局加强向国家统计局和省统计局的沟通汇报，各项工作都取得了可喜进展。

省统计局将"两支持三立足"，多措并举全力推动深圳建设中国特色社会主义先行示范区。国家统计局已明确的，省统计局将根据职责权限，全力支

持；国家统计局尚未明确或不在省统计局职责权限内的，省统计局将加强沟通协调，创造条件全力支持。首先，立足统计改革创新，鼓励支持市统计局先行探索，大胆尝试，提供经验；其次，立足提升统计能力，勇于担当作为，提高服务水平；最后，立足做好统计业务，以客观真实的统计数据为深圳建设中国特色社会主义先行示范区提供服务和支撑。

375
增强现代治理能力，推动广东高质量发展

为深入学习宣传贯彻党的十九届四中全会精神，根据省委宣传部宣讲安排，省直机关工委于 2019 年 11 月 28 日下午在广东科学馆科学会堂举行党的十九届四中全会精神宣讲报告会，我作为省委宣讲团成员应邀作题为"增强现代治理能力是推动广东高质量发展的根本"的宣讲报告。

在宣讲中，我紧扣研究坚持和完善中国特色社会主义制度、推进国家治理体系和治理能力现代化若干重大问题的全会主题，鲜明提出"增强现代治理能力是推动广东高质量发展的根本"。党的十九届四中全会内涵丰富、意义重大。全会审议通过的《中共中央关于坚持和完善中国特色社会主义制度、推进国家治理体系和治理能力现代化若干重大问题的决定》（简称《决定》），是坚持和完善中国特色社会主义制度、推进国家治理体系和治理能力现代化作出的行动纲领和政治宣示。《决定》从政治上、全局上、战略上系统地回答了"坚持和巩固什么、完善和发展什么"这个重大问题，为新时代坚持和完善国家制度、开辟国家治理新境界规划了奋斗蓝图、制订了行动方案，对决胜全面建成小康社会、全面建设社会主义

现代化国家，巩固党的执政地位、确保党和国家长

治久安，具有重大而深远的意义。全会还作出 1 个重要判断，给出 1 项重要结论，强调 13 个方面的"显著优势"，提出 1 个"总体目标"，明确 13 个"坚持和完善"。5 000 余字的全会公报中，"制度"一词出现的频率最高，多达 77 次；"治理"一词出现频率也很高，达到了 41 次。广东贯彻落实党的十九届四中全会精神，关键要增强现代治理能力，推动建设粤港澳大湾区、支持深圳建设中国特色社会主义先行示范区、广州实现老城市新活力与构建"一核一带一区"互促共

进，加快形成主题明显、优势互补、高质量发展的区域经济布局。

《决定》明确提出要发挥统计监督职能作用，广东统计要结合自身职能定位，在增强现代治理能力方面有所作为。清醒认识广东当前所处发展阶段和经济形势，是学习贯彻党的十九届四中全会精神、推进国家治理体系和治理能力现代化的基础。统计要发挥好信息、咨询、监督三大职能，推动统计改革创新，完善统计方法制度，提高统计数据质量，提供优质统计服务，加快构建与国家治理体系和治理能力现代化相适应的统计体制机制。我还结合统计部门围绕增强现代治理能力构建推动高质量发展绩效评价体系、深入透析研判广东经济形势、主动为省委、省政府经济决策提供优质统计服务等情况进行阐述，深化了对党的十九届四中全会精神的认识。

宣讲从理论联系实际的独特视角，引用了大量经济发展案例和翔实的统计数据，并通过丰富的统计图表直观生动展示，深入浅出解读党的十九届四中全会精神。整场宣讲我始终保持立姿，精神饱满，娓娓道来，一气呵成，得到了与会者的好评。省科协党组书记、副主席郑庆顺表示，我的经济理论功底深厚，工作经验丰富，宣讲别开生面，令人耳目一新，深受启发，并请我有空来为科学工作者也讲一课。

376
遵循"四原则"，探索解决支付业务行业分类前沿统计问题

近日，第三方网络支付专项调查试点企业来函反映支付业务行业分类标准相关问题。我高度重视，并于 2020 年 2 月 17 日召开专业委员会，专题研究新业态、新商业模式不断

涌现的情况下如何与国民经济行业分类标准衔接等前沿问题。

我对来函企业统计专业探索和尊重制度的精神给予充分肯定，要求各相关专业处室加强沟通，深入调研，积极思考新商业模式下统计范围、统计口径对接问题，实现统计反映真实存在的客观属性。

我同与会专业人员一起围绕具有典型代表性的类金融公司经营范围、经济活动本质和支付活动中的消费领域行业划分等问题抽丝剥茧，讨论了金融业、金融机构、非银行金融机构等概念的内涵，深入研究了支付业务的属性及与金融活动的本质关系，测算了类金融公司创

造的价值纳入地区统计反映经济活动等有关情况，并初步比对了第三方支付企业服务的商户行业分类对应的国民经济行业类别，促进各专业更加注重做好新商业模式下相关统计工作。

随着第四次产业革命的到来，新业态新商业模式必将不断涌现，此类问题也不再是个例，为此，我要求各专业处室在遵循"四个原则"的基础上提出具体可行的办法，真正为统计前沿领域探索先行，为企业纾难解困。一是遵循行业分类标准原则。第三方支付企业的商户行业分类要以国民经济行业分类为指引。二是遵循客观存在原则。统计部门和企业统计人员要进一步"走进"统计制度方法和专业领域，指导企业按照实际存在的业务活动建立相应的行业划分归类台账。三是遵循数据服务原则。各专业处室要与企业保持良好沟通，建立重点企业沟通管道，以解决实际问题的态度为企业提供更好的统计数据服务。四是遵循改革创新原则。要敢于面对新业态、新商业模式对国民经济行业划分带来的新思考、新问题，勇于探索，为下一轮行业分类修订提供"广东经验"。

377
"算总账、算结构、算来源"，助力腾讯理清疫情影响

为了解新冠肺炎疫情影响下企业生产经营状况变化及对政府扶持政策的诉求与建议，2020年3月17日下午，我率队赴广州腾讯科技有限公司调研，以算总账、算结构、算来源"三算"方法监测腾讯公司受疫情影响程度。

一是算总账："腾讯系"法人单位数量多少？实现营业收入和利润增长情况如何？1—2月企业营收实现两位数增长的态势能否持续？二是算结构：这些法人单位在全国、广东分布情况如何？业务收入和利润分布结构如何？三是算来源：腾讯业务收入的主要来源有哪些？广告、游戏、流量等收入比重多少？这些收入来源实现增长主要受哪些因素限制？受疫情影响如何？就这些问题，我一一与企业负责人员现场交流。

在听取企业汇报中，我得知腾讯从业人员平均年龄不到三十岁，企业创新思维与设计能力突出，在此次疫情防控中推出远程协同办公平台、出行健康码等程序，为经济社会做出了积极贡献。我感慨道："腾讯不单是中国的腾讯，还是世界的腾讯。全省统计部门要向腾讯学习，继续监测好疫情对企业生产经营的影响，积极发挥统计在政府决策中的作用，帮助企业解决复工复产中遇到的重点难点问题，持续创新数据服务，为广东经济社会发展做出更大贡献。"

378
构建"三新统计制度"，新经济占广东经济四分之一

深圳是我国改革开放的前沿阵地，深圳的新产业、新业态、新商业模式萌芽最早、发展最快、局面最复杂，我在深圳工作时，率先提出了"三新"统计改革创新工作，包括战略性新兴产业、R&D、未观测金融、房屋租赁等21项统计创新最早在深圳"破冰"。

新经济指的是《新产业新业态新商业模式统计分类》涉及的所有具有新产业、新业态、新商业模式经济特征的生产活动。广东正处于贯彻落实新发展理念、打造高质量发展经济体系的关键战略机遇期，以新产业、新业态、新商业模式为代表的新经济快速发展。2016年国家统计局印发"三新"统计监测制度，广东以国家"三新"统计分类、"三新"统计监测制度为基础，积极探索适合广东实际的新统计监测制度。

为准确全面反映广东新产业、新业态、新商业模式的发展情况，积极探索推进广东新经济统计监测，深化统计改革，加快构建现代统计调查体系，根据国家统计局《2018年新产业新业态新商业模式统计监测制度（试行）》，我先后召开两次统计专业委员会，充分征求相关专业处意见与建议，立足广东客观实际，建立了2018年广东省新经济统计监测制度，并获得了国家统计局的批复实施。

广东省新经济统计监测制度涵盖了"三新"经济综合情况、新兴现代农

业、战略性新兴产业、新产品、新服务、高技术产业、科技企业孵化器、众创空间、企业创新、互联网平台、电子商务、城市商业综合体、开发园区等13项重点内容。从2018年三季度起，省统计局按季度（年度）核算广东新经济增加值。

我遵循"客观真实性、科学严谨性、精炼高效性、实践实操性、讲求时效性"的五个原则，做好全省新经济统计监测工作：一是如实反映新经济发展变化，注重客观真实性；二是创新工作方法，注重科学严谨性；三是宜简不宜繁，注重精炼高效性；四是紧

密结合常规年定报工作，注重实践实操性；五是积极为党政决策服务，注重时效性。同时，随着广东新经济的不断发展和对新经济研究认识的提升，对新经济统计监测制度进行不断修改完善，逐步充实统计内容。

2018年8月22日，我邀请国家统计局设计管理司副司长王萍、标准处处长孙洪娟一行专程到广州市天河区优视科技（中国）有限公司（简称UC优视）调研，深入了解新经济发展情况。以UC优视为代表的新经济发展迅速，是广州经济高质量发展的亮点。

广东省新经济统计监测制度突出"新一代信息技术、生物医药、数字经济"等九大重点发展领域产业基础指标监测，按季度核算广东新经济增加值，全面真实准确反映广东新经济业态存在变化。

建立新经济统计监测制度是省统计局近一年多来创新工作之一。2019年9月19日，我接受省政府门户网站的直播访谈，向网民详细介绍广东新经济统计监测制度和新经济发展情况。2019年上半年，广东新经济增加值增长7.0%，快于同期地区生产总值0.5个百分点，占地区生产总值比重的25.1%。

2020年1月19日，我接受《南方日报》采访，对2019年广东经济运行情况进行解读。《南方日报》以"新经济占粤GDP超四分之一"为标题在整个版面发布了2019年广东经济数据。2019年广东经济结构不断优化调整，"进"的特征更加凸显，新经济引领新动能聚集。新经济增加值比上年增长8.0%，占地区生产总值比重达25.3%。新经济占粤GDP超四分之一，这是个了不起的比重。

4月21日，我再次接受《南方日报》采访，对2020年一季度广东经济运行情况进行解读。一季度，广东新经济增加值占地区生产总值的比重达26.1%，比上年同期和上年全年分别提高1.0个和0.8个百分点。工业新动能发展稳定，中高端制造业投资相对活跃。数字经济、在线消费、无人配送等新模式新业态快速发展，大健康产业和公共卫生体系建设显示出强大的潜力，这些新领域、新业态将为广东经济增长提供新动能。

379
稳外贸抓"牛鼻子"，工业出口交货连着"五头"是撬动的杠杆与抓手

2020年4月26日上午，省长马兴瑞主持召开全省稳外贸专题协调视频

会，研讨一季度全省外贸形势和部署当前外贸工作重点。我在省主会场参加会议，以"工业出口交货连着'五头'是撬动的杠杆与抓手"为题作重点发言。

我汇报发言认为，加工贸易上下连"五头"至关重要。第一头，连着出口贸易这一重头，占比大：全省规上工业出口交货值占全部出口的81.6%，直接影响着全省出口贸易。第二头，连着规上工业的外资企业增加值增长：全省规上工业中外资企业增加值下降18.8%，加重规上工业下降5个百分点左右。第三头，连着规上工业企业出口：全省规上工业出口交货值6 464.30亿元，占销售产值的四分之一，同比下降15.8%。第四头，连着产业链供应链的"端头"：一季度全省规上工业有出口的行业中10个行业出口交货值实现正增长，其余28个均下降。

第五头，连着需抢占国内外市场的广东份额：一季度，全省外贸进出口1.37万亿元人民币，占同期全国比重20.8%，市场份额有下降趋势。

当下广东更要国内外市场"双驱动、双拓展"。在新冠肺炎疫情冲击下，复工复产固然重要，但没有市场，或有市场没有广东份额，同样直接影响广东经济恢复性增长，产能与订单是广东经济增长的充要条件。为此建议，一方面，积极拓宽国外市场空间，稳住外贸基本盘，保障外贸产业链，保持国际市场广东应有份额不变，尤其进一步扩大对东盟、"一带一路"沿线国家的出口。另一方面，也不失时机抢占国内市场份额，建立贸易资源共享平台，重视协助企业保障供应链，服务好重点企业，实现"六保"中"保市场主体"这一重要基础。

马兴瑞省长等省领导充分肯定我的观点，以加

工贸易为切入点分析广东外贸形势，跳出外贸看广东实体经济增长，切入角度有着特别的借鉴意义，起到重点指向作用。

380
创新举办首届"岭南杯"建模大赛，致力打造统计强省年轻力量

2020年的早春，新冠疫情席卷全球。疫情不可避免地对社会经济造成重大冲击，各级政府和社会各界对此十分关注。"岭南杯"首届广东省统计建模大赛围绕"重大突发事件对经济社会影响的统计测度"主题展开。

"岭南杯"首届广东省统计建模大赛开广东统计系统之先河，从形式到内容，从组织到参赛，都体现着统计人的开拓与创新、

求真与务实、活力与追求。比赛在全省上下引起了极大响应，省统计局各专业、各地统计局派出精英参赛，同台竞技，展开角逐。

省统计党组对"岭南杯"首届广东省统计建模大赛给予高度重视。3月份，印发了《关于举办"岭南杯"首届广东省统计建模比赛的通知》，要求各地级以上市统计局、省统计局各专业处室积极组队参加比赛。接着，成立了由局领导、有关专家组成的"岭南杯"首届广东省统计建模大赛组委会，由我担任组委会主任评委。我亲自挂帅，一线指挥，

要求各部门各尽其力，各司其职，从"组织、顺畅、标准、完美、纪律""五性"做好比赛各项工作。要体现组织性，主办机构要有序组织，做好计划安排；参赛队长要组织到位，做好分工协作；评委成员要组织合理，确保公平公正；技术保障要组织有效，确保全省同步。要体现顺畅性，流程是比赛的指挥棒，要做好各环节安排，工作到点到位，确保流程顺畅，不出差错；各部门要密切配合，听从指挥，融入比赛流程过程。要体现标准性，比赛流程要标准规范，要制定评分标准；评委按统一标准对初赛论文评选和决赛答辩评分，体现比赛的公平公正；做好预见者，不做"马后炮"。要体现完美性，从组委会收到高质量论文，到评委认真"阅、看、评"打分，到各地高度重视、一把手亲自领队进决赛，到全系统人员积极参与当好观众，把观赛当作学习

和吸取营养的过程，比赛各层面、各环节做到尽善尽美。要体现纪律性，比赛各项工作要严格规范，各位评委和工作人员严遵纪律，随机抽签确定决赛顺序，随机抽取评委进行提问，最大限度地保证比赛公平公正。

局党组多次开会研究、审议比赛方案，全局领导齐心参与，分管领导紧抓落实，各部门通力协作、密切配合。城乡中心精心设计比赛方案，几易其稿；精准安排比赛流程，反复推敲。数管中心安排精兵强将镇守赛场，做好技术保障，确保比赛环节顺畅，确保各地实时收看比赛。

根据赛程安排，建模大赛分论文撰写提交、论文评选和论文答辩决赛三个阶段进行。参赛选手围绕比赛主题，结合工作实际，完成一篇包括模型建立和求解、计算方法设计和实现、结果分析和检验等方面内容的论文。组委会共收到参赛论文22篇。各参赛队围绕全省统计工作大局、围绕统计改革创新的重点、结合专业和地区关注的热点精心选题，认真撰写论文，精心准备答辩，务必赛出水平、赛出能力、赛出南粤大地统计部门的"精气神"。

为确保"岭南杯"首届广东省统计建模大赛公开、公平、公正，省统计局精心设计比赛规则和流程，专门组建了由局领导、高级统计师共22人组成的评委团，制定了统一的评分标准。省统计局纪委监察部门派员全程参与进行监督。

初赛是对参赛论文进行评选，从22个初赛队中遴选出9篇论文进入决赛。论文评选采取集中统一形式进行，屏蔽作者信息后，由评委团对参赛论文逐篇进行"盲"评打分。要求每个评委对论文评选做到"三坚持"：坚持建模的本义，建模比赛目的是推动统计能力和水平的提升，评委要在"阅、看、评"中把握好理论和逻辑的关系，体现提升统计能力的要求；坚持标准的一致，评委要用统一标准、统一尺度进行评分，确保比赛的公平公正；坚持学习的态度，评委要深入细致，认真阅、认真评，要把评与学结合起来，珍惜这个学习和提高的机会。

评委以选题的有效性、假设的合理性、建模的创造性、模型的科学性、结果的正确性、表述的清晰性作为主要评判标准，对论文进行评分。以得分为唯一依据，最终确定服务业处、数据中心、社科处联队和广州市代表队等9个参赛队初赛胜出，进入决赛。

2020年4月28日，"岭南杯"首届广东省统计建模大赛进入了倒计时。我率队检查比赛现场，确保临战前的准备工作已就绪，各决赛选手熟悉比赛场地，进行赛前演练，以最佳状态迎接决赛大战。

这是广东统计系统的专业盛事。期待建模大赛成为广东统计的"平台、擂台、舞台"。成为统计人良师益友的平台，参赛者互相学习，研讨交流，互相借鉴，取长补短；成为统计人切磋技艺的擂台，各参赛选手同场竞技，一较高低，重在参与，贵在坚持，展示风采；成为统计人提高能力水平的舞台，希望在这舞台看到更多同仁的身影、汗水以及团队合作精神。参赛选手在"平台、擂台、舞台"上全面绽放，大显身手。

这是全省统计专业的良好开端。大部分参赛选手是80、90后的年轻人，"岭南杯"首届广东省统

计建模大赛更显开创的意义。各路选手在平台上赛出能力水平，在舞台上亮出青春风采，在擂台上拼出未来之路。这是经济大省之统计强省背后的一支无形力量和希望所在，构建经济大省之统计强省不是数量型的强大，而是质量型的强大，是能力型的强大。年轻的统计力量在这三个平台上尽显英雄本色。

2020 年 4 月 29 日，"岭南杯"首届广东省统计建模大赛进入决赛环节。首先是简约而隆重的入场仪式，参赛选手、领队依次进场亮相，评委穿着正装入场。我给每个评委颁发评委聘书。红彤彤的证书代表着荣誉和责任，代表着公平与公正。

紧张激烈的论文答辩赛正式开始。首先是论文陈述环节，各决赛队指定一名代表进行 15 分钟陈述，展示内容丰富、制作精美、引人入胜的论文 PPT。接着是答辩环节，由决赛选手随机抽出 3 名评委进行提问。评委的提问丰富多彩，有体现专业要求的，有体现创新期望的；决赛选手沉着应对，妙语连珠。评委根据决赛选手的陈述和答辩情况进行评分。

决赛过程热烈紧张，精彩纷呈。由实力来决定奖杯最终花落谁家。"岭南杯"首届广东省统计建模大赛由服务业处、数据中心、社科处联队获一等奖；广州市代表队、城乡统计调查中心代表队、珠海市代表队获二等奖；湛江市代表队，普查中心代表队，核算处代表队，东莞市代表队，数据中心、贸外处、人事处联队获三等奖。比赛结果现场宣布并进行颁奖。

尽管，比赛结果有名次之差；但是，所有参赛者、参与者都是收获者，都是投入者。统计建模要用抽象符号进行大量推理，要把很多想法、做法甚至猜想体现在模型中。模型不是算命先生，预测结果与实际会有偏差，需要进行修正和完善。这正是统计建模的魅力所在，它引领我们深入钻研，不断探索。

这次建模大赛展示了全省统计队伍干事创业、奋发有为的良好精神风貌，提高了全省统计人员特别是年轻骨干发现问题、聚焦问题、分析问题、解决问题的能力，打造了统计强省之年轻力量。希望以建模大赛为契机，引导和带动全省统计系统广泛关注并积极参与统计科研，推动统计改革创新蓬勃开展，营造科学准确、求真求实的氛围。

至此，"岭南杯"首届广东省统计建模大赛落下帷幕，完美收官。比赛赛出了能力、赛出了水平、赛出了南粤统计的"精气神"。

"岭南杯"首届广东省统计建模大赛开启了一个良好开端，带来了一股青春之风与清新风貌，期待下届与更多年轻选手重逢。

381
突出亮点与重点，为广东"十四五"规划编制贡献统计力量

2020年5月8日，省长马兴瑞主持召开省"十四五"规划编制工作领导小组第一次会议，研究省"十四五"规划基本思路。省委常委、常务副省长林克庆，副省长张虎出席会议。我荣幸受邀参会，并以"从统计数据视角基于'三个层面'提出突出亮点与重点编制'十四五'规划"为题作了发言。

当今世界正面临百年未有之大变局。未来五年，广东发展既面临重大机遇，又面临前所未有的挑战，编制广东"十四五"规划具有战略指导意义。从统计数据视角看，我认为编制广东"十四五"规划要重点考虑以下几个方面：

一是面对"总量、结构、平均数"变量指标正处于新冠肺炎疫情和中美贸易摩擦等许多错综复杂因素交织影响之中，"十四五"规划编制宜"先建议后纲要"，使规划编制建立在科学度量的基础上。

二是面临"十三五"收官年的地区生产总值统一核算与第七次全国人口普查等数据新结果，依此可产生许多新的派生指标，要从多种可能结果认真测算，科学编制"十四五"规划。

三是面向新的五年，"十四五"规划编制要有亮点和重点，要有前瞻性、感召力和导向性。只要稳住广东经济基本盘，以"十五""十一五""十二五""十三五"平均增速来看，未来五年广东经济总量极可能有4～5个上万亿元的增量，每年上一个台阶，为全国实现"两个一百年"奋斗目标做出广东贡献。

同时，特别提出"十四五"规划编制应突出一个重点，即保持广东40%经济重心。40%经济重心指的是在一个国家或地区经济体中二产增加值占地区生产总值的比重。基于对几十年历史数据的观察与研究，保持这一结构水平，离40%越高，经济重心愈大；反之，经济失重，会像"风筝"一样飘忽。近年来，广东经济重心存在逐步下移趋向，2019年

广东二产比重已降至40.5%;2020年一季度受疫情影响,二产比重更是降至35.4%,低于40%经济重心分界线。足见,在"十四五"规划编制时,要把实体经济放在突出位置,坚持制造业立省不动摇,坚定不移推动制造业高质量发展,推动形成合理分工、优化发展的制造业空间布局,防止经济重心滑出40%,避免产业空心化对广东经济增长的不利影响。

马兴瑞省长高度肯定我基于"三个层面"突出亮点与重点编制"十四五"规划的思路,认为这既立足广东过去高速发展取得的经济成果,又前瞻广东实现"四个走在全国前列"的发展前景;既切入广东经济总量、结构和人均数等指标,又着眼制造业在广东经济发展中起到支柱作用,兼具科学性和合理性,有关部门在编制"十四五"规划时应充分吸收,予以借鉴。

382
与政数局座谈,秉持"三个之最"理念,创新提升数据服务能力

2020年6月2日,省政府副秘书长、省政数局局长杨鹏飞带领相关处室负责人到省统计局座谈,协商广东省"数字政府"建设工作。我、骁婷和办公室、综合统计处、统计执法监督处、人口和就业统计处、普查中心、数据中心负责人出席座谈会。会议双方围绕广东省"数字政府"建设工作总体要求,就进一步优化部门数据共享、云资源管理、政务信息化建设等工作进行了充分交流沟通。

会上,我代表省统计局对省政数局主动上门沟通衔接表示感谢,并提出"三个之最":最开放的数据,省统计局将与省政数局和各部门单位紧密协作共同做好广东省"数字政府"建设工作,既要依法依规有底线思维,又要有服务意识;最便捷的数据,让数据多跑路,让群众网上办事更加便捷;最强服务的数据,为数据需求者服务,通过实现最大的开放、最广泛的共享、最强的服务,做好"最后一步"数据应用,提供相关的指引解析,不断创新来提升统计服务能力水平。

杨鹏飞充分肯定"三个之最",并感谢省统计局一直以来对"数字政府"建设工作的大力支持,希望今后在数据资源共建共管共享和协同办公等方面给予更多助力。省政数局将严格依法依规,充分遵循统计制度,促进部门数据效益最大化,把广东省政务数据资源建设与共享工作做到最好。

383
参加"民声热线"节目 15 周年分享会，获声动南粤之奖牌

2020 年 11 月 18 日上午，省直机关工委和广东广播电视台在广州举行广东"民声热线"节目开播 15 周年分享会。我应邀参加分享会，并代表省统计局作为 12 个单位之一，上台获颁"声动南粤 掷地有声"之奖牌。

作为省直机关工委和省广播电视台联合打造的一档党风政风行风热线问政节目，广东"民声热线"自 2005 年 11 月 15 日开播以来，秉承"听民声、解民忧、纾民困"的宗旨，

以党风政风行风建设为切入点，以解决民生问题为导向，接受群众热线咨询和新闻舆论监督。其中最具特色的节目是逢周二的厅局长上线直播，通过"民声发布""民声调查""民声连线""民声十问""民声评议"等坏节，推动上线单位切实履行主体责任，着力解决人民群众反映最强烈的党风政风问题。

省统计局高度重视"民声热线"上线直播工作。2018 年以来，我担任省统计局"民声热线"上线工作领导小组组长，指导"民声热线"上线工作的组织和实施，对《"民声热线"上线工作实施方案》亲自把关，并于 2018 年和 2019 年连续两年率队上线，介绍广东第四次全国经济普查和第七次全国人口普查等重大国情国力进展与成果，回答社会关注的统计发布等问题，着力为数据需求者服务，取得了良好的社会效果，成为向社会大众宣传广东统

计工作和展现统计人风貌的重要窗口。

2018 年 12 月，省统计局"民声热线"由我率队上线，介绍"四经普"工作进展，并就统计行政处罚自由裁量权、消费是升级还是降级、拒绝或胡乱提供普查数据后果等问题接受采访，以 94.5 分的年度高分完美收官；2019 年 12 月，我再次率队上线，以厚、准、增"解码"广东经济，回答统计数据发布时限、"七人普"准备工作和广东"7 + n"统计改革创新等问题。

384
《羊城晚报》调研，鼓励传媒产业加快数字化转型，做大做强

为深入剖析当前广东经济运行情况和帮助微观企业纾难解困，2021 年 1 月 21 日，我亲自带队赴羊城晚报报业集团、科学城云升科学园、金中天建设集团等开展调研，通过召

开座谈会和实地走访企业挖掘统计数据变化折射的经济规律。

座谈会上，我指出，企业是经济社会最基本的细胞，是客观、准确反映经济体量的真实存在，是统计数据全面、真实的基础来源。

在羊城晚报报业集团，我充分肯定了改革开放以来《羊城晚报》在引领思想解放和传播岭南文化等做出的贡献，《羊城晚报》是一家接地气、求创新、为老百姓说话的特色报刊。我仔细询问了数字化发展大背景下传统传媒行业转型升级情况及面临的困难与挑战等，对《羊城晚报》利用创意园区大力发展园区经济、打造互联网文创产业链推动文化强省建设等充满敬意，并对集团规上企业创造的增加值及贡献进行了初步测算，勉励企业加快转型重建传播渠道升级新闻内容，继续引领传播新思维。羊城晚报报业集团社长刘海陵、总编辑林海利表示，统计数据蕴含着无穷的信息，是紧跟时事、反映宏观经济政策效果的重要切入口。希望下一步能与省统计局建立良好的新闻发布合作机制，深挖统计数据背后的意义，为社会提供更加鲜活、权威的统计新闻产品。

在广州科学城云升科学园，我听取了黄埔区统计工作情况的介绍，与区政府主要领导就政府如何充分利用产业政策赋能市场激发活力、赋能企业做大做强以及统计数据如何真实反映客观存在作了充分交流。随后，现场走访了金中天建设集团、广东聚华印刷显示技术有限公司两家民营企业，详细了解企业经营活动、业务开展及市场开拓等情况，切实肯定了民营企业在经济社会发展中做出的努力与重要贡献。

385
勇于探索，"三要求"第三方支付大统计专项研究

2021 年 1 月 25 日下午，我主持召开省统计专业委员会会议，听取"第三方支付在贸经统计中的应用"重大统计专项进展情况汇报，部署安排下阶段重点研究内容。

会上，我听取了专项工作组关于第三方支付研究的总体框架思路和进展情况汇报，重点围绕专项研究方向、支付数据范围、分地区数据的界定和下阶段重点工作展开深入研讨。认为"第三方支付在贸经统计中的应用"这一重大统计专项具有重大的科研理论与现实统计意义，要

高度重视。专项工作组前期做了大量工作，取得了初步成效，具备了良好基础。下阶段要勇于钻研探索，让自己成为专家，掌握第三方支付研究的话语权，按照工作方案统筹安排、加速推进，确保专项研究工作按时高质量完成。

为此提出三点要求：一是要继续做好文献资料的梳理工作。充分收集各方文献，全面了解相关领域的研究现状，才能在掌握研究现状的基础上找准项目的切入点和突破点，从而"站在巨人的肩膀上"。二是要有宏观把握的

视角，按照分地区、分类型的要求设定数据需求表。加强与财付通支付科技有限公司等有关单位的沟通

协调，指导其支持配合提供相关数据。在此基础上进行必要的数据清洗，层层剥离，让研究更贴近统计实际。三是要做好抽样方案的设计，实现更大角度的切入。要充分考虑大数据海量复杂的特点，按照支付数据结构分层抽样设计，满足统计要求，使方案具有较强的可行性和实操性。

386
为百名统计学（专）家颁授牌，调查正式开启

2021年2月1日上午，羊城春潮涌动、暖风拂面，来自全省统计领域的240名统计学（专）家在广东大厦欢聚一堂，开展培训百名统计学（专）家信心调查工作。

我在授牌仪式上表达了三个意思：一是诚挚欢迎诸位参会。百名统计学（专）家信心调查制度依据国家统计局批准而展开，

是广东统计改革创新、与时俱进、构建经济大省之统计强省的有力举措，诚挚欢迎各位统计学（专）家加入这份令人心潮澎湃的事业。二是保证样本真实性。百名统计学（专）家从全省统计系统、省直相关部门、高等院校、科研单位中从事与统计相关工作的专家教授中遴选产生，其入选具备法律效力。为保证样本真实可靠，本次颁授的牌证，要求人、证、牌合一，坚决不能找人代领、不能会后补领。三是要保证填报准确性。百名统计学（专）家信心调查制度旨在研究广东经济发展的信心状况，预测经济发展的变动趋势，并据此编制统计学（专）家信心指数，为省委、省政府宏观决策提供参考依据。因此，每季度统计学（专）家填报必须本着求真务实、严谨细致的精神，尊重事实、科学判断、精准填报、不得代填代报。

随后，会议为240名

统计学（专）家颁授牌和荣誉证书。木牌左上角镌刻着广东统计的标志和"百名统计学（专）家"字样，中间以篆书雕镂着每一位统计学（专）家的名字。240 块木牌递送到每一名统计学（专）家的手里，传递实木的清香，传递浓浓的粤统情怀，也传递沉甸甸的责任，全场气氛隆重而又热烈。

会上，省统计局副局长王丽莹悉心讲解了百名统计学（专）家信心调查工作的填报流程，并现场演示了微信问卷小程序的填报流程。3 名统计学（专）家代表表态发言，表明了及时准确完成百名统计学（专）家信心调查的决心。

387
全国"两会"云报道，数谈新发展理念学习感悟

2021 年 3 月 6 日，我应邀到广州港南沙港区直播室参加南方报业传媒集团2021 全国"两会"云报道，连线全国"两会"代表，共同学习习近平总书记参加内蒙古代表团审议时的重要讲话精神，围绕"完整准确全面贯彻新发展理念"，谈学习感悟、谈广东的经验做法。

全国政协委员、省生态环境厅厅长鲁修禄，全国人大代表、明阳集团董事长张传卫，全国人大代表、迈普医学董事长袁玉宇参加了云报道。

我非常高兴走在广州港现场时，看到白、红、蓝各色的集装箱，一派非常繁忙的景象。这意味着广东在落实总书记新发展理念，按照省委"1＋1＋9"工作部署，实现高质量发展的"高"，用比较少的能源消耗实现比较好的经济增长。去年单位GDP 能耗下降，但是 GDP 总量超过 11 万亿元，达到 11.08 万亿元，这是高质量的一个表现。从区域协调发展看，四大经济区域最高与最低经济增速相差很小，仅 1 个百分点左右，这说明区域发展更加协调、更加平衡。另外，广东去年经济总量最小的云浮市 GDP 也超过千亿元，达到 1 002.18 亿元，从而实现 21 个地级市经济规模全部达到千亿元以上，这也是贯彻协调发展的一个体现。创新发展在广东也得到了很好的体现，2020 年，广东新经济增加值 2.79 万亿元，占GDP 比重达25.2%，新经济增速超过 GDP 增速达到3%，这也支撑广东在全国 101.6 万亿元 GDP 中占比达 10.9%，为全国高质量发展起到重要支撑的作用。

广东在"十三五"期间有了很好的发展基础，

在此基础上，要打造新发展格局的战略支点需要注意经济结构的协调性，特别是注意实体经济要保持一定比重，避免滑出40%经济重心分界线，助力广东建设制造强省，支撑广东在打造战略支点上走得更稳更实。广东经济外向度高、市场化程度高，去年货物进出口总额7.08万亿元，占全国的22%，进出口依存度达到63.9%，而引进先进的管理经验，引进投资和技术力量都需要开放，这也体现了广东的开放和担当。去年广东居民人均可支配收入41 029元，城镇居民50 257元，农村居民20 143元，"十四五"期间要进一步

缩小差距，在乡村振兴中融合城市和农村生产要素，推动"一核一带一区"不同区域根据各自功能定位实现协同作用，更好提升全体人民群众的获得感和幸福感。

关于"十四五"时期广东省统计局如何在粤港澳大湾区建设中发挥更好的作用，我认为粤港澳大湾区的三地汇率、币种不同，观察经济发展的工具更加需要科学、可比、权威，大湾区发展的规模、水平、结构以及经济变化需要一整套指标去观测、去比较。人是很重要的因素，省统计局已经在去年第七次全国人口普查中进行了探索，对香港、澳门居民在珠三角流动的人口状况、职业状况等进行了调查。下一步，省统计局会在投资、贸易、服务交往、营商环境、会计、律师的服务评价等方面与港澳统计部门加强交流合作，共同助力粤港澳大湾区建设。

388

思想碰撞，"四个鼓励"助力楼宇经济发展

2021年3月11日下午，我会见来访的民革广东省妇青委副主任、广东省民企会执行副会长龚元一行，并围绕民革广东省委会在省政协十二届四次会议上提出的关于构建广东省楼宇经济现代评估体系提案进行深入座谈交流。

会上，我对龚元一行的来访表示热烈欢迎，感谢民革广东省委会对广东楼宇经济发展的关注，提出了一个以提升城市核心竞争力为出发点的战略性提案。楼宇经济是近年来中国城市经济发展中涌现的新型经济形态，是都市型经济、高端型经济、产业链经济和高辐射力经济的融合体现。政府部门加强对楼宇经济的关注与扶持，有助于推动商务楼宇的优化升级，强化商务楼

宇对城市更新、产业升级和营商环境优化的承载功能。

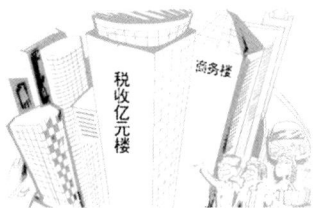

构建广东省楼宇经济现代评估体系、直观反映经济发展趋势的理念与出发点应值得充分肯定。从楼宇经济发展历史来看，构建楼宇经济现代评估体系，在实践中的科学性与可操作性等问题均值得深入研究与思考。从归属性落脚，楼宇经济不属于统计范畴。楼宇经济属于经济范畴，描绘的是发达城市中心城区商务楼宇以最小的空间创造最高的社会效益。这种经济现象一般出现在土地资源匮乏的高端城区，无法代表全省城区范围。统计范畴具有统一性、可比性和权威性，评估体系要求具备全社会普适性。楼宇经济作为一次性、阶段性的评估，难以做到持续性，只能描绘核心重点城市、部分地区的经济现象。从可比性入手，楼宇经济评估体系可互认通用的范围窄。目前，全社会经济活动已有权威的分类标准——国民经济行业分类，据此，"规上"有"一套表"制度，"规下"有抽样调查，做到了应统尽统，它适用于统计、财政、税收、市场监管等部门管理中，对经济活动划分行业类别，并充分对照接轨联合国《所有经济活动的国际标准行业分类》。楼宇经济不属于国民经济行业分类的一种，评估体系的构建应从国家制度顶层设计出发、自上而下推行，才能得到全社会互相认可信赖。否则，评估体系无法在全域范围通行通用。从常态性而言，楼宇经济可持续性评估的难度大。楼宇经济是一个发展动态变化的过程，评估体系一旦构建，其主要指标需常态化更新才具有价值活力。评估过程中涉及的采集、整理、审核、汇总等环节都需要投入大量人力物力财力，加上进驻楼宇的企业响应评估积极性有限，常态化评估难以持续。因政府统计着重于工资、税收、利润、折旧等指标，与"六稳""六保"密切相关，有强大的政府行为作支撑。从可行性出发，构成楼宇经济的评估指标难以全面客观量化。构建评估体系应选取可量化、有长期统计数据支撑的指标，避免主观判断等不确定性因素，保证能够实际测算、定量分析，突出可操作性。构成楼宇经济的评估指标包含很多主客观指标，一个指标不合格就难以保障评估结果的科学性和有效性。评估体系的建立以发布数据服务社会为初心使命，必须兼顾经济效益和社会效益，才能行稳致远。

为了推动广东省楼宇经济高质量发展，着力打造粤港澳大湾区城市名片，作为政府统计职能部门的省统计局，秉持"为数据需求者服务"的理念，以开放包容共享的姿态，关注楼宇经济发展，激发城市建设活力。一是鼓励建言献策。省统计局将继续保持沟通渠道畅通，欢迎龚元等代表们提出更多反映社情民意的建议提案。特别是围绕实施"十四五"规划，省统计局将聚焦数字经济统计，探索数字经济与楼宇经济结合点，推动代表的真知灼见转化为统筹推进经济社会发展的政策措施。二是鼓励致力服务。省统计局始终牢记发挥其经济变化"晴雨表""方向标"作用，在

为党政制定经济政策、确定经济措施提供合理建议的同时，尽心尽力为数据需求者服务。龚元等代表们在研究经济社会过程中如有相关数据需求，在统计法律法规允许下，省统计局将及时无偿提供服务。三是鼓励改革创新。对于条件成熟、探索愿望比较强烈的省际城市区域部门，可以以点带面，作为构建楼宇经济评估体系的点先行先试，省统计局将提供统计业务指导，做好部门统计调查项目审批工作。四是鼓励走近统计。省统计局赠予各位"7+n"帽子、"广东省统计'7+n'改革创新"光碟和《统计学家》《统计思维与实践》以及《广东统计年鉴》，期待让大家走进统计、了解统计、关注统计、支持统计；欢迎大家积极向《统计学家》《统计思维与实践》投稿，畅所欲言地表达对统计的期许、感受与建议；现代经济社会统计无处不在，鼓励大家报

考统计专业技术资格考试，支持统计事业发展。

龚元表示，接到省统计局的邀请后，团队做了精心的准备，在收集资料中，特别是对3月6日我应邀到广州港南沙港区直播室参加南方报业传媒集团2021全国"两会"云报道，连线全国"两会"代表，共同学习习近平总书记参加内蒙古代表团审议时的重要讲话精神，围绕"完整准确全面贯彻新发展理念"，谈学习感悟、谈广东的经验做法，给人印象十分深刻。走进省府10号大楼，让人感到一股改革创新的春风迎面而来，刚才参观省统计局党建与业务台账创新室，只见改革创新硕果累累，让人大开眼界。会后，龚元微信我：荣幸之至。同事们都成了您的粉丝，希望以后有机会能多向您请教。还请您多多指导、关心。我从您身上得到了强大的能量，您的风范和气度令我心折，向您学习，衷心感谢。与

龚元同行的广东省民企会秘书长包紫洋微信我：说实话，今天的我感觉就像踏在七彩祥云之上，您有高度、有水平，给了我们很多发展生存之道的建议，接下来我想我们会更有冲劲地把事业做大、做好、做得有价值。若有机会希望可以邀请您到秘书处指导工作。

389
"三结合"落实工作，为广东"十四五"开好局、起好步贡献统计力量

2021年3月17日，省统计局召开党组中心组（扩大）学习会，传达学习贯彻习近平总书记在全国两会重要讲话精神，部署贯彻落实措施。我主持会议，组织重点学习习近平总书记参加内蒙古和青海代表团审议、出席解放军和武警部队代表团全体会议、看望参加全国政协会议的医药卫生界和教育界委员并参加联组会的重要讲话精神学习活动，根据当前统计重点工作任务，提出了"三结合"贯彻落实全国两会精神，为广东"十四五"开好局、起好步、贡献统计力量。

一是结合目标设置抓落实。2021年政府工作报告用一系列数据勾勒出2021年中央政府施政目标：将GDP增长目标设定为6%以上，去年由于疫情没有设置具体数值；赤字率拟按3.2%左右安排，去年按3.6%以上安排；城镇新增就业目标1 100万人以上，去年目标为900万人以上；此外，还对通货膨胀率和调查失业率等民生指标作了相应的设置。省统计局要做好有关指标的统计汇总，真实客观反映各项目标进度和完成情况，为省委、省政府各项决策提供扎实数据支撑。

二是结合改革创新抓落实。2021年是推进统计现代化改革的起步之年，广东统计系统要秉承南粤统计改革基因，持续完善三大核算改革，深入推进"7 + n"创新试点，重点做好"双百"统计调查、数字经济测算、第三方网络支付消费数据研究、"粤治慧"经济运行专题建设、知识产权产品投资月度统计和《广东省高质量发展综合绩效评价体系》修订等工作，着力构建现代化统计调查体系和经济大省之统计强省，为广东高质量发展提供高质量统计服务。

三是结合当下工作抓落实。2021年是"十四

五"的开局之年，一年之计在于春，学习贯彻落实两会精神要立足统计职能，做好一季度数据报送工作。要抓住关键时间节点做关键事情，认真学习方法制度，加强基础数据采集，严把数据审核关口，科学严谨实施地区生产总值统一核算，做好主要数据发布解读，及时合理解释部分指标数据受疫情影响去年基数较低、今年一季度可能出现大幅波动等情况，为实现广东"十四五"开好局、起好步、贡献统计力量。

390
促合作、抓项目、找企业、共发展，强调做好统计服务工作

为贯彻落实省委、省政府关于广清经济特别合作区建设的相关要求，2021年5月8日下午，我带队一行到广清经济特别合作区开展调研。

我重点了解了广清经济特别合作区成立以来的发展情况。我认为，广清经济特别合作区具有良好的区位优势，靠近粤港澳大湾区，毗邻广州白云机场，具有一定的产业发展基础和优越的自然生态环境，发展潜力较好；合作区建设要充分利用广州和清远两地的合作优势，按照省委、省政府对合作区的定位和部署，做好发展规划和招商引资工作，以重点项目为抓手，以重点企业为龙头，找准着力点大力推动合作区发展；统计部门要做好服务，对于符合条件的投资项目、工业企业等要及时纳入统计，准确反映合作区经济发展成果，并积极开展分析和调研，为政府决策提供服务和参考。

调研期间，我还会见了清远市委书记、市人大常委会主任殷昭举，副市长李丰等，彼此围绕如何推动广清经济特别合作区建设深入交换意见。

省统计局核算处、工交处专业人员陪同调研。清远市工信局、市统计局等部门领导和部分企业代表参加了座谈会。

391
勉励云浮"不以小而不为"，"以小见大"做好统计工作

2021年5月10日，我会见来访的云浮市统计局党组书记、局长叶伟光一行，听取关于云浮市经济形势、第七次全国人口普查、统计工作及统计干部队伍建设等情况的汇报，

肯定了云浮统计工作的成绩，点赞了市统计局干部队伍的年轻化、有活力，勉励"不以小而不为"，"以小见大"，以"忘忧""无我"的统计奉献精神，脚踏实地，全流程高质量做好各项统计工作，更好地服务党政决策，为数据需求者服务。

一是要"不以小而不为"。麻雀虽小，五脏俱全。云浮市的经济总量在全省虽是最小的，但统计工作一样"大"、同等重要。统计数据的采集、审核、上报全流程，一项不能缺；统计数据质量全流程检查、把关，一次不能少；各项统计专业指标、口径全部准确理解掌握，一项不能偏。云浮市统计局应"以小见大"，在统计工作中，秉持改革精神，锐意进取、勇于创新，用"绣花的功夫"，打造出更多的统计精品。

二是要"不须扬鞭自奋蹄"。统计工作细水长流，"三三制"等规律性很强，每个月、每个季度、每个年度的数据报送都有时间窗口。一旦错失时机，窗口不会再开，就是失职。统计人就是要始终保持工作状态、奋进姿态，"不须扬鞭自奋蹄"，熟悉掌握统计规律，时刻紧盯统计指标，牢牢把握统计工作特点，准确准时上报，深入切入解构，做到眼中有数据清澈明朗，心中有统计服务党政决策。

三是要"忘忧""无我"。统计是很全面很基础的工作，年复一年、周而复始；统计部门是基础性综合性的部门，统计人脚踏实地，默默奉献。当前各级党政决策、经济社会发展对统计工作的要求越来越高、需求也越来越多，统计工作面临更大的挑战与考验。统计人需秉承职业专业操守，心无杂念做好本职工作，坚定"为党委政府提供科学决策依据"统计使命不改变，坚持"为数据需求者服务"统计初心不动摇，坚守"两防"统计底线不逾越，勇于担当，争取主动，迎难不难，把握统计工作主导权。

八、为了忘却的统计

392
设管，不说再见

尊敬的子林司长、各位领导和亲爱的同事们：

2018年6月21日上午，广东省委宣布我担任省统计局党组书记、局长，从此，我开启履新之路。

一年前，时值京城吐绿飞花之际，我来到国家局这个可敬可佩的大集体。一年多来在"两头跑"工作模式里，我如旱逢甘雨般地汲取大量而难得的顶层统计设计管理智慧、方法与专业实操技能，由此获得统计改革创新"9 + n"各项成果。同时，也从以宁吉喆局长为班长的国家局大集体中，看到了那种负重拼搏、砥砺前行的新时代统计光芒，它们不断蕴孕着祖国向上向前的力量与未来，在这一学习过程中凝聚着自己难以割舍的感情，收获了相聚相知相惜相依的难忘时光。可以说，设管司早已成为我在京城内心里的驻家与娘家。

在此，特别感谢子林司长与各位领导、同事给予我的无私帮助和关心厚爱！

这次返京回设管之家，来去匆匆。除了第一时间向吉喆局长拜见履新到岗外，同时亦向设管司这个特别可爱的集体做个道别。但因为是休息日，也因为崇尚简约，除了叨扰到子林司长和刘志、张晶两位同事外，没有更多地惊动大家做当面辞行。

在此，由衷地向大家表达最美的祝福致敬，恭祝一切顺心顺意！

今天一早醒来，洗漱完即踏着磅礴而出的晨曦，赶乘周日飞往南粤的第一趟航班。看着窗外映入眼帘叠绿的京城，随着自己慢慢地从身后离去，让我触景生情产生无限的感动与眷恋。一年多来，我从深圳基层到北京顶层，又履新广东省层。无论在哪，我都清醒地意识到自己皆在中国统计这个大染缸里，需付出更多更大努力去实现"过去时、进行时"与"正在完成时"。

在此，真诚期待大家能择机莅临南粤大地指导，一如既往支持广东统计和厚爱我本人！

空客321在万米高空以近千公里时速南去。我想到自己在一年前，正是在一位中国老人在南海边画个圈、有着春天故事的莲花山前面，沿着深圳市民中心中轴线，在面朝大海春暖花开中，一路北行北上；春去秋来，当金秋时节看到那一片片红色之枫叶染遍香山时，我深切地感受到祖国南北通透之美，当下已贯通成串；而今，我又在北上中一路南下，走近越秀山，走进邻近中山堂的省府大院，从头而迈，开始新的适应、新的任务、新的践行。

至此，我没有忘却"莲花山、香山、越秀山"这南北"三山"之灵性感悟与创新基因，她让我再一次深刻感受和无尽回味"统计有回路，设管有出路"。

此时此刻，我望着一尘不染的天空，轻轻地对自己说："设管，不说再见"。

永远的记忆。再次祝福大家，吉祥如意。

393
大风起兮我飞扬，阳光普照一路起——时隔 20 年：再欧依浪漫

秋风秋雨。台风"山竹"于 2018 年 9 月 15 日深夜 2 点扫过菲律宾吕宋岛，受菲律宾北部山地摩擦损耗影响，台风强度稍有减弱，今天上午进入南海之后将再无阻隔，并"一马平川"剑指广东。

当厉害的"山竹"欲将席卷广东之际，我们一行几人"逃"似的向北，往欧洲而去。

第一站的柏林我还是第一次去。我尽管 20 年前访问过德国，却只去过法兰克福这个城市。

12：30 准点登上飞机，15：30 准时降落北京机场。

中国疆域辽阔，南北差异巨大。此时的北方阳光明媚，一片绿茵草地充满活力生机。从 3T 至 2T，

相差 7 公里，我们找了个首都机场国际酒店，订了钟点房。他们几个一间打升级。我觉得这些年实在太累了，难得有空，需要好好整理一下自己，恢复元气，放松自己。

我抓紧时间，洗了个澡，轻松不已。

眺望窗外，停机坪上有一架海航飞机，一个工作人员走向它。它是否也在恢复自己，再往下一站、下一城呢。

我隔着玻璃窗思忖着。

似乎有了答案，又似乎没有答案。

到相约晚餐的时间 7点，我似乎一点也不饿。

但是，有朋友盛情请我们喝北京燕京啤酒，6人先是同干了一杯，取两支又追加两支，喝出了小气氛。

饭饱喝足之后，我们在门口吹风透了口气，又回到房间放松，他们继续打升级。我对此兴趣不大，也许是因为工作岗位变化，也许是因为年龄大了。

23点乘免费中巴去了机场。国际出港，依旧是排队、安检、推送与静候。与20年前相比，所不同的是职级晋升，可以乘坐公务舱，礼遇不太一样。

国航推出飞机十分准时。十小时后到达慕尼黑，与国内有六小时时差。有个小技巧可以区分时间，那就是手表保持北京时间，手机则自动调好当地时间，结合起来就很方便，也不乱。

在慕尼黑机场转机，还是要办理入境后再过安检登机。在安检环节，我感受到了严格的管理，立面拍摄一览无遗，连皮带也得卸下。当然，总体认真，具体也因人而异。

过了安检，即找登机口。原来在北京时即办理了从慕尼黑到柏林的登机牌，因此无须再办。2034航班登机口已从原来的E16改为E04，计划不如变化快，这也是国际出行需要特别细致的地方。否则，会因小失大，错过流程酿成新的损失。

一切妥当后，我请同事为我拍了一张机场照片。

转身一看，发现对面一位长腿美女朝我一笑，紧接又十分专注地看她自己的手机。

环视四周，得出结论，德国不论男女老少，都有长腿基因。

刷二维码后，顺利登上去往柏林的飞机。

天气虽有些冷，但也令人感到精神，飞机有些老旧，与20年前相比差别不大。倒是很准点，不一样的，就是航班里中国人的身影多了。

从慕尼黑到柏林只用一个多小时，因为气温下降，自己的胃口变好了，要了两个面包，一口气吃完了。同时，喝了西红柿汁和茶，感受到了一丝丝德国剔透上空的风情惬意。

飞机开始下降。

忽然间，感觉右侧口袋里的手机在发烫。细细一看，原来是从机窗透入的明媚阳光正炽热着自己的大腿外侧，这是身在异乡的温暖感觉。

到达柏林机场在等候部分同事取行李的时候，我走到机场外呼吸了一会儿新鲜空气。我发现柏林机场并不像深圳机场那样高效，除从下眩梯到出机场需30多分钟外，感觉设施陈旧，草木生长自然，城市的运转与创新能力都相对弱势，效率也可想而知。

因市区举办国际马拉松比赛，我们一时半会进不了城。陈司机带着我们去皇宫和无忧宫打发时间，一路上不塞不堵，大家笑称此行人品爆棚。我进一步阐述是因为大家的福根。

回市区，简单洗漱之后，我们驱车去看了20年前的遗址——德柏林墙，至今那里也人头涌动，熙熙攘攘，人们怀揣各种想法去朝圣，东西德那一面给历史和当下留下不尽思考的墙。

在风景如画的校区，我们访问了柏林工业技术大学。

柏林工业技术大学的福斯特教授如约见了我们。她在校负责技术创新应用，是学电气工程专业的，为工业技术大学创立以来的第一个女大学生。

当时，第一届学生一共500人，唯一的女生就是她。

她毕业后被西门子点名招去。后面又被学校校长召回创办创新中心，着重工业应用技术而不是基础研究。研究的任务是工业界给予的，在需求型的科研院所负责技术创新转让。大学有专职教授338名，同时工业企业界聘请了367名，还有2 598名企业中的中级科研人员，如奔驰、大众汽车有限公司

的人员。学校在埃及红海边设置了分部，使用年限99年，有5个系在那里。那不仅仅是埃及的一间学校，里面的学生来自世界各地。来自中国的留学生比例最高，占15%。其中约一半留下，一半回国内工作，甚至回中国的概率会更大一些。

福斯特教授希望与旗鼓相当的广东的理工大学合作办分校，输送出优秀的教授团队，也可加强短期学习培训与大数据采集技术方面的合作交流。

2018年9月16日下午，我们访问了两个州的联合统计局。

联合统计局的主任热情地迎接了我们，并为我们作了热情洋溢的介绍。

联合统计局正式成立于1862年，5年后开始系统收集数据资料。1875年正式成立资料库，开始系统整理资料，联合统计局在两次战斗中并没有被破坏。

普鲁士国王下令，要

求连年把资料给普鲁士德意志统计年鉴。因战争缺了6年资料，为此，福斯特教授编制了统计年鉴，这些数据资料在互联网上是找不到的。

这些数据可能不一定十分准确，但描述了发展的趋势和过程。比如普鲁士时期的离婚率高的主要原因是女士不卫生，男士酗酒。与现在的感情破裂不同，过去具体现在笼统，这原因新旧不太一样，过去它描述得十分具体。

她宁愿相信过去皇帝时期的没有人权的统计数据，认为更为真实，也不相信现在的有隐私的统计

结果，因为连她自己和丈夫都不愿意报真实的收入。统计是搞趋势和宏观的，数据展示趋势，比如一个家庭普遍有2~3个孩子。但是，也有联邦统计法做保障。

公务之余，我们让时光通过眼睛记录所见，刻印所行，留下所思。

漫步在校园、街头、车站，乃至议会、教堂和总理府。感觉德国的市政设施建设过去先进早进，现在看来却十分落后。无怪乎特朗普会说："美国自己也是一个发展中国家"。冲这一点来说，它的确不如我们的一线城市，落后于深圳等近几年新兴崛起的改革创新城市。

相比之下，中国的城镇化建设带来了极大的文明成果。那天下午，我专门提议去市中心区，下到地铁站看看轨道交通。下到地面，映入眼帘的是陈旧暗淡的地铁设施，除了年代，还是只能看到年代，没有垂直电梯，没有盲人

通道，没有双屏门，极不安全。难怪地陪张先生说，排队上地铁，他怎么也不愿站第一个，因为他担心发生意外。如果后面有一个精神病患者或恐怖分子，用力向前冲推，他必定落到轨道里，这是一个多么危险的隐患。

我们在柏林的每一天，阳光灿烂，天空都一尘不染，一览无遗，所有经历的每个事项，办理得流畅顺利有效，无缝对接，轻松自如。

离开德国时，我说购了物，经济上贡献了柏林，应有回报，可办理退税。一直陪着我们的张先生却说，这里退不了税，说是要等离开欧盟区才行。

而我认为只要不重退，在哪儿退都可。带着这个大逻辑，我同张先生讨论了半天，后来他打破了几十年不行的惯性，表示愿意带我尝试一下，由我到机场试水，为同行者探路。

退税的窗口人员稀少，过程简单明了。可是，张

先生总让我和同去的另一位同事站在旁边位置，由他拿着我们的小票和护照去办理退税。面上看似到位的服务，但我觉得这样的安排有些蹊跷。一是退税需要当事人签字，为什么由他代；二是我们跟着应无妨，只会及时应对回答问题；三是他说话神情恍惚，充满紧张并有些语无伦次，让人不踏实。

面对这些，我坚持要在现场，并顺利完成了退税这看似烦琐复杂其实简单的事儿，这巧妙的看破不点破的做法十分体面地避免和制止阳光下的"罪恶"，给予别人一次心灵洗

礼的机会。

在飞机降落匈牙利时，我在空中把这个细节记下，作为访德之心得。

道德绑架，是一种私刑。道德绑架，像一把无形的杀人利器，而手执利刃的人，却从来都觉得自己是代表正义的一方。他们只觉得自己代表了道德和正义。其实，内心深处，这些人更多的是在宣泄自己生活中的压抑。

漫步在匈牙利布达佩斯的多瑙河大桥附近的皇宫，这是皇帝加冕的地方。多瑙河的上游来自德国的黑森林。

次日，我们驱车来到50公里处的捷克，在拉链桥畔的小栈，喝了捷克的

大麦啤酒，味儿有点苦涩，纯度高，麦牙度达12度。喝着喝着，觉得苦味没了，涩也不存了，脸却红了。

这不是因为不小心到了另一个国度，而是因为自己可以放空发呆的感觉真好，没有边界，自由自在。

大地为床，天空为被。是没有包袱的感觉。

晚上几经波折，到九点才上了船。

微风拂袖，漫游在多瑙河的五座横跨大桥（以链子大桥为主）之间。当游船掉头向南走时，可见圣安娜教堂。

在布达山上有布达教堂，这里有着频繁的教务活动。渔人堡有七个塔尖，作为匈牙利人不屈的象征。

土耳其人被赶走后，修建了匈牙利布达佩斯城堡。伊丽莎白桥是唯一没有按原来样子修建的，山上有座自由女神像。自由桥旁是多瑙河的最深处。

访匈牙利布达佩斯第

十五区时，区长临时有公务，区长助理接待了我们。中匈商会也坐落这个区。在教育方面匈牙利与中国有着紧密的合作与友谊。区长下面设内阁成员和区长助理。

区长助理为接待我们做了功课，才发现统计关联着区政府的许多科室。这个区的历史可追溯到1200年，区有三个名字，是一个大区，约有8万人。1960年以后开始大规模建设，最多时人口达到8万人，现在存在人口老龄化现象，需要解决人口活力问题。

现在区长去国会做议员，又面临换届选举，80%的精力都放在这个上面。资料库里有统计，规划里也有统计贡献，统计上国家层面有个粗略指导，需要区里反复细化，提供数据。人口每4年普查1次，每2年进行抽样调查1次。

统计数据涉及个人隐私保护与提供的冲突和矛

盾。区统计是在法律规定和匈牙利国家统计部门指导下完成的，由部门和个人来办理。有些资料自动传输到统计局，当事人都不知道。采用应用软件，能提高工作效率。

总理办公室需要的数据也是多种多样的，涉及游客、贫困、人口、个人财产与法律方面的数据，以及完成任务的预算与监督，也与统计数据采集和分析有关。

对于 GDP，只有国家层面有统计核算，州以下都没有算，布达佩斯有 23 个区，都比较大，税收是正的，有时他们会比较一下税收情况。私人的数据是受保护的，而公共资源的数据需要披露。

相反，在保护隐私之下，个人或企业报送数据总是出现偏小或漏报的情况，要统全数据看来是一个世界性的难题。

离开东欧，离别匈牙利的最后一站布达佩斯，我又成了独侠客。

团友们从德国法兰克福转道，由国航飞抵深圳；我则取道卡塔尔首都多哈飞广州，进行中秋节的最后一个假日值班。

离开的当天早上，布达佩斯的天空开始不那么晴朗，刮起了大风。

大风兮兮，吾将离兮。到达机场的商务通道，就只有我一人在办理登机。eort 吉他可以随身携带，其他行李上系着商务标识。

顺利过了安检，寻找登机口。进入登机口之前，需先办理离境手续。离开了匈牙利境内，我松了口气，去寻觅贵宾休息室，又觉得快到登机时间了。于是我放弃去休息室，直接去了登机口。

不一会儿，就开始办理登机手续。我是第一个登上飞机的旅客。

公务、购物是出国公务的共同要件，在时空形式上我也一样不能脱俗。只有赋予的内容上可以有自己不同的选项，这如同拎着一把吉他，完全是自己的一种赋能。

还有着时空交替产生的不同。从北京到柏林，夜晚一直在延伸，是一种长夜漫漫的感觉；而从布达佩斯飞到卡塔尔首都多哈，则是白天一直在延展，是一种长昼延绵的感觉，与 20 年前的出访没有什么两样。

394

从深圳到省，无阻于广东创新基因，回归统计自然存在属性，相忘于江湖

一是我的心情。

非常感谢全国统计学会在南中国开，在广东开。广东的存在，让人记住的

几乎是他的块头，GDP、人口、金融规模、电信总量，等等，居全国第一。而几乎看不到广东统计改革创新的身影，最重要的是破冰的勇气和直面问题的锐气，呼吁领改革风气之先。

二是我的感觉。

对于统计学会，离专业与业务远些，看似虚一些，但肩负着对统计科学与破解当下统计问题先知先觉的使命与前沿发声力量。

我之所以有这一感觉，源于中国统计改革创新"9+n"落地深圳，包括战略性新兴产业、R&D、未观测金融、房屋租赁等21项统计创新。2019年1月18日，宁吉喆局长从香港取道深圳，为市民中心7楼1 200平方米的展厅揭幕，我把它称为"1918"。

基于这个，广东统计"风雨兼程、勇于创新、敢于担当"正在做的有几件事：

——点亮理念，集成力量"构建经济大省之统计强省"，有五个标志：特别的创新力、精准的解读力、专业的支撑力、科研的引导力与工作的落地力；

——"四经普"的广东智能普查，近10万人的"两员一督"平台，实用好用；

——分性别统计首创全国，迎来三八红旗先进集体荣誉；

——新经济统计监测制度；

——广东省高质量发展综合绩效评价指系；

——农业统计的在线核算监测平台。

三是我的相忘。

当下，我感觉有点迷茫，更焦虑于统计对矛盾与问题的实质正确把握，也就是统计科学的"存在属性"问题。若理解不全，指导引领工作就可能有片面的危害，有可能几年也纠正不过来。

这一问题，就是如何面对统计数据的质量问题。不是上下统计"敌对"，而是鱼水关系。

广东不人云亦云，准确把握，提出小号的76号文，聚焦"两防"，坚决防注水，查违法；更着力防少漏，坚持全面的实事求是。

广东之所以能够有勇气亮剑提出这一"两防"（在上次全国经普视频会上宁吉喆局长用作防止少漏举例），最重要的基石与力量在于数据回归其背后的存在，这是统计的自然科学属性。

统计学会一年一度的全国各地风云聚会，在顶层的引领下，既面面相望，又面临新的挑战相忘于江湖，一定会在思辨中变得更有现实意义。

395
没有走远的一串"统计符号"与气象

一个符号
用心
其出现
并不需要太久
一个时代，10 年
一届 5 年，届里届中
从无到有，几年里
一串串的改革创新名儿
形成深圳统计的符号
清新涩青，扑面而来
没走远

"$9+n$"
推开顶层底层
改革创新之窗
"五大发展理念"统计评价指标体系、未观测金融调查、R&D 研发支出纳入 GDP 方法
房屋租赁统计调查核算、500 万元以下固定资产抽样调查、股权债权核算
生产性服务业指数 SPI 编算、"三新"经济统计调查、R&D 规模以下企业抽样调查

从 0 开启，"$9+n$"，21 个符号
一个又一个
响当当

一个符号
专心
背后之可有符号
自己所知

老杨不老、小麦不小
叶帅、沈长、李司令
…………
都有时代的符号
记忆的烙印
没有远去
时空里
真心
事人符号

之后仍有集成符号

呆充十，深统计
斯土仁，红塔楼
同心科技红塔间
都是自己的符号选择
不远东处，还有远方的诗
喀什塔县
"哪里有经济，哪里有统计"

红圣湖，红圣渠
浇灌着你我
已有未知的深圳统计符号
不远流淌在潺潺灵动
玄溪上
一串符号见气象。
深圳统计出现新气象，基于长期观察与思考，基于厚积薄发，基于以干得

助，天道酬勤，来自上行下效。

气象源自"头象"，至关重要。自己作为"领头羊"的气象，亦即来自做人的气度、境界和景象。一个拥有大气象的人，不执迷于一时之得失，不计较于一念之取舍，万事万物在心中皆为匆匆过客，把生活打理得风烟俱净，又风生水起，心中拥有大胸怀、大写意、大格局。

胸怀淡然豁达，落花无言、人淡如菊，不为虚名蝇营狗苟，不为利益剑拔弩张，方有气象万千的生活。心里装了太多的小九九和名利得失的人，头顶着利益，怀揣着欲望，没有气象可言。他的心胸狭窄逼仄，装不下丝毫的委屈和压力，凡事锱铢必较，心无立锥之地，遇到烦恼之事，便将压力转嫁或宣泄于弱势群体，以此讨得一丝身为强者的快感，这样的人，心里总有解不开的结，过不去的坎儿，活得太过辛苦。

看一个人，不只看他阳光下的表现，也要求他阴影部分的面积。对比自己位置低的人，表现得锋芒逼人、冷若冰霜、高傲睥睨，而当面对身在高位的人，转而就春光灿烂、毕恭毕敬、逢迎谄媚，如国粹变脸一般，这样的人活得太功利，也无气象可言。

人心容量有限，装的欲望越多，拥有的气象就越少。有气象的人，风波起而泰然处之，诱惑近而坐怀不乱，泰山崩于前而色不变，麋鹿兴于左而目不瞬，抱月自醉、拥水而弹，自有其独特之魅力与风骚。

检验一个人的气象，常常要看他遇事时的第一反应。平日里，大家温文尔雅、平静恬淡、握手欢笑，彼此之间并无区别。但这些常常是经过加工、包装、掩盖、装饰过的表现，只有在遇到自身利益被触及、诱惑与原则相悖的时候，其言行举止才最直接、最本能、最真实。那一瞬间的抉择，人和人之间的差距和气象，高下立现。

一个人自身经历的反差、与人相比的落差，也足见一个人的格局气象。一个人的生活从锦衣玉食突然跌至贫民窟；一个穷小子突然中了 500 万；自己埋头苦干却始终默默无闻，他人不费吹灰之力却坐拥奢华，这些是否会使人颠沛、癫狂、难以自持而失去平衡。

在步入更深的旅程中，走着走着就发现竞相追逐的不过是身外俗事，孜孜以求的也不过是执念和虚妄，心若弦，过紧易断，一颗宕动不安的心，既不能承担上升时候的压力，也无法承受下跌时的重力。

生如逆旅，一苇以航，任红尘宕动，保持自己底色的洁净，便活得自有风骨与风情，渺渺流年，何不与生命的宽宏与慷慨相爱，与岁月的风景与素简交欢，与自我的孤傲和清静深恋。

如此，在尘寰的荒芜和烟瘴中，一个活脱脱、水灵灵的人便呈现了出来。

留下一串统计符号，不说分手，没有走远的深圳统计。

尽管如此，任何一个时代一个时期一个体制，铁打的营盘流水的兵，我作为一个新兵又要出征了。对过往"三不"：走就走，相信未来，不指手画脚任何人、财、物，不干预插手任何工作，不拖泥带水

离开岗位；对履新岗位，"学、干、做"：老杨变小杨，甘当小学生，不耻下问了解活情况，真存在；干活去的，脚踏实地干统计；做人忠诚踏实，阳光剔透，任何时候对事不对人，认真负责，包容贤才，同心同向同行走。

396
干活来的

那一刻
洞见
2018 粤组
66 号文
知道自己
终于
要离开这个
干了 17 载的
舞台

有一种
不变的东西
叫
干活
是供给也是需求
如此的靠近

粤统计

又一种
公平的东西
叫
时间
是过去也是现在
如此的给予
干活来

还有
在一起、了不起
同心同向同行
方有为有位
是呼唤也是需要
如此的开换
驶过来

珍抓
珍惜珍重当下
抓住什么
又为什么
时不我待，只争朝夕
甘为人梯
中流砥柱，后继有人
新常态

中心
中心
中心

重要的话重复三遍
实事求是
全面准确描述存在
因能力
需要干活来

干活
以干得助
干是一切的基点基石
干中
化解困难与矛盾
迎难不难
接受监督与检视

队伍
脚踏实地
上行下效
风清气正
求人先求己
求上先求下
勤勉酬勤

六月里
六月，粤统
让米出里
统呼出，阔视野
经济与人口大省
绵里藏着统计大省
在一起，了不起

397
一起向善向好——
新春洪福，2019 开门红

2019 年 2 月 1 日上午，每年的全省春节团拜会在珠岛盛大简约开启。

这是一个标志，这之后，春天的脚步就更加紧了。

当日团拜后，我带着最新的省委、省政府新春问候，逐一行走传到每个角落。

临午餐前，先从启动 7 楼局办、人事、综合至 9 楼贸外、派驻纪检组，又到 6 楼普查、城乡中心、服务业；下午与"三八红旗手"先进集体人员在满堂红合影后，充满喜悦地从天井迈步，到省经普办、党建与业务创新台账室，再到二楼入口，又至一楼车队，依次到达投资、工业、核算与数管中心。

既叮嘱安全，又互祝新年快乐。

2 日下午，与深圳历任老局长座谈，感恩统计青葱岁月。

3 日踏上探望已 80 多岁的父母双亲与 95 岁的岳母之途。深圳北站人头攒动，我顺利坐上开往武夷山东站的列车。

出了深圳坪山站，望着随身后而去的南国玻璃幕墙高楼林立，渐入山峦起伏、山峦叠嶂、山峦叠翠、山峦连绵之群山。

内心感触万分，自己从大山出来，又即将回到山里。每个春节最想做的不是出门旅行，也不是大鱼大肉，而是陪同老人聊天叙事，唠嗑至想睡。

这时，我想到猪年的到来。

首先，是 2019 年 1 月 6 日马兴瑞省长的到来，他充分肯定广东统计，寄语"干得不错，杨新洪带着大家这样干就对了"。

两天后，名字带着三个吉的宁吉喆部长从埃及取道香港，从黄岗口岸入粤到深。他专为近三年来中国统计"9 + n"落地深圳结硕果而来。在市民中心 B 区红塔楼，他不放过一个个创新功能区，时而注目，时而倾听，时而驻足，一切都围绕统计创新方法制度，为了提升统计能力。

我汇报说，今天日子很好，1918，宁部长给广东统计、深圳统计带来福气。宁部长沉思了一会儿说："列宁在 1918。"

"1919"同样是个好日子。

第二天，宁部长来到广东省府大院 10 号楼。看了广东"四经普"办公室，践行了他要挂着全国"四经普"总督长的工牌来督促工作，面对广东经普调查对象总量居全国第一，宁部长挂着督战牌，亲临现场看了又听了，才把那颗悬着的心放了下来。

当天中午，李希书记工作餐叙，他充满慈善的目光里有着对统计工作的充分肯定与期待。

高铁 D2352 离开广东，由粤入闽的第一个停靠站是漳州。

此时，我想到了全省团拜会上每一桌都摆上一盆的水仙花。她正是来自福建的漳州市。

由此，我又想到了 2019 年关乎统计核算的"开门红"。在 2019 年 1 月 30 日下午，全省统一核算方案获省委改革委员会开年实际上的第一个议题审议，顺利获得批准通过。

况且，2018 年已把省与市差从"5"字头控制至"3"字头。

列车过了漳州继续由南向东前进。

映入眼帘的村落村道已今非昔比。不一会儿就到了厦门北。进入被誉为福建经济"金三角"的福厦漳泉，这有着如同广深与莞深两侧一样的场景。

D2352 列车驶过福州往北拐，我弱弱询问了一下年纪轻轻的列车长能否准点到站，她说可以。终点站名曰"武夷山东站"，实际的地界在建阳。

下车后，我看了宋代的兔毫盏，看了朱熹的考亭书院。让自己进行了一次闽北古代文化艺术的熏陶洗礼。

阅读人生，陪伴与懂得。

跨入 2019 年，向善向好开门红。活出真实的自己。不在于身外之物，不被他人评价所左右，顺其自然，不要勉强。

用极简的生活理念享受着美好的当下。

"五福"临门，到底

什么为"五福"？

第一福"长寿"，第二福"富贵"，第三福"康宁"，第四福"好德"，第五福"善终"。

能真正得到这五福的人，必定是平和待物的人。"五福"合起来才能构成幸福美满的人生。

"五福"当中，最重要的是第四福——"好德"。有着生性仁善、宽厚宁静的德，才是最好的福相。因为德是福的原因和根本，福是德的结果和表现。

大地为床，天空为被。以此敦厚纯洁的"好德"，随时布施行善，方可培植其他四福，使之不断增长。

粤统计，六月同。与祖国一起向善向好，一起开门红起。

398
走进非洲：看世界、想经济

有着与凯伦美女作家风靡一时的小说《走出非洲》不同的主题，却有着相同的心境，我更想向大家述说自己是如何走进非洲的。

（1）季节与主题。

进非洲，第一次是在三年前，差不多在秋季。

亦是怀揣"一带一路"上"走出去"战略这一主题。中国产业体系完备了，产品丰富了，技术强大了，资金流向多元了，寻求投资也多样性了。

多走出去看世界，多见识和体验多样的世界，想想当下变与不变的经济，便是这个追求多边新时代的主题季节。

（2）同与不同。

出发地航班，与三年前一样，是从深圳乘坐国航飞机。

只是自己记不得出发的时间是否一样，这次是在大深夜，航班晚点了一会儿，原定是子夜0：50，波音777真正冲向天空是1：30左右。

不同的是抵达非洲的落点是南非，金砖五国之一，上次是埃塞俄比亚。

（3）心理。

出发前几天，夫人就交代我这次行程要轻松自在一点，托运行李，简单随身携带物品，多做减法。

依此，上了飞机落座下来，果然轻松愉悦。宽松的座位，十多个小时的空中飞行，假如自己精力充足的话，可以看3~4部电影。

（4）弥漫温柔的气息。

国际航班上低冷的空调与夜色朦胧弥漫，空姐低声的问候，总让人觉得透着一丝丝温馨浪漫气息。

选餐款订餐时，可以不像别的旅客一样问问捡捡，耗时又费神。取自己主要本意，不能兼得所有的美味，这也许如同人生，在每个时空上，也只可取最主要的选项与重点，保持这个取向思维，意义格外深刻。

因为，每个人总要在得失之间，不去过多综合平衡，而是快速有效地决定。

（5）错位，避峰选时。

避开高峰服务，会获得更多宽松与愉悦心情。

做事亦如此，选择好时机会获得事半功倍的效果。吃饭、起坐甚至向空姐请教，道理尽在其中。

随着机窗外吐进一抹白光，仿佛夜里的安静被渐次带走。

我欠着身子，准备吃一次机上的正餐。

约莫合计时间，飞行员把昨天的误时都追上来了。

当飞机稳妥落地约翰内斯堡时，我感受到了异域风情，心情莫名地放松了下来。

（6）未入住，先访南非豪登省。

从机场到豪登省政府需要半个多小时，路上所见如中国改革开放初中期景象。

走进豪登省政府。建筑为钢结构，像工厂。我把它称为是"工厂式"的政府办公场所。

他们的准备是用心的，让人感觉十分真心。豪登省省长办公室主任接待了我们，并介绍说豪登省的经济总量占到南非金砖国的近一半，华为、中石油、移动均有项目投资南非，中国广东、福建投资南非的比重越来越大。

连接投影后，他们认真播放了一个精心准备的视频。

（7）金砖国发达省份合作，十分有益。

重点交流中小企业博览会，加大政府层面的交流，推动南非企业的技术、产品进入中国；推动两国企业扩大往来，加强合作。

中博会与联合国企业日同步进行。第十四届是中国和南非共同举办的，获得密切往来。

豪登（Gauteng），这个名字来自索托语，意为"黄金之地"。

豪登省确定投资领域：汽车、设备制造业、旅游、文创等，很多中小企业期待与广东创新合作发展。中博会的目标就是引领中小企业高质量发展，组织专新特新企业与产品参与。

（8）中资机构与经贸代表。

华为在非洲南部有一个偌大的办公区，环境优美如画，容纳着 2 700 多人，还有创新体验中心。产业空间大，价值驱动投资明显。

（9）数据财富。

谈到一个地方或一个国家的经济实力，自然而然就会想到 GDP。2018 年中国 GDP 过 90 万亿元，广东 9.7 万亿元，2019 年广东肯定可跨过 10 万亿元大关。

其实我们讲述的是一个数据，而数据的背后还是一大堆数据。每一个数据均在制度的框架下采集而成，从这个意义上说，眼下的经济就是制度经济。

而把制度经济具体化的便是数据，从这一角度看，统计部门从事专业的科学考量结果，便是数据财富。

（10）访问南非夸纳省，是一件愉快的事。

从约翰内斯堡到夸纳省，当晚与一早起来都遇到一场清爽的春夏之交的雨。

伫立在希尔顿酒店的411房，我从窗户透过玻璃远眺西印度洋，内心无比平静。

想到了当下，想到了世界经济激荡人心。

聚焦一系列观察点，也许这些会构成百年大变局。

（11）经济总量增长出现新的不平衡点。

贸易顺差下的经济抵抗力变得越来越不让别国实现经济侵略之图谋得逞。

中国经济体量巨大，存在被低估的可能。34个省市自治区，有过半省份的经济总量分别相当一个中小国的量，真正又快又好地实现一个个地方富可敌国的梦想。

近年来，我去过德国、匈牙利、马来西亚、南非、埃塞俄比亚、肯尼亚等，也到过中国许多主要城市。无不看到中国经济成为世界经济的新不平衡改向。

（12）经济前行方向出现产业硬实力支撑点。

改向世界经济增长的背后，是完备的产业体系。

中国成为世界工业门类与产品最完整的国度。

由此带来的新产业、新业态与新商业模式在世界经济里头，变得我中有你，你中有我，很难扯清以市场与利益为生态而生的产业图。

（13）出现服务于实体产业与企业金融之锚变化点。

在布雷森体系之后，美元之锚从黄金到石油。这些支持美元使用的环境与条件都发生了新的变化，相关国都勇于说出"不"字。

现今货币之锚，已出现了很多的变化点。经济硬实力的支撑、军事力量的保障与软实力的提升。

（14）在西开普省，好望一角世界经济，忽然开悟全球经济如同球状，是圆的。

2014—2018年，西开普省仅次于豪登省，远远高出南非经济平均增长率。西开普省的失业率也是低的，为倒数第二位，进出口与教育居南非前位，

2009—2018 年都是贸易顺差；交通也十分发达，服务业贡献率超过 50%，旅游业也发展迅速。

非洲人口将达 11 亿人，市场前景非常广阔。

（15）世界经济是圆的，也是结构的，因此她又呈凹凸的螺旋上升状。

西开普省原油是进口的，出口也是油品，但是加工过的。

来自国外的投资主要是美国，英国占第二位，中国居第七位，占 4%，来自中国华为、建行、工行与中兴通讯等，服务业占比最高，软件、旅游业占前三位。

南非对中国的投资项目数达到 5 个，其中西开普省占 3 个，主要是电子消费、风能、汽车以及农业，地产也是投资的重要领域。

南非交通航线也逐渐加多加远，变得密集起来。

（16）世界经济变化，向圆可能是零和增长；向结构转变，肯定是在对弈对标、博弈与斗争中百舸争流，一定向着美好的方向前进。

再次到南非，从世界一角，尤其从地球的南端看世界经济，让自己多了一个视角。由此改变了我过去许多的经济研判思维。

这就是说地球是圆的，经济发展的结果可能也是圆寂的，但这一过程是持续的，不可能结束，会一直在人类存在与追求美好的憧憬路上。

因为人，既有共性，也有特质，在满足生存与生理需求外，又总是多样性的、个体性的，充满着奇思妙想。

因此，这些结构因素的存在，都决定与影响着世界经济，使其具有极其的复杂性。世界经济除了客观存在受自然市场规律淬炼精洗外，又充满着社会属性，在博弈与斗争中发生世界经济的结构性变化。

这也是数据窗口里的世界经济，向圆演进追求经济平等发展与结构性变化的魅力所在。

（17）零海拔与变老的经济，是否能孕育诞生出新的经济来呢？

坐在山脚下的白色沙滩上，真切感受到了零海拔。

用午餐时，一个白人老太太用眼神加竖大拇指的动作与我打交道。

一问方知她 86 有余，她的女儿也已 60 多，是从英国过来的游客。

这个让我想到了世界经济也有老的一天，但又有新旧交替，新的总会去替代旧的。

经济增长与人口的年龄逻辑似乎也高度相关。

（18）经济运动中不乏涌现新平衡力。

如同地球是圆的，你总以为她是平的；世界经济也是如此，你认为她充盈着机遇，她却带你向圆走去。

"单边抬起，多边形成。"这是经济增长的新平衡力。当一国用另一国的顺差，去平衡他国逆差时，另一国势必警惕而对抗。

反之亦然。

因此，当在西太平洋仰望天空，我看到了万丈光芒。身后大海，剔透晶莹，用一片蔚蓝的祈福祝福世界经济。

（19）经济如雨季，总充满着青涩的季节变化。

当我们踏上埃塞俄比亚热土时，第一反应像是回到了中国 20 世纪 80 年代初期。

而眼下埃塞俄比亚人正在庆祝雨季的结束，以传统的"火把节"形式凝聚合力。

每年罗马历的 9 月 27—28 日，为埃塞俄比亚法定的"火把节"。这正好让我赶上了。

27 日上午去了传音埃塞俄比亚的工厂、公司，下午拜访了驻非联盟使团刘豫锡团长、大使，陈绪峰参赞、林治勇经济商务参赞，传音手机的 Peter 陈总亦参加了会见。

遇见"火把节"，又逢 70 周年国庆，真是择日不如撞日。

"水暖鸭先知。"刘大使笑声朗朗地说道。非洲联盟使团刚成立。出于对广东有感情，愿意为广东搭桥铺路。

他转身说，非洲联盟还有一定的不确定性，要注意跟上他们的常见本性，面上承诺，执行起来又"稀里哗啦"，特别要重视商务细节的把握与落实。

（20）国与国之间经济的合作，不在于优先，也不取决于重返，在于建立经济命运共同体。

经济功夫在于看透企业的穿透力与变化。

就全球区域经济而言，增长慢存在两种情况，一种是经济成熟稳重，几十年经济相貌未变，一点点增长；另一种是欠发达地区经济看不出增长点，反而为挖掘增长点留下很多的空间。

现在非洲与经济发展不平衡、经济发展缓慢的地方，均如此。

（21）辩证思维看世界经济，是哲学方法，也是一把金钥匙，可廓清经济观察许多迷茫。

这一点，是我在夜间畅游埃塞俄比亚喜来登酒店温泉水池时，忽然悟开的"两失"经济逻辑论。

一是经济泡沫越大，会越失去理性；

二是荷尔蒙越多，会

越失智。

清晨醒来，想想这也是自己在温泉水池里所开悟的两则经济原理，十分值得今后去论述。

（22）走进华坚轻工业城，走进非洲劳动密集型经济。

"华坚"取自张华荣董事长之名，2010年在深圳国际大学生运动会期间，林毅夫先生推荐坚定走进非洲埃塞俄比亚。

华坚100%外销，出口美国，每年出口额3 000万美元。埃塞俄比亚政府给予出口型企业7年免税期政策。

目前他们有两个工业园和一个工厂。因此周边地块房价也明显上涨。埃塞俄比亚税赋比较高，起征点低，所得税30%、消费税10%、增值税15%、附加税3%。埃方人员工资2 000～2 500比尔/月，中方人员由国内发放。

华坚目前遇到的最大问题是融资问题，现都是老板自己口袋解决。供电

供水也相当具体。祈愿国家对海外投资的民营企业提供政策支持。

走进埃塞俄比亚，如同走进中国20世纪80年代中期，看到的经济形态亦如此。

在华坚，我们算了企业与经济账。企业通过资产增值，到银行贷款，再继续投资。不能把企业赚到的美元作为埃塞俄比亚国家的小户头强制结汇。非洲联盟增长法案是零关税，特朗普想取消，以获取新规则的重塑。

从企业看经济困难，必须从大方面研究制度体系，如何规避美国关税的壁垒，在经济战略思维的层面，去实现金融与外汇管制的方法。

（23）埃塞向南，空客A350飞往肯尼亚内罗毕，2个小时空中电影一部。

不同于埃塞俄比亚的经济，坐上埃塞俄比亚的航空商务舱，飞机的舒适度很高，干净、明亮、宽敞，温馨浪漫。

同事上机便迷糊起来。我选了一份Fish餐食，各色各样细节搭配，不咸不淡，也不腻，吃起来相当美味。再要上一份不加糖的咖啡，能持续回甘。

这时，我联想非洲经济具有的这种潜能与舒适空间。回忆起中午在与埃塞俄比亚广州总领事碰杯致敬时的画面，我说到今年广东GDP肯定过10万亿元。

这时，埃塞俄比亚驻广州总领事先生也豪迈地说，我们将同广东联合参与中美贸易战，相信中国一定会赢。

（24）每段人生，不管你承认与否，都在书写经济故事。

"鸟为食亡，人为财死。"当一个人为生计而奔

波，其人生过程，可能为财主题多一些，叫物质财富；为政治而追求经济基础时，可能是政治经济；财务自由之后，也许可以命名为感觉经济。财富存在是身外之物，唯内心感觉才是独立家园。

因此尽管是第一次到肯尼亚，但还是从经济角度去看吗？

在飞机降落 15 分钟之前，我扪心自问这些问题。

（25）落地那一刻，眼前是一个偌大的肯尼亚机场。

可以明显感受到，每隔几分钟就有飞机起降。出了机场，看到的道路与街景也显得格外引人注目。

地陪是一个来非洲亦工亦学学英语的女孩，她说起她告诉自己的父母已到达肯尼亚机场时，她父母都不敢相信这是真实的。

与其北面紧邻的埃塞俄比亚相比，这里凸显出上一层经济的特征。

与其说植物随地理纬度呈分层状态分布，不如

说经济也有呈现全球经济的分布差异。南非、西非与中非、北非经济发展状况也各有所长，正在变得越来越有吸引力与活力。

（26）十天三国，九晚十市远处敬祝祖国 70 华诞。

百年大变局之非洲新生。加纳的海岸角堡、塞内加尔的戈雷岛堡以及贝宁湾沿岸的奴隶贸易据点，见证了西方殖民主义带给非洲的屈辱与血泪史。殖民入侵和压迫打乱、延缓了非洲大陆的发展进程，一度造成局部、局地发展的凝固和停滞。

历史车轮向前，非洲追赶不停。在世界面临百年未有之大变局的背景下，非洲迎来了实现稳定发展、加快一体化进程和提升自身国际地位的难得机遇。

在 21 世纪第一个十年，全球经济增长最快的 10 个国家中，有 6 个在撒哈拉以南非洲地区。这片古老大陆正在重获新生。

（27）政治趋稳，为

非洲加快发展奠定基础。

1901 年，在东非的肯尼亚，英国殖民者修了一条铁路，目的是把印度洋之滨的蒙巴萨港和地处内陆的乌干达连接起来，加强大英帝国对东非殖民地的控制。

直到 20 世纪六七十年代，大多数非洲国家经过长期艰苦斗争，才陆续摆脱殖民统治。但其中不少国家先后又陷入动荡，这与西方殖民者留下的边界划分、部族宗教矛盾等历史问题有关；与许多非洲国家政府照搬西方政治制度和治理能力不足有关；也与域外大国干预操纵等有关。

吸取了 20 世纪的惨痛教训，非洲国家意识到，没有稳定的政治环境，发展就无从谈起。21 世纪开启以来，非洲各国逐步走上团结合作、求和平求发展的道路。

（28）2002 年非洲联盟诞生，成为非洲一体化进程的重要里程碑。

通过内部加强合作、自立自强，非洲实现前所未有的发展，政治上逐步趋于稳定，经济上成为世界增长最快区域之一。2010 年以来，非洲国家选举生乱的情况大幅下降。伴随着政局逐步稳定，绝大多数非洲国家在 2011 年至 2016 年都实现了全球竞争力指标提升。

互利合作，为非洲摆脱落后赢来机遇。

记得在 2017 年 5 月 31 日，在嘹亮的汽笛声中，车头绘有肯尼亚国旗的首班客运列车缓缓驶出蒙巴萨西站。由此，由中国企业设计建造的蒙巴萨—内罗毕标准轨铁路（蒙内铁路）建成通车。

与百年前建造的那条服务于英国殖民者利益的旧铁路不同，蒙内铁路这一肯尼亚独立以来的最大基础设施建设项目为当地直接创造了逾 4.6 万个工作岗位，培训了大批技术人才，也为当地百姓生活提供了便利。

横贯肯尼亚的一新一旧两条铁路，成为非洲百年巨变的见证，也是非洲与世界其他地区之间关系变化的一个缩影。

（29）近年来，发展中国家群体性崛起，为非洲借助新兴经济体力量，加快推进自身现代化创造了条件。

作为拥有约 1 亿人口的非洲第二人口大国，埃塞俄比亚曾是世界最不发达国家之一。但从 2005 年至 2016 年，该国年均经济增速达到 10.8%。如此亮眼的成果，固然离不开埃塞俄比亚政府和人民的努力与探索，但也得益于中国帮助下建设的一批工业园区和以亚吉铁路为代表的一批重要基础设施项目，

得益于埃塞俄比亚乐于向中国借鉴发展经验。

截至 2017 年，中国已连续 9 年成为非洲第一大贸易伙伴国，对非投资累计超过 1 000 亿美元。中非合作示范效应带动了其他国家对非洲的合作。据统计，非洲与印度的贸易额从 2001 年的 70 多亿美元猛增至 2014 年的 700 多亿美元。2006 年至 2016 年间，非洲从俄罗斯和土耳其的进口额分别增长了 142% 和 192%。

（30）抓住时机，为非洲美好未来提供保障。

展望未来，在时代变迁的历史洪流中，非洲将向何处去？

中国国家主席习近平在 2018 年中非合作论坛北京峰会开幕式上做出这样的论断：非洲发展不可限量，非洲未来充满希望。

非洲的未来既充满机遇，也面临挑战。如何抓住世界格局转变的机遇，在国际上放大非洲的声音？如何保证非洲各国社会长

期稳定，经济持续发展？如何进一步提高政府治理能力和消除腐败，让人民感到满意？

面对挑战，非洲在行动。对内加强团结，通过非洲联盟这个平台推进一体化进程，建立非洲自贸区；对外加强合作，尤其是发展与新兴市场国家的经贸关系，借助"一带一路"等国际合作倡议，推动非洲现代化建设进程；通过与拥有相似发展经历的新兴市场国家加强交流，相互借鉴经济发展和社会治理的成功经验，走出符合非洲国家自身国情的发展道路。

"非洲拥有世界最年轻的人口，是世界的未来。到21世纪末，非洲人口总数将占全球的三分之一。因此，非洲应有更大话语权。而要想实现这一目标，非洲就必须发展经济。"正如南非国际事务研究所中非问题高级研究员库布斯·范施塔登所说。

这次实地考察南非约翰内斯堡、豪登省政府、比勒陀利亚、南非中小企业部、夸祖鲁—纳塔尔省政府、开普敦省政府；埃塞俄比亚贸易部、投资委员会、驻南非使团、非洲联盟总部、国际轻工业园；肯尼亚内罗毕国家公园、投资促进署、工业贸易与合作部、国家工商会、出口加工区管理局，我们看到了与心中不一样的非洲：没有那么远、那么乱、那么落后。

（31）与丹麦美女作家笔下的"走出非洲"不同，自己内心是"走进非洲"的狂野。

周六，在肯尼亚首都内罗毕，选个点走走看看停停。

"在非洲的贡嘎山脚下，我曾经有一个农场。清晨和夜晚是如此宁静祥和。"著名的丹麦女作家凯伦·布里克森（Karen Blixen）于1914—1931年在肯尼亚定居，在非洲这片土地上，凯伦曾经实现过梦想，她争取到了基库尤人的权利；她赢得了当地白人主流圈子的尊重；她赢得了基库尤人的崇敬和爱；她也失去了丹尼斯，失去了那个愿意放弃天性的自由陪着她守着她的男人。十几年的非洲岁月，承载的是她一辈子的喜、乐、悲、哀。她将故事写成了书——《走出非洲》，以流畅优美的文字，叙述自己在咖啡农场的生活，包括非洲的自然景色、动物和人。书的每一章节都体现出作者对非洲风土人情的谙熟和眷恋。原始土地上的空气、水、阳光，仿佛伸手可触。细致入微的观察和描述使得人物和场景鲜活地跳跃于纸上。

《走出非洲》讲述了女主人公在1914年随男爵丈夫旅居肯尼亚，经营一个咖啡农场。后来她的婚姻破裂，情人也在一次飞机失事中意外罹难。祸不单行，一场意外的大火吞噬了她的庄园。一夜间，她的产业毁于一炬。破产后的女主人从此结束了她在非洲的生活，于 1931 年，也就是世界经济大萧条的年代回到了故乡丹麦。故事在哀怨怅惘的悲剧气氛中画上句号。《走出非洲》被拍成电影并获奥斯卡奖。她曾经居住过的地方，于 1963 年肯尼亚独立时，被丹麦政府买下赠予肯尼亚政府以纪念肯尼亚独立。

丹尼斯对非洲的爱，是崇敬的爱，是远远的爱，是远远赏析就已经足够的爱。凯伦对非洲的爱，是执着的爱，是饱含情感的爱，是想要拼命融入和渗透的爱，是倾注感情并渴望回报的爱。他们同时在用爱非洲的方式爱着对方。

来访内罗毕的人们，一定要去那里看看，聆听非洲壮美大地上缠绵悱恻的爱情故事和感受凯伦对这片土地深沉的热爱。从肯尼亚首都内罗毕市中心出发，穿过熙熙攘攘的大街小巷，约 20 分钟车程便

可来到凯伦庄园。庄园四周被剪修整齐的树木围得严严实实，俨然一道天然围墙。园内满眼苍翠树木和绿草红花，尽头那座红瓦白墙的别致小屋，便是凯伦故居。凯伦庄园原来占地 600 亩，现在的凯伦庄园暨凯伦故居博物馆面积只有约 200 平方米，9 个房间。故居内有书房、客厅、饭厅、卧室、卫生间和厨房等。房间内部的陈设和装饰还原了女主人当年生活的原貌。在饭厅餐桌上，古朴的烛台、整齐的碗碟，仿佛正等待主人就餐。对面的客厅里，地上铺着一张精美的豹皮，显示出凯伦当年生活的富足和对狩猎的喜爱。时光虽然过去近百年，但即便用现代社会生活标准和审美眼光去衡量这座静谧的庄园，仍能感受到它的奢华和美丽。

顺着被栀子花环绕的小径来到后花园，园内栽种的各种树木似乎见证了凯伦庄园的岁月变迁。叫

得上名字的树木有烛台树、非洲仙人掌、鸡蛋花树、郁金香树，等等。烛台树和仙人掌树高 10 多米，树干异常粗壮，据说树龄都已超过百年。在后花园中，黄白相间的鸡蛋花依然零星挂满枝头，当年凯伦和丹尼斯相互依偎的木头长凳却已经腐朽，只剩下孤零零的架子戳在地上。时光与繁华不再，院落更显得冷清和寂寞。历史与现实的反差让人不禁浮想联翩。凯伦在非洲的生活是西方人在海外拓展殖民地的一个缩影。然而，凯伦性格中所折射出的善良，使她的所作所为得到今天很多肯尼亚人的包容和谅解。虽然凯伦将自己的作品定名为《走出非洲》，但实际上，她的人生与事

业都打上了非洲的烙印，这个地方承载了她一生中最难忘的记忆。从这个意义上说，在她的心灵深处，从未真正走出过非洲。

如今，伊人远逝，寄托凯伦哀思的恩贡山已目不能及。然而，小说《走出非洲》所表现出来的善良和平等的人性光辉，却散发出持久的独特魅力，吸引着越来越多的人走进非洲。

（32）漫步非洲，面对 Ngong Hills 恩贡山的美轮美奂。

在肯尼亚国家公园，好运连连，我看到各种各样的野生动物。号称非洲五霸的狮子、大象、野牛、犀牛、花豹，在此处已见四种。

在肯尼亚国家公园，看到动物世界的狂野，也感觉到其经济发展的方向与潜力之野性空间。

（33）为何中国人在非洲能成功，非洲人却想逃。

为什么，同样是在非洲，中国人可以取得成功，非洲人自己却在成群结队地想跑出去？

9 月 28 日，乌干达学者兼政府高参塞缪尔（Samuel Sejjaaka）在乌干达《箴言报》（*Daily Monitor*）上发问。他援引《中国日报》的数据指出，1996 年，非洲只有不到 16 万中国人，到了 2012 年，这个数字达到了 110 多万，而在今天，非洲的中国人数已经超过了 200 万。

在不到 20 年的时间里，中国人数就暴涨七倍以上，但与此同时，非洲人却在想方设法地逃离非洲，到欧洲去，到美国去。仅在去年，就有 2 262 名非洲人在试图逃往南欧时遇难。

非洲人亦须洞悉人性本善，明理为什么一样是在非洲，中国人可以顺着他们的钱和商品过来，并且获得来自母国和所在国的援助和支持，而非洲人却在想方设法，甚至通过各种劳务输出机构逃到新的奴役场。

（34）此时，我想到了非洲的历史。

非洲一直被视为猎场。那时候，部落的酋长和土邦的大王们以几件小饰品的价格就把他们最好的货物、最强壮的奴隶给换出去，卖到国外，而那些反抗的团体则被征服。

一些评论家认为，非洲被征服是因为他们没有火药，但事实上，那些反抗欧洲的非洲团体并不是被配备着火药的欧洲人击败的，而是被欧洲人在当地的非洲盟友击败的。

因此，面对欧洲的入侵，非洲呈现的是一片破碎的图景：一帮落后的、混乱的、彼此间截然不同的小邦和部落。最终到了 19 世纪，非洲许多地方被欧洲人控制。

（35）非洲祖鲁人抗击英国军队，殖民统治阻碍了非洲的本土经济发展。

长期的压迫和剥削，让非洲人产生了一种自卑感。这种情况并没有随着非洲国家的独立得到改善，武装冲突和经济上的种族隔离也在继续折磨着非洲人。而讽刺的是，非洲的这种情况之所以仍在持续，正是拜那些昔日殖民者的代理人所赐。

那些昔日摆脱了奴役的非洲人如今却被去欧美捞金的美梦蛊惑，正发自内心地向欧美方向逃亡，而其中又有很多人死在了路上。

非洲人也正在扪心自问，为什么年轻人一定要逃往奴役场？有什么做得不对的地方？还要像那些部落酋长一样被一点小恩小惠牵着鼻子走多久？如今该做出重大的改变了。

乌干达此前一直"借鉴西方发展模式"，但"出口远小于进口"的贸易失衡问题始终得不到解决，农业生产落后，工业制造业则因"投资不足""基建落后"等问题导致"生产成本高昂"。

但在与中国合作后，自 2013 年至今，已有 22 家中企入驻乌干达农业和工业产业园，"开始有产出""部分产品已经出口海外"。

乌干达总统穆塞韦尼发文称，与有些西方国家习惯于对非洲颐指气使不同，中国对非洲国家从来都是平等相待的，在经济方面，中国帮助乌干达修建了恩德培国际机场扩建项目、卡鲁马水电站、伊森巴大坝、国家体育场、工业回收中心等。

非洲人民不会忘记中国经济给予的深情厚谊。在"一带一路"上将继续深化交通运输、工业园区、电力、人力资源等领域合作，密切双方在国际事务中沟通协作。

（36）祖国 70 周年华诞，我们身在远方异乡非洲，当共同呼唤祖国万岁那一刻，特别有自豪感。

凌晨 5 点多，我们在洲际酒店收看庆祝中华人民共和国成立 70 周年阅兵式现场直播。一个个令人感动感叹的画面，瞬间成了历史性的记忆。

以此度过 2019 年 10 月 1 日，我内心充盈着别样的感受。

看完了 2 个多小时的直播，在喜悦中用过早餐，10 点访问肯尼亚工商联 KNCCI 主席。在探讨企业国际合作与交流，在每年召开的中小企业博览会平台上得以实现多边多赢贸易，促进世界中小企业共同繁荣。

（37）期待 2020 年第十七届中国国际中小企业博览会的到来。

落户广州的中博会，

具有相当的影响力与吸引力，已与 19 个国家和地区联合主办。

在一个国家经济构成与活跃度上，中小企业明显靠前，是重要的经济细胞。中小企业到肯尼亚发展很有潜力，制造业、食品、生命健康与住房都有广泛的合作潜力。

（38）行走中的经济启迪，感受水果里的美食与经济。

早餐时，我每天都遇见一种不知名的水果，色呈浅淡色，口感为浓稠糊状，过了两天，发现自己竟然喜欢上它。问了几个服务员，才弄明白它叫树番茄，学名 *Cyphomandra betacea Sendt.*，是茄科树番茄属植物。原产于南美洲，世界热带和亚热带地区有引种。中国云南和西藏南部有栽培。喜温暖气候，不耐霜冻及 −4℃ 以下的低温，较耐干旱。在土层深厚肥沃、疏松、排水良好、微酸性的砂质土壤中生长良好，不适宜于坚硬、砾质或黏土地中生长。

其果味如番茄，可食，作水果或蔬菜。可以观花赏果，是点缀美化庭园和绿化街道、农庄的优良树种，经济和实用价值高。果实可以入药，性味甘，平。健脾益胃。治纳呆，形瘦。

而走在热带、亚热带的肯尼亚，我想到了 20 世纪 80 年代中国有一句"靠山吃山、靠水吃水"的话。

由此，想到了牛油果的生长环境。牛油果，学名 *Butyrospermum parkii Kotschy*，又称为酪梨、乳木果或油梨，有一很大的果核，其果肉为黄绿色，味如牛油，被称为"森林的牛油"。原产于墨西哥和中美洲，后在加利福尼亚州被普遍种植，因此加利福尼亚州成为世界上最大的牛油果生产地。

（39）拜访肯尼亚出口管理局 EPZA，出口代理的 CEO。

肯尼亚有众多的出口

工业园区，有公有的与民营的，共有 72 个。肯尼亚是东非的一个投资环境较好的国家，效率是比较高的。

座谈之后，肯方安排我们参观了一家工厂。车子七弯八拐到了现场，映入眼帘的是一堆堆的塑料瓶子，许多人在分拣，散发出一股淡淡的说不出的异味，让我觉得难以接受。当问清塑料垃圾运往何处时，他们说是中国浙江。我觉得洋垃圾不该回国。

完成公务，我们一起共进晚餐。

在餐桌上，我们点上蜡烛，一起唱起《我和我的祖国》与《我的中国心》。

之后，佐贤朗读了他

写出的平仄押韵的七律诗。

非洲行

数载中博再出发，
普天同庆唱中华。
联合主办赢海外，
成果丰硕好还家。

我呢，借助诗意铺定，即兴创作了一首自由体之诗。

今晚，我不洗碗

Ⅰ我
我，是一块牛粪
放在家里
以此，养育了美丽老婆这朵鲜花
我，是一块牛粪
放在国土
以此，养育了充满生命力的植物
我，是一块牛粪
放在工信，养育了先进制造业
Ⅱ从
从南非约堡
豪登、纳塔尔、西开普
到埃塞，亚斯当
进肯尼亚，内罗毕
一路风，一身尘

马不停蹄
收获满满

Ⅲ这
这一天，2019
70 华诞，国庆之大庆
在异国他乡
挥舞国旗，唱起祖国
在一起，不说分手
永远留住
刚刚生成的历史记忆里

走进非洲，有经济的、文化的、政治的、制度的，等等，这些不久将会成为新时代的烙印。

10 月 2 日，当飞机延迟 40 分钟上至万米晴空，几个南航空姐迎面来问我是否需要提供帮助时，我都一一致谢，我的邻座是

个空位，我的内心深处又平静了下来，选看了好莱坞的《之后》与日本的《假面饭店》，觉得其体现了社会存在的立体性，挺不错的，完全叙映了世界经济文化甚而犯罪的多样化一面。

至此，启迪了我回过头捋了捋这次走进非洲的思绪，觉得有一小点的话题可作为收尾沉淀。

当然，这个话题可大可小，依然是个"看世界、想经济"的哲学命题。

当下非洲与中国改革发展初期相似，经济生活、社会发展与环境保护充满着矛盾。习近平总书记的"两山"论一针见血，那种日常"喝一瓶矿泉水、用一个塑料袋、扔掉一双拖鞋"很可能都是每个人的生活常态，可是在肯尼亚工业园中资企业里那堆积如山、扑鼻而来的塑料垃圾异味，让我久久难以释怀。

399
6080：人生的另一种旅行

如果说，旅游是从一个目的地到另一个目的地，过程即收获。人生还有另一种的旅行，那就是6080。

（1）当我写下这四个阿拉伯数字的时候，有些担心会被解读为60后与80后，或仅仅只是个陆仟零捌拾的数字。

其实，我要表达的是自己奔向60岁，父母已过80岁。

一早醒来，就想起昨天乘坐的山东航空第一排3A座位的左上方，正好有则子曰："父母之年，不可不知，一则以喜，一则以惧。"

这似乎是针对我而言的。夫人则直说，这是专为我而设的。的确，我这个已近花甲之年的人，一直不记得自己父母的年龄。

而他们作为80多岁的老人，则一直记得我的食好：吃薄饼。一大早，我打电话给母亲的时候，她便告诉我，父亲一早就去市场里买这个，为了让我中午一到家便可吃上，过上嘴瘾。

同时，母亲又告诉我，她的腿脚一点力气都没有了，走不动了。我说，等我到家，给她买两只鸡补一补。她又说，不要不要。这让我想起母亲的腿部没力气，也许是她七年前做的直肠癌手术切除的后遗症。

（2）万般皆苦，唯人自渡，你就是自己悄无声息的摆渡人。

作家哈金说过：其实人和人，到最后的区别，就是这一个一个坎儿，你能不能跨过去，过去了你就不一样了。

那些跨过的坎，受过的伤，都会成为我们身上最坚硬的铠甲。

行至艰难处，千万不要轻易放弃，黑夜过后就是黎明，风雨过后便是天晴。

《肖申克的救赎》里有句台词：It makes sense to be busy living or busy dying. 翻译过来就是"忙着生，或忙着死，这真有道理。"人生就是这样，要么生，要么死。选择活下去，就得承受生活的万斤重担。

杨绛老师在《一百岁感言》里说"在这物欲横流的人世间，人生一世实在是够苦。"人生不如意十之八九，我们越长大就越发现，原来自己在这个世界上真的很渺小。自己对家人许下的诺言，对自我实现的渴望，大部分时候，是达不到的。

（3）一个人若正好卡点，经历每十年一遇的十轮人普，刚好到百岁。我们都有活到百岁的信心吗？

前几天，有新闻报道称：在广东佛山的一家工厂，员工小刘因为身体不好向老板请假，被拒。

老板指着小刘说：你没有医院假条，想逃工，门都没有，干不完活，下个月看你拿什么生活。

简单而刻薄的一句话，却成了压垮小刘的最后一根稻草。

几个小时后，小刘在工厂里自杀，留下一张纸条。上面写着："工作压力好大，身体不舒服，应付不过来，失眠、呼吸困难、内分泌失调，想要请假休息，公司要办离职手续。2020年非常特别的一年，失业后如何生存？在这家公司工作六年了，好像出去找不到工作，与社会脱节。累又睡不着，睡不着就更加没有力气去工作，孩子还小，父母年老。"

我看完，泪流满面。

（4）人到中年，人生半坡。

成年人的体面，丈夫与父亲的责任，在一瞬间就轰然倒塌。

鲁豫在《偶遇》中说："无论是谁，我们都曾经或正在经历各自的人生至暗时刻，那是一条漫长、黝黑、阴冷、令人绝望的隧道。"人这一生，总有被现实无情践踏的时刻，多少人表面光鲜亮丽，其实内心千疮百孔。

80多岁的双老，何尝不是这样。当中午热腾腾的薄饼馅上桌时，我透过热气，感觉这一切就是人生的过程。

（5）由此，我内心坚定地确定，不为外界所困，庚子年的中秋、国庆双节一定做到60守候80寸步不离。

《岛上书店》里有这样一句话：也许，每个人的生命中，都有最痛苦的那一年，将人生变得美好而辽阔。

三毛说："心之何如，有似万丈迷津，遥亘千里，其中并无舟子可以渡。人，除了自渡，他人爱莫能助。"说到底，活在世上，我们只能孤身一人去体会生活中的冷暖，去肩负人生中的压力，去抵御旅途中的苦难。

可越是在这样的苦涩里，就越显示出生命的硬度与光彩。从来没有无灾无难的人生，万物皆有裂痕，有光就有希望。

（6）浮生半世，书田游历。一蓑烟雨，闲看行云。静观自在，无意短长。愚鱼之乐，孰料得失。竹马相笑，知天命否？

看到80多岁的双老，

写下遗嘱，放在桌上，让我阅改，如此坦然而淡然，可见其平静安然之心态，已超然我的人生观。

老家的温差有点大，让我有种回到了孩提时代的感觉。于是，电约发小国龙说我回来了，无论如何过来吃个午饭，他有些犹豫，之后还是过来了，一进屋就帮双老烧柴做饭，与我一起叩磕半个世纪前的他与我之间的事儿。

不久，高中同学龙传亦过来，带上他已存多年的郎酒，我当即打开，酒口感不错，我们连续碰了几杯，龙传、国龙浅尝辄止，而我都一饮而尽。

庚子双节如约而至。上午，松源街道办事处陈书记带我去看看他们的发展变化，我也很想去透透气，看看松溪如何结束没通火车的历史。

（7）吃过早餐，60岁的我说服了80多岁的父母去新的火车站看看。

作为衢宁铁路入闽的第一站，松溪火车站站前广场及配套设施建设项目地处河东乡长巷村，总用地面积约138亩，项目包括站前广场、站前大道、货场道路、景观绿化、市政配套设施工程等，总投资1.2亿元。

特别值得一提的是，设计理念新颖，建筑风格以自然山水生态风貌为主，采用中国春秋战国时期文化为基本元素，融入了欧冶子在松溪当地铸剑的湛卢文化精神、历史风貌，用重大历史事件、传说作为广场主雕塑和景观墙，力求做到小而不俗，彰显松溪地域特色。

火车站站前广场设计理念新，上广场为圆形，下广场为方形，采用了天圆地方的设计理念。广场两侧各有30米的石雕墙，刻画了文化松溪、红色松溪、生态松溪、活力松溪共4篇12个故事。

据松溪火车站站前建设开发有限公司总经理陈连胜介绍，这个主题雕塑讲述了欧冶子在松溪"三年磨砺铸春秋"的故事，雕塑底座高2.8米，铜身高5.2米，总高度为8米。广场的两侧分别种植了楠木、松树、山樱花等具有松溪特色的树种和鲜花，特色鲜明，让人心悦神怡。

（8）流淌在百年遮里，流入眼帘的是满满的绿色。

置身于绿海，放松、轻松漫步于鹅卵石间的小道上，仿佛看到了百年前的先民以此榨汁做红糖。

几分钟之后，又陪80老爷子到了梅口。梅口村位于松溪县西南部，背靠湛卢山，是松溪河在松溪境内最末端的村，也是郑墩镇海拔最低的村。

来这片渡口水乡，看

看松溪山水之间能碰撞出怎样的古埠韵味。梅口古时是进出松溪的码头、渡口。

梅口在古代是一个商贸渡口，距今已有一千多年历史，梅口村地处松溪河下游段，河面宽，水流缓，是个得天独厚的水运码头。下游可通木船、竹筏至建瓯、南平等城市，上游可通松溪县城、旧县、渭田、溪东等乡镇和浙江省庆元县的新窑、竹口等集镇。从古代至民国时期其均为闽东北与浙南边境交通要冲，在历史上闻名遐迩。直到中华人民共和国初期，梅口村人仍多以撑伐，撑船运送货物为业。

梅口有十八街巷，每个出口巷就有一条入河石敢，俗称"十八石敢"，条条石敢如河面。民谚曰："梅口地上尽是油，三天不驮满街流。"由于梅口码头河运繁荣，明代在梅口设有巡栏。如今，从这些被足底磨得圆滑的鹅卵石上看，不难想象古时这里的繁荣程度。

来到这里，每一步都是古香古色，每一口呼吸都带着韵味。

（9）政和，政通人和。

我老舅是1955年到政和的，如今86岁。他一早就盼着我的到来，见面时尽管拄着拐杖，但异常高兴，说昨晚惠琴姨妈就聊到我会来看他。

见了面，聊着聊着，他就说他只有一两年时间了，话一出就把说话的氛围凝固了。

接下来，他与我回忆了许多往事，但是，他也很体贴我，几次三番提醒我们去赴宴，别让人等。

见到老舅，亦算了了我的心愿。

离开老舅后，内心深处却有些柔软，但是特别踏实。

（10）见了老舅后，第二天又去拜见了卧床几个月不起的姑姑，她也已86岁。

她连句话都不会说了，只会点头，偶尔睁开眼，以作回应。

多数人说她已无意识，但我感觉她内心与脑子是完全清醒着的，只是身体的能量不足以供给地说话的力量。

因为，在我们断断续续小聊后，正好离开她时，她居然轻轻地说了一声："慢慢走。"同时还半举起手，挥了挥。

没想到的是这两位令我记挂的长者，这次都成了自己的最后一见。

8天的长假即将结束，一早起来准备行囊，偶然又听到双老在互怼，大都因小事而起，大约是父亲抱怨母亲总是在怼他。他连续说了几句，母亲不吭声，便怄息了。

我想大约是我这个60又要离开80远行了，他们产生了心理变化，怄才而起。互相消化后，大家都退了一步，因为节后，60、80又得回归平静，生活本来就没有那么理想化。

回穗的山东航空上，与来时坐在头一排相反，我正好坐在最后一排，亦是波音73730A的靠窗位置，左上方子曰："为政以德，譬如北辰，居其所而众星共之。"这昭示自己从政，以德服人，就像北极星一样安坐在自己的位置上，其他的星辰便会自行在其周围旋转运行。

9日上班，我当以此广州—武夷山往返的山东

航空首尾座位左上方子曰相践行。

庚子年，看前240年，近乎苦难年。在双节叠加的今年，10月1日，既中秋亦国庆。

我在这8天长假里，既陪伴了双老，亦亲历了老舅、老姑眼下艰辛与复杂的处境，也帮助双老在脑子清醒时主动要求的立遗嘱，这无疑是中国传统文化下的心态写照。

而这一切让我更加看透人生，不做作、不回避、不顾忌，而获得内心的强大与人生的一寸寸阳光。

当作别万米高空云端而不断下降时，我的一颗心一直与飞机相随，十分平稳地降落在偌大的白云机场机坪上。

400
乐见青春之根

那天，当羊城省府大院10号楼灯火阑珊时，我们迎来了国家统计局的一

群根在基层调研的年轻人。

这对我来说，已是第二次在南粤大地亲密接触中国统计机关里的年轻人。他们每次都怀揣青春梦想，走出北京三里河大院，寻根统计基层，触摸源头之情。之前一次相见在2016年初夏的深圳，而这次相遇在2019年冬季的广州。前后两次青春的遇见，虽然时节不同，且时隔三年，但心情却是一样的，每一次都让我激动不已，回味无穷。

过去的一年，对全国、对广东而言，皆为不平凡的一年。除了完成国家层面的统一核算、第四次经济普查等大项改革与发展任务外，国家统计局赋予了广东一个连着一个的"电子台账、无形资产纳入投资、性别统计……"之统计创新任务。根在基层的年轻人奔着这些鲜活的基层实践而来，总让时光缓缓划过的岁月，留住一抹抹思绪万千的缠绕，总让统计人留下一缕烟雨朦

胧的青春记忆。

　　而那一晚，我站在南粤省府大院 10 号楼的天井边，与那一群可爱的"根在基层"年轻人相见那一刻，无不欢喜伫立于"不忘初心、牢记使命"之南粤统计"为数据需求者服务"鲜活金字之前，情不自禁地竖起大拇指与统计青春拥抱，既脚踏实地于红色地砖天井，又去开启统计青春把根留住之旅。

"不忘初心、牢记使命"
——南粤统计"为数据需求者服务"

　　这一刻，亦让我想起自己，正是在如此青涩的年华，走进统计青春里，走进地方统计，走进统计之根。还清楚地记得自己是在青春年华时走进基层

统计，从最基础的农调农业统计专业干起，去不断感知那片充满县域泥土芳香的最初统计意义。也正是那一刻起，我构筑的人生几十年统计岗位资历经历所形成的根在基层青春积淀。

　　年轻时从事统计专业的最美时光，如一剪初春的柔风缠绕在我的岁月之巅，染成一抹霞绚，盛开在旖旎的经年，浅行在难以抹去的记忆里。时光如弹指之间，岁月如织，划过多少我在统计似水流年的往事，曾钩起多少我在统计岗位的青春回忆，打捞着曾经一度懵懂的青春。

　　如今，穿越统计的历史时空，中国统计机关的年轻人不约而同地心往基层、"根在基层"，带给我的如初恋般的青春冲击。天涯苍茫，阡陌红尘，一切关乎统计青春之根的践行，在往事的夜幔中将记忆尘封。深圳的速度，广东的印烙，统计的响应，像时光一样飞快，那一缕

青春之根喷薄而出的晨光，才刚刚映衬在我的眉弯，却在挥挥手之间，别在流年似水时光里；那一抹青春之根散发出来的清香，刚刚揉进了我的心海，又轻轻擦肩而过，留下一抹深深回忆，任思绪万千在记忆时光里。

　　统计的岁月芳华，总让人在清浅的时光里翩跹摇曳，感怀潺潺流水的韵律、薄如蝉翼的祥云、纤柔温润的岁月。而统计青春之根，就像一朵浮云浮在人们的深深光阴里，缠绵在如织的流年里，如薄纱遮盖时光的门楣，似一剪春风轻拂过时光的眉湾，抓住那一抹旖旎的繁华，总能蕴藏在我的心底。

　　根在基层，无疑给统计年轻人留下诸多回忆，也让我这个老统计人无不感怀。每次每当青春之根的柔蔓缠绕过我的指尖，年轻人的春雨总是滋润着我的心扉；每当斜阳西沉的一刹那，青春之影也总是飘出我那清浅的眸子，

我多想挽留那青春之根的时光，把它蕴藏在我那如织清瘦的年华里。而当下，怎奈岁月如织，唯以躬身入局，把自己放进青春里，方可成为青春之根的关键变量。

伴着中国统计根在基层之广东行的到来，过去一年也是南粤统计奋力拼搏干出硕果的一年，这是一个承前启后、革故鼎新、久久为功之年。这一年，我们与青春共度了一个"严格要求、改革创新、能

力提升"不凡之年，更是实现"年度绩效考核一等奖、五年一次经济普查工作省长签批'十分的出色'、中国统计'7 + n'改革创新落地广东、干部晋升史上数量之最"诸多

满当收获之年。

每每伫立在省政府大院 10 号楼天井前，我都会想起那些闻鸡起舞、起早摸黑、风雨兼程的青春身影。365 天的艰辛与汗水来之不易，它一次又一次印证了收获是用汗水浇灌的，这无疑也构筑成一个充满盈润而又坚韧不拔的精神家园，让人一次次相忘于"为数据需求者服务"中。

步入 2020，我依然知行合一，与全省统计人尤以年轻同志一道迎着"求真务实、变革思维、开拓创新、服务落点"之路，脚踏实地、透亮自己、砥砺前往。

青春之根，在轮回时光翻飞。就像一抹飞霞划过旖旎蕴苑葱茏的韶华，流年似水，总有一剪清浅的记忆萦绕缠绵在心灵的深处。"根在基层"的每一抹花香、每一缕阳光，都在我的年华蕴藏，总想再次如约南粤大地，踏着一缕清浅柔蔓的时光，看

一片海蓝、嗅一束花香，再剪一段流年旖旎的青春芳香，把青春之根留住，留在记忆深处。

蓦然回首，忆青春之根，品韶华之美。

401
寓深入浅出与基层或然率和偶然率

我是一位 1985 年全国微积分统考 100 分的同学，上过报纸，曾轰动一时。

30 多年之后，我的座右铭已有心得："深入浅出，摆脱量值数学观念与线性认识论的束缚，开拓新理念，方是数学科学发展真出路。"

深入浅出，厚积薄发，谈何容易。

什么是"深入浅出"？

所谓"深入"犹如在传讲圣经之前，就已经吃透经文，并能带出圣经的信息；所谓"浅出"就是将深入的信息用浅白的语言表述出来，使听众易于明白，并能实践于生活之中。

面对"深入浅出"时，我们经常会听到许多"浅出"却未"深入"的信息。这种讲道很多时候会变成一场见证会、故事会。讲道者了解现代基督徒听道的取向，就迎合大家的口味，专门找一些见证来将自己的讲章串联起来，使讲章充满着见证和故事。若是一位有口才的传道人，就会在见证和故事中加上许多的情节和故事的渲染，使得信徒完全沉浸在故事和见证中。

不过，作为一名城市统计工作者，只"浅出"却不"深入"，这样的信息在根基上是很有问题的。与"浅出"未"深入"成鲜明对比的就是"深入"

未"浅出"。真正"深入浅出"的信息传讲，就是既能简明扼要传讲信息，又能使真理不会因为简明而失真确性。

若要"浅出"就必先"深入"。"浅出"的信息不是出于个人的，不能只用故事和见证来充当，必须在阅读、分析和传讲的过程中努力让信息活现出来。

不断在深入基层深入企业下功夫，是达到"深入"的首要。至于"深入"之后，如果真正达到"浅出"，要更接地气，更加了解实际问题，从而在信息传递过程中，真正触碰到大家的需要。

我相信，进最基层本身是一个成长的过程，也是一名统计工作者不断走进实践的职业操守。

西方科学把一因一果关联关系说成是定理、定律，而把一因二果或者二因一果关联关系的事件说成是量子纠缠，因为二因或二果关系中的或然率事件，根本无法定律化表达。

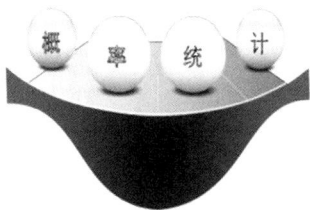

但是，我们可通过概率计算掌握它的基本变化规律。可是，如何认识与数学计算表达二因或二果以上的多因多果关联关系呢？如果我们应用概率论来进行计算，它就会产生原因概率、结果概率两个不同的概率系统。那么，如何从因果两个概率系统中去认定必然发生事件呢？

目前西方科学还没有解决这类问题的办法。而中国的端午术与属性数学知识体系虽然创造出周天历度、农历历法等时空一体化的理论系统，但是在商周文化断代之后，却很少有人可以清楚地说明这些认识方法的来源与道理了。更可惜的是，当代西学东渐的学风仍在继续，权威科学家们张嘴就是西方某人发明的某定理、某学说，用西方现代科学来解释中国古老文化与宗教。很少有人去讲中国的时空合一观，更少有人从中国传统文化的精品中探索与挖掘出属性数学的认识论与方法论是如何从概率论走进或然率论的，怎么样从或然率的多体系中走进必然发生事件的农历时间认识体系，唤起中华民族对文化复兴的希望。

我们都有着一个 100% 的生活层次，那就是因然和必然，那个生活的价值根源完全在你。心灵的创造力，能创造出我们人生的意义价值尊严。只是创造表现出来的形态会有很多差异。

（1）或然率与偶然率。

实存人生的"命"有

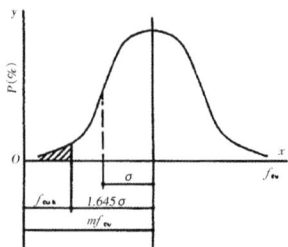

两个意思，一个是"或然率"，另一个是"偶然率"。有的人根本就没有癌症基因，因此不管如何生活，都不会得癌症。但有些人得了癌症，还感到纳闷，我那么注意，为什么还是得了癌症？这就是偶然的事实。大部分人有这个基因，有获病的或然率、概率。你不管做了多少努力，都无法改变这个"或然率"。

此时，你要认"命"、知"命"。尽管每个人或然率不同，不可因为概率很低，就期望它不会发生在自己身上。一旦发生在你身上，你就要接受。做好这样的准备，才能把死亡随时放在身边。才能随时接受下一秒钟发生的任何情况。

美国有部电影叫作《死期大公开》，说上帝爱玩弄人，每天按一个键，就让某个城市、某个人受伤。在台湾教《庄子》的时候，我说我们可否来一个"抽签"——听"命"，

我们说好：50 人中，有一个同学会被淘汰掉，拿 0 分。当然，最后没玩，因为我没有这个权利玩这个游戏，我不是上帝。

可是，我不玩，并不意味着老天不玩。

就在这个学期的期末考试期间，学校给我打电话说我有个同学在《庄子》考试时作弊。我当下说"没有"，因为我的考试无法作弊，考试内容是要求他们写些心得。

于是，我作为任课老师给学校教务处电话证明：学生不会作弊。可教务处回答：你没有来监考，怎么知道没有作弊，照样算他 0 分！你看，我和同学表达了"命"的道理，老天替我演示给同学看了。一位同学真的就被老天爷抽到了。对这个道理，这位同学刻骨铭心，因为他亲自遇到了。于是，我对这个同学说："你下学期能补修到这个学分，但你不用来上课，因为你对'命'已有最恳切的感受。"

我们自然可以努力降低灾难发生的"或然率"，但真正的奥秘在于"偶然"。"偶然"发生在谁的身上，都是 100%。我们应该节制饮食，规律生活，但不要以为这样就一定有好报，不一定。当生命的偶然来临的时候，它能完全颠覆你的努力。我们在尽人事的时候，要全心全意，同时毫无他望，不要浮躁。如此，我们才不会在遇到各种各样变故的时候惊慌失措，才不会感到不公。如此，人生就算被命运开了玩笑，过得太悲惨了，也不要灰心。

（2）占卜就要抽签，抽签好比抽春联。

抽签有两个心态：一个是希望抽到哪个；另一个是随缘，抽到哪个是哪个。后者才是抽签占卜的正确心态。

没有分别心：不认为富贵就是好，贫贱就是不好；也不认为身材玲珑就是好，丰满些就是不好，没有执着，没有计较。张宰有话：《易》为君子谋，不为小人谋。我们去占卜，无论老天爷给我们怎样的际遇，贫贱富贵、顺逆就，我们都要接受。所有客观的境遇都是中性的。我们要有一个内在创造性的心灵。用意义创造尊严，这就是道。

道的本质不变，表现的形态因时、因地、因事而不同。老天给我怎样的条件我就用此创造自己怎样的人生。如此，人生的真正祸福掌握在自己的手上。这就是"无入而不自得"，这就是孟子的"行有不得，反求诸己"。

（3）易不占吉凶，易占得失。

吉凶就是好条件、坏条件。得就是实现，失就是错过，失去理想实现的机会。64 卦每个卦都是行道的卦。364 爻没有哪个爻不是行道的爻，就连剥卦也是行道的卦。天下无道的时候，我们依然可以自行其道。

建立这样独立的人格，凭借内在无条件的自信，才可掌握自己的命运。这就是《易经》的易学，要学和习的道理。

本次借着抽春联，来解释占卜的意义，也介绍一个简单的人生道理。

人生有两个层次。下面那个层次是指价值生命的自然生活、自然经验、物质生活，这是纯阴的结构生活；上面的那个层次是阴阳合体、阴阳合德后的道德生活。

道德生命。这里有两组概念。在下面那个阴的部分，有"或然"和"偶然"；在上面道德生命层次，也有两个概念，是"因然"和"必然"。

我们要掌握这两组概念，不能把它搞混了，也千万不要在自然生活、自然经验、物质生活中去过度算计。

这部分的生活存在"或然"。今天生病了、中彩票了、出车祸了……不管哪种情况其实都可以通过大数据帮你测算出一个概率或或然率。买乐透中奖的概率是五百万分之一。在上海街头被撞的概率也是五百万分之一。因此，这个概率只是可能性，但一旦你中了就是100%地中，并非只中了"五百万分之一"。如果你被车撞了，千万不要怨恨为什么五百万分之一的概率，非得是我？被车撞了就是撞了，这就是"偶然"。"偶然"，也就是"无常"，是现实生活最大的奥秘。所谓"无常"，是无法问"为什么"。

因为"无常"，我们都要"知命"。

（4）己立立人，己达达人。

有怎样的条件我就用此条件来实现我的人生理想。上帝给我绘画的才能，我就靠绘画来实现我的人生；上帝给我唱歌的才能，我就靠唱歌来实现我的人生。聪明有聪明的活法，笨有笨的活法，有钱有有钱的活法，没钱有没钱的活法。甚至是疾病缠身，你也可以活出自己的价值。

有一个人百病缠身，病入膏肓，看似毫无用处，但是他选择了一种创造价值的方式。这个人天天坐在医院走廊排队的板凳上，和身边人交谈，顺便介绍自己的病情。结果，身边的人一下子轻松了很多。"原来，还有比我更悲惨的人生"，连最后一名也有它的价值，人生意义大概也就在此。

我们不必计较自己抽到哪个签。不管人生给我怎样的机遇，那都是偶然的。不管偶然给我什么，我都能通过那个"因然"的决定性真理来实现自我，这才是"必然"。

只要我们的心灵涌现"创造力"，我们"必然"能有实现人生"因然"的境界和格局。我欲仁，施仁至。我要爱，就能爱。如此，我们才能呈现生命100%的自由，"自"就是"我自己"，"由"就是"走路"。因此，我内在的生命是自由的，我还能通过自己自由的人生境界，实现"己立立人，己达达人"。自己是一个自由的仁者，才能帮助别人成为自由人，这就是"行仁"。在因然和必然的层次，我们的生活呈现就是"仁者爱人"。

进入"知实存"，明两个原理：

一是结构性原理，现实人生是中性的，不涉及价值的现实；

二是创造性原理，阴顺从阳，阴阳合体，阴阳合德，借助自由创造，才能实现人生价值。

创造性原理是人生价值意义的根源。

（5）或然率（Probability）数学方法总结。

或然率即或然比，也

叫概率和机会率，是对可能性在量上的一种科学说明和测定。它是要测定的偶然事件的数目与全部可能发生的偶然事件的总数之间的比率。如果 n 是可能发生的偶然事件的总数，而 m 是要测定的偶然事件的数目，那么，或然率就是 m/n。m 和 n 的比值在零和一之间，如果或然率等于零，就说明没有可能或不可能；如果或然率等于一，就说明有百分之百的可能，这时的可能就完全成了必然。测定或然率是人们实践的需要，目前在自然科学和社会科学中已得到广泛的应用。

或然率有下列两种理论：一是理论或然率（Theoretical Probability），根据事件本性推理而得的或然率，又称先天（Priori）或然率。如：一枚硬币有正反两面，将其抛掷，其正面朝上之或然率，不待试验即可推知其为二分之一；又如：若一彩箱中共有彩券三十张，

其中有奖之彩券共十张，则可推知其中奖之或然率为三分之一。

二是经验或然率（Empirical Probability），即根据实际现象归纳众多次数而得之或然率。例如：将一枚硬币抛掷 100 次，若其出现正面朝上之次数为 52 次，即称抛掷该枚硬币出现正面朝上之或然率

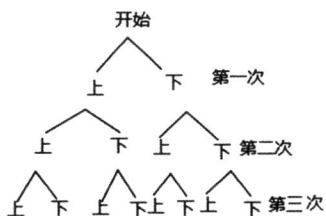

为 52/100 = 0.52；又如：若甲县某年内共出生婴儿 4 865 人，其中男婴为 2 534 人，则该县男婴出生之或然率为 2 534/4 865 ≈ 0.52。此种或然率又称后天的（Posteriori）或然率。

（6）五代的冯道说得好：穷达皆由命，何劳发叹声？但知行好事，莫要问前程。冬去冰须伴，春来草自生，请君观此理，

天道甚分明。

晚晴风歇，一夜春威折，脉脉花疏天淡，运来去，数枝雪，胜绝，愁亦绝，此情谁共说！

当下，谁最基层，谁拨筹谁心得。

402
从经济角度解读广东第七次全国人口普查数据

5 月 15 日，广东省统计局、省第七次全国人口普查领导小组办公室发布广东省第七次全国人口普查公报。十年来，广东人口发展形势发生深刻变化，人口总量保持稳定增长，人口素质稳步提升，劳动力总规模依然庞大，人口集聚进一步增强，城镇化水平持续提高，但也面临人口总量压力犹存、人口结构老龄化等风险挑战，人口发展已进入重要转折期。面对新的机遇和挑战，如何辩证看待人口变化对经济社会的影响？我应邀

接受南方财经全媒体记者的专访，讲述人口与经济的逻辑关系。

南方财经：广东第七次全国人口普查数据基本面有什么特点？各项数据指标是怎样的？数据增长的原因有哪些？

我：5月11号，国家发布了第七次全国人口普查的结果，这是一项重大的国情国力调查。这次广东参与第七次全国人口普查的普查指导员有60多万人，是一个巨大的力量投入。我们得出的数据，总的结果就是广东全省常住人口是1.26亿，在国家的14亿多人口当中，占了1.26亿，这也是一个最高的比重。

十年人口增长超两千万，总量继续位居全国首位。2020年11月1日零时，广东常住人口达12 601.25万人，与2010年第六次全国人口普查相比，全省常住人口增加2 170.94万人，增长20.81%，平均每年增加217.09万人，年

平均增长率为1.91%，增速与上一个十年的年均增速（1.90%）基本持平。自2007年以来，广东连续14年常住人口规模居全国首位，占全国总人口的比重从2010年的7.79%提高到8.93%，提高1.14个百分点。

普查结果表明，全省常住人口中，汉族人口为12 126.04万人，占96.23%；各少数民族人口为475.21万人，占3.77%。与2010年第六次全国人口普查相比，各少数民族人口增加268.87万人，占比上升1.79个百分点。少数民族人口快速增加，年均增长8.70%，充分体现了在粤各民族全面共同发展的面貌，自2010年第六次全国人口普查以来，广东已经

是56个民族齐集的省份之一。

与2010年第六次全国人口普查比较，广东人口保持较快增速，主要有以下几个方面原因：一是"全面两孩"生育政策有效持续发挥作用，使广东生育水平有所回升，自然增长人口逐年稳步增加。二是户籍机械变动促进广东人口规模的增长。根据公安部门数据，2020年广东户籍人口9 808.66万人，比2010年增加1 287.11万人，年均增长1.42%。其中，省外户籍净迁入人数保持较高的水平，十年间，广东省外户籍净迁入人口达312.02万人。三是经济社会发展较快，吸纳了大量跨省流动人口。全省常住人口中，外省流入人口（半年以上）达2 962.22万人，比2010年增加812.34万人，年均增长3.26%，继续保持快速增长态势，分别比同期户籍人口和常住人口年均增速高1.84个和1.35

个百分点，外省流入人口占常住人口比重也从2000年的20.61%上升到23.51%。

南方财经：广东占全国的人口比例与广东的经济总量之间有哪些经济规律？根据广东的人口特点，您对未来广东人口管理方向和趋势有哪些预测？

我：人口与经济两者究竟有什么关系？就我看来，人口跟经济是一个正向的关系。

胡焕庸教授提出人口地理分布，就是从东北的黑河，斜着一杠下来到云南的腾冲，那一条线的东南一侧一直到中南，这一侧的人口，占了中国人口很大的比例。

同时在这一侧，经济总量占比也是非常重的，全国东部地区也是经济最发达的一个区域。沿着海岸线走过来，一直到海峡，广东落到这个分线上，更有典型意义。它的人口密度跟经济密度是高度吻合的。

为什么这么说？我们现在正在进行双区建设，里面承载着很多的人口，各种各样的人口，都在进行改革创新，科技推动，实现可持续的产业升级，这都离不开人这个重要的增长动力。

广东人口1.26亿，是全国常住人口数最大的省份。广东的经济总量去年上了11万亿元，占了全国10.9%这样一个高比例，这个跟人口实际上是紧密联系的。

如果要再剖析得细一点，就是我们人口里面的劳动力比重，跟经济增长有显著的关系。因此经济跟人口，你要说它们的关系就是，有人口就有经济。反过来说，人口流向哪里，哪里的经济可能就会表现得更加抢眼。经济跟人口的关系是密不可分的，也是互相促进的。人往高处走，实际上也代表着人往经济高地走。这样的表达，或者说就是一种人口变化的规律。

南方财经：广东现在常住人口达到这样的一个量级，对广东经济未来这5年、10年，有什么意义？

我：人口应该是经济发展里面，除了资本、土地之外，很基础很基本的一个因素。很多都是一个人的脑力劳动，再转化为另外一个人的体力劳动，去实现经济产出。

未来，广东在"十四五"规划里面，也把制造业，特别是先进制造业和现代服务业，作为我们经济的主引擎。我们注意到省委省政府推出的二十大战略性产业集群，主要的就是先进制造业，还有现代服务业融合高质量发展。一个整体经济的布局当中有我们的经济支撑点，这个支撑点离不开人。

对人的需求，我个人来看，还不仅是数量的扩张，还带来质的要求，也就是这个人口里面不光看人口数量在扩大，还要求人口质量要提高，也就是受教育程度要提升。

学历普遍高了

这次广东人口公布表明，每10万人受文化教育程度提高了，里面初中以下学历占比下降了，这是个比较好的变化趋势。我期待人口往质的方面提升，既有量又有质，这样的一个双变化或者双驱动，可能对经济的高质量发展，建设经济新格局，都会取得一个比较好的人口因素的支撑作用。

南方财经：在这次普查中，粤港澳大湾区的城市群之间人口比例如何，有哪些特点？湾区人口比例与湾区经济发展有哪些经济规律？

我：2020 年，全省常住人口在 500 万人以上的市有 9 个，比 2010 年增加

1 个。广州常住人口继续位居全省第一，达 1 867.66 万人；深圳位居其次，常住人口为 1 756.01 万人；东莞常住人口首次突破 1 000 万大关，为 1 046.66 万人，迈入千万人口大市，使全省常住人口超过 1 000 万人的市从 2010 年的 2 个增加到 3 个。常住人口在 500 万人至 1 000 万人的市有佛山、湛江、茂名、惠州、揭阳、汕头 6 个。全省常住人口最多的 5 个市依次是广州、深圳、东莞、佛山和湛江，合计 6 318.34 万人，占全省常住人口总量超过一半，比 2010 年提高 6.49 个百分点。

人口进一步向珠三角城市群和都市圈集聚。分区域看，2020 年珠三角核心区常住人口占全省常住人口总量 61.91%；沿海经济带东翼、西翼和北部生态发展区分别占全省常住人口总量的 12.95%、12.51%、12.63%。与2010年第六次全国人口普查相

比，珠三角核心区人口所占比重提高 8.04 个百分点，沿海经济带东西两翼地区和北部生态发展区分别减少 3.16 个、2.10 个、2.78 个百分点。

与 2010 年第六次全国人口普查相比，常住人口增加超 100 万人的市有深圳、广州、佛山、东莞、惠州和中山 6 市，均为珠三角城市群，分别增加 713.65 万人、597.58 万人、230.46 万人、224.64 万人、144.59 万人和 129.72 万人，上述 6 市常住人口增量合计 2 040.63 万人，占同期全省常住人口增幅的 94.00%。

城市最优人口配比，可能也说不出很具体的一个标准，但是它应该是一个静态跟动态结合的标准。城市在产业发展的阶段，需要劳动力的规模跟产业结构来匹配，这个跟产业发展阶段，有很大的关系，总体上还是遵循人口流动规律。

一个地方，一座城，从人口的角度考虑，因城

市施策上可以做一些独立思考，才会使城市的发展更有持续性，对解决未来的问题也更有前瞻性、预见性，以实现经济人口互动变化的良性循环，造福人民，以及有助于社会的有序流动。这应该就是我们追求的一个理想状态，或者说是一个能够逐步实现的目标。

南方财经：全省常住人口中，居住在城镇的人口为 9 343.61 万人，占 74.15%；与 2010 年第六次全国人口普查相比，城镇人口比重提高 7.97 个百分点。广东城镇化现在处于怎样的发展阶段，"十四五"期间广东的城镇化率将达到怎样的水平？未来在推动以人为核心的新型城镇化上，还可以采取哪些举措？广东的城镇化进程对整体经济发展将有哪些影响？

我：城镇人口比重超过七成，流动人口快速增长，城镇化水平明显提高。全省常住人口中，居住在

城镇的人口为 9 343.61 万人，居住在乡村的人口为 3 257.64 万人，城镇人口比重为 74.15%，比全国平均水平高出 10.26 个百分点。与 2010 年第六次全国人口普查相比，城镇人口比重提升 7.97 个百分点。流动人口继续快速增长。全省常住人口中，人户分离人口为 6 063.51 万人，其中，流动人口为 5 206.63 万人。流动人口中，外省流入人口为 2 962.21 万人，省内流动人口为 2 244.40 万人。与 2010 年第六次全国人口普查相比，人户分离人口增加 2 382.84 万人，增长 64.74%；流动人口增加 1 774.69 万人，增长 51.71%。

十年间，城镇人口比重的大幅提升与广东经济社会发展、流动人口的快

速增长密切相关，一方面，随着广东经济社会发展，城乡基础设施建设加速推进，城区镇区范围不断扩大，城镇人口的承载能力也进一步增强，省内越来越多的人由农村转到城镇工作和生活；另一方面，大量的跨省人口来到广东生活、工作，外省流入人口主要集中在城镇地区。但与此同时，大规模的流动人口家庭，在为广东各地经济发展和社会建设起到积极促进作用的同时，也对流入地有限公共资源带来挑战，外来人口家庭养老、医疗待遇、子女入学等系列问题将日趋突出。因此，有效解决流动人口享有居住地义务教育、就业、养老、医疗等社会问题任重而道远。

南方财经：广东省这次的数据其实有很大一个特点，就是海量的流动人口。那您认为海量的流动人口，它体现了广东经济发展的哪些特点？同时，这样海量的流动，就是人口的流动，对广东经济未来的发展还有怎样的影响？

我：随着我省经济社会发展及高铁、高速公路等交通网络快速发展，城市之间的人口流动愈发频繁，人口集聚度明显增大。

珠三角作为广东改革开放的前沿阵地，经济增长速度及总量走在全省前列，并依靠优越的区位优势、开放宽松的政策环境不断吸引大量的流动人口。近年来，珠三角城市群和都市圈持续推进高质量发展，经济发展活力持续显现，成为全省高端要素、高端产业的集聚地。人口集聚为产业集聚夯实了基础，产业集聚进一步强化人口集聚的趋势。随着粤港澳大湾区建设的加速推进，大湾区建设将吸引更多的省内外人口集聚。在人口区域聚集的过程中，各项资源配置更加合理，产业结构进一步优化，区域文化不断碰撞融合，为全省经济社会发展奠定了扎实的基础，区域协调发展持续有序推进。

人口性别比提高，外省流入人口男性多于女性。全省常住人口中，男性人口为6 687.36万人，占53.07%；女性人口为5 913.88万人，占46.93%。总人口性别比（以女性人口为100.00）由2010年第六次全国人口普查的109.00上升为2020年的113.08，高于全国平均水平。

广东人口性别比的提高主要受外省流入人口性别比偏高的影响。从户籍人口看，2020年广东户籍人口性别比为104.97，比2010年下降约1.2个百分点，性别比趋于均衡状态；而外省流入人口性别比则从2010年的125.49大幅提高到2020年的144.60，全省近一半是外省流入人口，且外省流入人口占全省常住人口比重继续上升，比2010年提高2.90个百分点。外省流入人口的性别比高低与产业结构变化不无关系，广东作为全国制造业大省，产业结构重型化特征明显，对男性劳动力需求量增加。

从劳动年龄人口看，广东劳动年龄人口数量居全国之首，劳动年龄人口总规模依然庞大，全省15～59岁的劳动年龄人口达8 669.76万人，总量比2010年第六次全国人口普查增加1 013.36万人，增长13.2%。广东劳动年龄人口规模持续保持稳定增长的主要原因是广东的跨省流入人口相对较多，外省流入人口中，劳动年龄人口比重高达90%以上。

尽管15～59岁劳动年龄人口占全省常住人口总量比2010年减少4.59个百分点，但仍比全国平均水平高出5.45个百分点。广东人口红利仍继续存在，特别是随着人口素质的提高，人口红利逐步向人才红利转变，将有力推动广东经济发展方式转变、产业结构升级、人口和经济社会持续协调发展。

南方财经：老龄化是社会普遍关注的重点话题。广东全省常住人口中，0～14 岁人口占 18.85%；15～59 岁人口占 68.80%；60 岁及以上人口占 12.35%，其中 65 岁及以上人口占 8.58%。在国内国际来看，广东人口老龄化现在处于怎样的程度，广东的老年群体呈现怎样的特点？对广东经济发展有哪些方面的投射影响？

我：全省常住人口中，60 岁及以上人口比重为 12.35%，其中 65 岁及以上人口比重达到 8.58%。若按国际通行判断标准，

广东早在 2013 年就已经进入老龄化社会，但由于外省流入人口的年龄结构相对年轻，使得广东常住人口老龄化进程较全国缓慢，65 岁及以上人口比重比全国低 4.92 个百分点。老年人口带来的问题是社会抚养比的不断上升、家庭养老负担的增大。在劳动年龄人口比重下降、老年人口比重提高的背景下，广东 65 岁及以上老年人口抚养比也从 2010 年的 8.89% 上升到 2020 年的 11.82%，提高 2.93 个百分点。全省 60 岁及以上人口达 1 556.51万人，其中 65 岁及以上人口有 1 083.15 万人，庞大的老年人群体，增大了社会和家庭的赡养压力。随着改革开放的不断深入，广东经济发展活力持续保持，未来人民生活水平、卫生医疗条件将得到更进一步的改善，人口预期寿命也将逐渐提高，人口老龄化程度将逐步加剧，如何应对老年人的养老保障问题，是建设广东

美好和谐社会之重。

十年来，广东人口发展形势发生深刻变化，人口总量保持稳定增长，人口素质稳步提升，劳动力总规模依然庞大，人口集聚进一步增强，城镇化水平持续提高，但也面临人口总量压力犹存、人口结构老龄化等风险挑战，人口发展已进入重要转折期。面对新的机遇和挑战，我们要以促进人口长期均衡发展为主线，促进人口与经济社会、资源环境可持续发展。

403
陪同省长马兴瑞调研工业企业，聚焦增加值增长变化

2021 年 5 月 17 日晚，接到省府办紧急通知，第二天要陪同兴瑞省长调研，我提前让工交处做好材料准备。18 日下午，我按要求准时来到省委，兴瑞省长带队到广州白云电器、欧派家居集团、立白集团

等重点民营工业企业,听取企业负责人关于企业生产情况的汇报,深入企业生产一线,调研企业运行走势,了解企业经营存在的困难,关注企业数据报送的情况。

在广州白云电器,兴瑞省长深入企业车间参观数字化工厂的生产流程,详细了解企业生产运行以及企业在其他省市的发展情况。白云电器主要负责人汇报,受2020年同期基数较低影响,今年一季度均实现较快增长,白云电器在白云区共有五家规模以上工业企业,2020年合计完成产值超30亿元,增加值近4亿元,增加值率超过12%,今年1—4月完成产值增长超16%,已基本达到疫情前水平。

结合白云电器生产经营情况及全省经济走势,我认为受新冠疫情影响,各行业发展均受到不同程度的影响,但在省委、省政府坚强领导下,各行业发展脚步不断加快。广东有良好的营商环境,非常适合企业发展,白云电器在做大做强为当地经济贡献力量的同时,按照国家统计方法制度要求,及时准确向统计部门报送统计报表,为党政领导决策提供高质量数据支撑,这值得肯定。

随后兴瑞省长来到欧派家居集团,参观欧派家居产品展馆,询问企业生产规模,了解产品创新、科技研发投入情况,深入了解近些年欧派在数字化转型升级方面所做工作及成果。欧派集团主要负责人汇报,作为白云区最大的工业企业,2020年其研发投入超4亿元,实现产值超130亿元,增加值率超20%,2021年一季度完成产值近30亿元,同比增长超100%,实现翻倍,为疫情下广州经济快速恢复做出了较大贡献。

看到欧派集团高度重视科技研发投入,我感到十分欣慰。R&D(研究与试验发展)经费是衡量一个国家和地区科技发展水平的重要指标,也是企业自主创新的持续动力。我鼓励欧派家居继续加大研发投入力度,不断开发附加值高的新产品,提高利润率和增加值率,同时与统计部门做好对接,做好R&D经费数据的填报和纳统工作,为全省工业高质量发展做出更大贡献。

在调研过程中,兴瑞省长一直强调制造业的重要性,我深有感触。制造业是百业根基,是国民经济的主体,广东以制造业立省,制造业是广东发展的根本,坚定不移推动制造业高质量发展,不断巩固壮大实体经济根基。

我也向兴瑞省长汇报了广东统计近期在做好制造业统计监测尤其是"双

十"产业集群方面所做的一些工作。根据省统计局测算，2021 年一季度全省十大战略性支柱产业和十大战略性新兴产业集群共有企业数 17.35 万家，比 2020 年增加 0.32 万家；实现增加值 10 000.06 亿元，同比增长 26.0%，增幅高于全省 GDP 增速 7.4 个百分点；增加值占 GDP 的比重为 36.9%，其中：十大战略性支柱产业集群增加值占比为 32.8%，十大战略性新兴产业集群增加值占比为 4.1%。"双十"产业集群成为广东经济稳定增长的重要支柱。

副省长王曦、广州市市长温国辉，省工信厅厅长涂高坤也一起陪同此次调研。

404

应邀至青岛开展调研交流，为 GDP 核算改革专题"一把手"专业化领学研修班授课

2021 年 5 月 21 日，应青岛市统计局的盛情邀请，我专程至青岛市，以《看透经济·唯以数据——"六逻辑"统计视角诠释当下经济运行变化》为题，向 GDP 核算改革专题"一把手"专业化领学研修班专题授课，以丰富的数据和精彩的案例，剥开数据背后的经济逻辑，课程受到青岛统计同仁的一致好评和肯定。

我首先向青岛统计同仁介绍了广东统计"7 + n"改革创新的情况。在宁吉喆局长的指示要求下，广东统计传承南粤改革开放基因，秉持"新（改革创新）、先（先行先试）、实（落实求实）"的南粤统计之风，大胆破冰，创新探索，以"7 + n"（国

家统计局赋予广东的 7 个国家级和其他 n 项统计改革创新试点）切入推动统计改革创新。

推动电子统计台账试点，加强统计基础建设；建立新经济统计制度，全面真实准确地反映广东"三新"业态；依托粤港澳大湾区统计协作机制，做好人口普查专项试点；首创分性别统计制度，加强性别统计监测；构建农业生产联网直报核算系统，规范农业核算工作；开发"广东智能普查"项目，提高普查信息化水平；开展部分行业总产出核算研究，为国家提供广东方法制度经验。

在 7 项国家创新任务带动下，还进行了 n 项改革创新：构建《广东省高质量发展综合绩效评价体系（试行）》反映广东"一核一带一区"高质量发展情况；编写《党在新中国成立前的统计实践与研究》填补国内此项研究空白；进行"杜甫指数"

研究测算一线城市购房支出压力；开展知识产权产品纳入投资统计与核算改革完善国民账户体系；创新"双百调查"［百名景气企业家信心调查和百名统计学（专）家信心调查］加强经济景气监测预警；开展第三方支付试点为社会消费商品和服务零售总额测算提供参考依据；建设"粤治慧"经济运行专题打造南粤智慧统计新平台；探索先进制造业和现代服务业融合试点、建筑业企业研发统计会计辅助记账标准试点、服务消费试算、重点互联网房屋共享平台试点调查、名录库动态维护更新机制改革等统计改革创新试点。

广东"7＋n"统计改革创新成果显著，省统计局妇女儿童发展统计监测组获全国和广东"三八红旗集体"称号；《2018年广东社会性别统计报告》《广东知识产权投资情况报告》和电子统计台账试点工作情况报告等创新工作

及成果获得国家统计局和省委、省政府主要领导肯定批示；多项改革创新成果被国家统计局吸收借鉴并在全国推广。

新经济统计也是本次青岛之行交流的重要内容。为准确全面反映广东新产业、新业态、新商业模式的发展情况，根据国家统计局2018年《新产业新业态新商业模式统计监测制度（试行）》，广东省统计局先后召开两次统计专业委员会，充分征求相关专业处室的意见建议，立足广东客观实际，建立2018年广东省本级新经济统计监测制度，获得了国家统计局的批复后实施。广东省新经济统计监测制度突出"新一代信息技术、生物医药、数字经济"等九大重点发展领域的产业基础指标监测，按季度核算广东新经济增加值，全面真实准确地反映了广东新经济业态存在的变化。同时，自2021年一季度开始，根据《全省20个战略

性产业集群统计口径》进行数据汇总测算全省十大战略性支柱产业和十大战略性新兴产业集群的有关数据。

2021年一季度广东新经济发展态势稳定向好，成为广东经济增长的引擎。全省完成新经济增加值6 896.82亿元，同比增长16.9％，一季度两年平均增长5.3％，高于同期GDP两年平均增速0.1个百分点。新经济占GDP的比重为25.4％，比2020年高0.2个百分点。

我还从"六逻辑"统计视角切入诠释当下经济运行变化。逻辑一：经济产出的国土核算基础，守土有责，首先为自己增长发展；逻辑二：经济基本盘的国家逻辑，稳中求进的"六稳六保"；逻辑三：经济数据支撑经济决策，产生经济政策，保障经济运行，影响经济生活；逻辑四：经济内生增长，直面"订单、合适产业结构与R&D"经济驱动新"三驾马车"；逻辑五：

"十四五"经济增长测算及其动力的人口、消费与再分配变化；逻辑六：固己维度往往蒙住自己的眼睛，庚子年大变局里产生经济新格局，空间维度看你我，时间维度看周期，二者缺一不可。

青岛之行时间虽短，但会见了老朋友刘岐涛局长，也与青岛统计同仁交流了统计改革创新和新经济统计工作，可谓收获满满。

405
听取对国家统计局督察广东省防范和惩治统计造假弄虚作假情况反馈意见整改落实工作督导情况汇报，提出"快、准、严、好"要求

为贯彻落实《国家统计局督察广东省防范和惩治统计造假弄虚作假情况反馈意见整改工作方案》和《国家统计局督察广东省统计局防范和惩治统计造假弄虚作假情况反馈意见整改工作方案》要求，2021年5月20—21日，省统计局督导组到汕头市、汕尾市采取召开座谈会、查阅有关资料、进行统计法律法规知识测试等形式，督导反馈意见整改落实工作。5月24日，我专门召开会议，专题听取督导情况汇报后，针对全省统计督察整改工作的进展情况，提出"快、准、严、好"要求。

一是行动要"快"。4月9日，按照《国家统计局关于印发督察广东省统计局防范和惩治统计造假弄虚作假情况反馈意见的通知》要求，省统计局印发了《国家统计局督察广东省统计局防范和惩治统计造假弄虚作假情况反馈意见整改工作方案》；5月7日，按照《国家统计局关于督察广东省防范和惩治统计造假弄虚作假情况反馈意见的函》要求，省委办公厅、省政府办公厅印发了《国家统计局督察广东省防范和惩治统计造假弄虚作假情况反馈意见整改工作方案》。目前，统计督察整改工作时间已经过半，时间紧、程序多、任务重、要求高，各级党委政府要高度重视，主要领导要亲自过问，切实履行主要领导责任，把统计督察整改落实工作作为深入学习贯彻习近平总书记关于统计工作重要讲话指示批示精神和视察广东重要讲话精神的具体体现，坚决贯彻执行党中央、国务院关于统计改革发展重大决策部署的具体体现，作为学史力行的具体体现。各级统计局作为牵头部门要倒排整改工作完成时限，发挥统筹协调服务作用，做好上传下达，确保在规定时间内完成规定整改内容。各部门

要积极行动起来，及时消除与己无关的模糊认识，主动对照《统计督察反馈意见任务清单》受领任务，补短板、强弱项，抓好本单位、本系统问题的整改。

二是方案要"准"。统计督察整改落实到不到位，制订方案精准是关键。《国家统计局督察广东省防范和惩治统计造假弄虚作假情况反馈意见整改工作方案》和《国家统计局督察广东省统计局防范和惩治统计造假弄虚作假情况反馈意见整改工作方案》，是依据国家统计局督察广东省和广东省统计局整改反馈意见制订的，既有共同点，又各有侧重点，不能相互代替。各地区、各部门要结合实际，对标对表，细化量化，明确整改任务。比如，在学习贯彻党中央、国务院关于统计工作重大决策部署方面，针对"一些地方和部门存在推动传达学习不及时、精神领会

不到位的问题"，责任单位是"各地级以上市党委和政府，省委各部委、省直各单位、省各人民团体、中直驻粤各单位"，这就是普遍性整改要求。有的问题和责任单位点到了具体市或部门，但并不是说只有点到的市或部门需要整改，其他有同样问题的市或部门同样也需要整改，如："一些地方对统计造假、弄虚作假危害性严峻性顽固性的认识不足""一些地方和部门干扰统计机构和统计人员依法独立行使统计职权现象仍然存在""一些地方和部门防范和惩治统计造假弄虚作假机制不健全、落实不到位"等等。各地区、各部门在制订整改工作方案时，既要防止上下一般粗，又要防止挂一漏万、顾此失彼，更要防止张冠李戴，确保方案能落实、落地、接地气。

三是落实要"严"。《国家统计局督察广东省防范和惩治统计造假弄虚

作假情况反馈意见整改工作方案》先后经过省政府常务会、省委常委会审议通过，具有权威性、严肃性和强制性。各地区、各部门要按照国家统计局督察反馈意见和省委、省政府整改工作方案的部署和要求，切实提高政治站位，加强组织领导，深化学习引导，强化业务指导，牢固树立"一盘棋"思想，坚持"横向到边、纵向到底"抓整改，压实整改工作主体责任，既要抓好本地区、本部门的整改工作，又要督促指导下级单位的整改工作，确保整改工作全面推进，取得实效。要坚持问题导向，精准整改。以统计督察反馈意见问题为聚焦点、着力点，找准病灶，查找病因，对反馈意见问题实行台账式管理、清单式排查，逐一细化整改任务和具体措施，逐条明确责任单位、责任人，逐项限时整改销号。要坚持真改实改，落实问责制。秉持边

整边改的原则，坚持改到位改到底，坚决杜绝虚假整改、表面整改、选择性整改等形式主义、官僚主义行为，以整改成效检验党史学习的成果。同样，《国家统计局督察广东省统计局防范和惩治统计造假弄虚作假情况反馈意见整改工作方案》是经过省统计局党组研究通过的，是各级统计机构落实整改任务的主业，各级统计机构肩负第一责任和主体责任。在统计督察整改中，各级统计机构作为牵头部门，既是党委政府抓整改工作的职能部门，又是部门统计整改工作的指导部门，还要落实好本单位的整改工作，要两手抓，两手都要硬，学会"弹钢琴"，充分发挥党委政府统计督察整改工作参谋、助手作用，确保统计督察整改工作既条块分明，又严丝合缝，整体有力有序推进。

四是效果要"好"。统计督察"下篇文章"的关键是整改取得实效。要坚持标本兼治，深入整改。以督察整改为契机，以持续"两防"为抓手，既立足当前整改工作实际需要，又着眼谋划长远发展打基础，认真深入查摆影响统计工作的突出问题，深入查找在及时传达学习上级指示批示精神、提高统计数据质量、日常监督管理、体制机制建设等方面存在的不足，通过建章立制，完善体制机制，强化统计监督功能，推动整改工作向问题聚焦、向纵深扩展，从根本上解决困扰统计工作的系统性、机制性、全局性问题。要坚持统筹兼顾，以改促统。统计督察整改的根本目的是促进统计事业长远健康发展，统计督察整改与日常统计工作是相互促进的关系，不可偏废，确保统计督察整改与日常统计工作相得益彰，取得实实在在的成效。

406
与惠州市市长刘吉座谈，强调真实客观解构服务应对人口普查数据后人均指标之变化

2021年5月24日，我与来访的惠州市市长刘吉座谈，听取关于惠州市经济形势、人口数据等情况的汇报。省局二级巡视员杨少浪，投资、人口处负责人，惠州市委常委、常务副市长何广延，惠州市统计局局长罗志荣，惠州市政府办研究室负责人等参加了本次座谈。

我对惠州市委、市政府对统计工作的重视关心和大力支持表示感谢，对惠州统计部门在重大国情国力普查调查中付出的艰苦努力和取得的明显成绩给予充分肯定。第七次全国人口普查数据发布后，各地区人口数据随之浮出水面，一个地区的人口数据变化在很大程度上反映出这个地区的经济发展态

势。人口普查之后全省各地区人口分布数据有增有减，人均指标也随之发生变化，人口增加较多的地区人均地区生产总值、人均财政收入等人均指标势必下降，反之则上升，要真实客观解构服务应对人口普查数据后人均指标之变化。

一要实事求是理性看待数据的变化。统计工作最重要的是实事求是，要科学评估数据变化，保持一颗平常来看对待数据的波澜变化。人口数量的多与少需要辩证地看，经济发展是为了人民生活的改善，人口多了，改善生活的需求也大了，随之也带来经济发展的活力，从而吸引更多的人口，形成良

性循环；人口少了，人均占有资源就会增高，有利于当地居民享受更多经济发展的红利。省内不同地区之间的人均地区生产总值的差距实际上也在缩小，从而带来区域发展的平衡。未来一段时期，全省人口将进入平稳趋缓的增长态势，各级要从关注人口总量和增长转到更多关注人口的均衡化发展，转到提高人口质量，推进科技进步、产业升级，从而来确保经济社会发展。统计部门要增强科学客观评估数据的能力，做好人口普查数据变化后人均指标的预期分析，得出准确中肯的分析判断，为党委政府提供科学的预判。

二要坚持客观反映统计数据背后的发展。统计数据必须真实反映经济社会发展状况以及经济发展取得的成果。统计部门要坚持"两防"，既要坚持底线、不碰红线，防弄虚作假；也要创新探索，破解难题，积极作为，严防

漏统低估，不断提高统计调查数据质量，让数据形成客观真实反映经济变化的成绩单，反映经济高质量的发展。

三要提高解构诠释统计数据的能力。统计工作是一门重要的基础性工作，涵盖经济社会各个领域，同时遵循一定的统计方法制度，专业性强，对经济社会运行的一盘数解构解读需要专业能力。统计系统要以专业能力和职业操守，主动发声进行精准解读解构，诠释指标数据变化，获得党政领导和社会各界的理解支持。

四要夯实统计基层基础建设。统计基层基础是统计工作的起点和基石，是确保统计源头数据真实准确完整及时的第一道防线。基层统计力量和能力一薄弱，统计数据流就会断线，地区经济变化就显示不出来，服务决策更无从谈起。2021年是统计基层基础建设之年，把统计基层基础夯实了，数据质

量就会有实质性的提高。要抓住有利时机，瞄准基层统计工作的薄弱环节，统筹增加基层统计力量，着力加强基层统计的标准化、专业化、信息化建设，确保数据颗粒归仓，精准服务党政部门。

407
带队上线广东"民声热线"，聚焦统计基层基础建设及人口老龄化等话题，备受关注

2021年5月25日上午，根据之前的工作安排，我带队上线广东"民声热线"节目，以"我为群众办实事"为主题，就广大群众关心的人口普查数据采集、统计基层基础建设、人口老龄化、普查数据准确性等热点问题给予回应和解答。

在"民声对话"环节，我首先细致介绍了统计宣传帽上各数字、徽标和文字的含义；紧接着从此次人口普查为群众解决

"黑户"的故事展开，讲述统计部门面对群众诉求，积极给予帮助，切实解决群众生活难题的生动实践；并对大数据在日常统计工作中的应用作了简要介绍。

在"民声调查"环节，我播放了记者的暗访视频。对于人口普查细节数据的采集问题，我认为，这次人口普查长表，是为了更细致了解整个人口分布的特征，以便为教育、医疗、社区管理等配备提供数据决策依据，长表看起来很烦琐，但里面的指标数据能更详细地反映实际情况。高质量完成人口普查当中的长表，将使得整体普查结果更有价值。

对于如何协调普查工作与群众配合的问题，我表示，参与人口普查是公民的法定义务，但要把法定义务变成群众的理解和支持，来之不易，需要统计部门加强基层统计宣传来帮助群众从不理解到理解，赢得普查对象的支持，因为群众的真实反应会形

成宏观数据，反过来影响经济社会生活。

对于基层统计力量薄弱等问题，我觉得，基层统计力量薄弱是一个普遍存在的问题，特别是粤东西北的县区级和镇街级更为突出，省统计局正在开展统计基层基础建设年活动，对各地人员配备、队伍建设、素质提高都提出了明确要求。

对于人口老龄化统计数据运用问题，我表示，目前人口普查数据只发布了简要、快速、初步的数据，详尽数据在下一步将会汇编成册，以资料的形式发布，更能反映老龄人口各方面的情况，这些数据将为相关职能部门提供基础数据支撑。

对于如何为老龄化社会规划服务的问题，我认为，广东老龄化程度比全国低，但结构问题也不容忽视，广东常住人口中外来人口较多，主要以劳动力为主，省统计局会形成详细的人口结构数据，提

供给省委、省政府以及相关部门，并在法律允许范围内共享数据，为社会治理提供基础数据服务。

在"民声问答"环节，我现场"盲选"3个问题。其中，对于生育意愿不高的问题，我指出，广东育龄妇女的数量目前基本稳定，但生育意愿总体上不高，这其中影响因素较多：一是随着经济社会发展节奏加快，工作、生活的压力导致婚育期推迟；二是综合考虑养育成本，需要社会相关配套政策措施的不断完善；三是城镇化不断推进，就业、住房、交通等带来的综合考量。统计部门将密切跟踪监测出生人口变动趋势，配合相关部门加强系统论

证和科学研判，统筹促进人口长期均衡发展。

对于人口普查数据准确性存疑的问题，我表示，统计数据的最高原则是不重不漏，一个都不能少，这是数据的基石，也是普查的生命线。这次人口普查采用了多项新技术手段，动员了更加广泛的社会力量，实施了更加有效的质量控制措施，如首次全面采用电子化数据采集方式，充分利用互联网、云技术、云服务和云应用，动员全省60多万普查人员进行上门入户登记等，获取了更加精准的数据。关于养老压力的问题，从普查数据看，虽然广东老龄化程度比全国低，但老年人口的绝对量大。老龄化是一个发展的过程，政府部门将根据人口结构、人口变化等情况及时进行政策调整，这也正是此次人口普查的意义所在。因此要客观真实地掌握比较准确的人口年龄结构数据。

省统计局人事处、人口处负责人在现场就相关问题进行了补充和回应。

广东"民声热线"节目由中共广东省直属机关工作委员会和广东广播电视台联合主办，节目通过"民声对话""民声调查""民声问答""民声评议"等环节，推动上线单位切实履行主体责任，做好群众工作、办好民生实事。

本次"民声热线"最终以92.5分顺利完成现场直播。现场节目通过触电新闻App播出期间，有近2万人参与网络满意度投票，满意率达96.5%。节目结束后，触电新闻、广东广播电视台、《广州日报》等多家新闻媒体就相关话题进行了采访。

408
提出"一地两统结果双用"做法，破题横琴粤澳深度合作区统计改革

近日，党中央、国务院印发了《横琴粤澳深度合作区建设总体方案》，对合作区统计创新提出要求。根据省委、省政府的工作部署，我高度重视此项工作，带领局党组科学设计、细思研谋、锐意创新，结合统计特点，制定有力举措，狠抓贯彻落实，并及时将落实情况向省委常委、常务副省长林克庆作汇报，得到了林克庆常务副省长的同意和肯定。其中，省统计局将与澳门特别行政区政府统计暨普查局在粤澳合作联席会议上签订经省政府、澳门特别行政区政府同意的在粤澳资企业经济核算合作协议。

2021 年 5 月 25 日下午，在国家统计局副局长鲜祖德、总统计师曾玉平来粤出席统筹开展经济普查与投入产出调查专项试点布置培训。会议期间，我还向鲜祖德一行汇报了广东贯彻落实合作区统计创新任务的设想和已经取得的初步成果，得到了鲜祖德的认同和肯定。鲜祖德指出，广东是创新的热土，广东统计改革创新走在全国前列，"7 + n"统计改革成果源源不断，完全相信广东省统计局能不负重托，交出合格答卷，国家统计局将一如既往支持广东省统计局继续解放思想，大胆地闯、大胆地试。

5 月 25 日晚上，我专门听取珠海市统计局关于创新横琴粤澳深度合作区国民经济相关数据统计方式，编制合作区促进澳门经济适度多元化发展指标体系的前期工作汇报，提出"一地两统　结果双用"，破题横琴粤澳深度合作区统计改革。"一地两统　结果双用"，即在合作区设立统计机构，实行一个机构两种统计方法，核算结果粤澳两地共用的机制。

我认为建设横琴粤澳深度合作区是以习近平同志为核心的党中央从全局和战略高度作出的重大决策部署，全省统计系统要切实提高政治站位，强化责任担当，进一步解放思想，开拓创新，为促进澳门经济适度多元发展做出统计贡献。创新合作区国民经济数据统计方式和编制合作区促进澳门经济适度多元化发展指标体系将纳入粤澳深度合作区整体发展框架协议，珠海市统计局要落实属地责任，充分发扬改革创新精神，积极探索合作区统计方式创新，指标体系编制按照"先有后理、先易后难、先通后联"的原则，实现合作区统计工作"一地两统　结果双用"。

我强调合作区确保有统计机构是后续工作开展的前提，珠海市统计局要加强与市有关部门沟通，确保统计机构设置和统计

人员配备不断档；要充分调研，多方沟通，尽快完成统计核算制度和合作区促进澳门经济适度多元化发展指标体系初稿，与澳门特别行政区统计暨普查局建立企业单位名录及其他数据共享机制，安排粤澳珠三方进一步磋商会谈。

珠海市统计局局长陈珩表示，将组织精干力量，迅速行动，努力探索，积极谋划，切实推动横琴粤澳深度合作区统计工作创新突破。

409
广东不能缺席全国这场统筹经济普查与投入产出调查改革创新试点

2021 年 5 月 26 日，国家统计局统筹开展经济普查与投入产出调查专项试点布置培训班在广东省广州市开班。国家统计局党组成员、副局长鲜祖德出席开班仪式并讲话，国家统计局总统计师曾玉平主持开班仪式，我受邀参加并在会上致辞。

鲜祖德在讲话中感谢了广东对统计改革创新所做的诸多尝试和努力，国家统计局选取广东作为统筹开展经济普查与投入产出调查 6 个专项试点之一，并将全国专项试点布置培训班放在广州召开是对广东的信任和重视，期待广东再接再厉、再立新功，继续为统计改革创新添砖加瓦。

我在致辞中提出，统筹开展经济普查与投入产出调查是为更好地贯彻落实党的十九届五中全会提出的"推进统计现代化改革"要求、深化统计方法制度改革的一项创新探索，意义十分重大，广东非常荣幸承办此次专项试点培训班，并提出了三点意见。

一是代表广东统计系统诚挚欢迎国家统计局以及山西、浙江、重庆、陕西的统计同仁莅临广东参加本次统筹开展经济普查与投入产出调查专项试点布置培训班，广东将全力

做好培训服务工作，期待国家统计局、各兄弟省市统计同仁传经送宝，广东将与大家一道，精心组织，扎实部署，全力以赴，按时保质完成各项试点任务，为统筹开展经济普查与投入产出调查工作积累经验、奠定基础。

二是结合自身在深圳市、广东省统计局的工作经历，对国家统计局给予广东统计工作的关怀和帮助表示由衷感谢。鲜祖德副局长、曾玉平总统计师多次莅临广东，现场"面对面"指导工作，深圳"9+n"、广东"7+n"等诸多统计改革创新成果离不开他们的支持和鼓励。广东为参加培训的每一位代表赠送了一项帽子，每一句感谢都融入其中。帽子的最左端是数字

"9.99"，是经济总量的结果，代表着广东省 2018 年 GDP 达 9.99 万亿；数字下方有一个金钥匙，代表着质量，数字的质量要 9.99，要有含金量；主题里面有一个"新经济·粤统计"，数据怎么来、怎么服务好民生，要有质量，而质量背后的数据方式采集需要广东统计人去改革，去创新，因此，右上角有一个"7 + n"。目前，广东统计改革创新已经有 29 项，广东统计人也将继续努力，为推进统计现代化改革贡献智慧和力量，以优异成绩迎接建党 100 周年。

三是广东要全力做好"试水的努力"。在同一年度统筹开展经济普查与投入产出调查，是我国统计方法制度的一项重大改革，专项试点工作也是一次重大"试水"，广东不能缺席全国这场统筹经济普查与投入产出调查改革创新试点，要继承和发扬岭南统计人的"精气神"，试出水平、试出做法、试出办法，为改进统筹开展两项调查方案、规范组织实施流程、提高调查数据质量等试出结论，贡献广东经验。

广东省统计局还借国家统计局培训东风，同步召开全省统筹开展经济普查与投入产出调查专项试点布置培训班，广东两个试点地区：惠州市博罗县、东莞市清溪镇以及省、市统计局相关专业共 30 人参加了本次培训。

410
第一时间反映企业缺电问题，第一时间落实省长对企业供电用电需求保障调查统计服务

得到企业反映缺电问题严重，我第一时间向省长反映，第一时间引起他的高度重视。2021 年 5 月 27 日早上，兴瑞省长对当前广东省出现的制造业企业生产用电困难情况表示关心并作出指示，希望省统计局及时了解相关企业情况。接到兴瑞省长的指示后，我高度重视，第一时间召集省统计局工交处、能源处、城乡统计调查中心相关业务人员，讨论开展制造业企业生产用电情况问卷调查工作。

上午，省统计局临时建成百强工业企业快速调查系统和百名企业家缺电问卷调查系统，并分别向广东省百强工业企业及百名企业家发放调查问卷，同时对重点企业家进行电话访问了解企业实际困难。下午 4 点，省统计局完成两份调查问卷的回收工作，我立即召开会议，对当前企业缺电具体情况进行研讨，了解企业实际困难，并对进一步向省政府提交建议报告作出工作安排。

调查数据显示，上半年制造业企业缺电情况较为明显，集中在东莞、佛山、广州、清远、江门、汕头6个城市，预计二季度电力供应出现紧张现象。制造业企业缺电呈现三个特点：一是制造业受限电政策冲击较大，二是缺电情况呈现地区集中化特点；三是由于中小企业无力承担自发电的高成本，中小企业受缺电影响更为严重。经与部分企业家电话访谈了解，上半年生产用电缺乏主要原因包括：一是当地及外省电力供给减少。企业所在地煤价持续上涨，发电成本高，企业发电量减少；今年汛期较晚导致西南省份水资源处于枯汛交替期，西电东送能力不足。二是当地用电需求大

幅增长。今年高温天气出现早，商业及居民用电大增；省内多条500千伏电力线路配合市政工程停电迁改，全省电力需求增大。三是基础设施有待完善。省内线路负荷过大，电力线网建设有待加强。四是绿色经济发展导致地方限电政策。部分地方为发展绿色经济采取一刀切政策，未考虑不同行业生产对用电需求的不同。

当前缺电问题已对企业及员工产生造成较多不利影响。针对当前制造业企业缺电问题，综合企业家的意见，我提供几点建议供参考：一是增加供给。增加供给应做到外省调剂与本地能源供应相结合，在新能源项目布局为主的同时，理性看待传统能源项目，对前期工作已基本完成的周期短、见效快的项目适当布局以缓解目前的用电困难。例如陆丰宝丽华新能源电力有限公司提到，公司投资革命老区能源项目意愿强烈，

既能促进当地经济发展也能增加就业和缓解缺电现状，但受困于审批政策，传统能源项目无法进行。二是结合行业特征，错峰用电。限电政策不应一刀切，应考虑到不同行业特点有所倾斜。例如东莞市魔方新能源科技有限公司提到，东莞限电政策并未考虑到制造业高用电需求的行业特点，导致制造业企业生产困难。三是拿出符合地区实际情况的用电保障措施。供电部门应加强用电需求的预测和研判，做好整体供电保证的筹划和设置。地方用电保障措施应当结合当地实际情况，避免同质化发展，满足当地重点行业的用电需求。

我要求局办公室立即将调查结果及企业家建议形成调查情况，于5月27日晚报送省政府。通过第一时间落实省长对企业供电用电需求保障问题的关注，体现了省统计局对企业发展真重视、真关心、

真支持，受调查企业家表示诚挚感谢。

调查情况报送后，引起了省政府的高度重视，兴瑞省长拟定了下周一带领相关部门负责人到南方电网调研的计划，研究对制造业企业用电相关保障措施。

411
应邀到省委党校授课，以"依法采数·科学出数·多维解数"为题深入诠释学习贯彻习近平总书记关于统计工作重要讲话指示批示精神和中央文件精神

2021 年 5 月 27 日，省委党校根据《国家统计局督察广东省防范和惩治统计造假弄虚作假情况反馈意见整改工作方案》（简称《整改工作方案》）的要求，举办专题报告会，邀请我以"依法采数·科学出数·多维解数"为题进行辅导授课，深入学习贯彻习近平总书记关于统

计工作重要讲话指示批示精神和中央《意见》《办法》《规定》。省委党校常务副校长张广宁会前与我进行座谈，就贯彻落实好《整改工作方案》交换意见。省委党校处级主体班学员近 100 人参加了本次学习。

我在报告中提出，依法采数，唯以"两防"方立全面实事求是"数据观"。习近平总书记高度重视统计工作，近年来多次对统计工作作出重要批示批示，并主持召开中央深改组会议，审议通过《意见》《办法》《规定》等重要文件，部署指导全国统计改革发展事业。国家层面出台的《意见》《办法》《规定》及广东省印发的《实施意见》《实施办法》等文件，始终贯穿着"两防"思想。2018 年 9 月，省统计局印发《关于加强"两防"基础数据统计报送的通知》，要求全面深入贯彻落实中央《意见》及广东省《实施意见》，全

面准确坚持实事求是的统计核心价值观，全面把握数据质量的主要矛盾和矛盾的主要方面，针对数据报送中的突出问题，分专业对基础数据统计报送提出加强"防注水、防少漏"等多项有效举措。近年来，广东在统计工作中贯彻"两防"思想以及"两防"举措带来的数据质量显著提升，得到了国家统计局局长宁吉喆和国家统计局督察组的充分肯定。实践证明，做好统计工作，要认真学习贯彻习近平总书记关于统计工作的重要讲话指示批示精神和中央《意见》《办法》《规定》精神，以全面客观、实事求是的理念开展统计工作，做到不虚不瞒、应统尽统；清醒认识目前统计工作中主要矛盾和矛盾的主要方面，坚持"两防"不放松，牢固树立"全面的实事求是数据观"，这是统计督察的初心使命，也是统计督察的依归目的。依法采数，才能

真正提升统计法治守底力，彰显统计数据公信力，打赢统计数据质量保卫战。

我认为，科学出数，要守制度尺度经济，立统一核算之规。国民经济行业分类是观察认识统计的基础，是中国经济的"新华字典"。统计工作的龙头是 GDP 核算，遵循的是国民经济核算制度，有一套严格规范的核算体系，当前正在实施的统一核算改革是党中央、国务院的重大决策部署。2017 年 6 月，中央深改组会议审议通过《地区生产总值统一核算改革方案》，这标志着地区生产总值统一核算改革正式启动。2019 年 2 月，广东省印发了《广东省地区生产总值统一核算改革方案》。目前，广东统一核算工作正根据国家统计局部署扎实开展。2019 年 11 月，对各市 2018 年地区生产总值统一核算，形成 2018 年最终核实数，实现省市总量完全衔接。自 2020 年开始，每个季度都根据《广东省季度地区生产总值统一核算改革方案》，从基期数据、核算方法到核算流程都严格遵循"统一"原则，对全省和各地市地区生产总值开展统一核算。总之，科学出数，坚持国民经济行业分类标准和地区生产总值统一核算制度是统计的基础、前提，更是规则，须臾不可放松和偏废。

我还以统计专业视角多维解数，从"六逻辑"统计视角诠释当下经济运行变化。逻辑一：经济基本盘的国家逻辑，稳中求进的"六稳六保"。社会各界高度关注疫情下中国的经济数据，秉持稳中求进的"六稳六保"，中国最终交出一份靓丽答卷。2020 年全国 GDP 超 100 万亿元，达到 101.60 万亿元，广东 11.08 万亿元，跨上 11 万亿元新台阶，全国、广东同步增长 2.3%。2021 年一季度，从全国经济账本上看，国内生产总值达 24.9 万亿元，增长 18.3%。其中广东账本地区生产总值 2.7 万亿元，继续占全国 10.9%，增长 18.6%，总量全国第一增幅第六。逻辑二：经济数据支撑经济决策，产生经济政策，保障经济运行，影响经济生活。例如，在国际金融体系中，掌握了规则就掌握了话语权。美国时间 2020 年 4 月 20 日，WTI 原油 5 月期货合约 CME 官方结算价 -37.63 美元/桶，创人类历史上第一次期货交易价格负值，多头全部爆仓。统计学原理告诉我们：生活中，"黑天鹅"事件无处不在。就算你做好了

99.9% 的准备，一生从未行差踏错。可是那 0.1% 不受你控制的突发事件，

仍然可能把做对事情积累的收益全部损耗完，甚至是放大几十倍、几百倍的损失。逻辑三：增增减减方寸之间，40 个指标是制度设计亦是刚性制约，全面看源自科学态度。目前，全国统一采用这 40 个基础指标进行地区生产总值季度核算，不同地区、不同季度影响都会有所不同。地区生产总值好不好，关键看这 40 个基础指标的强弱长短。逻辑四：经济内生增长，直面"订单、合适产业结构与 R&D"、经济驱动新"三驾马车"。产能与订单供需"双轮驱动"是增长的充要条件。广东出口额占全国比重大，外贸依存度高，国外市场具有极为重要的作用。近年来，广东出口额占全国比重持续下降，从 2000 年的 36.9% 降 至 2019 年 的 26.0%、2020 年的 22.0%。经济增长可持续性，不仅是经济要素量简单叠加和扩张，而是增长动力形成与质的提升。科技创新在广东经济增长中的作用越来越重要。2019 年广东研究与试验发展（R&D）经费首次超过 3 000 亿元，继续保持全国首位，同比增长 14.6%。R&D 经费投入占地区生产总值比重再创历史新高，达 2.88%，比上年提高 0.17 个百分点，仅次于北京和上海。逻辑五："十四五"经济增长测算及其动力的人口、消费与再分配变化。人口是影响经济增长的重要因素。全世界都存在老龄化趋势，这是社会发展的一般规律。由于老龄化问题，经济增长（供给侧）驱动力和（需求侧）拉动力都会减弱。2010 年是中国第一个人口转折点，即劳动力增长由正转负，造成人口红利消失；还存在第二个人口转折点，就是总人口增长从正到负，大约在 2025—2030 年，中国总人口将到达峰值。逻辑六：固己维度往往蒙住自己的眼睛，庚子年大变局里产生经济新格局，空间维度看你我，时间维度看周期，二者缺一不可。从全球看，短期内疫情会对全球化产生暂时的影响，也会出现一些"脱钩"的声音。但从长期发展的眼光看，疫情也对全球化带来一些新的机遇。从长远空间看，经济发展史是一部如何度过经济周期的历史。在未来 5 年，几乎每年都有重大的时间节点，对广东而言，更要在改革开放 40 年打下的良好基础上，率先发力，成为全国先行标杆。

报告结束后，省委党校培训二部负责人在小结中表示感谢，认为以依法采数、科学出数、多维解数的"三数"立意，诠释深入学习贯彻习近平总书记关于统计工作重要讲话指示批示精神和

中央《意见》《办法》《规定》具有重大现实意义。要坚守国民经济行业分类标准和 GDP 统一核算制度的科学客观要求，从全球的视野、宏观的分析和专业的角度，透视 2020 年以来疫情影响下的广东经济的增长变化、取得辉煌成就的理论逻辑和实践逻辑，展望未来 5 年广东经济社会发展的可预期趋势。同时肯定了授课的深入浅出、图文并茂、数据翔实、案例鲜活，为学员们上了一堂精彩的统计法治、统计专业和统计分析课，为学员们努力做好"六稳"工作，落实"六保"任务，提供了有力指导。

报告会后，参加听课的学员纷纷走到讲台前与我互动加微，有的说，今天听了您的授课，收获特别大，期待以后有更多机会向您这位专家型领导学习；有的说，今天下午听您的讲座非常有收获，刚刚又和省统计局核算骨干一起交流，以后有疑惑的地方，希望能向您请教，

谢谢；有的说，听君一堂课，胜读十年书；有的说，您讲得非常精彩，有思想、有高度，向您学习，请多多指教。

412
以"三有做三者"共勉统计青年干部"学史强能　看表解数"技能比赛绽放青春

2021 年 5 月 28 日，省统计局举行"学史强能、绽放青春"看表解数技能竞赛活动。我出席活动并发表讲话，且和党组成员、副局长杨骁婷，二级巡视员杨少浪、汪国新和处（室、中心）负责人及有关代表全程观看比赛并担任评委。

14 名参赛选手对各自具有代表性的统计专业报表进行了精彩解读，重点诠释讲解报表的指标内容、数据来源、报表用途、填报要求并提出建议和工作设想。

经过认真、客观、公

正的评比，省统计局国民经济核算处一级主任科员王铭婵、社会和科技统计处三级主任科员吴娱荣获一等奖。

我在总结点评中肯定了 14 名参赛选手的精彩表现。2021 年是中国共产党成立 100 周年，是开展党史学习教育之年。省统计局举办"学史强能、绽放青春"看表解数技能竞赛活动，是进一步推进全局深入开展党史学习教育，切实做到"学史力行"，鼓励广大统计青年干部努力提高解读解构诠释数据能力，更好地为数据需求者服务，以优异成绩庆祝中国共产党成立 100 周年。

我对"学史强能、绽放青春"看表解数技能竞赛活动谈了"三有"感受：一是有看点。每位选

手都非常自信，做到了心中有数，演示主题突出、构思精巧、匠心独运，展现了青年统计工作者的亮丽风采。二是有技能。各位选手能熟练表达专业表格的内容、填报方式、作用效果等，展现了较强的专业技能和解读统计数据的能力，也蕴含了每一位选手精彩演绎背后的辛勤付出。三是有收获。选手对各专业报表的展示解读，让在场的全体人员对统计相关专业有了更深入的了解，扩大了专业视野，增强了对青年干部学史强能、担当作为的信心，激发了广大青年干部职工立足岗位职责，锐意改革创新，奋发图强有为，推动统计事业不断向前发展的热情。

我认为，作为新时代的统计工作人员要做到"三者"：一是做统计事业的开启者。举办此次活动是一个好的开始，能激发全局青年干部往复合型人才发展，争取人人都能胜任不同岗位，充当"多面手"。二是做统计事业的传承者。既要发挥南粤统计先驱罗湘林等老一辈统计工作者的光荣传统，又要严格遵守各项统计制度、法规，还要与时俱进，推陈出新，努力推动广东统计现代化改革。二是做统计事业的传播者。南粤统计需要主动作为，不等不靠，将统计的目光聚焦在数据需求上，让统计真正为发展服务，为数据需求者服务。坚持砥砺初心使命，做到"我为群众办实事"，树立广东统计新风尚。

413
在二级巡视员邱国祥退休座谈会上提出扎实做事、以干得助、正向相处

2021 年 5 月 31 日上午，我局为二级巡视员邱国祥同志举行退休离岗欢送座谈会，我出席欢送座谈会并讲话。局二级巡视员汪国新代表工会主持会议。局领导和人事处有关人员、工业交通统计处全体人员参加了本次座谈会。

会上，我为邱国祥颁发了退休证，并饱含深情地作了总结，对邱国祥同志多年来在统计工作岗位上的辛勤奉献给予了充分肯定和感谢。在人生的旅程中，退休并不意味着结束，而是新的起点。

在谈及对邱国祥同志的印象时，我深有感触。

一是扎实做事。统计枯燥，数海乏味，但是对

于经济和民生而言，却又至关重要，马虎不得。在其岗便要谋其职，扎实做事是不变的道理。邱国祥同志自加入统计大家庭以来，坚持主动学习，熟悉

各项工业统计报表制度和工作要求；经常深入基层开展调研，了解各地工业经济发展新形势和新问题，指导各级统计机构做好工业统计工作，加强工业统计数据的"两防"。他扎实做事，踏实做人，是一位勤勉敬业的好干部。

二是以干得助。干事创业，就是需要干起来，创起来，没有干就得不到帮助。广东统计改革需要一代代统计人的接续努力，在干中求变求新，力争上游。邱国祥同志一直在工业统计领域兢兢业业，坚持改革创新，经常加班加点，上下左右沟通顺畅，有力促进了工业统计工作迈上新台阶。工作中要想迎难不难，就要学会在变化当中适应，只有不驰于空想，不骛于虚声，真真切切地干起来，才能得到前进的机会。

三是正向相处。常说一打纲领，不如一个行动，好的榜样，便是最好的引导。邱国祥同志面对困难

和挑战，坚持以身作则，敢于担当，日夜兼程，全力以赴；在工作中知人善用，积极调动和发挥其他同志的工作积极性和自觉性，同心同向同行；对新入职人员和基层统计人员的"传帮带"更是常放心上，在集体里面总是传达着正能量，带领工交处全体同志共同提高工业统计工作水平。这样的相处正向积极，所结之果自是甜美丰硕。

我还动情回忆起与邱国祥同志在广东统计的第一次握手，是1983年刚加入统计系统之时，第二次握手便是今日的离岗退休。希望邱国祥同志退休后能积极调整心态，锻炼好身体，保持好健康，待百岁之时能第三次握手，也希望全体同志向邱国祥同志学习，积极传承其优秀的工作作风，切实以干得助，传递正能量，为广东统计事业增添光彩。

邱国祥同志也回顾了在省统计局的工作经历，

对局党组和各位同事的关心、支持和帮助表示感谢，并表示未来将一如既往地支持统计事业的发展，衷心祝愿南粤统计事业在局党组的带领下更上一层楼。

与会人员皆送上美好祝愿并合影留念，希望邱国祥同志继续关心、支持统计事业改革发展，常回家看看，多提宝贵意见和建议，为构建经济大省之统计强省建言献策。

414
出席省城乡统计调查和数据管理中心挂牌仪式，以"和谐、和气、合力"勉励大家团结奋斗勇创佳绩

2021年6月1日，省城乡统计调查和数据管理

中心挂牌仪式在省局举行，我主持仪式且为省城乡统计调查和数据管理中心授牌，接着与新组成单位全体干部职工合影留念，并发表讲话。局党组成员、局二级巡视员、处以上干部、城乡统计调查和数据管理中心全体人员参加本次仪式。

根据省深化事业单位改革试点工作部署，统计局所属原事业单位城乡统计调查中心与统计数据中心整合，成立省城乡统计调查和数据管理中心，并加挂广东省社情民意调查与景气监测中心、广东省统计网络安全监测管理中心两块牌子，主要承接原城乡统计调查中心和统计数据中心的工作职能，并承担粤港澳大湾区新经济统计监测有关的工作职责。省城乡统计调查和数据管理中心的正式挂牌成立，标志着省局圆满完成事业单位改革试点工作任务。

我对中心提出期望和工作要求，勉励大家以新

机构为新起点，秉承优良传统，发扬优良作风，接续努力，团结奋进，夺取佳绩。一是要和谐，团结完成改革目标任务。中心由原来两个单位整合而成，和谐完成"两家并一家"。改革试点工作开始以来，经过全局上下共同努力，特别是在中心全体同志的齐心协力支持配合下，各项工作圆满完成，成果来之不易。要深刻领会省委改革部署决策意图，切实把思想和行动统一到党中央和省委关于深化事业单位改革试点的决策部署上来，提高政治站位，履行好主体责任，主动担当作为，保证改革目标任务的高质量完成。二是要和气，实现单位融洽整合。新单位运行后，需要尽快完成磨合过程，实现队伍的紧密结合、业务的充分融合，在思想上高度集中统一，以和气凝聚正能量，保持以昂扬的精神状态和奋斗姿态，投入到新的工作当中。三是要合力，成就新

的光辉事业。尽快实现新旧动能转换，充分发挥专

业搭配、人才汇聚、力量合拢的优势，通过优化调整、科学管理、合理分工，实现同频共振，在新的基础上，形成新的更强的工作合力。

最后，我寄望全中心的同志，要按照新的职能定位，在新的起点上，不断取得新成绩。学习发扬"忘忧红九林"所寓含的守正创新、艰苦创业、矢志不移的南粤统计精神，以统计先驱罗湘林为引领，牢固树立为数据需求者服务的宗旨意识，不断加强统计改革创新，在推动"两建"、落实"两防"上奋力前进，为构建经济大省之统计强省做出新的更大贡献。

415
向省委第十九巡回指导组汇报省统计局党史教育活动

2021年6月1日上午，根据省委党史学习教育的统一部署，以陈周平为组长的省委党史学习教育第十九巡回指导组到省统计局指导党史学习教育。我主持召开党史学习教育工作会议，并采用PPT形式向巡回指导组汇报了省统计局党史学习教育开展情况、活动亮点和下一阶段工作安排。陈周平对省统计局党组高度重视党史学习教育、认真研究部署、发挥党组引领作用、深入开展专题学习研讨、积极开展革命传统教育、发挥统计为基层为企业为社会大众办实事的作用给予了充分肯定。

会前，我带领巡回指导组参观了省统计局党建与业务创新台账室和人口普查电子屏，陈周平组长给予了高度评价。会上，他传达了中央、省委关于党史学习教育有关精神，对省统计局下阶段党史学习教育提出了三方面要求：一是进一步提高政治站位，把握党史学习教育正确政治方向；二是坚持问题导向，确保党史学习教育走深走实；三是突出统计部门实际，确保党史学习教育落地落实。陈周平还明确了近期党史学习教育重点工作，强调要在"七一"前完成专题学习、"七一"前后召开一次专题组织生活会、深入开展"永远跟党走"群众性主题宣传教育活动、开展领导干部上党课、组织学习习近平总书记在庆祝中国共产党成立100周年大会上的重要讲话精神。同时要把深化党史学习教育同广东省庆祝中国共产党成立100周年活动贯通起来，组织好专题学习、交流探讨、宣传阐释、基层宣讲。

我在表态发言中强调，全局上下坚决按照中央统一部署和省委要求，在省委巡回指导组的有力指导下，坚持把党史学习教育作为重要政治任务，抓紧抓好，不断巩固和保持省统计局党史学习教育良好态势。一要认真贯彻落实党中央关于党史学习教育的部署要求和省委党史学习教育"1+10+n"总体工作思路，以更高的站位推动党史学习教育；二要积极配合省委党史学习教育巡回指导组开展工作，及时报告开展学习教育的有关情况，以更坚决的态度接受巡回指导；三要严格按照《省统计局党史学习教育实施方案》各阶段要求、步骤安排、必学内容、规定动作，以更有力的措施落实各项任务；四要紧密联系构建现代化统计调查体系、构建经济大

省之统计强省的目标任务和为数据需求者服务的统计使命，以更务实的作风推动教育成果转化。真正做到学党史、悟思想、办实事、开新局，切实增强"四个意识"，坚定"四个自信"，做到"两个维护"，以优异的成绩庆祝中国共产党建党 100 周年。

省委党史学习教育第十九巡回指导组副组长部先平、林叔忠和组员方裕平、孙雁一到会指导，局领导朱遂文、杨骁婷、李珠桥、熊德国、汪国新及局党史学习教育办公室有关人员参加了会议。

416
为核算处、办公室、财务处支部讲党课，提出把握"知""进""做""鼓"逻辑，深化党史学习教育走深走实

2021 年 6 月 2 日，我以"知而行、进而做、鼓而劲"为题为省统计局核算处党支部、办公室党支部、财务处党支部讲党课。局党组成员、核算处党支部书记李珠桥主持，核算处、办公室、财务处全体党员干部参加了党课。

我回顾了全局在党史学习教育开展以来，认真贯彻落实中央决策部署和省委工作要求，高起点高标准开展的党史学习教育的情况和取得的阶段性成果，提出要进一步提高政治站位，紧紧扣住统计工作职责，把握好"知""进""做""鼓"四字逻辑，持续逐次推进党史学习教育走深走实。

一是"知而行"。习近平总书记在党史学习教育动员大会上要求全党同志要做到学史明理、学史增信、学史崇德、学史力行，学党史、悟思想、办实事、开新局，以昂扬姿态奋力开启全面建设社会主义现代化国家新征程，以优异成绩迎接建党一百周年。统计肩负着理好国家和地区经济账本的职责，南粤统计人要认真深入学习党史、新中国史、改革开放史、社会主义发展史，不忘初心、牢记使命，知行合一，在历史新起点出发，以实际行动持续推进广东统计改革创新"7 + n"，在新征程上高质量地服务数据需求者。核算工作要准确把握广东经济运行脉搏，真实反映广东经济家底和高质量发展情况，为"六保""六稳"做好统计服务，为省委、省政府科学决策提供数据支撑。局办公室、财务处要做好保障，尤其是办公室近期要持续扎实做好疫情防控。

二是"进而做"。党史学习教育成效具体体现在为群众办实事上。群众的一桩桩小事，是构成国家、集体大事的"细胞"。要把学习党史同总结经验、对照现实、推动工作结合起来，同解决实际问题结合起来，在服务数据需求者中树牢宗旨意识，把需求者心声作为谋事之

基，把群众口碑作为评判标尺。近期，省统计局开展了"统计基层基础建设年""服务基层办实事统计信息技术送到家"，上线"民声热线"节目"我为群众办实事"，"统计开放日"服务数据需求者，走基层进企业调研解难题，"7＋n"统计改革创新，向社会提供红色教育场地，机关干部为群众解忧帮困送温暖志愿等系

列活动，桩桩件件，均秉持着一颗为人民服务的心。统计服务没有终点，统计党员干部要时刻把老百姓的安危冷暖放在心上，从人民群众关心的事情做起，从让人民群众满意的事情做起，从切实维护群众利益做起，为全面

建设社会主义现代化国家提供强大统计保障。

三是"鼓而劲"。要传承和发扬创新、开放、实干的岭南统计精神，继续加油鼓劲。近段时间，通过组织"学史强能、绽放青春"看表解数技能竞赛、"岭南杯"统计征文等系列形式丰富的活动，充分激发了党员干部的学习热情，掀起一波党史学习教育的浪潮。下一步，要建立党史学习教育长效机制，按照中央统一部署和省委要求，坚持把党史学习教育作为重要政治任务抓紧抓好。要深入学习近平新时代中国特色社会主义思想，重点围绕庆祝中国共产党成立100周年开展活动，结合统计工作实际进一步开展好"我为群众办实事"实践活动，

不断巩固和发展党史学习教育良好态势。要把党史学习教育与业务工作融合，大力弘扬"三牛精神"，永葆"闯"的精神、"创"的劲头、"干"的作风，奋发有为新征程，发扬勤于统计、乐于奉献的"忘忧红九林"精神，扎实推进统筹开展经济普查与投入产出调查专项试点、横琴粤澳深度合作区统计创新、"7＋n"改革创新，不断破解统计难题，完善统计制度，改革统计体系，为推动广东在全面建设社会主义现代化国家新征程中走在全国前列、创造新的辉煌贡献统计力量，以优异成绩向党的百年华诞献礼。

课后，三个支部党员干部进行了交流讨论，纷纷表示这堂党课十分生动，很接地气，为下一步深化党史学习教育提供了指引，明确了方向。大家表示要以此次党课为起点，对标对表中央、省委、省委党史学习教育第十九巡回指

导组、局党组和局机关党委要求，扎实做好每个阶段、每个环节的工作，进一步增强"四个意识"、坚定"四个自信"、坚决做到"两个维护"，切实做到理论上清醒和政治上坚定。

417
以"结构、可比、系统"解构全省能耗新变化

为及时掌握当前能耗双控形势，进一步应对和解构能源发展新变化、新特点，为党委政府科学决策提供统计服务，2021年6月3日，我主持召开专题会，对当前全省能耗变化情况进行分析研究。听取能源统计的情况汇报后，我提出以"结构、可比、系统"解构全省能耗新变化。

一是从"结构"分析。要善于从产业结构、行业结构和地区结构的角度分析能源发展情况。在

能耗管控上，对创造产值大、单位增加值能耗低的重点企业，如电子信息行业和汽车行业等，与创造产值小、单位增加值能耗高的企业应区别对待，不宜搞一刀切。要认真分析工业各行业能耗结构变化情况。对单位工业增加值能耗高、能耗增长快的企业，要及时掌握情况，向节能主管部门发出节能监测预警。要善于从地区能源消费结构变化中分析问题，需重点关注经济比重较高的地市，要结合地区经济发展水平综合分析地区能耗出现的新变化、新特点。

二是从"可比"分析。数据之间往往有很深的关联。纵向看，不能只从2021年一季度数据孤立地来看能耗变化情况，而要充分考虑2020年疫情对能耗的影响，用两年一季度平均增长来综合判断。横向看，要结合季度能源消费核算指标，选取有代表性的非工业重点行

业增加值和用电量指标，在充分考虑增加值现价和可比价差异及电力弹性系数的情况下，精准量化增加值与电力消费的相关程度，深入分析研判经济指标和能耗指标的匹配性。

三是从"系统"角度分析。能源统计不是独立的，而是与全省经济密切相关的，经济变化会综合影响能耗变化的全局。因此，要全面系统地开展能源统计监测工作。能源统计部门要把工作做在前面，及时对高耗能行业开工停

产、生产效益等进行动态监测，既要关注新上高耗能项目对能耗变动的不利影响，也要关注对增加值

贡献大、能效水平高、需要重点支持企业的有利影响。

省统计局能源统计处全体人员参加了会议。

418
主持召开推进国家统计局督察反馈意见整改工作专题会，强调"消除盲点、梳理难点、加强薄弱点、夯实支撑点"

2021年6月3日，我主持召开推进国家统计局督察广东省反馈意见整改工作专题会议，听取反馈意见整改督导工作情况汇报，提出"消除盲点、梳理难点、加强薄弱点、夯实支撑点"要求。

根据党中央、国务院授权，国家统计局2020年第一统计督察组于2020年8月20日至9月2日对广东省防范和惩治统计造假、弄虚作假情况开展了统计督察。2021年3月30日，督察组在广州召开

会议向省委、省政府反馈督察意见。省委、省政府高度重视统计督察反馈意见整改工作，高位推进统计督察反馈意见整改工作落实。省委书记李希、省长马兴瑞先后作出批示并讲话，要求认真抓好整改落实。3月31日，省统计局党组审议通过了《国家统计局督察广东省统计局防范和惩治统计造假弄虚作假情况反馈意见整改工作方案》。4月16日，十三届省政府第140次常务会议审议通过《国家统计局督察广东省防范和惩治统计造假弄虚作假情况反馈意见整改工作方案》。4月27日，省委十二届第263次常委会会议听取了国家统计督察反馈意见情况汇报，审议整改工作方案。5月7日，省委办公厅、省政府办公厅联合印发了《国家统计局督察广东省防范和惩治统计造假弄虚作假情况反馈意见整改工作方案》。省统计局按照省委、省政府的统一

部署，把统计督察反馈意见整改工作作为当前一项重大的政治任务，在着力抓好本单位本系统整改工作的同时，充分发挥牵头部门的作用，当好参谋助手，精心筹划安排，把握协调全局，督促指导整改，力求抓紧抓实抓出成效，确保全省统计督察反馈意见整改工作有序有效推进。各地区、各有关部门根据省委、省政府和省统计局的整改工作方案，积极展开统计督察反馈意见整改工作，结合实际，因地制宜，制订整改工作方案，明确整改工作职责，逐日逐步逐项落实整改任务，最终，全省统计督察反馈意见整改工作取得了阶段性成果。

我在会上提出，全省统计督察整改工作已经进入倒计时，各地区、各有关部门主要领导要亲自过问，分管领导要亲自抓，统计部门要主动作为，正视问题，攻坚克难，对标对表，统筹安排，抢抓时

间节点，整体推进落实落细，确保圆满完成统计督察反馈意见整改工作任务。

一要消除盲点。《国家统计局督察广东省防范和惩治统计造假弄虚作假情况反馈意见整改工作方案》和《国家统计局督察广东省统计局防范和惩治统计造假弄虚作假情况反馈意见整改工作方案》，分别细化为 36 项和 48 项任务清单，因印发的层级和时差不同，整改落实的对象各异，以及整改落实的时限有长有短，容易造成误时漏项。各地区、各有关部门要进一步核对两个方案，及时消除盲点，弥补漏洞，确保整改清单任务事项件件有回音，事事有着落。

二要梳理难点。客观地讲，国家统计局督察广东省发现的四个方面主要问题，都是这次整改落实的难点。如，"统计法定职责履行方面"的"统计基层基础薄弱问题突出、人员力量严重不足"。近两年，省统计局借助国家统计局督察广东省之机，开展统计基层基础建设年活动，发现和解决了一些难题。有些地级市早计划、早安排、早推动，已经取得初步成效，如广州、湛江、惠州、清远、东莞等市，在基层统计人员编制、经费保障、建章立制、教育培训等方面有了明显改善和加强。各地区、各有关部门要充分利用这次统计督察整改的机会，认真梳理，总结难点问题，特别是困扰统计工作多年的痼疾，分析研究产生问题的根源，迎难而上，主动沟通联系，寻找解决路径，及时化解矛盾，拿出切实可行的整改措施，让统计督察整改取得实实在在的效果。

三要加强薄弱点。统计督察整改工作是全局性工作，需要各部门各专业群策群力、万众一心，全力做好整改工作。为应对统计督察整改工作头绪多、时间紧、任务重、标准高的问题，省成立了统计督察整改工作领导小组，由省委常委、常务副省长任领导小组组长。省统计局利用加强省统计局联系地市工作机制，调动全局的力量参与统计督察整改工作。截至 6 月 3 日，实现了全省统计督察整改督导工作全覆盖。各地区、各部门要加强统计督察整改工作人员力量支持和经费物资保障，分工具体，职责明确，标准严格，确保统计督察整改工作全程有人抓、有人管、有成效。

四要夯实支撑点。这主要是对统计督察整改工作报告的要求。按照国家统计局统计督察情况反馈意见的要求，要按时上报统计督察整改工作报告。这既是中央《防范和惩治统计造假、弄虚作假督察工作规定》的规定，又是客观反映全省统计督察整改工作落实成果的契机。各地区、各部门要注重统计督察整改工作报告的撰写。完成时限上，整改工作中要求立行立改的，要有明显成效；要求长期坚持的，要有切实可行的措施办法。报告内容上，要求真务实，有血有肉，不拖泥带水，每一个观点要有具体事例；每一个数据要有具体出处；每一个结论要符合逻辑，经得起推敲。

局领导李珠桥、杨少浪，省统计局相关处（中心）人员 30 多人参加了会议。

419
以"三头"统筹经济普查与投入产出调查改革创新试点

2021 年 6 月 3 日上午，我主持召开会议，专题研究部署广东统筹开展经济普查与投入产出调查专项试点有关工作。局领导李珠桥、杨少浪以及省专项试点工作领导小组全体成员参加会议。

我认为，广东参加统筹开展经济普查与投入产出调查专项试点具有重要意义，国家统计局党组成员、副局长鲜祖德对于广东试点工作既放心又有信心，广东要以此次试点工作为契机，认真抓好各项工作落实，为全国统计现代化改革贡献广东经验。广东要以"三头"统筹经济普查与投入产出调查改革创新试点。

一是以设计管理为源头抓好统筹。统筹经济普查与投入产出调查是自上而下的顶层设计，是为更好地贯彻落实党的十九届五中全会提出的"推进统计现代化改革"精神、深化统计方法制度改革的一项创新探索，是从统计设计管理、统计方法制度这一源头开展的改革创新。要认真领会鲜祖德副局长在广州召开的统筹开展经济普查与投入产出调查专项试点布置培训班上的讲话精神，紧紧抓住源头，深刻理解国家统计改革创新的初心，消化吸收好国家统计局试点方案，结合实际提出更加优化、更加科学、更加具有操作性的广东省试点方案。广东选择惠州市博罗县和东莞市清溪镇作为试点地区，虽然试点地区只有两个，选取的调查单位也不多，但涉及国家统计改革试点工作全局，试点地区要"以一试千万问题"，全力做好试点各项工作。

二是以各相关专业为重头做好统筹。统筹开展经济普查与投入产出调查涉及统计设计管理、国民经济核算、工业交通、能源、固定资产投资、贸易外经、人口和就业、社会和科技、农村社会经济、服务业、普查中心、数据中心等多个专业，广东也承担着研究各专业在数据审核中的分工协作方式、探索多用户审核信息统一反馈机制的试点任务。省专项试点工作领导小组办公室（省统计普查中心）要做好统筹协调，各相关专业要认真学习试点方案，做足准备当好"老师"，采取面对面、电话、粤政易、微信、QQ等多种方式对试点地区和试点对象开展培训指导工作，做好分专业审核验收（工业交通、能源、固定资产投资、贸易外经、人口和就业、社会和科技、农村社会经济、服务业、普查中心等专业对本行业全部数据进行审核，核算专业对投入构成数据进行综合审核评估），保证试点调查表填报质量。两项调查合而为一，涉及诸多指标数据，"失之毫厘，差之千里"，要牢牢抓数据质量这一统计生命线，以高度负责的态度开展试点各项工作。

三是以核算为龙头全面统筹。投入产出调查是国民经济核算的重要基础性工作，对宏观经济管理和决策具有重要意义。此次试点将投入产出调查整合到经济普查同步开展，在原有经济普查的基础上增加了大量投入产出报表，核算专业要允分发挥龙头作用，对各相关专业、试点地区、试点对象做好业务指导，切实完成好国家交办的各项试点任务，为全国统筹经济普查与投入产出调查试出新做法、新经验，试出广东统计改革创新新招牌。

会上，李珠桥也强调核算专业要充分发挥龙头作用，各相关专业要形成合力共同做好试点工作。杨少浪汇报了广东统筹开展经济普查与投入产出调查专项试点前期工作情况，并对下一步工作安排提出意见建议。会议审议通过了《广东省统筹开展经济普查与投入产出调查专项试点方案》。

420
发现与解构，可甄我统计"过桥力"

端午不打烊。2021年6月11—14日，我和能源处相关同事放弃节假日休息，加班加点，就能耗双控专题会议重要汇报稿的起草工作深析细研。经过近一周时间的精心打磨，汇报稿"精雕细琢终成玉"。在总结本次汇报稿起草工作时，我想到了基于统计能力与统计工作者共勉的"发现与解构，可甄我统计'过桥力'"。

怎么发现。发现与解构为统计魅力之所在。要善于对纷繁复杂的统计数据进行科学梳理，通过梳理发现数据变化的趋势、特征和规律，找出数据背后的内在联系和化解问题的重要工具，进而到达解决问题的彼岸。汇报稿通过对广东能耗的行业和品种构成分析，发现解构不同产业和居民生活用能的占比情况，以及能源消费分布、结构的变化特点和变化趋势；通过对 5.87 万家规上工业企业能效及加工转换效率分析，发现洞见规上工业分行业、分市的能耗变化规律，精准定位影响广东能耗的重点行业企业；通过与东部省份和国家平均水平的对比，发现研判广东能效水平的高低。

如何解构。数据解构要从时间维度、制度维度和阶段维度三方面着手。从时间维度看，能耗核算工作不能仅看当年情况，要有历史视角，把时间维度拉长，从三个五年规划期的变化辩证看待。既要看到一季度广东节能降耗面临的不利形势，也要看

到"十一五"以来广东节能工作取得的成效和对全国节能工作做出的巨大贡献。从制度维度看，既要尊重制度的统一性和权威性，又要认识到制度的滞后性。广东是发展绿色石化的重点省份，材料能耗比重较高，且在全国范围不具可比性；研判能耗增长要考虑疫情因素的不可比影响，采用两年平均增长来看更为客观精准。对于材料能耗和增速不可比的情况也要配合节能主管部门积极向上反映，请国家节能考核时剔除相关影响。从阶段维度看，广东能效水平已居全国前列，以较低能源消耗支撑了较快经济增长。客观上，广东节能空间已十分有限。鉴于广东对全国节能工作做出的巨大贡献，亦可请国家在核定广东节能目标任务时，统筹兼顾考虑有关情况。

以智过桥。解决复杂的统计问题如同过桥。对数据变化趋势、特征和规

律的发现、解构过程既是提升过桥能力的过程，也是自我超越的过程。从小我层面讲，通过近一周时间对汇报稿的不断打磨，既体现统计人良好职业操守，又提升统计业务素质能力。求己难，求人更难，求人不如求己。只有不断提升自身过桥能力，方能从容应对各种统计难题。从大我层面讲，在经济社会变化过程中，通过对三种维度下的统计数据解构，更精准、更合理地找出问题症结所在，为社会治理和科学决策提供更高质量的统计数据，彰显为数据需求者服务的精神。

若劳动是财富之父、土地是财富之母，统计数据则可喻为财富之脉，从浩瀚的统计数据当中，统计专业人士可去挖掘规律性的变化，从中发现真谛，解构背后的经济社会存在逻辑，架起一座通往现代治理之桥。

421

喜迎建党100周年，布置近期党史学习教育工作

2021年6月11日，我主持召开党史学习教育领导小组会议，总结回顾前期党史学习教育情况，布置近期党史学习教育和庆祝建党100周年系列重点工作。

我认为，局党组深入学习习近平总书记重要讲话和重要指示批示精神，认真贯彻落实中央决策部署和省委工作要求，加强组织领导，做好示范引领，带头开展专题学习研讨，积极开展革命传统教育，掀起了学习教育活动热潮。特别是在党员领导干部深入基层调查研究的基础上，制订印发了《全省"我为群众办实事"实践活动实施方案》，把"我为群众办实事"8项重点实践活动作为党史学习教育重要内容。聚焦省委"1+1+

9"工作部署、聚焦广东统计使命任务，坚持"为数据需求者服务"理念，我第一时间参与为企业解决用电难，带队上线广东"民声热线"节目解答涉及人口等热点问题，走基层进企业把统计服务送上门、把统计信息技术送到家，积极提供"忘忧红九林"红色教育场地，为机关党员群众办实事、办好事，受到基层统计机构、企业、社会大众和省统计局机关干部群众的广泛欢迎。

我对下一阶段的党史学习教育和庆祝建党100周年系列重点工作作出布置和安排。一是严格按照计划抓落实。认真对照省委党史学习教育"1+10+N"总体部署、局党史学

习教育领导小组印发的系列实施方案和布置的各项工作逐一核查补漏，确保规定动作不缺失、自选动作有特色。二是善于统筹抓落实。近期要抓好"深入学习习近平总书记关于革命传统的重要论述"专题的学习、党员领导干部带头上好党课、召开专题组织生活会、发动党组织和党员干部落实局疫情防控倡议、唱响"我是党员我带头"积极投身一线抗疫工作等活动，还要统筹

做好日常统计各项工作，充分发挥统计分析、统计监测在疫情防控中的积极作用，为群众办实事、办好事。三是做好贯通抓落实。把深化党史学习教育

同庆祝中国共产党成立100周年活动贯通起来，开展"讲党课和优秀党课展示活动"、"学习体验活动"、"主题宣讲活动"、"党史知识竞赛"、"百年征程统计路"征文活动、"两优一先"表彰活动、颁发"光荣在党50年"纪念章活动、"各类群众性文化活动"等庆祝建党100周年系列活动。及时组织广大党员干部及时收听收看中央"七一"庆祝大会实况，学习习近平总书记在"七一"庆祝大会上的重要讲话精神，组织好专题学习、交流探讨、宣传阐释。还要加强宣传总结。及时宣传党史学习教育，营造浓厚学习氛围，总结经验、观照现实、推动工作，进一步把学习成效转化为推动统计现代化改革、提升统计数据质量，为党委政府决策和数据需求者服务的强大动力。

422
粤澳合作统计如影随形，签订在粤澳资企业经济核算合作协议，落实"一地两统 结果双用"

2021年6月15日上午，2021年粤澳联席合作会议以视频连线方式举行。广东省省长马兴瑞和澳门特别行政区行政长官贺一诚分别在广州和澳门会场主持会议。我作为签约代表参加会议，与澳门特别行政区政府统计暨普查局局长杨名就通过视频连线方式签署《广东省统计局与澳门特别行政区政府统计暨普查局〈关于在粤澳资企业经济核算的合作协议〉》（简称《粤澳经济核算合作协议》），并就"一地两统 结果双用"工作机制进行探讨交流。

马兴瑞省长在粤澳联席合作会议上高度肯定《粤澳经济核算合作协议》。他指出，促进澳门经济适度多元发展是党中央、国务院作出的重大决策部署，创新横琴深度合作区国民经济相关数据统计方式、研究在粤澳资企业统计核算工作、探索构建粤澳两地统计工作体制机制对反映在粤特别是横琴澳资企业发展成果、推动建立健全澳门经济适度多元化指标体系具有重要意义，统计部门应当也必须发挥重要作用。马兴瑞省长要求有关部门下一步认真落实好《粤澳经济核算合作协议》内容，建立在粤澳资企业核算数据交换机制，加强地区生产总值核算方法交流与对接，尤其是健全粤澳横琴深度合作区统计机构设立，为横琴粤澳深度合作区建设贡献统计力量。

《横琴粤澳深度合作区建设总体方案》印发后，我高度重视，与综合处、核算处同事一起创新统计工作机制，扎实推进有关工作。2021年4月初，经与澳门特别行政区政府统计暨普查局深入磋商，省统计局草拟了《粤澳经济核算合作协议》。4月22日，我访问澳门统计暨普查局，与杨名就局长就建立"开放、统一、可比、活力"大湾区统计交流合

作领域作进一步深入探讨。5月25日，我向国家统计局副局长鲜祖德和总统计师曾玉平一行汇报了广东贯彻落实合作区统计创新任务的设想和成果，提出"一地两统　结果双用"破题横琴粤澳深度合作区统计改革。6月15日，我与杨名就通过视频连线方式正式签署《粤澳经济核算合作协议》。

《粤澳经济核算合作协议》是省统计局落实《横琴粤澳深度合作区建设总体方案》的重要举措，主要内容是粤澳双方以"一

国两制"框架，基于平等互利、相互尊重的原则开展在粤澳资企业经济核算交流与合作，全力推进粤澳深度合作区建设。其中重点工作是建立在粤澳资企业核算数据交换机制，加强地区生产总值核算方法交流与对接，创新合作区国民经济相关数据统计方式，就在粤澳资企业尤其是合作区内澳资企业核算问题进行探讨，通过研究和对接两地GDP核算方法，探索核算在粤澳资企业经济总量及增长情况。

副省长张新，省政府副秘书长林积，省港澳办主任李焕春等在广州出席粤澳联席合作会议并见证签约仪式。

423
以"六个逻辑"和"三个期待"为全局党员干部上党课，以史共勉干部任用

2021年6月16日上午，在2021年广东省统

计局第五次干部选拔晋升群众认可度测评会召开之际，我结合党史教育和局干部选拔晋升工作，与大家一起深刻领会党的组织干部路线精神要求，以"干部任用的党性逻辑、正向期待和共同努力"为主题，给全体党员干部上了一堂生动、接地气的党课。党课回顾我党历史上的干部政策，解构当前省统计局干部选拔任用的"六个逻辑"和"三个期待"，进一步阐述干部任用的想法做法，致力于打造广东统计干部成长价值链。

我认为，干部选拔任用在党的发展史上从来没有忽略过。在决定中国命运的六届六中全会上，毛泽东同志作出著名的"政治路线确定之后，干部就是决定的因素"重要论断，会议制定了正确的干部路线和干部政策，提出"党的干部是党的事业的骨干，是人民的公仆"，认为"中国共产党是在一

个几万万人的大民族中领导伟大革命斗争的党，没有多数才德兼备的领导干部，是不能完成其历史任

务的"，首次完整提出"四个服从"，即个人服从组织、少数服从多数、下级服从上级、全党服从中央，并明确了才德兼备的标准就是"任人唯贤"，即坚决地执行党的路线，服从党的纪律，和群众有密切的联系，有独立的工作能力，积极肯干，不谋私利，后被写入党章第三十五条并逐步完善实施，新时期又提出努力实现队伍革命化、年轻化、知识化、专业化的干部政策，这些成为党选拔任用干部的重要遵循，对省统计局当前的干部选拔任用也具有重要的借鉴指导意义。

我回顾了近年来局党组高度重视干部选拔任用工作，严格执行党的干部路线和干部政策，结合统计工作实际，制订干部发展规划，加强干部轮岗交流，做好干部教育培养，鼓励干部实干创新，推崇"要我干为我要干"的"专业职业与敬业"操守，发扬忠于体制为数据需求者服务精神，重点甄别选拔"适应新水土、干活不滑头、公心带队伍"统计干部，全局干部人均晋升提拔任用2次以上，一大批优秀年轻干部走上领导岗位，多批干部到基层锻炼挂职，部分干部到地级以上市交流任职，为广东构建经济大省之统计强省提供了坚实人才保障。

2018年以来，与同志们朝夕相处的一千多个日子里，干部言行举止表现都刻在我脑海中。局党组对干部任用认识不断深化，量化不断科学，总的来说是基于"六个逻辑"。

整体向上的"大逻辑"。全局各级干部状况越来越向好，团结拼搏，乐于奉献，高质量完成国家统计局、省委省政府交办的各项任务，在全省绩效考核中取得"三年两优"历史佳绩，全局统计工作的整体向上和积极向好为不断持续开启干部提拔晋升提供了窗口和可能。

统计事业、统计环境和统计人"干的逻辑"。统计事业是干出来的，好

的统计环境也是干出来的。局党组的干部任用奉行以干得助、以干得乐原则，选用能够干事创业、干活不滑头的统计干部。具体到个人来讲，特定统计环境给个人进步带来不同机

遇，有人走非领导职务路子，有人特别是一些年轻干部走上领导岗位，但都是人尽其才、人尽其能，都是为推进广东统计事业的发展与传承。

认可度"变的逻辑"。认可度是对干部个人工作、平时言行的认可肯定，是局党组选用提拔干部的重要参考。每一次每一人岗位认可度都在发生动态变化，每个干部都要增强自信，抖擞精神，扎实将本职工作做好做细，认可度自然就会得到提升，就会有提拔任用的机会。

开明开口"出的逻辑"。局各级领导要抱有无私之心培养干部，干部是党的干部，不仅仅是部门的干部，也不是个人的"财产"，对干部使用要胸襟开阔，提高政治站位，为干部多渠道发展创造平台、创造机会。

兼顾可能"统的逻辑"。党对干部要求非常高，局党组对统计干部的

要求同样很高，也会考虑个别干部因个人或家庭等情况提出的个人想法，充分尊重本人意愿，统筹考虑安排，务实用人，体现人文关怀。

顺畅有序"过的逻辑"。干部任用是一个系统性工程，需要局党组统筹通盘考虑和人事部门细致工作，提拔晋升任用以干得助有先后，同时也有逻辑顺序，要有坐"冷板凳"的精神，保持耐心与定力，实现依规依法顺畅有序"过桥"。

遵循"六个逻辑"，我对干部任用提出"三期待"，与大家共勉。一是党组织对干部向好的期待。无论身处何年龄段、何职位，局党组都希望全局干部向好的方向发展变化，尽可能为干部提供好的发展机会和平台。二是每个人对自己进取的期待。每个干部都有自己的人生价值，通过完成工作、克服困难等得到价值体现提升，实现精神的富足，并带来

事业的进步。三是上级党组织对省统计局干部工作的期待。上级党组织对统计工作期待很高，事实上也是对每个统计干部寄予厚望，全体干部要忠于统计岗位，履职尽责，高质量完成上级党组织交办的各项任务，不辜负党组织期待。

424

以"三到三少三聚"分享"70、80、90"三个年代三位同志的党史学习教育精彩发言

2021年6月18日，省统计局举行党史学习教育交流发言研讨活动，深入学习领会习近平总书记关于党的历史的重要论述。局党组成员、副局长杨骁婷，工业交通统计处副处长王慧艳，财务处干部左姝蕾三位同志分别代表70、80、90后作交流发言，为局高质量推进党史学习教育进行有益探索，

受到广大党员干部广泛欢迎。

我与大家交流时谈到，今天是个很特别的日子。1928年6月18日，中国共产党第六次全国代表大会在苏联莫斯科郊外的一个小镇上举行，是中国共产党唯一一次在国外召开的代表大会。今天也是6月18日，局开展党史学习交流研讨活动很有意义。三位不同年代同志所作的"学党史、感党恩、做实事"交流发言，发自肺腑、饱含深情，对全局开展党史学习教育很有启迪，有三个"什么"寓意：

"让我们看到听到了什么？"三位同志从各自的经历角度去解读党的历史，让大家看到了当年的"沂蒙红嫂"，看到了平凡中的伟大，听到了党的声音，"江山就是人民，人民就是江山，团结就是力量，打铁还需自身硬"，这些都是没有走远的声音。

"让我们想到了什么？"习近平总书记强调，

要传承好红色基因，把红色江山世世代代传下去。交流发言跨越70、80、90三个年代，很有启迪性，不久的将来还要迎来00后讲述红色故事，赓续红色江山需要一代一代传承下去，才有意义。

"让我们做什么？""学党史、悟思想、办实事、开新局"要有落点。要贯彻落实习近平总书记对广东、对统计工作的重要讲话指示批示精神，加快推进统计现代化改革，努力实现"两个构建"，为广东奋力开启全面建设社会主义现代化国家新征程提供坚实统计保障。

我倡导大家以"三少三聚"的态度做好新时代南粤统计工作：

少一点小家子气，聚多一点大气。南粤统计人

聚要成一团火、散也要是满天星。多一些家国情怀，多发挥统计分析、统计预测在疫情防控中的作用，做忘忧无我的南粤统计人。

少一点暮气，聚多一点朝气。不要老奸巨猾，不要认为身处省直机关摆架子，要多一点单纯、多一些奋进、多一些朝气。要以最近热播的电视剧《觉醒年代》中描述的毛泽东、李大钊等伟人为榜样。

少一点怨气，聚多一点正气。学史明理、学史增信、学史崇德就是要树立正气提升正气，不能因工作忙一点、累一点就抱怨，"我能拿走你的辛苦，但有一种叫能力的东西却拿不走"，多一些付出多一些奉献，精神境界会更高、

人生格局会更高，工作生活起来会更有质量、更有意义。

我还明确了当前要做好的具体工作：一是高质量描述广东经济运行变化。当下统计数据半年报送的任务是一项重点工作，各专业处要严格遵守统计"两防"工作要求，做到不重不漏、实事求是，用高质量的统计数据为党委政府决策提供精准服务。二是做好疫情防控和经济社会发展双统筹工作。认真贯彻落实党中央的决策部署、省委的工作安排，以讲政治的态度从"两个维护"的高度抓好落实，既要做好自身防护，又要为疫情防控、为经济社会发展提供高质量统计服务保障。三是深入开展好"我为群众办实事"的实践活动。高标准落实正在全省统计系统开展的基层基础建设年各项要求和局党组制订的"我为群众办实事"方案，做到心系基层心想群众，把党史学习教育的效果转化为解决群众实际问题的具体行动。四是扎实开展庆祝建党100周年系列活动。要结合实际积极开展讲党课和优秀党课展示活动、党史知识竞赛、"两优一先"表彰活动、颁发"光荣在党50年"纪念章、走访慰问老党员、困难党员等系列活动，还要组织广大党员干部及时收听收看中央"七一"庆祝大会实况，认真学习贯彻习近平总书记在"七一"庆祝大会上的重要讲话精神，用实际行动表达对党忠诚、为党尽责的敬意。

425
陪同省直机关工委常务副书记姚奕生到省局调研党建工作

2021年6月22日，在省府大院饭堂偶遇省直机关工委常务副书记姚奕生，我盛情邀请他饭后到省统计局走走，调研党建工作。

在我的陪同下，姚奕生副书记参观了省统计局党建与业务创新台账室，认真查看了省委、省政府和国家统计局主要领导对省统计局工作和统计分析报告的批示肯定，翻阅了省统计局党史学习教育有关资料，浏览近年来统计工作取得的创新成果以及获得的各项荣誉奖励。

我向姚奕生副书记报告了省统计局的党建工作尤其是近期的党史学习教育开展情况，表示省统计局将深入学习贯彻习近平总书记在党史教育动员大会上的重要讲话精神，紧紧围绕学党史、悟思想、办实事、开新局目标要求，按照省委关于党史学习教育"1+10+N"总体部署，结合统计部门实际深入推进党史学习教育各项工作，扎实开展"我为群众办实事"实践活动，用高质量统计数据推动广东高质量发展，努力实现习近平总书记赋予广东的新使命、新任务。

姚奕生副书记对省统计局坚持以党的建设为统领抓好各项工作给予了肯定。也对相关工作提出建议，请省统计局要按照省委关于在党史学习教育中深化模范机关创建要求，大力推进模范机关创建各项工作，尤其是在当前的疫情防控中，要充分发挥基层党支部的战斗堡垒作用和党员的先锋模范作用，封闭区域党员要向社区党组织报到，参与志愿服务，非封闭区域党员要立足岗位职责，唱响"我是党员我带头""我的岗位我负

责"，以高质量的统计分析和统计监测为党委政府科学决策、为数据需求者提供高质量服务，建设让党中央放心、让人民群众满意的模范机关。

426

先行先试，从深圳试水到国家层面研制，落点广东试行，研究建立高质量发展综合绩效评价体系

2016 年，深圳市委、市政府高度重视落实"五大发展理念"，要求统计部门研制统计评价指标体系。经过半年多不停努力创新，我作为深圳市统计局局长主持自主研制完成了"五大发展理念"统计评价指标体系的主体内容和方法，从全面性、代表性、适用性原则出发，设立涵盖创新驱动、结构协调、绿色低碳、开放发展、包容共享 5 方面内容的 37 个代表性指标。7 月 31 日，我作为全国受邀的"6＋1"个地方统计局局长（"6"为 6 个正省局长，"1"是深圳唯一副省代表）赴京参加全国统计工作务虚会。参会间隙，我向国家统计局顶层专家专题专报"五

大发展理念"统计评价指标体系研究成果，得到宁吉喆局长、许宪春副局长、鲜祖德总统计师、李晓超总经济师、宋跃征总工程师及重点业务司主要负责人等中国统计顶层高级专家以及中国人民大学专家学者的充分肯定和相关评审意见。各专家学者认为，《"五大发展理念"统计评价指标体系构建——以深圳市为例》设计科学严谨，凸显深圳创新发展，能反映新常态、新理念、新发展成果；通过总指数和分项指数进行评价，具有一定的创新性和自主研发性，可引领统计评价创新形式和方式，值得探索试行，为全国提供可借鉴的方法与经验。宁吉喆局长指示"支持深圳用总指数和分项指数的评价方法先行先试，为全国这方面探索创造积累新经验"。2017 年，国家统计局刊物《调研世界》刊登了我的文章《"五大发展理念"统计评价指标体系构建——以深

圳市为例》。深圳"三新及新经济统计改革试点"和"五大发展理念"统计评价指标体系研究成果以国家统计局《要情专报》形式呈送党中央、国务院领导同志和中央综合部委主要负责同志。

2016年底，省统计局开展广东五大发展理念评价指标体系问题研究。12月20—21日，时任省统计局局长幸晓维带领局各有关处室负责人到深圳学习调研"五大发展理念"指标体系编制工作，召开了两场调研座谈会，我详细介绍了深圳"五大发展理念"统计评价指标体系的研究背景、基本原则、主要内容、计算方法等。深圳调研回来后，省统计局借鉴深圳"五大发展理念"指标体系，探索建立广东五大发展理念评价指标体系。指标体系围绕五大发展理念深刻内涵，立足广东实际，体现广东特色，凸显创新发展，指标体系包含创新、协调、绿色、开放、共享5个一级指标、45个二级指标。2017年4月，省统计局将《关于报送五大发展理念评价指标体系研究报告的函》报省政府办公厅，得到兴瑞省长批示肯定："这个报告很好！我认为应该有五大发展理念作为我省的评价指标体系。建议与国家统计局也讨论一下，听一听他们的意见；去年深圳市统计局也有相应的报告，也可与杨新洪同志讨论一下，听一听他们的意见。"

之后还有一段鲜为人知的经历。2017年，我挂任国家统计局统计设计管理司副司长，分管方法制度设计。可能也正是深圳构建"五大发展理念"统计评价指标体系等统计改革创新成果，得到国家统计局的高度关注和充分肯定，宁吉喆局长指示我牵头研制新发展理念指标体系。后来，随着党的十九大的召开，发展阶段转向高质量发展，以及其他一些原因，新发展理念指标体系研制工作未能得以继续探索，转而由国家发展改革委牵头研制高质量发展综合绩效评价指标体系。

2018年，为全面贯彻落实党的十九大精神，深入贯彻习近平总书记重要讲话精神，在构建推动经济高质量发展的体制机制上走在全国前列，充分发挥绩效评价的激励和导向作用，推动各地高质量发展，在省委、省政府的高度重视下，广东率先研究建立《广东省高质量发展综合绩效评价体系》。3月，根据兴瑞省长指示要求，省政府专门成立由分管副秘书长统筹、省统计局牵头的起草组，研究起草评价体系。6月，我到任省统计局后，多次主持召开统计专业委员会，组织专业力量研究评价体系研制工作。8月30日，兴瑞省长主持召开省政府常务会议，审核通过评价体系。9月30日，省政府办公厅发出《关于印发广东省高质量发展综合绩效评价体系（试行）的通知》。10 月 10 日，兴瑞省长在省统计局呈报的《广东省高质量发展综合绩效评价体系》情况汇报上批示："请李希书记审示。这是经过几轮的研究与讨论形成的，有一定的创新，是落实中央巡视要求和省委十二届四次全会战略实施的要求。可以下发试行。"10 月 14 日，李希书记批示："同意。"

《广东省高质量发展综合绩效评价体系》是五大发展理念评价指标体系的完善和发展，可谓一脉相承，是一个能够较全面衡量广东高质量发展，又可在全国率先引领的综合绩效评价体系，可以为全国其他省份提供较强的借鉴参考意义。在全国范围内，广东率先出台高质量综合绩效评价体系，体现了广东在引领新时代再创新局面的实践要求，一丝不苟地落实习近平总书记的指示要求。

2019 年，结合落实习

近平总书记视察广东重要讲话精神，我又组织精干力量对评价体系进行全面梳理，寻找高质量发展的短板，修订原评价体系中的评价指标及权重，使评价体系更科学，短时间内完成修订并上报省政府。9 月 20 日，兴瑞省长在省统计局报送的《广东省高质量发展综合绩效评价体系（试行）》修订稿及测算结果（2016—2018 年）情况报告上批示："建议请省统计局印发至 21 个地级以上市，供大家参考。"

2019 年 9 月，根据兴瑞省长的批示精神，省统计局将 2016—2018 年测算结果情况的报告印发各地市，引起各地市党政领导高度关注。12 月 29 日，省委组织部印发《省管党政领导班子和领导干部年度考核办法（试行）》，高质量发展综合绩效评价数据被运用到考核测评各地贯彻落实新发展理念情况。省财政厅每年将评价结果作为生态功能区财政转移

支付的参考指标之一。

2020 年下半年，国家发展改革委、中共中央组织部、国家统计局印发《高质量发展综合绩效评价指标体系（试行）》，作为开展高质量发展综合绩效评价的依据。广东省高质量发展综合绩效评价体系试行两年来，总体能够较好反映广东省高质量发展情况。对照国家高质量发展综合绩效评价指标体系，广东省评价体系总体符合国家要求，同时存在两个方面需要进一步完善：一是部分评价指标和减分项指标需对标国家最新要求进行调整；二是需要设置主观感受指标。我又带领综合处同相关部门对《广东省高质量发展综合绩效评价体系》进行研究修订，

实现与国家指标体系的有效衔接。

这次方案修订是在保持原有体系框架和基本内容不变的基础上，尽可能吸纳采用国家方案指标，既保持原评价方案的稳定性和延续性，又保证与国家评价体系的一致性。依据国家评价体系内容，本次修订方案增加生态满意度、基本公共服务满意度两个主观调查指标，并增加减分项指标。从主要考核内容看，考核区域划分及主体考核指标保持不变。考核区域按照"一核一带一区"区域发展新格局，仍然分为珠三角核心区、沿海经济带（东西两翼）、北部生态发展区 3 个评价区域类型分别考核。考核指标保持原方案的整体框架，并与国家方案框架一致，设立综合、创新、协调、绿色、开放、共享 6 个一级指标。

方案初步修订完成后，我又带着专业同志根据方案修订稿对 2019 年和 2020 年数据进行了初步测算。结果显示，2019 年、2020 年 21 个地市平均分分别为 81.33 分和 81.39 分。据了解，2019 年地市平均分略高于国家评价广东的得分。11 个地市 2020 年考核分数与 2019 年相比稳步提高，而 10 个地市分数略有下降。考虑到 2020 年疫情影响等特殊情况影响部分考核指标以及部分指标数据暂缺，考核分数总体上符合客观实际，能够反映各地高质量发展情况。

目前，有关修订方案和初步测算结果已报林克庆常务副省长审阅。下一步，将按有关程序报批，经省委、省政府领导同意后，以省委办公厅、省政府办公厅名义或省发展改革委、省委组织部、省统计局三部门名义印发各地各部门实施，推动全省各地把立足新发展阶段、贯彻新发展理念、构建新发展格局的要求贯彻到经济社会发展的各方面，持之以恒实施"1＋1＋9"工作部署，加快建设现代化经济体系，打造新发展格局战略支点，为推动广东高质量发展，在全面建设社会主义现代化国家新征程中走在全国前列，创造新的辉煌。

跋

乍暖还寒。

在辛丑年的春天里，应暨大经济学院统计学系主任杨广仁教授之邀，我为统计学科的博士、学术硕士和专业硕士们做了一次行业前沿讲座。广仁教授告诉我，讲座的主题不拘，自由度比较大，题目由我自定。这个不命题的作业，反而陡增了我些许压力与思考。我想了想，作为统计老本行，经济运行又面临全球新冠疫情的影响，把这两者相结合，权作为当下统计行业前沿之问题，于是就向同学们讲了"科学度量，从统计解构经济"这个话题。

在这过程中，暨大出版社经管科技编辑室负责人曾鑫华编辑也来听讲座。其间，我们见面寒暄，并加了微信好友。讲座之后回到宿舍，我收到了鑫华编辑的微信："杨局长，晚上好！非常荣幸认识您！我经常到经济学院和管理学院听讲座，也曾听过许多全国知名教授的讲座，发现您是最平易近人的专家，且您的讲座非常精彩。我仔细读了您送给大家的小册子，受益匪浅。其中，有一个问题想向您请教：您小册子的最后一页的'广东2021年GDP总量达11万亿'是指预测数据，还是将'2020年'误写成了'2021年'？班门弄斧，让您见笑了，望您原谅编辑的'职业病'。"

随即，她又微我说："您已著作等身，欢迎您来暨大出版社出书。"

阅微之后，我掩面而思自己一路为统计而来，作为一介曾闽现粤的统计人，走进统计，得益于统计，告别统计，又再入统计，亦可谓戎马半辈子统计。因应一方水土养一方人，反映一个方圆经济不可无统计。

一次高校讲座，知遇鑫华编辑出版之约，自然高兴不已。而更为感动的是，她点出了我小册子里的一处年份之误，足见其是一位十分合格且有功底的编辑。感动加信任之余，开启了我希望在暨大出版社出版一本关于统计方面专著的手稿酝酿。

那一刻，一个"迎难不难、改革创新、以干得助"现实版的《统计通论》跃然于脑际。

"统计通论"这四个字，对自己来说，平常而不凡。它在我的南粤统计工作20年的轨迹中非常聚焦，以至于"统计虐我千百遍，我待统计如初恋"常常流淌在心坎，其美名也为业界同行所共鸣。

因为，把想法变成做法，从思维到实践，干活不滑头，公心带队伍，那种"我能拿走你的辛苦，但有一种叫能力的东西却拿不走""让方法靠近科学，让数据接近真实"的统计工作理念，何尝不可铸成当代南粤统计之工匠精神，何尝不是一打打活生生的"统计通论"引领下的统计主动作为与方法论的交融而成。

"这是一个好选题，《统计通论》新立论、接地气……"

我沿着鑫华编辑这一点题，做进一步深入思忖，通过梳理2018年6月至2021年6月这整整三年间，自己从深圳市民中心B区红塔楼到省政府10号楼所进行的市里与省里双层统计工作，面对如何破解统计面临复杂纷繁的问题与挑战，总括在日夜兼程中所积长的对统计的所思所想所悟，由统计思维化为统计实践的"构建经济大省之统计强省"、"7 + n"统计改革创新、"忘忧红九林"等，逐渐变成了一串串南粤统计创新的符号与一系列国级部省级主要领导弥足珍贵的重要指示批示。此过程中，对这些又都不断加以消化、融化而落地，所形成的诸多想法、做法、办法，无不跃然于这本《统计通论》里面。

至此，南粤统计事，再难亦是办法比困难多。每当我伫立在这个统计新时代，总会油然而生一种"迎难克难化难，就不难"的莫名情愫。

此跋，作为后序，特别感谢感恩广东省统计局各位同仁和南粤大地上的每一位统计人，因为你们，我的肩上，才有沉甸甸的责任；因为你们，我的时光，才有丰盈的内涵；因为你们，我的人生，才有着地的意义。

谨以《统计通论》献给我敬爱的统计事业与同行者！特别感动您的走进与包容！

杨新洪
2021.6.21

统计通论

基于广东统计1095天的探索与创新札记

杨新洪 著

（上册）

暨南大学出版社
JINAN UNIVERSITY PRESS

中国·广州

图书在版编目（CIP）数据

统计通论：基于广东统计 1095 天的探索与创新札记（上册）/杨新洪著．—广州：暨南大学出版社，2021.8
ISBN 978－7－5668－3201－6

Ⅰ.①统…　Ⅱ.①杨…　Ⅲ.①统计—管理—研究—广东　Ⅳ.①C829.23

中国版本图书馆 CIP 数据核字（2021）第 138693 号

统计通论：基于广东统计 1095 天的探索与创新札记（上册）
TONGJI TONGLUN：JIYU GUANGDONG TONGJI 1095 TIAN DE TANSUO YU CHUANGXIN ZHAJI（SHANGCE）
著　者：杨新洪

出　版　人：张晋升
责任编辑：曾鑫华　何　力
责任校对：苏　洁　齐　心
责任印制：周一丹　郑玉婷

出版发行：暨南大学出版社（510630）
电　　话：总编室（8620）85221601
　　　　　营销部（8620）85225284　85228291　85228292　85226712
传　　真：（8620）85221583（办公室）　85223774（营销部）
网　　址：http://www.jnupress.com
排　　版：广州市天河星辰文化发展部照排中心
印　　刷：深圳市新联美术印刷有限公司
开　　本：787mm×1092mm　1/16
印　　张：41.75
字　　数：725 千
版　　次：2021 年 8 月第 1 版
印　　次：2021 年 8 月第 1 次
定　　价：168.00 元（上下册）

（暨大版图书如有印装质量问题，请与出版社总编室联系调换）

用心创新

——一次愉悦之序

岭南的五月，已是炎炎的夏季。一下飞机，热浪扑面而来，我又一次踏上了这片生机盎然的南中国土地。

这次广州之行，我是来参加全国统筹开展经济普查与投入产出调查专项试点布置会的。广东省统计局细腻周到，抵穗当天下午，就结合当下党史学习教育，安排我们一行去黄埔军校、辛亥革命纪念馆和农讲所参观，重温革命历史，让我颇有感触。

遥想当年，广州作为辛亥革命的策源地和主战场，孙中山在这里建立黄埔军校，培育革命中坚力量，毛主席在农讲所讲授农民运动理论和方法，将革命火种从南粤大地烧向全国。

进而想到20世纪70年代末，全国改革开放的"开山炮"也是从广东深圳蛇口打响的，小渔村变成国际化大都市，深圳一跃成为全国改革开放的窗口，广东成为全国改革开放的排头兵，广东统计改革创新亦如火如荼。

返程路上，新洪同志向我介绍其正在暨南大学出版社出版的《统计通论》专著，想请我做个序。

我和新洪同志熟识多年，是老朋友。他植根南粤统计20多年，赓续广东改革开放基因，是敢为人先、敢闯敢干改革精神的最好注解。

新洪同志首先是来自深圳并在全国小有名气的统计"改革尖兵"。他勇于破冰，用心扎根统计改革实践，又跳出统计藩篱，在深圳实施"9＋n"统计改革创新，落实房屋租赁业统计调查试点、R&D支出纳入GDP核算改革、500万元以下投资项目抽样调查、"三新"及新经济统计改革试点等改革创新21项。2016年底至国家统计局挂任设管司副司长，参与 2017 版《国民经济行业分类》的修订，构建全国营商环境评价指标体系和新发展理念统计评价指标体系；2018 年到广东省统计局工作后，又将改革创新精神带到广东省层面，开展知识产权产品投资统计试点、分性别统计监测、面向调查对象电子统计台账试点、第三方支付专项调查、百名景气企业家信心调查、部分行业总产出核算研究、百名统计学（专）家调查和构建"广东省高质量发展综合绩效评价体系"、智能普查等"$7+n$"改革创新，多次获宁吉喆局长肯定批示，领全国统计改革风气之先，也为国家统计方法制度改革提供了广东经验。

新洪同志更是探索统计前沿变化的脚踏实地者。他创新探索，潜心研究，作为全国统计学会副会长和广东统计学会会长，厚植南粤改革开放经济沃土，深耕未观测金融、省以下 GDP 统一核算、先进制造业和现代服务业融合、新经济统计监测等前沿统计领域，成果颇丰。他出版了《构建地方统计指标体系》、《科学度量 One："九 $+n$"中国统计改革落地深圳》（上中下卷）、《R&D 支出纳入 GDP 核算方法研究》、《深圳经济中长期增长与趋势》等多本统计专著；在《统计研究》发表了《关于文化软实力量化指标评价问题研究》，在《调研世界》发表了《先进制造业与现代服务业融合发展评价研究——以广东省为例》《省以下 GDP 统一核算若干问题研究——以广东省为例》，在《岭南学刊》发表了《粤港澳大湾区产业协同发展研究》，在《深圳社会科学》发表了《新冠肺炎疫情与"烟斗形"经济运行模式分析及模型测算——以广东省 2020 年前三季度经济走势为例》《论经济特区经济结构变化对广东经济增长的驱动力》，在《开放导报》发表了《全景解读广东上半年经济运行"七特征"》，在中央政研室《学习与研究》刊发了《从统计视角认识广东发展不平衡不协调性》；撰写的《未观测金融调查研究》入选第 62 届世界统计大会主题论文，并获邀至马来西亚吉隆坡参加大会并做发言，在世界发出中国统计声音。

新洪同志还是高效务实的地方统计领导者。他迎难不难，作为广东统计的领头人，带领广东统计系统高质量完成"四经普""七人普"等重大国情国力调查，广东省长马兴瑞批示"完成得不错，完成得十分出色"；扎实推进 GDP 统一核算改革，实现全省 GDP 和各地市 GDP 之和完全衔接；创新提出"两防"（防注水、防少漏）理念，统计数据质量显著提升；推动党建业务融合促进，建设"忘忧红九林"和"广东统计史料馆"；牢树为数据需求者服务的理念，开放开门开明办统计，打造《统计学家》《统计思维与实践》《广东普查报告》《广东景气报告》等明星统计产品；精准客观解读经济形势，多篇深度分析材料得到宁吉喆局长的点赞肯定；持续构建现代化调查体系和经济大省之统计强省，广东统计"精气神"焕然一新，全国统计系统提起广东统计无不称赞。

《统计通论》分上下两册，通过 426 篇文章串珠成链，系统记录了新洪同志这些年在广东统计实践中的深入思考和积极探索，梳理总结了在统计工作中的创新经验和典型做法，用新洪同志自己的话说，是"一份来自广东统计 1 095 天的探索与创新叙论"，我觉得这样的描述十分恰当，一点也不为过。全书从一个个统计工作案例、一个个统计重点难点问题和一个个统计数据指标切入，既有统计理论高度升华，亦有落地问题实操解决；既有遵守统计方法制度的谆谆教诲，亦有敢于破冰改革创新的勇气彰显；既对地方统计工作具有指导意义，亦对国家制度顶层设计具有借鉴作用。

在《统计通论》中，新洪同志以第一人称娓娓道来，全书饱含深情的叙说，字里行间让人仿佛看到新洪同志带领广东统计系统，传承南粤改革开放精神，披星戴月干事创业的一幅幅动人画卷。细品一篇篇文章，文风平实亲切，可读性强，平凡的文字蕴含着大道理，引人深思，发人深省，让人有种顿悟的感觉。

著名经济学家凯恩斯的《就业利息和货币通论》，已成为宏观经济学中人人皆知的经典名著。期冀本书能比肩经典，作为一名统计人和新洪同志的老友，亦真诚希望这本佳作，能为诸多统计同仁提供借鉴并有所裨益。

前　言

——基于流量核算的"忘忧"

一晃"十三五"已过往，如何继往开来，跨入"十四五"新的起点年，我想到了"国民经济核算"这个专业术语。

对顶层而言，设计管理是统计各专业的"源头"；对地方基层来说，核算是"龙头"，它总揽了方方面面的经济社会各专业数据，一年又一年从零开始，一季又一季按季度统一核算出经济成果。这个过程，既基于流量的核算，又基于核算量大，劳累又劳心劳神，需要向习近平总书记学习"我将无我"的精神，时刻进入无我的"忘忧"状态。

2020 年初秋，我们选择在 9 月 19 日，各自认养一簇竹林，共建属于南粤统计人的"忘忧红九林"，构筑一个具有向上精气神的统计家园。

两个五年交替之际，我想用"三个什么"来描述自己的想法、看法与做法。

遇见了什么

在"十三五"中后段里，我在省政府大院 10 号楼与大家一起度过了许许多多个难忘的日夜，至 2021 年 6 月 21 日，我算了一下，3 个 365 天，一共 1 095 天。在这段时间里，我遇见了什么？

遇见了年轻。全局不到 200 人，经过 1 095 天后，副处以上的干部平均年龄年轻了 3 岁多，干部升级了，荣退了，退出去了，腾出空间来了，有年轻干部进来了，团组织也成立起来了。以干得助，充满活力，充满正能量，广东统计后继有人。

遇见了广东率先在全国跨上 10 万亿元大台阶。2019 年，广东地区生产总值达 10.77 万亿元，成为全国首个突破 10 万亿元的省份，进一步牢固经济地位。

遇见了改革创新的"7 + n"。以广东上不封顶的"7 + n"改革创新为切入点,多项改革成果显现并得到应用,为统计方法制度改革提供了广东经验。

遇见了"四查"。3 个年头,连续迎来第四次经济普查、第七次人口普查与省委巡查、全国统计督查,梳理形成了"四梁八柱"17 部头专题材料,以问题与需求为导向,立整立改,提升工作质量。

遇见了变化。靶向构建广东经济大省之统计强省目标,五个方面都在发生显著变化:统计改革创新能力显著提升,数据解读解析客观精准,专业业务评比位居全国前列,统计科研水平领改革风气之先,党建业务融合促进更显南粤统计精气神。

面临着什么

在这百年大变局里,统计将面临更多前所未有的挑战。

挑战一,经济变局之统计任务。广东是全国经济大省、人口大省,统计工作任务既多又重。构建经济大省之统计强省,实现从大到强,不仅是数量的强大,更重要的是质量的强大。

挑战二,履行职责之统计能力。加强改革创新构建新时代现代化统计调查体系,防惩统计造假、弄虚作假,切实维护统计工作的权威,全面提高广东统计数据质量,经济大省需要强大的统计能力去保障。

挑战三,数据支撑决策之统计环境。党中央、国务院和广东省委、省政府高度重视统计工作,社会各界对统计数据的需求和要求之高前所未有。当下,数据支撑决策之统计环境,对统计工作提出了更高的要求。

拿什么跨入"十四五"

统计是一个"万岁"事业,统计部门首先是一个"政治机关",这决定了我们这一特定专业机构里的南粤统计人,要甘于平凡、甘于奉献,同时甘为人梯,相忘于江湖,忘忧于浩瀚的数海里，精进于数堆里。

跨入"十四五"头一年，拿出什么好，我捋了捋，依然是"三坚三实"。

坚持之一，咬定目标不变化，构建经济大省之统计强省、现代统计调查体系坚定不移；坚持之二，咬住关乎数据质量生命线的"两防"，防注水、防少漏；坚持之三，咬紧底层服务看家本领，增强创新力与数据解构力。

"三实"之落实：落实中央决策部署，落实习近平总书记关于统计工作的重要讲话指示批示精神和中央各种意见、办法与规定，落实国家统计局关于统计工作的重大部署；"三实"之扎实：扎实人普、经普、农普等重大国情国力调查，扎实规上规下年报、快报、季报、月报等统计常规调查任务和统计改革创新；"三实"之夯实：夯实统计基层基础，强化人财物保障，加强统计业务培训，提升基层统计人员专业素养，从源头提高统计数据质量。

在"十三五"期间开展的"统计能力提升年""服务数据创新年"与"十四五"开启年开展的"基层基础建设年"的基础上，来年再开展全省统计工作"三实"年活动，把每个统计事项落实好，脚踏实地，无愧于跨入"十四五"的每一年、每一天与每个指标数据，忘忧于红九林。

目 录

三、系统谋划的"七人普"

一、思维方法的实践论

1
思维，设计与行动之母，至关重要

思维，对未来的设计与行动具有重要意义，是源头所在。强调思维的重要性，突破思维的牢笼。

深省思维的意义，需从新的视角去审视思维的内在价值和精神，从而去了解改变思维的途径。

新时代庚子年，处于百年变局以来，社会呼吁倡导以思维为导向的通识教育，强调超越知识点的教育。应学会在不确定中把握确定性，理解自己，理解世界。进一步说，要做到理解自己、理解世界，我们有必要了解与思维和精神相关的两种商。一种是没有火偏旁的商（quo-tient），它源自心理学，如智商、情商、灵商等。商的中文含义包括中介与交换。与天地、人间、物体的交往，使每个人的商值得以增长。这个商常用于表征人与人之间的精神和素养的差别及不平衡。商意味着一个人的潜质和品位，商值越高，人越出色。

另一种是有火偏旁的熵（entropy），它源自化学和热力学，是能解读世界一切人事物规律的熵。这个熵代表着混乱无序的程度。此熵的形象就如熊熊火舌，飘忽不定、难以受控、毁灭一切、没有方向。爱因斯坦认为，熵理论是科学界第一法则；管理学家们认为对抗了熵增，企业的生命力才会增加，而不是默默走向死亡。

人生的成长是一个不断抵抗熵增的过程。我们每个人都需要反抗自我熵增，就是要和自己的舒适、懒散、平庸、颓废甚至堕落过不去。我们适度自律，克制过多欲望，勤奋刻苦学习都是为了对抗熵增。积极的人生以负熵为生。正像有人说：当你保持微笑，也能从大自然中接受隐性负熵，从而使身体运行有序而身心健康。

都说"知识就是力量"，然而当今，我们已经走过了原始社会、农业社会、工业社会、信息社会，随着人工智能、基因技术、纳米技术等前言技术的迅猛发展，未来可能走入更高水平的时代。但科学给人类带来极大便利的同时，也把全球带入了前所未有的风险之中，知识的数量和更新速度是空前的，学习的知识越多，未知和困惑也越多；人类的认知能力、伦理底线受到了新挑战。如何拒绝熵增，追求熵减？要知道，知识的多与少并不十分重要，关键是你是否掌握了它的真谛。虽然信息常杂乱无章，知识多种多样，但思维源远流长。如果仅仅关注知识点，你的知识就是一座座的孤岛，但是如果能发现它们之间的相互联系，你就能进入思维和精神的世界。

所以，知识是思维和精神的载体，知识传承在于训练思维和升华精神。对一个人而言，没有知识很可怕，但是思想僵化更可怕。否则知识学得再多，都可能成为一种累赘，反而感悟不到幸福，缺乏创造。

因此，在走向未来的过程中，我们的思维需要不断进化，通过思维方式来优化大脑内部的荷尔蒙。每个人从关注信息、知识到关注思维模式，就是从混乱无序到自组织的优化，就是熵减，就是进步和升华。世界不存在唯一的正确模式，任何单一的思维模式都不可能统领一切。只有掌握众多的思维模式才能覆盖方方面面，如此才能熵减成长。

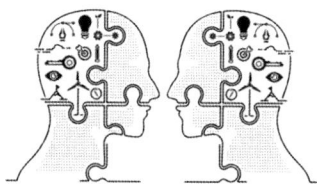

思维改变从经典思维到量子思维。思维是每个人的言行举止和我们现在所传播的知识学科的顶层逻辑与算法，不同的思维方式，会对经济、社会、教育等产生直接影响。如果人们秉持着单一垄断思维，那么遇到问题极易步步陷入其中，导致窘境。此时，唯有"改变思维"才能摆脱困境。改变思维就是通过对历史的回顾和对未来的展望来寻找发现思维变化规律。我们可以借助牛顿力学和量子力学这两种理论来理解两种不同的思维方式：经典思维和量子思维。

牛顿力学认为世界是测得准的，整个世界就像一部走得很精准的时钟，人的行为是可以预测的。与此对应，经典的思维方式是"机械的""惯性的""被动的""有计划的"。正如牛顿力学告诉我们的，世界是精确的。但是一到了和心理有关的领域，经典力学却"失效"了。过去我们都知道，要研究一个人如何投篮、如何奔跑，最好的解释方法是牛顿力学。可在和心理有关的领域，牛顿力学却不能精确地解释人的行为和情绪。与牛顿力学相反，量子力学恰恰主张这个世界是不可测的。人事物的关系并非完美确定的，而是"纠缠不清"的，相互重叠的。量子思维强调，以不同方式看待世界，得到的影像是不同的，我们不能简单地认为，我们看到的世界就是别人看到的世界。同样，我们的眼睛、嘴巴和手接触世界的方式也不相同。手的触觉是经典方式，而我们的味觉已经接近量子方式，眼睛接受的是光子，应包含量子方式。但我们从未知晓什么是量子方式。量子的状态就是测不准、叠加、纠缠。经典科普把世界描绘得越简单越好，认为世界如此简单，就像一个钟表。量子科普告诉我们，世界远比我们知道的还要复杂。

这种思维方式并不是现在才有的。早在1 000年前的中国就存在了，尽管那时尚没有严格受控的系统实验，但已存在类似量子论的思维方式。古人曾说，见山是山，见水是水；见山不是山，见水不是水；见山还是山，见水还是水。我们看待世界之时，主观和客观不可分割且相互影响，每个人、每个瞬间看到的世界，只是此人此时参与的世界亿万个存在形式的瞬间表达。康德曾说，为了看待世界，首先要把世界对象化，而在把世界对象化的过程中，这个世界也在改变，不存在真正对象化的世界。世界常被我们硬性地分割为主观世界和客观世界，而这恰恰是对世界的误解。

其实，凡是不能用经典思维解释的问题，换一种思维，可能会给你带来新的思维模式或者真实的解释。过去人们习惯于用经典思维模式思考，认为世界是精确的、明晰的，这可能会产生无法解释的现象；用量子思维思考更容易理解世界，因为世界从来不是清晰的、确定的。

如何以思维面向未来？

打破思维"垄断"。要真正改变思维，需从打破各种思维"垄断"开始，即打破经典思维或量子思维对人的垄断，从而释放出智商红利。而这一点在眼下变得尤为迫切。因为在发达的互联网时代，越来越多的人变得不会思考了。简单的复制和粘贴正在造出更多四体不勤的青年，僵化封闭正增加患老年痴呆的风险。也正因此，改变思维尤其重要，我们不仅是在抢救自己的大脑，还可能带来改变世界的新的力量。

人类通过在数理化、天地生、文史哲、音体美领域的学术研究，完成一次次的思维颠覆和突破，带来生产力的极大释放和文明的跃升。我们如能一直如此，就能超越人工智能，真正成为人工智能的主宰，而不是被人工智能所统治。人类需要幸福，通过思维方式的改变来优化大脑内部的荷尔蒙及其分布，才能使人更好地感知幸福。要走向未来，人类就需要思维突破。

用思维架构知识。知识不等于思维，也不等于精神。单靠知识改变不了命运，改变命运需要用思维架构起知识，从而支撑起有足够高度和强度的人生大厦。

思维晋级是最好的学习和成长。只有拥有形象思维、逻辑思维、格局思维的人，才是健全的思维自由的人；拥有质疑为先的科学精神、关爱为先的人文精神、使命为先的信仰精神，才是健全的精神独立的人。否则，就是思维和精神不健全或者残缺的人。许多人希望去改变社会，改变他人，但没有想过改变自己。历史告诉我们，只有改变思维、改变自己，才能真正地改变世界、走向成功。

增加思维的多样性。能力增长不仅靠知识，还靠运行知识的逻辑——思维是否足够自由多样。掌握的思维方式越多，面对变化的世界处理的办法和力量就越多。人们常不知自己的思维工具箱到底有多少工具，一个简单的方法就是与奠定人类文明的伟大先人神交对话，如笛

卡尔、牛顿、薛定谔，又如老子、孔子、墨子。如果你熟悉或者亲近哪位先人的思想或者论断，并能如数家珍，则表明他的思维在引导你，这样你就可以区分自己的思维方式有多少种，分别属于哪一流、哪一家。因此，我们需要通过训练增加思维的多样性。

克服单一思维，超越二元对立。我们应该克服单一思维，超越二元对立，倡导《道德经》"三生万物"的精神。当权衡知识与思维的重要性时，思维比知识更重要。仅有知识，没有很好的思想，知识不

能发挥作用；一个人知识不多，但是他的思维发达或者先进，知识就能够发挥很好的作用。

人类到最后是不可能和图书馆比知识的，随着人工智能的到来，我们不仅要尊重这两种不同的思维方式，而且还要认清一个事实：我们的生命其实处于"经典和量子规则的交界共管区"。如果说一个人的身体运动遵循着牛顿力学，那么头脑思维则遵循着量子力学。

人的言行举止、幸福与感悟，都是思维的外界表现。如果思维受限，我们会有很多苦恼，缺少幸福，缺乏创造。要成为自由、全面、发展的人，就要保证思维的自由全面永续发展。

2
晒出自己：适应新水土·干活不滑头·公心带队伍

我是 2018 年 6 月 21

日从深圳到广东省统计局报到的，省委组织部副部长武延军到会宣布了省委的这个任命。

新的履职，对我来讲，舞台变大了，但承担的责任更重了、面对的任务和要干的活更多了。

会上，我做了一个《晒出自己：适应新水土·干活不滑头·公心带队伍》的发言：

尊敬的武延军副部长，各位领导和统计同仁们：首先，我坚决拥护省委决定，完全服从组织安排。

2018年6月11日9时，我见到了广东省委组织部在深圳市委前楼信息公告栏贴出的"省管干部任前公示通告"。关于自己拟任省统计局局长、党组书记，组织上为我专门出了粤组公字〔2018〕66号文。

这一刻，我在想，也许这是自己工作舞台新的一站，也可能是最后的一站。因为在前一站的深圳统计局，我整整待了17个年头。

感谢组织的信任和给予的机会，使我在统计这个专业岗位上能够完成从基层到顶层。如今回到省一级中层工作干活，我一经踏入省府大院，走进广东省统计局这个新家庭，既有些陌生又亲切熟悉，最重要的是感受到了自己这个班长的重大责任与任务担当。

首先要感谢的是历任省统计局领导班子尤其是幸晓维局长、陈向新书记，他们带领大家打下了各项工作基础，在此，我要向他们表示由衷的感谢和崇高的致敬。在此基础上，我十分珍重与大家一起干活的新机会，珍惜与大家即将建立的新缘分。

在一起，了不起。

我是一个不设防的人。大家相处时间久了，都会知道这一点。自己的底色，就是"阳光剔透，以干得助，以干论本色，只对事不对人"。这里主要想晒出自己的一句话：我是与大家一起干活来的！

一是适应新水土。熟悉，就是专家。在座的都是长时间泡染某个方面或几个方面专业业务或党建党务工作的，都是专业人员。对于我这个新人来说，你们都是学习的老师，我甘当学生，无缝加快适应新水土。

二是干活不滑头。学干分不开，有句老话叫"活到老学到老"，借用这个，学以致用，工作至退干活至退，把生命赋予干活不止，秉承"要我干为我要干"这一精神，以干活为福根，不要滑头。在专业部门，崇拜"专业职业与敬业"操守。

三是公心带队伍。没有个人私利私欲，忠于体制，服务大家，还原与真实描述

事物的本质，就是一剂带队伍的良药。这一点，恭请大家监督我。在一个组织体系里，不仅仅需要干净清爽的政治生态，而且需要刚律心律的笃定心态，更加呼唤同心同向同行的状态，我作为班长一定会带头做好，也同样会一直要求大家一起做到，上行下效，一岗双责，风清气正，有为有位，聚正能量，无愧于经济第一大省背后有一个统计强省支撑，努力全力为省委、省政府和社会提供有质有效的统计支撑与服务，为广东省实现"四个走在全国前列"做出积极的贡献。

六月艳阳天，粤满阳光，今天开始，我就要同大家一起，干活再干活。谢谢。

3
走马上任第一天，粤统之心随沸腾

2018年6月21日，这一天对我来说，注定是与众不同的一天。这一天，广东省统计局召开了全局干部大会，传达省委关于省统计局主要领导调整到任的有关精神。这是我第一次以家长的身份和省统计局的"孩子们"见面，也是我第一次正式担起构建经济大省之统计强省的总舵手。受省委委托，省委组织部副部长武延军出席了会议并讲话，省统计局全体干部参加了会议。

武延军同志首先宣读了我、幸晓维、陈向新同志职务任免的有关通知，然后简要介绍了我的基本情况和工作经历，并对我过去的工作给予了高度评价和肯定。最后，肯定了近年来省统计局的工作，并对贯彻落实省委关于此

次省统计局主要领导调整的决定提出了三点意见。

我坐在主席台上，思绪久久不能平静。我深知这次职务调整，是省委从大局出发，根据工作需要和领导班子建设实际，经过统筹考虑、慎重研究决定的。武延军同志所说的"政治素质好、专业素养高，思路清晰，勤思考、肯钻研，工作勤勉，务实公道，具有统揽全局的宏观视野和丰富的基层工作经验，善于调动下属的工作积极性"，是给予我的高度评价，我深感责任重大。

幸晓维和陈向新同志都在发言中表示，衷心拥护省委决定，感谢省委长期的信任和支持、省统计局全体干部的支持和配合，同时也表达了他们的祝愿：一愿我在省统计局工作顺利，二愿广东统计事业开创新局面。

面对此刻此情此景，我更想成为一溪活水，尽快汇入省统计局的大江大浪中，也更想成为一颗生命力顽强

的种子，尽快适应省统计局的新土壤，长成一片葱郁的统计森林，为实现新时代广东发展的总目标和总任务做好统计服务。

会议最后，我平复了一下翻滚的思绪，带着强烈的使命感和责任感，表态回应：我坚决拥护省委决定，完全服从组织安排，感谢历任省统计局领导班子特别是幸晓维局长、陈向新书记，是他们带领大家打下了坚实的工作基础。我将尽快适应新的领导岗位，带头勤政廉政，团结带领省统计局领导班子和全体干部，"适应新水土、干活不滑头、公心带队伍"，在省委、省政府的坚强领导下，以习近平新时

代中国特色社会主义思想为指导，切实增强"四个意识"，担负起广东深化统计管理体制改革、提高统计数据真实性的主体责任，努力为省委、省政府和社会提供有质有效的统计支撑与服务，为广东实现"四个走在全国前列"做出积极的贡献。

省府大院 10 号楼，齐整的会议虽已结束，一颗滚烫的粤统之心却愈发沸腾。

我的简历：

杨新洪，汉族，1964年 11 月出生，江苏淮安人，研究生学历，理学博士，高级统计师。1982年 8 月参加工作，1990 年 4月加入中国共产党。历任福建省木材公司宁德分公司干部、松溪县统计局干部、松溪县政府办干部、南平地区行署办公室综合科科长、南平市委办副主任。1997 年 10 月任福建省武夷山市委副书记兼市委党校校长。2000 年 5月任共青团福建省南平市委书记。2002 年 11 月任深

圳市统计局工业交通处处长。2004 年 2 月任深圳市统计局办公室主任。2005年 3 月任深圳市统计局城市社会经济调查队队长。2006 年 4 月任深圳市统计局副巡视员。2009 年 8 月任深圳市统计局副局长、党组成员。2015 年 7 月任深圳市统计局党组书记、局长（其间：2017 年 3 月—2018 年 3 月挂职任国家统计局设计管理司副司长）。2018 年 6 月任广东省统计局党组书记、局长。

4

局队是兄弟，并驾齐驱深度合作，手足同心共谋发展

夏日伊始，羊城骄阳似火。2018 年 7 月 3 日上午，我在遂文同志的陪同下到国家统计局广东调查

总队（简称"广东调查总队"）调研。广东调查总队总队长赵云城、副总队长邓远军和黄丹等参加了会见。

回首往日，广东调查总队和广东省统计局是亲密无间的合作伙伴，是并驾齐驱的盟友战友，是亲如手足的姊妹兄弟，深深感谢广东调查总队对统计系统的支持和帮助。国家统计局统一领导统计调查工作，加强局队合作是落实这一根本性统计管理体制的必然要求。广东统计、调查系统始终秉持团结合作的理念和真诚务实的作风，共同完成了国家统计局、省委、省政府的各项部署要求。展望未来，我们要不断巩固和拓展在局队业务分工调整优化、分市县住户调查、经济形势分析、统计宣传等方面取得的合作成果，齐心协力把广东统计、调查事业推上新台阶。

云城同志热烈欢迎了我们一行的来访，表示将与统计同仁共同努力，更好地完成国家和地方各项统计调查任务。他指出，局队要保持紧密联系和沟通，进一步夯实"四下"单位调查、分市县住户调查的基础，在提升统计调查分析和宣传合作水平等方面发力，为各级党委政府提供坚实的统计、调查保障。

5
求上先求下、求人先求己

为做好 2018 年上半年统计和分析工作，近日我多次主持召开与佛山、东莞、湛江等地的联合研究会和局内专业与分专业专题研究会，部署上半年统计工作，分析各地区各专业数据情况，研判全省及各地区的经济形势。

在会上，我把自己长年累月的感悟分享告知各位同仁。统计数据质量就是统计工作的生命线，要对标党中央国务院、省委、省政府对保证数据真实性的要求，坚持实事求是、求真务实的原则，加强省、市统计机构的沟通联系，加强审核把关，这既防止因弄虚作假导致虚报浮夸，又防止因新旧动能转换导致少统漏统，确切掌握真实情况并积极向国家统计局反映。统计人要牢固树立"求上先求下、求人先求己"的自强精神，努力修炼好内功，切实提高统计能力和水平，确保统计数据真实准确地反映经济运行情况。

多少事，从来急，天地转，光阴迫，一万年太久，只争朝夕。干统计事业要有时不我待的紧迫感，把强化分析研究贯穿统计工作全过程。要紧盯重点地区、重点行业、重点企业的情况，发现异常后及时跟进解决；要按照抽丝剥茧的方法把分析研究做实做细，将影响经济运行的各种原因层层分析透彻，把经济运行中的积极因素和亮点摆出来，把不利因素和短板讲清楚，并提出有针对性的政策建议，为省委、省政府研判经济形势、制定经济政策提供科学参考。

其间，我还到各专业处室了解联网直报情况，与专业人员一起算账、列指标，把握大逻辑，对表细化，教育引导统计大家庭的"孩子们"干活不偷懒、不滑头，鼓励统计的"新生代"敢想敢做敢创新敢实践、以时不我待的紧迫感提高统计能力。

6

增强统计能力，实事求是、全面准确反映经济真实面

2018年7月9日、10日，我分别会见了中山市长长焦兰生、常务副市长杨文龙，茂名市常务副市长吴刚强，惠州市常务副市长胡建斌，云浮市常务副市长胡海运等。少浪同志陪同会见。

有朋自远方来，不亦乐乎？我诚挚欢迎有关地市领导来访，对他们心中有统计，所给予当地统计工作的高度重视和关心支持表示感谢，并与他们深入分析了上半年经济运行和统计工作情况。我自始至终秉持"开门、公开、透明搞统计"的理念，这是做好统计工作的重要前提与出路活路，各市到省统计局沟通情况、反映问题、研讨对策，是认识经济、搞好统计、接地气的重要契机，省统计局将与大家共同面对、剖析和解决当下统计的热点难点问题。

经过上半年报表数据采集、审核与质量加强，在关键时间节点上，我认为，各地统计部门及省统计局各专业要及时总结，正确执行国家统计制度方法和工作要求，防止工作偏颇、以偏概全，面对新要求新变化，只争朝夕，切实加大工作力度，加快工作节奏，压实数据，真实反映变化，确保统计数据能全面真实准确反映经济运行情况。

做好统计工作的根本在于打好基础。要形成正确、积极的统计工作导向，辩证、正确地处理统计造假和调动基层统计力量积极性的关系，避免矫枉过正，为基层营造实事求是、大胆干事的工作氛围，既坚决反对、防止虚报，也要花大力气统准搞

齐，尤其是针对新旧动能转换出现的变化。要牢固树立"有为有位"的思想观念，努力修炼统计内功，全面提升统计调查、监测预警、分析研判、解读释疑的能力和水平，为党委政府提供精准的数据信息和政策建议。要按照"全省统一领导、部门分工协作、各地分级负责、各方共同参与"的原则，全力以赴打好第四次全国经济普查攻坚战，摸清经济家底，全面准确反映供给侧结构性改革、新动能培育壮大、经济结构优化升级等方面的新进展。

7

精准发力，不重不漏，全面统计

2018 年 7 月 20 日上午，我分别会见了中山市委常委、常务副市长杨文龙，副市长徐小莉，汕尾市委常委、常务副市长邹广。

我对中山、汕尾市领导的来访表示热烈欢迎，对他们重视和关心统计工作表示感谢，并与他们共同探讨了 2018 年上半年经济形势及 R&D 统计、第四次全国经济普查等重点统计工作。

我深入阐述了国家统计局对企业 R&D 经费审核的纪律要求和制度规范，强调省市县三级统计部门要学深悟透国家统计局关于研发项目审核判定的方法，找准工作方向和发力点，加强上下沟通衔接，联合科技部门抓好对企业的培训和辅导，打牢 R&D 统计基础，把数据统计得更准更实。

做好全省统计工作必须把握和处理好整体与部分的关系。广东是经济第一大省，是由 21 个地级以上市共同组成的，全省统计系统要在服务保障好全省重要战略部署的前提下，加强探索，充分考虑各地对经济发展成果展示、考核评价等方面的需求，采用科学、合理的方式来反映各地经济发展情况。

落实中央关于防范和惩治弄虚作假、统计造假的重要要求，既要严惩注水、虚报，也要严惩少报、瞒报。要抓住第四次全国经济普查这一重大契机，摸清经济家底，使数据真实准确度量经济总量和结构。要适应经济社会高速发展节奏，深化统计制度方法研究，多争取开展前沿领域统计工作试点，使广东统计全面描述经济社会发展情况。

8

盯住统准"三个数"，有为有位担职责

2018 年 7 月 20 日，我主持召开上半年统计数据座谈会，分析全省及各地市统计数据，研判经济形势，部署下阶段重点统计工作。智华同志、梁彦同志出席会议。

一直以来，省委、省政府都高度重视、关心和支持统计工作，这次全省

上半年经济形势分析会要求21个地级以上市统计局局长参加，这充分体现了省委、省政府主要领导及分管领导"心中有统计"，同时也反映了省委、省政府对统计工作有新要求、新期望。因此，在这样的新形势新背景下，我号召全省统计人牢固树立"有为才有位"的意识，自觉扛起沉甸甸的责任和使命，坚定信心，坚持从自己做起，从基础抓起，把"求上先求下，求人先求己"的要求落到实处。

会议上，我要大家认真谋划、稳步推进第四次全国经济普查工作。抓紧成立各级普查领导小组及办公室，早日使政府领导

的普查工作机制进入正轨，形成推动工作的强大组织力；积极请示协调分管市领导深入普查一线体验和指导入户工作，发挥领导的带动作用；将工作重心下移至基层，切实做好基层普查工作经费上的保障；加强宣传引导，规范操作程序，严格依法普查，切实保障数据真实性，使普查结果真实准确全面地反映经济家底。

提高统计能力是保障数据质量的重要前提，要坚持改革创新，建立健全统计专业研究工作机制，加大对统计难点、痛点问题的研究力度，积极争取国家统计试点多落户广东，通过实战不断提高统计人员的专业素养；要牢牢盯住"三个数"，即用于核算的24个基础指标数、当月数和联网直报平台数，不断提升"算数"和"看数"的能力，做到分析研究问题"心中有数"。

9
上下合心，实事求是做好统计工作

2018年8月3日下午，我会见了清远市委常委、常务副市长李新全一行并座谈，分析当前经济运行形势，研究加强统计工作和提高统计服务质量的有效措施。

首先，我代表省统计局对李新全副市长一行到访省统计局表示诚挚欢迎，感谢李新全副市长心中有统计，给予统计工作高度的关心和重视。同时，我针对当前统计工作提出把握"四个重点"：

一是统计数据要客观准确反映经济运行走势。统计数据是经济的晴雨表，统计工作要实事求是，要加大统计执法力度，既要严厉查处统计数据虚报瞒报，挤掉经济数据中的水分，又要聚焦个体企业，根据企业利润、工资支出等财务数据综合分析企业生产经营情况，查处企业少报漏报行为，确保统计数据真实可靠，客观准确反映经济运行走势，为党政领导经济决策提供参考。

二是统计部门对经济中出现的新情况新问题要及时研究并采取有效措施。统计部门要透视经济颗粒度，聚焦经济贡献率，解剖经济个体细胞，做好经济运行情况监测分析，及时发现新情况新问题，找到解决问题的着力点后采取有效措施精准发力。各个专业要认真研究方法制度，导向精准、目标明确，工业要同时做好规上统计和规下统计，建筑业要做好增加值核算，农业要与调查队协调做好夏收统计等。

三是省市之间要加强统计工作的沟通协调。省统计局要打破条框束缚和"清规戒律"，做到开门搞统计，开放搞统计，各地市对统计工作有意见建议，也可以及时到省统计局来交流沟通，省统计局十分欢迎。省市要上下合心、实事求是，共同做好广东统计工作。

四是统计部门要落到企业做好服务。统计部门不仅要为党政领导服务，同时还要为企业服务，不仅要重视统计数据结果，也要重视统计数据生产过程。统计部门工作要落到企业，统计工作人员要花三分之一的时间收集上报数据，三分之一的时间分析研究数据，三分之一的时间到企业调研，要主动挂点企业，及时了解和跟进企业生产经营情况，为企业做好统计工作排忧解难。

李新全感谢省统计局对清远经济发展的指导和帮助，表示十分认同开展统计工作的"四个重点"，这对分析上半年清远经济增速回落的主要原因和解决清远统计工作存在的问题具有指导意义。清远接下来会组织力量学习研究落实，同时也希望省统计局继续加强指导和帮助。

会上，双方还就依靠和动员基层政府力量加强参与、指导普查员做好单位清查等"四经普"（第四次全国经济普查，简称"四经普"）重点工作进行了深入交流。

10
携手省妇联，创新同行推动性别统计事业

2018年8月7日上午，省妇联主席冯玲到访，我、遂文和社科处的同志一起参加了接待。双方就深入贯彻落实习近平新时代中国特色社会主义思想，进一步加强妇女儿童发展统计监测，建立健全广东性别统计，更加全面客观及时反映广东妇女儿童发展状况等方面进行了深入研讨交流。

我代表省统计局对冯玲一行表示欢迎，适逢暑去凉来之立秋节气，冯玲一行携来了一缕沁人心扉的清香，发展妇女儿童事业功德无量，创新妇女儿童统计监测，使其更好地服务妇女儿童发展是统计部门义不容辞的责任。一是携手前行同行。两部门要提高认识，加强合作，新时代践行新思想要有新担当新突破新作为，为广东"四个走在全国前列"做出新贡献。二是大胆创新突破。按照从无到有、先易后难原则尽早启动性别统计工作，建立实施性别统计制度。三是落实责任。要全面提高妇女儿童

统计监测服务效能，年度全省妇女儿童统计监测报告要落实专人负责，监测报告需在国庆节前发出。四是齐心协力打造广东妇女儿童统计监测新标杆，走在全国前列。要以需求为导向，进一步完善工作机制，全面提高妇女儿童统计监测能力和水平，以生动的数据全面描述广东社会进步和妇女儿童发展状况。

冯玲对我在深圳首创的全国性别统计工作表示感谢，称这为妇女工作树立了一面旗帜。希望省统计局继续支持省妇联工作，加强合作交流，要以创新性别统计工作为契机，共同推动妇女事业前行，进一步激发妇女的创新活力，扩大妇女的影响力。

11
统计一家亲，"三领域"切入，加强与厦门局交流合作

厦门毗邻广东，和广

东的深圳、珠海、汕头同为全国最早的经济特区，改革开放的实践和经验都十分丰富。2018 年 8 月 12 日，我率队到厦门市统计局调研座谈，交流新形势下统计改革创新思路，探讨做好新经济统计工作方法，分享经济普查试点工作经验。厦门市统计局党组书记、局长孔曙光热情接待了我们一行。

统计改革创新是推动统计工作向纵深发展的不懈动力，推进地区 GDP 统一核算、编制全国和地方资产负债表以及探索编制自然资源资产负债表是党中央明确提出的三大核算改革任务，也是建立现代统计调查体系的重要内容。两地统计系统在之前的国

家统计局会议上已就统计核算改革工作进行过初步交流，下一步两地统计系统要互相合作、深入探讨、积极尝试、勇于实践，共同推进国民经济核算工作迈向新台阶。

近年来科技创新已成为经济发展的核心动力，以互联网经济为代表的新产业、新业态和新商业模式等新经济形态快速发展，新经济在促进经济增长中发挥了日益重要的作用。但是，目前新经济统计方法制度尚待完善，统计指标体系正在逐步建立，统计口径、统计方法和统计范围还在细化明确。两地统计系统应在新经济统计方面互相借鉴和学习，交流分享有益探索和先进经验，共同做好新经济统计监测分析，更加全面、科学、准确和快速地反映两地新经济发展情况。

我向厦门市统计局介绍了广东省第四次全国经济普查工作进展和综合试点情况。目前，广东省统计系统在深圳市南山区进行的"四经普"综合试点已进入总结阶段，试点工作以"试出成果、试出做法、试出问题、试出能力、试出重点、试出信心"为目标，大胆尝试探索，破解试点难题，摸索清查经验，首次采用无底册"地毯式"的模式开展清查，总结了近百个典型案例，形成了比较成熟的经验和做法，为下一步经济普查工作的全面展开打下了坚实和良好的基础。

孔曙光对我们一行的来访和调研表示诚挚欢迎，向调研组介绍了厦门市上半年经济运行走势和局队业务分工调整进展情况，交流了"四经普"试点和单位清查的一些做法，分享了厦门市统计局利用劳务派遣解决统计工作人员不足的经验。孔曙光表示，全国统计系统是一家，两地统计系统应继续加强沟通和联系，形成定期工作交流机制，共同做好新形势下的统计工作。

12
开明开放，上下同进，优质服务，构建经济大省之统计强省

2018年8月20日上午，我会见了河源市市长叶梅芬一行并座谈，分析当前经济运行形势，研究加强统计工作和提高统计服务质量的有效措施。

首先我对叶梅芬一行到访省统计局表示诚挚欢迎，感谢叶市长心中有统计，给予统计工作高度关心和重视。同时提出当前把握统计工作的三点看法：

一是开明开放扎实统

计。欢迎各市领导来座谈交流统计工作，通过座谈交流，可以更清晰地了解和掌握到全省经济更直接、更真实的情况，看透广东经济。面对复杂纷繁的经济现象，统计部门要像老中医一样，从各种业态形态的经济结构和特点切入切细，不断了解、观察各种经济问题，准确研判、把脉经济，用详尽的数据说话，达到开明开放扎实统计，为党委政府当好参谋助手。

二是上下同进，从机关破冰，建设统计强省。构建经济大省之统计强省关键在改革创新，全省统计系统义不容辞。各级统计部门要破除墨守成规的思维，说"不能"的话少一点，说"能"的话多一点。要全面客观把握实事求是原则，直面漏统问题。统计执法检查既要查虚报、查多报，还要查少报、查漏报，还原经济最真实的面目。统计执法最重要的是做好服务，首要

是服务基层，给予企业信心，帮助企业解决好"不愿上报、怕上报"的问题。"求上先求下，求人先求己"，各市统计局要压实责任，把统计强省的导向传递到每个统计岗位，落实到企业，通过抓好当月数、快报年报数统计，切实把各项统计数据做好做扎实。

三是优质服务，当好参谋。第四次全国经济普查是摸清家底的最好时机，统计部门要忠于体制，讲真话、讲实话，严密组织，服务党委政府。希望各级政府能切实加强统计基层基础建设，提拔使用优秀的统计干部，建立完善乡村统计力量，加强统计工作保障。

叶梅芬表示十分认可我的看法，认为这是解决河源当前经济和统计工作存在问题的有效方法，要认真研究落实。同时也希望省统计局加强帮助和指导。

13
构建经济大省之统计强省，关键在改革创新

广东作为经济大省，在构建新时代现代化统计调查体系新征程中应当有所作为。广东省统计局围绕构建统计强省的目标开拓创新，寻找方向和突破口，集中体现在五个方面：形成特别强的统计改革创新能力，尤其是在专业的方法制度与工作的方式方法上；培养精准的数据解读解析能力，始终把握数据的话语权和诠释力；力争使专业业务评比与统计分析位居全国前列，具有广东统计影响力，与习近

平总书记对广东提出的"四个走在全国前列"同向而行；破解各方统计难题，统计科研水平能领改革风气之先，具有一定的风向标作用和引领气质；具备与新时代要求相适应的南粤统计"精气神"，党建业务"双融合、双促进"，开创精进常勤新气象。

新发展理念，以结果为导向，建立高质量评价指标体系。为认真贯彻落实习近平总书记对广东提出的"在构建推动经济高质量发展的体制机制上走在全国前列"的重要要求，推动广东经济高质量发展，广东省统计局扎实推进《广东省高质量发展综合绩效评价体系》（简称《评价体系》）制定工作。

《评价体系》以新发展理念为核心，坚持四条原则：其一，以指标结果为导向。将梳理后的指标体系发到各部门征求意见，要求评分单位一并提供数据，使整个指标体系有材料、有数据。通过试算得出评价结果，以结果为导向修改完善指标体系，形成有的放矢、量体裁衣的工作方式。其二，坚持"底线思维"。各指标一般要有近五年数据和分市数据，不满足条件的再更换或剔除。其三，先易后难。评价体系的构建分块推进，逐项落实。针对某类指标，通过召开小规模专业委员会等方式，由相关专业带上数据参会研究落实，同时根据实际情况进行指标取舍。其四，简明、可操作。既要在指标数量上取舍，也要在权重结构上取舍。缺乏数据来源的指标应及时舍去，对指标权重进行设置时讲究均衡。

这一指标体系的主要特色是与省委提出的构建"一核一带一区"区域发展新格局高度对接，分为珠三角核心区、沿海经济带（东西两翼）、北部生态发展区三个区域类型设计指标，客观公正、实事求是地反映不同评价对象高质量发展的水平和状况，充分发挥绩效评价的"指挥棒"作用，激励各地各部门破除不符合新发展理念的思想观念、体制机制和管理方式，构建落实新发展理念、推动高质量发展的体制机制。2018年7月20日，省长马兴瑞对《评价体系》做出批示："这个思路很好！评价体系可先集中一些指标体系，运行一段时间后，再搞细一些的指标体系。"

应用AI、人脸识别等新技术，让智能另辟蹊径。广东"四经普"正在有条不紊地推进。根据粤东西北发展差异情况，分别在广州、深圳、江门和清远四个区域开展省级综合试点，试出成果、做法、问题、能力、重点和信心，收获200个典型案例，汇编成册，为下一阶段正式开展经济普查工作提供有利指引。针对普查"两员"的选聘与管理、普查宣传动员和普查数据质量控制等问题，广东省统计局充分借助互联网新技术，用智能普查着力破解难题。

利用广东"数字政府"改革契机，依托全省政务信息资源共享平台，联合腾讯公司开发"广东智能普查"应用平台，已实现三大功能：一是利用人脸识别技术核验普查

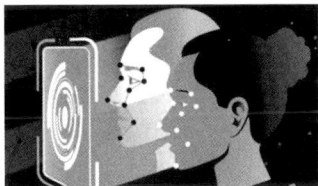

"两员一督"身份。通过手机拍摄人脸，上传身份证照信息，系统调用公安人口信息库进行比对核验。普查总督长与副总督长由各级政府主要领导和普查机构领导分别担任。普查对象只需扫描二维码，即

可核验身份信息，增强普查对象的信任度，解决入户信任难问题。二是实现"两员一督"精准管理。通过注册审核、增删改查、通讯录管理等功能，对各级"两员一督"实施实时精准管理，尤其是解决了清查普查空档期人员流失与补充问题。同时，可随时推送培训、测评、问题解答等信息，提高"两员"业务水平。三是打造新媒体宣传平台。向普查对象推送预约上门通知书、告知书、普查知识、普查法律法规、普查宣传、普查公报、普查新闻等内容。

后续建设还将进一步利用部门数据资源，降低普查成本，提高普查效率。比如：扫描营业执照可自动获取普查对象信息。通过扫描营业执照上的二维码，自动调用广东政务资源共享平台的数据，减少录入工作量，同时避免人工录入产生的错误。强化普查"两员"工作管理。调用通信运营商资源，实

时获取普查"两员"上门轨迹，监控普查"两员"工作进度，确保普查"两员"入户登记的真实性，避免发生"闭门造数"。将"广东智能普查"定位为广东省经济普查、人口普查、农业普查的统一宣传窗口，普查人员管理和普查信息交互平台，逐步实现各大普查信息采集、信息智能报送等功能。

聚焦数据，全面看问题，切实夯实质量基础。近年来，广东省统计局深入贯彻落实习近平总书记关于统计工作重要讲话指示批示精神，全面学习贯彻《关于深化统计管理体制改革提高统计数据真实性的意见》（简称《意见》）、《统计违纪违法责任人处分处理建议办法》（简称《办法》）、《统计违法违纪行为处分规定》（简称《规定》），不断完善统计执法监督工作机制，加强统计监督执纪问责，使统计工作法治环境不断好转，统计数据质量不断提高。

深入学习贯彻《意见》《办法》《规定》。全省组织开展"双随机"防范和惩治统计造假、弄虚作假专项执法检查，省统计局派出4个检查组开展抽查。至2018年7月底，全省各级统计部门共对231个镇街和3 535个企业（项目）进行检查。出台实施意见，完成实施方法。牵头起草《意见》，该《意见》已于2017年12月出台。经过深入调研，多方征集意见，特别是根据国家统计局《贯彻执行统计违纪违法责任人处分处理建议办法的有关规定（试行）》的有关要求，形成了广东省《统计违纪违法责任人处分处理建议实施办法（征求意见稿）》（简称《办法》），目前正在征求省各有关部门和各市统计部门的意见，并加紧做好相关送审工作，该《办法》将于下半年出台。

全面客观把握实事求是原则，直面漏统问题。广东省统计局对数据不实问题进行了全面研究，漏统问题也是当前数据质量的一个主要矛盾，不容忽视。基期数修正不到位会造成数据偏离经济真实面。在修正不实数据过程中，由于往年基数调整不及时或调整不同步等原因，部分地方的数据出现断崖式下跌，或大幅度下滑，明显背离客观实际情况。甚至，个别地方为了今后的业绩好看，给以后的增速留下更多空间，弄虚作假，借数据修正之机压低数据。统计数据不仅存在虚报多报，瞒报漏报也普遍存在。

依据纳税申报资料报送统计数据，可能造成瞒报少报统计数据，无法做到应统尽统。同时，还有部分达到规模以上标准的企业未能按时入库，造成漏报。个别地区统计人员缺乏担当精神，对企业报送的数据听之任之，未能真正承担起审核企业数据的职责，造成部分企业瞒报、漏报数据。

以巡视整改为契机，压实夯实做实统计数据。为避免在严厉治理数据造假注水的高压态势下，瞒报漏报由局部性向全局性、苗头性向趋势性发展，甚至出现"数据塌方"，对此应高度重视，以巡视整改为契机，采取有效措施，压实夯实做实统计数据。在修正相关数据的过渡期间，应当正视数据波动的实际情况，保障统计数据如实反映经济社会发展的实际情况。出台科学客观、切实可行的具体指导意见，切实解决好数据波动的问题。进一步完善统计执法检查对数据的核查标准。改进以企业税务申报资料为数据核查主要标准的做法。如果企业能提供真实的生产经营明细账目和资料，即使和纳税申报资料不一致，也应当予以认定。继续完善"三新"统计制度。深入研究建立反映数字经济、共享经济、现代金融服务等新经济统计制度，统全统准全社会的统计数据。

改革创新机制，专业事专业干，破解统计业务难题。为加强统计改革创新，高效解决各种统计业务问题，协调各专业间的关联工作，2018年7月底，广东省统计局成立了广东省统计专业（咨询）委员会，以体现专业精神的核心价值观为引领，以问题为导向，建立求实务实、高机动性的运行机制。

专业事由专业干，体现三重含义：其一，核心

价值观凸显专业特质。统计专业（咨询）委员会秉承"平等、高效、尊崇"的核心价值观。平等，即不论职务高低；高效，即高质量高效率；尊崇，即尊崇专业精神。其二，人员构成适应专业需求。统计专业（咨询）委员会专家库实行动态管理。局领导为主任、副主任，局内各处室负责人为委员，局高级统计师或业务骨干按"在职、在编、在岗"的原则纳为专员；局外专家可由主任、副主任、委员推荐，由局党组研究后正式纳入。其三，扁平运行机制增添专业动力。统计专业（咨询）委员会设不固定执行主任，依托若干各类专员，根据任务需要，启动统计专业工作。发起任务的执行主任可邀请主任或副主任出席委员会会议，可跨专业、跨部门即时调动专员或其他同志参与；遇紧急任务，专员或其他同志可于事后向所属部门负责人报告，也可不

报告。由此打破时间界限和行政界限，切实提高各项统计改革创新任务的有效性和针对性。

近期，广东省统计局连续召开了多期统计专业（咨询）委员会会议，研究《评价体系》构建和"广东智能普查"等工作。会上，大家不为职务所绊，从专业角度积极献言献策，提出了不少建设性意见，取得了良好效果。这既是统计专业（咨询）委员会迈出的关键第一步，也是广东统计改革创新进程中的坚实一步。广东省统计局将坚定领改革开放风气之先的信心和勇气，在改革创新之路上阔步前行。

14
夯实数据基础，精准把握矛盾，谨记心态平和

2018年8月20日，我主持召开了防范和惩治统计造假、弄虚作假专项执法检查"双随机"抽查部

署会议并讲话。

防范和惩治统计造假、弄虚作假专项执法检查"双随机"抽查是深入贯彻落实习近平总书记等中央领导同志关于防范和惩治统计造假弄虚作假重要讲话指示批示精神与中央《关于深化统计管理体制改革提高统计数据真实性的意见》《统计违纪违法责任人处分处理建议办法》等文件精神的重要体现。近几年，习近平总书记对统计工作做出指示批示26次，分别从统计造假弄虚作假的极端危害性、建立正确政绩观、科学评价体系，新旧动能转换带来变化等多角度多层次对统计工作提出重要要求，这意味着总体研判总体数据至关重要，统计执法工作者全面把握、辩证看待数据造假的思维构建势在必行。

为慎防出现因个别虚报而质疑近年抓统计数据质量的现象，统计执法工作者既要抓严厉执法执纪，也需谨防"以偏概全、以小否大"。具体来讲：一要夯实数据基础。要把握个体经济、民营经济规避税收的正常心态，理性正视统计数据不仅存在虚报多报，瞒报漏报也普遍存在。企业基本上都是按纳税申报资料报送统计数据，部分企业由于存在偷税漏税的情况或出于少纳税等目的，纳税申报资料数据本身就少报结果。正是这部分企业瞒报少报统计数据，使统计局无法做到应统尽统，如实反映客观实际。同时，还有部分达到规模以上标准的企业由于隐瞒经营数据、不配合入库、查找不到等原因未能按时入库，造成漏报。因此，夯实数据基础，必然要求执法检查实事求是，以企业实际生产经营情况作为统计数据的核查依据。二

要精准把握矛盾。数据质量存在虚假，但也存在少漏低估，企业没有虚报造假动机，却可能因当地政府提供优质服务不到位而出现瞒报漏报，因当地政府关注不够而无法做到应统尽统、应入库未入库等情况。只有把握少漏低估的主要矛盾，才能在调研地方政府、进行执法检查时精准发力。三要谨记心态平和。"杀气腾腾"式执法，只会让企业紧闭心门，难以信赖政府部门。"温情""有礼有节"的执法模式可以促使统计执法者在与企业轻松畅谈的环境下，更多了解该企业纳税申报表以外的经营数据；"开诚布公"的普法宣传可以让企业敞开心扉，执法者应告知企业统计数据与税收脱钩不存在任何关系，促使企业愿意如实谈起真实经营状况；将企业客观实际生产经营情况能统尽统，同样是执法者的重要使命。

15

加强"两防"，同心同向同行，方能做好统计工作

2018年9月4日下午，我率队到广州市座谈调研，分析当前经济形势，要求加强"两防"（防注水、防少漏）基础数据统计报送，同心同向同行共同做好广东统计工作。

我首先代表省统计局充分肯定了广州市统计工作。广州市经济总量占全省比重居各市前列，和深圳市同为广东经济发展的发动机，有着举足轻重的作用。广州市统计系统近年来面对错综复杂的经济形势，做了大量的工作，付出了辛勤的劳动。本次带领省统计局各专业处室负责人到广州市调研，主要是想和广州市统计局一起共同把一把广州经济发展方向，落地落实统计改革创新举措，同心同向同行共同做好广东统计工作。

为做好新形势的统计工作，省统计局近日下发了《关于加强"两防"基础数据统计报送的通知》（粤统字〔2018〕76号），突出"三个全面"，注重发挥风向标的引领作用，针对数据报送中的突出问题，提出了加强"防注水、防

少漏"基础数据统计报送的多项有效举措，发出了广东统计声音，显示了广东格局、广东判断和广东勇气。广州市统计局要充分认识到加强"两防"的重要性和必要性，贯彻落实加强"两防"的有效举措，把握第四次全国经济普查的契机查缺补漏，弥补欠账，缩小差距，做到快报、年报和经普数据的合理衔接过渡，做到数据客观真实准确，与经济实

际增长一致、与党政研判一致、与社会感受一致。

广州市委常委、常务副市长陈志英会见了我们一行。陈志英对我们到广州座谈调研表示了诚挚欢迎，并详细介绍了上半年广州经济运行情况和存在的主要问题，希望省统计局能够加强对广州市统计工作的关心和指导，提高统计数据真实性，以客观准确反映广州经济走势。双方还就房地产市场走向、总部经济和金融市场统计等热点问题交换意见并进行深入交流探讨。

16

直面"两防"形势，狠抓"少报漏报"问题

2018年9月5日上午，我率队到惠州市统计局调研"两防"（防注水、防少漏）基础数据统计报送工作，强调要直面少报漏报等漏统问题，数据客观准确反映经济形势，为党委政府当好参谋。

会上，我客观分析了广东统计面临的形势。当前广东经济社会发展进入新时代，统计工作面临的形势错综复杂，问题与矛盾交织，弄虚作假和少报漏报并存。为全面深入贯彻落实中央《关于深化统计管理体制改革提高统计数据真实性的意见》及广东省实施意见，全面准确坚持实事求是的统计核心价值，全面把握数据质量的主要矛盾和矛盾的主要方面，加强"两防"基础数据统计报送，省统计局发布了《关于加强"两防"基础数据统计报送的通知》（简称《通知》）。《通知》在坚持防范弄虚作假等虚报夸大现象的同时，更直面少报漏报等漏

统问题，要求采取扎实有效的措施，应统尽统，加强基础数据统计报送，全面客观描述经济存在，真实准确反映经济运行。

惠州市委常委、常务副市长胡建斌参加了调研座谈。胡建斌高度评价了省统计局印发的《通知》，认为文件发布得非常及时，准确把握了新形势下统计工作的矛盾和症结，指出加强"两防"基础数据统计报送的各项举措具有很强的可操作性，要求惠州市统计系统认真学习、抓好落实，准确反映惠州经济社会发展。双方还就惠州经济发展后劲、特色产业、能耗考核和智能普查项目在地市的推广使用等问题进行了深入交流。

17
借鉴"四经普"综合试点经验，做好"两防"基础数据统计报送

2018年9月5日下午，我率队来到东莞市，调研

"两防"（防注水、防少漏）基础数据统计报送工作，要求借鉴第四次全国经济普查综合试点经验，做好"两防"基础数据统计报送。

我分析了当前统计工作面临的形势，强调《关于加强"两防"基础数据统计报送的通知》出台的重要意义。指出，当前经济形势错综复杂，社会各界对统计数据存在一些质疑，统计工作的主要矛盾面临转化，统计弄虚作假在得到大力查处的同时，少统漏统现象却此起彼伏，统计工作有撕裂之虞。为全面深入贯彻落实中央《关于深化统计管理体制改革提高统计数据真实性的意见》及广东省实施意见，全面准确坚持实事求是的统计核心价值，全面把握数据质量的主要矛盾和矛盾的主要方面，促使统计真正回归经济晴雨表和指示器的作用，解决数据报送中存在的突出问题，省统计局出台了旨在加强

"两防"的通知，分专业提出了做好数据报送的多项有效措施。

我建议东莞借鉴省"四经普"深圳南山综合试点经验，做好"两防"基础数据统计报送。"四经普"深圳南山综合试点首次采用无底册"地毯式"的模式开展清查阶段工作，通过清查找出部门底册外单位 1 305 家，及时总结在工作方法、上户技巧、流程安排等方面的好做法，形成近百个典型案例，筛选编写了培训教案，在完成"四经普"试点的同时，也为加强"两防"基础数据统计报送工作提供了宝贵经验。东莞和深圳地域接近，经济类型相似度高，可以充分借鉴"四经普"深圳南山综合试点经验，消化吸收试点单位清查模式，做好"两防"基础数据统计报送工作。

东莞市委常委、常务副市长白涛参加调研座谈。白涛对我们到东莞调研表示真诚欢迎，对省统计局一直以来关心、支持和指导东莞市统计工作表示衷心感谢。他要求东莞市统计系统认真学习杨新洪局长的讲话精神，落实省统计局的通知要求，加强"两防"基础数据统计报送，提高统计数据真实性，以客观准确反映东莞的经济总量和走势。

18
把脉问诊中山经济，强调"两防"现实意义

2018 年 9 月 6 日上午，我率队到中山调研"两防"（防注水、防少漏）基础数据统计报送工作，强调加强"两防"对中山的重要现实意义，把脉问诊中山经济。

我指出，中山加强"两防"基础数据统计报送具有重要的现实意义。近年来，随着统计执法力度不断加大，中山市统计数据报送中的弄虚作假现象得到了有效遏制，数据质量得到了一定提升，但同时部分企业责任心不强，消极怕事、干多错多情绪蔓延，少报漏报现象普遍

存在，年快报缺口和数据衔接问题严重，漏统问题已成为中山市当前统计工作中的主要矛盾，应引起高度重视。在查处弄虚作假的同时，贯彻落实省统计局《关于加强"两防"基础数据统计报送的通知》精神，坚决防止少报漏报，鼓励企业实事求是，加强

基础数据统计报送，对中山市具有重要的现实意义。

开门统计和开明统计是省统计局的理念。统计的权威不是靠藏着掖着、数据垄断获得的，而是靠为企业服务、为基层服务、为党政服务树立的，靠提高统计数据真实性树立的，这样才能牢牢把握统计数据的话语权和诠释力，有为才有位。统计工作者应当要有开放、共享和包容的互联网思维，省统计局非常欢迎各地市领导和统计系统随时到省统计局交流探讨统计问题，也非常乐意到各地市座谈调研了解基层实际。

座谈中，我还详细询问了中山市地区生产总值核算中工业产值、八项支出等重要指标的占比构成，逐项了解指标变化趋势，把脉问诊中山经济，探讨加强"两防"工作的落脚点和发力点。

中山市委书记陈旭东、市长焦兰生会见了调研组一行。中山市委常委、常务副市长杨文龙参加了调研座谈。杨文龙高度赞同省统计局开门搞统计的理念和思路，对调研组一行到中山调研表示热烈欢迎。杨文龙认为，省统计局发布的《关于加强"两防"基础数据统计报送的通知》直面当前统计工作的主要矛盾和矛盾的主要方面，体现了省统计局的责任和担当，弥合了当前统计工作中的撕裂问题，消除了企业报数的消极心理和负面情绪，对做好当前的统计工作具有重要意义。

19
把握全面统计数据观的核心价值，既"防注水"，又"防少漏"

2018年9月7日上午，我率队到阳江市统计局调研"两防"（防注水、防少漏）基础数据统计报送工作，强调"两防"是全面统计数据观的核心价值，是广东统计改革创新的重要举措。

当前，统计环境发生了重大变化，面临着前所未有的挑战和压力。在统计需求不断增加的同时，社会质疑频频显现，数据质量面临考验，统计工作主要矛盾面临转变。省统计局贯彻"三个全面"思想，近日下发了《关于加强"两防"基础数据统计报送的通知》，强调加强"防弄虚作假、防少报漏报"，要求做好基础数据统计报送，并提出多条有力举措。"两防"既"防注水"，又"防少漏"，全面贯彻实事求是的统计思想，是全面统计数据观的核心价值。加强"两防"基础数据统计报送是广东统计系统当前和今后一段时间面临的重要任务。

加强"两防"是广东统计改革创新的重要举措。广东作为经济大省，在构建新时代现代化统计调查体系新征程中应当有所作为，围绕构建统计强省的目标开拓创新，寻找方向和突破口。在改革开放40周年之际，省统计局提出加强"两防"基础数据统计报送，发出了广东统计声音，再领改革风气之先，是广东统计勇于直面问题、独立思考的结果，也是广东破解统计主要矛盾的当务之举。广东统计系统要提高使命感和责任感，树立担当意识，增强改革创新能力，扎实做好"两防"基础数据统计报送工作，提高数据质量，更好地为数据需求者服务，为党政服务，为基层服务。

会上，我与阳江市各县（区）统计局负责人深入交流，了解各县（区）经济发展特点、潜力和短板，探讨加强"两防"工作的具体举措。调研组还与阳江市统计局相关对口专业人员分组讨论，研讨在加强"两防"工作中遇到的难点和问题，指导阳江市统计系统扎实有效做好"两防"基础数据统计报送工作。

阳江市副市长程凤英参加了调研座谈，对我们一行到阳江调研指导"两防"基础数据统计报送工作表示热烈欢迎。程凤英指出，阳江市委市政府高度重视统计工作，自己在统计系统工作多年，对统计工作饱含感情，《关于加强"两防"基础数据统计报送的通知》出台及时，加强"两防"基础数据统计报送工作意义重大，将全力支持阳江市统计系统采取有效措施做好"两防"工作，提高统计数据质量，客观真实反映阳江经济。

20
落实"两防"，求变求新、脚踏实地，办法比困难多

2018年9月7日下午，我率队到茂名市统计局调研"两防"（防注水、防少漏）基础数据统计报送工作，听取茂名市、茂南区等统计局关于统计工作和加强"两防"基础数据统计报送工作的汇报，指出落实"两防"之"防少漏"要做到求变求新、脚踏实地，办法比困难多。

加强"两防"之"防少漏"，首要是求变求新。基层统计工作错综复杂，问题千头万绪，统计系统加强"两防"之"防注水"已经有较多经验和成功案例，取得了一定成果，而加强"两防"之"防少漏"则显得办法不多，经常觉得无从下手。要加强"防少漏"，克服故步自封和抱残守缺的心态，真正做到转变思想、解放思想、求变求新，在坚持国家统计方法制度的前提下，贯彻实事求是、应统尽统的原则，根据基层统计工作实际，积极主动处理和解决统计工作中的难点和问题，脚踏实地、总结经验，

迎难不难，办法比困难多。

我现场列表算数，帮助茂名市统计局深刻认识到在数据报送中既有压实数据的工作，也要解决存在的"少漏"问题以及年快报数据衔接问题。茂名市和各县（区）统计局要及时总结加强"两防"工作经验做法，提炼"少漏"典型案例，利用第四次全国经济普查的契机，夯实数据质量，补齐数据短板，加强快报、年报和经济普查数据的衔接，在加强"两防"和基础数据统计报送工作上积极争取主动。

茂名市委书记李红军会见了调研组一行。茂名市委常委、常务副市长吴刚强参加了调研座谈。吴

刚强对我们到茂名市调研"两防"基础数据统计报送工作表示热烈欢迎，对省统计局指导茂名市统计业务表示诚挚感谢。茂名市委市政府将正视茂名市统计工作中存在的问题，在保障统计经费、督促协调项目开工入库、购买服务解决统计人员不足等方面给予大力支持和优先保障。茂名市统计系统也要鼓足干劲，真抓实干，加强"两防"基础数据统计报送，反映茂名市经济社会发展成果。

21
正本清源统计数据，切实提高"防少漏瞒"统计能力

2018年9月8日上午，我率调研组到湛江调研"两防"（防注水、防少漏）基础数据统计报送工作，提出"正本清源统计数据，切实提高防少漏瞒"统计能力。

加强"两防"的目的是正本清源统计数据。当下统计数据面临众多质疑，统计工作面临重大挑战，省统计局近日下发《关于加强"两防"基础数据统计报送的通知》，落实"三个全面"，针对各专业数据统计报送中的突出问题，提出加强"两防"的具体措施。省统计局发文加强"两防"基础数据统计报送工作，是为了回归统计工作本质，正本清源统计数据，提高统计数据质量，真实刻画企业经济活动，准确反映社会经济总量，客观描述经济发展走向，保障统计数据的真实性、独立性和权威性，把握统

计的话语权和诠释力。

加强"两防"关键在切实提高"防少漏瞒"能力。随着近些年统计执法高压态势的逐步建立，"防弄虚作假"积累了丰富的经验，取得了明显成效，统计数据中的水分不断被挤压，但同时对"防少漏瞒"重视程度不够，破解问题方法不多，效果不尽人意。加强"两防"基础数据统计报送要引导企业消除顾虑，根据生产经营活动填报真实数据；要认真梳理少报漏报典型案例，及时总结"防少漏瞒"工作经验，切实提高"防少漏瞒"统计能力。做好"两防"的同时还应完善统计方法制度，加强"三新"经济统计，注重反映当前新旧动能转换趋势，真实客观准确反映经济社会发展变化。

调研期间，湛江市委书记郑人豪、市长姜建军分别会见了调研组一行。湛江市委常委、常务副市长曹兴和市政府副秘书长

杨明远参加了座谈。郑人豪对我们到湛江调研表示诚挚欢迎和衷心感谢，并介绍了湛江市经济发展形势，希望省统计局能够继续对湛江市统计工作给予关心，指导湛江加强"两防"基础数据统计报送，准确客观反映湛江经济总量和发展走势。姜建军与我就湛江经济发展前景、重大项目建设和统计热点问题和调研组进行了交流探讨，并希望省统计局多到湛江指导工作，为湛江统计工作把脉问诊。

22
"两防"，既抓主要矛盾，又抓矛盾的主要方面

2018年9月10日上午，我率队到清远调研"两防"（防注水、防少漏）基础数据统计报送工作，提出做好"两防"要抓主要矛盾和矛盾的主要方面，适应新时代统计工作新挑战。

我开宗明义地指出，当前统计执法工作，重压实挤水"防弄虚作假"，轻应统尽统"防少报漏报"，导致部分调查对象在数据报送中缩手缩脚，消极避统心态滋生，谈统色变情绪弥漫，少报漏报现象普遍，统计环境发生变化，统计工作主要矛盾和矛盾的主要方面发生转化。省统计局贯彻实事求是的统计指导思想，紧抓当前统计工作的主要矛盾和矛盾的主要方面，下发了《关于加强"两防"基础数据统计报送的通知》（简称《通知》），分专业梳理对接问题，提出了各自加强"两防"基础数据统计报送的具体措施。

《通知》是贯彻落实习近平总书记关于统计要反映经济新旧动能转化趋

势、建立科学考核评价体系等重要批示和全面准确落实《关于深化统计管理体制改革提高统计数据真实性的意见》的生动体现与具体举措，是省统计局准确把握统计工作主要矛盾和矛盾的主要方面的重要安排。做好"两防"基础数据统计报送工作，要深刻理解文件的出台背景，遵循"三个全面"的指导思想，牢牢把握当前统计工作主要矛盾和矛盾的主要方面，将力用在刀刃上，防虚报瞒报；更要防少报漏报，加强基础数据统计报送，提高统计数据质量，反映统计核心价值，诠释统计精神要义，解决新时代统计新挑战，满足新时代统计新需求。

清远市委书记郭锋会见了调研组，清远市委常委吕成蹊参加了座谈。吕成蹊对我们一行到清远调研指导、把脉问诊清远经济表示衷心感谢。我作为广东省统计局局长、广东统计的引领者，到清远指

导调研"两防"工作，对清远统计工作提出了明确要求，传递了鲜明信号，并提出了加强"两防"的各项举措和工作建议。清远市要一项一项梳理，一件一件落实，做好基础数据统计报送，客观真实反映清远高质量发展成果。

23
做好"两防"，多措并举，夯实基层统计力量

2018 年 9 月 10 日下午，我们一行来到肇庆调研"两防"（防注水、防少漏）基础数据统计报送工作，要求多措并举夯实基层统计力量，做好"两防"，实事求是反映肇庆经济社会发展。

辩证唯物主义认为，事物是发展变化的，要抓事物主要矛盾和矛盾的主要方面，要从客观实际出发制定政策和推动工作。省统计局紧扣当前广东统计工作的发展变化，下发《关于加强"两防"基础数据统计报送的通知》，提出加强"两防"工作，正是从广东统计工作实际出发，牢牢抓住广东统计工作主要矛盾和矛盾的主要方面的具体体现，正是辩证唯物主义世界观和方法论在广东统计工作中的具体体现。

做好"两防"工作，要多措并举夯实基层统计力量。当前统计工作任务日益繁重，人员编制相对固定，统计队伍建设十分薄弱，要树立求人不如求己的思想，想方设法用足政策，创新选人用人方式，脚踏实地练好内功，满足统计工作需要：一是加强人员轮岗，建立考核激励机制，提高工作效率和人员积极性；二是人力资源优化搭配，加强中青年干部培养，形成老中青传帮带

合理结构；三是利用政府雇员、社会购买服务等方式增加人员数量，满足工作需求；四是开展有针对性的业务培训，提高统计人员的业务能力和综合素质。

肇庆市委书记赖泽华、市长范中杰会见了调研组一行。副市长唐小兵参加了座谈会。唐小兵指出，广东省统计局"两防"工作布置及时，提出的措施针对性强。肇庆统计系统要在省统计局指导下，举一反三，练就火眼金睛，扎实做好"两防"基础数据统计报送工作，把"跑漏少瞒"等平时隐藏在冰山下的经济活动反映出来，实事求是反映肇庆经济社会发展，为党政领导当好参谋。

24
加强"两防"，履行统计工作职能，展现广东统计担当

2018 年 9 月 11 日上午，我带领调研组继续到云浮调研"两防"（防注水、防少漏）基础数据统计报送工作，看望慰问一线统计工作人员，要求多措并举加强"两防"工作，体现广东统计的担当和责任，发挥统计工作服务党委政府科学决策、服务经济社会发展等作用。

广东历来领改革开放风气之先，有自己的独立思考、担当与格局，提出加强"两防"基础数据统计报送工作体现了广东统计的担当和责任。当前统计工作的形势发生了变化，统计主要矛盾和矛盾的主要方面发生转化，广东省统计局贯彻"二个全面"的指导思想，甩掉历史包袱，认清当前现实，

敢于破冰，勇于决断，下发《关于加强"两防"基础数据统计报送的通知》，提出加强"两防"基础数据统计报送，展示了广东省统计局实事求是的职业操守，显现了广东省统计局的格局和勇气，展现了广东省统计局的担当和责任。

加强"两防"基础数据统计报送工作要多措并举。要把握第四次全国经济普查的契机，增强工作紧迫感，总结经验，查缺补漏，确保统计数据与经济实际一致，快报、年报和经济普查数据衔接；要做好对企业的服务，主动上门帮助企业解决问题，提高企业履行统计义务的积极性，督促企业按实际生产经营活动报送数据；要加强对企业数据报送的监测，根据有税活动企业清单，对零数值报送企业进行查询分析，逐家逐户"一对一"做好入统和数据报送工作。

云浮市委书记黄汉标，

市长王胜，市委常委、常务副市长胡海运会见了调研组一行。王胜对省统计局一直以来关心支持云浮经济社会发展表示感谢。云浮市将按照省统计局的要求加强"两防"工作，为提高统计数据质量提供坚强的保障。市直有关部门和各县（市、区）要深入重点企业和项目，了解企业运行和项目建设的进展情况，建立、完善与重点企业和项目的沟通联系机制，做好对接服务工作，帮助企业解决实际困难，协助企业做好基础数据统计报送工作。

25

战略战术相结合，化整为零分兵作战

2018年9月12日上午，我率队到河源调研"两防"（防注水、防少漏）基础数据统计报送工作，提出做好"两防"，工作安排上要战略战术相结合，工作方法上要分专业化整为零分兵作战。

当前部分企业尤其是民营和私营企业，具有低调藏富心态和避税漏税行为，在基础数据统计报送中也存在漏报少报情况，报送的统计数据不能反映企业真实生产经营情况，导致部分地区出现工业产值与用电情况严重不协调不匹配等问题。为了解决当前统计工作中的少报漏报问题，省统计局近日下发《关于加强"两防"基础数据统计报送的通知》，要求加强"两防"基础数据统计报送工作，采取多项措施鼓励和引导调查对象实事求是报送统计数据，反映企业真实生产经营情况。

做好"两防"基础数据统计报送工作，在战略上要深刻认识当前统计工作存在的问题和面临的形势，牢牢抓住当前统计工作的主要矛盾和矛盾的主要方面，高度重视加强"两防"工作的重要意义；在战术上要坚持问题导向，总结梳理典型案例，具体问题具体分析，形成解决"防少报漏报"的具体举措并认真贯彻落实。在抓"两防"具体举措上要化整为零，分专业多管并下，分区域齐头并进，问题一个个解决，措施一项项落实，多措并举同时形成合力，共同做好"两防"基础数据统计报送工作。

调研期间，河源市委书记丁红都会见了调研组一行。市委常委、常务副市长黎意勇，市委常委、副市长、深圳对口帮扶河源指挥部总指挥王卫参加了座谈会。黎意勇对我们一行到河源调研"两防"

基础数据统计报送工作表示热烈欢迎，对省统计局指导河源统计业务表示诚挚感谢。河源市经济社会不发达，统计工作有欠缺，市委市政府将坚决贯彻落实省统计局"两防"工作决策部署，加强市统计局领导班子建设，做好统计系统干部培养培训，加大对全市统计工作的支持力度，为河源加强"两防"基础数据统计报送工作创造良好条件。

26
把握时间窗口，为企业做好数据服务

2018年9月12日下午，我率队到潮州调研"两防"（防注水、防少漏）基础数据统计报送工作，提出做好"两防"基础数据统计报送工作要把握数据报送时间窗口，为企业做好相关服务。

调查对象是统计数据的最初来源，是统计工作的衣食父母。然而，在当前的统计工作中，统计催报态度冷漠，统计执法杀气腾腾，统计咨询服务较少，导致调查对象避统怠报情绪蔓延，数据报送积极性不高，少报漏报现象普遍。做好"两防"工作，解决基础数据统计报送困难问题，要深入企业生产一线，关注企业经营情况，宣传统计法律法规，培训统计方法制度，解决企业报送困难问题，并提供行业资讯动态，真正把调查对象当作统计工作的衣食父母，为调查对象提供优质统计服务。

做好"两防"工作还要把握数据报送的时间窗口。本次省统计局到各地市密集调研，就是要在发布三季报前对全省"两防"工作进行全面部署，为三季度数据报送夯实基础。同时，距离2018年快报和"四经普"数据报送也为时不多，加强"两防"基础数据统计报送时不我待。加强"两防"基础数据统计报送要立即行动，关注季报、快报和经济普查的三个关键时间节点，把握重要时间窗口，做到数据报送全面准确、应统尽统、不重不漏，找准短板，弥补差距，做好快报、年报和经济普查数据的基本衔接。

调研期间，潮州市委书记刘小涛，市长殷昭举，市委常委、常务副市长张传胜会见了调研组一行。殷昭举表示，参加本次座谈收获很大，省统计局出台的《关于加强"两防"基础数据统计报送的通知》（简称《通知》）干货很多，潮州市要立即行动：

一是下周召开市政府常务会议，认真学习杨新洪局长一行加强"两防"调研的精神，研究贯彻落实《通知》的相关措施；二是对于统计工作人员及经费问题，潮州市委市政府将大力支持、科学安排、精准使用，所需人员拟从潮州市人才库中调拨；三是加强学习，潮州市各级领导和统计部门要多到省统计局拜访请教，也请省统计局多到潮州指导工作；四是加强对县（区）统计工作的管理和指导，夯实基层统计基础。

27
贯彻《意见》《办法》《规定》精神，加强"两防"基础数据统计报送

2018 年 9 月 13 日上午，我率队来到此次调研的最后一站汕尾，调研"两防"（防注水、防少漏）基础数据统计报送，强调省统计局加强"两防"基础数据统计报送是贯彻落实中央《关于深化统计管理体制改革提高统计数据真实性的意见》（简称《意见》）的生动体现与具体举措。

为做好新形势下统计工作，2016 年底，中共中央办公厅、国务院办公厅出台了《意见》，为破解长期制约统计事业发展的深层次矛盾提供了行动纲领，为在新形势下进一步做好统计工作指明了方向，在我国统计事业发展中具有里程碑式的重大意义。时隔近两年，省统计局认真贯彻《意见》文件精神，准确把握统计工作主要矛盾和矛盾的主要方面，深入总结广东统计工作实践经验，出台《关于加强"两防"基础数据统计报送的通知》（简称《通知》），要求加强"两防"基础数据统计报送。《通知》全面准确坚持实事求是的统计核心价值，全面把握数据质量的主要矛盾和矛盾的主要方面，是广东统计系统贯彻落实《意见》的生动体现与具体举措，对做好广东统计工作具有重要的理论及现实意义。

座谈结束后，我和调研组一行人与汕尾市各县（区）统计局负责人、市统计局相关专业人员分组讨论，针对比亚迪能源大巴项目等"两防"典型案例，提出督促企业填好财务报表、灵活处理一线统计工作等有效措施方法，指导汕尾做好"两防"基础数据统计报送工作。

汕尾市副市长林军、市政府副秘书长李永坚参加了调研座谈会。林军对调研组一行到汕尾调研指导"两防"工作表示热烈欢迎，对省统计局对汕尾统计工作的长期支持、厚爱表示衷心感谢。调研组

近期密集调研"两防"，马不停蹄、风尘仆仆，汕尾市要认真学习省统计局的优良工作作风，发扬汕尾改革创新传统，认清差距，补齐短板，坚决贯彻省统计局加强"两防"工作精神要求，认真落实加强"两防"基础数据统计报送的各项举措。

28

增强前沿专业统计能力，实事求是全面统计，真实客观反映广东服务业发展

2018年9月13日，全省服务业统计数据联审暨业务培训会在汕尾举行。我马不停蹄专程到会向全省服务业统计队伍亲切致意，并做题为"全面反映服务业数据关键在于增强前沿专业统计能力"的讲话。

建立统计强省首先是服务业前沿专业统计要强，全省服务业统计要把握"少漏"的矛盾转向，在

关键的时间窗口做好关键工作，敢于反映新经济变化，敢于为决策者提供服务业数据，为增强服务业前沿专业统计能力予以充分赋能。

增强服务业前沿专业统计能力。服务业是新经济出现最多的专业，点多面广，颗粒度细化，与第一、二产业你中有我，我中有你，是重要的前沿专业。它，是新产业、新业态、新商业模式里出现最多的一种复杂现象。

服务业统计数据重要而敏感。省统计局《关于加强"两防"基础数据统计报送的通知》是对中央文件精神的全面理解与把握，是广东敢于亮剑，对当前统计工作的独立思考。"少漏"是当前数据质量的主要矛盾和矛盾的主要方面，统计部门不能割裂工作，在挤掉水分的同时，该统的却未能统进来，使其变成数据的"木乃伊"。服务业是季度GDP核算中第一个出现的指标，是研

判经济活动第三产业最重要的指标，能不能统全搞准至关重要。

在重要的窗口期做好重要工作。统计要准确，首先就要以全面、实事求是为统计的核心价值，避免出现部分影响整体的"伪实事求是"。全面统计有时间窗口的问题。当前是三季度数据报送窗口期，同时也是经济普查单位清查的窗口期，十分重要。时间窗口就是要在关键时间做好关键工作，完成关键指标的统计，全面反映服务业的发展变化，提高对数据的话语权和诠释力，有为才有位。

以开放思维和开明智慧做好服务业统计。在整

个经济业态和一个大的经济逻辑格局上，以及在全面整体认识专业的视角上，一定要有开明开放的心态，才能做好专业统计。统计数据的权威不是靠神秘性、封闭性来建立的，靠的是对数据的解读能力、诠释力和软实力。构建经济大省之统计强省，需要我们对数据的话语权跟诠释力在全国起风向标的作用——统计强省首先是服务业前沿专业统计要强。

重视保障服务业统计机构力量。能否全面准确统计，取决于统计保障是否到位，也需要各级领导统筹安排统计力量，使服务业这个前沿专业更加前沿，反应更加敏感。以一己之力保障服务业统计还不够，各市、县、区要切实加强对服务业统计的保障。全体服务业统计队伍要共同努力，认清当前统计工作中的撕裂问题，把握服务业统计中"少漏"的主要矛盾，弥合企业报

数消极心理和负面情绪，脚踏实地，转变观念，调整方向，努力为数据需求者服务，在统计强省之路上不断绽放光彩。

29
"两防"走进省政府常务会议，统计千呼万唤，不如编办一句话

2018 年 9 月 14 日下午，我参加完省政府专题学习贯彻习近平总书记对统计工作重要指示批示精神和《防范和惩治统计造假、弄虚作假督察工作规定》（简称《规定》）常务会议后，立即召开了局党组理论中心组（扩大）学习会，传达学习会议的主要精神，并对全省统计

系统学习贯彻习近平总书记重要指示批示精神和《规定》提出明确要求。

一是要认真深入学习领会习近平总书记重要指示批示精神，既要认真学习贯彻习近平总书记关于防范和惩治统计造假、弄虚作假的有关指示批示，也要深入学习领会习近平总书记关于统计要及时全面反映新产业新业态发展情况、避免因产业升级动能转换对各种新经济漏统等方面的指示批示精神。要认真学习领会《规定》主要精神和要求，积极推动各级党委、政府及有关部门认真学习贯彻《规定》。

二是要坚持"两防"（防注水、防少漏），全面实事求是报送统计数据。统计工作要始终坚持实事求是的核心价值观，要积极推进"两防"基础数据统计报送工作，既要坚决反对弄虚作假、虚报浮夸，更要想方设法解决好调查对象瞒报少报漏报的问题。

新时代广东统计人要有新担当，要转变思想、迎难而上、勇于破冰，保证统计数据统实统准统全、真实准确全面。

三是要跟进落实好省政府常务会议关于切实解决好部分县级统计机构未独立设置的问题。"统计千

呼万唤，不如编办一句话。"要结合《规定》的贯彻执行和我省实施意见的督查工作，积极跟进省政府常务会议的有关精神，加强与编办的沟通联系，彻底解决好某些县（区）未独立设置统计机构的问题。

四是要全力打好第四次全国经济普查攻坚战，坚持实事求是做好单位清查和普查数据的收集报送

工作，全面深入摸清家底，统准统全压实全省统计数据质量。积极推进全省地区生产总值统一核算工作，逐步控制做好各市与全省GDP总量的衔接，要利用好"四经普"的数据成果，完成全省地区生产总值统一核算改革。

30
"五个开放"，助力统计强省建设，同心同向同行

2018年9月27日，第九届"中国统计开放日之广东"活动在珠海市香洲区富华里举行。本届活动以"走进广东四经普"为主题，以宣传第四次全国经济普查和纪念改革开放40周年为主要内容。与会人员以"四经普"和"改革开放40周年"为主线，向社会各界介绍第四次全国经济普查工作开展情况以及广东改革开放40周年的辉煌成就。

在活动现场，我结合

"中国统计开放日之广东"活动提出以"五个开放"助力广东统计实现经济大省之统计强省：

一是开放思维，与时俱进。统计工作者需要解放思想，打开思维，不断改革创新，才能适应"新经济"的变化要求，才能更好地为党委政府和社会服务，为经济生活提供精准的统计数据。

二是开放普查，增强成效。经济普查是一次大国体检，是对中国经济的"全面透视"，今年开展的第四次全国经济普查，是党的十九大胜利召开、中国特色社会主义进入新时代后的一次重大国情国力调查。国家统计局将今年统计开放日的主题定为"走进四经普"，使地方在统计开放日宣传时能够更加贴近"四经普"内容。活动现场准备了很多与此相关的宣传资料，但是仅开放这些内容仍存在不足，还需要更多有效的方式。

三是开放方法，增加透明度。目前，国内使用的很多统计方法已与国际标准接轨，例如：2017年10月《国民经济行业分类》（2017版）的修订颁布实施就是一种新的统计方法的使用，很多统计专业特别是对规模以上企业的统计已形成相对固定和成熟的方法，但部分专业对规模以下企业的统计方法的研究还不够深入，需要各级调查机构共同探讨完善数据的采集方法，对差距和问题不断梳理与完善，使统计数据更加精准地反映广东经济社会发展的客观实际。

四是开放结果，增强公信力。统计工作者辛勤统计的结果汇集成千万指标背后的数据，这是一座"金矿"，需要将其打开，

实现开放共享，才能使数据经得起解读和检验，才能增强数据的公信力。要使每一位统计工作者都成为数据背后重要的解读者。

五是开放目标，实现统计强省。广东作为全国第一经济大省，只有成为统计强省，才能与其经济地位相匹配。统计开放要向着经济大省之统计强省这一目标同心同向同行，才能使统计工作水平与统计数据质量再上一个台阶，使广东统计改革创新更好推进，使广东统计站在中国统计改革开放的最前沿，为全国统计提供更好更强的标准和实践经验。

31
脚踏实地练好内功，关键窗口要抓关键事情

2018年10月9日，我会见来访的广州市委常委、常务副市长陈志英一行，深入分析广州前三季度的经济运行走势，讨论做好统计工作和加强数据报送的有效措施。

我首先对陈志英一行到省统计局座谈交流工作表示欢迎，感谢陈志英对统计工作的关心和支持。今年以来，广州市经济运行情况复杂，年报、快报数据尚存一定差距缺口，统计工作还有许多薄弱环节。广州市要做好统计工作，求上不如求下，求人不如求己，解套需靠自己。要认真学习省统计局加强"两防"（防注水、防少漏）工作精神，贯彻全面客观、实事求是方针，坚持不重不漏、应统尽统原则，脚踏实地练好内功，潜下基层了解情况，积极主动处理工作难点、灵活创新解决企业困难，多措并举、扎实有效做好基础数据统计报送工作。

当前处于三季度数据

报送关键窗口，企业正处在报送数据关键时期、统计系统数据审核关键环节，各级统计系统要在直报平台即报即审，关注重点企业数据报送进展，分析重点指标数据走势，研判重点地区数据变化，切实做好三季度数据报送工作。同时，距离"四经普"普查时点也仅有不到三个月时间，要扎实做好单位清查等"四经普"各项工作，瞄准短板，弥补差距，做好快报、年报和经济普查数据的基本衔接。

陈志英介绍了广州市前三季度的经济运行概况，分析了广州经济发展存在的问题和困难，希望省统计局能够多到广州调研，了解基层情况，指导统计工作。陈志英还要求广州市统计系统落实"求上不如求下，求人不如求己"精神，多措并举，真抓实干，加强基础数据统计报送，真实准确、全面客观反映广州经济发展情况。

32

坚持"三个全面"，做好基础数据统计报送，加强"两防"于揭阳有重要意义

2018年10月9日，我与来访的揭阳市市长叶牛平一行座谈交流，分析研判揭阳市经济发展潜力，介绍省统计局近期"两防"（防注水、防少漏）工作进展，强调加强"两防"对揭阳的重要指导意义。

近期，省统计局把握当前统计工作主要矛盾和矛盾的主要方面，坚持"三个全面"，下发了《关于加强"两防"基础数据统计报送的通知》，要求加强"两防"基础数据统计报送。之后，我带队连续到广州、惠州、阳江、清远、河源等13个地市密集调研，交流指导加强"两防"基础数据统计报送工作，成效初步显现。马兴瑞省长也对省统计局加强

"两防"工作给予了充分肯定和支持。

揭阳地处粤东地区，民众具有经商传统，民营经济发达，中小企业众多，现金交易频繁，低调避统

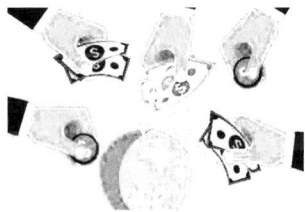

心态明显，少报漏报现象普遍，漏统问题已成为揭阳市当前统计工作中的主要矛盾。揭阳在查处弄虚作假的同时，更要贯彻省统计局加强"两防"基础数据统计报送精神，落实加强"两防"基础数据统计报送措施，做好新增企业入库，鼓励企业实事求是报送数据，坚决防止少报漏报，真实反映揭阳市新经济新业态新商业模式发展情况。

叶牛平指出，揭阳市前三季度经济运行个别领域存在压力但总体平稳，

服务业市场广阔，电信物流量居全省前列，房地产市场仍有潜力，农业发展大有可为。市委市政府高度重视统计工作，统计工作新面貌逐步呈现，统计工作新秩序基本建立，希望省统计局能够继续关心和支持揭阳发展，指导和帮助揭阳统计工作，推动揭阳统计工作再上新台阶。

33
抓好"四个方面"，全面客观实事求是，树立责任和担当

2018年10月9日，我与到访的茂名市市长许志晖一行座谈，双方就当前全省及茂名市经济形势、统计改革发展和重点工作等进行深入交流与探讨。

我对许志晖市长一行来访表示欢迎，并就做好当前统计工作要求统计部门抓好"四个方面"。

一是要树立责任和担当意识。各级统计部门要清醒认识到当前统计工作

形势，即弄虚作假和少报漏报并存，"防弄虚作假"已取得一定成果，"防少报漏报"则方法不多，数据报送存在无源头活水的危险。要树立责任意识和担当意识，准确把握当前统计工作的主要矛盾和矛盾的主要方面，采取有效措施加强"两防"（防注水、防少漏）基础数据统计报送，做到全面客观、实事求是，真实准确反映地方经济存在和发展变化。

二是要开门开放搞统计。省统计局坚持开明理念，秉承开放心态，做到开门开放搞统计，加强上下沟通交流。近期，省统计局进行10号楼环境治理和修缮项目，对一楼大厅进行改造整理，向各地市敞开大门，欢迎大家到省统计局来访交流，把脉经济运行走势，谋划统计改革发展，探讨方法统计制度，问诊统计疑点难题，上下联动，齐心合力搞好广东统计工作。

三是要注重结果也要

注重过程。做好统计工作不仅要重视统计数据结果，也要重视数据报送、收集、审核和分析等环节。要抓住三季度数据报送期的关键节点和时间窗口，针对各专业数据报送的薄弱环节，逐个逐项解决填报问题，马上行动，立即落实，逐家逐户解决报送困难，为快报、年报和经济普查数据做好衔接，为完成全年统计工作打好基础。

四是要做好规下统计工作。规下企业是国民经济的重要组成部分，规下企业数据可以更好地反映民间经济活力，反映"双创"发展成果和"三新"经济动态。要高度重视规下统计工作，做好调查样本更新维护，提高规下统

计数据质量，同时关注企业规模情况变化和入库时间窗口，达到规模以上标准的企业要及时入库。

许志晖指出，杨新洪局长9月初带队到茂名市指导"两防"工作后，市委市政府高度重视，市委常委会和市政府常务会专题学习传达，研究贯彻落实措施，加强统计队伍建设，统计工作呈现积极变化。当前，茂名市经济运行基本平稳，项目建设进展顺利，综合优势逐步显现，希望省统计局多到茂名调研指导，使茂名提高统计数据质量，扎实做好统计工作。

34
把脉问诊佛山经济，着力"八项支出"，蓄力经济增长

2018年10月15日，我与来访的佛山市市长朱伟一行座谈，把脉佛山市经济发展状况，问诊经济增长指标数据，交流探讨

统计重点工作，强调地方政府应着力"八项支出"，以蓄力经济增长。

当前，宏观经济形势错综复杂，国家层面实施积极的财政政策，各级地方政府要应时而动，主动作为，加大公共服务、教育、医疗卫生、环保、城乡社区等"八项支出"投入，主动赋能市场经济，在补齐民生领域各项短板的同时，调结构、保增长、稳就业，蓄力经济增长。

要做好统计工作，佛山市要从"四个方面"发力：一是加强"两防"基础数据统计报送。要认清当前统计工作主要形势，牢牢把握主要矛盾和矛盾的主要方面，在"防弄虚作假"的同时，更要"防

少报漏报"，采取多种措施做好基础数据统计报送工作。二是搞好经济普查工作。要按照国家和省的部署与要求，扎实推进经济普查各项工作，利用经济普查的契机，弥补历史欠账，消除年报、快报差距。三是准确填报年报指标。尤其是要填好企业财务报表中的本年折旧、劳动者报酬、营业盈余和生产税净额等用于增加值核算的构成指标。四是做好房地产开发统计。要分析国家房地产行业政策变化和走向，关注重点房地产开发企业数据报送情况，加强与住建房管部门的沟通，做好与网签销售面积的对比和衔接。

朱伟在座谈中表示，杨新洪局长7月底到佛山调研指导工作后，市委市政府高度重视，立即召开会议向县（区）、镇（街）传达调研精神，建立目标任务时间表，分阶段分步骤解决历史遗留问题，采取多种有力措施，加强佛

山统计基础建设。下一步，佛山市将贯彻杨新洪局长对佛山经济发展的建议，落实杨新洪局长对佛山统计工作的指示，促进佛山经济快速发展，为广东实现"四个走在全国前列"、当好"两个重要窗口"贡献力量。

35

分析研判惠州经济，聚焦发展短板，科学谋划统计工作

2018年10月17日，我与来访的惠州市委常委、常务副市长胡建斌一行座谈，研判惠州市经济发展走势，评估惠州经济发展后劲，听取经济普查开展情况汇报，交流探讨统计重点工作。

我首先对胡建斌一行来访表示欢迎，省统计局开门开放搞统计，各地市到省统计局座谈交流，有利于加强工作的沟通协调，有利于形势的分析研判。

前三季度惠州市经济发展总体平稳，但规上工业和规下工业增长放缓、财政八项支出回落明显、金融业和营利性服务业表现欠佳，多重不利因素相互叠加，经济发展面临一定的调整压力。惠州市应针对经济发展中的薄弱环节，增加财政八项支出力度，推进重大项目开工落地，促进企业创新转型升级，加快城乡基础设施建设，将中央"六稳"扎实落到实处。

统计数据要真实反映经济存在，统计系统要当好参谋助手，惠州统计要聚焦短板，多措并举，科学谋划统计工作：一是要落实省统计局加强"两防"工作指示精神，做好基础数据统计报送工作，重点解决少报漏报问题；二是要做好农业数据填报，尤其是要准确填报现代农业、高附加值经济作物种植等行业数据，反映乡村振兴战略成果；三是要扎实推动经济普查各项工作，不要局限于省统计局反馈

清单，要大力推广"地毯式"无底册单位清查；四是要关注中美贸易战对地方经济的影响，要到重点企业进行实地走访调研，科学评判和及时分析进出口行业的波动与受到的冲击。

胡建斌在座谈中介绍，惠州市经济增长面临一定的压力，用电量、税收增幅虽有所回落，但仍居全省前列，埃克森美孚、中海油三期等一批大项目正在筹划或即将落地，惠州经济基本面良好，仍有增长潜力、发展后劲和潜力韧性。杨新洪局长日前到惠州市指导加强"两防"工作后，惠州市全面落实调研精神，加强基础数据统计报送，推进经济普查等重点工作，

提高统计数据质量，客观真实反映惠州经济发展成果。

36
着力"三个关键"，做好当下统计工作，助力江门经济发展

2018 年 11 月 12 日，我与来访的江门市市长刘毅一行座谈，分析研判江门市经济运行状况，交流探讨统计重点工作。

首先我对刘毅市长一行到访省统计局表示欢迎，感谢刘毅市长对统计工作的重视和体恤。省统计局将秉承开门办统计的思路，促成好的统计工作环境和工作氛围，勇于担当，实事求是，有所作为，"为数据需求者服务"，为基层统计服务。对于做好当前的统计工作，要立足当下，着力抓住"三个关键"。

一是最后阶段做最关键的事情。统计数据有总量指标和速度指标，在不同阶段不同指标的敏感性有所不同，季报期更看重速度指标，快报和年报期总量指标更为重要。而总量指标数据来源于统计的单位数和个体数，在只剩不到两个月的最后阶段，要做最关键的事情。各地市要迅速行动，加快"准四上"企业入库，认真核对工商税务单位名录，加强个体户清查，做到应统尽统，不漏一家。

二是加强关键指标审核。在清查结束后的登记阶段，要做好对单位人数、工资和收入等关键指标的审核工作，单位不能只有空壳，要"有血有肉"。要借鉴全省经济普查综合试点案例选编中的经验，综合运用多种手段方法，尤其是通过用工数、费用支出和收入等指标之间的内在逻辑，通过数据协调性比对，加强对劳动者报酬和营业盈余等四项构成指标的审核，避免个体数据少统漏统，做到真实准确。

三是关键抓"四个逻辑"出清数据。一个个个体企业数据形成广东经济总量，一个个月报季报数据形成快报年报数据，要紧抓全省"四经普"督导工作讲话中提出的"四个逻辑"出清数据。要有大智慧和大勇气，把握大的实事求是，把握数据少漏的主要矛盾，从统计工作的每个技术环节做起，从数据报送的每家企业抓起，加强基础数据统计报送，做好快报、年报和经济数据衔接，全面真实客观反映广东经济存在。

刘毅在座谈中分析了江门市前三季度的经济运行情况，介绍了落实"两防"部署和"四经普"等近期统计重点工作，希望

省统计局能够在台山核电等"四上"企业入库、"四经普"业务培训等方面加强指导和帮助。刘毅指出,杨新洪局长的讲话发自肺腑,能感受到他对统计事业的深深热爱,感受到他的奉献精神和敬业态度,深受感动;在两次全省经济分析会上的发言和材料打破传统思维,传递创新理念,从不同角度深入剖析经济问题,很受启发;统计部门全面客观,没有部门利益,统计工作者也没有个人私利,江门市委市政府今后将更加理解和支持统计工作,为统计工作提供便利条件和更好的服务,扎实做好江门统计工作。

37

年末岁尾,加强督导提醒,同心同力同行,夯实数据质量

2018年12月7日上午,我主持召开了数据质量研判会,传达学习第27次省政府党组(扩大)会精神,要求同心同力同行,切实夯实数据质量。

省委省政府高度重视经济社会发展指标变化情况,马兴瑞省长要求各级、各部门进一步加强对当下经济社会发展指标的研判分析,采取有力的工作措施,夯实数据质量,为明年各项工作开好头、起好步奠定坚实基础。

在年终岁末各项工作收官、各项数据进行最后修订的关键节点,全省各级统计部门、省统计局各专业处要深刻学习领会省政府有关会议精神,特别是马兴瑞省长的指示要求,要从全省统计工作实际切入,以时不我待的精神抓好贯彻落实。

一是要强化责任担当。统计部门作为党委政府的参谋助手,面对错综复杂的经济形势,有责任把数据统准、统全、统实。要主动站在夯实数据质量的最前沿,做到有底气、有逻辑、有研判,敢于负责、敢于担当,及时向党委政府建言献策。

二是要抓住主要矛盾。夯实统计数据质量,一定要坚持抓住主要矛盾这个工作方法,防止惯性思维、走老套路、浮在面上;要坚持问题导向,善于切深切细每一个数据变化背后存在的问题,找准波动变化的原因,透彻问题的本质,确保统计分析更具鲜明特征,更有说服力;要注重统筹兼顾,既要关注工业统计指标等变化情况,又要把准农业统计指标的升降情况,不以事小而不为,防止因小变而引起质变。

三是要加强督导提醒。省统计局分管领导、各专业处要分地市、分企业,

有针对性地加强督导提醒。要杜绝"不痛不痒"式指导，要以实事求是、透明公开的方式，指短亮丑，直指问题和不足，指导各级统计部门找准问题最正确的根源以及工作发力点，切准问题的实质，上下同心同力夯实数据质量。

38
密切交流合作，规范部门统计

2018 年 12 月 6 日上午，我率队到省通信管理局调研部门统计工作。省通信管理局党组书记、局长苏少林热情接待调研组，并召开座谈会。

座谈会上，苏少林向我们详细介绍了通信行业基础电信、互联网等业务发展所取得的成绩，指出广东电信业务总量发展速度快，业务收入增长高于全国平均水平，在体量、规模、收入等方面均居全国领先地位，广东是当之无愧的网络大省、互联网大省和信息通信业大省，在"提速降费"、实施乡村振兴战略方面成果显著。同时也分析了当前基础电信业和互联网行业发展所面临的机遇与挑战，对行业未来发展前景充满信心。

听后，我对广东通信行业所取得的发展成绩表示由衷的敬意和赞赏。电信业务总量是测算季度地区生产总值的基础指标之一，电信业务总量持续高速增长，对广东经济平稳增长起到较好支撑作用。同时，我对省通信管理局及通信行业寄予了三点希望：

一是切实加强统计业务交流合作。近日，经省政府同意，省统计局印发《关于加强部门统计工作提高统计数据质量的意见》，加快推进部门统计工作规范化、科学化和制度化，明确部门统计分工，促进统计数据和信息共享，对部门统计数据实施审核评估，推行部门全行业统计，开展部门数据分析监测和监督管理，进一步提高部门统计工作水平和国民经济核算数据质量，希望通信管理局和统计局之间有更广泛的合作交流平台和更多的作为。

二是继续在业内业外大力支持"四经普"工作。第四次全国经济普查开展以来，通信管理局积极参与普查工作，积极向省经济普查办提供相关资料，对单位清查结果予以审核认定，协助省经普办做好"四经普"宣传发动等工作，衷心感谢通信管理局及通信行业对"四经普"工作的大力支持。接下来普查工作将进入数据登记攻坚阶段，希望通信管理局继续大力支持，作为普查对象，准确登记普查数据，作为行业主管部门，积极指导通信行业单位做好普查登记工作，同时继续协助普查机构做好普查登记宣传动员等工作。

三是多思考深挖潜，更加全面科学、实事求是反映电信行业对广东经济的贡献。广东经济体量大，新产业、新业态、新商业模式等经济比重加大，活力加强，传统的统计测算方法在客观上存在低估的成分。通信行业依托互联网蓬勃发展，更新换代快，科技含量高，希望通信管理局继续深入挖掘行业潜能，把账算得更清楚、更准确，为广东经济发展发挥更大作用。

与会人员还就当前宏观经济运行情况、通信行业统计数据生产流程、报表报送时间节点、行业发展潜能、业内竞争、信息网络安全等展开了交流和探讨，增进了解和互信，收到较好的效果。

39
统计步入深水区，打开创新思维大门，开拓国际视野，应对前沿挑战

2018 年 12 月 17—18 日，广东省 2017 国际比较项目（ICP）研讨会在清远市举行。我出席了研讨会并做主题发言。

国际比较项目是一项全球性统计活动，旨在通过测算购买力平价作为货币转换因子，比较和评价世界各国宏观经济指标和经济状况。从 2011 年开始，我国开始全面参与国际比较项目，开始了在国际比较项目上的探索和研究，我们此次会议对国际比较项目的研究非常有意义。

研究的背景是 GDP 核算步入深水区。从目前看，准确核算 GDP 是一个世界性的难题。用购买力平价指数来推算 GDP，事实上就是使用新方法，使得

GDP 核算能应对更多的方法和技术应用的挑战。根

据党中央和国务院对全国地区 GDP 统一核算改革做出的工作部署，2019 年国民经济统一核算将步入深水区，全国跟各省、各省跟各市之间都面临核算问题，这是国情和体制安排下的技术要求。如今参加 2017 国际比较项目，就是要与国际接轨，把中国放到世界，把中国统计放到世界银行、联合国统计委员会等国际组织中进行交流，这就需要对中国核算基础数据质量把控得更扎实。ICP 与 CPI 都是相同的三个字母，加入变量后，其含义大不相同。开展 ICP 研究，必将推动政府统计产品进一步接受公众

的使用、质疑和批评，倒逼 GDP 核算不断潜入深水区去到达彼岸。

研究的意义在于提高统计应对力。政府统计部门一直承担压力，需要面对、回应公众对统计产品的质疑。随着社会进步、公民统计素质不断提高，公众对政府统计产品需求日益提高，但也产生了质疑。特别是现在国内经济下行、世界经济格局变化，影响经济的因素极具不确定性，这势必将给统计科学考量工具和方法提出更高要求，需要统计人员进一步提高统计应对能力。虽然国家层面的国际比较研究院已经成立，也成立了学术委员会，但 ICP 从使用、比较到官方真正公开还需要更长的时间。类似地，广东是各种情况都可能汇聚发生的一个区域，经济业态异常复杂，商业模式转变导致"感受到的经济抓不到，抓到的分不开、分不清"，这就是所面对的统计能力建设问题。研讨会很好地促进了不同统计思维的相互碰撞，擦出了思想的火花，研讨成果也非常丰富，是提高统计应对能力的有效途径。此次研讨会的成果将在《统计思维与实践》2019年开刊专栏刊登，使全省统计系统都能共享到今天的研讨成果。

研究的重点在于突破 ICP 方法和实证。有方法没有实证得不出结论，光有数据找不到方法支撑也不行。要让数据背后的内容浮出水面，这就要求把数据用好用活。现在统计部门拥有大量基础数据，高校等科研机构拥有比较先进的方法理论，各有所需，可以开展多种形式的合作和交流，争取在 ICP 方法和实证乃至统计的其他领域有所作为，有所突破。今后省统计局要解放思想，突破身份限制，实现弯道超车，与高校一起合作，打造一支高素质的统计队伍。

研究的启迪在于打破局限性。政府统计部门要敢于发现和暴露问题，不要"小家子气"，要敢于直面质疑、批评，不要做"老学究"，要敢于打开创新思维的大门。一方面要遵守制度，另一方面要打破制度。创新就是打破原有的旧制度，开辟新天地。

事实上目前 GDP 核算制度还有很多局限性，例如房屋租赁核算，特别是私人产权的房屋租赁，需要广东特别关注。研究 ICP 的一个重要启迪是，要勇于

接受被人推翻,要敢于让别人看到局限和不足。失败不可怕,失败可以为后面的成功与进步提供经验。通过今天的研讨,发现问题还有很多,可能有基础研究上的各说各的问题,还有基础应用数据的不充分性,拿不出真家伙,怕攻击,怕不成熟,怕应用起来影响到国家大局的问题。现在看来路还很长,需要统计工作者及年轻一辈继续探索。

研讨会上,先后有暨南大学韩兆洲教授、广东财经大学林洪教授、华南理工大学王仁曾教授、广东调查总队处长蓝品良、暨南大学雷钦礼教授、广东工业大学所长罗薇副教授等11位专家和学者做主题演讲,人民银行广州分行和省统计局财务处、核算处、人口处、社科处、科研所及相关地市统计局的参会代表进行了主题发言。与会代表纷纷表示,研讨会内容丰富,形式活泼,搭建了一个统计理论和实务交流碰撞的平台,加速统计思维和实践运动,起到了很好的示范性作用。

40
新年上班第一天,科学谋划开局工作,同心同力迈步起头

今天是 2019 年 1 月 2 日,是新年度上班的第一天,我们召开 2019 年第 1 次局务会议,研究部署新年度开年省统计局各项工作。

2019 年 1 月 1 日零点,在辞旧迎新和"四经普"联网直报开网之际,国家统计局局长宁吉喆与北京、广东、江苏、山西、四川等重点省市统计局视频连线。在视频连线中,我以三句话向宁吉喆局长做了汇报。宁吉喆局长对我的情况汇报予以充分肯定和高度评价。宁吉喆局长的统计系统元旦献词,特别是深夜视频连线慰问基层,并对广东统计工作的充分肯定,使全省统计系统倍感温暖和鼓舞。

2019 年第一个工作日,我们就召开会议进行节后收心,研究部署并开启新一年的工作,这是贯彻落实国家统计局和省委省政府的指示要求,落实省统计局党组各项工作安排的一个具体举措。

在新的一年开局之际,全局上下要认真传达学习宁吉喆局长的视频讲话精神,同心同力同行,科学谋划、严密组织近期各项开局工作,迈好步、起好头。从以下四点做好工作。

一是要重视基础数据统计报送。基础数据涉及规上工业、商业、投资、建筑业、房地产等相关专业,能结出最终经济成果,十分重要。各分管局领导、各专业处室负责人要高度重视基础数据统计报送工作,真正用心去想;对时间节点要了然于胸、非常清晰,把时间抓在自己的手里;要以结果为导向,主动加强分析研究,争分夺秒把握数据;要深入一线,分头、分段、分市加

强对下服务指导，采取会诊、对碰、反馈、沟通多种办法，扎实落实到行动上，真正用心做好报送工作。

二是要加强核算数据的收集、沟通和计算。2019年是统一核算的窗口，核算数据来源于各专业。各分管局领导、各专业负责人要主动加强和各地市领导、各级统计部门进行沟通，传达要求，把做好核算工作与基础数据的逻辑关系分析好、说清楚，前置扎实做好分市基础数据统计报送工作；要同步进行新经济测算，主动掌握数据的话语权。

三是要严密组织"四经普"登记启动仪式宣传活动。"四经普"登记启动仪式宣传活动定于1月5日在天河区花城广场举办。经济普查办要在前期已做大量工作的基础上，进一步细化各项准备安排，明确任务、责任到人；要加强向省政府请示协调以及与具体承办的广州市统计局、天河区统计局进行对接，确保整个启动仪式科学流畅，圆满完成。

四是要积极筹备好2019年度全省统计工作会议。会议拟于1月15日召开，会期半天。我做工作报告，朱遂文副局长主持会议。办公室牵头，其他处、室、中心、所密切配合，共同做好相关会务和材料的准备工作。

41
全国统计工作会上，构建经济大省之统计强省，呼唤改革与创新，获宁局长肯定

2019年1月10日，全国统计工作会议在北京友谊宾馆召开。会场外，寒风凛冽；会场内，暖意融融。这是我首次以广东省统计局局长身份参加全国统计系统年度盛会。

会上，我围绕"改革创新与提升统计能力是构建广东经济大省之统计强省的重要选项"主题做典型发言：广东省作为全国最大的经济大省，被赋予了统计重任。同时，广东又处于改革开放前沿，改革创新是其根，也是其魂。"人无我有、人有我优、人优我强"是广东统计的创新核心要义。广东省统计系统要在充满挑战而又机会并存的统计大潮中，以更加强大的改革创新作推力，以提升专业能力为己任，在加快构建现代化统计调查体系"接力跑"中，脚踏实地，只争朝夕，日夜兼程，风雨无阻，把广东统计行动浓缩为"担当、创新、务实"这三个关键词，切实提高统计服务保障的水平与活力，为数据需求者服务。

刚散会出会场时，宁吉喆局长边走边对我说，

你给我的两份统计方法与测算创新报告（知识产权纳入投资与增加值核算）很不错，执行力很强，对观测发展质量很有意义。

会后，我接受《中国信息报》记者李琳专访，她请我介绍近年来广东省统计局的统计工作亮点和改革创新情况。我用一句话概括：南粤统计，秉承"新、先、实"之风，即"改革创新、先行先试、落实求实"，大胆破冰探索，落实"两防"，即"防注水、防少漏"，持续提高统计能力，不断构建经济大省之统计强省。

当天，《中国信息报》发表了《统计改革创新的重要意义和广东统计改革创新主要举措》：一年来，

特别是杨新洪局长到任后，广东省统计系统在国家统计局的业务指导下，以信息化技术为手段，以统计改革创新为抓手，以构建经济大省之统计强省为目标，为党委政府研判形势和科学决策提供了可靠的数据支撑，为广东高质量发展提供了坚实的统计保障。

记者说：近年来，广东统计传承南粤改革开放基因，以"7+n"试点切入，推动统计改革创新，目前成果已经显现，并得到应用，受到国家统计局局长宁吉喆和广东省委省政府主要领导的肯定和好评。

会后，她给我发微信："您太给力了！"

我说：宁局长的批示主要是对广东推动统计创新的高度评价，行动快、成果新，对国家统计层面的整体改革有着吸收的现实意义。

广东打出一套"组合拳"来迎战统计改革创新这个重大挑战，以特别的创新力、精准的解读力、

专业的支撑力、科研的引导力与工作的落地力五个标志来构建经济大省之统计强省。我深感创新的意义和重要性所在。

创新的意义在于"无中生有"，另辟蹊径，别开生面，化腐朽为神奇，通过创新，解决困扰统计工作的难点、痛点和堵点。

构建经济大省之统计强省呼唤改革与创新。

42

加强统计改革创新，全面提高统计能力，着力构建经济大省之统计强省

2019年1月15日，广东大厦国际会议厅灯光璀璨，全省统计工作会议在这里召开。会议以习近平新时代中国特色社会主义思想为指导，深入学习党的十九大和十九届二中、三中全会精神，传达贯彻全国统计工作会议精神和马兴瑞省长、林少春常务副省长对广东统计工作的重要批示。我做题为

"持之以恒改革创新构建经济大省之统计强省"的工作报告。

在工作报告中我总结了广东统计系统 2018 年以来的工作主线和亮点，尤其是加强统计改革创新，为数据需求者服务，构建经济大省之统计强省的重点举措。一是努力奋斗克服困难，全面完成广东经济社会统计任务；二是加强统计改革创新，开启构建经济大省之统计强省；三是鲜明提出"两防"（防注水、防少漏），加强基础数据统计报送；四是全方位施策施力创新普查工作方式方法，后来居上完成单位和个体清查等"四经普"工作；五是开展统计机关办公环境治理，打造南粤统计"精气神"；六是党建业务双融合双促进，创新党建内容方式；七是加强统计队伍建设，甘为人梯，打造、培育统计后继可持续力量。

在报告中我对 2019 年全省统计系统改革创新、第四次全国经济普查和全省"统计能力提升建设年"等重点工作做出部署，提出新的一年全省的统计工作思路和任务要求：坚持以习近平新时代中国特色社会主义思想为指导，全面贯彻党的十九大和十九届二中、三中全会精神，贯彻落实全国统计工作会议精神和省委省政府重大决策部署，坚持以党的建设为统领，以提高数据质量为中心，以改革创新为动力，以服务和推动高质量发展为核心，全面完成经济社会统计任务，扎实推进第四次全国经济普查，全面提升统计工作能力，为数据需求者服务，着力构建经济大省之统计强省，为广东实现"四个走在全国前列"、当好"两个重要窗口"提供坚实的统计保障。

我还向参会代表分享了我对统计工作的思考和心得，诠释解读当代统计环境形势和肩负的担子责任：以"九者"为己任，努力做一名全面实事求是的科学考量统计守候者。

第一个话题：简约者，统计工作从简不"减"；第二个话题：多一些"悲情"者，统计工作者要有自我牺牲精神，勇于付出；第三个话题：奔跑者，统计工作，一年四季长年累月，出路在自己的脚下；第四个话题：全面的求实者，统计工作需要实事求是、脚踏实地；第五个话题：创新者，统计工作者需要革故鼎新，需要勇气冲破束缚和篱墙；第六个话题：统计与经济社会并蓄着的合体者，统计工作者既熟悉统计又熟悉经济；第七个话题：实力者，统计工作需要全面提升能力；第八个话题：清水衙门的守候者，统计工作者甘于奉献，为数据需求者服务；第九个话题：福气者，统计工作实事求是、忠于体制，为需求者服务，久而久之必有福报，不要计较当下得否，持久为功必有福德。

会上，杨骁婷宣读了《中共广东省统计局党组关于构建经济大省之统计强省开展统计能力提升建设年的通知》；刘智华宣读了《关于授予广东省第四次全国经济普查优秀授课人员"金牌讲师"称号的通知》。会议还为9位广东第四次全国经济普查"金牌讲师"代表授予"金牌讲师"证书；签署了统计行风建设责任书和党风廉政建设承诺书。

国家统计局广东调查总队总队长赵云城，省统计局副局长朱遂文、杨骁婷、刘智华，党组成员、巡视员梁彦，副巡视员杨少浪、熊德国，受邀的省纪委监委派驻纪检监察组副组长刘孝亭出席会议并在主席台就座。

各地级以上市统计局主要负责人，各县（市、区）统计局主要负责人，省发展改革委、工信厅等29个省有关单位统计工作负责人共190人参加了会议。省统计局各处（室、中心、所）的副处级以上干部列席了会议。《南方日报》、《羊城晚报》、新华

社广东分社、广东电台、广东电视台等新闻媒体报道了会议。

43
省长旋风来到省统计局，细问细算各项工作，点赞这样干就对了

2019年1月16日上午，马兴瑞省长旋风来到省统计局，殷殷关切"四经普"，细问细算各项工作，向全省统计工作者问好，并表示将安排入户登记调查。

在省府大院10号楼一楼，马兴瑞省长详细察看了省统计局环境治理和修缮项目。当看到广东统计"核心指挥所"环境大变、气象万新，当读了"廉洁自律承诺"、听取了"为数据需求者服务""构建经济大省之统计强省"理念介绍后，马兴瑞省长十分高兴、欣慰地指出："省统计局工作干得很好，杨新洪带着大家这样干就对了。新的一年要继续保持

实事求是的工作作风，秉承为数据需求者服务的理念，多动脑筋，科学巧干，

着力构建经济大省之统计强省，确保全面、准确、高效完成国民经济社会各项统计数据任务，为促进全省经济高质量发展提供坚实统计保障。"

在"四经普"集中办公场所，马兴瑞省长认真翻阅广东"四经普"制度文件，仔细查看"四经普"工作进度台账图表，详细询问经济普查数据报送进度，和正在办公的省经济普查办工作人员一一握手、亲切交流。马兴瑞省长指出，"四经普"是一项重大的国情国力调查，不仅是统计系统也是全省的重要工作，对于摸清广

东家底具有重要意义。

在正在建设的党建与业务创新台账室，马兴瑞省长充分肯定了省统计局党建业务"双融合"的创新做法，要求统计系统深入学习贯彻习近平总书记视察广东重要讲话精神，全面加强党的建设，加强党对统计工作的领导，坚定不移推进全面从严治党，为广东统计事业发展和构建经济大省之统计强省提供坚强政治保障。

44

探讨数据报送机制，立足统计职能出谋划策，为数据需求者服务

2019 年 1 月 23 日，肇庆市范中杰一行到省统计局座谈交流。我代表省统计局欢迎范市长的到来。范市长介绍了肇庆市全年经济运行情况、肇庆和深圳南山合作共建产业园区合作机制构想和统计数据报送模式。对于两地合作

共建产业园区的统计数据报送问题，省统计局将全力支持配合做好相关工作，同时根据协调深汕合作区合作框架和统计数据报送经验，提出三点看法。

一是统计部门不会成为阻碍经济正常流动的"绊脚石"。省统计局秉承为数据需求者服务的理念，服务地方政府，服务基层企业，用真实客观的数据反映当地经济存在和发展变化。肇庆有土地资源和人力成本优势，南山区有高新技术和企业管理优势。省统计局将全力支持和配合肇庆和深圳南山合作共建产业园区的数据报送工作，服务地方经济发展，办法总比困难多。

二是两地制定契合双方意愿的合作框架协议是前提和根本。肇庆市和南

山区在合作共建产业园区中要加强沟通协作，统筹考虑两地共同利益，兼顾双方各自诉求，本着对历史负责，对人民负责的态度，建立合作共建产业园区协商机制，制定合作框架协议和合作备忘录，对统计数据报送、财政税收分成等进行详细的规定和明确。

三是两地要加强部门协调。两地合作共建产业园区，不仅涉及统计数据报送问题，而且涉及财政税收分成、单位 GDP 能耗考核等众多问题，牵一发而动全身。在构建产业园区的过程中，要全面统筹考虑，综合沟通协调，统计、发改、经信、环保、税务和财政等相关部门共同参与，多方配合共同推进。

45

提高统计业务能力，夯实农村统计基础，服务乡村振兴战略

2019 年 1 月 24 日，我

主持召开全省县域社会经济基本情况统计工作布置、村级报表制度及联网直报程序视频培训会议。要求全省统计系统高度重视农村统计工作，不断夯实农村统计工作基础，提高统计能力，服务乡村振兴战略。

提高认识，高度重视农村统计工作。农业统计非常重要，需要各级统计人员的重视，特别是各级统计部门领导的重视。领导重视与否，对工作的影响很大，过程与结果大不一样。在当前形势经济越下行，各方压力越大的时候，农业农村非常重要，需要全省统计系统进一步认识和走进。

能否做好农村统计工作，决定统计工作能否有数据来源，关键在人。各级领导在保障条件上、认识上一定要到位，需要切到一线去关心关注基层。去年每季农业比上季都有所增长，如果24个核心指标都能支撑一点点，则可

能对经济的支撑会比较宽松。如果一点一滴都不去做，是难以达到好的结果的。对比服务业等国民经济前沿行业，农业虽然是传统行业，但是农业具有基础意义和韧性。在全省实施乡村振兴战略过程中，虽也有涉及投资和服务业等方面，但也离不开农业这个基础行业。

夯实基础，不断提高统计能力。今年省统计局会把提升统计能力放在第一位，放在能否实现数据质量的提高，能否实现统计创新的高度去认识。近日，国家统计局局长宁吉喆在百忙当中到广东指导工作，对广东统计寄予厚望，希望广东作为全国第一经济大省，构建统计强省。目前，省统计局正在按宁局长的要求和期待一项一项地去做。

农村统计也在提高能力当中，其中，专业能力不平均是弱项，需要补短板。希望各地统计部门领导特别是一把手多过问农

村统计，多保障、多落实农村工作所需的人、财、物，实现农村统计能力全面提升。省统计局农村处要加强研究，直面问题，克服困难。要提前预警预判，还要与调查总队、农业农村厅等涉农部门对接，把数据搞好。充分利用现代化手段，进一步完善数据采集方式，利用方法上的变革，使农村经济能够得到全面准确的数据来源，夯实当前基础数据来源，掌握农业农村数据的话语权。

当前省委省政府对农业数据的关切和需求也在不断地增加，不断地赋予其新的任务，全省上下广大统计工作者和分管领导要切切实实地负起责任，有播种才有收获，才有结

果，才能达到为数据需求者服务的统计效果。统计工作人员除了要有数据采集、计算能力，还要有数据分析能力，敢于出统计产品。粤东西北较珠三角发展不平衡，但农村发展空间更大。农村经济是全省经济的短板，也是增长空间，这赋予了农村统计工作更多新的内容和新的要求。在乡村振兴上，统计部门提供相应的统计保障，也是为各级党政服务的一种表达，同时为农村制定相应的产业政策，为全面小康社会的实现尽农村统计的一分力量。

省统计局要从主要领导做起，定期听取农村统计工作汇报，把农村统计列入局党组和局务会议主题，对切实遇到的问题进行研究、解决，扎扎实实搞准数据，全面准确反映农村经济的变化。各级统计部门主要负责人要重视农村统计，加强培训，切实提高能力，一项一项把农村统计工作带起来，采

取新招数，形成新格局，取得新突破，达到新成效。

46
新年伊始，齐心开工干活，畅想统计美好未来

二月岭南春来早，木棉枝头笑开颜。2019 年 2 月 11 日，春节假期结束后第一个工作日，我上午陪同马兴瑞省长到企业调研督导第四次全国经济普查工作后，下午即带领省统计局领导班子成员到 10 号楼探望全局干部职工，并送上新春祝福和节日慰问。走访结束后，我主持召开了座谈会，与大家交流分享春节假期心得感悟，提出从四个方面做好 2019 年全省统计工作。

齐心开工干活。一年

之计在于春，谋定而后动。上班第一天，我带队到各个处室看望慰问干部职工并召开座谈会，与大家话家常聊感悟，希望大家调整状态，统一思想，齐心协力共同谋划 2019 年工作。构建经济大省之统计强省是广东统计系统一个总的长期目标，需要全局及全省统计工作者心往一处想，劲往一处使，干活不偷懒。党建业务"双融合"，提升统计"精气神"，由完成一个个现实的、具体的统计工作任务来实现。

只争朝夕干活。一万年太久，只争当下一步一个脚印干好业务工作。统计工作有月报、季报、年报，数据审核报送都有严格的时间节点，企业也要先入库才能报数。统计工作时效性强，时不我待，不能拖延。无论是业务部门还是保障部门，都要认清当前统计工作形势，抓工作主要矛盾和矛盾的主要方面，把握关键节点，

在关键时间做关键事情，闻鸡起舞，日夜兼程，风雨无阻，全面及时高效完成各项统计工作任务。

优化结构干活。守土有责，拿一份工资要对得住岗位要求。当前统计工作日益繁重，而统计人力资源相对有限，干部队伍结构有待优化，矛盾日益突出。局党组将甘为人梯，充分发挥领导班子集体智慧，全面考虑统筹安排，人事处也要开动脑筋多想办法。一方面要在当前政策允许范围内，根据各处室人员岗位需求，积极采用购买服务和劳务派遣方式解决人员短缺问题。另一方面要优化干部队伍结构，提高干部工作积极性，加强教育培训，提升业务能力，营造积极干事创业氛围。两方面相辅相成、齐头并进，多措并举解决问题。

创新思维干活。面对矛盾和问题不回避不绕行，攻坚克难。注意工作方式方法，办法总比困难多，

既要有逢山开路、遇水架桥的勇气，又要有举重若轻、看淡得失的心态，更要有脚踏实地、主动作为的行动。要加强与国家统计局沟通，站在国家角度和层面思考问题，积极回应关注问题和数据查询，把理说透，把事讲清。要树立服务意识，服务好基层统计部门和调查单位，帮助他们解决工作中的实际困难。

座谈会气氛轻松活泼，与会人员畅所欲言，分别分享与家人朋友团聚时的情景，并结合统计工作交流外出所见所闻，畅想计划 2019 年统计工作任务。

47
创新分性别统计制度，墙里开花墙外香

2019 年 3 月 15 日上午，全省召开妇儿工委工作电视电话会议。我应省妇儿工委邀请出席会议并做经验介绍发言。

2018 年以来，省统计局以习近平新时代中国特色社会主义思想为指导，全面贯彻党的十九大和十九届二中、三中全会精神，认真贯彻落实习近平总书记对统计工作和广东工作系列的重要讲话与指示批示精神，以构建经济大省之统计强省为目标，秉持"为数据需求者服务"理念，积极创新统计制度，破冰全国首创"广东省分性别统计制度"取得显著成效。

省统计局相关工作得到副省长、省妇儿工委主任张光军的充分肯定。近日，省妇儿工委根据工作需要将省统计局由成员单位调整为副主任单位。这是对我们省统计局工作莫大的肯定和赞许。

墙里开花墙外香，10 号楼的多少个日日夜夜，

终于有了今日的花开满园、幽香四溢，也终于让墙外来来往往的行人稍歇驻足。我在发言中介绍了省统计局的工作举措：

提高政治站位，创新社会统计思维与实践。在新时代有新担当、新作为，勇于探索统计制度"无人区"，创建一套全面反映妇女发展的统计指标体系，为省委省政府决策提供科学依据。

大胆开拓创新，为数据需求者服务。以"人无我有，人有我优，人优我强"的创新理念为引领，

将创建分性别统计制度作为党建与业务"双融合双促进"推动统计创新的标

志性典型，在深入调研和先行先试基础上探索前行。

切实依法统计，提高基础数据来源质量。始终将依法统计贯穿于各环节各阶段，依法研拟省级统计制度，依法开展专业论证，依法广泛征求意见，依法申报。

部门协同推进，服务经济社会高质量发展。目前省统计局正在组织开发分性别统计数据网络直报系统，下一步将尽快启动平台运行，并开展调查。希望各级党委政府和各有关部门切实重视，齐抓共管，协同推进全省妇儿统计监测和分性别统计工作，为广东妇女儿童发展工作走在全国前列贡献力量。

48
把握"存在属性"，认清统计内核价值——在全国统计科学研究大会上的致辞

尊敬的各位来宾，大家早上好！

首先，我想表达一份感动，国家统计局这次选在广东召开全国统计科学研究大会，作为广东统计人，我十分感动，这是对广东统计科研以及学会工作莫大的鼓舞、促进和鞭策！

这里，我对各地统计科研精英莅临羊城指导交流统计工作表示热烈欢迎！

统计科研工作看似远离统计业务一线，却肩负着破解当下统计问题的先知先觉使命与统计改革创新挑战。这次大会对广东统计科研工作"破冰"提出了新的思考：广东作为经济大省，经济总量、进出口、金融规模、常住人口、电信总量等多个经济指标位列全国第一，经济大省与统计数据之间如何匹配、关联？数据背后的经济逻辑在哪里？统计改革创新的使命又是什么？我认为，破解问题的关键在于："存在属性"为统计内核价值。

统计的使命在于全面、

真实、准确地反映社会经济活动，统计数据的全面性、真实性、准确性就是统计的"存在属性"。近年来，广东以此为突破口，紧紧把握"存在属性"为统计内核价值，开始了统计改革创新的新征程。

深圳率先提出了"三新"统计改革创新工作。深圳是我国改革开放的前沿阵地，深圳的发展史就是我国改革开放进程的一个缩影。深圳的新产业、新业态、新商业模式萌芽最早、发展最快、局面最复杂，因此，中国统计改革创新"9+n"项目落地深圳，包括战略性新兴产业、R&D、未观测金融、房屋租赁等21项统计创新最早在深圳"破冰"。统计改革创新的东风得以最先在深圳拂开，为全国统计改革创新积累了新经验，也得到了国家统计局领导的高度肯定和认可。

从深圳市统计局到省统计局，是个人的一小步，同时也迎来了广东统计改

革创新的一大步。

广东打出了一套"组合拳"来迎接统计改革创新这个重大挑战：一是以特别的创新力、精准的解读力、专业的支撑力、科研的引导力与工作的落地力五个标志来构建经济大

省之统计强省；二是打造"广东智能普查平台"，创建并完善"广东智能普查"微信公众号，优化"人脸识别、扫码读数"技术，加强对"两员一督"跟踪管理，新科技、新技术的"加盟"开全国经济普查工作方法创新之先；三是首创"广东省分性别统计制度"，取得重大成果，迎来三八红旗先进集体荣誉，开全国统计改革创新风气之先，得到全国妇联领导的重要批

示；四是《广东省新经济统计监测制度（2018年）》《广东省高质量发展综合绩效评价体系（试行）》以及"广东省农业综合统计报表联网直报平台"等一系列举措的推出，将统计的"存在属性"落实到各个工作环节，将统计改革创新与一线统计业务紧密结合起来，以改革创新来拓宽统计业务的思路，推动统计业务工作越走越顺。

当下，统计工作的一大"痛点"在于一部分经济活动、经济"存在"未纳入统计范畴，不能只见"森林"，不去见"树木"。广东市场经济活跃，民营经济成分大，2018年民营经济增加值占地区生产总值的比重达54.1%，民营企业对于"少报漏报"存在天然需求，沉在"水"

下的经济体量可能数倍于浮在"水"面的体量。这些隐藏的、未观测到的、未捕捉到的经济"存在",严重影响统计数据质量,从而引起决策者对经济形势的误判,经济政策的实施效果会大打折扣,甚至与研判背道而驰。因此,要舒缓统计工作的"痛点",乃至拔除"病根",就在于要找到统计的"存在属性",将未观测变为可观测,既要见"森林",也要见"树木"。

在统计数据质量面临严峻考验的情况下,2018年广东省统计局下发《关于加强"两防"基础数据统计报送的通知》,提出"防弄虚作假、防少报漏报",强调既要坚决"防注水",更要注意"防漏报"。广东作为经济大省,有责任、有义务坚持全面、真实、准确的统计原则,贯彻实事求是的统计思想,紧抓统计的"存在属性",这是广东统计勇于直面问题、独立思考的结果,是广东破解统计主要矛盾的当务之举,也是广东统计改革创新肩负的使命与担当。

49

未雨绸缪,做好一季度数据报送,谋划数据研判分析

为精准研判一季度全省经济形势,掌握一线真实情况,及时做好经济监测预警工作,2019年4月4日,我主持召开一季度经济数据研判分析会,对重点指标进行分析研判。

做好对一季度经济指标的研判分析,是搞好统计服务工作的前提。一要抢抓时间,督促数据尽早报送,提前跟进审核各指标情况,避免后期仓促应付;二要精准分析数据,提升专业数据颗粒度,精细化管理到企业,有重点地对企业数据进行查询审核;三要抓住关键时间节点,调配好专业部门力量,对权重大的指标有重点地开展工作;四要加强与部门的沟通,及时与相关部门互通分析研究结果,对波动大的指标及时联络相关部门,查找原因、做出提示。

要增强忧患意识和责任意识,核算专业是季度核算工作的龙头,各专业要以核算基础指标为目标,统一到核算结果上,坚持结果导向。要分工协作,思维不能僵化,在依法依规的前提下主动担当作为。核算处也应及时与各专业处沟通国家对制度的修订情况,以便各统计专业人员准确把握,共同促进季度核算工作顺利开展。

会上,各专业处(普查中心)分别汇报了一季度数据报送进度,对重点指标进行了初步分析研判,指出了各地市薄弱环节和

存在的问题，并提出了应对措施。

50
财政与统计关系密切，当好参谋助手，携手助经济增长

2019年4月4日下午，省财政厅调研组一行来到省统计局，我们双方就群众满意度调查内容、部门经费预算、统计数据与财政政策间的关系等方面进行深入的座谈交流。

我对省财政厅调研组来省统计局座谈交流工作表示欢迎，对省财政厅一直以来对统计工作的大力支持表示感谢。

统计与财政的关系非常密切，统计是找寻经济运行背后的原因和发展规律。凯恩斯经济理论中，财政政策是平伏经济增速的重要手段，在经济出现下行压力的情况，财政就要及时"出手"，要以更加积极的财政政策去发挥逆周期的调节作用，补短

板、还欠账，积极托底，使经济运行更加持续与平稳。此外，财政预算中的八项支出数据还是测算地区生产总值的重要指标之一，在一定程度上影响着地区生产总值的增长速度。

统计数据是省委、省政府科学决策的重要参考依据，统计部门要发挥好参谋助手的作用。随着经济社会的发展，各级党委、政府以及社会公众对统计的需求与日俱增，省委、省政府对统计工作提出了更高的要求，这就需要统计工作人员不断进行学习培训，提升统计工作效率，创新统计方法制度，统计经费在充分保障的同时要有所增加，希望省财政厅能够更大力度地支持统计

工作，共同创新统计方法，贯彻落实好省委、省政府重点工作和要求。

51
细数"三农"统计颗粒，保障农业经济颗粒归仓

2019年4月10日下午，汕头市委常委、常务副市长李耿坚一行来访省统计局，我们双方亲切座谈，共享共商共研乡村振兴背景下的农业经济发展。

我在座谈中指出，汕头第一季度农林牧渔业增加值增速为3.1%，在粤东西北排名靠后，也远低于全省水平，需引起汕头的重视和关注。当前全省上下正在实施推进乡村振兴战略，农业供给侧改革、农业产业园、美丽乡村、精准扶贫、"一镇一品"等助力"三农"发展的政策措施逐一落地生根，各种投入、各方力量纷纷涌入南粤大地，为全省"三农"发展打下扎实根基。必须

看到"三农"发展的本质，才能找出统计的着力点。

我认为，汕头要紧紧抓住乡村振兴背景下的"三农"发展，细数统计颗粒，保障农业经济颗粒归仓。一是盯住农业供给侧改革，统准统全高效高质农业。二是盯住投入。有投入就有产出，实施乡村振兴战略已经在加大各项投入，其溢出效果是今后农业统计的重点所在，统齐非常重要。三是重视农业统计，乡村振兴背景下农业发展大有可为，统计要紧跟上，及时反映。四是要讲担当，提高执行力。要把农业统计工作谋划好、规划好，配齐配足农业统计力量。没有人干活，一切皆为空谈。要把工作任务落到实处，切戒浮在上面。

李耿坚认为，潮汕平原历来有精耕细作的种植优势，播种次数多，汕头农业应该有更好的发展，汕头增速靠后不是汕头农业的真实反映，还需持续推进乡村振兴背景下汕头的"三农"发展，如实反映汕头的小康面貌。

52
马兴瑞省长再来省统计局，听汇报、看演示，关心统计肯定创新

2019 年 4 月 16 日，马兴瑞省长来到省统计局调研指导广东统计工作。

马兴瑞省长详细听取了广东统计数据中央多功能控制室的功能介绍，认真观看我屏读广东统计数据中央多功能控制系统联网直报企业数据报送情况、粤港澳大湾区人口分布和无纸化会议办公流程等演示，尤为关注重点联网直报企业数据报送。在查看华为、中兴、腾讯等企业一季度数据报送情况

后，马兴瑞省长还要求调阅富士康、广汽丰田、雪松控股等企业数据，并结合当前国内外宏观形势、手机等产业行业前景和5G 等先进技术，分析点评重点企业生产经营情况。马兴瑞省长还不时询问联网直报系统的部署环境、联网情况和报送流程，以及中控室大屏幕性能和尺寸等问题，我都一一作答演示。

马兴瑞省长在调研后高兴地说，省统计局在杨新洪的带领下，统计改革创新举措多，构建经济大省之统计强省步伐实，效果明显。广东统计数据中央多功能控制系统有着多种功能，对于加强经济运行分析和行业研判，摸清看透广东经济有着直接重要的分析研判意义。可把经济运行波动走势和数据强弱长短及时反馈给各地市，服务各地市，推动经济高质量发展。

53
推进城乡基本公共服务均等化，当好参谋助手，助力乡村振兴

2019年4月18日上午，省政协农业和农村委员会副主任、华南农业大学国家农业制度与发展研究院院长罗必良一行5人到省统计局进行省政协常委会议"加快推进城乡基本公共服务均等化助力乡村振兴"专题调研，我热情接待并做有关介绍。

我认为，专题选题很有意义。推进城乡基本公共服务均等化是实现习近平总书记对广东提出的"下功夫解决城乡二元结构问题"批示精神的重要内容，是落实省委"1+1+9"工作部署的具体体现，是实施乡村振兴战略的重要基础。

近年来，省统计局秉承"为数据需求者服务"的理念，加强"两防"（防注水、防少漏）统计数据报送，狠抓统计数据质量，提供大量优质统计产品和服务，《广东统计年鉴》《广东社会统计年鉴》《广东农村统计年鉴》等资料反映了大量基本公共服务基础数据。省统计局将珍惜本次参与专题调研的机会，发挥统计专业特长，提供统计数据支撑，分析广东乡村基本公共服务均等化发展情况，充分利用第三次全国农业普查资料为专题调研建言献策，当好省委、省政府的参谋助手。

秉承"为数据需求者服务"的理念，省统计局要分析好数据所展现的现象和本质，从而解读好经济的流动和趋势；统计人必须掌握好经济宏观波动趋势，善于列表算数，细数经济发展的支撑性、压力面、着力点与清单路径，反映经济内在规律；虽然统计工作辛苦，但统计服务背后必有精彩故事，这是求真务实精神之所在。

54
基于保密而为的安全层级观："源头"安全、"基础"安全、"意识"安全——2019年5月8日全国统计系统保密干部培训班上的致辞

尊敬的国家统计局办公室安平年主任、张鹏副主任以及全国统计系统保密干部同仁，大家上午好！首先，热烈欢迎各位莅临广东深圳，研究交流统计保密业务工作，这是对广东统计工作的一次检阅，现实意义重要而独特，我们备受鼓舞又深感鞭策。

我认为，保密既是工作要求，需要严谨、严格，更是技术活，需要学深、

熟知；保密是手段与要求，安全是目标和目的。要达到这个目的，我们至少要实现三个"安全层级观"。

"源头"安全。保密就是保生命。统计工作的源头是各类数据，数据是统计工作的生命线。对统计系统而言，保密首要就是保证数据安全，依法依规使用、管理各种涉密数据。统计干部应时刻牢固树立数据安全保密意识，严格执行国家统计数据使用管理方面的规章制度，做到以制度管数、按程序用数，真正做到"数无一失"。

"基础"安全。涉密网络和设备是开展保密工作的重要基础。在当前，窃密技术日新月异、防不胜防。在大量统计数据依托网络平台进行获取、传递、处理的情

况下，保障"基础"安全就显得尤为重要、关键，必须要有人、财、物和技术专业做支持支撑。统计部门应大力加强诸如网络、机房等硬件，防火墙、漏洞扫描等软件的安全防护，落实日常监管，规范上网行为，加强信息检查，人人签订保密协议，真正做到"上网不涉密、涉密不上网"，筑牢安全基石。

"意识"安全。在复杂多变的形势下，特别是广东地处改革开放最前沿，意识形态领域斗争复杂多变，对保密安全带来的挑战前所未有，更需切实把确保统计保密安全记心头，在新时代落实好保密工作。应在思想上重视，战略上把守，战术上不以小恶忘大密，把开展好保密教育作为做好保密工作的抓手，加大学习培训力度，及时分析保密安全形势，进一步增强做好统计保密工作的政治责任感、紧迫感和保密守纪意识，牢固筑起一道严防泄密的思想屏障。

55
一枝独秀不是春，百花齐放春满园，推动社会力量参与统计工作

2019年5月10日下午，省现代社会评价科学研究院院长林炜一行来访省统计局，我们双方就在大型国力国情调查以及其他统计工作中通过购买服务引进社会力量参与统计工作等内容进行深入交流。

我首先对省现代社会评价科学研究院一行来省统计局座谈交流工作表示热烈欢迎。

我认为，在统计调查中购买社会服务协助政府开展统计调查是一项创新性工作，丰富了政府统计调查方式，同时也遵从了《中华人民共和国统计法实施条例》中"国家有计划地推进县级以上人民政府统计机构和有关部门通过向社会购买服务组织实施统计调查和资料开发"

的规定精神。随着互联网、大数据、云计算技术的发展，腾讯、百度等电商平台已运用相关技术，依托互联网开展社会调查，并使用数据挖掘等技术开展统计分析，服务经济社会决策。政府统计购买社会服务将有助于拓展政府统计服务领域，提高政府统计服务水平。

长期以来，政府统计工作犹如一枝独秀，具有很强的专业性，特别是在全国经济普查、人口普查、农业普查等重大国情国力调查的统计调查方法制度、调查人员专业素质要求、数据质量控制等方面，国家统计局自上而下均有严格的要求，社会第三方力量介入有一定难度。但是，在某些统计领域、某些统

计调查项目或某些统计环节上，民间统计机构可以发挥其特有的优势，通过承担某些政府的统计调查项目或某些统计业务，能有效弥补政府统计的某些短板，拓展政府统计服务领域，丰富统计服务内容。省统计局将以积极的态度通过购买服务等方式借助社会力量有力推进政府统计工作，也希望各民间统计机构不断发展壮大。

百花齐放春满园。省统计局非常欢迎各相关民间统计机构以各种方式参与到全省统计工作中来，有效提高统计系统的行政效率和服务水平，更好地践行省统计局提出的"为数据需求者服务"的理念。

56
切入主题教育，理顺逻辑关系，提升统计能力

2019 年 6 月 15—16日，我马不停蹄奔赴湛江市、广州市越秀区开展

"不忘初心、牢记使命"主题教育，调研统计能力提升建设。

这次调研，我是带着问题去的。构建经济大省之统计强省、统计能力提升建设、"不忘初心、牢记使命"主题教育、统计数据质量、调查对象这五者之间究竟孰轻孰重？有何逻辑关系？这千丝万缕，都等待着我去理顺。

统计能力提升建设是开展"不忘初心、牢记使命"主题教育的一条主线，是贯彻落实习近平总书记关于统计工作重要讲话指示批示精神的具体举措。全省各级统计部门要提高思想认识，脚踏实地、改革创新、锐意进取，久久为功，全面提升统计改革创新、统计法治建设、统

计数据质量、统计监测预警、统计服务水平，以新时代新担当新作为着力构建经济大省之统计强省，为广东实现"四个走在全国前列"、当好"两个重要窗口"提供坚实统计保障。

构建经济大省之统计强省的基础是提升统计数据质量。统计部门要坚持实事求是的统计核心价值观，坚决贯彻执行省统计局"两防"工作要求，既要防止弄虚作假，更要防止少报漏报。要深刻认识统计工作环境的变化，牢牢把握当前统计数据质量的主要矛盾和矛盾的主要方面，认识到经过长期坚持不懈的整治，广东省统计弄虚作假现象已经得到有效遏制，现阶段统计工作重心应当从"防注水"转到"防少漏"，这一转变是客观的，是符合广东统计实际的，充分体现广东统计人实事求是的职业操守，展现广东统计人勇于担当和敢于作为的职业

精神。

统计部门要提高基础数据质量，关键在于调查对象。调查对象是最小经济颗粒，是统计数据的最初来源，统计数据准不准、实不实关键在于调查对象数据报送准不准、实不实。统计部门要树立"求上不如求下，求人不如求己"思想，把调查对象当作统计工作的衣食父母，深入企业生产一线，关注企业经营情况，宣传统计法律法规，培训统计方法制度，帮助解决企业数据报送问题，提供行业发展信息，为调查对象提供优质统计服务。

57
立足统计科学逻辑，
看透经济"烟雨楼台"

2019 年 7 月 24 日下午，中山市委常委、常务副市长杨文龙一行来到省统计局拜会，我听取了中山市上半年经济和统计工作情况介绍，我们就如何做好当前经济分析和统计工作进行深入交流。

在当前经济运行总体下行的背景下，统计部门面临着对经济运行"怎么看、准不准"的重大挑战。统计系统必须坚定不移秉持实事求是这个统计工作初心，以统计特有的科学逻辑，严格遵循统计原理、统计制度、统计方法和统计规范，充分利用互联网、大数据和现代统计技术手段，担当起客观真实反映经济社会发展这个神圣使命，用统计数据通过广视角多维度细颗粒解码经济运行的"烟雨楼台"。

我在交流中指出，市场主体经济活动基础数据决定统计核算结果，解决好基础数据源头问题，实质就是手握落实党中央关于提高统计数据真实性的

金钥匙。当前，广东统计"两防"工作已在全省上下形成了广泛共识，也已得到国家统计局最高层的高度肯定，省统计局也已将之作为主题教育的重点课题继续巩固和深化。坚持党的群众路线，落实"两防"关键是要做到"两求"（求人不如求己、求上不如求下），以钉钉子精神夯实基层统计基础，确保统计触角真切地感知经济细胞分裂变化。

58
抓变局下的契机，坚持"两防"，夯实数据来源基础

时值盛夏，汕头市党政

一把手不辞劳苦，不畏酷热，来到省统计局，与我及省局有关专业负责人就加强统计基础建设、第四次全国经济普查年度 GDP 核算、统计服务、专业统计业务等方面深入交流研讨。

汕头市党政一把手一同前来省统计局共商统计工作，充分表明市委、市政府对统计工作极其重视，我深受触动。省统计局将全力支持和指导汕头统计工作，竭力为汕头发展服务。刚刚马文田书记、郑剑戈市长郑重邀请我为汕头党政干部做一次统计报告，帮助汕头市领导干部深入了解统计、重视统计、加强统计。我感谢你们的信任，现在，我也做出允诺，近期将结合主题教育安排时间到汕头深入调研，与汕头干部群众探讨交流统计工作。

在当前，世界面临百年未有之大变局，在全球经济下行压力加大，不确定因素增多的重要关头，统计工作所肩负的服务于实现"两个一百年"奋斗目标，服务于

推进国家治理体系和治理能力现代化的责任更为重大与紧迫，使命更为光荣。为此，希望各级党委政府牢牢抓住主题教育这个契机，遵循统计基本规律落实各项工作。

统计数据源头恰似百川之于江海，树木之于森林，各地要创新工作方法，深入数据源头，密切关注市场主体变化，准确把握经济活动情况，指导帮助企业等统计基本单位建立统计台账，通过记好算好算准每一个经济颗粒的经济账来夯实统计数据基础，为算全算实算准算细经济活动成果奠定数据基础。

全面落实中央关于提高统计数据真实性部署是各级党委政府的一个重大政治任务。广东近一年的"两防"实践取得了显著成效，全省"四经普"数据质量获得国家统计局最高层的充分肯定。省统计局要坚定不移坚持这一正确靶向治理统计顽疾。希望汕头市全面深入总结

"两防"成果和经验，努力探索与企业建立统计鱼水关系的做法，为全省全国提供可借鉴可复制的经验，切实做到统全统准，不重不漏，全面提高统计数据真实性。

统计服务是统计工作的至高境界和初心使命。统计部门必须牢固树立"为数据需求者服务"的统计价值追求和统计理念，以真实的统计数据和高水平的统计分析，全方位服务好各级党委政府决策，服务好广大市场主体经营和广大民众民生。下半年，省统计局将按照全国统一的"四经普"年度GDP核算方案，严格以"四经普"数据准确核算各市GDP，为全省和各地科学决策提供高质量统计保障。

59
服务企业经营决策，推动高质量发展

2019年7月30日下午，根据省委、省政府领导要求，结合省统计局"不忘初心、牢记使命"主题教育深调研活动安排，我到深圳龙华区开展工业企业高质量发展专题调研，深入了解广东工业企业生产经营情况。

今年以来，广东工业经济下行压力较大，省委、省政府领导高度关注。根据省委、省政府领导指示要求和省委常委会议议定事项，要求相关部门在原先已开展的"1＋1＋9"工作和"不忘初心、牢记使命"主题教育深调研的基础上进一步深化调研，加强分析监测，抓准主要问题，把握工作重点和主攻方向，切实扭转广东工业经济下行态势，推动制造业高质量发展。

企业是社会经济体的细胞，是国家和地区经济活力的来源，企业为统计部门报送统计基础数据，经过统计部门汇总提供给各级党政领导，为宏观决策提供数据支撑。基层企业是统计部门的衣食父母，是统计数据质量的基础和关键环节，统计部门要经常到企业进行调研，了解企业生产经营情况，反映企业经营存在的问题，解决企业数据报送困难，并提供地区行业经济运行情况，服务企业生产经营决策，推动企业高质量发展。

我先后到深圳市国药集团致君（深圳）制药有限公司、深圳同兴达科技股份有限公司开展专题调研，重点了解两家企业今年以来的经营状况、全年发展预期、统计数据报送及研发投入等情况，与企业负责人就产业扶持、中美贸易摩擦、增值税率下调对企业的影响等问题进行了交流。

通过调研，我充分肯定

了两家企业的贡献，希望企业继续扎根龙华，增加工业技改投资扩大产能，加大研发费用投入提升核心竞争力，优化集团公司和分支机构之间的产能布局，充分利用深圳的营商环境优势和人才优势，不断发展壮大，做出更大贡献。

60

先易后难，立足现有，长效机制，"三层面"探讨大湾区创新研究与合作

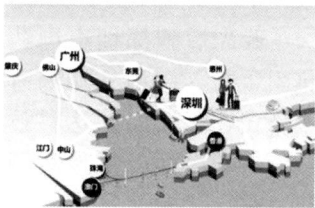

2019 年 8 月 12 日上午，深圳市社科院副巡视员罗思一行来到 10 号小院，我们就粤港澳大湾区创新观察系列研究、第四次全国经济普查数据挖掘以及省统计局与深圳市社

科院合作机制建设等方面进行深入探讨交流。

我对粤港澳大湾区创新研究给予充分肯定，开展相关科学研究，这为大湾区建设提供决策参考具有重要意义。

在操作层面，要先易后难，处理好"有"与"没有"的关系，以及"研究思维"与"统计思维"的关系。一是行业层面的数据可根据需要提供，但要严格遵守统计法和保密法的相关规定进行。二是创新研究工作不限于深圳，珠三角其他 8 个地市也应有所涉及。三是大面积的问卷调查操作复杂，技术要求比较高，对目前的研究并不适用。四是研究人员应对统计标准有所了解，避免研究脱离标准，出现"两张皮"现象。

在主题层面，实际研究可以结合现有统计标准开展。统计标准是否符合实际需要，需要得到各方认可，它关系到调查对象能否及时准确填报，关系到统计机构能否有效汇总、

审核和处理，甚至在一定程度上关系到整个统计调查的成败。国家层面的统计标准是否适用于大湾区研究，需要开展创新与标准的先行研究，当现有统计标准无法适应科学研究时，先于标准出现的经济现象将助推统计标准新的改革突破。

在工作机制层面，省统计局与深圳市社科院的合作可以建立长效机制。成立相关课题组，并由双方主要领导任课题组组长，省统计局综合处和经济研究所负责人任副组长，相关处室人员任领导小组成员，双方保持有效沟通，共同推进相关研究工作。

在成果发布层面，不同发布阶段，主题应有所侧重。具体的数据挖掘工作将在"四经普"数据发布之后启动，启动之前的这段时间可以作为酝酿期。

会上，深圳市社科院还汇报了粤港澳大湾区创新观察系列研究的思路，赞同将统计标准纳入研究

视野和在实际操作上先易后难等观点，并希望在合作过程中得到更多指导以及获得合法数据支持。

61

黑龙江调研，人口地理分界线，他山之石，可以攻玉

2019年8月14—15日，利用在哈尔滨参加广东省统计局干部综合能力素养提升培训班间隙，我结合"不忘初心、牢记使命"主题教育深调研，率队到黑龙江省统计局交流第四次全国经济普查和人口统计工作，加强广东和黑龙江两省统计工作合作交流。

近年来黑龙江省在"四经普"和人口统计工作上取得的成绩有目共睹，黑龙江统计数据质量不断提高，所以，加强两省统计交流合作，学习黑龙江省统计局统计工作先进经验，既是广东省统计局"不忘初心、牢记使命"主题教育深调研的重要内

容，也是广东构建经济大省之统计强省的重要举措。

在哈尔滨期间，我们到九三粮油工业集团有限公司和东北轻合金有限责任公司开展制造业高质量发展调研，听取企业发展情况介绍，参观企业产品展厅和生产车间，了解企业"四经普"统计数据报送情况。

他山之石，可以攻玉。我要将东北企业高质量发展的经验带回广东。

黑河作为我国北部的一座边陲小城，拥有古老的历史文化和神秘的少数民族风情。我到黑龙江省黑河市调研人口统计工作，仔细听取黑河市历史沿革、经济发展和统计工作介绍，详细了解黑河市在人口普查工作中的经验做法，实地考察黑河市人口分布和民族构成等。

1935年，我国著名地理学家胡焕庸提出黑河—腾冲线是我国人口地理分界线。这是一条特殊的分界线，分界线东南和西北两侧人口差异悬殊，体现

了中国人口在区域分布上的鲜明特点。人既是生产者，也是消费者，是经济活动的直接参与者和最积极因素，因此人口地理分界线不仅在地理学和人口学具有重要意义，对于经济活动和经济形势分析也具有重要作用。黑河市作为我国人口地理分界线的起点，人口分布和民族构成都有显著的代表性，学习黑河市在人口普查中的先进经验做法，对广东做好第七次全国人口普查工作具有重要借鉴意义。

62

探"未观测金融"，立世界统计舞台，发中国统计声音

马来西亚位于亚洲东南部，是群山绵延的半岛之国，印度洋温润潮湿的海风常年轻拂着这个国家，塑造了它和煦温暖、绿意盎然的自然风光。这是一个拥有永恒夏天和永恒阳光的地方。

2019 年 8 月 18—23 日，国际统计学会第 62 届世界统计大会在马来西亚吉隆坡炙热的骄阳中拉开帷幕。我作为中国统计学会副会长、广东省统计学会会长、广东省统计局局长有幸应邀出席并做专题报告。

这是一场世界统计学的盛会，两年一次的时间间隔让它格外珍贵且隆重。来自全球 130 多个国家和地区的 2 500 多名研究人员、学者、统计官员、分析师和政策制定者从五湖四海奔赴吉隆坡，他们在这个流光溢彩、人潮涌动的主会场开展学术交流，展现统计科学发展的最新成果。

我的《未观测金融调查研究》因理论创新突破和具有广泛的现实意义而被第 62 届世界统计大会收录，这是广东省政府统计系统论文首次被收录，也是广东统计走出国门、走向世界的坚实一步。

在开幕式上，我详细介绍了关于"未观测金融"的调查研究最新成果，认为"未观测金融"是存在于国民经济核算体系、金融统计监测体系与经济金融监管体系之外的金融活动，影响着政府对金融经济形势的判断和宏观货币政策制定。以深圳为例，深圳"未观测金融"已经形成规模。据测算，2015 年深圳"未观测金融"的规模和增加值分别占年末贷款余额和货币金融服务增加值的 2.2% 与 3.2%。随着金融生产方式的发展与创新，民间借贷活动日益频繁，"未观测金融"规

模必将不断扩大，对国家金融体系的影响也将逐渐增强，把"未观测金融"纳入国民经济核算乃是当务之急。目前，在国际上鲜有把"未观测金融"纳入国民经济核算，本研究成果是广东省政府统计改革创新成果，首次尝试用直接调查法测算"未观测金融"活动规模，为中国国民经济核算制度改革提供了可供借鉴的参考。

大会期间，我与国际统计学会官员、马来西亚总理马哈蒂尔先生、马来西亚经济部部长阿斯明先生、马来西亚统计局局长莫得·马丁先生、马来西亚大学伊坦·马图拉教授、双威大学及国立大学师生等围绕政府统计准确反映经济变化、推进统计改革，国际统计标准，统计方法制度等进行了有益的交流与深入探讨，探讨加强双边合作，共同推进"一带一路"国家统计指标体系构建。

63

责任感，参与感，共享感，获得感，"四感"创新担当

2019 年 8 月 28 日上午，我召开收集编制地方

资产负债表基础数据暨第三产业经济统计部门座谈会，贯彻落实党中央、国务院和省委、省政府工作部署，研究布置广东编制地方资产负债表和第三产业经济统计工作。

编制全国和地方资产负债表是党中央部署的三项重大核算改革之一，是一项政治任务，对摸清全国和地方经济"家底"，推进供给侧结构性改革，防范化解经济风险，推进国家治理体系和治理能力现代化，健全统计核算体系等都具有重大意义。

在省委、省政府的坚强领导和国家统计局的直接指导下，在高质量完成国家试点和做好前期准备工作基础

上，今天召开这个会议，标志着广东编制资产负债表这项工作正式进入实质阶段。接下来的工作都是硬骨头，扎实稳步推进各项工作需要有"四感"：

责任感。各部门要明确职责，夯实基础，严格把关，做到数据准确完整可追溯，确保全面准确反映广东经济存量。

参与感。各项创新性工作的系统性、复杂性、技术性强，加之数据基础薄弱，操作经验缺乏，需要相关部门大力支持与密切配合，齐心全力才能攻克难关。

共享感。资产负债表编制成果要充分分享，连同各项核算数据也可一并分享，为广东高质量发展提供更多数据资源。

获得感。当广东资产负债表"横空出世"之时，统计工作人员将不仅仅收获完成任务后的喜悦，更会有"阅尽人间春色"的能力和水平的提升，正谓是"我能拿走你的辛苦，但有一种叫能力的东西却拿不走"。

64

初心践行开放，改革推开开放，创新激发开放，落实检验开放

2019 年 9 月 10 日上午，第十届"中国统计开放日之广东"活动在广州市越秀区西湖路广百广场举行。本届活动以"坚守统计初心、践行时代使命"为主题，介绍广东统计系统"不忘初心、牢记使命"主题教育成果，展现中华人民共和国成立 70 周年以来广东统计人砥砺奋进、开拓创新的精神风貌，向社会各界介绍中华人民共和国成立 70 周年以来广东取得的辉煌成就。

我在活动现场讲话中一字一句地说道，本届统计开放日的主题是"坚守统计初心、践行时代使命"，正如中国统计开放日的总主题"统计和您在一起"一样，这就是我们统计人的初心。从 2010 年开始，省统计局每年都举办

一次统计开放日活动，每次都有一个主题，每次也都是一个节日。今年是中华人民共和国成立70周年，值此最伟大节日之际，统计人用统计数据诠释国家的辉煌成就。2019年，广东地区经济总量将有望跨越10万亿大关，数据背后也有许多统计人的辛劳与汗水，我在此向所有广东统计同仁表达敬意和谢意。同时，广东统计面临"四个开放"的新任务新要求：

用初心，践行开放。统计为数据需求者服务，这是统计人的职责和"落地"之处。党政机关对统计数据有需求，社会公众对统计数据有需求，研究机构对统计数据也有需求，统计工作现在越来越走近老百姓的经济生活，这就需要统计人用初心践行开放。

用改革，推开开放。与改革开放40年再出发一样，统计也有新的改革再出发。特别是这次国家统计局局长宁吉喆在广州市白云区调研，提出建立企业统计台账的任务，这就是新时代广东统计新的改革任务。

用创新，激发开放。很多开放都是需要创新去完成的。中国在世界范围内倡导多边主义，多边主义就是开放的体系，统计也需要建立更多的开放方式与模式。广东作为全国经济大省，在创新上也要开全国统计改革开放之先、之风气。

用落实，检验开放。说得好，不如做得好。说再多的数字，都不如落实一个数据。所有的开放、发展和创新，唯以数据检验成果。

我深深地希望每一届统计开放日都能带来新的激发与积极性、热情与创新性，将这"四个开放"作为广东统计的新任务和新要求，不断提升每一次统计开放日主题背后的含义和水平，获得实实在在的改变与前行。

在与企业代表、消费价格调查员和居民调查户代表的"共话统计"环节，我致敬在场的统计人并寄语：统计人的初心和使命就是把基础数据的来源搞透、搞准，基础数据来得真、来得实有非常重要的战略意义。希望大家一起风雨同舟，共同把数据采集好、报送好，统计人也会把数据利用好、分析好，并提供给需要数据的人使用，真正形成全社会都重视、支持和使用统计数据的良好氛围。

活动现场邀请了企业代表、消费价格调查员、居民调查户代表畅谈参与统计工作的宝贵经验，分享做好统计调查的心得体会。正是每一位基层统计人敬业奉献、恪尽职守地付出，才汇聚成一个个关乎国计民生的基础数据，饱含着统计人的初心和使命。结合此次统计开放日，还进行了人口普查模拟入户调查，在调查户家里，我亲切地与调查户交流交谈，细心询问了解调查户的具体情况，并与调查户单独合影留念。

活动现场播放了"构建经济大省之统计强省、为数据需求者服务"宣传片，并派发第十届"中国统计开放日之广东"宣传手册等资料，同时邀请市民扫码关注广东统计微信公众号，吸引了大批市民前来咨询了解，现场气氛非常热烈，取得良好效果。

65
拓展统计空间·提升统计能力·为数据需求者服务

2019 年 9 月 12 日，我率队深入广州市统计局调研座谈，听取市统计局局长赖志鸿有关情况汇报，并提出全省统计系统拓展统计空间在于提升统计能力，为数据需求者服务。省统计局副局长朱遂文、杨骁婷，二级巡视员杨少浪，各处室主要负责人等参加调研。

我听取了赖志鸿局长关于广州市统计局人员编制、基本情况、主题教育开展、粤港澳大湾区统计工作创新、第四次全国经济普查、落实国家级试点等工作介绍和提请省统计局支持协调解决的相关事项，一同参加调研的省统计局领导和相关处室主要负责人对各自分管的事项进行了一一回应。

对广州市统计工作，我是给予充分肯定的。广州市经济总量约占全省的四分之一，对全省经济起着重要支撑作用，地位举足轻重。赖志鸿局长到任后，广州市统计工作精神风貌有新变化，干事创业积极性有新提升。省统计局此次到广州进行统计能力建设调研，看望市统计局广大统计干部，就是要在季报前的这个关键时间节点抓关键事情，实地了解广州统计工作情况，帮助广州解决统计工作中存在的困难和问题，不忘统计工作初心，履行统计工作使命，全面提升统计能力，以实际行动为数据需求者服务，支持服务粤港澳大湾区建设。

全省统计系统拓展统计空间关键在于提升统计能力，为数据需求者服务。

一是统计工作要从面热转向点热。不只要表面红红火火，更要静下心来，用心用情，抓主要矛盾，找准落点，将复杂琐碎的统计工作串起来，如广州要抓住区独立统计机构设置时机，配齐配强统计力量，加强能力建设，为数据需求者服务。

二是抓"两防"关键在于抓"少报漏报"。抓"弄虚作假"已取得一定的成绩，但抓"少报漏报"方法举措不多，广州要以实际行动在防"少报漏报"中走在前列，尤其是在服务业和贸易业等统计重点领域，真实反映广州经济存在，为全省防"少报漏报"积累经验。

三是统计创新要始终贯穿在统计改革发展之中。根据国家统计局局长宁吉喆7月广州调研要求，广州承担了国家电子统计台账试点任务，同时也开展了"金样本"试点、服务消费试算、建筑业企业研

发统计会计辅助记账标准试点等多项改革创新工作。广州市要以开展各项国家试点为契机，提升统计能力，将统计创新贯穿在统计改革发展之中。

66
省政府门户微访谈，与网友在线交流，构建经济大省之统计强省关键在于提高统计能力

2019年9月19日下午，我接受广东省政府门户网站"微访谈"的专访。以"构建经济大省之统计强省，全面提升统计能力，经济高质量发展提供统计保障"为主题，围绕统计强省目标、统计改革创新和高质量综合绩效评价体系等话题回答主持人的提问，并与广大网友在线交流，就新经济、经济普查和人口普查等方面内容回应网友关切。

广东是全国经济大省，省统计局作为省政府直属

机构，必须要在构建新时代现代化统计调查体系新征程中有所作为，围绕构建统计强省的目标开拓创新，寻找方向和突破口，脚踏实地增强统计能力。

广东构建统计强省集中体现在五个方面：一是形成特别强的统计改革创新能力，尤其在专业的方法制度与工作的方式方法上；二是培养特别精准的数据解读解析能力，始终把握数据的话语权和诠释力；三是力争专业业务评比与统计分析位居全国前列，具有广东统计影响力，与习近平总书记对广东提出的"四个走在全国前列"同向而行；四是破解各方统计难题案例，以及促使统计科研水平能领改革风气之先，并具有一定的风向标和引领气质；五是具备与新时代要求相适应的南粤统计"精神气"，党建业务"双融合、双促进、双提升"，精进常勤乐现新气象。以饱满的与新时代要求相适应的南粤统计

"精气神"，脚踏实地把统计的开放之心化为"新（改革创新）、先（先行先试）、实（落实求实）"的南粤统计之风，以实际统计行动牢记初心使命。

一年多来，省统计局与时俱进创新把握平衡点，先后承担了全国经济普查数据处理、人口普查粤港澳大湾区合作、"三新"经济监测统计、服务消费统计和企业研发统计等10多项国家重点统计改革试点工作。国家统计局局长宁吉喆高度关注和肯定广东统计改革创新工作，多次给予指导和提出要求。此外，我还介绍了广东高质量综合绩效评价体系的主要内容、完善过程和2016—2018年各地市高质量发展综合绩效的测算结果。

访谈过程中，广大网友积极参与互动，通过省政府门户网站微博进行在线提问。我就网友关注的新经济内容、第四次全国经济普查工作进展和第七次全国人口普查等问题进行了详细解答，积极回应网友关切。访谈结束后，省政府门户网站在线访谈栏目对访谈内容进行了全文发布。

67
调整状态收心归位，全面投入重点工作

2019年10月8日，在中华人民共和国成立70周年国庆节假日结束后上班第一天，我第一时间主持召开节后工作碰头会，之所以强调两个"第一"，就是为了总结省统计局国庆前工作任务，通报节假日值班值守情况，部署三季度数据报送等重点工作。

今年是中华人民共和国成立70周年，在中国共产党的领导下，全国各族人民同心同德，经过70年的艰苦奋斗，取得了令世界瞩目的伟大成就。省统计局通过《数说广东70年》和《新中国成立70周年广东经济社会发展成就系列报告》等优秀统计产品，以翔实的统计数据和丰富的文字资料，从经济、社会、文化、生态等多个方面，全方位、系统性地展示了中华人民共和国成立70周年以来广东经济社会取得的辉煌成就，为庆祝中华人民共和国成立70周年献礼。

国庆节假日期间，省统计局值班值守等各项工作值得充分肯定。省统计局严格按照国家统计局和省委、省政府值班值守工作要求，执行24小时全天候值班制度，全面加强网络舆情监控管理，及时通报网络与信息安全情况，密切关注联网直报平台数据采集进度，加班加点高质量报送省政府交办的重要材料并得到省领导肯定，圆满完成国庆节假日期间

的值班值守各项工作，休假的干部职工也全部安全顺利返工，统计系统干部职工以统计人自己的方式，度过了一个祥和欢乐的国庆节。

节后全体干部职工要迅速调整状态、收心归位，抓住工作重点，全面投入到当前各项重点工作中。一是做好三季度数据报送和核算工作。省委、省政府高度重视当前经济运行情况，节前多次召开会议研判经济形势，要求各专业处（室、中心、所）各司其职，加强数据审核报送，积极沟通协调，做好数据分析研判，全力以赴做好数据采集、审核、报送、核算和分析等工作。二是扎实推进巡视整改工作。各相关责任

处室要按照巡视整改任务分工，梳理整改工作进展，落地落细整改措施，扎实推动整改工作全面到位。三是推动人口普查经费落实和预算绩效进度。尽快向各地级以上市统计局发文，指导做好人口普查预算编制，积极落实第七次全国人口普查经费保障；对第四次全国经济普查资料开发等预算执行进度较慢的项目，要进行专题研究推动，确保完成预算绩效序时目标。

68
科学如实统准数据，析经济运行，探"庐山真面目"

首先，非常诚挚地欢迎惠州市委常委、常务副市长胡建斌一行来到省统计局进行座谈。

我开门见山、直奔主题，就当前经济运行态势、企业入库、"两防"、数据真实性等方面展开交流研讨。

用数据变化看透看准

在当前整体经济下行背景下影响经济运行的复杂、多变因素。以真实准确的数据去描述解构透析经济运行，才能真正看清看透经济运行过程中不确定不明朗的"庐山真面目"。为数据需求者服务，绝不可用虚假的数据粉饰经济发展中的困难和问题。

一是夯实统计基础。"要有树（数）先种树（数）、要有数先入库"，

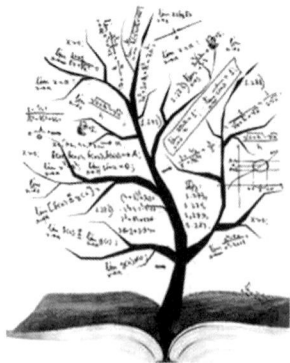

要密切关注市场主体变化，准确把握经济活动的"阴晴圆缺"，切实做好"小升规""个转企"，把符合"四上"条件的企业纳入常规统计，为算全算实算

准算细经济活动成果奠定数据基础。

二是持续加力"两防"。在日常统计中，要全面落实中央关于提高统计数据真实性的部署，在防虚报的同时，更要综合施策，采取有效措施做好防瞒防漏防少，确保颗粒归仓，全面提高统计数据真实性。

三是服务好企业。企业是统计数据源头，"临溪而渔，溪深而鱼肥"，统计要为企业发展提供贴身服务，与企业建立鱼水关系，使企业实事求是上报数据成为一种行动自觉，以保证统计数据如实反映经济发展状况。

69
统计进党校，提出唯以"两防"，方立全面实事求是的"数据观"

2019年10月22日上午，应省委组织部邀请，我在省委党校报告厅做《唯以"两防"，方立全面实事求是的"数据观"》

专题报告。省委党校副校长林栋才主持报告会，省委党校中青年领导干部培训一班、二班、三班共计240多名学员参加报告会。

本次到省委党校授课，是贯彻中央《关于深化统计管理体制改革提高统计数据真实性的意见》和广东省实施意见精神，落实"把统计法纳入各级党校、行政学院、干部学院、社会主义学院领导干部教育培训的必修课"的重要举措。通过授课，有利于全省各级领导干部了解掌握统计法律法规和统计常识，增强风险意识、底线意识、法律意识，树立"两防"工作理念和工作思维，更好地支持统计部门依法依规做好统计工作和服务党政工作大局。

我在报告中以丰富的数据和生动的案例为切入，深入浅出地介绍现行统计标准、制度、方法以及GDP核算专业知识，把脉当前全国及广东经济运行走势，讲解中央《意见》《办法》

《规定》和广东省实施意见、实施办法的主要精神和内容，分析当前全省加强"两防"工作的背景及重要意义，对全省"少报漏报"典型案例进行重点剖析，同时结合丰富的统计工作实践提出应对之策。

我在报告中还提出要建立起全面的实事求是数据观。搞准搞实统计数据，需从中层自我革命，不为上，只唯实，担当职责；需基层自立争气，扎实数据基础功课；需从中下倒逼顶层自我检视，立起全面的实事求是数据观。坚持"两防"，既要防弄虚作假、虚报注水，更要防瞒报拒报、少报漏报，只有准确把握当前统计数据质量管理工作中的主要矛盾和矛盾的主要方面，才能真正打赢统计数据质量保卫战。

广大学员表示，杨局长理论功底深厚，实践经验丰富，给大家上了一堂高质量、有高度、有深度、有广度的统计专业法制课；报告对全省经济形势、统计工作现状分析深刻到位，针对性强，很接地气，对推进经济工作特别是抓好统计工作具有很强的指导意义；报告逻辑严密，风格清新，展现了统计人求真务实的精神风貌，提升了统计工作威望，有助于各级各部门更好地了解、接纳、配合并共同做好统计工作；报告精辟独到，体现统计战略思维，理论联系实际，案例生动贴切，受到高度评价，引起热烈反响。

70
参加全国统计科学讨论会，做主题发言，"青色的城"里的统计交流

呼和浩特，蒙古语意为"青色的城"，这里历史厚重、寺庙众多、风光

旖旎、绿草如茵、牛羊成群、湖泊点缀、花香鸟语，富有浓郁的塞外风情。这里的草原不仅使人联想到铁木真的金戈铁马，更使人惦念那含泪出塞的昭君姑娘，是她给苍劲的草原带来了灵气和柔情。

2019年10月26—27日，第二十次全国统计科学讨论会就在塞外名城呼和浩特举行。本次统计科学讨论会以"新时代统计改革发展"为主题，我提交的论文《探索构建高质量发展综合绩效评价体系》入选，并获邀在大会做主题发言。

我在主题发言中首先厘清了从"新发展理念"到"综合考量评价实践"的递进逻辑关联。新时代新发展理念的核心要义实质上是"人与自然和谐共生"，新发展理念是"指挥棒"和"红绿灯"，以新发展理念引领高质量发展，其落脚点为如何全面科学准确考量，如何衡量"金山银山"绿色发展成果，并从中寻找人与自然

和谐共生的尺度。在介于"GDP与绿色GDP"综合评价指标之中，建立一个可综合评价高质量发展的科学考量指标体系，对于一个国家和地区建立正确发展的政绩观至关重要。

我在主题发言中重点讲解了广东高质量发展综合绩效评价体系的主要创新特点。广东高质量发展综合绩效评价体系从广东发展特色和区域特点出发，创新地采用分类考核的办法，根据"一核一带一区"区域发展新格局，分

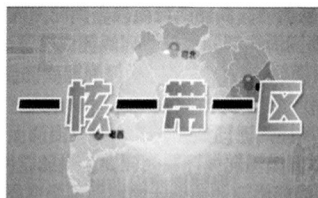

别对珠三角核心区、沿海经济带、北部生态发展区三个区域设置指标，不同区域的指标设置和指标权重均有所不同。指标体系共设立综合、创新、协调、绿色、开放、共享6个一

级指标，41 个二级指标，其中适用于三类区域的共同指标 35 个，适用于不同区域的类别指标 12 个，通过综合指数法进行测算。

我在主题发言中还详细阐述了广东构建高质量发展综合绩效评价体系的重要意义。广东的经济总量为全国最大，但其不平衡不协调性也是全国的一个典型缩影。因此，以人民为中心的新发展理念为根本遵循，突出依据广东"一核一带一区"发展格局特征，率先在全国构建高质量综合绩效分类评价办法，不仅可较为精准地科学考量和引领广东各地市高质量发展，实现有底线与红线的发展，又可对全国其他地区在评价高质量发展上具有一定的突破借鉴意义。

71
落实宁局长指示要求，做实台账试点，贡献广东统计创新智慧

2019 年 10 月 30 日上午，我们在省统计局召开国家电子统计台账试点工作部署会。电子统计台账试点这项工作意义非凡，亟须推动落实：

一是切实有需要。首先是落实国家统计局局长宁吉喆关于试点工作的批示指示精神有需要。凸显

广东统计改革创新一直在路上，有能力做好电子统计台账这一创新工作。其次是广州统计自身有需要。在北上广深城市发展对比中，统计数据的变动会引起社会极大关注，广州是国际商贸中心，广州老城要出彩，商业有优势、有基础。最后是全省大局有需要。把统计改革创新工作更多放在省会城市，以此辐射带动全省其他地市。

二是扎实有必要。首先是试点企业工作要扎实。改革不是空谈，一定要有落点、有实体，"理性、辩证、冷静"看待。统计数据与统计改革要有落点，根子就在每一个经济细胞，落点于每一个试点企业。一个企业虽小，但如果数据反映不客观、不扎实，汇聚起来危害就大了。其次是要练就扎实的统计基础。电子统计台账试点将改变过去的数据采集方式，一方面减少了统计的环节和工作量，另一方面加强了现代化技术手段的应用，扎实了统计的基本功。最后要体现在提高统计数据质量上。电子统计台账可直接即时获取调查对象的各类统计基础数据，能扎实有效保证统计报表数出有源、统计指标口径和数据真实准确。

三是把试点工作做实。首先要安排专人负责，充实中坚力量，破解试点中的难题。其次要提高认识，积极主动，凡事用"不

能"的想法挡回去，工作必不能落实，凡事往"能"的想法去做，才会无往而不胜。最后要将"深圳速度"应用到"广东行动"，做好统计改革创新工作，为当地提供数据支撑、决策支持。

72 树立正确"数据观""准心观""逻辑观""活力观""法制观"，"五观"践行初心使命

2019 年 12 月 23 日，我与来访的肇庆市市长吕玉印一行座谈，分析肇庆当前经济运行情况，并就加强统计基础建设、创新数据服务、助力肇庆新发展等进行深入交流研讨。

吕玉印衷心感谢省统计局长期以来对肇庆统计工作的关心、支持和指导。特别感谢我为肇庆市领导干部做的《多维解码广东经济》专题讲座，由于讲座在肇庆反应非常热烈，他盛情邀请我再次莅临肇庆做讲座报告。同时期望省统计局一如既往对肇庆经济发展给予关心和支持，为当前肇庆正举全市之力建设粤港澳大湾区，加快工业化和城市化步伐，不断夯实产业基础，持续优化投资环境，推动肇庆可持续发展等方面给予更多的指导。吕玉印表示肇庆市委、市政府将努力创造条件，进一步夯实基层统计基础，全面提升各级统计能力。

我首先对吕玉印到肇庆履新表示祝贺，吕玉印到任不久就带队到省统计局共商统计工作，充分体现了对统计工作的高度重视，我对此深表感谢。肇庆确立了抢抓"双区驱动""双核联动"重大机遇，坚持产业强市不动摇，加快绿色崛起，争当湾区

新秀的发展目标，令人鼓舞、催人奋进，省统计局将全力支持和推动肇庆经济社会发展。2020 年是全面建成小康社会和"十三五"规划收官之年，全省统计系统将开展以"创新数据服务"为主题的"统计创新服务年"活动，希望肇庆进一步树立正确的"数据观""准心观""逻辑观""活力观"和"法制观"，牢牢把握真实客观反映经济社会发展的统计初心，夯实统计基础，推进改革创新，提升统计能力，担当起为数据需求者服务的统计使命，为推进政府治理体系和治理能力现代化提供优质统计服务。

73 领悟高线，严守红线，普及底线，阐明防线，全面提升数据质量

党的十九届四中全会提出"发挥统计监督职能作用"的总体要求，凸显了统计工作在推进国家治

理体系和治理能力现代化中的地位与作用。近年来，广东省统计系统持续坚持"两防"（防注水、防少漏）不放松，统计数据质量得到保障，统计监督职能得到彰显，受到国家统计局的充分肯定。2019年12月5日，省政府主要领导在《关于广东省第四次全国经济普查主要成果的报告》上批示："这项工作完成得十分出色！"实践证明，唯有坚持"两防"，才能确立全面的、实事求是的"数据观"，才能确保统计数据质量。

提高政治站位，在勤学中领悟统计数据的高线。党的十八大以来，习近平总书记就统计工作多次做出重要指示批示，并先后

主持召开会议，审议通过《关于深化统计管理体制改革提高统计数据真实性的意见》《统计违纪违法责任人处分处理建议办法》等重要文件，充分体现了以习近平同志为核心的党中央对统计工作特别是数据真实性的高度重视。我们坚持以局党组中心组（扩大）理论学习为平台，以党建业务"双融合、双提升"为重点，以随机抽考的方式，增强"两防"的自觉性，在"两防"中提高统计数据质量，在落实中提升"两防"能力，真正发挥统计监督职能作用。

明确法律规范，在督导中严守统计数据的红线。《中华人民共和国统计法》是中国特色社会主义法治体系的组成部分。为了让统计法在南粤大地落地生根、开花结果，我们以依法统计、依法治统的自觉性和责任感，及时制定印发了一系列实施细则和方案，以"两防"发端，狠抓法律规章制度落实。省

政府主要领导多次深入第一线督导普查，省局领导带队对地级以上市进行督查。正是因为坚持"两防"谋篇布局，才使得"四经普"的数量和质量达到预期效果。在第七次全国人口普查中，我们将进一步完善"两防"措施，增强"两防"预警，实现督导全覆盖。

重宣传引导，在动员中普及统计数据的底线。2018年9月29日，马兴瑞省长在省"四经普"专题工作电视电话会议上，提出破解统计"六难"的对策是狠抓宣传。我们让各级主要领导唱主角，"四经普"期间，全省21个地级以上市的党和政府主要领导，或出席启动仪式，或接受媒体采访，或到普查一线督促检查，形成了上下一致、左右呼应的"大合唱"；省局主要领导先后在中共中央政策研究室主办的《学习与研究》《南方日报》等报刊发表文章，引起广泛关

注。2020 年是第七次全国人口普查年，增强"两防"意识，夯实"两防"基础是最佳选择。

加强数据解读，在服务中阐明统计数据的防线。我们秉持"开放统计、开门服务、开拓创新、开源共享"的理念，在"开放"中接受数据质量检验，在"开门"中达成"两防"共识，在"开拓"中提升统计能力，在"开源"中扩大服务效能。我们成立专业委员会，扩大培训统计骨干范围，与全省 21 个地级以上市党政主要领导常来常往，强化报表的时效性、准确性，加强与兄弟省、市的交流学习等，以开放的姿态、多样的形式、贴心的服务、精准的解读，赢得各级党委政府和社会各界的信任与嘉奖。2020 年是"创新数据服务年"，我们将进一步提升数据解读诠释的主动性和自信心，努力践行"为数据需求者服务"的初心使命。

"明者因时而变，知者随事而制。"2020 年是全面建成小康社会和"十三五"规划收官之年，是广东"双区驱动战略"大展宏图之年，我们将以省委、省政府的决策部署为目标，加强"两防"的预警功能，为推进政府治理体系和治理能力现代化提供优质统计服务。

74
"四个领" "三个看"，回首总结 2019，展望谋划 2020

2020 年 1 月 21 日，全省统计工作暨第七次全国人口普查动员培训会在广州召开。会议以习近平新时代中国特色社会主义思想为指导，深入学习贯彻

党的十九大和十九届二中、三中、四中全会精神，传达学习贯彻全国统计工作会议和全省"七人普"电视电话会议要求，总结一年来全省统计工作，表彰

广东省"四经普"优秀集体、优秀工作者和编表能手，研究部署"七人普"等 2020 年重点任务。我出席会议并讲话。

我以"四个领" "三个看"总结 2019 年统计工作部署和 2020 年重点任务。一是领会精神，看三个讲话。三个讲话即国家统计局局长宁吉喆在全国统计工作会上的讲话、省长马兴瑞对全省统计工作的批示和在"七人普"电视电话会上的讲话，这些讲话肯定了全国及全省统计系统工作，分析当前

统计工作形势并部署下一步工作，鲜明接地气，大家要认真领会学习讲话精神。二是领回任务，看三个主题报告。会议上的全省统计工作报告、"四经普"工作总结、"七人普"工作发言，对下一步重点工作都做了部署安排，大家根据要求领回任务抓好贯彻落实。三是领头工作，看三个文件。省统计局党组关于"创新数据服务年"的2020年1号文、省市联系工作机制的2号文、省政府关于开展"七人普"的2019年107号文三个指导性文件，可以引领大家做好"创新数据服务年"和人口普查等2020年重点任务。四是领悟统计，看三个主体内容。《大湾区人口普查案例选编》为人口普查提供了丰富案例、《创新前行》回顾了广东统计历史和创新实践、《统计思维与实践》汇集了全省统计系统的新年感悟，这三个主体内容有助于大家更好地领

悟统计，理解统计，做好统计。

我高度肯定了2019年全省统计工作。2019年以来，在省委、省政府的正确领导和国家统计局的业务指导下，全省统计系统深入贯彻习近平总书记对统计工作和广东工作的重要讲话与指示批示精神，认真落实全国统计工作会议和省委十二届七次、八次和九次全会要求，坚持以党的政治建设为统领，围绕统计事业发展重大决策部署，主动作为攻坚克难，深化统计改革创新，提升统计业务能力，加强统计监测分析，提高统计服务水平，推进"两防"（防注水、防少漏），提升数据质量，圆满完成第四次全国经济普查任务，着力构建经济大省之统计强省，为省委、省政府决策提供高质量统计服务，广东统计面貌焕然一新。

我代表省统计局对2020年统计重点任务做出

安排。全省统计系统认真贯彻落实党中央、国务院统计工作决策部署和国家统计局、省委、省政府各项工作要求，始终保持闻鸡起舞、日夜兼程、风雨无阻的奋斗姿态，不忘初心、牢记使命，奋发有为、开拓创新，为数据需求者服务，持续构建经济大省之统计强省，重点做好以下几方面工作：一是持续推进党建业务融合提升，二是扎实推进"四经普"后续工作，三是不断加快"7+n"统计改革创新步伐，四是深入推进"两防"提高数据质量，五是加强队伍建设持续提升统计能力，六是深入开展2020年"创新数据服务年"，七是周密部署全力推进广东"七人普"各项工作。

会上，杨骁婷代表局党组宣读了《中共广东省

统计局党组关于构建经济大省之统计强省开展创新数据服务年的通知》。刘智华代表局党组宣读了《关于表扬广东省第四次全国经济普查优秀集体和优秀工作者的决定》和《关于表扬广东省第四次全国经济普查编表能手的决定》。随后，我和党组成员、二级巡视员一起为广州市南沙区第四次全国经济普查领导小组办公室等11个"四经普"优秀集体代表、佛山市顺德区北滘镇人民政府党政办办事员周树华等22名"四经普"优秀工作者代表、省统计局办公室王铭婵等11名"四经普"编表能手代表颁奖，表彰其贡献，鼓励他们再接再厉，再创佳绩。

省交通运输厅、广州市统计局、汕头市统计局、茂名市统计局等8个单位分别就交通运输统计、统计改革创新、数据发布解读、"七人普"前期准备等工作分别做经验介绍。

省统计局人口就业处对全国"七人普"普查方案进行培训，深入分析广东"七人普"工作面临的形势，重点讲解普查对象、普查时点、普查表式、数据采集方式和普查登记流程等。

朱遂文对会议进行小结并提出了三点贯彻落实意见：一是及时汇报传达。各地市和县区参会人员回去后要及时向政府领导汇报会议精神，同时将会议精神传达至各级统计机构的每一位统计工作人员。二是做好贯彻落实。要根据马兴瑞省长和杨新洪局长的讲话要求，扎实做好各项工作的贯彻落实，尤其是抓紧部署落实好"七人普"的各项工作。三是及时反馈情况。对于在开展"创新数据服务年"、构建经济大省之统计强省以及"七人普"等重点工作中遇到的情况问题和经验做法要及时向省统计局报送反馈。

75

南粤统计，新风扑面——接受《中国信息报》专访

日前，《中国信息报》就广东统计改革发展、服务粤港澳大湾区建设等相关话题对我进行了专访。

记者：杨局长，您好！能否请您用一句话概括介绍近年来广东省统计局统计工作的亮点？

我：南粤统计，秉承"新、先、实"之风，即"改革创新、先行先试、落

实求实"，大胆破冰探索，落实"两防"，即"防注水、防少漏"，持续提高统计能力，着力为数据需求者服务，不断构建经济大省之统计强省。

记者：具体而言，过去一年，广东省统计局开展统计工作有什么改革创新之处？

我：一年来，广东省统计局传承南粤改革开放基因，以"7+n"试点切入，推动统计改革创新，目前成果已经显现，并得到应用，受到国家统计局局长宁吉喆和广东省委、省政府主要领导的肯定和好评。

记者：请您简要介绍一下"7+n"试点具体包含哪些工作。

我："7"是指国家统计局赋予广东的7个国家级统计改革创新试点。一是建立新经济统计制度，全面真实准确反映广东"三新"业态，按季度核算发布新经济增加值；二是推动电子统计台账试点，加强统计基础建设，减轻基层工作负担；三是依托粤港澳大湾区统计协作机制，做好人口普查专项试点，为"七人普"港澳台和外籍人员普查登记积累经验；四是首创分性别统

计制度，加强性别统计监测，《2018年广东性别统计报告》获国家统计局局长宁吉喆、全国妇联副主席谭琳和广东省委书记李希的肯定批示；五是构建农业生产联网直报核算系统，完善数据质量评估方法；六是开发"广东智能普查"项目，提供便捷高效的"互联网+普查服务"；七是开展部分行业总产出核算研究，对改进完善新兴行业总产出核算方法提出创新建议。

"n"是指广东省统计局在7个国家级统计改革创新试点的带动下，一系列统计改革创新试点如雨后春笋般涌现，不断在南粤大地落地生根、开花结果，比如建筑业企业研发统计会计辅助记账标准试点、党在中华人民共和国成立前的统计史研究、高质量发展综合绩效评价体系、"杜甫指数"测算、服务消费试算、知识产权产品纳入固定资产投资统计与核算试算方法改革、重点互

联网房屋共享平台试点和第三方网络支付专项试点等。

记者：在服务粤港澳大湾区建设方面，广东省统计局目前已经进行了哪些探索？

我：在这方面，广东省统计局主要做了以下工作：一是充分发挥统计部门业务职能优势，为粤港澳大湾区建设提供扎实数据支撑；二是针对大湾区建设难题，深入开展调查研究，撰写《粤港澳大湾区产业协同发展研究》《粤港澳大湾区城市群协同发展研究》《粤港澳大湾区工业经济创新驱动发展研究》等专题统计分析，提供政策建议；三是与省湾区办、深圳市社科院等部门和研究机构交流探讨，探索建立粤港澳大湾区统计指标体系和数据共享机制；四是与港澳统计机构加强交流协作，并同澳门签订《在粤澳门居民人口普查登记合作协议》，共同做好"七人普"港澳台和外籍人口专项试点工作。

记者：在您看来，第七次全国人口普查是推进大湾区统计合作的一个有利契机吗？

我："七人普"是推进大湾区统计合作的有利契机。首先，人口普查是重大的国情国力调查，第六次全国人口普查（简称"六人普"）开始将居住在我国境内（海关关境以内，不含港澳台地区）的港澳台居民和外籍人员纳入普查范围；其次，摸清在大陆生活的港澳居民数量、结构和分布，对于港澳特区政府制定政策具有重要意义；最后，粤港澳大湾区国家战略的实施和推进，为大湾区统计部门加强合作提供了良好的顶层设计。

记者：未来，粤港澳大湾区统计合作的方向有

哪些？

我：下一步，粤港澳大湾区统计合作的方向是以"七人普"为切入点，建立交流合作和数据共享制度化与常态化机制，形成并完善反映大湾区人口流动、产业转移、协同发展、共融共建领域的指标体系，为大湾区建设提供高质量统计服务。

76
发挥统计职能优势，敏锐、科学、协调测度研判疫情下的广东经济

2020年2月14日，我主持召开省统计局专业委员会，研究测判新型冠状病毒肺炎疫情对广东经济的影响。

我听取了相关专业处室统计联网直报企业平台专项调查反馈情况，结合目前公布的疫情病例数据，一起研讨了疫情的"拐点"与"控点"，并对防控疫情与经济工作密切关联的几个重要时间节点和相关政策建议进行了客观研判。同时，要求各专业处室继续做好疫情防控期间相关统计工作。一是要敏锐。各专业要充分认识本次疫情对广东经济的影响，紧密跟踪疫情病例数据演变动态，并对本专业统计调查工作和数据情况及早做出准确研判。二是要科学。用数据作支撑，充分利用统计技术、统计方法对数据进行分析，全面、客观、理性透视疫情对经济的影响，避免因主观情绪和心理因素干扰评判。三是要协调。核算部门要及时更新国家统一核算制度改革所涉及的专业指标，并要求各专业处室协同配合，提供翔实细致的分项数据，对一季度

地区生产总值进行准确核算。

77

撰报《警惕"负悲熵"》，三角度向省长报告自己的独立思考，获肯定批示，足见当下千方百计抓经济之重要

2020 年 2 月 16 日，省长马兴瑞对我亲笔撰报的《警惕"负悲熵"：全省抗疫新冠肺炎从全力防控到全面抓增长有着非凡的广东经济意义》做出肯定批示："请克庆、贞琴同志，各位副省长，小涛同志阅。"

新冠肺炎疫情自去年 12 月爆发，对全国以及广东经济社会发展都产生了

不利影响。我带领综合、核算、工业、服务业、贸外等专业处室业务骨干，发挥统计专业职能，加强统计监测分析，科学测算疫情对广东经济增长的影响，撰写了《警惕"负悲熵"：全省抗疫新冠肺炎从全力防控到全面抓增长有着非凡的广东经济意义》《省统计局关于新冠肺炎疫情对广东经济运行影响情况分析的签报》《省统计局关于新型冠状病毒疫情对服务业企业影响问卷结果分析的签报》《广东省统计局关于新型冠状病毒感染肺炎疫情对全省工业增长的影响测算》多篇专题分析上报省长马兴瑞和常务副省长林克庆等省领导，为广东疫情防控提供坚强有力的统计服务保障，得到省长马兴瑞多次肯定批示。

《警惕"负悲熵"：全省抗疫新冠肺炎从全力防控到全面抓增长有着非凡的广东经济意义》一文由我构思撰报，创造性地提

出"负悲熵"概念，通过统计方法与数据进行测判，提出广东作为第一经济大省，率先转向全面抓经济增长意义非凡。本文本意，仅为自己从三个角度向省长报告不成熟的独立思考，供他参考。没想到，省长还是批示给所涉与经济社会相关的省领导阅，足见当前形势下千方百计抓经济的重要性。

78

立足"三做到"，推进百名景气企业家信心调查工作，改革创新再出发

2020 年 2 月 27 日下午，我发起并主持召开省统计专业委员会议，研究、部署百名景气企业家信心调查工作。省统计局副局长杨骁婷、刘智华，二级巡视员杨少浪、熊德国，有关专业委员、专员，省城乡统计调查中心业务骨干参加会议。

我、杨骁婷、刘智华、

杨少浪、熊德国和有关专业人员一起深入细致地研究了广东企业景气调查工作方案和具体实施方法，着力分析解决重点难点问题，明确工作抓手，增强可操作性。重点围绕百名景气企业家信心调查制度的规划设计、实施方案进行充分讨论，并部署安排下一步工作。

为做好下一步的工作，我提出"三个做到"：一是做到统一思想，提高重视。企业景气调查是省统计局开展的一项新的统计调查业务，要突出抓好百名景气企业家信心调查这个重点环节，并作为当前重点工作抓好落实。各专业处室要统一思想、提高重视，统一工作思路，同心协力、相互配合，确保各项工作扎实开展，实现预期效果。二是做到优化方法，稳步推进。根据专委会讨论的要点，进一步完善制度设计，优化工作方法，拟订详细的实施方案，对各个方面想周

到、做细致，准备充分、落实到位；各专业牵好头，主动加强与部门的联系，选好调查对象，并加强与调查对象的沟通，建立亲清政商关系，促进优质互动，提高调查对象的配合度，拓宽信息范围、提升数据质量。三是做到早出成果，做好服务。景气信息数据有很高的实用性，为党政领导宏观经济决策提供重要参考依据，同时对于部门和企业本身都有很高的使用价值。争取每季度末之前，完成当期的调查，出好当期指数，做好相关数据的分析和研究，推出多样性的高质量统计产品，为数据需求者提供优质服务。

79
"服务、统筹、协调"，做好疫情期间分区分级统计调查，落实国家工作要求

2020年3月2日收到《国家统计局关于新冠肺

炎疫情防控期间分区分级做好统计调查工作的通知》（简称《通知》）。3月3日上午，我立即主持召开局务会议，传达学习《通知》精神，商定具体贯彻措施。参会人员围绕总体要求、分区分级调整统计调查方式、分区分级调整统计报表时间和依法

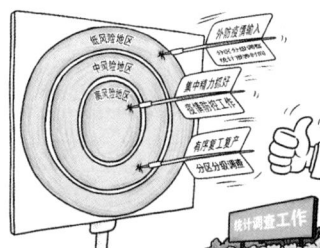

从严管理统计调查等内容，结合各自分管业务、各自专业情况，各抒己见、充分交流，提出贯彻落实《通知》的意见和建议。

在听取众人的意见建议后，我总结发言道，《通知》是国家统计局为认真贯彻党中央、国务院关于分区分级制定差异化防控策略、精准复工复产的决

策部署，保证统计调查工作规范有序，助力打赢疫情防控的人民战争、总体战、阻击战的具体举措，是全省统计系统做好当前统计调查工作的重要遵循。全省统计系统务必高度重视，各专业处（室、中心）务必做到心中有数，结合广东实际，作为一项重要制度狠抓落实，提高基层报数质量。

做好服务，认真落实。《通知》是国家统计局针对全国统计系统在疫情防控期间，对分区分级统计报送工作存在的相关问题做出的规定。广东是经济大省，统计工作最为复杂，各项统计调查工作同样是情况各异，需要省统计局坚持服务、抓好落实。要根据《通知》的总体安排，结合广东的具体实际，围绕统计调查方式、统计报表时间调整各种问题，面向基层、了解情况、加强指导，做到早发现、早服务，以优质服务确保《通知》要求在基层得到

落实落细。

分专业负责，统计执法监督处（统计设计管理处）统筹。根据《通知》要求，省统计局各专业处（室、中心）要针对自身可能服务的区域和对象，梳理出现的问题，提出各专业分区分级统计调查方式的调整内容和统计报表节点时间的调整计划，汇总至统计执法监督处（统计设计管理处），形成省统计局调整 2019 年年报统计报表报送管理时间的通知要求，并下发执行，让基层有一个工作调整预期。同时，要依据省县（市、区）疫情防控分区分级通报，对实际分区分级进行及时、准确和动态调整，为基层各县（市、区）做好统计调查工作创造良好环境。

实事求是，加强协调，上下沟通。针对疫情的动态变化，各处（室、中心）要坚持实事求是的原则，加强上下沟通协调，同步做好分区分级动

态调整服务落实，支持到底、服务到底。要依法从严管理统计调查，科学指导规范统计调查内容、调查方式、调查时间，解基层统计之所难，不给基层增加负担，以统计调查效能的提升保证统计数据质量的提高，为省委、省政府科学决策、精准施策提供更好的统计服务和数据支撑。

80
"景气、建模、构网"，调研谋划，再推创新，能力提升无止境

为推进企业景气调查、统计建模大赛、构建网络平台的工作，2020 年 3 月 16 日上午，我再次发起并主持召开省统计专业委员会议，讨论百名景气企业家信心调查样本的行业代表性、区域分布的合理性，完善百名景气企业家信心调查的样本结构、创新报送平台的搭建以及了解统计建模比赛（第七届）前

期工作准备情况。

百名景气企业家信心调查是构建经济大省之统计强省中的一项创新性调查业务，要求城乡中心切实做好百名景气企业家信心调查工作。一要提高样本企业的代表性。要从企业所属行业、主营业务活动方面进一步进行甄别，避免雷同重复，提高样本企业的代表性。二要提高地域代表性。入选企业既要反映广东经济结构的地域分布，同时要体现区域经济特色，适当增加粤东西北区域的企业代表。三要提高样本结构合理性。在现有专业样本基础上，适当增加农业类、金融类的企业，完善调查样本结构，从业态上充分反映全省的经济景气状况。

为更好地推进调查工作，3月17日，我带队调研广州腾讯，问计腾讯科技专家，如何通过微信平台高效、方便地开展点对点的问卷调查咨询，要求省统计局业务人员完善构

网设计方案，为百名景气企业家信心调查做好充分准备。一是利用移动终端的便捷性、信息通达性，组织企业家报送问卷，及时为数据需求者服务；二是保证报送平台的稳定性、安全性和可靠性，移动调查平台要打通与省级统计官网的链接，提高调查的可靠性和信任度；三是加强与企业合作，解决技术难题，夯实报送基础，为百名景气企业家信心调查做好服务。

此外，国家统计局第七届统计建模比赛正如火如荼进行，广东要以此为契机，举办广东省首届统计建模比赛，各地级以上市统计局，省统计局各处、中心积极组织年轻统计业务骨干参加比赛。通过比赛拓宽年轻人的专业视野，激发年轻人的创新潜能，提升年轻人的创新能力，并为国家统计局第七届统计建模比赛选拔优秀人才，为构建经济大省之统计强省输送统计人才。

81
时间经济，流动经济，消费经济，从"三经济"看广东疫情影响及对策

2020年3月19日，根据有关工作部署安排，我参加由省委书记李希、省长马兴瑞与中办、国办复工复产调研广东组在广州举办召开的座谈会，深入学习贯彻习近平总书记关于统筹推进疫情防控和经济社会发展工作的重要讲话与重要指示精神，汇报广东全面做好复工复产工作情况。

在座谈会上，我结合统计工作职能汇报广东省复工复产工作情况。在落实中央和省委、省政府各项防控工作要求做好自身防控的同时，省统计局充分发挥统计工作职能优势，利用统计联网直报平台，先后三次对工业、服务业、批发零售业、住宿餐饮业、建筑业和房地产

开发业等联网直报企业开展复工复产情况问卷调研，撰写影响分析和调研报告 13 篇上报省领导。其中《警惕"负悲熵"：全省抗疫新冠肺炎从全力防控到全面抓增长有着非凡的广东经济意义》《省统计局关于新冠肺炎疫情对广东经济运行影响情况分析的签报》《广东省统计局关于新型冠状病毒感染肺炎疫情对全省工业增长的影响测算》《省统计局关于新型冠状病毒疫情对服务业企业影响问卷结果分析的签报》等 10 篇材料获得马兴瑞省长的点赞肯定，并批示转相关省领导和部门参阅，为省委、省政府疫情防控决策提供高质量统计支撑。

研究新冠肺炎疫情对广东经济的影响，我认为可以看"三个经济"。一是从"时间经济"看疫情对广东经济的影响。企业和居民等经济细胞每月每日的生产消费活动构成经济运行的组成部分，2019

年广东日均地区生产总值约 300 亿元，可以从"时间经济"角度测算疫情对广东经济的影响。二是从"流动经济"看广东复工复产的重要举措。经济要素的流动产生经济价值，但受疫情影响，当前广东人员流动和物资流动仍不顺畅，打通"肠梗阻"促进经济要素的快速高效流动，成为当前广东复工复产的关键。三是从"消费经济"看经济恢复潜力。从"三驾马车"对广东 GDP 增长贡献上看，最终消费贡献率已超过 50%。广东人口众多，消费市场巨大，扩大内需促进消费应成为广东恢复经济的重要抓手和着力点。

82
陪同省长调研，"堆头与增长"，双存在之于石化行业的经济意义

2020 年 3 月 27 日，我陪同省长马兴瑞到中石化广州分公司调研座谈，实地考察公司 PP3 包装线、污水厂和炼油四部总控室，听取公司主要负责人关于疫情防控和复工复产有关工作情况的汇报。

在调研中，我充分肯定了石化行业作为万亿产值行业的"堆头与增长"双存在的经济意义。

石化行业包含石油和天然气开采业，石油、煤炭及其他燃料加工业，化学原料和化学制品制造业，

化学纤维制造业等，是能源的主要供应者，保障了国家能源的安全；是材料工业的支柱，也为农业发展提供了氮肥、农药和农用塑料薄膜等生产资料，各工业部门更是离不开石化产品。2019 年，广东石化行业贡献产值达到 9 439.64 亿元，已接近万亿，占全部规模以上工业的 6.4%；贡献增加值 2 791.26 亿元，占全部规模以上工业的 8.3%，是广东经济的重要支柱产业之一。

中石化广州分公司是广东石化行业的龙头企业之一，2019 年实现工业总产值近 600 亿元，占整个石化行业的 6.3%，实现工业增加值超 200 亿元，占整个石化行业的 7.3%，全年增加值率达 28.9%；但从今年 1—2 月的企业数据来看，受疫情影响，企业利润出现一定程度的下滑，生产经营情况仍有较大提升空间。希望中石化广州分公司充分发挥石化行业龙头企业的引领作用，

持续推进疫情防控和企业复工复产，利用好省内省外两个市场，多渠道扩展产品销路，在继续做大规模的同时，注重提高经济效益，为广东经济高质量发展做出更大贡献。

83
"四维度"提升能力，推服务业统计工作更上一层楼

2020 年 5 月 19 日，我、骁婷、少浪一起和服务业处、核算处有关人员研究服务业统计重点工作，并听取服务业处规上服务业和交通运输业月度运行情况、服务业生产指数试编工作进展、健康产业名录核实工作情况、《广东服

务业统计资料》手册编制情况以及与国家统计局服务业司和核算处工作衔接情况的汇报。

当前服务业统计工作面临新业态、新形势等带来的新挑战，尤其是 GDP 统一核算改革对服务业专业能力、管理能力提出更高要求。服务业处要和核算处以及相关职能部门加强衔接互动，高质量推进各项工作。下一步，要从四个维度进一步提升能力，让服务业统计工作更上一层楼。

一是专业处要敬业更崇业。服务业统计工作作为前沿统计工作，面临着一些制度方法上不好解决、实际工作中不好处理的问题，要敢于破除心理惯性，运用科学态度、创新精神、专业能力去解决问题。

二是管理要科学更科学。处室要在一盘棋统筹考虑上下功夫，既要分工合理均衡又要注重团队协作，保证每个成员有快速适应不同岗位的能力，在

其他成员工作岗位调整后能够迅速补位接上。

三是用人要鼓励担当，取其所长。高度重视人才培养工作，人才是第一资

源，全局如是，处室亦如是。要鼓励干部敢担当善担当，要敢于使用敢担当善担当的干部，人不怕"用"，要在观察中"用"，用其所长，发挥个人优势，实现培养干部从量变到质变。

四是能力要全面提升，主动作为。服务业处工作范畴既有一套联网直报统计工作，又有大量的跨专业协调和部门统计工作。服务业处工作人员既要切实提升统计专业能力，又要注重提高部门沟通协调能力，要善于充分运用服

务业统计资料汇编、各类统计年鉴、手册和《统计思维与实践》等数据资料与学术平台增进交流，加深理解，促进工作。

84
以"六性"为导向，完善百名景气企业家信心调查程序

2020年5月29日下午，省统计局召开百名景气企业家信心调查小程序测试工作会议。我应邀出席会议并讲话。

在听取百名景气企业家信心调查小程序介绍后，结合现场亲身体验，我建议进一步完善百名景气企业家信心调查小程序，确保"六性"。一要保证流畅性。确保企业家从登录程序至提交问卷等所有环节顺利流畅。二要保证稳定性。确保专业类别与问卷匹配无误；确保采集的信息存储准确完整。三要保证安全性。确保企业家的个人信息、采集的数据

绝对安全，并严禁在调查项目外使用及传播。四要增强程序缜密性。程序功能要准确无误地实现调查制度要求，人机交互界面要整洁美观、布局要合理。五要增强有效性。6月份将首次开户调查，在时间上要争取主动，程序功能要尽快完善，确保调查顺利开展和调查数据质量。六要提高适应性。程序设计要有底线思维，要确保程序在不同产品、不同操作系统、不同版本中兼容，并保证程序运行流畅。

程序开发公司表示一定认真吸收大家的建议并按照局领导要求，进一步完善程序功能，满足调查工作需要。

85
与长江学者探讨、交流"学院理论与专业应用、方法研究与制度经济、官方非官方与教学领域边界"关系

2020年6月2日，我

会见来访的暨南大学经济学院院长、"长江学者"冯帅章教授一行，并就统计"学院理论与专业应用、方法研究与制度经济、官方非官方与教学领域边界"关系进行深入的探讨与交流。

长期以来，暨南大学经济学院与省统计局建立了密切联系，暨南大学统计专业具有比较雄厚的实力，得到我们局领导和各个专业处室的一致认可。统计专业是基础性学科，统计学是经济学和管理学的基础。统计既微观又宏观，是重要的工具，在几乎所有的领域都有广泛的应用。作为一个专业的统计人，既要注重统计科学

理论研究又要强调专业应用。高校科研机构比较注重理论和方法方面的研究，在理论研究方面有天然优势，政府统计部门则偏重于统计专业应用。希望暨南大学经济学院加强统计学科建设，做到心中有统计，进一步加强与政府统计部门的交流与合作，推进学院理论在专业应用上的深度和广度，为广东统计培养更多的优秀人才，推动广东统计强省建设更快更好向前发展。

政府统计工作是在国家制度和统一框架下开展的，广东统计严格执行国家的方法制度。统计调查、普查工作都要熟悉掌握统计制度和普查制度，要有丰富的实操经验，统计工作者都是实实在在的操盘手，通过执行国家统一制度，如实反映经济的现实与变化。政府统计工作与高校的统计科研有较大不同，现在是制度经济，统计要客观反映经济存在。政府统计工作要在

国家统一制度下进行，但方法制度要不断修正完善以适应新形势的需要。高校研究机构可通过对统计方法制度的深入研究，熟悉制度，在方法上进行突破。国家和省统计局要定期对国民经济行业分类进行修订，形成国家统一的标准。核算是统计工作的龙头，行业分类是统计研究的源头，高校统计研究可在这些领域大有所为。政府统计更注重解决党政领导关注的重大社会经济问题，对经济进行数据解构分析和多维度思考，为政府决策提供准确的参考和依据。

统计力量由官方统计、非官方统计和统计科研几个部分组成。省统计局正在推进的"9＋n"统计改革创新受到国家统计局的充分肯定和高度评价，国家统计局的很多统计改革创新项目都落户于广东省统计局和深圳市统计局。如何更好地发挥非官方统计或统计代理作用也是一

项改革创新，省统计局正在研究和探讨如何规范政府购买统计服务。高校研究机构可通过政府购买服务承接统计项目，借此促进统计官方非官方与教学领域的交流融合。省统计局很多重点研究课题是以社会公开招标的形式进行的，欢迎高校研究机构参与官方统计的研究项目。希望官方非官方与统计科研力量形成合力，一起做强做大统计。

统计工作是一项万世事业，任何时代都要有统计，统计职能在世界任何国家都存在，但中国统计力量是世界最庞大的，从国家到社区一级都有统计工作的队伍和人员。期望高校专家学者参与《统计思维与实践》约稿。思维

决定行动和方向，期望有更多研究性、调研性和论坛性的稿子进入《统计思维与实践》这本备受国家统计局领导关注的刊物。

省统计局副局长王丽莹参加会见。王丽莹向客人介绍了近期省统计局相关工作情况，希望有更多高素质的高校毕业生到统计部门工作，充实统计力量，欢迎暨南大学学生到统计部门进行实习，希望双方在数据开发应用和课题研究等方面加强交流与合作。

86
"亲手填、面对面、流畅性、效果佳、简环节"，高标准开启百名景气企业家信心调查

2020年6月8—13日，我率组先后赴广州、清远、韶关、潮州、揭阳、梅州市等6市开启百名景气企业家信心调查。

我们先后到中国大酒店、广百百货、华润万家、广州趣丸网络、清远诚展

鞋业、韶关旭日国际、潮州翔鹭钨业、潮州紫莲生态农业、广东佳润泰农业、梅州塔牌、李金柚等6地入选的12家企业，向企业宣讲开展百名景气企业家信心调查的目的意义以及调查的方法要求。同时，通过实地调研为企业经营"把脉开方"，把"为统计数据需求者服务"的理念生动落实到工作实践中。

在开展调查过程中，我们始终遵循五个标准：

一是亲手填。要求在开展开户调查过程中，坚守"底线思维"，严格按照制度设计规定，由董事长、总经理等企业高层领导在百名景气企业家信心调查小程序上自主填写调查问卷，做到不代填代报，

保证数据真实性。

二是面对面。到达每个企业后，我都是面对面和企业家交流，了解掌握企业经营活动，向相关管理人员询问相应的经济指标，为企业经济发展"把脉开方"。每个企业在听完我的"良方"后，均表示在下阶段要更好地谋划企业的发展道路、前进方向。

三是流畅性。此次百名景气企业家信心调查涵盖行业大类43个，高标准选取143家广东省企业。为获取高质量统计调查数据，在问卷设计、App小程序设计、用户登录、身份确认、问卷填报、数据汇总、流量补贴发放等环节，都保持了良好的流畅性。

四是效果佳。通过一周6市12家企业的开户调查，及时了解企业的复工复产情况，了解企业在疫情影响和中美摩擦同时存在时是靠什么化解危机，依靠什么支撑企业的稳定发展。通过走进企业，和

企业家面对面交流，掌握第一手信息，为企业提供统计服务，赢得企业家的高度赞扬和对统计工作的大力支持，也为地方抓好经济，做好统计"把脉开方"，找准增长点。

五是简环节。此次到各地市、企业调研，我特别要求减少接待环节，要求地方政府和地市统计局减少陪同或者不陪同，不要求提供汇报材料，口头询问交谈，轻车简从，提高效率，确实减轻了基层负担。

87
"算细账、看构成、析景气、接地气、宏微观、说贡献"，景气调查在路上

"千里之行，始于足下。"2020年6月15—20日，我率队昼夜兼程，马不停蹄，连续6天赴佛山、肇庆、江门、阳江、茂名、湛江、云浮等7市20家企业，开展百名景气企业家信心调查，宣讲开展百名景气企业

家信心调查的重要意义，深入了解企业发展现状，对企业贡献经济社会价值做出细算评估及肯定，为企业经营"把脉开方"。

算细账。与企业家座谈交流，针对企业的特征，细分法人单位，并对每个法人在当地2019年全年的经营状况、财务关键指标等进行详细了解，细致询问，细算评估企业贡献经济社会价值。

看构成。按照收入法，分别从企业的固定资产折旧、劳动工资报酬、税费、利润等版块看企业四项构成，比较不同行业、不同城市四项构成的占比，详细解读四项构成的作用，强调保劳动者报酬就是保就业的重要措施。从研发费用角度看企业内生动力，

强调研发是提升企业核心竞争力的方式，为可持续发展提供源源不断的动力。

析景气。走进企业，与企业家交流复工复产情况，深入了解不同行业一季度、1—5月市场经营情况，预判二季度、三季度乃至全年的景气度以及背后的成因，为省委、省政府提供决策、获取第一手信息。

接地气。"知政失者在草野"，我与企业家打成一片，在一线企业深入了解企业的问题、诉求和建议，被企业家称之为"邻家老杨大哥"。

宏微观。开展百名景气企业家信心调查是广东统计"创新数据服务年"的一项重要举措，旨在倾听企业家对企业景气的信心，为省委、省政府研判运行形势、制定宏观经济政策提供参考依据。同时，以此为契机，深入了解企业经营产品、市场占有率、存在问题，及时掌握市场形势变化，为企业经营"把脉开方"。

说贡献。通过比较企业增加值率与行业增加值率、全省增加值率、地市增加值率，解读其经济意义，分析评估企业对经济拉动的作用，肯定企业为地区贡献的经济社会价值，鼓励企业努力为地方经济的快速发展贡献力量。

88
宁吉喆致信寄语百名景气企业家信心调查，疫情、快乐、舒心、幸福，与有缘人一路同行

我于2020年6月14日向国家统计局局长宁吉喆汇报百名景气企业家信心调查工作情况，百名景气企业家信心调查的创新意义在于，它填补了全国一项先行指标调查的空白，在当下疫情之下更有意义，我们把它当作一项地方精品调查来对待。给百名企业家每个人都精制了一块红木牌匾，上面留有企业家名字。调查问卷由企业家本人在微信小程序上填写，每季填报问卷时长不超过5分钟，以确保数据质量，深受企业家的欢迎和喜爱。牌匾落款是由我篆刻的两字"月同"，为"粤统"之意，十分吉祥如意，以记住国家统计局尤其是各企业家对广东改革创新的厚爱与支持，待今年运行成熟稳定之后，我们准备再推出"百名景气统计局长看经济"的活动，形成广东"双百"景气调查指数。

6月15日凌晨，宁吉喆局长怀着对广东统计工作者的厚爱，对广东统计创新性工作表示肯定与支持。特致信寄语百名景气企业家信心调查工作，信中说道："顶着疫情的风，怀着快乐的心，做着舒心

的事，走着幸福的路，与有缘人一路同行，周末健康快乐！"

在得到宁吉喆局长对百名景气企业家信心调查工作的充分肯定后，我心中暖意满满，信心倍增，表示向宁局长学习致敬，学习宁局长对中国统计与调查的家国情怀。这不仅是激励了我努力工作，做好当下的百名景气企业家信心调查，还是对岭南统计人的又一厚爱与关怀支持。

89
"暖心、见变、强心、预景、代表"，百名景气企业家信心调查开户进行时

带着国家统计局局长宁吉喆的嘱托，2020 年 6 月 22—24 日，我再次踏上赴中山、珠海、东莞和深圳等 4 市的行程，继续进行百名景气企业家信心调查开户。

在中山、珠海、东莞、深圳 4 市进行百名景气企

业家信心调查开户中，我直奔主题、抓住要害、真心实意对企业家进行调查开户，交流互动企业生产经营活动与如何应对市场变化，顺利愉悦完成各市企业家调查开户。

暖心。到达每个企业与企业家座谈，亲切交流。在疫情影响下，企业的发展信心也受到不同程度的影响，广大企业认真贯彻党中央的决策，切实落实好"六保"措施，做到不裁员，为保就业提供坚定支持，能够积极主动想办法，做到不等不靠。在精准分析企业数据后，我为企业的发展前景和发展方向开具良方，提出了针对性的建议，表达了对企业发展愿景的憧憬。

见变。我自 6 月 8 日以来，走近企业家，走进

企业，详细了解企业自疫情发生以来的业务发展变化、信心变化。疫情刚开始时，企业家对经济影响的不确定性和国外控制疫情措施等方面都表现出信心不强。从走进第 1 家企业到现在的第 57 家企业，随着企业复工复产的顺利进行，各级地方政府为落实中央的"六保"措施不断推进积极政策，企业复工后的生产秩序走上正常轨道，订单不断增加、服务业客流量明显增多，企业家对企业发展前景的信心大幅增强。

强心。随着中央的积极财政政策不断落地开花，对疫情控制的精准施策，地方各级政府采取各种有效措施推进企业发展，特别是各个地市领导对企业发展的重视可见一斑。东莞市市长、常务副市长等都亲自到企业和企业家面对面交流，对企业提出的困难能现场解决的马上解决，对需要会议研究决定的事情立即让工作人员做

好记录，回单位后马上召集会议研究决定。

预景。通过与各类型、各行业企业家沟通交流，细算各项经营数据，让企业家感受到了预期目标的景气趋势呈走强态势，有的在逆境中飘红。中山市明阳智慧能源集团股份公司，产值在当前疫情影响下逆势而上，1—5月份的产值增长了20%左右，用工需求也有所增加；壹加壹有限公司，产业链涉及生产端、生活端，直接关系到人们的生活，疫情期间公司的营业额不降反升。

代表。这次百名企业家的代表性极强，不同专业、类型、规模、业态的产业在百名企业家中全部有所体现，在整个经济结构中具有很强的代表性。企业家认真完成调查问卷填报，代表该企业和行业提出一些良好的政策建议，充分发挥了代表性作用。

90

面对面，"用心、专心、真心、贴心、交心、匠心、开心"，与企业家细算细听共勉，真实反映百名景气企业家信心

2020年6月8日至7月13日，我亲自带队，闻鸡起舞、日夜兼程，顶烈日酷暑、迎狂风暴雨，马不停蹄奔赴全省21个地级以上市，与121名企业家面对面进行百名景气企业家信心开户调查和座谈，细算细听，阐明数据背后的经济逻辑与存在意义，以"七心"高质量圆满完成百名景气企业家信心调查开户工作。

一是用心。百名景气企业家信心调查制度从最初的设想到现在调查开户圆满结束，制度设计之初就把它定位为广东统计调查精品项目。这项调查是全国统计调查的一项创新，填补了企业家景气的指标空白。调查样本遴选要求具有很强代表性，涵盖了统计行业分类的十个大类，样本选择上充分发挥各专业处的专业性，由各专业处根据本行业企业情况，精心遴选了不同数量的企业家，具有行业代表性、经济结构代表性、科技创新代表性、新业态代表性。从调查问卷设计上，问卷内容简单明了并具有很强针对性，正常完成一次调查问卷只需要3~5分钟，第十个问题栏可以让企业家根据自己对经济景气的看法，对政策建议献言，对需要解决的重要问题进行填写。对于牌匾、证书、信件和相关材料物品，我亲自组织力量设计，亲自书写到百名企业家的一封信，还为牌匾精心篆刻了"月同"二字，为"粤统"之意。每季度完成问卷填

报后100元的调查流量费补贴会即时到账。

二是专心。整个调研过程中，企业家填报问卷都十分认真，遇到有疑惑的地方，省统计局调研业务骨干都会及时面对面向企业家解疑释惑。填报最后一个问题时，所有企业家都非常认真思考，慢慢地填写，有反映营商环境问题的，有反映资金问题的，有对政府政策提意见建议的。

三是真心。我们真心尊重每一位企业家，不论企业大小，不论行业类别。我们一路辗转各地，和企业家面对面交流，为企业经营状况问诊把脉开方，提出发展的建议良方。惠州市委常委、常务副市长何广延评价说："古有悬丝诊脉，今有新洪局长'用腿把脉'。"而每一位企业家在交流的时候，都愿意把企业存在的真实问题和一些想法表达出来。

四是贴心。我们要求各级统计部门服务上门，沉下身子与企业加强密切沟通，指导企业按照制度

要求做好统计工作，夯实统计基础数据工作，做到"两防"，确保应统尽统，为各级党委、政府提供统计保障服务。地方党委、政府在充分了解企业存在的实际困难后，要积极及时为企业排忧解难。

五是交心。我们一行到达每家企业和企业家面对面交流，免去以往政府部门领导到企业的汇报环节，采取互动交流、一问一答的方式。企业家表示，这种调研座谈氛围让人耳目一新，有亲和力，接地气，交流十分轻松愉快。企业家也愿意敞开心扉，说出心里话。在潮州市翔鹭钨业股份有限公司开户调查结束后，董事长陈启

丰非常热情地邀请调研组去参观他的办公室，并表示请我们抽出时间再次到公司指导企业发展，为企业发展壮大提出宝贵意见。

六是匠心。牌匾、证书、信件制作精美，调查小程序运行流畅。牌匾在材质选择、样式选定、尺寸规格、包装上都费尽心思。选料上，经过会议热烈讨论，从高密度板到有机玻璃再到最终选择纯实木，颜色鲜红，保证原生态环保要求。形状设计构思巧妙，包括牌匾上的字体，企业家名字选用了繁印篆刻体，牌匾右下角是由我亲手篆刻的"月同"二字印章，显得十分有中国文化底蕴。制作时，工匠们细致入微，开模、雕刻、包装的每一个环节都做到精益求精。企业家在见到牌匾时都发出了惊叹声，用手一摸更是爱不释手。证书的内页纸张选用高端专业纸张，上面印有企业家的名字，左下角还印有"百名景气企业家信

心调查"的二维码，年度内企业家可以通过扫描二维码进入填报调查问卷的页面。调查小程序在整体设计思路和理念上，都体现美观、运行流畅、易操作的特点，并经过多轮模拟环境测试不断修改完善。企业家都对这种统计调查工作的创新予以高度肯定和赞扬，在整个调研

行程安排衔接上做到环环相扣、一丝不苟、有效合理，时间安排十分紧凑精确。

七是开心。持续一个多月的调研，我带着省统计局业务骨干深入全省21个地级以上市，冒风雨、顶酷暑进企业，毫无怨言，工作之余谈笑风生，抹去疲劳。正如国家统计

局局长宁吉喆来信励志所言："顶着疫情的风，怀着快乐的心，做着舒心的事，走着幸福的路，与有缘人一路同行，周末健康快乐！"

91
"抓面抓点抓落实"，贯彻全省上半年经济形势研判会议精神

2020年7月27日下午，我主持召开专题会议，研究落实全省上半年经济形势研判会议精神。要求全局各处室持续"抓面抓点抓落实"，落实全省上半年经济形势研判会议精神，做好下半年统计工作，为省委、省政府研判经济形势提供坚实的统计数据支撑。

一是要抓好各专业面上工作。7月份数据的联网直报马上要开网了，各专业要高度关注各地的上报进度，审核报表的时候要认真、详细分析上报数据的内在逻辑和规律，持续抓好数据质量。

二是专业抓数据要落好点。抓好重点区域重点指标的弱项，真实客观反映经济存在。要持续抓好统计"两防"工作，核查数据时，一方面要与企业解析清楚，讲透道理，防止弄虚作假；另一方面要求企业如实填报统计数据，把实际的经济存量统准统全。

三是抓好各项工作落实。全局各部门要真抓实干，敢于担当作为，善于谋划推动工作，遇事少辩解不推诿。各专业要落好点，看问题拿措施，多想解决问题的办法，把各项工作落地落实落细。统计部门还要与相关部门、各地市多沟通，指出短板经济指标和薄弱工作环节，要更多增强补短并提升。同时，要扎实推进第七次全国人口普查工作，进一步加强统计监测分析，深化统计"7 + n"重点改革，全面客观反映全省经济发展变化。

92
再学习再研究再部署，让《实施办法》精神在广东落实落地落细

2020 年 7 月 27—28 日，先后收到省委书记李希、省长马兴瑞对传达学习贯彻落实《防范和惩治统计造假、弄虚作假督察工作规定实施办法（2020年修订)》（简称《实施办法》）做出的批示。7 月 29 日上午，我立即召集局班子成员和二级巡视员召开专题会议传达批示精神，对抓好《实施办法》的学习贯彻、落实落地进行再研究再部署。

李希书记、马兴瑞省长对《实施办法》分别做出批示，这充分说明省委、省政府主要领导对传达学习贯彻落实《实施办法》的高度重视，全省统计机构和统计人员要认真学习贯彻落实《实施办法》与国家统计局刚刚下发的《防范和惩治统计造假弄虚

作假重要文件选编》，周密计划，精心组织，确保人员、时间、内容、效果落实。

统计督察是国家统计局根据党中央、国务院授权，监督检查各地区各部门贯彻执行党中央、国务院关于统计工作的决策部署、统计法律法规等情况的重要方式，是落实防范和惩治统计造假弄虚作假责任制、强化统计监督、保障统计数据真实准确的重要抓手，充分表明了以习近平同志为核心的党中央对统计工作的高度重视，以及防范和惩治统计造假弄虚作假的鲜明态度与坚

定决心。《实施办法》是中央《防范和惩治统计造假、弄虚作假督察工作规定》的细化、具体化、规

范化，全局领导干部要切实提高政治站位，从增强"四个意识"，坚定"四个自信"，自觉做到"两个维护"的政治高度，充分认识《实施办法》的重大意义，认真抓好学习贯彻和落实落地。

一是统计系统要切实履行第一责任和主体责任。各单位负责人对本单位承担工作负直接领导责任，具体经办人负直接责任，层层传导压力，层层压实责任，确保责任到人、责任到位。二是加强"两防"不放松，从源头保证数据质量。数据质量是统计的生命线。加强对统计

人员特别是基层统计人员统计业务、统计法律法规知识的培训和职业道德教育；建立联网直报调查单位核实比对工作办法，加强与相关部门的行政记录比对力度，确保调查单位的真实性和准确性。三是建立统计数据质量追溯和问责机制，明确各级统计机构及其工作人员分地区、分专业、分岗位数据质量责任。完善各专业数据审核评估制度，增强科学性、合理性和规范性，对各地区主要指标数据进行全面评估，强化全过程留痕可追溯和评估结果运用。四是进一步完善统计违法举报制度，畅通统计违法举报渠道，依法受理、核实、处理有关地方统计违法举报线索；运用"双随机"检查、重点检查、专项核查等方式对地方统计数据质量进行检查，依法查处各类统计违纪违法行为，及时公示统计上严重失信企业信息及其负责人、统计从业人员信息，并纳入

部门联合惩戒。

93
"重要性、规范性、基础性"，加强部门信息共享，做好基本单位名录库管理

近期，基本单位名录库建设及部门信息共享工程视频会议即将召开。因工作原因，我无法出席会议。但深感基本单位名录库建设意义重大，我提出名录库建设"三性"认识交由省局普查中心代为转达。

省领导非常重视市场主体的培育和部门信息共享工作。在2020年7月19日省政府召开的上半年广东省经济分析会议上，省长马兴瑞强调一定要抓好市场主体的培育，做好部门信息与统计部门的共享工作，保证全面准确地反映疫情下经济发展的变化情况；在8月4日省政府召开的"在扩大内需上下功夫，坚定不移推动经济

高质量发展"常务会议上，省长马兴瑞要求加强部门统计规范管理，切实提高数据共建共享水平和源头数据质量。

基本单位名录库管理，是一项基础性的工作，功夫要下在平常，要有"工匠精神"，一锤一锤地打，

一步一步地抓落实。局领导一把手要高度重视，分管领导平时要多花点时间琢磨名录库的维护与管理问题，切实把符合标准达到要求的"四上"企业纳入平台中统计。

部门信息共享是做好单位名录库维护管理、比对单位变化、反映主要数据来源的重要依据。各相关部门一定要毫无保留地及时地向政府统计部门提供各类统计所需要的行政

记录信息，以便与统计部门数据进行对比分析，如果部门数据宏观层面是好转的，但统计数据不匹配，就会产生难以解释的问题，因此，政府统计部门一定要抓好部门信息的共享，为准确及时地反映广东经济发展的变化提供参考。

94
"五个结合"，立统计职能，学全会精神，落各项工作

中国共产党广东省第十二届委员会第十次全体会议刚刚闭幕，2020年8月26日上午，我旋即主持召开党组会议，专题学习研究贯彻落实中国共产党广东省第十二届委员会第十次全体会议精神。要求全局干部认真学习全会精神，高度重视全会工作要求，以"五个结合"加力，切实贯彻落实省十二届十次全会精神。

与学习领会习近平总书记系列重要讲话、重要指示批示精神相结合。面对新形势新变化新任务，要增强"四个意识"、坚定"四个自信"、做到"两个维护"，把握大局大势，坚决贯彻习近平总书记和党中央关于统筹疫情防控和经济社会发展一系列重大决策部署，有章有法、有板有眼、有力有效地办好广东的事情，把"一核一带一区"作为育新机、开新局的重大举措，以更坚定的信心、更扎实的工作加以推进，为全国发展大局做出广东应有的贡献。全局上下要认真学习贯彻，落实在为建设"一核一带一区"高质量发展提供统计服务上，落实在统计工作职能上，落实在每个人岗位职责上。

与加强当前统计督察工作相结合。近期，经党中央、国务院授权和批准，国家统计局2020年第一督察组进驻广东省，开展防范和惩治统计造假、弄虚作假督察工作。扎实开展统计督察工作，有利于推

动被督察地区和部门进一步贯彻落实习近平总书记关于统计工作重要讲话指示批示精神和党中央、国务院关于统计改革发展决策部署，有利于加快构建起与国家治理体系和治理能力现代化相适应的统计体制机制，有利于进一步维护统计法律法规权威和提高统计法治意识，有利于更好地发挥统计重要综合性基础性作用，为促进经济社会健康持续发展提供坚强统计保障。要深入贯彻省委、省政府主要领导同志关于"防范和惩治统计造假、弄虚作假，多报不行，少报也不行，要真抓实干，实事求是"的要求，坚持"两防"（防注水，防少漏），加快构建新时代现代化统计调查体系、构建经济大省之统计强省。全省各级统计机构要高度重视，严格遵守党的政治纪律和政治规矩，坚决按照督察工作的要求，全力支持配合督察工作，不回避矛盾，不绕开问题，

全面如实地汇报统计工作，确保统计督察工作顺利推进，并取得实实在在的成效。

与立查立整立改相结合。统计督察是对广东省统计工作的"综合会诊"和"政治体检"，是党中央、国务院对广东统计工作的高度重视和关心支持。要正确对待统计督察反馈的问题，以及今后统计执法过程和统计工作过程中发现的问题，及时整改，切实提高统计工作规范性和统计工作要求，建立牢靠的统计数据基础平台，确保决策、政策有更加可靠的数据基础和扎实的统计保障，确保统计数据经得起历史和人民的检验。

与压实各级统计机构统计责任相结合。统计工作是一项复杂的社会系统工程，任一环节都会影响到最终的结果。各级统计机构要认真落实统计事项、统计工作、统计活动、统计调查的责任，落实统计数据链条上各个环节的主体责任，切实加强数据质量管理，产生真实可靠的统计数据，全面客观辩证发展地反映广东经济社会发展实际，为各级党委、政府科学决策提供高质量统计服务保障。

与提高统计数据质量相结合。统计数据质量是统计工作的生命线，是统计部门自始至终坚守的防线。如果数据不真不实，会误导政府决策，影响经济政策，影响经济生活，损害党和政府的公信力。党中央高度重视统计工作，把数据质量作为深化统计体制改革的核心要求，作为政府统计工作的核心价值，是至高无上的要求。任何情况下各级政府和统计部门都不能弱视、轻视、忽视数据质量，提高数据质量始终在路上。目前，全省乃至全国都面临经济下行压力，要保持清醒头脑，理性客观科学地看待统计数据，坚决防范和惩治统计造假、弄虚作假，全面贯彻中国共产党广东省第十二届委员会第十次全体会议精神，为广东实现"四个走在全国前列"、当好"两个重要窗口"、高质量加快构建"一核一带一区"区域发展格局及落实"双区驱动"战略部署提供强有力的数据基础支撑和统计服务保障。

95
统计能力的"三重力"：法治的守底力、思维的创新力与数据的解构力

2020年9月13—18日，广东省市、县（市、区）统计局局长政治素质和业务能力提升培训班在中山大学珠海校区举办，我应邀出席并以"统计能力的'三重力'：法治的

守底力、思维的创新力与数据的解构力"为题上了开班第一课。

法治的守底力，树全面实事求是"两防"思想。习近平总书记高度重视统计工作，多次对统计工作作出重要指示批示，中央深改组会议审议并通过关于统计工作的《意见》《办法》《规定》，部署指导全国统计改革发展事业。广东省分别于 2017 年和 2019 年通过了广东《关于深化统计管理体制改革提高统计数据真实性的意见》和《防范和惩治统计造假、弄虚作假督察工作规定实施办法》。省统计局印发的《关于加强"两防"基础数据统计报送的通知》（粤统字〔2018〕76 号），要求做到"三个全面"，要认真学习中央《意见》《办法》《规定》精神，始终以全面客观、实事求是的理念开展统计工作，做到不虚不瞒、不重不漏、应统尽统；要清醒认识到目前统计工作的主要矛盾和矛盾的主要方面，坚持"两防"，既要防弄虚作假、虚报注水，也要防瞒报拒报、少报漏报，树立"全面的实事求是数据观"，才能真正提升统计法治守底力，打赢统计数据质量保卫战。

思维的创新力，从统计思维到统计实践的创新。《统计思维与实践》杂志本着"人无我有、人有我优、人优我强"的理念，立足统计、创新思维、大胆实践，着力打造出高端睿智、有思想、有品位、有特色的南粤统计信息资料品牌。《统计思维与实践》汇聚了广东统计改革创新成果，成为展示广东统计构建经济大省之统计强省的重要平台。广东统计传承南粤改革开放基因，秉持"新（改革创新）、先（先行先试）、实（落实求实）"的南粤统计之风，大胆破冰，创新探索，以"7＋n"切入推动统计改革创新，构建智能普查项目，提升经济普查信息

化水平，建立广东新经济统计制度反映广东"三新"业态，开展电子统计台账试点，高质量完成港澳人员普查登记专项试点，建立高质量发展综合绩效评价体系，首创分性别统计制度，开展知识产权投资试点改革，构建广东省农业生产联网直报核算系统，开展部分行业总产出核算研究和"杜甫指数"测算，开展党在中华人民共和国成立前的统计实践研究，创新开展百名景气企业家信心调查等，各项统计改革创新成果已经显现并得到应用，受到国家统计局宁吉喆局长和

广东省委、省政府主要领导的肯定和好评。《统计思维与实践》也大量展现了广东统计工作实践，每个季度在全省经济分析会上报送深度参阅材料并做专题汇报，获得省领导和有关部门好评，马兴瑞省长点赞诠释经济运行的分析质量和穿透力，深度分析材料获得李希书记和宁吉喆局长的肯定；"四经普"工作得到马兴瑞省长的肯定批示，数据质量好于全国平均水平，同时也获得宁吉喆局长的肯定；马兴瑞省长出席全省第七次全国人口普查电视电话会议，指导推进"七人普"工作；创办首届岭南杯统计建模大赛，提高统计专业能力。

数据的解构力，"七逻辑"诠释了当下经济运行变化。逻辑一：经济基本盘的国家逻辑，稳中求进的"六稳六保"；逻辑二：经济数据支撑经济决策，产生经济政策，保障经济运行，影响经济生活；逻辑三：经济产出的国土核算基础，守土有责，首先表现为自己增长发展；逻辑四：增增减减方寸之间，36个指标是制度设计亦是刚性制约，全面看源自科学态度；逻辑五：经济内生增长，直面"订单、合适产业结构与R&D"经济驱动"三驾马车"；逻辑六："十四五"经济增长测算及其动力的人口、消费与再分配变化；逻辑七：固己维度往往会蒙住自己的眼睛，庚子年大变局里产生经济新格局，空间维度看你我，时间维度看周期，二者缺一不可。

开展市、县（市、区）统计局局长政治素质和业务能力提升培训班的重大意义：一是"强"的需要，构建经济大省之统计强省，实现从大到强，经济大省需要强大的统计能力去保障。统计强省不仅是数量的强大，更重要的是质量的强大。要高质量完成任务，需提高自身的能力水平。统计局局长要打造统计干部领头人，身体力行，做强大力量的引领者。二是"基"的需要，是夯实统计基础的需要，统计工作需要的知识广泛而密集，统计局局长不仅要不断努力地去学习，还要带着基层统计人员去学，基层统计力量变化较快，需要不断地自觉地去学习，才能保障数据质量。统计局局长要致力夯实基础，才能更好地指导基层工作，从底层到中层能力都需要提升。三是"进"的需要，是前进的需要，部分县（市、区）统计局局长比较年轻，需要不断学习和进步；统计工作是万岁事业，需要后继有人；统计工作细水长流，也很辛苦，"不用扬鞭自奋蹄"，要有忘我精神，需要精神支撑。希望通过培训，各专家带统计操盘手走进知识的海洋，期待大家有更多的收获、更高的升华。

全省市、县（市、区，包括功能区）统计局主要负责人共 160 多人参加了培训。

96

满溢的白话——写在"2020.7.13"百名景气企业家圆满收官开户调查之际

对于这项经过全国批准广东行的创新百名景气企业家信心调查，所获得的是百名企业家答卷而出的数据与指数，本无话可言，用数据说话。可是，从 2020 年 6 月 8 日至 7 月 13 日，我们在 21 个地级以上市一路马不停蹄、一丝不苟。整整一个月满余，自己所行所见所聊留下了饱含深厚感情的心里话，这当下竟然有些满溢出来。于是乎，写那么一点，权作开篇。

破题。时间推至一年前。

国家局景气中心主任致电我说，广东景气监测方面滞后，与第一经济大省地位不匹配。况且，广东正在进行"双区"（粤港澳大湾区、深圳社会主义先行示范区）驱动。

上下如火如荼地行进，我觉得应该做点本可做的事。我先同局城乡调查中心主任说了准备进行这一改革创新的破题。他听后，一头雾水，茫然无措。我说："不打紧，我们一起思考，先消化做功课，看看如何推开。"

首先做了预算，粮草先行。

预算获得批准后，责任心强的中心主任严继发同志遇见我多次，均同我报告说不知道如何把这个钱花出去。那一刻，我眼前总浮现出马兴瑞省长对许多部门负责人拍案而言："不懂得花钱，就不懂得干活！"我用这个来思忖企业景气调查，独立思考，慢慢有了思路与感觉。

精于设。学术有专攻。业精于勤，荒于嬉。

要做就做一次精品调查，一次扪心自问。有了创新思维，需形成清晰的方向与路径。从全省 1 300 万市场主体的 400 万法人企业中遴选百名企业家，进行景气指数的信心问卷调查，他们或是董事长，或是总经理，至少是副总经理，这是硬杠。

企业家们的时间是宝贵的，如何让他们入脑入心，又能爱不释手？

我在调研、在会议、在午间、在早晨醒来，任何不忙的间隙，都用来廓清调查内容、方式方法，促其落地生根，为决策层提供真实可信的景气变化。

无中生有。我们常见先行指标，如 PMI 采购经理人、企业景气指数。

这一次不同，它的非寻常意义在于由企业家本人回答问题，在全国属第一个，具有广东开全国先河的创新意义。正因如此，给每一个企业家的红实木牌上，抬头就是景气企业家，并没冠以"广东"两字，只是落款是由我自己篆刻的"月（粤）同（统）"二字篆书。

创新是民族进步的灵魂。统计调查何尝不是，中国统计改革"7＋n"，又多了一个 n 次，这一次创新的分量尤重，因为有了一百名企业家的加持。每一次与每一个企业家面对面算账，我都为他们喝彩加油，以他们为荣、为经济父母，向他们致敬。

约答见变化。答卷的内容仅有 10 个。

直奔主题，减轻负担，简明扼要，方便企业家回答一年四次的经济季节变化。经过多次观察，大部分企业家都能在 5 分钟之内完成答卷。

当然，有问题有意见，完全可以在最后一道题好好建言献策（200 字以内），我们会根据问题建议的关注度，画成一棵由大大小小树枝形成的建议树，供决策层参考。

而每位企业家的每个答题，会编制成景气指数，由企业家分类，不会公开单个企业家的答题与建议，这个完全可放心。

方法路径前功夫，磨刀不误砍柴工。

这次调查获得合法顶层批准，离不开法规钮豫铃同志的适时有效沟通；内容设置深入浅出，有着多次专业委员会各方专业力量的反复加持，离不开遂文、骁婷、智华、丽莹几位副局长与梁彦、少浪、

德国、国新的同向支持；之所以一路顺心顺意，是因为物料准备上继发、丘銎、堪鹏领衔充分，分工不分家，坐镇指挥；小程序打磨上，在丽莹协调下，全局相关同志反复仿真场景测试，打造流畅作业流程。

一路下来，堪鹏、春红、徐晖、李林与我持续奔走于 21 个地级以上的市区，冒风雨、顶酷暑入企业，舟车劳顿，一句怨言也没有，因百名景气企业家的活儿而相忘于江湖。

企业家们不因回答一个季度即时就获得一百元而胡乱作答，而是认真负责，本人手机，一机一址，没有代填代报，回答真实可靠。

您回答我收答，十分值得。百名景气企业家开户调查，今天即将圆满收官。

在这庚子年下，新冠疫情叠加影响里，有多难也就有多思变。百年的大变局，也是大乱局，但愿

景气企业家有信心开创新的格局。

我们有幸身处三大局里，唯以向前再向前。正如宁吉喆局长来信励志所言："顶着疫情的风，怀着快乐的心，做着舒心的事，走着幸福的路，与有缘人一路同行，周末健康快乐！"

六十多岁的局长尚且如此，可见意义非一般。

正是，您回答我收答。

报告决策层，信心景气将会直达每一季。

统计不易。

97

再添"一百"，百名统计局长信心调查成形落地，改革创新再增新项目

2020年9月17日，我主持召开第100期省统计专业委员会会议，专题研讨百名统计局长信心调查工作。

我首先祝贺广东省统计专业委员会第100期的

成功召开，充分肯定广东省统计专业委员会在"7 + n"统计改革创新中的作用，希望广东省统计专业委员会再接再厉，让更多的改革创新成果萌芽、成长、开花、结果，为构建经济大省之统计强省继续发挥重要平台和窗口作用。

百名统计局长信心调查工作是继百名景气企业家信心调查工作后广东省统计专业委员会的又一改革创新成果，是省统计局深入贯彻习近平总书记关于统计工作的重要讲话指示批示精神、坚决落实党中央关于统计工作各项决策部署、持续落实省委"1 + 1 + 9"工作部署的又一项统计改革创新工作，是践行国家统计局寄语广

东统计工作"改革创新、求实求真"厚望的崭新使命，是跨进"十四五"起点年省统计局党组对构建现代统计调查体系、构建经济大省之统计强省高度重视的成果体现。

局党组高度重视百名统计局长信心调查工作，要扎实推进，确保落地见效。一是重视为上。在调查对象上，提高代表性，省统计局领导班子成员全部纳入调查范围；在制度保障上，作为国家统计创新项目，应做好经费保障；在制度设计管理上，加强与国家统计局的汇报沟通，做好项目报批到实施的对接工作。二是创新为纲。区分于百名景气企业家信心调查项目，从一个崭新的研判视野出发，了解统计机构负责人对本地区总体经济运行形势、分行业地区经营活动情况，投资、消费、出口状况，就业状况以及经济运行过程中遇到的主要问题及建议。三是落实为要。充分吸纳省

统计局领导班子、各专业处室、各地级以上市、县（市、区）统计局主要负责人意见，进一步修订完善调查报表制度内容，为高质量完成该项工作奠定基础。

参会人员对《百名统计局长信心调查报表制度》进行了详细深入的探讨，从创新百名统计局长信心调查项目的角度出发，对调查对象、经费保障、审批流程、调查表格式等方面提出了完善意见。

98
以"三个什么"继往开来跨入"十四五"，着眼"三坚三实"谋划统计工作

2020年9月19日下午，广东省统计局在韶关乐昌召开全省统计创新数据服务暨跨入"十四五"工作座谈会，总结近年来广东统计系统改革创新主要成果，通报近期国家统计督察的有关情况，统筹谋划"十四五"全省统计工作。我主持会议并讲话。

我首先通报了近期国家统计督察对接沟通座谈会有关情况。省委书记李希在对接沟通座谈会上要求：一要切实扛起做好统计工作的政治责任，坚决把总书记、党中央关于统计工作决策部署落实到位；二要全力支持配合统计督察工作，全面如实汇报统计工作，切实做好协调保障服务工作；三要抓实抓好统计督察反馈问题整改，以统计督察为契机，不断提高广东统计工作的质量和水平。省长马兴瑞在会上以坚持习近平总书记关于统计工作的重要讲话和重要指示批示精神，坚持加强对统计工作的组织领导，坚持充分发挥统计职能作用，坚持完善防范和

惩治统计造假、弄虚作假体制机制，坚持推进三大核算改革为主线，汇报广东统计工作，充分肯定广东统计系统落实"两防"构建经济大省之统计强省的各项举措。

在"十三五"即将翻去，如何继往开来，跨入"十四五"新的起点年，我阐述了自己的想法、看法和做法。在"十三五"的大半段时间里，遇见了什么——遇见"7+n"改革创新和广东统计精气神提振的变化；面临着什么——面临世界百年未有之大变局的挑战；拿什么跨入"十四五"——做到"三坚三实"。"三坚"即：坚持构建现代统计调查体系和经济大省之统计强省坚定不移；坚持"两防"，筑牢统计数据质量生命线；坚持咬紧底层服务看家本领，增强创新力与数据解构力。"三实"即：落实习近平总书记关于统计工作重要讲话指示批示精神以及中央《意见》《办法》

《规定》等重大决策部署，确保广东统计事业发展主方向；扎实各项重大国情国力调查和各项常规统计调查任务，为省委、省政府科学决策提供高质量的数据支撑；夯实统计基层基础，从源头上提高统计数据质量。

会议期间，我带领与会代表赴乐昌硍石参观中山大学法学院旧址，听取岭南统计先驱罗湘林同志的生平介绍。现场有感而发，罗湘林同志生前曾在中山大学法学院任教，后任广东统计调查委员会办公室主任，是广东统计工作先驱，他的经历对当下统计工作有重要启迪。一是他将红色基因播洒在南粤大地，同时也对广东宏观经济调控和社会管理起

到了重要的参谋和决策支撑作用。二是他崇尚科学，追求真理，发表了很多经济理论文章。追求科学、应用科学是统计工作遵循的原则，当前构建现代统计调查体系和经济大省之统计强省也需要科学方法。三是他坚持事业至上，他的忘我精神和培养下一代统计人的家国情怀值得我们追求、崇拜。罗湘林同志的红色革命精神和新时代南粤统计精神非常契合，对于广东统计跨入"十四五"新征程具有宝贵借鉴意义。

99

从观察到观测，从使然到必然，从局部到全局，发挥国际比较项目在推动经济高质量发展中的应有作用

2020 年 9 月 24 日，我应邀参加国家统计局在广州召开的 2017 年轮国际比较项目（ICP）工作总结会议并致辞，以"三从三

到"表达发挥国际比较项目在推动我国经济高质量发展中重要作用的期望。

一是从观察到观测。观察世界经济变化，需要有相应的工具、指标衡量，国际比较项目是一个观察评价和比较全球各经济规模和结构的途径，是一项实现从观察到观测经济的全球性统计活动。期望通过深入开展国际比较项目，纵览全球经济体量结构，从中找到我国经济发展水平的精确定位。

二是从使然到必然。中国经济发展已经从数量扩张过渡到高质量发展阶段，历史赋予统计人要用国际视野去发现经济发展的长短板、后发力和内生动力的使命，客观要求以准确的数据影响经济决策、以经济决策影响经济政策、以经济政策推动经济高质量发展，这是一个从使然到必然的过程，期望国际比较项目能够在推动我国经济高质量发展中发挥重要作用。

三是从局部到全局。广东正举全省之力推进粤港澳大湾区建设，近年广东省统计局应用国际比较项目等统计技术探索大湾区经济高质量发展监测取得初步成果。如何从局部到全局支撑服务科学决策，加力在国际比较项目发出中国统计声音，广东统计将贯彻本次会议精神为之做出有益的探索和贡献。

100
"抓机遇、抓块头、抓基础"，深入基层定点联系涉农县，推动高明区经济高质量发展

为贯彻落实省委办公厅、省政府办公厅关于领导干部深入基层定点联系涉农县（市、区）的工作，2020年10月27日，我带领基层定点联系高明区工作组和调研分析组赴高明区协商深入基层定点联系工作事宜，并赴高明区龙头企业佛山市海天（高明）调味食品有限公司和更合镇吉田村实地调研。

座谈会上，我听取了佛山经济社会发展、统计工作和高明区产业发展、交通规划、乡村振兴、人口普查等工作开展情况，以及疫情发生以来全区经济运行情况，并全面系统地分析了高明区社会经济的优势和短板，把脉未来发展趋势，特别是对高明区"十四五"发展蓝图，提出"抓机遇、抓块头、抓基础"，推动高明区经济高质量发展。一是抓机遇，高明区要把握珠三角枢纽（广州新机场规划选址）等机遇，提前谋划临空经济区，带动产业布局和城市基础建设，辐射周边城市。二是抓块头，充分利用制造业优势和新的区位优势，做大经济蛋糕总量，更有利于招商引资。高明区要力争地区生产总值有新突破，再上新台阶，为佛山以及全省经济发展打牢支点，多做贡献。三是抓基础，坚守工业，更有利于腾飞，高明区自然基础很好，产业结构也有发力优势，要继续抓好工业和投资的基础性作用，扎实根基，乘势发展。

在佛山市海天（高明）调味食品有限公司，我与公司管理层详细交流，了解企业今年复工复产情况。当得知海天（高明）公司前三季度销售实现预期增长、发展态势总体向好时，我鼓励海天（高明）公司兼顾做好产品的持续升级，以满足市场需求。同时，希望其能承担起社会义务，做好经济数据的统计上报工作，为省、市出台落实更多经济政策提供数据支撑。现场，我还为佛山市海天（高明）调味食品有限公司举行百名景气企业家信心调查授牌。

在更合镇吉田村田头，我详细询问了村集体收入情况，特别是村民的生产和收入情况。据悉，吉田村去年通过拆旧复垦，成功激活集体资产，为村集体发展提供了建设资金。同时，通过和供销社合作，畅通产销路径，尤其是粉葛种植，为村民构建起持续有效的增产增收途径。

在吉田村党群服务中心，我对更合镇、吉田村目前的经济社会发展基本情况以及人口普查工作作进一步的了解，细算镇、村财政收入支出，了解村民生活状况和村干部服务情况，鼓励镇、村干部在基层工作时说贴心话，干贴心事。

经过一天走进高明，我感受满满。经过调研，

既了解到高明未来发展的规划和思路，也看到高明乡村环境的干净整洁和村干部、村民积极向上的精神面貌。同时要求省统计局更主动深入基层联系高明真调研，充分发挥统计优势，为高明的高质量发展出谋献策做贡献。

101
抓敏感工作，以小见大，点"信息眼"，撰好政务信息

2020 年 10 月 29 日，2020 年全国统计系统政务信息工作培训班在广东省中山市开班。我应邀出席培训班并致辞。

我首先代表广东统计系统感谢国家统计局鲜祖德副局长亲临指导，热烈欢迎国家统计局各位领导及全国统计同仁莅临广东参加政务信息工作培训班。政务信息工作贯穿统计工作全过程，是反映统计工作成效、推动工作落实、提供优质服务的重要抓手。

广东统计系统高度重视政务信息工作，建立健全组织协调机制，明确工作分工职责，规范审批程序，严把政务信息政治关、质量关、时效关，真实、准确、及时、客观、生动反映广东统计改革创新经验和广东经济社会发展情况，为各级党委、政府决策提供优质统计服务和统计保障，得到广东各级党委、政府的高度肯定和表扬，广东统计社会形象、地位和影响力得到大幅提升。

政务信息是领导决策的依据，是领导的"耳目"，是沟通上下关系的桥梁，其作用、效果是其他文种所不能取代的。我结合自己的实际体验，向与

会的全体同仁提出撰写好政务信息有三点值得重视与思考：一是抓信息就是抓敏感工作。信息是"下情上达、上情下达"的重要渠道，抓信息不能"捡到筐里便是豆"，要抓"领导需要知道的"和"需要领导知道的"敏感工作，第一时间给各级领导提供决策参考。二是用信息就是用在"以小见大"。信息虽然是"豆腐块"，但是能够一叶知秋、见微知著，发挥大作用。要客观反映实际工作情况，不要回避和隐瞒问题，真实全面准确传递，便于领导做出科学决策。三是写信息就是写出"信息眼"。好的标题就成功了一半，能够吸引眼球，引起领导阅读兴趣，所以拟标题要在观点提炼上下功夫，做到精雕细刻，言简意赅。

当前广东全省正在学习贯彻落实习近平总书记出席深圳经济特区建立40周年庆祝大会和视察广东重要讲话、重要指示精神，

广东统计系统将以此次培训会议为契机，进一步坚定改革不停顿、开放不止步的决心，以"7 + n"改革创新成果经验为依托，进一步解放思想，开拓进取，尽快将这次培训会议要求、成果落实落地，推动广东统计政务信息工作上一个新台阶，开创广东统计事业发展新局面。

102
界定范围，把握结构，细化分类，推动广东数字经济测算

近年广东数字经济蓬勃发展，成为经济社会高质量发展的重要新动能、新领

域。为准确反映数字经济发展状况，2020年11月5日，我主持召开广东省统计专业委员会会议，与相关专业处一起研讨广东数字经济统计分类与测算。

会上，服务业处汇报关于数字经济前期研究测算工作情况。服务业处组织开展了广东数据经济统计研究测算，对数字经济的概念、定义、内涵以及发展状况等进行了深入探索阐释。针对广东省数字经济发展的特点，参考目前业界比较认可的划分界定、相关职能部门文件和国内先行地区的资料，在《国民经济行业分类》基础上将数字经济行业初步划分为"核心层"（数字产业化）和"关联层"（产业数字化），并对广东数字经济的核心层进行了初步测算。测算表明，广东数字经济核心层占比相对较高，同时数字经济关联行业广，各产业数字融合程度深、业态复杂多样，数字经济对各产业发展影

响较大。

我认为服务业处所做的工作方向正确、架构合理、认真缜密，测算工作富有成效。当前，数字经济已成为党中央、国务院重大战略决策部署，为准确反映广东数字经济产业发展状况，科学界定数字经济产业统计范围，满足统计上精准掌握数字经济发展规模、速度、结构等需要，开展数字经济研究测算工作意义重大、十分迫切。要求服务业处抓紧对广东省数字经济测算工作进一步修改完善，及时呈报国家统计局。一是召开专业委员会，细化征询各专业对数字经济划分及测算的意见建议。二是在做好核心层测算评估的基础上，加强对关联层的划分界定及测算研究，确定科学可行的测算方法。三是加强对国际前沿和国内其他省市及行业部门、相关机构的数字经济统计测算方法与数据的比较研究，进一步提高工作水平。

103
"看指标、抓过程、重细节、高质量"，收官庚子统计

2020年11月16日上午，我主持召开座谈会，与专程来访的河源市市长林涛进行座谈，听取河源市今年前三季度经济发展和统计工作情况介绍，并就河源经济高质量发展和加强统计工作及做好今年全省统计收官等方面广泛交流和深入研讨。

在分析前三季度全省和河源市经济运行长短板基础上，我提出，当前进入年终收官阶段，各地统计工作需在把握"看指标、抓过程、重细节、高质量"上下苦功。一是"看指标"变化，着重观察和深入分析前三季度经济核算基础指标的变动，既要有对短板的关注，又要有对整体推进的看法建议，及时为各地决策提供数据服务；二是"抓过程"举措，统计过程决定核算结果，尤其是进入年终，各地更加需要拿出实招、硬招抓基层强基础，确保数据收集报送通畅、实时、准确；三是把"重细节"做实，"细节决定成败"，经济活动数据需要下绣花功夫才能收全、收实、收细、收准，建立健全企业台账是夯实基层基础、全面落实"两防"、细化经济颗粒的硬功夫；四是"高质量"成果，今年以来全国经济在经受疫情严重冲击下，广东克服了巨大困难在三季度时与全国同步转正，显示了广东经济韧性和恢复走势，当前各地要顺势而为抓"七人普"和"经济数据"硬两手，确保高质量地展示广东发展和建设经济大省之统计强省成果。

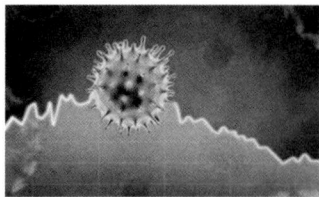

104
兴瑞省长随心走访省统计局，肯定统计改革创新成果，激励南粤统计人接续奋斗

2020年11月30日傍晚，我陪同省长马兴瑞随心走访省统计局，查看10号楼一楼天井和省统计局党建与业务创新台账室，肯定统计系统面貌变化和改革创新成果，激励南粤统计人接续奋斗。省政府秘书长、办公厅主任叶牛平陪同查看。

走进省府大院10号楼省统计局一楼天井，马兴瑞省长悉心查看环境治理和修缮工程，欣赏映入眼帘的红砖白墙，阅读墙上的"为数据需求者服务""构建经济大省之统计强省"标语，听取广东第七次全国人口普查进度和地理人口金字塔图形介绍，认为省统计局环境治理和修缮成果显著，"变化很大"，旧貌换新颜，机关事务管理局要支持省统计局

工作，大院里面省直单位的墙都可以适当进行修缮维护。

在党建与业务创新台账室，我向马省长汇报高质量发展综合绩效指标体系构建等改革创新成果相关情况，得到了马省长的充分肯定。马兴瑞省长表示，省领导一直关心重视统计工作，对统计工作的批示，"我都是有感而发"；"杨新洪你提的事我都记在心里"；每个季度的经济形势分析会，"杨新洪都是主讲人"，在过去这是没有的；各个地级以上市也要认清统计工作的重要性，充分发挥统计数据的支撑作用。

马兴瑞省长高度认同我提出的"让方法靠近科学，让数据接近真实"和"拿走你的辛苦，但有一种叫能力的东西却拿不走"等统计工作方法理念，要求全省统计系统忠于统计工作职守，提高统计工作能力，勉励省统计局接续奋斗，用心工作方有知行合一的结果，在明年的省

直机关绩效考核中取得更好成绩。临行时，马兴瑞省长再次肯定省统计局党建业务融合创新等各个方面"变化很大"，同时叮嘱随行的叶牛平带有关部门"都来学一学"。

105
"使命感、责任感、紧迫感"，三要求做好广东百名统计学（专）家信心调查，推进《统计学家》创刊

2020年12月4日上午，我主持召开广东省统计专业委员会会议，研究广东百名统计学（专）家信心调查和创办《统计学家》期刊工作。

会议听取了城乡统计调查中心关于广东百名统计学（专）家信心调查工作情况汇报；重点围绕百名统计学（专）家的样本范围和对象、统计学家与统计专家的界定、样本结构等内容和创办《统计学家》期刊事项展开了激烈讨论。

我在会议中提出，在做好百名景气企业家信心调查的同时，开展广东百名统计学（专）家信心调查工作，并以此为契机创办《统计学家》期刊，是广东统计改革创新、构建经济大省之统计强省的有力举措，是广东统计与时代同行的又一创举，利在当下，功在千秋，具有重要的现实意义和深远的历史意义。

一要有"使命感"。广东是改革开放的发源地，广东统计要秉承改革创新精神，把开展广东百名统计学（专）家信心调查和创办《统计学家》期刊，作为推进"7+n"统计改革创新发展的又一重要举措，抓紧抓实。

二要有"责任感"。开展广东百名统计学（专）家信心调查工作和创办《统计学家》期刊，填补了中国统计的空白。省统计局既要把广东百名统计学（专）家信心调查项目打造成广东统计改革创新的精品品牌，也要把

《统计学家》打造成具有广东统计特色、展现广东统计改革创新发展风貌的臻品统计期刊。

三要有"紧迫感"。要以时不我待、只争朝夕的奋斗精神，积极谋划，精心组织，做好广东百名统计学（专）家信心调查前期各项准备工作和《统计学家》期刊号申请工作，确保明年第一季顺利开启广东百名统计学（专）家信心调查和在2021年全省统计工作会议上推出《统计学家》首刊。

成就"双百"信心调查项目，创办《统计学家》期刊，为广东统计发展添上亮丽一笔，我心中总有一股莫名的欣喜感。

106

坚持"早、大、全、专"，发挥统计"专"业优势，高质量推进基层定点联系高明区工作

自2020年6月初，省统计局收到《关于领导干

部深入基层定点联系涉农县（市、区）的实施方案》（征求意见稿）后，我高度重视，坚持"早、大、全、专"开展深入基层定点联系高明区工作。

工作开展"早"。6月16日，我带队赴高明区调研经济发展情况，了解新冠肺炎疫情下高明区规模以上工业企业发展对经济有效拉动情况，正确研判高明区经济发展态势。实地调研佛山市海天（高明）调味食品有限公司，并与公司管理层详谈复工复产情况，强调海天公司要兼顾做好产品的持续升级，以满足市场需求，同时做好经济数据的统计上报工作，为省、市出台落实更多经济政策提供数据支撑。7月21日我与佛山

市市长朱伟及市委常委、常务副市长蔡家华调研探讨高明区规上工业对经济增长的影响因素。10月，在接到省委、省政府办公厅印发的《关于领导干部深入基层定点联系涉农县（市、区）的实施方案》后的第二天，我立即召集有关人员召开会议，研究部署深入基层定点联系佛山市高明区的相关工作，提出要以务实精神贯彻落实领导干部深入基层定点联系涉农县（市、区）工作部署，成立小组专人专项负责；强调省统计局要和高明区建立常态化工作会商机制，围绕重点任务，充分发挥统计优势，帮助高明区检视全面小康"三农"领域短板，着力推进乡村振兴取得实效；由年轻业务骨干组成调研小组，深入一线、解剖麻雀，摸清当地涉农突出问题，细化完善工作举措，落实工作任务；充分聚焦乡村振兴和高质量发展，深入基层探讨重点难点问题，研

究协调解决办法。

开展力度"大"。按照工作方案，该项工作由省统计局农村社会经济统计处牵头，办公室、财务处、人口和就业统计处、人事处、机关党办参加组成工作小组，负责工作的协调沟通和推动落实，突出重点、挖掘亮点，高质量完成领导干部深入基层定点联系高明区的工作部署。成立调研分析组，由年轻业务骨干组成，负责开展深入基层定点联系高明区的系列调研工作，撰写调研分析报告。截至12月4日，我赴高明区深入基层定点联系工作4次，累计4天。工作小组和调研分析组赴高明区调研累计5次，分别就高明区农业产业、经济高质量发展、吉田村党建引领乡村振兴

等情况进行专题调研，全面了解研判高明区经济发展概貌及其存在的问题，并提出有效建议，为高明区经济发展提供全新解读，把领导干部深入基层工作精神落到实处。

"全"面推进高明区高质量发展。我在帮助高明区检视全面小康"三农"领域短板，着力推进乡村振兴战略的同时，积极帮助高明区解构经济，助力其高质量发展。10月27日，在和高明区委、区政府的座谈会上，我全面系统分析了高明区社会经济的优势和短板，提出"抓机遇、抓块头、抓基础"，推动高明区经济高质量发展。

11月份，根据我的建议，省统计局调研分析组组成了3个调研小组，分别对高明区"三农"、工业、吉田村党建工作进行专题调研。12月3日，我给高明区与该区实施乡村振兴领导小组成员单位领导干部近90人进行专题授

课，通过解构数据，分析当下经济情况，帮助高明区提升现代治理能力。

发挥统计"专"业优势。我十分重视在深入基层定点联系高明区工作中发挥统计专业作用，从成立工作小组和调研分析组开始，我即统筹全局业务力量，专人专项负责定制统计如何为高明区"三农"和高质量发展服务，如何充分发挥统计优势，帮助高明区检视短板，通过提升高明区经济高质量发展着力推进乡村振兴取得实效。10月26日、11月9—10日，省统计局深入基层定点联系高明区调研分析组4次到高明区和吉田村进行调研。12月3日，我到高明区开展专题授课，以"解构数据·看透经济 提升现代治理能力——'七逻辑''六聚六看'庚子年广东经济运行变化"为题，从近年省统计局掌握的统计数据入手，深入剖析了高明区发展现状，详细讲解当前国

内外经济发展大环境，解读国家政策要点，并辅以部分区域和衰落案例的分析解释，帮助高明区干部有效理清思路，找寻未来"十四五"发展方向。整场专题授课做到数据翔实、剖析透彻、观点独到，为高明区干部从宏观层面全面了解认识经济形势提供了很好借鉴，帮助高明区提升现代治理能力。同日，还带领省统计局工业、投资、贸易、劳动工资、农业、服务业等专业负责人到佛山进行统计专业业务对接，强调统计监测、核算科学、抓早干实统计理念于佛山市、高明等区之意义。通过各专业和相关部门的业务对接，直接解决佛山市及所属区统计工作中遇到的难点问题，协助佛山市统计和相关部门更加扎实做好统计工作，为佛山市、高明区等高质量发展提供统计支撑。

107
2020年深入高明5次5天，3篇报告，超额完成定点联系高明区工作

2020年12月21日下午，我赴佛山市高明区明城镇实地调研乡村振兴工作推进情况，视察农村人居环境，并走访慰问了四位百岁老人。

利用第七次全国人口普查的契机，我了解到明城镇有不少百岁老人。在冬至这个特别的节日，我特意走访慰问明城镇四位百岁老人，向老人送上党和政府的关怀以及诚挚的节日祝福，同时对老人及其家人积极参与"七人普"表示感谢，并详细了解老人的生活饮食起居和身体状况。当得知四位老人虽均已年逾百岁高龄，但身体依然硬朗，饮食起居都很规律，我十分高兴，与百岁老人共话家常，寻觅生命之秘，总结老人们

健康长寿的规律。我还走进老人的卧室等处，查看老人生活保障等情况，叮嘱其家人要传承好优良家风，精心照看和陪伴老人，为老人营造温馨愉悦的生活环境，让老人安享幸福晚年。

百岁老人是个特殊的群体，是社会的瑰宝。尊老、敬老、爱老、孝老是中华民族的传统美德。我们要进一步弘扬尊老爱老敬老的良好风尚，切实营造全社会尊敬老人、爱护老人、关心老人的良好氛围，及时帮助老人们解决实际困难，落实好老龄津贴等养老制度，让老人们更好地感受到社会的温暖。各级统计局要充分利用好"七人普"国情国力调查，进一步摸清全省老龄人口

状况及分布情况，为老龄事业健康发展贡献统计智慧和力量。

我实地调研了明城镇村容村貌建设，并充分肯定了明城镇的乡村振兴推进工作。看到被国家级森林公园环绕的云勇村时，我心有所触，平坦的村路对行动不便的老人和小孩非常友好，村容村貌及公共环境非常干净，乡村振兴不光是大标语，更重要的是这些细节；这里山清水秀，鸟语花香，怪不得出了这么多百岁老人，也非常期待能够在这样优美的自然环境和整洁干净的村庄里生活。

2020 年以来，我先后5 次赴高明区开展深入基层调研工作，累计 5 天，完成深入基层定点联系高明区调研系列报告 3 篇，

超额完成了 2020 年度深入基层定点联系高明区的工作任务。

108

抓好九项工作，为2021 辛丑年开新局，起好步

2021 年 1 月 4 日，元旦假期后上班的第一天，我主持召开工作碰头会，研究部署 2021 年开年重点任务，提出要做好九项工作，为 2021 辛丑年统计工作开新局、起好步。

我简要回顾了过去一年全局的统计工作，感慨2020 年的不平凡。在省委、省政府的坚强领导下，全局上下一心，秉持创新统计数据服务理念，在做好新冠肺炎疫情防控工作的同时，有序开展全局各项统计业务，持续推进"7 + n"统计改革创新，全力做好第七次全国人口普查、配合完成国家统计督察等重点工作，构建经济大省之统计强省，得到省

委、省政府、国家统计局领导的高度肯定。在局领导班子和省管领导干部考核中，省统计局领导班子首次获得优秀等次，两名党组成员被评为优秀，实属不易。

在2021辛丑年里，我们要坚持以习近平新时代中国特色社会主义思想为指导，坚决贯彻党的十九届五中全会精神，认真落实省委"1+1+9"工作要求，再接再厉，全力做好九项工作任务，确保开新局、起好步，为数据需求者服务，为广东"双区驱动"战略提供高质量统计支撑。

抓好2020年全省经济社会各项指标统计工作。统计月报、年报数据上报进入关键期，各相关处（室、中心）要做好过程管理，善于在关键时间节点抓关键工作，发挥关键少数带头作用，脚踏实地，实事求是，提高统计数据质量，抓好全年经济社会统计任务。

做好全国统计视频会议准备工作。接国家统计局通知，广东省统计局再次被邀请以"改革创新"为主题，在会上作经验交流发言，要根据国家统计局的要求认真准备会议发言材料，并按要求做好会议组织工作。

备好数政建设经济专题汇报工作。本次汇报会选择在省统计局召开，省领导出席，各相关处（室、中心）要高度重视，密切配合，认真演练会议程序，反复打磨会议汇报材料，全力做好会议服务和技术保障工作。

开好2020年局班子民主生活会。各班子成员要结合各自工作实际安排，对标民主生活会各项要求，准备优秀内容，展示优秀班子形象。

搞好"双百"统计调查工作。一是广东百名统计学（专）家信心调查，此项调查制度已获国家统计局批复，已有国家方法制度保障，要继续做好样本筛选，同时做好《统计学家》的开刊工作，为广东百名统计学（专）家信心调查顺利开展做好前期准备；二是走访调查百名百岁老人，目前已经走访了120名百岁老人，下一步要尽快完成全省各地百岁老人走访工作，作为第七次全国人口普查的重要创新成果和应用。

筹备好全省统计工作会议。要按照疫情防控工作要求，做好会议筹备方案和发送预通知，同时要进一步优化会议流程，提高会议效率，办公室牵头按照职责分工做好会议材料草拟、收集等工作，其他相关处（室、中心）积极配合。

保持好"七人普"各项工作持续推进。要按照国家"七人普"工作要求，按时高质量做好"七人普"数据比对等各项后续工作，争取"七人普"工作的顺利圆满完成。

统筹好新冠肺炎疫情防控工作。近期部分地区疫情出现反弹，要按照中央和省的疫情防控工作要求，继续落实好疫情防控各项措施，做好疫情物资保障，为全局干部职工开展统计业务提供安全健康环境。

安排好春节前的各项慰问活动。根据中央和省有关工作要求，统筹安排好节前慰问老干部、老党员以及困难干部职工，加强人文关怀，让他们体会到组织的关心，体会到统计大家庭的温暖。

省统计局党组成员、副局长朱遂文、杨骁婷、刘智华、王丽莹，党组成员、一级巡视员梁彦，二级巡视员杨少浪、熊德国、汪国新、邱国祥，总统计师及各相关处（室、中心）主要负责人参加会议。

109
广东执着统计改革创新行稳致远——在全国统计工作视频会议上的发言

2018 年以来，广东以构建经济大省之统计强省为动力，广大南粤统计人脚踏实地、持之以恒以改革创新为己任，体现广东统计人的担当与责任，取得明显成效。我的主要做法与体会有三点：

一是"上不封顶"谋划统计改革创新。其一是紧贴经济社会发展脉搏，主动作为求创新。党的十八大以来，广东主动承担国家统计局试点任务，践

行统计跟上时代要求，探索出"试点·试行"的"两试"统计创新方法。2016 年，国家统计局向广东发出全国首个"三新"和新经济统计改革试点批文。2017 年，广东在全国率先建立广东省新经济统计制度，开展新经济增加值核算。其二是从"9 + n"到"7 + n"，再接再厉再创新。2016 年，国家统计局主要领导到广东调研

"三新"企业，提出"试点不封口、不断有任务"的做法。广东在深圳"9 + n"成果基础上，2018 年以"7 + n"为切入点，从一个个小切口持续推动统计改革创新。"7"是指国

家统计局赋予广东 7 个国家级试点任务。"n"是指高质量发展综合绩效评价体系、"双百"调查［百名景气企业家、百名统计学（专）家］等一系列统计改革创新试点。在此基础上，省统计局发起并创办《统计学家》期刊，近日获得省委宣传部刊物准印证号。其三是稳扎稳打，多措并举保创新。2015年，深圳市统计局提出"九个方面"的保障机制。省、市（深圳）统计局成立统计专业（咨询）委员会，不等不靠，刻苦钻研，树立"拿走你的辛苦，但有一种叫能力的东西却拿不走"的工作创新理念，"让方法靠近科学，让数据接近真实"，省统计局已召开专业委员会 113 期。2019 年以来开展"统计能力提升建设年""创新数据服务年"活动。加快统计干部年轻化、专业化，省统计局不到 200 人中，副处以上干部平均年龄年轻了 3 岁多。

二是紧跟高质量发展，深化统计改革创新。其一是选准出发点。2015年，广东已形成新一代信息技术、互联网、新材料、生物、新能源、节能环保、文化创意七大战略性新兴产业统计方法制度。同年 6 月，首次对航空航天、生命健康、机器人、可穿戴设备和智能装备、海洋等未来产业进行试统试算。2018 年，全省新兴产业增加值达到 24 973.29 亿元，占全省 GDP 比重的 25%。其二是找对立足点。广东作为新兴服务业业态发展较快较好的地区，在行业分类、制度设置、增加值核算等方面积极探索，新经济统计监测制度涵盖新经济综合情况、新兴现代农业、战略性新兴产业、科技企业孵化器、众创空间、电子商务、互联网平台等 13 项重点内容，共 29 张调查表。其三是巧用结合点。在标准认定和范围界定上，由相关经济职能部门

提供形成战略性新兴产业单位名录库。在数据来源上，立足现有"四上"企业一套表数据库提取。在质量控制上，与税务、市场监管等部门进行数据比对。其四是行动迅速及时。2016 年，广东获得对"未观测金融"试点批文，年底向国家统计局上报成果。又如 500 万元以下固定资产投资项目调查，2016 年 8 月布置"考题"，同年 9 月交出"答卷"。2020 年 1 月，广东推动知识产权投资统计试点，得到国家统计局宁吉喆局长"行动快、成果新"的批示。

三是"三性"并重推动统计改革创新。其一是稳定性。2011 年以来，广东先后承担国家统计局近 30 项改革创新任务。2020年 1—3 季度，广东完成新经济增加值 20 030.69 亿元，占 GDP 的比重为 25.6%，同比增长 1.6%，季度增速年内首次转正，并高于同期 GDP 增速 0.9

个百分点，显示出统计创新制度的稳定性。其二是借鉴性。《科学度量 One："九 + n"中国统计改革落地深圳》《广东省第四次全国经济普查入户案例选编》《粤港澳大湾区人口统计调查入户登记百例选编》《统计思维与实践》等书和期刊，得到国家统计局宁吉喆局长作序批转。先后有浙江、北京、上海、云南、贵州、青海、宁夏等省市自治区同仁来粤考察交流。其三是质量性。广东"四经普"差错率为1.05%，低于全国平均水平。全省地区生产总值与各地市地区生产总值之和已完全衔接。2019 年年报数大于快报数。2017 年到2020 年 1—3 季度，广东"新经济"增加值占 GDP比重持续保持在 25% 以上。测算结果与同期新动能的发展趋势一致。

2021 年，广东将认真贯彻学习这次全国统计工作会议精神，进一步加大统计改革创新力度，以改

促干，以干得助，始终保持改革创新正能量，让统计改革创新之花次第在南粤大地上盛开，以优异成绩庆祝建党 100 周年。

110
"更新、更强、更实、更多、更适"，贯彻落实全国统计工作视频会议精神

2021 年 1 月 8 日上午，国家统计局召开全国统计工作视频会议。下午，我第一时间主持召开专题会议，传达学习国务院领导同志对统计工作批示要求和国家统计局宁吉喆局长在大会上所作工作报告主要内容，提出以"五更"贯彻落实全国统计工作会议和宁吉喆局长讲话精神，加强统计改革创新，为数据需求者服务，持续构建经济大省之统计强省和新时代现代化统计调查体系，为推动全国统计现代化改革贡献南粤力量。

一是更新，创新。贯

彻习近平总书记在深圳经济特区建立 40 周年庆祝大会上的重要讲话精神，永葆"闯"的精神、"创"的劲头、"干"的作风，在"7 + n"统计创新试点的基础上，从小切口落点，"试点不封口、不断有任务"，持续推动"双百"统计调查、主要专业统计台账试点等统计方法制度改革创新，开启广东统计改革现代化新征程。

二是更强，强省。经济大省呼唤统计强省，需通过市县局长培训班、青年干部培训班、建立局领导联系地市工作机制等举措提升统计能力、创新数据服务和夯实基层基础，从省统计局层面带动地市统计局和县区统计局，推动全省统计系统接续奋斗砥砺前行，持续构建经济大省之统计强省和新时代现代化统计调查体系，满足新时代新征程对统计工作的新要求。

三是更实，夯实。发扬南粤统计务实求实作风，

统计工作要落实落细，接地气，脚踏实地，让方法靠近科学，让数据接近真实。在"统计能力提升年"和"创新数据服务年"的基础上，开展"统计基层基础建设年"，加强对基层统计工作指导，推动人财物保障落实，全力夯实统计基层基础，从源头提高统计数据质量。

四是更多，多维。秉承"为数据需求者服务"理念，发挥统计部门掌握第一手和海量数据优势，多出统计产品、多出统计精品，以多种形式为数据需求者提供更优服务。加强与鲁、苏、浙、沪等兄弟省市在改革创新和统计服务方面的交流，根据宁吉喆局长"九表诠数""六聚六看"批示要求，提高数据解读能力，以多种视角、多维角度精准解读解析数据。

五是更适，适应。面对当今世界百年未有之大变局，现代信息技术日新月异，统计工作要适应时

代要求，选准出发点，找对立足点，巧用结合点，行动迅速及时，推动大数据、区块链、云计算、物联网和空间地理信息技术在统计工作中的运用，开展数字经济统计监测和数据生产要素统计核算试点，紧跟时代发展，深化统计改革创新。

111
"过程就是结果、满堂统计聚正气、守正创新两构建"，感悟解释解构统计工作

2021 年 2 月 1 日，全省统计工作暨基层能力建设提升培训会在广州召开。

会议以习近平新时代中国特色社会主义思想为指导，深入学习习近平总书记关于统计工作和广东工作重要讲话指示批示精神，认真落实全国统计工作会议要求，总结"十三五"以来特别是近两年来的全省统计工作，部署 2021 年统计重点任务。我在大会上作了题为"守正创新夯实基础 全力开创广东统计现代化改革新局面"的工作报告。

在讲话中，我用"三句话"感悟解释解构统计工作。一是"过程就是结果"。结果是过程的体现，是过程的升华，过程比结果更重要。近年来广东统计工作的成绩，是全体统计人不懈努力和辛勤付出的体现，是广东统计人积极推进"7+n"改革创新、落实"两防"，夯实统计基础和提高统计能力为数据需求者服务的结果。二是"满堂统计聚正气"。本次参会的既有各地市和各县区统计工作主

要负责人，有省直有关单位、中直驻粤有关单位、深圳市税务局和深交所统计工作负责人；也有来自科研机构和高校的统计学家、高级统计师代表。GDP是属地概念，本次参会人员涉税部门条块结合，统计实践操盘手和理论工作者共鸣，欢聚一堂话统计。三是"守正创新两构建"。全国统计工作会议提出推进统计现代化部署，马兴瑞省长批示也提出求扎实推进统计现代化的要求。推进统计现代化改革，要以"7＋n"改革创新为抓手，大胆破冰，创新探索，通过小切口推动大变化，最终实现构建现代化统计调查体系和经济大省之统计强省的目标。

我概括"十三五"是广东统计砥砺奋进开拓创新的五年。在省委、省政府的正确领导和国家统计局的业务指导下，全省统计系统坚持以党的政治建设为统领，围绕统计事业

发展重大决策部署，秉持统计改革创新服务理念，主动作为、攻坚克难，持续推动三大统计核算改革，圆满完成"三农普""四经普""七人普"重大国情国力调查任务，积极推动统计改革创新形成"7＋n"创新成果，深入推进"两防"提升数据质量，不断加强统计监测分析能力，提高统计服务水平，强化统计学术交流，增强统计科研水平，提升统计专业能力，打造专业化统计人才队伍，推进党建业务深度融合，着力构建现代化统计调查体系和经济大省之统计强省。广东统计工作得到国家统计局和省委、省政府高度肯定，面貌焕然一新。

2021年，全省统计系统要坚持以习近平新时代中国特色社会主义思想为指导，立足新发展阶段，贯彻新发展理念，构建新发展格局，守正创新，创新统计方法制度，推进统计法治化建设，提高统计数据质量，夯实统计基层基础，增强统计业务能力，提升统计服务水平，加快构建与政府治理体系和治理能力相适应的现代化统计调查体系，构建经济大省之统计强省，为广东"十四五"开好局、起好步贡献统计力量。一是加强党对统计工作的领导，二是落实国家统计督察整改，三是推进统计现代化改革，四是完善统计法治建设，五是强化统计监测分析服务，六是扎实推进人口普查工作，七是夯实基层统计工作基础。

会议宣读了《中共广东省统计局党组关于构建经济大省之统计强省开展统计基层基础建设年活动的通知》。组织观看《广

东省统计局"7 + n"改革创新》专题片,回顾广东统计近年来推动智能普查、分性别统计、高质量发展综合绩效评价体系构建等"7 + n"改革创新的不懈努力,重温"7 + n"改革创新所取得的积极成果,增强推动广东统计改革的决心和信心。

会议现场讲解广东百名统计学(专)家信心调查制度,培训演示填报程序操作,并向参与信心调查的广东百名统计学(专)家颁牌,正式开启广东百名统计学(专)家调查工作,为省委、省政府宏观决策提供高质量参考依据。

会上,2个省直有关单位、6个地级市统计局作统计工作经验交流发言;3名统计学(专)家代表作表态发言。

各地级以上市统计局主要负责人,各县(市、区)统计工作主要负责人,省有关部门统计工作负责人,广东百名统计学

(专)家及高级统计师代表等在主会场参加会议,省统计局四级调研员以上干部在省统计局分会场参加会议。全省各级统计部门统计人员通过视频方式在线同步收看。《南方日报》、《羊城晚报》、广东广播电视台、南方网等新闻媒体在主会场参与新闻报道。

112

居安思危,安全无小事,节前检查部署统计信息系统网络安全工作

为确保疫情常态化防控下更加深入贯彻落实《网络安全法》,进一步落实网络安全工作责任制,2021年2月7日,我召集局领导和各处(室、中心)负责人进行周密部署,明确网络安全职责,并于2月8日带领局数据中心和办公室深入一线检查统计信息系统网络安全工作,通过省统计局网络安全威

胁感知平台和广东省运维监控系统现场审验网络安全情况。

我现场详细了解网络安全防护措施、网络流量监测、异常访问与异常攻击等情况,要求省统计局数据中心在日常网络安全巡检工作的基础上,进一步强化春节假期网络安全值班值守,并在春节前认真推演网络安全应急处置方案,对局统计信息系统进行全面检测,到局内各处室单位上门服务,重点防护联网直报系统、政务网站、办公自动化系统以及网络安全防护设备等,确保春节期间局统计信息系统安全稳定可靠。

113

感恩奋进，开新局，起好步，以"三牛"之牛力实现南粤统计"开门红"

牛年大吉叙创新，共谋统计建强省。2021年2月18日上午，在春节假期结束后的首个工作日，我带领省统计局领导班子成员到各处（室、中心）走访全局干部职工，高度肯定全局全年工作成绩，转达省委常委、常务副省长林克庆对全局干部职工的亲切慰问，送上新春佳节的祝福问候，共勉感恩奋进，构建经济大省之统计强省，为广东"十四五"发展开新局，起好步，以孺子牛、拓荒牛、老黄牛"三牛"之牛力实现南粤统计"开门红"。

当日，省统计局收到国家统计局宁吉喆局长对我呈报的《2020年广东跨上11万亿新台阶的"四梁八柱"》分析肯定批示：

"广东作为全国第一经济大省，从统计上进行'四梁八柱'分析是有益的。"

在局保密室，我肯定全年保密工作，叮嘱"保密无小事，细于无声处"，强调保密工作要万无一失；在综合处，认为新的一年干部精气神饱满，面貌焕然一新；在人口和就业处，叮嘱青年干部注意添衣增暖，询问春节假期去向安排；在社科处，询问调查队挂职干部工作学习情况，要求关心军转干部成长；在财务处，点赞办公环境干净整洁、财务台账资料归档有序，强调统计工作也要发扬"台账"精神；在数据中心，通过网络安全威胁感知平台检查全局网络信息安全，分析当前网络安全形势；在省人口普查办集中办公室，肯定第七次全国人口普查工作扎实高效，并要求做好普查数据发布和各项后续工作；在城乡中心，希望继续做好"双百"调查，加强宏观经济运行景气监测。

在一楼天井，我和班子成员共同谋划辛丑年开春工作，鼓励同心同德、齐心协力实现广东统计"开门红"。一是加强党对统计工作的领导，不忘统计工作反映经济社会变化初心，牢记为数据需求者服务使命；二是依托"7+n"改革创新，持续推进统计现代化改革和构建现代化统计调查体系；三是借鉴会计台账归档和审计工作方法，以"台账"精神抓好全专业统计台账建立，夯实基层统计基础；四是积极推进"七人普"各项工作，根据国家规定按时做好普查主要数据公布和解读；五是抓好2月和一季度主要专业数据采集报送，加强审核分析，做好研判解读，以高质量统计数据为省委、省政府决策提供扎实数据支撑，为广东"十四五"发展开新局，起好步。

其间，我还和班子成员走访同楼的省地方志办公室，与陈华康主任交谈，希望两家兄弟单位新的一年在业务和办公环境维护上继续保持密切合作，携手为广东高质量发展贡献专业力量。

114
扬"三牛"精神，夯"三基"建设，扎实推进全省统计"两构建"

2021年2月20日，我与来访的中山市副市长叶红光一行在省统计局座谈，听取中山市统计工作情况介绍，充分肯定中山市去年以来统计工作取得的成绩，向中山市委、市政府重视关心关注统计工作表示敬意和感谢，并提出辛丑牛年和今后一个时期中山市乃至全省统计系统要发扬习近平总书记倡导的"为民服务孺子牛、创新发展拓荒牛、艰苦奋斗老黄牛"精神，全面夯实统计"三基"建设，加快推进构建经济大省之统计强省，构建现代化统计调查体系。

辛丑牛年春节前夕，省统计局克服新冠肺炎疫情，以现场加视频方式召开全省统计工作暨基层能力建设提升培训会。会上印发的《中共广东省统计局党组关于构建经济大省之统计强省开展统计基层基础建设年活动的通知》，中山市和全省各地党政高度重视，统计部门正在出实招认真贯彻落实。新春伊始，希望全省各地发扬习近平总书记倡导的"三牛"精神，不用扬鞭自奋蹄，全力夯实"三基"，推动"两构建"见到实效。

一基是夯实基层基础。作为经济第一大省，基层统计能力不强，统计强省立不起来。省统计局开年把全省县（市、区）一级基层统计部门主要负责人请上来面对面开会，目的就是夯实基层基础，提升基层统计能力。基层基础建设一偷懒，基层统计力量和能力一薄弱，统计数据流就会断线，地区经济变化就立马显示不出来，服务决策就无从谈起。中山市没有县（区），而是直接到镇街，市统计局要强，镇街一级更要强。特别是今年镇街换届，需要特别盯住，强的要更强，弱的要趁机补上短板。这个节点上党政的重视非常关键，数据反映高质量发展，抓经济的同时抓镇街和企业统计力量，设机构、配人员、稳保障才会有数据颗粒归仓。这方面，可以借鉴兄弟市加强统计基层基础建设的做法经验。

二基是夯实专业基础。政治自觉带来业务自觉，要学思践悟，通过党建融入的方式带动专业提升。

各地可以结合贯彻习近平总书记在中央党史学习教育动员大会上的重要讲话精神，带乡镇统计人员去韶关乐昌"忘忧红九林"，看一看、悟一悟原省统计局副局长罗湘林同志的事迹。他以前是地下党，经副省长许瑞生指示，省统计局挖掘出来他的统计情怀，以熏陶和提升南粤统计"精气神"和专业操守。敬业更需专业，有厚实的专业基础并沿着专业路径

赓续攀登到达统计象牙塔，才能转变思维，才会有话语权，才可游刃有余。省统计局打破专业界限建立统计专业委员会，破解大量统计专业问题成效显著，建议中山和其他地区也建立这样的机制，充分发挥

业务骨干"群雁效应"，共同研究解决专业问题，提高整体能力和水平。省统计局除了《统计学家》，还有《统计思维与实践》，市、县（市、区）统计部门主要负责人都领到"统计专家"牌匾证书，可以开动脑筋打破思维界限，独立思考积极撰稿，不断提升统计能力，成为专业部门里真正的行家里手。

三基是夯实奋进基础。我们党强大的生命力和战斗力首先来自全党的团结奋斗。统计工作也一样，在今年全国统计工作会议上，广东连续两年作典型发言，这是广东统计改革创新上不封顶、永不停步的最好备注。这里头就有全省上下、局里局外团结协同，守正创新的坚实基础。正是有了这一根基，

全省上下拧成一股绳，奋力拓荒进取，在统一核算、课题研发、统计分析、"$7+n$"统计改革创新等方面全面斩获。有了牢固的团结奋进基础，推进"两构建""为数据需求者服务"也就成了理所当然。希望中山在团结奋进这一点上在全省做出表率，特别是根据中央统计督察情况反馈整改。中山和全省必须高度重视，高质量做好统计督察下半篇的工作；同时要认识到，任何时候都离不开统计这一"万岁事业"，经济背后都有统计符号。地区生产总值就是代表，各地要让统计在百年党史学习教育当中发挥应有的作用。

115

强基不动摇，改革不停歇，创新不止步

2021年2月24日，我在省统计局与来访的珠海市委常委、常务副市长肖展欣一行座谈，听取珠海

市经济社会发展和统计工作情况介绍，高度肯定珠海市过去一年统计工作取得的成绩，对珠海市委、市政府高度重视和关心支持统计工作表示敬意和感谢；鼓励珠海市统计工作在新的一年和今后一个时期，以学习贯彻习近平总书记在党史学习教育大会上的重要讲话精神和省委、市委部署为契机，紧紧把握新发展阶段、牢牢贯彻新发展理念、实实构建新发展格局，以感恩奋斗姿态持续开拓进取，为全省统计推进"两构建"做出贡献。

统计是认识经济社会发展的基础性、科学性和实用性工具，它不仅是一扇观察经济社会发展变化的窗口，一面解构经济运行脉络并分析经济强弱长短的显微镜，还是一把开启引导经济健康稳定发展之门的金钥匙。省长马兴瑞在今年全省"两会"上指出，广东经济总量超过11万亿元，连续32年全国第一。经济大省客观上需要有与之相适应的统计强省和现代化统计调查体系支撑。近年来珠海市统计工作在各级党政的厚爱之下，统计基层基础、专业基础和奋进基础不断夯实，较好地发挥了其职能作用，其利用统计工具服务高质量发展的成绩值得充分肯定。

"基础不牢地动山摇"，夯实统计基础功在当代、利在千秋，怎样强调都不为过，加强基层基础建设须贯穿于统计工作的始终，永不动摇。今年是统计基层基础建设年，把统计基层基础夯实了，数据质量就会有实质性的提高，统计创新才会有破冰，

参谋助手的作用才能真正发挥。珠海市和一些地区的一些经济功能区的统计基础急需各级党政主动研究和加强，没有主动就只有被动，主动出击效果总会更好。不同时期统计工作重点和统计需求会不一样，扭住主题主线，准确识变、科学应变、主动求变，紧跟时代步伐就一定要有一个坚实的基础。千变万化的统计数据来源不能变，需要靠基层统计人员去维护数据源头，如当前各级党政高度关注数字经济，这好像是一个新名称，但它还是从浩如烟海的统计数据库里分类甄别筛选出来的。没有坚实的统计基础，创新也就无从谈起。

创新是干事创业永不枯竭的动力，统计创新与经济社会发展相伴相随，因经济社会发展需求而生而随。广东特别是粤港澳大湾区新产业新业态新模式率先出现迅猛发展，怎样描述和体现新经济存在？港澳地区统计核算制度方法的差别如何衔接？区域间经济流入流出如何界定？数据生产要素等未观测经济的投入产出如何计量等都需要去探索去创新。近年，广东统计创新"7 + n"的持续推进取得系列成效，知识产权纳入投资等部分创新成果，国家统计局已正式纳入制度实施，而很多创新起一个启迪、探索、铺路的作用，如房屋租赁国家暂时还未采纳，除了技术因素，还有其他的考虑。不要企求一对一的回报，统计人需要有情怀，付出很多最后可能是弱水三千只取一瓢，一代代统计人一辈子就是以这样的情怀和付出去推动统计事业向前发展的。珠海是特区，又毗邻澳门，横琴与澳门经济怎么核算，可否复制深汕特别合作区的核算方法值得探索和讨论；珠澳两地的统计核算方法需互相取长补短、求同存异才能产生接轨。从某个方面

讲，香港、澳门国际化程度会高一点。国际比较项目是以购买力平价来比较国家之间经济规模，地区与地区之间也可以探索，上海和西藏的经济总量换了购买力平价可能不一样，珠海和澳门的多元发展，两地的经济总量在购买力平价下的水平和差距怎样，可以去作这篇文章，带入思考，就会有突破。省里可以安排一个试点，试点出了成果评估后就可上报国家。电子台账、平台结算等"7 + n"改革创新项目，根据自身力量申报试点。

116
身体力行"三第一"，"五抓"农村统计基础

2021 年 3 月 3 日，全国农村统计调查工作视频会议在北京召开。我在广东分会场参加会议，作题为"广东'五抓'农村统计基础"的发言介绍广东

做法和经验：

一是领导重视抓。一直以来，我都高度重视农村统计工作，身体力行"三第一"，从 20 世纪 80 年代到县统计局工作第一

个干的专业就是农业调查，从深圳市统计局到省统计局工作后第一个抓的专业也是农业，第一个参加的专业视频会也是农业统计视频会。重视农村统计，光靠省统计局重视还不够，还必须抓市、县统计局一把手，让市、县统计局局长一起重视抓农村统计。要转变观念，农村统计是大有作为而非无关紧要；重视农村统计，广东始终把落脚点放在乡村振兴监测上，站在服务乡村振兴战略实施高度上。这些年，广东花大力气抓

农村统计基层基础工作，实实在在为基层统计创造有利条件，配备精兵强将，提高从业人员素质能力，夯实源头数据质量，加大"两防"工作力度，夯实广东农村统计工作基础。

二抓农村统计台账规范。基础不牢，地动山摇。广东十分重视农村基层统计台账建立，从 2000 年开始由省统计局统一印制下发《广东省村（居）委员会统计台账》和《广东省乡（镇）统计台账》，每 10 年为一周期，印发一本，连续 3 期，直接印发到全省 2.13 万个行政村（涉农居委会）和 1 469 个乡镇（涉农街道）。2020 年，省统计局不但印发了新一周期的镇、村统计纸质台账，还根据形势发展及时开发电子台账，创新农村统计台账信息化管理途径。广东从上到下已形成抓台账共识。2020 年在调研惠州市博罗县时，看到这个县的镇、村农村统

计台账，上溯时间可达 1957 年，每一年的台账都记得清清楚楚。省统计局调研人员都为基层农村统计人员的辛勤劳动和规范操作而感动。

三抓农业统计网络系统建设。积极探索构建广东农业生产联网直报核算系统。该系统 2019 年正式投入使用，同年纳入广东"7＋n"改革项目，有效推进农业统计数据采集、传输、汇总、加工环节的科学化和现代化，特别是在平台上实现核算功能，填补广东农业核算手段信息化的空白，也在平台上实现生产、核算的功能兼容。

四抓农业统计手册编印落地。农村统计的常态是点多面广、人员变动频繁。广东专门组织力量编写《广东省农村社会经济统计基层人员业务台账工作手册》，在 2021 年 1 月完成 2.6 万册印刷，目前已全部下发至市、县（区）、乡镇（涉农街道）

和村（涉农居委会）。这是广东近 30 年来编印的第一本农业农村统计业务工具书，填补当前农村统计综合业务参考资料的空白。为此，省统计局相应录制了《广东省农村统计基本知识简介》视频挂网，作为各级农业农村统计人员随时可学习的视频教材。

五抓农业统计数据质量。一是强化基层农村统计工作。印发《关于进一步提高县域经济基本情况统计数据质量的通知》等一系列文件，积极有为推进各项工作措施落实。二是探索建立农村统计数据评估方法。重新修订"农村主要统计指标数据质量评估办法"和"业务考核办法"；通过召开省统计局专业委员会会议，为县域统计三张统计报表数据评估提供依据；这些年省统计局主动与林业、渔业、农业农村、自然资源、供销社等部门沟通，交流对数据的审核评估和共享使用。三是抓业务培训提升

统计能力。广东坚持与省农业农村厅联合开展年度农业综合统计的工作部署和业务培训，派出业务骨干赴涉农部门开展相关统计业务培训。同时，深入基层培训农村统计业务人员，有些地方还一杆插到底，培训到村一级统计员。省统计局农村统计网站增设资料共享和问题解答专栏，及时共享日常业务工作指导、培训课件和工作常见问题，为基层人员学习开辟新途径。

117
有朋自远方来，开心开放开门办统计

2021年3月3日上午，我会见慕名来粤调研学习的内蒙古自治区统计局党组书记、局长潘志峰一行，围绕统计改革创新、党建业务融合、统计业务工作等进行深入交流探讨，并就加强两地统计合作达成共识。

座谈会上，我首先对潘志峰一行莅临广东调研表达了"三开"：一是开心，非常欢迎内蒙古自治区统计局潘志峰局长一行来粤调研、交流、指导统计工作，共同推动统计事业向前更好发展；二是开放，非常希望兄弟省份统计局给广东统计提出好的意见和建议，也希望通过交流，借鉴学习兄弟省份统计局的先进经验和做法；三是开门，广东统计一直秉持开门办统计的思想，非常愿意积极与兄弟省份统计局共享统计改革创新经验，携手共建统计事业。

随后，我重点介绍了广东统计依托"7＋n"改革创新构建现代化统计调查体系相关情况。广东统计在深入推进国家统计局赋予广东统计的新经济统计制度构建、电子统计台账试点、粤港澳大湾区统计协作机制建设、分性别统计制度、农业生产联网直报核算系统试点等7项统计改革创新任务的同时，大胆破冰，积极作为，创新构建"双百"统计调查制度、先进制造业和现代服务业融合试点、"粤治慧"经济运行专题、名录库动态维护更新机制改革、数字经济测算、知识产权产品纳入投资统计改革和GDP核算等n项改革创新试点。多项改革创新经验被国家统计局推广，为国家统计方法制度改革提供广东经验，为推进国家治理体系和治理能力现代化贡献统计力量，得到国家统计局和广东省委、省政府高度认可和支持。

潘志峰局长转达了内蒙古自治区党委副书记、政法委员会书记林少春对广东统计的问候，并代表内蒙古自治区统计局感谢广东统计局的热情接待。

她指出,近年来广东统计取得可喜的成绩,杨新洪局长连续两年受邀在全国统计工作会议上作统计改革创新的典型发言,近日国家统计局宁吉喆局长在内蒙古调研时多次表扬广东"7+n"改革创新取得的成果,令人敬佩。这次

来粤学习调研更是收获满满,开阔了眼界,拓展了创新思路,回去后要认真消化,将广东先进的经验运用到内蒙古自治区统计工作中去;同时她也表示希望广东同事到内蒙古自治区指导交流。

会上,双方还一起观看了《广东省统计局"7+n"改革创新》专题片,系统回顾广东统计近年来推动智能普查、分性别统计、高质量发展综合

绩效评价体系构建等"7+n"改革创新取得的积极成果,分享了"7+n"改革创新背后广东统计人付出的点点滴滴,并就干部培养、信息化建设、机构改革等方面进行交流。

会见期间,我专门陪同潘志峰一行参观省统计局一楼天井和党建与业务创新台账室。在天井,实地查看一楼环境治理面貌,比对项目修缮前后巨大反差,详细了解了广东人口经济产出与第七次全国人口普查"挂图作战"屏。在党建与业务创新台账室,重温了习近平总书记视察广东重要讲话精神,逐个查看省统计局近年来取得的统计创新成果,仔细翻阅了支部党建工作"七个标准量化"台账,认真研习构建经济大省之统计强省五个标志,虚心学习了"没有廉等于零"的建章立制承诺,深切体会到了广东统计人"为数据需求者服务"的初心使命。参观后,潘志峰在党建与业

务创新台账室来访登记表感触地写道:"广东统计工作做得非常好,值得我们认真学习,也建议杨局长去内蒙古传经送宝。"

省统计局副局长杨骁婷,二级巡视员杨少浪,广州市统计局局长赖志鸿,省统计局总统计师,办公室、执法监督处、综合处、普查中心、数据中心等处室主要负责人参加了座谈。

118
"七个加强",做好全省普查中心系统工作,夯实数据报送基础

2021年3月23日,我听取省统计局二级巡视员杨少浪关于2021年全国普查中心系统工作视频会议的汇报,充分肯定了2020年全省普查中心系统工作取得的成绩,对全国普查中心系统工作视频会议精神进行贯彻部署提出"七个加强"。

一是加强基本单位名录库维护更新工作,切实

提高名录库数据质量。在全省范围推进应用"广东智能普查"微信公众号"扫码读数"功能，主动开展基本单位调查维护更新名录库工作，强化日常数据审核要求，切实做好季度、年度名录库数据审核和数据评估工作。

二是加强一套表调查单位管理和监测，切实提高一套表调查单位数据质量。联合各相关专业严把一套表调查单位月度和年度申报单位数据质量关，充分利用部门共享信息，核实调查单位真实性和信息准确性；利用市场监管部门的注吊销信息定期开展核查，及时清退非正常运营单位；加强和完善"准四上"监测库，对经核实符合"四上"条件的企业及时纳入一套表调查单位。

三是加强部门信息共享和数据比对工作，切实提高名录库工作效率。利用完善名录库动态维护更新机制改革试点成果，运用基于部门共享数据的企业活跃度模型，动态维护基本单位名录库，进一步提高名录库的完整性和时效性；加强"五证合一"数据评估，利用"五证合一"信息分析企业组织结构，加强对企业年报信息中基本信息和经济指标评估；科学运用税务部门单位数据进行比对分析，提高年报数据质量。

四是加强广东统计地理信息系统建设，积极开展统计数据时空分析。拓宽系统的使用广度和深度，各地各专业可利用已加载第四次全国经济普查数据的统计地理信息系统，开展空间化的经普资料开发；完善地理信息系统数据接口，对一套表调查单位进行精准管理；实时通过统计表、统计图、专题图等多种数据表现形式对名录库数据进行空间分析。

五是加强第五次全国经济普查统筹谋划工作，积极承接国家开展投入产出调查与经济普查整合专项试点。广东作为全国五个试点省份之一，按照国家统一部署和安排，统筹实施经济普查与投入产出调查，对调查方式、调查表设计、数据采集、审核验收方式、业务流程进行全方位试点，为试点工作圆满成功贡献广东经验。

六是加强分析研究，提高对经济普查数据和名录库数据的解读能力。围绕"十四五"规划重点内容，充分利用《广东普查报告》这一创新载体，对经济社会发展的前瞻性、战略性问题进行资料开发，最大限度发挥"四经普"资料价值；深度挖掘基本单位名录库信息，积极开展政务信息、调研报告、简明统计资料、课题研究

等多种形式的统计分析，为党政领导和部门提供高质量数据服务。

七是加强普查中心系统基层基础建设，提高普查中心干部能力水平。以全省 2021 年"统计基层基础建设年"为契机，加强普查中心系统人员配备，保持人员相对稳定，将名录库建设管理工作逐步延伸到街道、村居一级。强化普查中心系统培训工作，特别是加强对基层统计人员、新上岗人员的培训，全面提高普查中心系统人员的政治、业务、系统能力，争取打造一支与时俱进、作风过硬、工作能力出色、凝聚力强的普查干部队伍。

119
史可存数，以浩瀚的各行各业统计数据，诠释广东"三新"高质量发展

2021 年 3 月 24 日上午，全省市厅级主要领导干部党史学习教育专题研讨班在省委党校开班，我在佛山组参加研讨；下午，李希书记到佛山组听取学员汇报学习体会，我以"史可存数，以浩瀚的各行各业统计数据，诠释广东'三新'高质量发展"为主题作汇报发言。

在发言中，我汇报学习李希书记两个多小时报告的思得、悟得和启迪。李希书记的报告，全面阐述"三新"高质量发展重大思路与路径，把脉广东，切中要害，领人入门。报告深入浅出，大道理小切口，形象生动。在研判发展变化、格局变化中"精、细、准"，像"东升西降""湾区通""链主"等词汇的描述，跃然眼前，通俗易懂，入脑入耳。重点提出"三个把握"新发展阶段，认清广东历史方位；"五个坚持""根本宗旨、系统观念、问题导向、深化改革、底线思维"，贯彻新发展理念；"四个把握"新发展格局的实践要求，

打造广东战略支点把握发展主动权与"先手棋"。

通过听、学、思，深深感到中国共产党党史是一部革命史、建设史、改革开放史，也是一部百年奋斗史、发展史，背后还是一部实事求是、用数据描述发展变化规律的历史，史可存数、数可现史。党史教育归总的"明理、增信、崇德、力行"八个字内涵深刻，系统完整。"理"讲明"科学逻辑"；"信"讲的是增强"灵魂思想"；"德"尊崇"高尚品格"；"行"则是"感恩奋进"，说的是要有落点，办实事、开新局。

统计工作具有悠久的历史，统计事业是一个万岁的事业，只要有人类存在，只要人类从事经济社会活动，就必须有统计工作。毛主席说过：胸中有"数"。对情况和问题一定要注意他们的数量方面，要有基本的数量分析；任何质量都表现为一定的数量，没有数量就没有质量；

不懂得基本的统计、主要的百分比，不懂得注意决定事务质量的数量界限，一切都是胸中无"数"，结果就会错误。

统计部门应联系本职岗位工作，坚持办实事、开新局，担负准确完整科学采集各行各业里的浩瀚复杂多变的数据使命，以此进行广东国民经济社会的统一核算，从数据上重点持续诠释解构广东账本的"三新三变化"：高质量发展中的综合绩效数据新变化、战略支点上的产业行业数据支撑变化、市场主体里的企业经济效益变化，为广东在新征程中走在全国前列、创造新的辉煌，提供优质高水平的统计保障服务。

120
2021年再赴高明，看农情，访民情，问村情，商区情

为继续贯彻落实省委办公厅、省政府办公厅关于领导干部深入基层定点联系涉农县（市、区）的工作，2021年4月7日，我带队赴高明区开展深入基层定点联系调研工作。

看农情。在杨和镇石水村田头调研时，我专门询问了今年春收春种情况，观察了稻田秧苗长势，关心春旱对春耕春种的影响等。特别针对粮食安全问题，提出要确保耕地红线和基本农田保护目标，在今年雨水不多的情况下要确保水稻按时种植。粮食和水稻生产方面要大力实施农业科学技术、农业机械化耕作与收割，通过现代农业方式，推进农业和粮食生产向现代化高质量发展。

访民情。在高明区荷城街道和杨和镇，我进村入户，分别走访了荷城街道社区及沙寮村、杨和镇石水村及塘下村，深入居民家庭访问民情，了解当地居民的工作、农业生产和生活情况，其间看望了高明区的八位百岁老人，感受百岁老人幸福生活和天伦之乐。我详细了解百岁老人的生活起居、饮食习惯、健康状况等，提出全社会都要尊老爱幼，通过学党史、悟思想、办实事、开新局，发扬中华民族和中国共产党的优良传统，为民族振兴和人民美好生活共同努力。交谈中，百岁老人严更娇开心地说："只有共产党，我才有今天的好日子，才能幸福长寿。"

问村情。在石水村和塘下村实地调研中，我走在乡间小路上，询问了解乡村振兴推进情况，边走边看了解村道、村内公厕、村内生活垃圾收集和处理、自来水入户、村文化室、体育娱乐广场等建设情况，要求全力推进农村基础设

施建设，全面实施乡村振兴战略，打造一批社会主义美丽乡村和精品示范村，让广大农民生活在美丽的生态环境中。

商区情。利用路上和坐车的时间，我与佛山市、高明区政府领导、统计局主要负责人就经济发展情况进行深入交流。下车伊始，针对佛山市和高明区一季度工业发展问题，我提出要认真分析和研判工业发展态势，一以贯之做大工业蛋糕，从规上企业入手，找出如海天（高明）酱油、美的电器等企业发展得好的亮点；也要找出一些生产下降的企业，分析有利和不利因素，通过抓重点、找短板、强弱项促进工业企业

的发展，推动佛山市和高明区经济高质量发展。

在赶往高明的路上，我还和省统计局农村统计工作人员逐项分析农、林、牧、渔一季度生产情况，查找生产增长支点，重点关注生猪、水果、蔬菜、水产品养殖对农业支点的贡献，强调各地农业要加强季度生产调研和分析研判，高质量服务乡村振兴战略实施，确保全年农业稳定增长。

佛山市副市长赵海、高明区区长梁耀斌，佛山市统计局和高明区农办、统计局等有关人员参加了调研。

121
把握统计"三三制"规律，更好反映经济运行

2021年4月12日，我在省统计局与来访的江门市市长吴晓晖座谈，双方就加强统计基础建设，切实把握统计规律以更好反

映经济运行，发挥统计在推动高质量发展作用等方面进行深入交流。

我感谢江门市委、市政府对统计工作的重视、关心和大力支持，并充分肯定近年来江门统计工作的长足进步；重点介绍了近年来全省统计工作紧紧围绕"1＋1＋9"工作部署，打造新发展格局战略新支点，全力推进"7＋n"统计改革创新取得的成效，以及今年开展"统计基础建设年"的安排；强调统计工作基础性、综合性、专业性、延续性的重要性，结合全面贯彻落实中央党史学习教育部署、国务院对广东统计工作督察要求和省委、省政府相关工作任务，在持续推进广东统计"两构建"，进一步"为数据需求者服务"中，希望江门市和全省各地大力夯实统计基层基础，切实把握好统计"三三制"工作规律：

一是把握好"数据采集"这个关键性的"三分

之一"。每月1—10日企业报数，是基层统计乃至统计系统上下关键的工作节点，中心任务是确保每个对象如实报数。通过各地努力，当前全省单位报数基本实现了属地网格化管理。近年来，每月各个专业上报率达百分之九十九以上，但也还有百分之零点几未能上报数据，表明基础工作还未真正到位。应认识到，不管是小企业还是大企业，都是经济总体的构成部分，少了一个企业就不能说是应统尽统。各地须下大力气夯实基层基础，落实人员，明确责任，立好规矩，建好台账，才能统准数。

二是把握好"数据解构"这个核心性的"三分之一"。11—20日，核算季度进入数据分析使用阶段。这个阶段，各专业数据经过查询过滤后定数，统一核算由上至下高度集中算出经济规模速度结构。"为数据需求者服务"是统计工作核心价值的体现，

因为统计部门掌握经济运行最直接、最直观、最直达的第一手量化数据。在这十天里，统计部门对数据进行分类、梳理、列表、计算、画图，全方位、多维度、多层面直至颗粒化解构经济运行，并针对长短板经济领域提出有效建议。正是如此，这几年统计部门在每个季度经济运行分析中才得以发挥其独特优势，从而确立在党政研判经济中的权威地位。这个季度经济形势受新冠肺炎疫情及国际国内各种因素影响，因此需要考虑2020年低基数对本季本年经济运行实质情况的掩盖，做到科学分析、准确研判难度前所未有，需要统计部门切实提高站位和业务能力，并提前做好对基础指标分析等相关工作。

三是把握好"未雨绸缪"这个基础性的"三分之一"。21日至月底应为下个月度报数做准备。在这期间，统计部门需要上门走访企业，辅导企业备

份数据凭证，指导企业建立统计历史台账；组织规上企业入库，并根据企业具体情况，对照统计制度准确归入相应分类；组织企业统计人员开展业务培训等。夯实统计基层基础，其实质就是统计工作的一个重要过程，需要党政领导重视协调指导抓落实。领导对统计结果固然重视，而没有过程也就不会有好结果。希望各地党政领导真正落实好党史学习教育的办实事要求，切实办好加强统计基层基础建设这件功在当代、利于千秋的大实事。

吴晓晖表示，统计"三三制"工作规律很受启发。下一步，江门将全面加强统计基层基础建设，全面加强经济运行监测，

全面加强统计队伍建设，努力成为全省统计标杆。希望省统计局把更多的统计创新或试点项目放到江门，派出统计专家为江门授课，更加直接具体地指导江门全面做好统计工作。

122
赴澳与澳门特别行政区政府统计暨普查局交流，阐"开放、统一、可比、活力"理念，建大湾区统计交流合作领域专业机制

2021年4月22日晚，广东省2021年迎春宴会在澳门举行。广东省委常委黄宁生、澳门特区代理行政长官张永春出席活动并致辞。粤澳两地有关部门负责人、粤港澳大湾区有关地市代表和中央驻澳门

有关机构、驻澳门中资机构代表等280余人出席活动。我参加了会议，其间拜访了澳门特别行政区政府统计暨普查局（简称"普查局"），与普查局局长杨名就就贯彻落实粤港澳大湾区建设部署、建立"开放、统一、可比、活力"大湾区统计交流合作领域进行了深入探讨。

"开放"即开放两地统计数据信息和制度方法等。当前在推进政府治理体系和治理能力现代化的必然要求下，对外开放已由过去的商品、要素流通转变为规则、制度层面的开放。统计工作也应如此，除了共建共享两地统计数据信息交换机制以外，互相开放提供两地统计工作中的业务管理制度、调查统计制度、统计法规制度等也是加快构建现代化统计调查体系的新要求。两地统计人员通过学习和了解对方不同经济体制下形成的统计规范、定义分类、调查制度以及统计文化等，

并就共同感兴趣的统计技术问题组织一些专题研讨交流，相互感知和借鉴，求同存异、兼收并蓄，必能促进两地统计服务水平更上新台阶，为数据需求者提供更准确可靠的数据信息和决策分析服务，助力双方找准结合点，更好地融入粤港澳大湾区经济大发展格局中。

"统一"即在统一的核算理论基础上，采用相对统一的定义分类、核算原则开展两地国民经济核算的对接研究工作。国民经济核算是整个经济统计系统的"龙头"和"龙尾"，对接国民经济核算也是全面对接两地经济统计系统。国民经济核算以经济学理论为基础，经济学理论基于现实纷繁复杂的经济现象产生，从理论经济学到制度经济学，从国家经济到世界经济，经济学的基本逻辑和原理具有普适性，不会因具体经济环境不同而改变。因此，经济统计核算中用以描述

这些经济现象所制定的基本分类和核算原则也是相对统一的，如两地 GDP 都基本遵循联合国发布的《国民账户体系（SNA）》为核算原则。同时国民经济核算对专业和部门统计有着协调和衔接作用，因此在相对统一的国民经济核算框架下，统计体系中的产业统计、财政统计、金融统计、居民住户统计、劳动就业统计两地也具备一定的对接基础。

"可比"即加强两地经济研究中统计数据可比性，提升统计服务和数据分析水平。一是本地可比。双方就两地共同关注的区域或领域开展统计核算时，要考虑到核算结果呈现出多层次、多维度和多角度特点，应充分适用于两地国民经济核算框架，使各自统计核算结果能够达到本地数据的行业之间可比、历史时期可比、地区之间可比。二是相互可比。除了两地统计指标口径、行业分类、核算方法等实现对接以外，两地数据可比还要考虑两地价格换算。国民经济核算是一个价值型核算体系，所有的经济活动都要换算为货币价值才能纳入核算范围。由于粤澳是两个不同制度下的经济体，两地核算数据的可比性要充分考虑经济活动的计价方法。国际货币体系从之前的金本位制到布雷顿森林体系再到汇率制，以及近年兴起的采用购买力平价衡量经济总量的研究，两地是采用汇率还是购买力平价或者是未来数字货币来对经济总量进行可比换算都是值得研究的课题。

"活力"即充分考虑两地统计服务新要求、新任务、新使命，不断深化合作领域，共同激发经济主体活力，取得两地共赢。应早前澳门人大代表刘艺良提出的粤澳共享横琴粤澳深度合作区建设经济成果有关提案建议，省统计局经过研究，决定继 2020 年签订粤澳人口普查协议后，与普查局继续签订《广东省统计局与澳门特别行政区政府统计暨普查局〈关于在粤澳资企业经济核算的合作协议〉》（简称《协议》）。两地已达成一致意见，下一步将就粤澳资企业尤其是珠海横琴新区内澳资企业核算问题进行深入探讨，探索核算在粤澳资企业经济总量等情况。这项协议体现粤澳两地共同支持澳门经济适度多元发展的理念，共享经济成果是经济主体的活力之源，将进一步增强澳门投资主体的积极性，切实服务和推动粤港澳大湾区融合发展战略。

杨名就局长介绍了普查局的机构设置、GDP 基本核算方法以及统计外部环境等情况。他提到，澳门 GDP 主要以支出法核算为主，同时也开展生产法核算，两者差距 3% 左右，其中居民自有住房服务也遵循国际原则纳入 GDP 核算。他充分赞同和肯定《协议》，认为《协议》内容实在、有意义，希望和省统计局建立长期统计核算合作与交流关系。

双方互赠统计资料及书籍并签名合影留念。我特意赠予杨名就局长及其同仁们印有"Tj + n"的帽子，并向他们介绍了"Tj + n"的寓意。现代经济社会统计无处不在、无所不包，无论经济学和与之密切相关的货币制度如何演变，统计学始终能描述经济学所定义的经济过程中的因果机制，体现宏观经济运行中各要素基本经济关系。同时，我分别向普查局和杨名就局长赠送了由我撰写、中国社会科学院出版的《R&D 支出纳入 GDP 核算方法研究》专著。杨名就局长十分高兴，连忙翻

阅后表示，这是本很好的专业书籍，要好好学习，并请我签名落款，热切期盼以后常来常往，增强合作活力，提高交流质量与水平。

123
向全国介绍广东经验，五个方面"下真功夫"，推服务业现代化改革

4 月 28 日，国家统计局召开全国服务业统计工作视频会议，传达国家统计局局长宁吉喆的批示精神，总结 2020 年全国服务业统计工作，布置 2021 年服务业统计重点任务。我作为四个经验介绍单位之一交流发言。

宁吉喆局长在批示中指出，2021 年是我国现代化建设进程中具有特殊重要性的一年，也是扎实推进统计现代化改革的起步之年，希望全国服务业统计系统再接再厉，深入贯彻党中央、国务院决策部

署，认真落实国家统计局党组工作要求，深入开展党史学习教育，推动落实《关于推进服务业统计改革发展的意见》（以下简称《意见》），全面提升服务业统计能力、数据质量和服务水平，以新的气象、新的作为，创造出新的成绩庆祝建党 100 周年。

我在交流发言中指出，广东是人口大省、经济大省，也是服务业大省，省统计局在五个方面"下真功夫"做好服务业统计工作：

一是在狠抓数据质量上下真功夫。广东服务业新业态、新模式不断涌现，对经济增长形成有力支撑。广东服务业企业近 3 万家，占全国六分之一，广东服务业统计数据质量事关全国服务业统计大局，省统计局对此高度重视，紧抓"两防"（防注水、防少漏），确保服务业统计数据质量生命线。以服务业企业名录库管理为重要抓手，采取上下联动、加强培训、

分类审核、动态监测等有力措施，全链条加强名录工作。同时，组织开展核查，从同比、环比、与

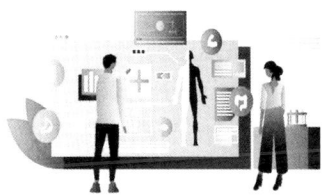

2019年同期比来研判疫情影响下的服务业增长，对经济形势进行"颗粒化解剖"，保证上报国家数据的真实可靠。

二是在探索创新上下真功夫。近年来多位国家统计局领导和服务业统计司领导先后莅临广东现场指导，赋予广东多项统计改革创新试点任务。过去一年省统计局开展了服务业台账试点和战略新兴产业、数字经济等研究测算工作，编制了服务业生产指数、服务业全口径统计资料，2021年将推进净服务收入课题研究，探索会计科目直接生成统计报表

导入上报系统的"统会融通"等试点工作。

三是在部门统计联动提升统计能力上下真功夫。采取"走出去、请进来"等方式，先后与交通、邮政、广铁集团、电信三大运营商等单位沟通对接，与省委宣传部、省工信厅、省人社厅等部门交流协作，共同落实国家统计局和省委、省政府工作部署，服务业统计业务协同水平不断提升。

四是在统计基层基础建设上下真功夫。2021年是广东"统计基层基础建设年"，省统计局将结合国家统计局督察反馈整改意见，进一步健全服务业统计工作机制，加强数据质量审核，深化服务业统计台账建设和基层统计业务培训，通过"三三一"的工作机制，向国家统计局提交真实可信的服务业统计成果。

五是在统计分析和调查研究上下真功夫。过去一年，省统计局服务业处

撰写各类统计分析报告45篇，其中9篇获得省领导批示，1篇在全国建模比赛中获得二等奖，2021年开春又有2篇简讯获省长和省委领导批示。2021年省统计局成立了"新经济"研究小组，承担国家统计局关于老年人消费、先进制造业和现代服务业融合、旅游服务业发展现状、物流业发展情况等全部四项服务业重点课题，将在国家统计局服务业司指导下全力以赴完成好。

今后广东省统计局将不断加强新模式、新业态的研究分析，积极探索创新，愿给全国服务业统计工作带来新气象，呈现服务业统计工作"万紫千红总是春"的多元形态，为政府决策提供优质服务，不辜负国家统计局的信任和期望。

服务业司司长杜希双高度赞许广东服务业统计工作成效，认为广东省统计局服务业统计工作"三实两防"（三实：人员充

实、认真落实、数据真实）扎实到位，在创新统计研究上主动作为，在数据质量把控、统计分析研究等方面都取得了很好成果，实现了服务业统计工作的全面发展。

124

说什么好呢——有感于参加省政协农业农村委2021年第一次全体会

选在党史教育如火如荼的时候，召开省政协农业农村委2021年第一次全体会，春暖心暖。如同南粤大地盎然生机的广大农村，2021年省政协农业农村委的工作，亦当春乃发生，孕育勃发出生机。

因此，让我说，说什

么好呢。

第一好，就是开局好。

提交的全年工作要点三个方面十四条清清楚楚，既实又好。

我的职责，就是举好手、画好圈。

第二好，就是聚焦好。

聚焦"三农"重点，优种、安粮、护地、服农样样个个聚焦点，都是打造广东新发展格局之战略支点。

第三好，就是考察好。

几个主题，设计成一张表，有整治承包地碎片化、有振兴乡村抓建设。借鉴经验的时候，将省内省外拧一块。

第四好，还是委员好。

听了"两明"（唐明、周世明）的发言：

有林有景有花
最好的是坐在我身旁
主任教授科学家
陈日远委员
吃了他的科研蓝梅好吃
进一步又打听金贵
不敢多吃

祝福他顺心顺意

这里，借此机会还得说点感激话。2018年从深圳到省里工作，当年进委员会，讨论分组在特邀组，落户在农委（农业农村委）；从庚子跨年辛丑，辞旧迎新，不小心任了个副主任委员，当自感恩奋进，以数服务大局，服务好各位委员。

125

落实"三面三于"，由被动统计转为主动统计，增强现代统计能力

2021年4月30日上午，我与来访的珠海市统计局局长陈珩一行座谈，听取珠海市一季度经济形势和近期统计工作汇报，提出"三面三于"观点，要求统计系统努力转变意识，从过去的被动统计转为主动统计，全面提升现代统计能力。

一是面对复杂多变的经济社会变化，统计要敢于迎难而上、改革创新。

当前经济社会快速发展，新经济、新业态、新商业模式层出不穷，党政领导和社会各界对统计数据需求的广度和深度也在不断增加，对统计工作提出了更高要求。统计系统面对复杂多变的经济社会变化，要逢山开路，遇水架桥，迎难而上，聚焦经济社会关注热点问题，破冰统计方法制度改革创新，加强统计监测分析，打造多元优质统计产品，为数据需求者提供更好服务。

逢山开路

二是面临充满挑战的统计环境，要勇于滴水穿石、主动作为。党的十八大以来，习近平总书记高度重视统计工作，多次对统计工作作出重要指示批示，统计管理体制改革持续深化，防范和惩治统计造假、弄虚作假工作持续深入，但广东统计基层基础还相对薄弱，个别地区数据质量还有待进一步提升。统计系统要以开展2021年统计基层基础建设年为契机，勇于滴水穿石，从小切口入手，落实统计基层基础建设年各项工作举措，主动作为，真抓实干，全面夯实广东统计基层基础，持续提升统计数据质量，为各级党委、政府决策提供扎实数据支撑。

三是面向经济社会运行这一盘数，统计要善于解读、解构、诠释数据。统计工作是一门重要的基础性工作，涵盖经济社会各个领域，同时遵循一定的统计方法制度，专业性强，对经济社会运行一盘数解读、解构需要专业能力和职业操守。统计系统要牢牢把握统计数据发布官方渠道，占领统计舆论主阵地，针对社会关注热点问题，以专业能力和职业操守，主动发声进行解读解构诠释，开门、开放、开明搞统计，获得党政领导和社会各界的理解支持。

二、由点带面的"四经普"

126
破题经普于试点，提出扩点

2018 年 6 月 30 日，我在拜访完国家统计局局长宁吉喆和省统计局部分老领导后，即刻率队赴江门市新会区三江镇调研第四次全国经济普查省级综合试点（新会）工作开展情况。在慰问座谈会上，我提出普查"两员"要讲究访户技巧，有基本的经济常识和思维，要成为"会吃苦""会业务""会战斗"的"三会"经济普查业务骨干，能够发现问题、解决问题、总结经验，先当好学生再当好教师。随后，我和普查"两员"一同进行普查入户登记，询问普查"两员"工作情况，了解个体户和企业经营情况，查看企业经营登记情况。

此次调研中，我发现了当前试点中存在的一些问题。江门作为省级试点，经济总量较小，业态比较单一，对于全省来说缺乏代表性，应在珠三角地区再增加一个试点，以充分反映广东复杂经济情况。考虑到深圳市南山区 2017 年的地区生产总值已逼近 5 000 亿元，增速 9.1%，经济总量在全省区（县）中居第一，在全国区（县）中居第三，其经济总量、经济结构、经济质量和经济发展方向契合党中央、国务院对中国经济发展的科学预判和期待，堪称珠三角乃至全国经济发达地区的缩影和代表，最终决定在广州市白云区、江门市新会区、清远市英德市 3 个已有的省级综合试点基础上再增加 1 个深圳市南山区试点。

2018 年 7 月 23 日上午，我出席了在深圳明华国际会议中心举行的"四经普"南山综合试点启动仪式，重申继续选择在深圳市南山区开展"四经普"省级综合试点工作，是"3 + 1"，是非常重要的一次制度性安排。在占全省经济总量接近 80% ~ 90% 的珠三角，改革开放的前沿，特别是在深圳的改革前沿，选择粤海街道进一步解剖摸清经济情况，经济新形态、新业态，对指导全省"四经普"工作非常有意义，并得到了国家统计局的高度关注。

同时对做好"四经普"工作提出了五点要求：一是要高度重视。全省统计系统务必高度重视"四

经普"工作，这是职责所在。要通过普查，切实摸清经济家底，摸清第二、第三产业经济规模结构以及分布，对五年来的经济发展作出准确性、标准化的表达。二是要推进创新。面对五年来经济社会发展的大变化，新产业、新业态、新商业模式不断涌现，统计部门有责任改革、创新统计方式方法，全面真实反映全省经济家底。南山综合试点要吸收全省、全国好的经验做法，还要有突破，试出自己的特色，要从仅靠"扫楼式"向增加"扫部门""扫网络"等方式转变，要从"以小博大"向"以大博大"方式转变，对确保统准统全，无愧于广东经济发展实际存量，有非常大的意义。三是要直面问题，勇于解剖。试点工作不要怕遇到各种各样的问题，最怕的是找不到问题，一帆风顺。试点就是要发现问题、破解问题、解决问题，试出流程，试出问题背后的解

答方法。经济普查不仅是要查经济数据，还要有针对性地做好普查对象的思想工作，解开他们的思想

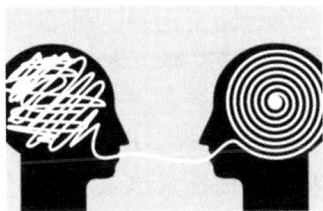

疙瘩，使普查对象更愿意、更真诚配合普查工作。建议试点地区党政领导也要当一回普查员和普查指导员，更接地气地体验普查状态，有效推动普查工作问题的解决。四是要有贯穿始终的参与和思辨精神。参与普查工作的所有人员既来之、则安之，要认真做好工作笔记和记录，摸好每一个样本，凝聚成一个个生动活泼、活生生的案例，把试点结果、试点过程所得以及试点所带来的启迪传播至全省，为解答好一系列专业问题贡献智慧。五是要加强合作。省、市、区、街道要紧密

合作，及时分享、交流遇到的问题及解决的思路，团结一心，在时不我待、艰苦倒计时的环节里面摸清经济家底，真正为这次"四经普"交出一份满意的答卷。

127
"六个试出"出于某个星期天上午的南山

2018年8月5日上午，我来到深圳南山粤海街道的海珠、滨海社区，走进一家家商户，现场示范普查登记的工作流程和操作规范。我以普查员的身份与调查对象沟通交流，询问商户的经营状况、收入情况及下一步的经营发展，反复向调查对象说明普查的目的和有关法律规定，并感谢商户的配合，让商户尽管放心。在一家画廊，我一边与老板热聊绘画艺术，一边完成了普查登记。随后，我来到综合试点指挥部，给这些昔日并肩作战的同事面授锦囊，提出

"六个试出"（试出成果、试出做法、试出问题、试出能力、试出重点、试出信心）的殷切希望：

一是试出成果，用数字说话。本次清查总体查找率为 33.8%，超出海珠、滨海两个社区产业楼宇内法人企业共 1 700 家（9.8 个百分点）。通过清查找出部门底册外单位（即：底册无而通过清查找到的单位）1 305 家，圆满完成省筹备组对南山综合试点提出的要求和任务。

二是试出做法。试点指挥部首次采用无底册"地毯式"的模式开展清查阶段工作，取得不俗成绩；同时各普查组注重对工作方法、上户技巧、流程安排等方面好的做法及时作总结，形成近百个典型案例。省统计局将从中筛选优秀案例作为下一阶段培训的教案，在全省范围内进行推广，为全省"两员"培训提供更接地气、更直观有效的培训素材，做到经验共享。

三是试出问题。试点中也发现部分普查对象不够配合，但经过反复沟通后有所好转。实践证明，工作中，只要普查员多次上户、勤于沟通、耐心讲解，晓之以理、动之以情，进一步明确普查对象应享有的权利和应尽的义务，普查员按规定出示相关文件证件，一般情况下都能顺利完成登记。

四是试出能力。因地制宜，立足于把事情做好。这次试点，指挥部坚持每日例会工作机制。在指挥部每日例会上，各普查组将工作中遇到的问题及时反馈试点指挥部。试点指挥部对可现场解答的问题在例会现场给予答疑；对未能会上给予解答的问题，在例会结束后集中商议，做到"当天问题当天答，当天疑难当天解，问题不过夜，疑难不放手"。

五是试出重点。在重点的领域做重点的事情。南山综合试点将查找"准四上"单位列为重要任务

之一，通过全体普查员的奋战及后期与部门数据比对，南山综合试点共清查出"准四上"单位 17 家，占试点区域在库四上单位 7.4%。

六是试出信心。南山区经济总量连续多年雄踞全省区（县）第一，把南山区作为广东省第四次全国经济普查省级综合试点，就是希望南山能代表珠三角为全国贡献智慧、贡献方案。南山在综合试点工作中，通过大家的集体努力和开动脑筋进行探索，获得真实的数据，这是经济普查充满活力所在。只有脚踏实地把真正的职责承担好，才会把经济普查经济家底的东西弄到手上。

128
不入虎穴，焉得虎子

入户登记调查一直是经济普查"难啃的硬骨头"，但所谓"不入虎穴，

焉得虎子",再难也要上。我在江门新会和深圳南山考察综合试点工作期间,就现场示范普查登记的工作流程,形成了生动活泼、有代表性的普查案例,为普查"两员"上门入户提供借鉴参考。

案例 1:循循善诱出实数——入户××综合店。

我和普查员佩戴好普查员证,携带个体经营户抽样调查表(712 表)和普查告知书,进入某杂货店。

首先我向杂货店老板讲明来意,真诚交谈,了解了店铺的经营状况,消除了他的戒心,并派发告知书,说明权利和义务,消除他的误解。

我:你好,我们现在正在开展广东省第四次全国经济普查,希望你能配合一下我们的工作。对于你提供的资料,我们是依法给予保密的,绝不对外提供。如果你发现有任何泄密行为和信息被利用作为处罚依据的,请及时向我们三江镇普查办公室反映,我们将依法处理。

老板:好的,你需要我提供些什么资料?

我:请提供一下你的工商营业执照和财务会计台账。

老板:这是我的工商营业执照,我没有财务会计台账。

普查员根据工商营业执照内容,完善个体经营户基本情况登记。

我:上一年 12 月底,你店里请了几个帮工?家里人有帮忙吗?

老板:没有请人,就我一家三口轮流看铺。(从业人员期末人数 3 人,全年雇用雇员的总支出 0 元)

我:你上一年向税务、工商和其他部门缴纳了多少钱?

老板:我上一年没有交税,就工商年审交了 80 元。(全年缴纳的各种税费 80 元)

我:你铺位是自有的还是租的?上一年租金多少钱?

老板:我是租的,一年租金 2 万元吧。(全年缴纳的房租 20 000 元)

我:上一年铺位的水、电、煤气费大概每个月多少钱?

老板:每月水费 15 元左右,电费每月 300 多元,煤气费没有,在家里煮食。(全年缴纳的水、电、煤气费 3 780 元)

我:上一年,你有没有更换铺位内冰箱、电话座机、收银机、电风扇或电视机之类的硬件设施?有没有购买运输车辆和生产设备?

老板:就更换了一个电冰箱,花了 2 299 元。(全年用于购置器具工具的支出 2 299 元)

我:你每个月购进货物大概花多少钱?

老板:我每月花 1 万多吧。

我：1万多的那个"多"是多少？

老板：12 000元到13 000元吧。

我：那我算13 000元吧？

老板：可以。（全年用于采购商品的支出156 000元）

我：你有没有用于运货的交通工具？

老板：有一辆小货车。

我：上一年购买的？

老板：是的，二手车。

我：花了多少钱？

老板：35 000元左右。（全年购置用于生产经营的汽车支出35 000元）

全年用于购置房屋建筑物、机器设备、器具工具、役畜、产品等的支出37 299元

我：上一年小货车油费支出了多少？

老板：每个月300到400元吧。

我：请明确点，具体到十位数。

老板：每个月330元到370元吧。

我：那我算你平均每月350元油费，可以吗？

老板：可以。（全年用于动力支出4 200元）

全年与经营相关的总支出＝全年雇用雇员的总支出＋全年缴纳的各种税费＋全年缴纳的房租＋全年缴纳的水、电、煤气费＋全年用于购置器具工具的支出＋全年用于采购商品的支出＋全年购置用于生产经营的汽车支出＋全年用于动力支出（合计221 359元）

我：你每日收入大概多少钱？

老板：每天大概300元吧。

我：主要是卖些什么？

老板：就这些杂货、烟酒。（全年的营业收入109 500元）

我：你在这开店几年了？

老板：有二三十年了。

我：那你这个数有点出入，怎么上一年全年收入比全年支出少这么多？你这不是严重亏损了吗？

老板：可能我记错了，每天700元左右吧。（修正后全年的营业收入255 500元）

我：我帮你算下，一年大概收入255 500元，减去支出221 359元，盈利34 141元，均摊每月2 845元。你一家三口人。我了解到，镇里请人一般工资是2 000元左右，基本满足温饱。你这提供的还是不够准确。

老板：你算得真细，其实我每天收入将近900元。（最后核定全年的营业收入328 500元）

我：这提供的就比较符合实际情况了。那你这有办网购吗？

老板：没有，就小店经营，多靠邻居帮衬。

我：好的，你看一下

普查表填得对不对，然后在下面签字和留联系电话。

老板：我看了，没错。这就签。

我：谢谢你的配合，再见。

案例2：精打细算补差额——入户××药店。

我们进入店前，普查员已经按普查流程要求，预先派发了普查表，店主已提前填好。

我：今天，我们到你这里做个全国经济普查试点。正式普查是在2018年年底和2019年年初，这次是走个流程，但是也需要真实数据。第一，经济普查数据为国家宏观决策提供可靠依据，有利于国家给你提供好的营商环境；

第二，你真实的营业数据也可以反映出给当地经济做了多少贡献，你是一个贡献者，不要有负担，和税务、工商没有关系。我是广东省统计局局长，我这次过来就是感谢你们配合我们的工作的。

我：我看看你已经填写好的普查表，你一天的营业收入多少？

店主：一天1 000多元。

我：一个月就是4万元？

店主：一个月不够4万，39 000左右。

我：我们就算38 500元乘以12个月，一年就是462 000元，而你填的是434 300元，少了几万元。

我：你开支是6万元，支出差不多，你开支包括哪些？

店主：税、水电费、租金等。

我：你有没有请人？

店主：请了一个人。

我：租金多少钱？

店主：一年20 000元，一个月1 000多元。

我：好的，谢谢您的配合。

案例3：刨根问底上规模——入户××装饰材料公司。

赴新会区三江镇××装饰材料公司入户观摩普查登记，一到企业，我就先介绍了来意，并向企业主解释了统计数据的保密要求，不与税务、工商等部门挂钩，打消其疑虑，接着与企业主亲切交谈，营造融洽的气氛。

我：你是去年搬过来的，上半年还是下半年？

企业主：去年6月份搬过来的。

我：去年6月份就投产了，对吧？

企业主：对。

我：你们生产的装饰材料一平方米多少钱？

企业主：有各种规格的，价格不同。

我：平均多少钱？

企业主：30～40元一平方米。

我：你去年产值多少？

企业主：1 000多万元。

我：就是生产30多万平方米的装饰材料，但是这只是半年的数，今年应该上规模吧？

企业主：应该可以吧。

我：上了规模，市里对你们企业有支持政策，你们承担的义务不一样，但是政府对你们支持的力度也不一样。

企业主：好的，我继续努力！

我：你这个材料有没有什么科技含量，你和别人生产的装饰材料相比，优点在哪里？

企业主：节能、环保。可以根据客户的要求定制。

我：你感觉营商环境怎么样？

企业主：营商环境还

可以，我是从中山搬过来的，那边的厂房小了一点。

我：你去年整年的产值多少，包括在中山生产的？

企业主：3 700多万元。

我：那你已经达到规模了。

企业主：我去年在中山的产值已经超过了2 000万元。

我：那你在中山有没有在联网直报平台上报数？

企业主：没有。

我：这个和税收没有关系，你对当地的经济有贡献，解决了当地的就业，当地政府会感谢你的。统计数据和税务数据是分开的，他们不会拿统计数据去查你的税收的。经济普查是对全国的企业进行调查，希望你反映真实的数据，不要有负担。你去年工资支出多少？

企业主：73万元。

我：我给你算笔账，工资、折旧、税收、利润这四项加起来450万元。我用收入法给你计算，你为当地经济创造了300多

万元的效益。你的企业达到规模以上，进入联网直报平台报数，市里有奖励给你的。

企业主：我会加油努力，争取进入联网直报平台。

我：谢谢您的配合，祝您生意越来越旺！

案例4：细询业务算收入，现场计算得真数。

普查组：你好！我们是做数据普查的。

公司负责人：这边请坐。

我：你是这家公司的人员吗？

公司负责人：我是××公社的主管，我姓蒋，

店长还没有过来。

我：你在这里工作多长时间？

蒋主管：今年4月份过来的。

我：老家是哪里的？

蒋主管：清远的。

我：也是广东的？

蒋主管：对，对，对。

我：今天星期天来打搅你，主要是第四次全国经济普查即将到来，这里是综合试点，整个广东省学习这里。我是广东省统计局局长，选你这个点就想看看入户流程以及访问的情况是否顺利，看看有什么需要改进的地方，希望你把真实的情况说出来。

蒋主管：没有问题，我这边会配合的。

我：我们总理都说过了，统计数据不作为任何的处罚依据，应反映真实的收支情况。你们店长就管这个店还是还有交叉的店？

蒋主管：没有交叉的。

我：有没有连锁？

蒋主管：没有连锁。

因为我是在今年4月份过来应聘主管的。

我：我问你一些主要的问题。你们这里一共有多少个人？

蒋主管：6个人。

我：6个人一天可以洗多少台车？

蒋主管：一天30台左右。

我：有时候多有时候少？

蒋主管：周末多一点，周末很多家长会带小孩过来书城。

我：最多是多少台？

蒋主管：最多一天40台。周一到周五就20多台，平时周末就是一天30台左右。

我：洗一台车收费是多少钱？

蒋主管：洗一台车

80元。

我：平均一天下来有2 400元？

蒋主管：差不多。

我：多的时候3 000多元，少的时候2 000元左右？

蒋主管：对。

我：销售额一个月可以到多少呢？

蒋主管：一个月5万元到6万元。

我：5万元到6万元算一个折中数5.5万元，5.5万元全年下来是60万元到70万元，60多万元。

蒋主管：对。

我：你们附带卖这些维护的用品还没有计算进来，维护的用品是不是还会附带一些东西？

蒋主管：有一点。因为我们放在这里卖，拿到别的地方换。

我：6个人的工资多少钱？

蒋主管：按照业绩，底薪3 000元一个月。

我：3 000元一个人，6个人算下来就是1.8万元，平均下来不止 3 000 元吧？

蒋主管：肯定不止 3 000 元，因为还有销售提成。

我：不止是指大概多少？

蒋主管：看业绩，销售好的话提成有 1 000 元多一点。

我：那平均应该有 5 000 元。

蒋主管：5 000 元我还没有拿过。

我：你可以问你同事，平均 5 000 元应该有。

蒋主管：这个很难说。因为我们做这个服务行业雨季多一点。平均就 4 000 元多一点。

我：4 500 元一个月，一年下来要 5 万多元，如果 6 个人就 30 万元。

蒋主管：没有。他们没有那么高，我是主管，底薪高一点。

我：一年的工资可能有 25 万元？

蒋主管：差不多。

我：房租是多少？

蒋主管：房租要问店长，我们管下面的，大范围要店长和老板才知道，我们只负责其他的事情。

我：你们在这里租了多久？

蒋主管：听老板说 2012 年开始租这里。

我：就这一层楼吗？

蒋主管：就这一片。

我：这些护理液卖了多少呢？

蒋主管：这个不多，之前没有做这些。后来我们 4 月份稍微重新装修了一下，就增加了这个，现在卖得也不多。

我：洗车坐这边喝喝茶？

蒋主管：对。喝茶是免费的，就给客户推荐一些美容产品。

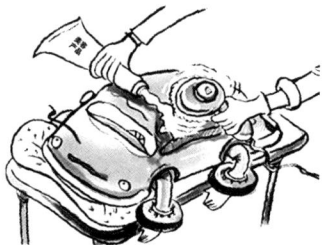

我：这几个月平均可以推多少？

蒋主管：像这些机油的话每个月可以推销出去 5~6 台车。

我：5~6 台车也有几千元，也是增加收入了？

蒋主管：对，对，对。

我：如果你今年算下来也有 3 万~5 万元，5 万元应该会有，你这个销路越打开越好。

蒋主管：是的，我们前期把口碑做好，后面做的客户就会信任我们，这样收入就可持续增加。

我：这个店谁取的名字，有多少家？

蒋主管：××公社是老板取的名字，只有一家店。我们以前想叫汽车公社，但是被别人提前申请了，后来就退而求其次叫××公社。

我：你们这个店铺有多大面积？就是你们使用的面积是多少？

蒋主管：总面积不知道多少平方米。

我：应该 300 平方米

有吧?

蒋主管:有。这个租金地下不如地上,50元一平方米应该是要的,可能没有到100元。这个地段好不好?

普查员:地段是好的地段。80元到100元的租金水平。

我:地下50元到60元一平方米。

普查员:这个地方租金会便宜一点。洗车都是控制地。

我:如果是50元的话,一个月1.5万元到1.6万元。

蒋主管:至少一万多元。因为我以前在福田那一家店,200多平方米,房租要4万元到5万元,相对比,这里更大也不会便宜到哪里去。

我:如果是按1.8万元来计算,全年下来要23万元一年,加上人工工资25万元,就等于60多万元。你老板还要有一点点利润?

蒋主管:对。

我:他还要用水和用电。估计一年下来收入一百万元左右应该有。就你××公社总营业收入,包括你卖这些副产品以及一些增值服务,有没有人送红包给你?

蒋主管:这个倒没有。

我:你这个要存活下来100万元要有的。因为你2012年到现在存活了这么长时间。

蒋主管:前期不知道怎么样。现在我们刚过来

就是因为赶上雨季,生意很差,因为我们是靠天吃饭,下雨的话人们一般也不会洗车。所以雨季这段时间生意不好。

我:他这个店算个体工商户,跟你弄一个摆摊

增加值很高不一样,它的人工成本多了一半多了,跟卖货品的收入还不一样。洗车没有什么成本。

普查员:它的增加值是90%。

我:嗯,对的,不像卖手机卖货品货值高。这种核算体现上有所区别。

普查员:他有一个问题,就是洗车用水不是用家庭用水。水质还差一点,他们在水务局用的水是不同的水,价格还会低一点点。

我:刚才水的支出没有计算进来,水费一个月多少呢?

蒋主管:这里的水费我不知道。我们以前在路面做店铺的时候是特种用水,跟洗发店是一样的,水要贵一点的。这里就不知道。因为我以前做过路面的。

我:你过去路面的店一个月要多少钱?

蒋主管:以前我在福田那个店,一个月用水1 200元到1 300元。

我：1 000 多元蛮多的。

蒋主管：因为特种用水比平时家庭用水要贵，要 10 多元一吨。

我：估计他一年营业额要 100 万元到 150 万元才有利润。

蒋主管：我们这个没有办法，一年下来有两三个月淡季，这几个月要靠熬的。

普查组：你今年有没有新增的机器设备、洗车的毛巾或者是仪器这些，有没有新增？

蒋主管：4—5 月份我们重新装修以后有新增的毛巾和更换的设备。

普查组：大概花了多少钱？

蒋主管：花了 1 万元左右。其他不知道，那些是后面买的。以前就一个沙发放两边，一个小桌子。

我：这些增值服务弄得比较好。这些不是个人出吧？

蒋主管：这个不是。这些老板买的，我们装修后，现在客户一进来感觉比以前好很多。

我：就愿意多来了，你要卖多一点给回头客人。

蒋主管：以前就是两个沙发，坐着不舒服，客户不愿意坐，现在舒服多了。

普查组：请问你们全年缴纳的税费是多少钱？

蒋主管：这个我不清楚。

我：有的人洗车要撕票，有没有要洗车发票的？

蒋主管：我们一个月有几千元的停车票，有书城的定额发票。

普查员：他们前几个小时是免费的，过了以后再收费。

蒋主管：对。我们洗车免两个小时。基本上我们洗完车会给客户打电话，说你的车洗好了可以过来取，一超时会通知他说你的车超时了，要另外付费，都会提前跟客户说。因为这里是书城，怕客户洗车以后带小孩去看书和上课，一天不来取车，我们也承受不起。这边超时 5 元一个小时，封顶 60 元。

普查组：你们有通过网络进行销售吗？美团那些呢？

蒋主管：没有美团之类线上的业务。

普查组：全部都是线下的吗？

蒋主管：就是有一个平安的人在我们这里卖保险，会送券给他。

我：刚刚问到的税那些不懂的或者是房租不懂的，你问问店长，留一个电话给我们，告诉他税务或其他部门不会以此作为处罚依据。这是为国家普查经济家底做一个数字的真实反映，因为你这个数字上来全国汇总后会有大的宏观的数字出来，为国家服务经济起决策作用。

你们的存在非常有必要，也很有意义。车脏了没有人洗会影响市容市貌，而且有的人爱干净爱形象。这是一个非常有利的行业，也是一个特别重要的服务行业，特别是南海作为改革前沿的最重要的一个区，平台会越来越好。

蒋主管：谢谢。没有问题。

我：你们工资是否包括你们的五险一金？自己买还是你们店长给你们买？

蒋主管：我们这边要做满一年才买社保，因为我们这个行业流动性非常大，洗车很累。

我：做满一年就会买，就是鼓励你们在这里做，不鼓励你们跳槽？

蒋主管：肯定了。

我：你当主管就不会跳了估计。

蒋主管：这个也不好说，像我们这个行业没有很固定的。

我：你还有没有什么收入忽略没有计进来的？偷偷摸摸给人洗一台车没

有收费的？这个也算收入，有没有占一点点？

蒋主管：这个没有。

我：你的部下会不会干这个事情？

蒋主管：这个没有的。因为你朋友过来都不好意思不付钱，比如说 80 元，他过来洗车就打折，他还是愿意的。

我：类似这个所占比重有多少？

蒋主管：很少。因为有时候朋友也不可能专门过来找你洗一个车。

我：女朋友过来的话肯定是全免了，义务劳动？

蒋主管：女朋友过来加班再给她洗了。

我：这个还是要算进来了，因为你们是定额发票，收入实际上也是一种估算加核算，核定一下。如果你女

朋友来看你频率高的话每天洗一次车。我们是看经济活动的存在，实际上已经发生经济行为了。

蒋主管：是的。

我：谢谢你！

案例 5：仔细核实经营情况，搞准普查数据。

我：打搅你一些时间，我们想问问整个经营情况。我们正好利用星期天的时间来看看全国经济普查综合试点的深圳市南山区，看看你每个个体工商户的经营情况，了解一些数据，不是工商也不是税务，你放心。我们坐下来说一说。这个是你孩子吗？

画廊负责人黄经理：对，对，对。

我：看着有一点像，有一点艺术气质。你看着很有气质，开这个店符合你的人像面相。你老家哪里的？

黄经理：江西。

我：我跟你是隔壁省老乡，我福建的。开这个店多久了？

黄经理：刚来不久。这个店是之前黄老师转我的。

我：你自己也会做一些艺术的事情？

黄经理：对。画画，那些国画都是我画的。

我：真的很淡雅，这个叫山水画还是叫什么？

黄经理：山水花鸟。

我：油画你做不做？

黄经理：油画不画。

我：书法也写？

黄经理：也写。

我：你小孩也是有作品的？

黄经理：儿子做陶瓷设计。

我：你背后也有一些产品在，直营还是什么？

黄经理：主要是书画。

我：我们这次来主要

是全国经济普查综合试点，今年是 2018 年，2018 年整个经济结构、形态怎么样，国家要了解整体情况。前不久全国经济普查电视电话会议开过，韩正副总理也要求这些数据来源实事求是，但不作为我们任何处罚的依据，就是为国家决策服务。你们店的存在也是很有必要的，你是搭起艺术品和市场的一个重要平台，如果没有这个平台实现不了这个艺术品的价值，有需求也找不到想要的艺术品。现在这个店就你们两个人吗？

黄经理：就我们两个人。

我：没有雇用一些员工？

黄经理：没有。这个店费用也大，也请不起，就自己做。

我：租金多少？

黄经理：一个月 1.3 万元。

我：你一年租金下来要 15 万元？

黄经理：十五六万元。

我：十五六万元，水电、物业呢？

黄经理：也包括在里面了。

我：那就是 17 万元应该拿得下来，17 万元要卖几幅画？

黄经理：画现在也难卖。

我：这种要出钱来买你的画，要真正欣赏你的画，才愿意出这个钱。回头来看你一个月可以卖多少张画？

黄经理：到现在才卖一张小的。

我：卖一张小的是多少元？

黄经理：没有，就是几百元，我画的，给一个老头买了。

我：没有裱吧？

黄经理：装成一个小的，比那个小一点。

我：就卖一个？

黄经理：对。

我：你什么时候开张？

黄经理：上个月 15 号。

我：一个月才一档？

黄经理：对。然后就

装裱做了一些。

我：装裱也补充你的收入，你刚起步，你还要招呼一批圈子里的人来看，圈子传圈子。今天媒体拍一拍也有一点宣传作用。

黄经理：很多人还不知道。

我：店租一年要 16 万元到 17 万元，你们一年的收入要超过这个才能维持。你们现在都没有算自己的工资？

黄经理：没有计算。没有人工。

我：后台有没有其他的副产品？紫砂之类的？

黄经理：没有。我儿子做的是设计类的。

我：有没有另外的一种？

黄经理：就是一些茶博会之类的订单，但是那些订单都是做礼品，没有做价格低的那种产品。

我：之前你盘过来那个人是不好做，做不下去才转给你？

黄经理：他没有说。他之前也是做画廊的。

我：租金应该是一样的。

黄经理：租金每年上涨 5%。之前每个月也要一万多元。

我：这个店一年下来没有百来万元营业收入还是支撑不住吧？

黄经理：对。

我：你两个人工资还没有算。你两个人工资一算也要五六十万元每年？

黄经理：对。

我：当然你做得好的话，一幅画好几万元？

黄经理：做得好别人欣赏就几万几十万元了。

我：你跟我说说哪一幅画最好的？

黄经理：这一幅画是老师画的。

我：这一幅画市场价要多少钱？

黄经理：4 万多元，也不是很贵。

我：你卖得出去也很不错了。十六七万元店租卖四五张就够了。

黄经理：对。

普查组：你这个主要是培训还是什么？

黄经理：培训广告刚刚打上去，刚刚招了一两个学生。

我：有招学生，有学生你可以稍微多一点收入。

黄经理：收费也没有多少，一节课 2 小时 200元，也有 100 元的，都是在这里画，也不会招很多人，因为地方不是很大。

我：你在这边还要租房吗？

黄经理：租房子。

我：租房贵不贵？

黄经理：租房 5 100 元。

我：5 100 元是怎么样的结构？

黄经理：5 100 元是一室一厅，30 多平方米，这边很贵。

我：你选择来深圳刚开始就这么艰难，站得住脚了你就好了。你原来是不是学校的老师？

黄经理：我就在家里搞创作，参加国展，参加那些展览。

我：你来这边的想法是什么？看一看还是怎样？

黄经理：在家里画了这么多年，之前一直在北京学习，花了很多学费，在北京和好几个地方学习和进修。

我：感觉你的画比较整洁、干净。

黄经理：谢谢。

普查组：你之前有讲到，想问一下你这边的画还有什么原材料？

黄经理：原材料还有装裱。这个框和材料价格不一样。好一点的材料就贵一点。

我：这个刚开始还是各方面都需要准备的。

普查组：除了画框，宣纸的购买这些呢？

黄经理：我都是在安徽买的，因为我之前画国画就知道买哪些，哪些好。

普查组：这些成本大概多少钱？一个月累计多少钱？全年是多少钱呢？

黄经理：大概是三千元。两三千元。

普查组：一个月吗？

黄经理：对。现在一个月就是两三千元买宣纸的费用。

普查组：你说的培训是线上还是线下？

黄经理：就是在店门口发的广告，如果有兴趣的就会进来问，然后就会招学生，线上还没有搞。

我：普查人员可能还会来的，问的数据更细一点。

黄经理：没问题，谢谢你们！

案例6：谆谆引导报实数。

我和普查员携带清查告知书、清查表、普查人员工作证件等清查物品，来到深圳某环境科技有限公司。

我与公司人员亲切交谈，积极了解企业生产经营状况和市场环境，了解企业的相关统计数据。公司董事长孙总接待了普查组。

我：请问你的公司是什么时候开始运营的？

孙总：我们公司的技术原来是从深圳某大学研究院研发出来的，后来成立了公司来推动它投入市场，我们还有自己的投资平台。环境治理方面的项目是从去年开始的。

我：有接项目了没有？

孙总：有，接了很多，这就是一个缩小的模型。

我：你们现在深圳有几个项目？

孙总：龙岗有，宝安马上有两个了，有一个25万吨的项目马上要开始。

我：龙岗这个项目是你来负责整个投入？跟它

们是怎样的关系？

孙总：项目是政府的。我们的合作伙伴把这个项目拿到，我们提供技术给合作伙伴。

我：你是用什么拿到的？

孙总：有股权，分享收益，还有卖设备。

我：去年是多少收入？

孙总：2 000多万元。

我：这2 000多万元是怎么构成的？

孙总：主要是设备销售。

我：设备也是你们的？

孙总：对，我们自己研发生产的。

我：设备收入有没有占到70%？

孙总：不止70%，有80%多，主要是用于市联合项目。

我：现在登记是哪个类别？

孙总：一直登记在环保技术类企业类别下，但我们有产品。

我：有自己的产业，有实业，应该说80%的收入是工业设备，算工业。

孙总：对，除了设备销售，我们也提供工程服务。

我：这2 000多万元有没有利润表？

孙总：公司在去年年末的时候才发力，因为我们主要业务是下半年，2017年的后期，第四季度财务报表才能反映出来。

我：你们的收入大部分实际上是除技术之外产出的，要做好利润表、资产负债表等财务报表。这些起什么作用呢？它们可以进入我们统计规模以上工业企业库，现在主营业务收入2 000万元以上的就属于规模以上工业企业，这是全国标准。如果达到工业规模以上的，又是科技企业，政府要给产业政策支持。看到你这个产业符合环保，符合科技，要支持，怎么支持呢？要在我们统计库里看。所以你这个上2 000万元的规模就自然要进入这个库，政府就能找到服务对象，要

不然你躲在后面找不到你。我们跟市发改委有一些关联，发改委给你政策，前置要看一看数字有没有，或者是不是跟发改委报告的数字规模一致。比如说跟发改委报了一亿元，给统计局这边才不到2 000万元，那就是没产出。实际上有一致性审核，给产业政策之前，统计局要把关。你这个企业2 000万元，后面几年一定会成倍增长，我们找到经济的支撑点，今年广东省多0.1个百分点，也有你们的贡献，但是你这个还没有参与进来真正做贡献。

孙总：对，我们公司比较年轻，刚成立的。我们这个技术是得到深圳市

的扶持的。

我：你们是工业里面的先进制造业，还有科技，自己项目自己生产，什么都是自己做。你这个是制造的，又含服务业。

孙总：杨局，请教您一个问题，我们现在的产品有一部分是加工的，也是可以算到工业企业里面吗？

我：可以。现在环保督察是你们这一块的业务吗？

孙总：去年以来做得最漂亮的就是我们这个。

我：一些污水处理厂你们都可以进去？

孙总：可以。

我：实际上也可以搞成项目参股，把一个地方污水处理好，比如说占20%～30%的股份，以技术入股，然后再提供设备。

孙总：有的。

我：总的就是两句话，技术，包括设备。

孙总：对。说实话，技术和产品生产算在一起，我们也是有一亿元的收

入的。

我：其实腾讯也有类似这种。

孙总：上次国家级的领导来了，市级也很支持，原来我们上报的都是0。

我：这个有研发，工业里面的研发比重更高。制造业研发的转化率更高，深圳是全国最高的一个城市，有69%。意思是你投了100%的研发，有将近70%的利润作为经济成果，可以算到GDP里面去，由几方面构成，税、利、折旧、劳动报酬，发给会计的工资高一点也算。有的人拿税来说GDP不全面，为社会创造的效益也算，还有折旧。税当然也是重要的数据，在整个GDP构成里面，实际上劳动报酬比重最高，因为要养活这么一大批人，也算到经济成果里面去，这样就把对GDP的贡献体现填进来了。我们就做这个事，告诉党中央国务院，告诉他们有这么一批的经济支撑。

孙总：马兴瑞书记知

道这个，这个奖就是他颁发的。

我：我们昨天下午还听他做指示。挺好的，一亿元。因为我没有这么多的精力一家一家去做调查，还需要大部分的普查人员上门问。普查员上门的时候，企业可能会因为你是小兵小卒，不愿意跟你说实际，又少（报）又漏

（报）了。少漏了，惩罚是什么呢？可能导致产业政策拿不到。现在一亿元，以后可能就会有更大的投入。有一个例子，2012年光明的工厂，整个工业区被泥土盖掉，最后赔偿以第三次经济普查的数据为准，企业报了很高的收入，最后查经济普查的数据。有的企业哇哇叫，过去的

时候少报了，报了 2 000 万元，有 1 亿元的赔偿，只能按 2 000 万元赔偿，所以是守这个底线，以当时的统计数据为准。当然，直接或间接的责任者希望越少越好，不希望你有 2 000 万元赔偿，最好只要 500 万元。我要维护企业的利益，企业就是政府的衣食父母，没有企业就没有我们的存在，没有企业也没有普查对象。还例如，所在的地方房屋评估，什么地段什么价格，一两个相加，直接经济损失不能破例，破例就破了我的操守。实事求是，全面反映是我们最高的专业操守，你们一定要给我们提供准确的数据。这个不作为税务处罚的依据，我们跟税务有物理隔绝，只有他们给数据我们，我们单个的数据没有义务给他们。韩正副总理说了，经济普查数据不作为处罚的依据。

孙总：其实我们都是很真实的数据。

我：我们跟税务那个是两码事，我们的职责就是反映真实的经济总量，给宏观决策提供一个正确导向。

孙总：我们对数字都是很严谨的。

我：我们统计是为你们服务的。把普查表填好，以后可能还会上门来登记。今天作为一个案例，更细的就不耽搁你的时间了。谢谢你！

案例 7：以支出算收入，核准各项数据。

我和普查员佩戴好普查员证，携带调查表和普查告知书，进入某咖啡店。

我：今天就你一个人吗？

某店员：对。

我：你既是老板也是服务者？

某店员：我是营业员。

我：有几个营业员？

某店员：目前两个人。

我：你是上午班还是下午班？还是两班倒？

某店员：我们是一周一倒班，我是刚倒过来的。

我：一次要多长时间？

某店员：一周。

我：你是上了一周再轮换？

某店员：对，每天 8～9 小时，从早上 10 点到晚上 7 点。

我：老板今天没有来？

某店员：没有。

我：两个人当中应该有一个老板吧？

某店员：没有，老板在那边上班。

我：这两个都是店员？

某店员：对。

我：你在这边多久了？

某店员：4 个月吧。

我：哪里人？

某店员：西北兰州的。

我：这个人你认不认识？

邓飞波：我还没有来过这。

我：电视上有没有看到过？

邓飞波：她们一般不看电视。

我：看了电视可能要免费送一杯咖啡给他，他是我们所在区的父母官。他地位很高，不经常来。

邓飞波：他是我们广东省统计局杨局长。

某店员：杨局长好。

我：我们轻松地聊一聊，一天的营业额有多少？

某店员：1 300 元左右。

我：一个月是多少？

某店员：一个月也就2 万~3 万元，不是很多。

我：按这个算就少了一点，一天 1 300 多元。

某店员：就不是很稳定。

我：一个月大概 3 万~4 万元，你工资多少？

某店员：4 千多元。

我：两个人大概就是1 万元的工资支出？你老板至少要赚一半，他要有利润 1 万元，两个人每月工资大概 1 万元，包吃包住还是？

某店员：自己吃，自己住。

我：你还有提成吧？

某店员：没有提成。

我：平均 5 000 元应该有吧？

某店员：没有 5 000 元。

我：两个如果是 9 600元，大致算一万元的工资，店铺的租金是多少？

某店员：每个月 2 万元。

我：2 万元加 2 万元，至少要 4 万元才行。

邓飞波：就是，要不就填不了这个数。

我：租金 2 万元，两个人的工资加老板利润 2万元。

某店员：还有店里的材料费。

我：材料费多少？

某店员：至少也要 1万元吧。

我：4 万元，老板再赚 1 万元。

邓飞波：一个月起码5 万元起，没 5 万元就开不下去。

我：甚至可能超 5 万元。这个咖啡店经营多长时间了？

某店员：半年多。

我：半年多，整个运营还可以吧？

某店员：还好，顾客基本是学生之类的。

我：顾客情侣多还是单个人比较多？

某店员：都是学生。

邓飞波：应该是深圳大学学生。

我：你是不是也是学生？兼职？

某店员：我不是。

我：多大？

某店员：1997 年的。

我：很不容易，父母亲都在老家吧？

某店员：对。

我：一个月营收应该要 5 万~6 万元。

邓飞波：起码 5 万元。

我：超 5 万元才能经营得下来，老板有没有经常来查营收？对你们怎么管理？每天收的钱上交给他还是？

某店员：收银系统直接上到他那边。

我：比如说区长来，他也不要你结账，丢个

100 元，进不进系统？有没有类似这种情况？

某店员：有。

我：不要求开票的占到多少？比如说消费 10 个人，5 个人给钱不入账就走了，也不等小票，这个占比有多少？

某店员：这个好像没遇到过。

我：都要开一个小票走？

某店员：对。

我：一天下来 1 000 多都是小票的营收额？

某店员：基本上都是。

我：因为你服务好，有一些靓仔来丢 100 元就走了，有没有这种情况？

某店员：这个应该没有。

我：老板用票据来看你的营收？

某店员：对，这上面有统计。

我：要不然有漏洞，不要票的人看不到，还有熟人来他也管不到，你给他免费送几杯他也不知道，有没有这种情况？

某店员：没有。

我：自己男朋友就免费吧。

某店员：没有，我们都会自己结账的。

我：有打折吧？

某店员：我们有打折系统。

我：管理对你来说是基于一种信任。不是制度管理，制度还是有漏洞，信任没漏洞。或者说你就是老板的亲戚？

邓飞波：应该是亲戚。

我：或者是有什么关系，这边是以你为主还是？

某店员：互相协助。

我：那个也是女孩子？

某店员：对。

邓飞波：一个月下来基本上没有休息？

某店员：每个周末会休一天。

邓飞波：两个人都休息，谁来顶替？

某店员：最近招了一个兼职周末顶班。

我：这里在深大附近，可以招到勤工俭学的学生。她自己说一两万元，实际上是没算成本，成本一算进去，房租一算进去就上来了，是更简单的一个概念，实际上把成本、人工、房租算进去，收入就出来了。按照这样子算也会差一半，她刚刚讲两三万元，我们一算可能要五六万元。

邓飞波：三万元肯定做不下。

我：对，我们就是聊一聊，实际上是经济普查试点工作，给国家做一个决策参考。如果数字不准，没有真实的数字就会有影响，对研判会失真。像你们这种店员也是需要大量存在的，是一种社会管理或社会生活里必要的补充，大学生来享受这种环境，不单享受一杯咖啡，这个环境和氛围可以学习，这

是一个非常有意义的工作。另外，你们提供这种环境，本身为产品服务，也是构成经济收入，也是很正常，跟税收也无关。你们要交税吗？

某店员：要交。

我：大概交多少？

某店员：4 000多元。

邓飞波：一个月4 000多元，一算进去这个营业数据就出来了。

我：你跟我说1 000多元，可能不止这么多，应该会高一点。

某店员：不会，因为有时候每天的营业额比较少。

我：有的时候少，坐满可以有多少？有没有满座过？

某店员：基本上一个

月也就一两天。

我：因为刚开张几个月，是不是连锁的？还是单独开的？

某店员：有两家，那边是有一个简单的吧台。

我：附近吗？

某店员：对，产业园里面，但是那边主要是做吃饭的，不是做这种。

我：凭你这种情况，有更好收入你应该会选择别的吧？

某店员：暂时比较喜欢做咖啡。

我：喜欢这个环境，弥漫着一种安静的氛围，所以你很乐意给人做咖啡，很小资。

邓飞波：这个地方大致就50~60平方米。

调查组：这个就适合学生群体，也不能太贵，太贵学生也消费不起。这里外卖单多吗？

某店员：外卖没有。

邓飞波：这么年轻出来独当一面。

我：是高中毕业出来吧？

某店员：对，现在准备读大学。

我：一边工作一边读。来深圳就这样，创业学习双不误，挺好的。谢谢！

省经济普查办以我现场示范上门登记案例为参考，筛选了100个优秀案例，按入户流程与访问技巧、各专业普查技巧、个体户普查技巧、数据处理技巧四大类别编排成册，形成《广东省第四次全国经济普查入户案例汇编》，并将其作为全省"两员"的培训资料在全省范围内进行推广，让全省共享成果与经验。

129
集中办公、凝聚战斗力

为了确保我省第四次全国经济普查工作顺利完成，广东省第四次全国经济普查领导小组办公室设置13个工作组，分别由省统计局各相关处室及抽调人员组建。为了便于工作，局党组决定从各工作组抽调精兵强将集中办公。

由于当时办公条件所限，只能征用省统计局办公楼四楼会议室作为省经济普查办临时办公场所。2018年8月1日，我到临时办公场所看望"四经普"集中办公人员，与他们座谈交流。

我详细询问经济普查有关工作进展情况，肯定和表扬了省经济普查办集中办公人员良好的精神风貌和饱满的工作热情。省经济普查办是全省经济普查工作的首脑，经济普查办全体人员既是此次经济普查工作的施行者、指导者，更是此次经济普查工

作的领路人，责任重大、使命光荣。通过座谈交流，省经济普查办人员充分感受到省统计局党组对普查工作的高度重视和对普查工作人员的殷切期望。大家表示将在工作中团结协作、开拓创新，不断提高自身工作能力，为广东省"四经普"工作贡献自己的力量。

随后，在省统计局办公楼一楼环境治理过程中，专门开辟了一处办公室，作为经济普查办公室成员集中办公场所，办公室位置上悬挂着"四经普"工作进度台账图表，通过"挂图作战"的方式，激励大家"撸起袖子加油干"，经济普查办人员也有了真正的"家"。我对省经济普查办常务副主任杨少浪同志提出了一个要求：在集中广东省第四次全国经济普查领导小组办公室内设工作组及组成人员名单。

为了确保我省第四次全国经济普查工作顺利完

成，广东省第四次全国经济普查领导小组办公室设置13个工作组，分别由省统计局各相关处室及抽调人员组建。

综合组。

组长：张汉杰 省统计局普查中心副主任（负责人）。

组员：普查中心人员，抽调人员郭茂成、范英敏、梁娟、谢洪芳、邓堪鹏、李芳芳。

职责：负责提出普查工作总体规划，协调推进普查工作进度；研究起草、协调规范有关普查工作公文；牵头制订省综合试点方案、普查实施方案及问题解答方案；组织单位清查和普查登记；组织协调培训工作和负责培训教材的印制；协调各相关

部门提供普查所需的部门行政登记资料；编制普查经费预算和经费开支管理制度；承办综合性会议并负责会务工作；统筹普查用报表和相关物料；制订普查资料开发应用计划；组织实施普查宣传、动员和新闻报道工作，承担普查成果发布、解读和舆情应对工作；督促检查各级普查机构有关工作落实情况；组织指导各级普查机构和有关部门开展普查工作。省局综合处协助普查宣传、新闻报道、普查成果发布、舆情监测，相关专业处、综合处、科研所协助做好普查资料开发应用工作。

综合组与质量控制组人员根据工作需要可相互调配使用。

质量控制组。

组长：杨少浪　省统计局副巡视员。

组员：李良胜、李新娇、张汉杰、李华、李两聪、张建梅、王慧艳、王迎迎、汤良、吴凯敏。

职责：负责单位清查和普查登记全过程质量控制；制订事后质量抽查工作方案；组织个体经营户抽样调查；开展数据分析、审核和评估；重点监测"四下"企业和个体工商户数据质量；组织指导各级普查机构和有关部门开展普查工作。

执法和质量检查组。

组长：黄日何　省统计局政策法规处处长。

组员：政策法规处人员。

职责：负责普查过程中统计法律法规的宣传，受理对普查违法行为的举报，转办、督办案件；依法对重大普查违法案件进行直接调查，提出处理建议；指导督促各级统计机构依法开展执法检查工作；负责协调解决普查制度方法是否符合法律法规和统计制度方法的问题；配合做好单位清查和普查登记的事后质量抽查工作。

数据处理组。

组长：叶涛　省统计局数据中心主任。

组员：数据中心人员。

职责：负责研究制订普查数据处理方案与实施细则；参与制订普查实施方案；部署普查数据处理环境，提供普查数据管理应用平台；负责数据处理技术支持，编写数据处理培训教材、解答相关问题；参与普查数据质量抽查；负责普查数据库的建设和管理；组织指导各级普查机构开展普查数据处理工作。

工业专业组。

组长：邱国祥　省统计局工业交通统计处处长。

组员：工业交通统计处人员。

职责：负责工业专业的业务培训、单位清查、普查登记和问题解答，专业报表的催报、数据处理、数据审核评估等工作；对专业的普查数据质量负责；指导各级普查机构开展普查工作。

能源专业组。

组长：杨凡　省统计局能源统计处处长。

组员：能源统计处人员。

职责：负责能源专业的业务培训、单位清查、普查登记和问题解答，专业报表的催报、数据处理、数据审核评估等工作；对专业的普查数据质量负责；指导各级普查机构开展普查工作。

投资专业组。

组长：黄俊彪　省统计局固定资产投资统计处处长。

组员：固定资产投资统计处人员。

职责：负责建筑业、房地产和投资专业的业务培训、单位清查、普查登记和问题解答，专业报表的催报、数据处理、数据审核评估等工作；对专业的普查数据质量负责；指导各级普查机构开展普查工作。

贸易外经专业组。

组长：李良胜　省统计局贸易外经统计处副处长（负责人）。

组员：贸易外经统计处人员。

职责：负责批发零售、住宿和餐饮业专业的业务培训、单位清查、普查登记和问题解答，专业报表的催报、数据处理、数据审核评估等工作；对专业的普查数据质量负责；指导各级普查机构开展普查工作。

劳动工资专业组。

组长：王彪　省统计局人口和就业统计处处长。

组员：人口和就业统计处人员。

职责：负责劳动工资专业的业务培训、单位清查、普查登记和问题解答，专业报表的催报、数据处理、数据审核评估等工作；对专业的普查数据质量负责；指导各级普查机构开展普查工作。

科技专业组。

组长：李珠桥　省统计局社会和科技统计处处长。

组员：社会和科技统计处人员。

职责：负责科技专业的业务培训、单位清查、普查登记和问题解答，专业报表的催报、数据处理、数据审核评估等工作；协助做好行政事业单位和民间非营利组织等行业的数据处理、数据审核评估；对专业的普查数据质量负责；指导各级普查机构开展普查工作。

服务业专业组。

组长：李新娇　省统计局服务业统计处副处长。

组员：服务业统计处人员。

职责：负责交通运输、仓储和邮政业，信息传输、软件和信息技术服务业，租赁和商务服务业，科学研究和技术服务业，水利、环境和公共设施管理业，教育、卫生和社会工作、居民服务业，修理和其他服务业，文化、体育和娱乐业，物业管理、房地产中介服务、房地产租赁经营和其他房地产业等企业单位，信息化和电子商务应用情况的业务培训、单位清查、普查登记和问题解答，专业报表的催报、数据处理、数据审核评估等工作；对专业的普查数据质量负责；指导各级普查机构开展普查工作。

核算专业组。

组长：李华　省统计局国民经济核算处副处长。

组员：国民经济核算处人员，抽调人员范英敏、王迎迎。

职责：负责农、林、牧、渔专业及辅助性活动，金融业，行政事业单位和民间非营利组织的业务培训、单位清查、普查登记和问题解答，报表的催报、数据处理、数据审核评估等工作；对专业的普查数据质量负责；指导各级普查机构开展普查工作。

后勤保障组。

组长：张劲松　省统计局办公室主任。

组员：办公室（财务处）人员。

职责：负责根据经济普查预算中所列物资的招标和采购工作；监督普查经费的使用是否符合有关规定；负责第四次经济普查领导小组和办公室文件的编印和归档；做好经济普查的后勤保障工作。办公坐班，亲临一线，靠前指挥，最后一个离开办公室。

在经济普查期间，省长马兴瑞、国家统计局局长宁吉喆先后到集中办看望慰问工作人员：2019年1月16日上午，省长马兴瑞在"四经普"集中办公场所，认真翻阅广东"四经普"制度文件，仔细查看"四经普"工作进度台账图表，详细询问经普数据报送进度，和正在办公的省经济普查办工作人员亲切交流。2019年1月19

日，国务院第四次全国经济普查领导小组副组长、国家统计局局长宁吉喆一行到广东省经济普查集中办调研"四经普"工作。宁吉喆面带微笑、健步走进集中办，与集中办坚守工作岗位的同志一一握手、亲切交流。两位领导的到来、关心、慰问极大地鼓舞了经济普查办工作人员的士气，激励着他们勇于担当、奋勇向前，全身心投入经济普查工作。

近一年半的集中办公经历，给大家留下了深刻的回忆，也是"四经普"工作的一段珍贵回忆，集中办从无到有、从有到优，凝聚了大家的心血和汗水，"四经普"的成功离不开大家的努力和拼搏。虽然集中办的工作人员在普查工作完成后将回归各个处室，但是集中办公的这段记忆、集中办这个场所将会一直保留、一直延续！

130
"广东智能普查"为普查员插上"隐形的翅膀"

2018年6月底的一天，也就是我到省统计局就职一个礼拜后，省委书记李希找我谈了半个多小时，期望统计局充分发挥好参谋助手的作用，用数据真实、准确、全面反映广东经济社会发展实际，以高质量的数据为省委、省政府提供决策依据和参考。省长马兴瑞也在多个场合叮嘱我要看透广东经济形势。如何尽快落实书记、省长交代的艰巨任务，我一直在思索，一直在追寻，最终决定以这次经济普查为契机，以构建经济大省之统计强省为动力，以科学创新普查方式和方法为突破口，干出特色，干出亮点，干出成效。

在深圳南山调研期间，我亲身经历了入户调查难的窘境，"如何创新手段和方式，化解入户难的问题？""如何贯彻落实韩正副总理提出的要坚持创新普查，深化'多证合一'改革成果应用，加大普查技术和手段创新力度，提高普查信息化程度和水平要求？"不断萦绕在我的脑海里，我需要尽快掌握入户的"金钥匙"。某天下午，当我参观完腾讯总部，走出大门的那一刻，突然觉得豁然开朗起来，"广东智能普查"微信公众号应用平台的点子浮现脑海。我决定利用广东省"数字政府"改革建设契机，与省电子政务办（筹）和数字广东网络建设有限公司通力合作，依托全省政务信息资源共享平台，采用"广东智能普查"微信公众号模式，为普查人员和普查对象提供便捷、高效的"互联网＋普查服务"。随后，我夜以继日，主持召开5次统计专业委员会议研究"广东智能普查"工作，不断进行打磨，终于逐渐成形。

2018年8月15日上午，我主持召开了广东省统计专业委员会（简称"专业委员会"）第二次会议。"数字广东"公司汇报了项目的建设背景、工作规划和实施情况，现场演示了人脸识别技术在"两员"登记注册审核工作中的应用操作，模拟了在单位清查和普查登记现场通过扫描二维码核验"两员"身份的场景。会议汇报了现阶段"广东智能普查"微信公众号应用平台的开发成果，讨论研究了后续阶段应用平台的建设工作。会议认为目前平台建设成果与预期仍有差距，后续必须加大项目创新性和实用性的研究和开发：一是要研究开发出更加便捷可靠的"两员"身份核验功能，能够现场扫描二维码或对"两员"进行人脸识别认证，对接公安人口信息库进行人员信息核验，返回人员身份认证权威信息，以及人员姓名、身份证号、照片等相关信息；二是要增加督查模块，设置"两员一督"角色，省、市、区/县均设置省总督查长、副总督查长角色，可分权分域管理；三是由数据中心与省电子政务办沟通协调项目建设费用支出问题，落实项目建设经费出处，如由我局承担则要求省电子政务办来函说明；四是"数字广东"公司抓紧完成系统核心应用场景开发，并于8月19日下午进行系统演示。

2018年8月16日上午，我主持召开广东省统计专业委员会第四次会议。会议现场播放《深圳统计党建业务双融合之设构理念、路径轨迹与实践实效》视频，要求按照宣传片样例，制作展示广东智能普查的创新成果视频。视频标题为"广东智能普查"，以"人无我有、人有我优、人优我强"为引子，分四部分展示广东智能普查创新成果：第一部分以"两

员一督、人脸识别"为主题，第二部分以"平台内容立体式持续加持"为主题，第三部分以"使用时空便捷高效"为主题，第四部分以"不断赋予新活力、新生命、新成效"为主题。会议要求，加快

"广东智能普查"微信公众号应用项目开发进度，充实现有的栏目资源，由局办公室及普查中心收集相关资料，如"谁最真实"、"谁最美丽"、"谁最典范"、"谁最条理"、入户案例汇编等，整理后发布到"广东智能普查"微信公众号应用平台上。

2018年8月18日下午，我主持召开广东省统计专业委员会第七次会议。会议汇报了视频设计方案，并现场展示了"广东智能普查"创新成果。我认真细致审阅了视频内容，要求分18个版面制作汇报视频，并亲自修改和审定每个版面的主题、内容及展示方式。我还现场录音，为汇报视频提供开场白及结语的语音素材。

2018年8月19日下午，我主持召开广东省统计专业委员会第八次会议。会议播放了将在2018年统计改革发展务虚会上汇报我省近期创新成果的演示视频，我就汇报视频的内

容、界面布局、展现方式等提出了具体的修改意见，要求汇报视频再增加 3 个版面，由原来的 18 个版面增加到 21 个，分别为：

一是增加"热切期待宁局长百忙中到广东调研指导"版面，展示 12 张国家统计局局长宁吉喆的调研指导相片。

二是增加"广东智能普查微信公众号、执行督长证件照及二维码"内容展现版面，可供现场进行扫码核验。

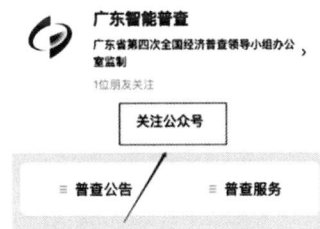

三是增加结束版面，以卡通形象展示："统计虐我千百遍，我待统计如初恋。谢谢观看。"

我审核了"广东智能普查"微信公众号应用平台的"两员一督"管理功能，并体验了"两员一督"登记、注册、审核等操作。要求为了高质量地展示"广东智能普查"的创新成果，制作出质量优良的工作证，同时为国家统计局局长宁吉喆制作一个工作证，在 2018 年统计改革发展务虚会上现场演示系统功能。

2018 年 8 月 20 日上午，我主持召开广东省统计专业委员会第九次会议。我认真观看了将在 2018 年统计改革发展务虚会上展示的我省创新成果的汇报视频，并就汇报视频提出具体修改意见：视频开篇及结束篇需要相应显示文字内容；选择显示更加清晰的字体，部分字体用蓝色；修正字幕中的个别错别字。

会议演示了修改升级后的"广东智能普查"微信公众号应用平台功能，并以国家统计局局长宁吉喆、广东省执行督长、普查指导员、普查员等角色检测各项功能。我操作完

成"两员一督"身份信息登记、注册、审核、核验等工作，并提出以下工作要求：一是在 8 月 20 日19：30 分之前提供一个修改后的汇报视频供审核；二是进一步优化"广东智能普查"微信公众号应用平台功能，使"两员一督"操作更加便捷；三是要认真做好现场汇报的各项准备工作，配备好演示的相关器材和工具。

8 月 23 日，我作为 8个省级统计局局长之一，参加全国统计改革发展务虚会。会上，我以"改革创新"为关键词，以"广东智能普查"为主题，在短短 11 分钟内汇报演示自己如何带领广东统计力量，集合资源、聚合力量创新当下如火如荼进行的全国第四次经济普查工作，将创新点聚焦"广东智能普查"，将最新的技术应用展现为"人脸识别、扫码读数"，引起场内一片掌声。

国家统计局局长宁吉喆看到扫码识脸读数获得

通过后，露出满满的笑容，高兴之情溢于言表；不时询问一些细节与操作，探讨眼丝血脉识别是否比人脸更准，透出一种厚重的关爱与暖心；欣然接受全国第四次经济普查"总督长"挂牌，并表示将带着这个牌子去广东督查全国第四次经济普查；明确表示10月要来广东调研指导统计改革创新。国家统计局副局长毛有丰说："用智能解决普查上户诚信问题，共享底层数据，又准又省，真的好！"国家统计局办公室（研究室）主任安平年说："您到哪里，统计的创新跟到哪里，水平真高！"国家统计局普查中心主任董礼华说："做得很棒，您推行改革的力度又快又好！"

我第一时间将情况报告了马省长。为加快推进广东省"数字政府"建设，让与之相向同行的"广东智能普查"技术变得更加完善成熟，8月28日，马省长率省直各部门负责同志前往数字广东网络建设有限公司调研，主持召开工作现场会，听取"数字政府"改革建设进展情况，研究解决突出问题。我参加了这次调研活动。在数字广东网络建设有限公司的活动现场，我见到了刚刚和我从北京演示归来的"广东智能普查"主创人员。作为"广东智能普查"攻关小组的领军人，我和主创人员经常没日没夜地泡在一起攻坚克难，彼此是那么的熟悉。在聆听马省长的讲话时，我在这些主创人员疲惫的脸上，分明看到了一份难以掩饰的欣喜和激动；分明听到他们在讲，马省长如此重视"数字政府"改革建设，苦点、累点，值得！

9月10日，"广东智能普查"微信公众号应用平台经过测试检验后正式上线。"广东智能普查"微信公众号应用平台具备三大功能：一是利用人脸识别技术核验普查"两员一督"身份。普查对象扫描普查员和普查指导员的普查工作证，可进行人脸识别，对接公安人口信息库，能够及时核验普查员和普查指导员的身份信息，为普查员和普查指导员上门入户调查提供官方权威的身份认证，增强普查对象对普查员和普查指导员的信任度，提高普查对象对普查工作开展的配合程度。二是实时精准管理"两员一督"。优化完善平台人员注册审核、注销删除、信息查询通讯录等功能，实现对各级"两员一督"实时精准管理。三是开展经济普查宣传。利用"广东智能普查"微信公众号应用平台，为普查对象提供普查知识、普查法律法规、普查宣传、普查成果、普查新闻等宣传性内容。

"广东智能普查"微信公众号应用平台正式上线,为经济普查单位清查工作提供了技术支撑和工作保障,也为千千万万普查员插上了"隐形的翅膀",越飞越高!

131
省长带头签订经济普查"责任书"

领导力、组织力是一件事情成功的关键因素,像经济普查这种大型国情国力调查更需要各级党政领导的重视和支持。为此,我积极作为,主动争取省长、市长对经济普查工作的关心和支持。2018年9月29日,广东省政府召开全省经济普查专题工作电视电话会议,研究部署广东省第四次全国经济普查和统计相关工作。马兴瑞省长出席会议并讲话,全力推进经济普查工作。会上,马省长与21个地级以

上市市长、34个省第四次全国经济普查领导小组成员单位主要负责同志签订了《广东省第四次全国经济普查责任书》,明确五项责任:一是强化普查工作政治责任;二是牢固树立普查质量意识;三是积极履行部门分工责任;四是切实提高普查执行能力;五是深入推进普查宣传工作。这在全国尚属首例。

参照省里的做法,深圳、珠海、汕头、佛山、惠州、汕尾、中山、江门、阳江、湛江、肇庆、清远、潮州、云浮等市与所属各县(区)签订了第四次全国经济普查责任书。其中,惠州、云浮市的县(区)还与镇办、成员单位签订了第四次全国经济普查责任书。

132
打造56名"金牌讲师"

2018年8月1日,单位清查业务培训前,我仔

细询问普查"两员"培训准备情况。当副局长刘智华介绍说担任授课任务的人员都是名校毕业、实践经验丰富的同志时,我立即要求省经济普查办安排授课人员试讲环节,并要求省经济普查办专业负责人现场把关,集体打磨,最终才能定稿出炉放行。8月23—29日,全省单位清查业务培训,因授课辅导准备充分、业务培训成效明显,单位清查工作任务圆满完成。11月26—27日,省经济普查办在清远市召开全省经济普查办主任暨业务培训工作会议。培训前,我要求将单位清查中发现的问题和取得的经验充实到入户登记的培训内容中,培训授课要达到"五新":"内容要让人

耳目一新；形式要焕然一新；经济指标解读要创新；授课力量要更新；参训人员要有新收获"，着力培养新人，防止原地踏步、老腔唱老调、新瓶装旧酒。省经济普查办根据要求，一方面，调整充实了部分授课人员；另一方面，采取"三堂会审"的方式，再次安排授课人员进行试讲试教，力争让每一个人成为"金牌讲师"，让每一课的准备工作都扎实充分。

2019年1月11日，省"四经普"领导小组印发《关于授予广东省第四次全国经济普查优秀授课人员'金牌讲师'称号的通知》（简称《通知》）。在这次普查业务培训工作中，各级普查机构严密组织，精心选定授课人员，充分准备课件，反复开展试讲，涌现出一批优秀授课讲师。为表彰在这次普查业务培训工作中表现突出的个人，经各地推荐，省"四经普"领导小组决定对邓谦

等56名优秀授课人员授予"金牌讲师"称号。

1月15日上午9：30，广东大厦国际会议厅灯光璀璨，广东省全省统计工作会议在这里召开。上午10：00，省经济普查办主任、省统计局副局长刘智华宣读《通知》。紧接着，在《步步高》轻快激昂、富有动力的旋律中，省经济普查办李华、谢洪芳、王慧艳、张建梅、周前、王迎迎、马佳、童城、吴凯敏9名同志，代表全省56名荣获"金牌讲师"称号的同志走上主席台领奖。当"金牌讲师"从局领导手中接过"广东省第四次全国经济普查金牌讲师证书"时，台下响起热烈的掌声。

133
粮草先行，提供充足经费保障

在"四经普"实施方案中，对"两员"的选聘与劳动报酬管理规定较为

模糊，导致在实际工作中各地普遍存在"两员"补贴发放不到位的情况，影响了一线普查员和普查指导员的工作积极性。为此，我指示省"四经普"领导小组从实际工作出发，研究解决办法，将大量冲刺在普查工作一线的兼职"两员"纳入计酬发放范围。

11月2日，我主持召开2018年第27次党组会议，会议研究并审议通过了《广东省第四次全国经济普查兼职"两员"临时性工作计酬办法（试行）》（简称《办法》），为确保"两员"补贴发放到位提供指引。《办法》明确了全省"四经普"兼职"两员"临时性工作计酬发放范围为在广东省"四经普"入户期间，从乡镇（街道）、村（居）委、社区和学校等单位选调的兼职承担普查任务的"两员"，计发标准参照当地最低工资标准确定并结合实际适当调整。《办法》的

出台为推动普查登记工作顺利开展提供了充足的经费保障。

134
主动出击，大力宣传，经济普查飞入寻常百姓家

为了在全社会形成了解、支持、配合第四次全国经济普查的氛围，确保普查顺利实施，我主动作为，积极营造良好普查氛围。

2018年8月21日，《中国信息报》刊发了我一篇题为"构建经济大省之统计强省关键在改革创新"的文章。其中一部分就介绍了以我现场示范上门登记案例为参考汇编形成的《广东省第四次全国经济普查入户案例汇编》，以及"广东智能普查"微信公众号应用平台情况。在《中国信息报》这样具有全国性影响力的平台，能够更好地宣传广东普查创新探索，共享广东普查经验。

9月25日，《南方日报》刊登了我接受该报记者专访的专题文章：《广东省第四次全国经济普查9月开始单位清查——2019年1月1日正式登记 省统计局局长就有关问题进行解答》，对广东省第四次全国经济普查有关问题进行了深入解读，重点回答了七个方面问题：

一是全国经济普查每5年进行一次。全国经济普查分别在逢3、8的年份实施。从2004年开始，我国先后开展了三次全国经济普查。

二是广东省第四次全国经济普查领导小组成立时间。广东省委、省政府高度重视第四次全国经济普查工作。2018年7月19日，成立了广东省第四次全国经济普查领导小组，领导小组办公室设在广东省统计局，承担领导小组的日常工作。

三是严格保守普查对象的个人隐私和商业秘密。《全国经济普查条例》规定，各级经济普查机构和经济普查人员依法享有独立行使调查、报告、监督的职权，任何单位和个人不得干涉；严格保守普查对象的个人隐私和商业秘密。

四是广泛采用信息化数据采集方式。本次普查以填报纸质普查表为基础，广泛采用信息化数据采集方式，采取网上填报与手持电子终端等设备现场采集数据相结合的方式，提高普查数据采集抗干扰能力和数据采集处理效能，减轻基层普查人员工作负担，节约普查对象填报时间。

五是既防止弄虚作假，又防止少报漏报。这次经济普查与以往经济普查相

比，普查范围广、工作量大；普查需求多、协调难度大；普查成果更加受到关注；普查技术要求高、难度大；普查基础仍然存在不平衡。要全面深入贯彻落实中共中央《关于深化统计管理体制改革提高统计数据真实性的意见》及我省实施意见，全面准确坚持实事求是的统计核心价值，全面把握数据质量的主要矛盾和矛盾的主要方面，既要防止弄虚作假，又要防止少报漏报。

六是 2019 年 1—4 月将开始正式入户登记。2018 年 9 月开始，在全省范围内对各类单位进行"地毯式"清查；以 2018 年 12 月 31 日为普查时点，2019 年 1—4 月将开始正式入户登记。

七是拒不接受普查的企业最高可罚 20 万元。

2018 年 9 月 27 日，我参加了在珠海市香洲区富华里举行的第九届"中国统计开放日之广东"活动，并提出要以"开放思维，

与时俱进；开放普查，增强成效；开放方法，增加透明度；开放结果，增强公信力；开放目标，实现统计强省"这"五个开放"，助力广东统计实现经济大省之统计强省。活动现场展示了"广东智能普查"微信公众号应用平台。格力电器股份有限公司和丽珠医药集团股份有限公司两家企业代表畅谈了珠海改革开放 40 年间企业的成长轨迹以及发展取得的成就。参与多次普查工作的普查员代表与大家分享了普查工作的心得体会，充分展现了统计人敬业奉献、恪尽职守的精神风貌，让大家感受到了奋战在最基层统计员的艰辛和对统计事业的热爱。活动现场

还播放了第四次全国经济普查相关宣传片和前期试点视频。活动结束后，普查员和普查指导员分成若干小组，带领经济普查领导小组成员单位代表和各主流媒体记者实地走访，全面体验第四次全国经济普查入户清查工作。

2018 年 11 月 30 日下午 3 时，我接受了广东省政府门户网站微博在线访谈，以"第四次全国经济普查"为主题，围绕广东省第四次全国经济普查的对象内容、开展目的、工作进展和创新举措等话题，接受主持人采访，并与广大网友在线交流，详细解答网友提出的问题，宣传普及广东"四经普"工作。

我在采访中介绍，省领导高度重视"四经普"工作。马兴瑞省长多次指示批示搞好全省"四经普"工作，全面摸清全省经济发展的底数。7 月，省政府办公厅发文成立广东省第四次全国经济普查领导小组，省委常委、常

务副省长林少春担任组长。9月，省政府召开全省经济普查专题工作电视电话会议，马省长出席会议并发表重要讲话，要求全省各地各部门加强组织领导，密切部门协作，强化物资保障，加大宣传力度，确保圆满完成经济普查任务。马省长与21个地级以上市市长、34个省"四经普"领导小组成员单位主要负责同志签订《广东省第四次全国经济普查责任书》，突出关键岗位，明确工作目标，进一步压实经济普查责任担当。2019年1月上旬，省"四经普"领导小组将举办经济普查登记启动仪式，计划邀请马省长出席启动仪式。这将大大激发广大普查人员的工作热情，将把经济普查宣传动员推向一个新的高潮。

我还介绍了省统计局在第四次全国经济普查中的创新举措。利用省"数字政府"改革建设契机，依托全省政务信息资源共享平台，与省政务服务数据管理局等通力合作，采用"广东智能普查"微信公众号模式，为普查人员和普查对象提供便捷、高效的"互联网＋普查服务"，积极创新"四经普"工作方式。9月10日，"广东智能普查"微信公众号应用平台经过测试检验后正式上线，在短期内实现三大功能：一是利用人脸识别技术核验普查"两员一督"身份。普查对象只需扫描二维码，即可核验身份信息，增强普查对象的信任度，解决入户信任难问题。二是实现"两员一督"精准管理。通过注册审核、增删改查、通讯录管理等功能，对各级"两员一督"实施实时精准管理，解决清查普查空档期人员流失与补充问题。同时，随时推送培训、测评、问题解答等信息，提高"两员"业务水平。三是打造新媒体宣传平台。向普查对象推送预约上门通知书、告知书、普查法律法规等内容。

访谈过程中，广大网友积极参与互动，通过省政府门户网站微博进行在线提问。我就网友关注的普查数据报送时点、数据采集方式和对调查者的报送要求等问题进行了详细解答，及时全面回应网友关切，做好"四经普"工作的普及宣传。访谈结束后，省政府门户网站在线访谈栏目对访谈内容进行全文发布。

2018年12月25日上午，我率队上线广东"民声热线"直播节目。作为今年最后一个上线的单位，省统计局以年度最高分（94.5分）完美收官。

广东"民声热线"节目由中共广东省直属机关

工作委员会和广东广播电视台等单位主办，最具特色的节目是逢周二的厅局长上线直播。节目通过"民声发布""民声调查""民声连线""民声十问""民声评议"等环节，推动上线单位切实履行主体责任，着力解决人民群众反映最强烈的党风、政风问题，推动党风、政风、社会风气持续好转。

在"民声发布"环节，我介绍了广东省第四次全国经济普查最新情况。截至 2018 年 11 月 15 日 24：00，全省已核查单位和个体总数为 1 068.71 万个，已核查有效总数为 844.60 万个，占全国总数九分之一强，为普查登记奠定了良好基础。这一成绩的取得，凝聚着各级领导的坚强领导、政府部门的密切协作、社会各界的大力支持、近 10 万普查工作者的无私奉献和广大普查对象的理解配合。2019 年 1—4 月将开展普查登记工作。普查登记以填报普查表为

基础，采取网上直报、手持移动终端（PAD）采集、自主申报等方式，摸清全省第二、三产业发展的基本数据和分布区域。面对复杂多变的国内外经济形势，全省将群策群力，加强组织领导，密切部门协作，加大宣传力度，强化经费物资保障，严格落实规章制度，为打赢经济普查这场硬仗提供坚实基础。

在"民声十问"环节，在被问到普查对象如何确认普查员身份，企业如何辨别真假普查员以保障信息安全时，我说，政府普查人员佩戴有可手机扫码认证的经济普查员证、指导员证或督查证，证件加盖广东省第四次全国经济普查领导小组办公室公章；政府普查人员一般情况下由当地基层干部陪同普查；同时普查对象可打电话到县、乡政府普查机构直接查实普查人员身份。另外，通过"广东智能普查"微信公众号也可以核验普查员身份信息。

135
"冲刺过一千万个清查对象"之部署

2018 年 10 月 17 日，我主持召开党组专题会议，研究部署第四次全国经济普查单位清查和一套表调查单位年度入库工作，要求采取有效措施，全力推动工作落实，确保工作进度和数据质量。省统计局将于 10 月下旬对各地开展经济普查督导工作，全面掌握各地经济普查工作进展情况，了解工作中遇到的主要困难、问题及原因，并督促各地政府和相关部门切实抓好经济普查工作。我强调，各督导组要谨记习近平总书记"不忘初心，牢记使命"的教诲，不断增强责任感和使命感；要深入基层、沉到一线、脚踏实地，进行面对面督导，

了解基层的真实工作情况，切实为基层排忧解难；要善于在关键时间做关键的事，紧紧抓住时间窗口，不给自己留退路、找借口；要突出工作重点，注重工作方法，特别关注单位数。督导组在督导过程中要敢讲真话、敢讲硬话，避免说模棱两可的话，切实保持督导组的权威。

我强调，一套表调查单位的管理工作是统计部门一项重要的基础性工作，要充分利用部门共享数据，把一套表调查单位入库工作做扎实；并参照单位清查的通报制度，确保达标企业按国家统计局统一部署，纳入一套表调查单位库。同时，要充分利用税务部门共享数据的指引性，与一套表调查单位直报平台对接，做到心中有数，贯彻"两防"（防注水、防少漏）工作要求，确保"两防"在"四经普"工作中发挥应有的作用。

我强调，经济普查单位清查工作已经进入攻坚阶段，省经济普查办要建立单位清查工作进度通报机制，以倒计时的方式营造刻不容缓的气氛。每天要通过省统计局门户网站、"广东智能普查"微信公众号和手机短信等形式，发布单位清查工作进度：10月20日，单位清查工作进度情况发至各市统计局局长手机；10月25日，单位清查工作进度情况发至各市分管市长手机；10月30日，单位清查工作进度发至各市市长手机。

136
"冲刺过一千万个清查对象"之督导

2018年10月9日，我出席深圳市福田区第四次全国经济普查单位清查启动仪式并讲话，勉励福田区继续为全省、全市经济普查工作贡献经验和智慧，希望辖区企业积极支持配合此次国情国力调查。10月17日，我主持召开党组专题会议，研究部署第四次全国经济普查单位清查和一套表调查单位年度入库工作，要求采取有效措施，全力推动工作落实，确保工作进度和数据质量。10月22—25日，我率队到深圳、汕头、揭阳、梅州、韶关5个地市对单位清查工作进行督导。

10月22日到深圳市提出以"三个上、三个关键"把握与破解"四经普"单位清查难点。下车后，我步入南山区南山街道荔秀服饰文化街区T台广场经济普查单位清查现场会场，认真观看经济普查宣传片，听取南山街道领导、服饰商会会长及商户代表表态发言，与参会普查指导员、普查员交谈互动。随后，深入荔秀服饰文化街区商户，与普查对象交谈，详细了解商户的经营状况、租金负担、员工工资以及员工年龄结构，询问是否知道这次经济普查、获知的途径和方式等，并向普查对象介绍了这次经济普查的意义、内容和范围，强调了有关普查的法律法规，感谢普查对象的支持和配合。在南山区委大楼会议室，听取了王虎善关于深圳市经济普查单位清查工作进展情况汇报，并与深圳市各区统计局局长进行面对面交流座谈、释疑解惑。督导期间，还应邀接受了广东卫视记者专访，就省"四经普"工作所面临的矛盾和问题，结合目前全省单位清查工作进度状况，进行深入解读和预判，表示对高质量按时完成这次经济普查任务充满信心和决心，期待社会各界多多关注经济普查，认真了解经济普查，积极支持配合经济普查。

10月23日到汕头市提出以"大小、远近、质量、知行"四个结合为抓手，不断提高单位清查的进度和质量。我主持召开了督导工作座谈会，详细了解影响这次经济普查单位清查进度和质量的因素，并为汕头市做好下一步经济普查工作把脉支着。提出了"四个结合"：一是要大小结合，立足抓小。二是要远近结合，着眼于近。三是要质量结合，首先抓量。四是要知行结合，关键看行。随后，我深入汕头市苏宁广场、滔博贸易有限公司、潮创智谷、智美科技有限公司等经营场所督导经济普查工作开展。在苏宁易购会议室，我同苏宁易购高管进行座

谈，详细了解苏宁易购经营管理状况、公司工作人员接受经济普查的经历和感受。在智美科技有限公司——去年年底刚刚成立、"天猫"新零售金牌伙伴，详细询问公司主管，今年收益如何？入库没有？跟传统产业相比，公司的经营模式有什么不同？该公司主管愉快地回答了提问，并现场介绍演示了"即刻点我上妆"等产品性能。

10月24日到揭阳市提出基于"四个逻辑"出清数据，全面真实反映经济发展的存在形态和变化。第一个逻辑：清晰扎实做好即、临、快、报是必要条件。第二个逻辑：年报核算是充分条件。第三个逻辑：经济普查的清查或者入库是关键条件。第四个逻辑：加强和改善统计环境保障是基础条件。随后，我深入GV因特耐窑具车间、巨轮智能装备股份公司督导调研，详细了解公司生产的产品销量、在全国占有的份额、生产

基地的分布状况以及技术研发在支出中所占的比例等情况，询问了中美贸易摩擦对公司的影响、公司对美贸易的规模、是否会因此调整发展战略、公司在同行业中所处的位置等。

10月24日到梅州市提出做到"三个突破"高质量、高水平完成单位清查工作。我前往梅江区鸿都社区公共服务站以及个别企业、个体经营户进行"扫街式"督导。要求梅州市下一步经济普查要做到"三个突破"：一要突破底册，不以小而不为，确保应有尽有。二要突破难点，不能望而却步，确保迎难而上。三要突破模式，不能顾此失彼，确保颗粒归仓。

10月25日到韶关市提出清查工作要始终贯穿"底册要清、办法要多、比对要深、促进三不"四个意识，全面真实反映经济存在。我下车即赴清查现场，观摩普查员入户调查全流程，体验现场调查。

第一站来到韶关市明昊机动车检测有限公司，详细了解了韶关市普查"两员"的招聘与构成。随后，前往韶关东南轴承有限公司，继续督导现场清查登记工作。针对韶关市清查过程中遇到的"四不"：普查对象不配合、宣传效果不明显、普查员素质参差不齐、普查认识不到位，我提出清查工作要始终贯穿四个意识：一是底册要清。二是办法要多。三是比对要深。四是促进三不：不漏户、不漏指标、不少数据。

137
"冲刺过一千万个清查对象"之"六个导向"加以推进

2018年11月5日，经济普查单位清查进度推进专题工作会议召开。我在听完全省单位清查进度情况通报和有关意见后，针对全省单位清查进度情况，审时度势，客观预测全省

经济活动主体单位的存在总量，客观辨析全省经济发展中所带来的经济活动主体单位的基本存量，客观看待全省普查骨干所蕴藏巨大的工作能量，客观直指单位清查中存在的各种不利因素，充满信心和决心，提出"六个导向，冲刺过一千万个清查对象"的目标。

一是结果导向，抓核查清查。结果导向是指要以摸到的底册单位数和新增单位数的结果来指导清查的全过程，把结果的形成寓于过程当中。要抓住最关键的时间窗口，机不可失，时不再来，要争分夺秒把潜在的单位捞上来。单位数中商业占了很大比例，容易出现少和漏的问题。负责服务业、贸易业的同志要认识到这个问题的重要性。要清醒认识已经取得的单位清查数。茂名的清查单位查找率达到了101.3%，在全省名列前茅，但不能浅尝辄止，要在有限的时间里继续挖

潜力、重颗粒、保总量。要确保单位清查核查率。从全省已经核查的单位数来看，省经济普查办对全省清查单位数超1 000万是有信心的，关键是看核查工作做得实不实、到不到位、力度大不大，核查目标一定要达到100％。

二是权重导向，抓重点大户。什么是大户，从单位底册数来说，深圳就是一个大户，深圳的底册单位数达到了212万多个；从行业的分布集聚度来说，广州、佛山、珠海也是大户，这3个市与深圳一样，金融业相对发达，深圳的前海、珠海的横琴、广州的南沙，集聚了大量的金融机构或类金融业机构；从工作要害来说，就是要抓住重点区域、重点行业、重点指标。全省经济普查

部门要有时不我待的紧迫感，争取工作的主动权，把单位清查工作往前赶。对内，要充分调动广大普查员的积极性，真正做到万众一心、群策群力；对外，要广泛发动群众积极参与，发动政府部门积极支持。深圳近期之所以出现单位和个人纷纷主动要求登记，甚至出现了爆棚的现象，其原因之一，就是得到了税务部门的大力支持。

三是原因导向，抓补缺补漏。什么原因导致单位查找率低？什么原因导致个体户有证照清查率低？什么原因导致（准）强制错误率高？越是在单位清查工作接近尾声的时候，越是需要保持清醒的头脑。工作中，既要学会"弹钢琴"，又要学会"解剖麻雀"。比如，在时间紧迫的情况下，省经济普查办要向雷锋学习，发扬螺丝钉的精神，善于挤时间，挑灯夜战。螺丝要一根一根拧上去，单位要一家一家

审过来，找出查找率低、（准）强制错误率高的原因，盯住问题不放松、抓住问题不撒手，切实从一高一低中看出蹊跷，防止漏洞。同时，还要学会举一反三，攻破一点，化解一片。比如，市与市之间经济总量的比较衡量。原本两市的经济总量和经济结构差不多，但这次单位清查的底册数相差很大，单位核查数相差也很大。这就需要透过现象看本质，看是否存在去基数、争速度的动机。再比如，单位清查速度的问题，有的市原来速度慢一点，主要原因是经济总量大。但一下子加快了速度，真正的原因是什么？这时候，就不能一味强调是工作从量变到质变的结果，更应该强调数据的质量问题，不断增强单位清查数据"脱虚向实"的工作力度。

四是专业导向，抓审核质量。"让专业的人做专业的事"，这是在深圳综合试点中试出的经验和做法。

省级专业组组长都是各专业处室的负责人，具有学历高、实践经验丰富、责任心强的特点，可以说都是各自专业的行家里手，也是实战领域的操盘手。这无疑为搞好经济普查奠定了专业基础。但在专业一定的条件下，"态度决定质量"。各专业组负责人要敢于发现问题、解决问题，率先垂范，带动专业的人攻坚克难。从一开始，他们就要加班加点推进单位清查工作，省经济普查办常务副主任每天要坚持到晚上10点；各专业组要明确专人24小时值班，及时解答专业问题，严防死守这最关键的最后10天。与此同时，要继续以专业参考值的发布和重点市的督导相结合的方式，提高单

位查找率，降低（准）强制错误率，全力推动单位清查工作。

五是力量导向，抓任务完成。经济普查工作是一项综合性、系统性工程。综合性强调各单位、各部门，全省上上下下必须密切协作、积极配合，拧成一股绳；系统性强调专业之间的逻辑关系，各专业数据必须无缝对接、互相依存。这样，才能保证数据的合理性和真实性。因此，全省经济普查各个专业要上下一致、口径一致；省、市、县（区）各级普查人员要步调一致，集中力量。各省、市、县（区）经济普查办要24小时值班，进入倒计时排班加班的战斗状态，省里定时不定时抽查值班人员在岗在位情况、定时不定时指名道姓通报值班情况，确保每天晚上10点前，各级经济普查办有人值班值勤，遇到紧急情况下，经济普查办的同志能够随叫随到。

六是信心导向，抓冲

刺工作。"主动担当作为，为摸清全省经济家底恪尽职守"代表着经济普查人向全省人民的一个庄严宣誓和承诺。一诺千金，不能言而无信。经济普查人一定要对自己所从事的工作充满信心。广东出现的经济新型业态最多、最复杂，最值得去破解。只有这样，才能增强经济普查人的应变能力和普查能力，才能真正构建经济大省之统计强省。单位清查工作是经济普查的基础，"基础不牢，地动山摇"。办法总比困难多。全省经济普查部门要扎扎实实打好基础，干干净净厘清数据，防止"小富即安"，以底册单位数定工作进退、强弱的心理，凝心聚力，真正把全省经济存在反映出来。要以闻鸡起舞的精气神，努力完成过1 000万的目标。截至2018年11月4日19时，茂名单位核查查找率达到101.3%，江门已核查率达到100%，潮州个体户有证照清查率达到

148.3%，珠海个体户有证照清查率达到 144.3%，汕头个体户有证照清查率达到 124%，揭阳个体户有证照清查率达到118%。

138
"冲刺过一千万个清查对象"之"双扫双实"

2018 年 11 月 9 日上午，我在单位清查扫尾阶段再次深入深圳街道、社区，督导"四经普"单位清查进度和数据质量工作。

我先到罗湖区东门商业步行街区管理办公室召开座谈会，听取了深圳市"四经普"单位清查进度情况汇报，详细了解普查员近期的工作进度，清查录入的具体速度、具体数据、具体办法、具体信息以及所遇到的疑难问题等基本情况。同时，对加班加点奋战在单位清查工作一线的普查员、普查指导员表示赞赏和慰问，对市、区、街道各级领导亲力亲为、尽心尽力，周密组织指挥单位清查工作所取得的成效表示肯定。

之后，步入东门商业步行街，深入基层，走访市民，察看"四经普"宣传氛围，与个体经营户面对面核对地址信息，核查商铺经营情况，清查遗漏商户，对单位清查进度情况和数据质量问题进行具体督导，并就进一步加大宣传力度、加快单位清查进度、提高清查数据精度，提出切实可行的意见和措施。

正值广东改革开放 40 周年之际，10 月 24 日，习近平总书记再次视察深圳。从 6 年前在深圳莲花山下强调"改革不停顿、开放不止步"，到 6 年后参观"大潮起珠江——广东改革开放 40 周年展览"时宣告"要高举新时代改革开放旗帜，继续全面深化改革、全面扩大开放"，总书记的殷殷教诲和亲切嘱托，言犹在耳。总书记对广东经济社会的高质量发

展充满期待。各级领导和统计工作者要把总书记重要讲话精神，转化为高效率、高质量完成这次经济普查任务的磅礴之力，不断增强责任感和使命感。为广东经济社会高质量发展提供强大的数据支撑，必须首先掂清"四个量"：一是深圳作为中国改革开放先行地，经过 40 年的高速发展，发生了翻天覆地的变化，其成功的经验在于以人民为中心、以改革开放为使命，积极为人民谋幸福。二是深圳敢闯敢试、敢为人先的胆量。比如，通过向社会购买统计服务，完成政府主导的统计任务。深圳的这一做法走在全省乃至全国前列。但如何做到购买服务的胆量与获取数据的质量相得

益彰，任重道远。三是深圳尽得改革开放之先、毗邻港澳之利、人才集聚之优所带来的经济社会发展空间的巨大容量。深圳的总部经济、楼宇经济、高科技经济等形态业态，在全国占比遥遥领先。要善于透过现象看本质，把握形态业态增信心，切实把经济成分摸清，把经济结构悟透，把经济总量统全。四是深圳在经济社会发展中客观存在的单位、个体总量。这次经济普查，深圳市底册单位数占全省38.7%，个体经营户底册数占全省13.6%，这次单位清查新增单位数高居全省榜首。深圳的经济总量在全省举足轻重。

我强调，各级领导和普查工作者要有牢记嘱托践于行，不负使命著华章的责任担当和创新勇气。11月5—6日，我就与刘智华副局长轻车简从、结伴而行，先后到广州、佛山、东莞督导单位清查进度工作。据省经济普查办提供

的《法人和产业单位清查数据处理进度表》说明，11月7—8日，广州、佛山每天正以1万多个单位数的速度增长，东莞以几千个单位数的速度增长。实践证明，只要督导工作到位，上下齐心协力，紧紧把握时间窗口，就劳有所获。

11月2日，深圳按照省经济普查办的做法，每天在市经济普查网发布《深圳市第四次全国经济普查单位清查进度表》（简称《进度表》）。《进度表》表明，截至11月9日，深圳单位清查数和个体经营户清查数，分别比11月2日增长了64.5%和13.8%，增速均高于全省平均值。而在经济发展状况稳中有进的大背景下，个体经营户数却少于"三经普"，增长率为－7.1%。因此，上上下下要保持清醒头脑，一如既往加大单位清查、排查、追查力度，针对单位找到难、法人与产业配平难、从业人员数核对难等特点，"一手抓清查、一

手抓'四上'"，突出"双扫双实"，即"扫街核实、扫楼查实"工作要求，具体从四个方面使劲着力：一是加大对找不到的单位的清查力度。深圳及珠江三角洲地区，总部经济、楼宇经济发达，在扫街扫楼中，既要注重街上楼上，又要注重街下楼下，还要注重网上网下，要有"踏破铁鞋无觅处，得来全不费功夫"的智慧和惊喜，准确把控方向和力度，防止出现死角，确保一户不漏，将找不到的比例控制在45%以下；二是加大对个体经营户的重点调查力度，保持普查员的亲和力，提高询问技巧，搞准个体经营户从业人员数，确保一人不少；三是加大"四上"入库审批力度，做到应统尽统，确保"四上"在库企业的延续性和符合"四上"条件企业入库的及时性；四是加大对类金融企业入库甄别力度，做好查遗补漏不放松。

139
"冲刺过一千万个清查对象"之最后一天，"七个一到底"之后需"五个再出发"

2018 年 11 月 15 日，我到深圳市龙岗区督导单位清查工作，与基层负责人和普查员坚持站好最后一班岗，并肩战斗到单位清查的最后一天。

9：30，我来到位于龙岗区园山街道的深圳市盘古天地投资管理有限公司。在公司宽大光洁的 LED 显示屏前，公司董事长向我介绍了这家以数据中心投资建设及相关服务提供为主营业务并多元化发展的集团公司。我边听介绍边提问：利用公司数据留存期限、容量能否进行统计数据比对？利用位置信息的管控、监控、运控能力，能否抓取到个体经营户的位置？在一个超市，能否用微信扫一扫，就能显示营业额等。在交谈中，我

详细询问了公司几个问题：集团下面有多少法人单位？这次单位清查是否全部填报了？集团现有多少员工？每个月发放工资总额是多少？有没有折旧？每年折旧费是多少？每年缴纳税额是多少？每年利润是多少？集团每年增加值率是多少等。

10：40，我来到位于园山街道 189 工业园区的力佳电机（深圳）有限公司。该集团公司为港澳台法人独资有限责任公司，长期致力于微型马达的研发、设计、生产与销售，生产销售网遍及中国、美国、德国、印度、日本、韩国等国，2018 年 2 月 1 日因转型需要更为现名。这是深圳一家典型的"三来一补"企业。集团公司负责接待的是一位日本友人。通过翻译，我首先介绍自己的身份并说明来意，对该集团公司今年 5 月成功转型表示祝贺。随后，介绍了这次经济普查的意义、目的、要求及有关时

间节点。当我了解到该集团公司总部设在日本，产品销往世界多个国家和地区的情况后，马上询问该公司产品销售情况怎么样？销往美国的份额占公司总

额多少？产品是否在美国加征关税名录之列？产品价格是否具有优势？在产品销售中增加的费用由谁承担？公司能否承受因中美贸易摩擦所带来的影响等。紧接着，我介绍了自己在韶关督导期间，遇到的类似案例，与公司负责人分享了自己提出的应对措施和办法。最后，我就《法人和产业活动单位清查表》内容设置是否科学合理，征求公司负责人的意见和建议，并对公司接受督导表示感谢。

11：30，我在与龙岗区委书记张勇，区委副书记、区长戴斌座谈中，首先介绍了11月14日下午，国务院第四次全国经济普查领导小组办公室副主任、国家统计局副局长鲜祖德到深圳调研指导"四经普"工作的基本情况；介绍了鲜副局长对广东省"四经普"单位清查坚持"七个一到底"做法给予的充分肯定。我强调，龙岗区是深圳市辐射粤东和海峡西岸经济区的桥头堡，如今的龙岗区，已经从昔日深圳市的边缘地区华丽蝶变为全市的城市副中心，成为一个经济发达、社会和谐、宜居宜业、活力进发的崭新城区，拥有华为、比亚迪、神舟电脑等年产值超亿元的重点企业，还有像盘古天地集团这样年产值达到7亿多，增加值率达到40%～50%，优质优势明显的新兴产业。"编筐织篓，重在收口"，单位清查工作到了最后一天，希望龙岗区上上下下，凝

心聚力，争分夺秒，对标"七个一到底"的工作要求，紧紧抓住最后几个小时，做好查遗补漏、核实编码工作，确保单位清查数据质量更上一层楼。

我提出"七个一到底"之后需"五个再出发"：

一是抓好数据质量再出发。前一段时间，从上到下，曾经强调"总量决定质量"。简单来讲，就是将单位（个体）捞进来再说，在捞的过程中，难免出现鱼目混珠、张冠李戴的情况。下一步，要在继续查遗补漏的同时，以核实编码为抓手，以2017年国民经济行业分类为标准，做好行业归类、专业配平、数据比对工作，切实厘清数据的来源，找到数据的归属，细化经济颗粒，以清晰明了、准确无误的单位（个体）数进入正式登记程序。

二是巩固单位（个体）清查成果再出发。从一张2018年11月15日广东省单位清查进度表中可

以看出，在全省已核查单位与个体总数超1 000万个目标的情况下，从11月15日19：00至24：00，短短几个小时时间，已核查有效总数仍然在以万位数增加。这充分表明，全省千千万万普查工作者正在挑灯夜战、坚持到底。"看似简单最数字，诚如数据最辛苦。"我们在甄别、归类、编码中，不要轻易放弃用泪水、汗水换来的任何一个单位（个体），不要轻易模糊一个单位（个体）的归属，确保已经进库的单位各得其所。

三是横向到边纵向到底工作再出发。按照国家经济普查方案，单位清查要采取"地毯式"方式进行。"地毯式"既包括横向清查，又包括纵向清

查。比如，从活动时间来看，有的小摊小贩昼伏夜出，晚上才能找到他们；从活动场所来看，个体载客司机流动性大，居无定所，只有在城管和交警监管的盲区才能找到他们；从经营方式来看，网上经营代理业务难以捕捉，必须懂网络、下功夫，才能达到清查的目的；从经营规模来看，农村私房建筑队规模小、流动性大、建筑地偏僻，难以统全统到。这就需要我们延长工作时间，延伸工作距离，扩大工作范围，不留下任何死角。

四是坚持有效工作方式方法再出发。"给我一个支点，我可以撬起地球。"这是古希腊物理学家阿基米德家喻户晓的一句名言。广东经济体量大、经济成分复杂、人们藏富防范心理严重、粤东西北发展不平衡等因素交织在一起，给摸清广东经济家底带来重重困难。因此，我们必须找到做好经济普查的支

点，找准化解疑难杂症的痛点，善于发现值得推广运用的亮点，以敢为人先的勇气、破解难题的锐气、四两拨千斤的神气、玉汝于成的志气，达到事半功倍的成效，全心全意做好经济普查工作。

五是再接再厉、统筹安排全面完成"四经普"任务再出发。目前，正值年终岁尾，各级领导和机关工作千头万绪，容易造成工作忙乱，无所适从，顾此失彼，使得"四经普"工作被冷落、边缘化。"上面千条线，下面一根针"，特别是越到基层，工作任务越重，有的基层普查员、普查指导员身兼数职，既要完成本职工作，又要完成普查任务，工作负荷大、精力难集中。怎么办？这就要求我们合理安排工作时间，科学调配工作力量，加大工作指导力度，突出工作重点环节，及时化解工作矛盾，关心爱护广大普查工作者，充分调动各种积

极因素，齐心协力做好经济普查工作。

140
"冲刺过一千万个清查对象"之"五个再出发""切入、切细、切深、切实"

2018年11月19日，经济普查登记准备工作专题工作会议召开。我在听完单位清查收尾阶段工作情况汇报和普查登记准备工作计划安排后，对单位清查工作所取得的重要基础成果表示祝贺，向参加会议的全体人员及仍然战斗在全省查遗补漏、核实编码一线的普查工作者表示诚挚的问候；对全省经济普查办成员单位和社会各界及普查对象的大力支持配合表示衷心的感谢。

针对单位清查依然保留的录入窗口期和客观存在的问题以及一套表平台单位正处于入库退库的关键时期，科学预判形势，权衡利弊得失。11月15

日为单位清查数据上报截止的最后一天，我在深圳市龙岗区坚持督导时提出"五个再出发"后，进一步明确提出："切入、切细、切深、切实"的工作要求，确保单位清查工作结好尾、普查登记开好头。

一是要切入。所谓要切入，就是要做到心无旁骛、单刀直入，防止眉毛胡子一把抓。从11月19日开始到12月底，是普查登记的准备期，是承上启下的关键时期，还是一套表调查单位年度审核平台入库退库的窗口期，工作千头万绪，用"水中按葫芦"来形容一点也不过分。工作中，如何做到突出重点、关注焦点、消除盲点，从经济普查办领导角度来讲，要一天当成两天用，天天围绕经济普查想问题、出思路、拿对策。要有发现问题的敏感性，又要有不解决问题不撒手的坚定性。要胸中有全省的大数，又要有各单位（个体）的小数。要从单位专业配平、

数据比对的失真失衡中，准确判断出工作失误、程序失守的问题，及时盯紧校正全省的经济普查工作重点和方向。从专业负责人角度来讲，所谓专业，就是极致。各专业负责人要具有专攻精神，不达目的不罢休；要有"领地、地盘"意识，既要懂天候，又要懂墒情，将自己的"一亩三分地"深耕细作。比如，商业、工业、服务业、贸易业、建筑业等，在当今经营管理集团化、新型业态多样化、注册经营异地化、商事登记简易化等背景下，捕捉、识别、分解专业难度越来越大，

分解专业
难度越来越大

仅仅依靠基层的力量把关识别，做到准确无误，既

不现实，也不合理。实践证明，专业问题还得靠专业人员来应对解决，只有加强专业监督指导，真正与基层的同志捆在一起同甘共苦、共进退，才能拧成一股绳，心往一处想，劲往一处使，才能及时发现解决查遗补漏、核实编码中存在的问题，收到事半功倍的效果。

二是要切细。所谓要切细，就是要精准施策，一把钥匙开一把锁。从《广东省第四次全国经济普查单位清查进度表》和《一套表调查单位年度审核平台入库退库单位进度表》两张表中，既看到了全省及各个市每天已核查有效总数、已核查率、清查单位数据、新增单位、查找率等指标，"准四上"入库单位数、各专业入清查库数、发起退库申请数、净增数等，还可以看到各市的不同进度和工作差异，以及有难以一目了然的深层次问题。前一阶段，曾经将广州与深圳、

佛山与东莞的单位（个体）数、进度率进行比较分析，发现许多不符合常规常理的现象，经过认真分析评估后，认为挖潜空间巨大，随后再次进行分类督导。各市主要领导雷厉风行，进行再动员再部署，有的市领导深入清查一线指导。结果，在单位清查的最后几天，四市出现你追我赶的可喜景象，各市单位清查数仍然以万位数增长。事实证明，每个市因所处的地理位置不同，经济发展的条件不一，甚至人文传统的差异，都会给各市经济普查带来不同的特点。同样，各个专业因国家产业政策的调整、中美贸易摩擦以及季节变化等因素的制约和影响，在投入产出、用工用电、产业转移等方面，都会凸显出明显的规律性。因此，普查工作人员要针对每个市的特点做工作，针对每个企业的进退问原因，针对每个专业的净增负长想对策。比如，"准四上"入库工作重点是广州、深圳、东莞、佛山、中山等市，专业的工作重点是工业、商业、服务业等。只有这样，在查遗补漏、核实编码中，才能做到抽丝剥茧、火眼金睛；在入库的问题上才能做到坚决果断，不至于犹豫不决；在退库的问题上就会主动作为，不至于感到无能为力、无计可施，尽量挽回不该退库的单位。只有这样，才能让该入库的尽早入库，在库的留得住库，退库的说得清道得明。

三是要切深。所谓要切深，从专业角度来讲，就是要求普查工作者研究经济普查专业问题要深；从工作作风来讲，要求普查工作者深入基层做到身入、心入、情入、融入。在单位清查前，省经济普查办先后进行了省级综合试点和"两员"培训，通过深圳综合试点，提出了"六个试出"的经验做法，截至11月15日24时，全省单位清查数实现并超过1 000万，证明了当初的判断是正确的，提出的奋斗目标经过上下共同努力是可以实现的。这为正式普查登记夯实了基础。这一阶段之所以能取得良好的成效，原因是多方面的，但很重要的一点是得力于全省9万多"两员"骨干的辛勤付出。从这个意义上讲，抓住了"两员"骨干，就抓住了工作的要害；抓住了"两员"骨干，经济普查就成功了一半。因为"两员"骨干是普查数据的源头、普查宣传的起点。如何让"两员"骨干业务更加熟练，入户技巧变得更加灵活，除了要求他们在工作中不断探索总结提高外，更重要的是利用有限的集中培训，给他们指点迷津，让他们真正做到学有所获、日有所进，

尽快掌握普查知识要领。因此，在这次培训之前，各专业负责授课的人员要抓紧准备课件。省经济普查办要安排专门的时间，让授课人员进行试讲。各专业组负责人要参与试讲，对课件制作的效果、专业术语的表达、授课语速的快慢等都要提出意见建议，不断修改完善，尽量追求

课件、授课的完美无缺，切实保证培训授课的质量和效果。与此同时，要充分利用微信业务群和到基层督导的时机，保持24小时、全天候、全方位的辅导，确保上下沟通无障碍、无疑问、无推托、无拖延。

四是要切实。所谓要切实，就是踏踏实实、老老实实，不搞花架子，确

保上下关系实打实，实现无缝对接；确保数据质量硬碰硬，实现上下认同认可认定。把各专业责任压实，把压力及时有效传导到位，实行一套表入退库专业处、中心联系各市，其目的是加强专业分类指导，加大信息分享频率。从11月19日开始，每天中午12时、下午19时，由各专业负责人将《一套表调查单位年度审核平台入库退库单位进度表》通报给相对应市统计局局长。各专业负责人要与各对应的市，共同分析研究入库退库存在原因和问题，及时化解矛盾，共同推进一套表调查单位年度审核平台入库退库单位进度，确保联系工作机制的到位落实有效，保证11月25日上报截止前，全省入库单位数达到预期目标。一套表调查单位年度入库各专业联系地区具体安排如下：

核算处：东莞、中山；工业处：深圳、珠海、潮州；能源处：汕头、佛山；

投资处：惠州、梅州、云浮；外贸处：广州、韶关；社科处：江门、湛江、揭阳；农村处：茂名、肇庆；服务业处：汕尾、河源；普查中心：阳江、清远。

141
业务骨干培训之"九种能力""五个坚持"

2018年11月26—27日，在清远市召开全省经济普查领导小组办公室主任暨业务培训工作会议。我在总结单位清查工作时指出，全省全方位施策施力，上下齐心协力，以"七个一到底"夯实"四经普"各项基础：签订一张"经济普查责任书"负责到底、每一天发布"清查进度表"短信坚持到底、一张经济普查全覆盖地图督导到底、一种"六个导向"做法工作到底、一个"广东智能普查"微信公众号通联到底、一个宣传工作方案执行到底、上下一致行动摸清到底。

经过全省各级各部门的共同努力，全省"四经普"已核查单位与个体总数超过 1 000 万，已核查有效总数达到 844.60 万。当前"四经普"工作已进入普查登记准备阶段，纠偏改错时间紧、任务重，各项工作紧锣密鼓，正式入户登记箭在弦上。

我强调，全体参训人员要紧紧围绕已核查有效总数占全国总量九分之一强的情况，思考如何完成由量到质的转变，实现从量到质的飞跃，确保普查数据质量，切实摸清广东经济家底；学懂弄清这次大规模培训的主要内容和任务要求，保证下一步培训全省 9 万多名普查员、普查指导员的质量和水平，确保"四经普"工作的顺利进行等迫切需求，努力强化"九种能力"，不断提高经济普查的业务能力和水平。

一是走进普查能力。如果把经济普查比喻为一次寻数之旅，那么，《第四次全国经济普查方案》（简称《方案》）就是一本导游手册；如果把经济普查比喻为一列正在奔驰的"复兴号"，那么，《方案》就是轨道、各种信号控制技术手段等。为了经济普查之旅的安全、准点，必须严格按照《方案》进行工作，决不允许别出心裁另搞一套。这是经济普查的技术要求，也

是经济普查的纪律要求，否则，就会造成普查数据的失真失效。《方案》非常到位，是国家多年经济普查经验的结晶。这次培训课程安排"普查方案总说明"，其目的就是强调《方案》是经济普查的基础和起点，要想真正走进普查，熟悉《方案》是前提条件，准确理解《方

案》内容是基础条件，严格执行《方案》是决定条件。通过培训，要把普查目的、普查对象和范围、普查时点和时期、普查内容、普查方法、普查业务流程、普查组织实施、普查法纪与质量控制等搞清楚，把各种普查表式分清楚，把普查工作细则要求理清楚。

二是获得数据能力。什么叫获得能力？就是通过方法技巧把数据统准统全的能力。这次培训课程安排入户登记技巧课，就是讲如何增强获取数据的能力。在今年江门新会、深圳南山省级综合试点期间，我先后上门登记七户，总结案例七个。省经济普查办综合全省经典案例，分入户技巧指南、入户调查综合案例、入户案例专业，编写了一百个入户案例。这一百个案例针对性和可操作性都很强。希望全体参训人员认真阅读思考，举一反三，根据普查方案的具体要求找案

例，通过实际操作丰富案例，熟练掌握案例并运用于普查，切实掌握入户登记动作要领，不断提高入户登记的技巧和方法，确保这次单位清查统计上来的数据理得清、记得准。

三是综合专业能力。所谓综合专业能力，就是掌握掌控经济普查全部专业的能力和水平。这次培训课程安排了单位基本情况表、企业主要财务指标、非企业主要财务指标、投资情况表、从业人员情况表等内容。从参加培训人员的结构来看，参训人员都肩负着培训普查员、普查指导员的任务，除了专攻普查的某一专业外，还需要涉猎其他普查专业的内容，否则难以搞清普查登记中交叉性和关联性的问题。从普查实务来看，在人员少、事务多的情况下，既需要专家，也需要杂家，只有成为多面手，关键时刻才能得心应手、不棘手。从为党委、政府当好参谋的要求

来看，企业主要财务指标是构成经济结构的一个重要指标，很多人对此指标感到陌生。作为专业人员，在当好助手时，既要说清是什么，又要说清为什么，才能称得上尽职尽责。否则，一问三不知，多问多不知，就是失职渎职。

四是统计专业分类能力。2018 年 11 月 7 日，国家统计局发布《战略性新兴产业分类（2018）》（国家统计局令第 23 号），并同时附上新旧对照表。这充分说明，一方面，在我国新产业、新业态不断涌现的背景下，及时发布产业分类的必要性和重要性；另一方面，及时了解

掌握产业分类，对经济普查同样具有必要性和重要性。从单位清查阶段行业代码界定来看，因产业、专业分类不清，造成的错误占比较大，其中包括误填、错填等。比如，不是属于贸易专业的企业，归入了贸易；有些本来是服务业的企业，未纳入服务业等。从专业所处的位置来看，搞清投资情况表填报是重中之重，关系到"三驾马车"，它是拉高拖低经济总量的主要因素。通过培训，参训人员要在专业分类能力上有新的提高，保证在核实编码中把单位核得准、编得实，让单位各得其所。

五是主要指标解读能力。从《方案》250～373 页内容来看，都是经济普查指标解释，涉及的专业多、指标多，容易产生歧义。在指标解释中，一个指标除了列举具体内容外，还有其他类，有的还注明不包括哪些类。比如，关于从业人员中，涉及《中

华人民共和国劳动合同法》相关规定的非全日制人员、劳务派遣人员，理解起来就有一定的难度。工资的问题，是个十分敏感的指标，关系到司法赔偿、社保以及基本的民生保障等。还有工业、商业、服务业等主要指标，只有理解清楚，才能讲得明白，填报准确。通过培训学习，要进一步提高主要指标解读能力，坚决克服填报中想当然、差不多、无所谓的心理，把表内错误降到最低程度。

六是核心专业能力。所谓核心专业能力，就是在经济普查中，如何突出工作重点，把握主要矛盾和矛盾的主要方面的能力。比如，从企业单位的经营总量来看，经济发达地区，规模以上占比高一点；经济欠发达地区，规模以上占比低一点。在普查中，就要根据所处地区和时段不同，科学掌握工作的重心，在人员力量、物资经费上，该倾斜的要

倾斜，该投入的要投入，防止分散不必要的精力、时间和注意力。从各专业在经济核算中所处的位置来看，工业、商业、服务业和投资是核心专业，要加强这些专业的分析督导，拿出切实可行的措施和办法，不断夯实核心专业的基础数据，不能掉以轻心。

七是质量控制能力。从普查阶段来讲，质量控制贯穿经济普查的全过程，质量控制的持续性反映了工作作风的坚韧性。从质量控制的职责来讲，各级普查机构要有专人负责普查数据的审核、评估工作，做到"随报随审"。从质量控制的内容来讲，要严格按照全面质量管理

办法，以财务报表质量控制合理性为原则，查询疑似问题企业，核实修正数据，确保数据的真实性，包括录入前数据质量控制、平台数据质量控制、综合质量控制，其中应当突出一套表企业和非一套表企业查询模板审核。从工作节奏和方法来讲，在关键时段，要以每一天作为时间节点进行数据审核、验收。同时，通过审核、查询、汇总、排重、打标记等多种形式方法，检查和评估数据上报情况，发现问题及时督导基层进行核实处理，防止问题积压、工作空转，做到当天反馈错误清单，隔天修改上报。

八是增强"两防"能力。"两防"（防注水、防少漏）最重要的是防少漏。这是基本的态度和立场，全体参训人员在思想上要统一，行动上要一致。例如，以税收来推算收入，有其局限性。因可以避税，在民营经济比较多的地方，

它的适应性不够。针对这种现象，要进行辩证思考，切忌用一部分或一个地方的弄虚作假，来推断其他地方也弄虚作假。要全面客观看待这一情况，坚决反对弄虚作假，防止用假定来推断问题的存在，那样就会本末倒置，反而会束缚采取积极果断的措施防少防漏。

九是提高应急管理能力。应急管理越来越受到各级领导的重视。现在各级政府都建立健全了应急管理的机构和机制，这是提高应急反应能力的基础。同样，作为五年一次的大型经济普查，投入了大量的人力、物力和财力，无论从技术保障的实施，还是从数据安全的管控，都存在不可预知的风险和隐患，这都需要有相应的应急预案和方案，都需要时刻准备着应对突发情况，打有准备之仗。下一步正式登记即将开始，全体参训人员都是各市、县（市、区）的专业指导和管理骨

干，要在其位谋其政，未雨绸缪，围绕下阶段工作重点、难点和焦点，从问题源头、从方法论、从重点指标、从技术保密层面，依法依规去把握、去掌控，确保经济普查工作做到万无一失，取得圆满成功。

针对下一步主要工作，我要求：一是加强组织协调，继续抓好查遗补漏工作；二是搞好"两员"队伍培训，确保业务指导到位；三是加大宣传工作力度，不断提高被调查对象的配合程度；四是加强督促指导，切实提高普查数据质量；五是严格落实数据处理工作规程，不断增强数据保障的应变应急能力；六是统筹兼顾，切实抓好个体经营户抽样调查工作。

在随后召开的全省经济普查办主任工作会议上，我强调，面对国际国内复杂多变的经济环境，在世界多重政治、经济标准叠加冲击的情况下，统计工作者要始终牢记使命、敢于责任担当、立足客观实际、把握经济规律，准确研判经济形势，做到"五个坚持"：

一是坚持全面实事求是，防注水、防少漏。把握当下经济发展规律，区分不同地域特征，客观看待单个企业数据存在注水的部分时，全面看到统计上报数据少漏更多的现实。比如，基于市场格局调整变化，商品房销售在下降，但有些地市的网签面确实大过统计面，譬如惠州、清远等市。统计工作者要网上网下、面上面下，一一核实清楚普查对象的经营状况，做到应统尽统；要实事求是科学评估经济发展态势，防注水，重点是防少报漏报，全面真实反映经济发展变化形势。

二是坚持抓主要矛盾，讲究"两求"工作法。所谓"两求"工作法，即"全省一盘棋，求人先求己；练好内家功，求上先求下"。统计工作者上下要团结一心，拧成一股绳，"人心齐泰山移"。作为新时代统计人，大部分同志都具有系统专业训练的背景和能力，绝不能像鲁迅笔下的祥林嫂、阿Q、闰土类的人，不断重复着左也难、右也难的话题；不

尽心尽力，挨了批评反而说对方不懂专业；还有就是心甘情愿落后，得过且过，做一天和尚撞一天钟。这些都是与真正统计人相悖的心态和行为。新时代统计人要像南极极端气候条件下的企鹅，有容量、有度量、有胆量，迎着零

下几十度的逆风，面向大洋，雍容前行；要像北极洋的破冰船那样，昂首破冰，呈勇不可当之势；犹如外科医生拿着手术刀，开膛破肚，从病灶到病理，从病理再到病因，看清悟透，手到病除，及时解决本地经济发展中存在的疑难杂症。

三是坚持"问题和不平衡"两个导向。从经济核算理论和实践来说，以往采用22个指标核算，现在为什么将金融的存款和贷款拆分成为23个核算指标。其原因，就是存款和贷款对经济影响系数不同。经过拆分，才能更细致更精准地透视各项指标的影响力。从全省"四经普"来说，各市无论是工作业绩，还是单位清查的单位数，是不平衡的；从市里来说，各县（市、区）也一样存在不平衡。有时候，工作的短板往往反映经济的短板，经济的短板往往折射出工作的短板。统计工作者一定要把不平衡弄

清楚，把短板位置找准确，以问题导向去指引问题的解决，进一步增强工作的预见性和针对性，进一步增强工作的有效性，防止"积劳成疾"，减少解决问题的成本和难度。

四是坚持统筹兼顾，想"透"想"后"。做好"四经普"工作，要统筹兼顾。从所处的位置来说，统计工作者均身兼数职，要分清工作的轻重缓急，防止眉毛胡子一把抓，都抓不到位，烧成"夹生饭"。从经济普查的工作环

节来说，要把后面的结果放到前面来想好，把最后的经济存量、结构、特点放到前面来想透，通过"四经普"来摸清本市的经济家底和发展趋势。即将离开工作舞台的同志要

带着站好最后一班岗的心情做好"四经普"工作，要以求真务实的工作姿态，为自己的职业生涯画好句号，不留遗憾。从政府职能部门的职责任务来说，当好党委、政府的参谋助手，全面准确摸清经济发展的脉络，及时回答各种质疑和模糊问题，切实为数据需求者服务，是新时代统计工作者的本职本分。

五是坚持核算逻辑，科学度量经济结构。经济核算是一门科学，科学就要保持科学的态度和坚持科学的方法。同时，还要有科学核算的土壤，即算好经济细账，数清经济颗粒，科学度量出经济发展变化的结构和规律。要从核算的角度提前谋划经济普查，无论是各项主要经济指标，还是各项工作的力度和进度，既要整体推进，又要重点突破，防止顾此失彼、虎头蛇尾。单位清查阶段的一些好的做法，要延续到普查登记阶段，比如单位清查进度表、

各专业组分片包干 2～3 个市的质量和进度、分类督导等。只有这样，才能让"四经普"工作做到有声有色、有头有尾。

142
千里视频一线牵，请您放心——向宁局长汇报经济普查工作

2019 年 1 月 1 日零点，在辞旧迎新和"四经普"联网直报开网之际，国家统计局局长宁吉喆与北京、广东、江苏、山西、四川等重点省市统计局视频连线，了解各地"四经普"准备工作、慰问值守在"四经普"和联网直报一线的各地统计工作者。

我在视频连线中，以三句话向宁吉喆局长作了汇报。

一是广东统计系统一切就绪，迎接 2019 年的到来，迎接第四次全国经济普查正式登记入户。之前全省齐心协力清查对象过千万，清查有效单位 845

万个，有 9 万多名"两员一督"全部到位，整装待发。马兴瑞省长与各地市签订了责任书，林少春常务副省长发表署名文章，节后即将在广州花城广场举行"四经普"入户启动仪式，请宁局长和各位局领导放心。

二是南方并不供暖，但此时此刻我们的心并不冷，温暖来自宁局长的统计元旦献词，特别是现在宁局长深夜视频连线慰问基层，我们感到尤其温暖，我将把这个声音层层传达给基层统计工作者，大家十分感动并向国家局各位领导致敬。

三是在辞旧迎新之际，我们会继续创新前行，根据宁局长的指示扎实统计数据，秉承广东统计改革风气之先，脚踏实地，一步一个脚印，把"四经普"所有普查对象的数据摸清调查统计上来，让国家局领导放心，让各级党政领导放心，真正做到为数据需求者服务，为高质

量发展提供坚实统计保障。

宁局长听后高兴地说道：杨新洪局长的三句话言简意赅，讲得很好。既反映了广东统计系统在国家统计局、广东省委、省政府的领导下为"四经普"做的单位清查等大量准备工作，又反映了把工作做深做实的情况。广东是全国经济第一大省，地区生产总值规模大，这次单位清查数量也是全国最多。习近平总书记在中央经济工作会议上对第四次全国经济普查工作的要求就是摸清家底，做实数据。杨局长的第三句话我是特别赞赏，切实把工作做细、数据做实，在清查的基础上做好正式入户登记，认真负责，把第二、三产业的数据情况真实准确统上来。虽然北方室内有暖气，南方室内没暖气，但全体统计人搞好普查的心都是一样热的。相信在全国统计系统的共同努力下，我们的普查工作热情能够战胜寒冷，克服困难，用现

代化的手段到基层把数据统上来，汇总上报。相信广东省统计工作各方面尤其是改革创新方面走在全国前列。祝广东省统计系统工作者新年快乐，工作顺利，祝广东"四经普"工作取得圆满胜利。谢谢你们。

143
仪式启动，强力推动"四经普"登记工作开展

2019 年 1 月 5 日下午，广东省政府联合广州市政府在广州花城广场举行"广东省第四次全国经济普查登记启动仪式"，按照国务院关于加强"四经普"宣传动员工作的要求，强

力推动全省"四经普"登记工作开展。我作为省"四经普"领导小组副组长主持启动仪式。省委常委、常务副省长、省"四经普"领导小组组长林少春出席启动仪式并讲话。广州市委常委、常务副市长、市"四经普"领导小组组长陈志英致辞。

林少春在致辞中说，党的十八大以来，以习近平同志为核心的党中央对统计工作高度重视，提出了一系列重大改革举措。第四次全国经济普查是党的十九大胜利召开后的首次重大国情国力、省情省力调查。全省各地、各有关部门要深刻认识开展经济普查是决胜全面建成小康社会、开启全面建设社会主义现代化国家新征程，奋力实现"两个一百年"奋斗目标和中华民族伟大复兴的一项重大工作，对全省以习近平新时代中国特色社会主义思想为指导，准确把握新时代经济社会发展特征，弄清搞准省情，

加强和改善宏观管理，更好地指导和推动经济高质量发展，加快广东实现"四个走在全国前列"、当好"两个重要窗口"的目标要求，具有十分重要的意义。

林少春向与会者发出号召，全省各地、各有关部门要以习近平总书记视察广东讲话精神为动力，以国务院关于开展"四经普"方案为标准，严格落实落细马兴瑞省长与各市和相关部门签订的责任书，切实加强经济普查领导，精心组织，团结协作，确保普查工作顺利进行。各级普查员、普查指导员作为组织实施普查的中坚力量，要严格执行普查方案细则，坚持"科学普查、依法普查、创新普查、为民普查"，严格落实"应统尽统"的要求，依法保守普查对象的商业秘密，从源头上把好普查数据质量关。各类单位和个体工商户作为普查对象，要有新时代的精神风尚和思想

觉悟，充分理解支持配合普查工作，依法依规如实填报普查表，确保数据真实可信。社会各界人士要主动参与经济普查活动，积极响应政府号召，伸出援助之手，为宣传经济普查呐喊助力。通过大家的共同努力和社会各界的积极参与支持，确保全省"四经普"工作取得圆满成功，向党中央、国务院和全省人民交出一份满意的答卷。

启动仪式上，参加活动的企业家和个体经营代表发言表示，经济普查有利于企业正确判断行业发展并制定切实可行的发展战略，将全力配合经济普查工作，及时上报真实、完整的经济普查数据；30

多名普查指导员和普查员代表现场宣誓，表示要高质量按时完成经济普查任务。

在启动仪式活动现场，我接受了广东广播电视台记者专访，回答了记者关心、关注的广东"四经普"难度与挑战、数据质量与调查对象依法依规配合等问题，呼吁全社会大力支持经济普查，共同完成摸清广东经济家底这一艰巨而又责任重大的任务，为各级党政领导和社会各界提供真实可信、全面客观准确的普查数据产品。

启动仪式之后，我陪同林少春（以广东省"四经普"常务副总督长的身份）到花城广场花城汇督促指导普查登记工作。在老字号广州王老吉餐饮管理发展有限公司花城汇南区分公司线下实体店"1828王老吉"和创始于1985年的广州老字号之一"承记炖品"等单位商户，林少春先后分别与王老吉

公司负责人和"承记炖品"店长亲切交谈。每到一处，林少春在简要说明来意后，都要一边宣传经济普查的意义，一边了解公司、店铺的经营状况，一边感谢普查对象对经济普查的支持和配合，鼓励普查对象如实申报数字，叮嘱普查机构和普查人员要严守纪律法规，确保经济普查时效和数据质量。

144
省长任总督长，鞭策又鼓舞，实地科学指导

2019 年 1 月 16 日一早，马兴瑞省长在我的陪同下，走进省"四经普"集中办，亲切慰问普查工作人员，仔细察看"四经普"工作进度表和制度文件规定资料，表示为了进一步推动经济普查登记工作，确保源头数据真实可靠，将适时安排现场入户登记调查。

马兴瑞省长与省"四经普"集中办普查工作人员一一握手、亲切交流。他强调，第四次全国经济普查是一次重大国情国力、省情省力调查。省经济普查办设在省统计局，承担领导小组的日常工作，负责研究提出需领导小组决策的建议方案，督促落实领导小组议定事项，加强与有关地区和部门的沟通协调。对认真贯彻落实党中央、国务院决策部署，强化普查登记各项保障措施，全面加强数据质量控制，确保源头数据真实可靠，切实摸清广东经济家底具有十分重要的作用。省经济普查办要严格执行《第四次全国经济普查方案》，坚持科学普查、依法普查、创新普查、为民普查，强化部门协作，加强督促指导，及时为基层排忧解难，切实承担起统计职能部门在"四经普"中组织实施的重任。

在"四经普"工作进度表前，马兴瑞省长强调，党的十八大以来，以习近平同志为核心的党中央高度重视统计工作。习近平总书记多次指出，统计是一种诚信、诚实的职

业，是经济社会发展重要的基础性工作和宏观调控的重要依据。经济普查是一项政策法律性强、技术要求高、涉及面广和持续时间长的工作，年前刚刚结束的单位清查工作表明，广东经济总量大、市场主体多、经济形态活，在国内外经济社会环境复杂多变的情况下，全面摸清广东经济社会发展的底数，充满机遇和挑战。要严格按照韩正副总理在北京调研"四经普"登记工作时的要求，采取多种形式，加强普查宣传员，不断提高普查对象的积极

性和主动性，坚决贯彻"两防"措施，坚持应统尽统，强化普查登记人员物资保障，确保源头数据真实可靠。

在"四经普"制度规定资料柜前，马兴瑞省长在认真翻阅摆放整齐的资料后强调，普查数据内容丰富、新鲜及时，是一笔极为宝贵的财富，是十分重要的公共资源，也是大家辛勤劳动汗水的结晶。要按照普查工作进度安排，明确专人负责管理，注重普查资料收集整理归档。下一步，要加大普查数据的公开力度，丰富普查数据发布手段，切实做好普查数据的发布、解读、开发、运用。要紧紧围绕各级党委、政府和社会各界关注的热点难点问题，开展专题分析研究，提出有针对性的政策建议，不断提高普查数据服务党委、政府决策，企业经营管理，社会生产生活的质量和水平。

二月岭南春来早，木棉枝头笑开颜。2019 年 2月 11 日上午，新春佳节后的第一个工作日，马兴瑞省长在我的陪同下，先后到广州市农商银行、雪松控股集团有限公司、广州医药集团有限公司调研"四经普"。每到一处，马兴瑞省长都要详细询问新年度企业开局形势、人才结构优势、新产品研发态势、企业发展竞争局势等情况，强调"四经普"是今年政府的一项重点工作，目前已经进入普查登记最关键的环节，各级领导和部门要群策群力，切实查清全省经济家底，更好地为省委、省政府科学决策提供重要的参考依据，更好地服务企业的需求，更好地为经济社会高质量发展提供强有力的数据支撑；企业要积极配合经济普查，依法填报普查数据，同心同向，共同携手完成经济普查任务，以优异的成绩迎接中华人民共和国成立 70 周年。广州市市长温国辉，广东省

政府秘书长张虎，省工业和信息化厅、地方金融监管局主要负责人陪同调研。

在广州市农商银行，马兴瑞省长强调，金融在现代经济中具有核心地位，是现代经济中调节宏观经济的重要杠杆。在现代经济生活中，货币资金作为重要的经济资源和财富，已经成为沟通整个社会经济生活的命脉和媒介，摸清搞准金融状况，对于化解金融风险、稳定金融市场、保障经济稳定增长具有十分重要的意

义。从经济普查的分工来说，金融是经济普查部门的普查对象，涉的人民银行、银保监会、证监会等单位，各自都成立了普查机构，制订了普查方

案，明确了工作职责，规定了完成时限。各部门要各司其职，把经济普查当成本部门的重要工作，一把手要经常过问，分管领导要亲自抓、具体管，力争把自己管辖的单位统全统准统细，防止敷衍了事。从类金融业来说，珠三角典当、投资、网贷、小额贷款等经济主体分散活跃、经济存量大、隐蔽性强，是金融部门普查之外的经济普查对象，各级普查机构要增加工作力度、梳理密度、甄别强度，防止瞒报漏统。

在雪松控股集团，马兴瑞省长戴上省"四经普"总督长的牌子，与董事局主席张劲谈得十分投入。雪松控股集团前身创立于1997年，是一家覆盖大宗商品供应链、化工新材料、文化旅游康养、社区智联服务和社会公益服务5大产业板块的民营企业。旗下拥有齐翔腾达、希努尔2家上市公司。2018年，以2 210亿元营收上榜《财富》世界500强361位。作为广东本土成长起来的民营企业，被评为"改革开放40周年广东省优秀企业"。到2021年，雪松控股将打造一个全球综合性产业集团，服务2亿人口，连接3万家企业，重构4大产业，着力发展第5板块社会公益服务产业。马兴瑞省长强调，2018年，全省民营单位1 120.12万个，比上年增长12.0%，实现增加值5.26万亿元，占地区生产总值的比重为54.1%。不言而喻，各级领导和部门要深刻认识到服务好民营企业的前提，是要通过经济普查切实搞清民营企业的性质、规模、特点和需求。只有这样，才能想民企之所想、急民企之所急、解民企之所忧，才能不断增强提高民营企业的实力和抗风险的能力。

广药集团是国家重点扶持发展并由广州市政府授予国有资产经营权的大型企业集团，拥有广州药业股份有限公司和广州白云山制药股份有限公司2家上市公司及成员企业30多家，主要从事化学药、中药、生物医药的研制、开发、生产和销售业务。马兴瑞省长强调，广东总部经济发达，规模以上企业多，企业驻地分散，企业内部分工庞杂、核算多样；同时，随着商事制度改革不断落地生根，"一址多户""一户多证"等

一址多户

现象十分普遍。各级普查机构要加强组织领导，发挥相关部门作用，增强部门数据比对，强化"两员"实际工作中不间断的培训和指导，不断提高"两员"的入户技巧和分析能力，及时排错纠偏，确保源头数据质量。

145
马兴瑞省长关心经济普查，"杨新洪带着大家这样干就对了"

2019 年 1 月 16 日上午，马兴瑞省长在省政府研究室主任谈静陪同下，旋风般走进统计局，细问细算，肯定各项工作"真不错"，向全省统计工作者问好，关切"四经普"，表示将安排入户登记调查。

在省府大院 10 号楼一楼，马兴瑞省长详细查看省统计局环境治理和修缮项目。当读了"廉洁自律承诺"和听取"为数据需求者服务""构建经济大省之统计强省"理念介绍后，他十分高兴。马兴瑞省长指出："省统计局工作干得很好，杨新洪局长带着大家这样干就对了。"2019 新的一年要继续保持实事求是的工作作风，秉承"为数据需求者服务"理念，多动脑筋，

科学巧干，着力构建经济大省之统计强省，确保全面、准确、高效完成国民经济社会各项统计数据任务，为促进全省经济高质量发展提供坚实统计保障。

为了确保我省第四次全国经济普查工作顺利完成，广东省第四次全国经济普查领导小组办公室设置 13 个工作组，分别由省统计局各相关处室及抽调人员组建。为了便于工作，局党组决定在工作组抽调人员在 10 号楼一楼集中办公。办公室位置上悬挂着"四经普"工作进度台账图表，通过"挂图作战"的方式，激励大家"撸起袖子加油干"。此次马兴瑞省长来到"四经普"集中办公场所，现场视察、看

望同志们，也极大地鼓舞了士气，调动了"精气神"。

在"四经普"集中办公场所，马兴瑞省长认真翻阅广东"四经普"制度文件，仔细查看"四经普"工作进度台账图表，详细询问"四经普"数据报送进度，和正在办公的省经济普查办工作人员亲切交流。马兴瑞省长指出："四经普"是一项重大的国情国力调查，既是统计系统也是全省的重要工作，对于摸清广东家底具有重要意义。全省经济普查工作者要根据国家部署和普查工作要求，加强普查宣传推动，贯彻"两防"举措，实事求是，确保应统尽统，切实摸清广东经济底数。马兴瑞省长要求省经济普查办和省府办做好对接，安排时间亲自入户现场登记，推动广东经济普查工作深入开展。

146

国家统计局宁吉喆局长莅临，深情说："没有广东普查的成功，不能说全国的成功。"

2019 年 1 月 19 日，国务院第四次全国经济普查领导小组副组长、国家统计局局长宁吉喆一行到广东省经济普查集中办调研"四经普"工作。国家统计局办公室主任安平年、综合司司长毛盛勇、贸经司司长蔺涛等参加调研。省统计局班子成员陪同调研。

宁吉喆局长面带微笑，健步走进集中办，与集中办坚守工作岗位的同志一一握手、亲切交流。他说，近来广东气温很低，大家要注意保暖、劳逸结合。当他看到集中办的玻璃墙上挂着一块"广东省统计局'四经普'廉洁承诺"匾额时，严肃地强调："让每一个走进'四经普'集中办的同志，第一眼就能

看到这块匾额，这很好，也很重要。'经费使用有流程；大额支用招投标；物料采购比多家；自律底线不拿贪；普查数据不瞒漏；支出绩效挂尽头。'匾额的内容也很好。这次经济普查持续时间长、投入经费多、涉及范围广、工作程序严，经济普查绝不能出经济问题，要确保经济普查任务的圆满成功，必须'廉'字当头，增强预算意识，严格程序办事，加强审核监督，守住法纪底线。总之，既要保证数据的真实可靠，又要保证数据的干净利落。"

宁吉喆局长在省"四经普"工作进度表前，一边看着进度表上方滚动播出的字幕"2018.11.15.24

时——冲刺清查对象过千万家，有效单位 845 万家"时，一边强调指出，2017 年全国 GDP 为 820 754 亿元，广东 GDP 是 89 705.23 亿元，占全国 10.9%，近九分之一。他用赞扬的语气说，这次单位清查有效单位数占到全国九分之一强，如果当时达不到这个数，就有问题了，你们干得很好。宁局长深情地感叹道，没有广东普查的成功，就不能说全国的成功。我说，感谢国家统计局给广东延长了 5 天清查时间，让广东达到了预期的目标，使单位清查阶段有了一个圆满的收官。宁吉喆局长最后鼓励说，广东作为全国的第一经济大省，今年有可能超过 10 万亿。这次经济普查工作，广东严格按照国家方案细则，一步一个脚印，脚踏实地，从最初的综合试点到单位清查，从"广东智能普查"到"两员"培训，从传统媒体到新媒体，都做得有声有色、可圈可点。入户

登记刚刚开始，任重而道远，还要群策群力，继续加油鼓劲，扩大战果。

在工业专业组，我介绍说，这位同志叫王慧艳，广东省统计局刚刚在全省统计工作会议上表彰了56名"金牌讲师"，每人颁发了一张证书，她就是其中的一位。宁吉喆局长说，让熟悉专业、热爱专业、乐于传帮带的人，受到及时鼓励，得到大家尊崇，这样的方式值得肯定。广东的经济体量大、普查环境复杂、技术要求高，确实需要一大批专业人员提供专业支撑，做出无私奉献。宁吉喆局长亲切地询问王慧艳，这次经济普查广东工业企业数还是较多吧？王慧艳说，对，广东清查出的工业企业数是增

长较多的。广东"四经普"在清查阶段，共清查出工业单位数55.83万个，比"三经普"增长25.5%；清查出工业个体户54.11万户，其中有证照个体户37.88万户，比"三经普"增长79.3%。我接过话说，广东工业经济形势是不错的，请局长对广东有信心。宁吉喆局长要求，广东要进一步关注工业企业的发展情况，固强补弱，提质增效，通过这次经济普查，切实摸清广东工业经济的家底。

在核算专业组，我介绍组长李华时说，这是一位非常优秀敬业的同志，毕业于中山大学数学系，平时话不多，但心里十分有数，是广东省统计局去年新成立的统计专业委员会中的骨干。宁吉喆局长听完介绍，似乎想考一考这位专业委员功底是否扎实。宁吉喆局长说，请你从核算专业的角度分析一下，这次单位清查数增多的主要原因。李华略为思

索了一下说，可以用"四化"来概括："细化，行业多样化，一家变多家；规范化，这是商事制度改革的产物；转化，部分工业转化为服务业，部分个体经营户上升为企业；优化，这是广东产业结构调整带来的提质效应。""概括得不错。"李华深受鼓励，感动得说不出话来。

在服务业专业组，杨骁婷副局长介绍张建梅时说，这位同志是中共广东省第十二届党代表。宁吉喆局长听到介绍后非常高兴。他说，张建梅能够代表省统计局参加全省党代会，这不仅是她个人的光荣，也是全省统计人的光荣。他说，广东这次经济普查在人才队伍调配上下了一番功夫，广东能够把优秀的同志抽调到集中办工作，这为切实有效地加强组织领导，把好专业关口，强化部门协调，增强督导力度，提供了重要保证。

在综合组，我介绍说

郭茂成是一名军转干部，现在综合组从事宣传工作。宁吉喆局长亲切地询问郭茂成原来在哪个单位工作。宁吉喆局长强调，统计系统服从大局，每年都要接收军转干部，军转干部在统计系统占有一定的比例，

要充分利用好这支力量。军转干部要始终保持部队的优良传统和作风，加快角色转换，加强业务学习，加速情感融入，力争为地方经济建设再立新功。宁吉喆局长强调，宣传工作要在经济普查中发挥重要作用，这次在深圳看到宣传工作做得很好，很有经验和成效，特别是宣传片拍得很有水平，让书记都认为是广告片，确实达到了宣传的效果。省政府的主要领导参加经济普查专

题工作电视电话会议并讲话，并同各市市长和相关部门主要负责人签订责任书，这本身就是一种强有力的宣传，在全国并不多见，值得点赞。下一步，还要利用春节这个传统节日，结合当地的民族风情，采取多种多样的形式，让经济普查宣传深入乡镇、街道、社区，不断提高普查对象和社会公众积极参加支持配合经济普查的热情。

147
抢抓窗口期　实现开门红

好风凭借力，扬帆正当时。2019 年 2 月 11 日下午，作为广东省第四次全国经济普查领导小组副组长，我在节后首个工作日走入省"四经普"集中办，向春节前后坚守奋战在全省"四经普"一线的普查机构人员表示亲切的问候和美好的祝愿，并与大家一起分享当天上午陪

同马兴瑞省长到企业调研督导"四经普"的喜悦心情。

一年之计在于春，经济普查已经进入最关键期，我希望集中办充分发挥示范督导作用，坚持问题导向，加强组织协调，注重专业指导，持续抓好"两员"的业务培训，再接再厉，抢抓数据填报"窗口"，基于质数并重，善于防漏补缺，敢于较真碰硬，确保单位清查得出、登记得上、防得住漏，努力实现经济普查工作"开门红"。

省"四经普"作为和平时期的一项政府行为，自开展以来，从组织领导的高度、宣传动员的力度、创新普查的速度、督促检查的密度、单位清查的程度，凸显出"五个前所未有"：一是领导重视前所未有。国家统计局领导先后3 人 4 次督导广东"四经普"；省政府主要领导和分管领导先后 6 次批示督导"四经普"。二是宣传覆盖

前所未有。因应全程媒体、全息媒体、全员媒体、全效媒体等全媒体的出现并不断发展，果断实施"一揽子宣传方案"，实现全媒体和传统媒体优势相互弥补、内容高度融合，达到宣传动员全地域、全时空、全领域、全对象覆盖。三是创新普查前所未有。依托全省政务信息资源共享平台，仅用2个月时间，创建"广东智能普查"微信公众号应用平台，实现人脸识别技术核验"两员一督"身份、"两员一督"精准管理、新媒体宣传平台三大功能。四是督导成效前所未有。以一张进度表为依托，一张督导图为指引，一个省统计局班子为骨干，坚持督导到单位清查顺利圆满结束。五是单位清查数前所未有。截至2018年11月15日24时，冲刺清查对象过1 000万家，有效单位845万家。

省经济普查办作为经济普查常设机构，承担着上传下达、左右协调、业务辅导、督促检查等繁重的工作任务，是保证经济普查方案正确顺利实施的枢纽。全办人员必须强化责任意识，敢于担当，集思广益，齐心协力，确保政令畅通、督导见效、宣传到位。

首先，强化组织领导不放松。负责同志要做到重要工作亲自部署、重大问题亲自过问、重要环节亲自协调、突发情况亲自督办。各专业组同志要增强工作的预见性，注重收集会诊解决专业问题，防止遇到问题往上交、往下压、往外推、往后拖，导致工作"空转"，确保压实各级责任、层层抓落实。

其次，精准督导不放松。要发扬钉钉子精神，一锤接着一锤敲，针对疑难杂症持续抓、反复促，不断完善督导方式方法。督导要重实地、查实情、见实效，遇到矛盾和问题，要一针见血，防止督导表面化、多头化、无序化、快餐化，遇到问题绕道走，

甚至增添基层的负担和忙乱，让基层无所适从。

最后，保持宣传动员不放松。要严格执行国家和省宣传工作方案，针对普查登记的时间节奏、工作进度，及时调整宣传重点方向、重点对象、重点行业，加大人员、经费投入力度，积极建言献策，防止干打雷不下雨、雷声大雨点小或者虎头蛇尾，始终保持宣传动员的温度和强度，为保证经济普查登记的进度，不断提高数据质量，营造深厚氛围。

148
形成正确处理共识，确保领导坚强有力

2019年2月25日，我在参加广东省市厅级主要

领导干部坚持底线思维着力防范化解重大风险专题研讨班期间，以对"四经普"高度的责任意识、使命担当和敏捷的思维方式、工作效率，充分利用课间、午间和餐间等间隙，见缝插针，抓住关键，突出重点，先后分别向全省21个市中的17个市的与会主要领导汇报交流各市"四经普"入户登记进度情况。

汇报交流中，我将事先准备好的全省前日普查登记进度表送给各市主要领导，与各市主要领导面对面、表对表，简明扼要，共同探讨，形成正确处理"四经普"关键阶段"大和小、快和慢、上和下、变和不变、质和量"五个关系，共同分析前期普查登记中存在的主要问题和原因，阐明在普查登记的关键环节主要领导所起的关键作用，为进一步按时、保质、保量圆满完成"四经普"任务夯实组织领导基础和各项保障。

一是正确处理"大和小"的关系，保证大小并重。在向省委副书记、深圳市委书记王伟中，省委常委、广州市委书记张硕辅，广州市市长温国辉，深圳市市长陈如桂，佛山、东莞市市长汇报交流中，我说，从单位底册数来看，广州、深圳、佛山、东莞四市的总数占了全省的半壁江山还多，且多数经济主体体量大、影响大，在登记中，如果少一个就会缺一大块。从单位规模来看，广州、深圳、佛山、东莞四市的总部、楼宇经济发达，看似不起眼的办公场地，人数不多的工作人员，一年产值就有几千万，形小而量不小。因此，要正确处理好"大和小"的关系，抓"大"而不放"小"，大小并重，确保单位底册数悉数登记到位。只有这样，才能保证全省经济普查的总量。

二是正确处理"快和慢"的关系，保证快慢适度。在向惠州、揭阳、云浮、江门、湛江五市市长汇报交流中，我强调，从非一套表单位上报的情况来看，呈现出前三个市进度快、后两个市进度偏慢的特点；从已经上报的错误单位数来看，上报单位数与错误率成正比。如调研中发现，前一阶段，有的县进度很快，但错误率超过90%，充分暴露出培训不到位、片面赶进度等问题；有的地方上报数为零，造成普查登记指导无从下手。因此，要正确处理"快和慢"的关系，保持快慢适度、力量适当，以数据上报时间节点为依据，当快则快、当慢则慢，做到快慢有机结合。

三是正确处理"上和下"的关系，保证上下畅通。在向各市主要领导汇报交流过程中，我强调，全省存在一个共性问题，那就是市、县（区）、镇（街）之间沟通指导不到位、不细致，如在在线审核中发现，有的普查员上传的数据，不同的单位、不同的行业，主要指标数据雷同；如在调研中发现，有的普查指导员反映的问题，都是国家方案细则中需要普查员掌握的常识性问题，有的问题，省经济普查办已经印发过问题解答，但是市、县（区）一级没有及时传达学习，造成同样的错误反复发生。因此，要充分发挥各级领导的主观能动性，坚决克服等靠、观望的思想，防止将国家方案细则及问题解答束之高阁，要积极主动作为，精准施策，加大重点指导和跟踪督导的力度，确保及时发现问题、妥善解决问题、杜绝同样问题。

四是正确处理"变和不变"的关系，保证工作有恒。在向珠海、汕头、河源、梅州、汕尾、中山、阳江、茂名等市市长汇报交流中，我强调，从市、县（区）机构调整改革的进度看，3月份前后，正是各级领导干部调整期，又是经济普查登记的关键期，同时还是新到任统计局局长的适应和过渡期，要防止人事问题悬而不决、人走落空、人到心不到的现象，确保经济普查始终有人抓、有人管、有人促。从开年工作布局来看，有的市、县（区）已经按照工作部署，对工业园区进行改造升级，少数底册单位在册不在位，客观上加大了普查登记难度；从个体经营户流动性强的特点看，必须加大查找的力度，才能确保抽样调查的准确性；从一套表单位填报的工作规律来看，加强上报数据质量控制是工作重点，特别是经济欠发达地区，一套表单位不多，一个单位的数据质量将直接影响到一个地区的经济总量。因此，要针对本地区的工作实际，加强经济普查登记的组织领导，特别是普查机构的各级领导，要及时调整补缺到位，督促各级领导加快角色转换，适应普查工作的急切需要。

五是正确处理"质和量"的关系，保证质量到位。在向各市主要领导汇报交流中，我着重阐明质和量的辩证关系，强调量是质的基础，质是量的保证。目前，按照国家普查方案要求，普查登记的时间已经近半，以2019年2月24日非一套表单位上报率为例，上报率达到10%以上的市只有深圳、惠州、阳江、清远、揭阳、云浮六市。个体经营户抽样上报率达到50%以上的市有广州、珠海、惠州、汕尾、阳江、清远、东莞、揭阳八市，其中，阳江市上报率达到107.4%。因此，各市要充分发挥单位清查阶段好的经验和做法，再接再厉，快马加鞭，强化普查登记工作进度，加大质量控制的强度，注重"两员"业务指导培训和补贴落实力度，确保底册单位数数数齐全，确保经济普查"质和量"双双到位。

149
船到中流浪更急，人到半山路更陡，以"四服务"保"双到位"

2019年2月18日，我主持省第四次全国经济普查领导小组办公室经济普查登记阶段数据质量控制工作会议。省经济普查办主任、省统计局副局长刘智华，省经济普查办常务副主任、省统计局副巡视员杨少浪，省经济普查办各专业组负责人及集中办人员参加会议。

针对节后人疲时紧头绪多，经济普查已接近普查登记时间节点的一半，因受传统节日、贸易摩擦、财务制度等因素的影响，客观上带来全省普查登记进度偏慢的严峻形势，我及时召集经济普查办全体人员集思广益，精准施策。

我提出，各级普查机构和部门要坚持"服务至上、服务周到、服务精准、服务到底"这"四服务"的要求，坚持以问题为导向，以数据质量为中心，以按时保质保量完成经济普查任务为归宿，抓住关键、突出重点、主动作为、负责到底，确保"四经普"质量和数量取得"双到位"。

一是坚持服务至上，关键时间抓关键。经济普查登记已近2个月，登记时间过半，各种矛盾和问题渐渐凸显出来。从组织领导来看，因受机构改革调整的影响，有的领导已经离任，有的领导刚刚到任，有的还在走组织程序，普

查登记工作客观上存在临时负责、临时代管等现象；从工作安排来看，有的地方消极观望，存在等待节后普查对象复工复产后再开展工作的现象；从已登记上报的数据质量来看，存在一些常识性错误，暴露出"两员"培训工作的缺失和不足等。各级普查机构和部门要启动预案、调整力量，及时深入基层，面对面督促指导、补缺补位，既要送温暖，又要送谋略，防止出现"唱空城计"和"隔岸观火"，确保登记工作无论在什么阶段、什么情况下，都有人抓、有人管、不落空、不落后。

二是坚持服务周到，以数据质量为中心。"数据质量是统计工作的生命

线。"在影响全省经济高质量发展不利因素叠加、经济下行压力加大的背景下，各地市都承担着调结构、稳增长、防风险、保民生等重任。各级普查机构和部门要充分宣传经济普查的重大意义，充分说明经济普查的目的，充分阐述经济普查质和量的辩证关系，抢抓经济核算调整改革的机遇期，达成共识，同心同向，形成工作合力；要善于乐于换位思考，想基层所想，急基层所急，切实放下身段、融入基层、并肩作战。工作中，既要时时"键对键"，又要常常"面对面"，防止隔空喊话、隔靴搔痒，始终保持上下联通、左右畅通。

三是坚持服务精准，突出重点解难点。在做到"随报随审"中，要不断提高普查人员主观审核能力，即"逻辑审核、常识审核、差异审核、对照审核、关联审核、主要指标审核、重名重码审核、专

项审核、汇总审核"，减少源头差错度，提高在线有效率，防止过分依赖客观（程序模板）审核，造成重复劳动。要充分发挥专业特长，针对不同地市的经济总量、支柱产业、结构类型、新型业态、发展前景等，密切联系各地实际，分类辅导，有的放矢，力争将单位清查阶段清出来的单位统进库、捞进网，做到补缺补漏到位到边，确保单位数量。

四是坚持服务到底，主动作为。各级普查机构和部门要有底线思维，敢抓敢管敢负责，发现问题，就地解决问题，及时通报问题，做到精准到点、辐射到面、点面到位，确保登记工作适当的提前量和纠错期。要充分发挥单位清查阶段的有效做法，适时恢复进度通报、专业专向负责到底的制度和做法，力争在全省掀起普查登记"比、学、赶、帮"的热潮，切实调动各级普查机构和普查人

员的积极性，进一步凝聚数据质量控制的力量。

150
查得到，统得进，质量高

2019年2月28日，国务院第四次全国经济普查领导小组召开"四经普"电视电话会议。国务院"四经普"领导小组副组长、国务院发展改革委副主任兼统计局局长宁吉喆通报经济普查登记工作进展情况，对下一阶段普查重点工作进行部署。国务院"四经普"电视电话会议结束后，我立即召开全省"四经普"电视电话会议，就全省坚决贯彻落实国家会议精神，群策群力，决战决胜，切实做好经济普查工作，着重讲了现阶段存在的主要问题及对应的要求。现阶段普查登记中存在的主要问题有6个方面：一是普查登记进度偏慢；二是上报数据逻辑性错误较多；三是数据质

量存在较大问题；四是普查表填写不完整、不规范；五是数据上报不及时，未严格执行"即报即审"的要求；六是普查登记表的填写与财务报表不一致。

针对存在的问题，我提出如下要求：一是要切实加强组织领导，压实责任到人、到位；二是准确把握存在的问题，有针对性地重点指导；三是高度重视"四上"企业数据填

报，确保能够"查得到、统得进、质量高"；四是加大培训力度，充分调动"两员"的工作积极主动性；五是继续做好宣传引导工作，做好法律保障，切实解决入户难、取数难的问题；六是正确处理好

定报、年报与普查的关系，切实完成好各项工作任务。

151
坚持一抓到底、一张皮、一个口径、一盘棋

2019 年 3 月 1 日和 4 日，省第四次全国经济普查领导小组办公室先后召开经济普查登记中后期数据质量控制工作会议。我出席会议并讲话。省统计局副局长杨骁婷，省经济普查办主任、省统计局副局长刘智华，省经济普查办常务副主任、省统计局副巡视员杨少浪，省统计局专业委员会专家、省经济普查办各专业组负责人及集中办人员参加会议。

会议专题听取了省经济普查办 7 个调研组前期对全省 21 个市、100 多个企业事业单位（个体）调研后撰写的 7 份调研报告，充分征求省统计局专业委员会专家意见建议。会议边听汇报、边个案分析、

边建言献策，气氛活跃。刘智华、杨少浪重点汇报了与各地市领导交换意见的情况，各参会人员交流了自己亲临普查登记一线，与企业主、个体工商户面对面沟通，与普查员、财务人员表对表分析的艰辛和不易，力图把全省当前入户登记的现状描述清楚、症结把脉准确。

我边听边记，时不时参与讨论，一起分享大家调研普查现场直面化解疑难杂症的聪明智慧，一起分析研究破解经济普查中存在的顽瘴痼疾和出现的新情况新问题，并对大家风雨兼程、夜以继日的无私奉献表示问候。

针对全省普查登记中存在的主要问题和薄弱环节，针对各级领导干部、普查机构工作人员应该承担的责任和履行的义务，我提出坚持"一抓到底、一张皮、一个口径、一盘棋"的要求，确保按时保质保量圆满完成经济普查工作任务。

一是坚持"一抓到底",必须振奋精神趁势而上。"四经普"工作具有政治性和业务性都很强的规律与特点,广东作为全国第一经济大省,肩负着"四个走在全国前列"、当好"两个重要窗口"的历史重任,担当着经济转型升级、高质量发展示范性的标杆作用。因此,摸清广东经济家底责任重大、使命光荣,要坚持一抓到底。如何做到抓而有力、抓而有度、抓而有谱、抓而有效,必须达到"六精"的境界:在政治站位上,做到精忠,要牢记嘱托、讲大局、明职责、做奉献,防止不求进取、无所作为。在工作状态上,做到精神,要始终保持昂扬的精神状态,科学思维,办事高效,防止拖拉疲沓、敷衍了事。在业务素养上,做到精通,要懂得"一碗水与一桶水"的辩证关系,熟练掌握专业知识,防止不懂装懂、一问三不知。在业务辅导上,做到精准,要放下架子、扑下身子,接地气、讲和气、守正气,提高"点穴"本领,防止模棱两可、挂一漏万。在团结协作上,做到精诚,无论是与部门协作,还是与普查员、普查对象交往,要保持平起平坐,精诚所至、金石为开,防止居高临下、颐指气使。在关心部属上,要做到精心,体贴入微,及时排忧解难。

二是坚持"一张皮",必须融会贯通行业专业。从这次经济普查的对象来看,普查对象是我国境内从事第二产业和第三产业的全部法人单位、产业活动单位和个体经营户。从普查范围来看,具体包括采矿业、制造业、电力、热力等,以及农、林、牧、渔业中的农、林、牧、渔专业及辅助性活动。从普查内容来看,普查表分为"一套表单位普查表""非一套表单位普查表""个体经营户普查表""部门普查表"四类。从行政关系来看,普查涉及省、市、县(市、区)、镇(街道)等。上述对象和层级采集到的数据,无论是横向,还是纵向,共同形成了全省的经济总量,犹如人体表面的一层组织——"一张皮"。"一张皮"还分表皮和真皮,正如专业里还要分主要指标和一般指标。强调经济普查中坚持"一张皮",就是要整合专业与专业、省里与市里、专业内部指标与指标之间的关系,做到无缝对接、无障比对。只有这样,才能敏感捕捉到普查登记中涉及的人均值、户均值、奇异值、拟负增加值等变量,达到"春江水暖鸭先知"的效果,及时发现和纠正数据质量上的偏差与遗漏，确保获取全省最真实可靠的经济总量数据。

三是坚持"一个口径"，必须严格执行国家方案。2018 年《第四次全国经济普查方案》是根据《中华人民共和国统计法》《全国经济普查条例》和《国务院关于开展第四次全国经济普查的通知》制定的，具有法定的规范性和执行的强制性。严格执行国家方案既是经济普查的法纪要求，也是确保经济普查成功的制度基础和保障。省经济普查办在严格执行国家方案的前提下，要积极发挥主观能动性，确保国家方案能够落实、落地、落细、落定，最终

达到经济普查的目的和效果。调研中发现，有的地方没有认真学习理解方案细则，满足于发表、收表、填报和上报的过程，忽视了专业与专业、行业与行业、主要指标与一般指标等之间基本的逻辑关系，专业内部数据之间的对应关系；有的甚至漏填、错填、错位填；有的在面对财务报表科目与普查登记要求发生冲突的情况下，缺乏主动争取企业单位厘清数据的积极性，造成主要经济指标数据错误率居高不下。上述行为的本质就是没有严格执行国家方案的表现。省经济普查办要加大对各市、县（区）的指导，把省经济普查办制定的诸如《一套表单位法人主要户均经济指标》《非一套表单位法人主要经济指标总量》等行之有效的查询模板在基层大力推广应用，引导各级省经济普查机构更加积极作为。各地要结合当地实际，组织精兵强将定制自己的查

询模板，及时有效监控本地上报数据的进度和质量，通过上下努力、左右配合，将错误率、漏填率降到最低程度。

四是坚持"一盘棋"，必须统筹兼顾全局工作。全局各专业要正确处理好年报、定报和经济普查的关系，全面处理好各项工作任务。省经济普查办各专业组要进一步细化查询模板的密度、量化调研辅导普查一线的深度，确保心中有数、工作有谱、辅导有效。下一步，省统计局领导班子要做好深入调研分工，做到定期会诊、准确把脉，把全省经济普查的进度和质量始终置于

掌控之中。各市要善于合理安排各项工作，既要抓月报，也要把经济普查统筹兼顾好，不要抓一头，忽略了另外一头，要一起抓，抓重点、抓关键、强薄弱、堵漏洞，切实把年报、定报、普查的工作全面完成好。要根据省经济普查办通报的情况，举一反三，即行即改，善行善改，不断夯实经济普查的数据基础，齐心协力，真正为广东经济社会高质量发展提供真实可信的统计数据支撑和保障。

152
抓"四经普"登记数据质量控制之"四个关键词"

2019 年 3 月 6 日下午，省第四次全国经济普查领导小组办公室召开经济普查登记数据质量控制工作会议。会议对照《广东省第四次全国经济普查一套表、非一套表和个体户普查进度表》和分专业查询模板，逐个专业、逐个指标、逐个地市，边汇报情况、边分析研究、边现场反馈。我围绕进一步做好普查登记数据质量控制工作，谈感慨、教方法、提希望。

感慨"辛苦有效"。根据普查进度表，3 月 1 日全省上报率，一套表为72.76%，非一套表为17.97%，个体户为35.96%。3 月 6 日，截至 19：30，一套表为90.09%，增长 17.33个百分点；非一套表为26.76%，增长 8.79 个百分点；个体户为42.14%，增长 6.18 个百分点。从各专业查询模板上看，主要经济指标错误率明显下降。"一升一降"尽显统计工作人员付出的心血和汗水，但用"梅花香自苦寒来"来形容还有一段距离。在单位清查阶段，开展"地毯式"清查，有"踏破铁鞋无觅处"的艰辛和"独上高楼"不被理解的孤独，也有"众里寻他千百度。蓦然回首，那人却在，灯火阑珊处"的惊喜。在入户登记阶段，由于受人们藏富心理、隐私意识强、财务制度不规范等因素的影响，在规定时间节点内查清登准单位经济指标难上加难。正因为难，才需要全体统计人员"咬定青山不放松"，齐心协力，发扬不怕疲劳、连续作战的责任担当和奉献精神，坚持到底。

注重"科学调度"。人们喜欢用"一年之计在于春""春华秋实"等词语来形容开年的重要性和紧迫性。其实，这两个词语还有另一层含义，就是开年头绪多、万事开头难。当前，经济普查时间节点正好与统计月报、季报和年报任务相并列，与上级要求的其他工作任务并行。在时间要求、工作内容和人员职数一定的情况下，如何一手抓月报年报、一手抓经济普查，一手抓进度、一手抓质量？做到两手抓、两手都要硬，确保工作协调推进、圆满完成，关键是要科学调度。针对当前阶段数据上报时间、数量比较集中的特点，各专业数据上报要列出详细计划，并严格按计划错峰进行，防止发生系统堵塞。针对人员紧缺的问题，要适当调整补充专业力量，防止力量不够，造成工作延误。针对个别市出现大面积错误的问题，要从经济普查办各专业组抽调精兵强将，从普查员纸质填报、PAD 录入、专业分类、系统平台传输等环节入手，认真分析研究产生错误的原因，及时予以解决，防止问题扩大。

办事情主次分明才能彰显从容不迫

区别"轻重缓急"。任何事物都不是一成不变的，事物在发展过程中，有时表现急切，有时趋于和缓；有时很重要，有时

又处于次要位置。同样，由于经济普查工作持续时间长、步骤环节多、专业指标杂，客观上决定了存在"轻重缓急"情况。从不同的普查表来看，3 月 10 日前，一套表的填报进度和质量是重点，时间要求十分急迫；从专业的角度来看，工业交通、投资、贸易、服务业等是关注的重点；从各地经济结构的水平来看，广州、深圳、佛山、东莞等市普查进度和质量是重点；从经济普查的质和量来看，质是重点，如果发现某个专业上报数据奇异值过高、过多，就需要组成突击队、专家组及时会诊，对症下药，确保数据质量。从专业人员力量来看，要做到分工不分家，保持上下左右沟通顺畅，第一时间组织突击力量攻克重点方向、重点专业，防止人与人、专业与专业、地区与地区之间互不往来，出现"各人自扫门前雪，莫管他人瓦上霜"的现象。

"众人拾柴火焰高"，希望全体统计人员共同肩负起做好经济普查的重任。

着力"提升能力"。3 月 1 日，习近平总书记在 2019 年春季学期中青年干部培训班开班的重要讲话中指出："干部成长无捷径可走，经风雨、见世面才能壮筋骨、长才干。要做起而行之的行动者、不做坐而论道的清谈客，当攻坚克难的奋斗者、不当怕见风雨的泥菩萨，在摸爬滚打中增长才干，在层层历练中积累经验。""四

经普"工作意义重大、挑战巨大。五年一次的经济普查，正是锤炼干部、考验干部、发现干部和培养干部的重要契机，全省统

计系统干部职工要抓住这次难得的机会，勇于担当，敢于负责，在普查中充分展示自己的聪明才智，不断提高自己的综合能力素质。特别是80后、90后的同志，学历层次高、专业素质高，年富力强，更要善于创新普查的手段和方法，不断提高普查登记的数据质量。2019年是省统计局"统计能力提升建设年"，年初全省统计工作会议就提出按照"力量到位、质量到点、结果到手、逻辑到进、感动到己"的工作要求，增强经济普查的"九种能力"：走进普查能力、获取数据能力、综合专业能力、统计专业分类能力、指标解读能力、核心专业能力、质量控制能力、"两防"能力、应急管理能力，确保高质量完成普查登记任务，切实摸清广东经济家底。

153
强化"四个抓"，
进度质量都不落

2019年3月13日下午，省第四次全国经济普查领导小组办公室召开经济普查登记数据质量控制工作会议。我出席会议并讲话。省统计局副局长杨骁婷，省经济普查办主任、省统计局副局长刘智华，省经济普查办常务副主任、省统计局副巡视员杨少浪，省统计局专业委员会委员、省经济普查办各专业组负责人及集中办人员参加会议。

会议采取边汇报、边讨论、边小结、边定策的方式，畅所欲言、各抒己见，力求将主要专业、主要指标、主要地区的情况找准摸透，将解决问题的时间表、路线图、着力点定细定全，将工作责任、工作方式、工作效果分清促成。

针对一套表平台上报

数据已经截止，非一套表和个体户平台上报数据进度和质量参差不齐，各专业季报与普查登记倒计时交织叠加，时间紧、任务重、要求高的严峻形势，我提出要强化"四个抓"要求：

一要强化三令五申"抓进度"。按照《第四次全国经济普查方案》规定，4月30日是非一套表和个体户平台上报数据截止的时间节点，满打满算只剩一个半月。此前，各地根据传统节日、人员构成、普查登记量等实际情况，有的采取一套表、非一套表和个体户齐头并进的方

式；有的各有侧重，确保了一套表单位按时完成上报任务。其中，湛江一套

表单位上报率达到100%，这为紧接着的全省审核验收打下了坚实基础。非一套表底册单位数、个体户抽样数分别达到310万、35.9万，截至3月13日，非一套表单位上报率最高达70.39%，最低仅2.15%；个体户上报率最高达107.99%，最低仅2.03%。因此，当务之急是要加快进度，根据各地各专业实际，上报时间尽量往前赶，确保工作主动权始终牢牢掌握在本地本级本专业手中。

二要强化举一反三"抓质量"。数据质量是统计的生命线，决定着经济普查的成败。根据平台数据审核评估的情况来看，数据质量存在的问题不可小觑。前一阶段，省经济普查办充分利用"四经普"数据处理平台资源，使用查询模板、汇总模板，搜索人均薪酬偏低、负拟增加值、增加值率低等单位，及时反馈各地改进，取得良好效果。同时，省经济普查办还集思广益，注重吸纳广州、深圳、佛山、韶关、清远等市好的工作做法，不断完善查询、汇总模板的制定，进一步增强工作的针对性、指导性和有效性，即将印发《广东省第四次全国经济普查数据质量审核工作指引》。各地要抓紧做好落地落细落实工作。省经济普查办要跟踪问效、跟踪问责，确保指引到位、审核到位、质量到位。

三要强化凝心聚力"抓难点"。从经济普查面上的工作来讲，现阶段存在的主要难点有四点：第一，要继续查找还未上报的一套表单位。第二，加大破解企业瞒报问题力度。第三，摸清个体抽样框里是否包含大个体。如果包含，应该注重大个体填报结果，全面、完整、真实反映经济颗粒情况。第四，注重非一套表单位行业代码赋码。赋码操作可激发分专业开关，这是决定专业报表类型和执行报表种类的基础。全省需要赋码的单位有100万个左右，各地必须尽快组织县（区）或者乡镇（街道）普查机构人员集中进行处理，防止发生因赋码积压，

造成后续工作混乱和停顿。前两个难点是重中之重，因为一套表单位体量大，对经济总量影响大，而企业瞒报必然带来普查数据的扭曲。因此，主要领导要亲自问、亲自抓、亲自上，千方百计融洽统企关系，有的地方要尽快实现从貌视、漠视、仇视到平视、重视、凝视的转变，真正让企业家打开天窗说亮话，心甘情愿交实底，达到应统尽统的目的。

四要强化主动作为"抓联动"。从部门普查来

说，各级经济普查办要加强部门普查业务指导，深入相关部门了解普查人员培训情况、普查登记进展情况、主要经济指标变化情况等，确保部门普查与主要专业普查认识一致、步调一致、口径一致。从部门数据比对来说，通过"准四上"系统发现，全省一套表单位填报营业收入低于税务营业收入，差额 5 万元以上单位有 2.1 万家（不含深圳）。因此，各地需要在"准四上"系统上核准情况，及时修正一套表单位数据。从专业与专业来说，从主要指标人均值、户均值及比率指标值等变量中，可以甄别出各专业的差异，从而实现及时快捷数据审核修正的目标。总之，各地要向优化普查环境要活力，向创新工作方式方法要动力，向互相学习借鉴要潜力，向转变工作作风要精力，确保普查工作务实、普查过程扎实、普查结果真实。

154
不断线、不松劲、不忽视、不延误

2019 年 3 月 1 日以来，省第四次全国经济普查领导小组办公室采取"时时通气、日日通报、两天碰头"机制，及时了解掌握"四经普"入户登记工作进度和质量。3 月 8 日上午，第四次召开经济普查登记数据质量控制工作会议。我出席会议并讲话。省经济普查办主任、省统计局副局长刘智华，省经济普查办常务副主任、省统计局副巡视员杨少浪，省经济普查办各专业组负责人及集中办人员参加会议。

在简要听取了两位经济普查办主任及各专业组负责人的汇报后，针对一套表平台上报数据接近尾声、非一套表和个体户上报率明显提高的特点与规律，我提出"不断线、不松劲、不忽视、不延误"四点要求，确保经济普查工作每一个环节的连续性和完整性。

一是督导组加强与各市的联系"不断线"。2 月 19 日，省经济普查办印发了《关于加强全省经济普查登记阶段数据质量管理工作的通知》，对调研指导的主要内容、时间、地点、分组及要求作出了明确规定。经济普查办各组要与各市保持密切联系，针对各市普查登记中存在的问题，及时共同研究解决的措施和办法，确保工作的合理节奏和数据质量，防止产生"大头朝上、松口气"的思想。

二是加强对重点专业监控"不松劲"。3 月 10 日至 4 月 15 日，是一套

表平台单位查疑补漏阶段，各专业要发扬前期及时发现重要方向奇异值偏高问题，上下努力，迅速找出问题症结并及时予以解决的做法，把工作往前赶、往实里抓，加强对均值、奇异值、主要经济指标总量等监控力度，从源头减少专业交叉、数据交织、指标交错等情况，尽最大努力将普查登记强制错误率控制在最低限度。

三是加强部门统计协作"不忽视"。经济普查具有"部门分工协作、地方分级负责、各方共同参与"的鲜明特征，由于经济普查延续时间长、工作环节多、部门任务重等因素，工作中容易出现脱钩、脱节、脱离等现象。

因此，经济普查办要充分发挥专业统计部门的专业优势，加强部门统计的专业指导，加快部门统计的进度，不断提高部门统计的数据质量。同时，还要继续利用好部门行政记录和相关资料，加强普查登记数据梳理和比对，注重经济活动单位的归类归位，真正做到应统尽统，防止发生经济活动主体单位遗漏。

四是加强技术保障力度"不延误"。从单位数来看，一套表单位只有10多万家，而非一套表单位和个体户数有300多万家；从人员素质来看，一套表单位都是大型企业，负责填报表的人员素质较高，且为常规常年工作，填报人员业务熟练。非一套表单位和个体户则是由临时聘请的普查员，手持PAD录入上报普查数据，因普查员素质参差不齐，容易发生操作失误；从多年普查上报数据的规律来看，选择截止时间前突击

上报的比例较高，往往造成系统堵塞。下一步，系统保障将面对上传时间紧、工作量大、技术要求高的压力。因此，数据保障部门要继续加大技术保障力度，把困难挑战预测充分，把应急预案修改细致，变压力为动力，确保万无一失。

155
切中要害形成合力，把握时机以小见大

2019年4月2日上午，省第四次全国经济普查领导小组办公室召开经济普查登记数据质量控制专题工作会议。我出席会议并讲话。省统计局副局长杨骁婷，省经济普查办主任、省统计局副局长刘智华，省经济普查办常务副主任、

省统计局副巡视员杨少浪，省经济普查办相关专业组负责人及集中办人员参加会议。

会议专题听取了现阶段贸易专业限额以下（非一套表法人和个体户）数据审核状态，综合分析了省经济普查办先后赴肇庆、东莞、珠海、江门、湛江、茂名等市调研结果以及省经济普查办各专业组日常平台数据审核情况，发现现阶段各专业数据质量存在的共同特点主要有四个方面："一大一小"，即营业收入偏小，偏小单位量大；"一高一低"，即成本高，利润低；"有和没有"，即有财务指标，没有经营指标；"正常和不正常"，即经营正常，应付职工薪酬等不正常。

针对非一套表单位和个体户平台上报数据已经到了冲刺阶段，各专业处于年报审核期、季报窗口期，普查登记处于攻坚期与传统节日交织叠加，工作头绪多、力量相对分散、

平台上报数据截止时间呈波浪式紧逼的严峻形势，我提出着力"四抓"要求：

一抓重点，善于切中要害。从4月2日省经济普查办通报的进度和质量情况表来看，非一套表单位上报率全省达到了86.6%，其中，广州、惠州、东莞、湛江、茂名、肇庆、清远7市上报率超过90%；个体户上报率全省达到了96.10%，其中，广州、韶关、东莞、阳江、茂名、清远、云浮7市上报率达到或超过100%。从贸易专业限额以下数据审核情况来看，非一套表单位在营业状态正常的情况下，主要数据缺乏量达到近30万家；批发、零售营业收入按一定数额核实，低于预期值的分别有1.2万家。从非一套表单位和个体户错误率的比例来看，广州、深圳、珠海、佛山、东莞、中山等市个体户错误率明显高于非一套表单位错误率。由此可见，工作重点由前期的进度和质量并重，已

经转变为以质量为重点；各市的工作重点也不尽相同。例如，江门市采取聘请注册会计师巡回各县（市、区）集中审核数据质量，加快降低了错误率；惠州采取请注册会计师对普查员进行面对面辅导，领导带队攻克困难户、硬骨头等措施，确保了非一套表单位数据错误率低于4.10%。因此，越到最后阶段越要紧紧抓住重点做工作、解难题，防止出现水中按葫芦、眉毛胡子一把抓的现象发生。

二抓支点，善于形成合力。广东作为经济大省，经济体量大，经济成分复杂，新业态多，仅非一套表底册单位数就有300多万家，抽样个体数就有20多万家，相比于"地毯式"单位清查阶段，工作难度成倍增加。如何把辛辛苦苦摸排出来的单位按时足额登记入库，让每一个经济活动主体"各得其所"，让每一个企业法人"四肢健全"，让每一个经

济指标显得"枝繁叶茂"，靠单打独斗不行，靠一时冲动也不行，靠闭门造车

更不行。要充分调动省、市、县（市、区）、乡镇（街道）统计机构和广大普查人员的积极性，上下一致，勠力同心，咬紧牙关坚持到经济普查的最后胜利。要积极争取各级政府领导，特别是各级政府主要领导的重视和支持，拧成一股绳，形成强大的工作合力，确保一张责任书真正负责到底。

三抓节点，善于把握时机。按照《第四次全国经济普查方案》规定，4月30日是经济普查平台数据上报截止时间。为什么要反复强调经济普查的时间节点呢？一方面，这是

经济普查方案规定的科学性和强制性所决定的，容不得商量和更改；另一方面，多次经济普查的经验表明，紧紧把握工作节奏和关键环节，关系到经济普查的数据质量，关系到经济普查的成败。据调研，现在错误率下降明显的市、县（区），已经基本完成非一套表单位和个体户上报，现在已经集中精神、全力以赴进入审核修改阶段。其中，阳江、惠州、清远、云浮等市，紧扣时间节点，合理调配力量，群策群力，始终保持着合理快速的工作进度，为高质量的审核修改赢得了先机和时间。

四抓颗粒，善于以小见大。"积土而为山，积水而为海。"3月21日，全国统计科研工作会议、全国统计学会秘书长工作会议提出："经济大省与统计数据之间如何匹配、关联？数据背后的经济逻辑在哪里？统计改革创新的使命又是什么？"这三问，指出

了破解问题的关键在于："存在属性"为统计内核价值。统计的使命在于全面、真实、准确地反映社会经济活动，统计数据的全面性、真实性、准确性就是统计的"存在属性"。当下，统计工作的一大"痛点"在于一部分经济活动、经济"存在"未纳入统计范畴，导致只见"森林"，不见"树木"。比如，非一套表单位和个体户民营经济成分大，民营企业对于"少报漏报"存在天然需求，沉在"水"下的经济体量可能数倍于浮在"水"面的体量。这些隐藏的、未观测、未捕捉到的经济"存在"，严重影响经济普查的进度和数据质量。因此，要善

于以小见大、举一反三，密织普查登记的"筛子"，切实甄别单位类型，厘清主要经济指标归属，普细普准普全经济颗粒。总之，要紧紧把握经济活动主体"存在属性"的规律和特点，始终保持踏破铁鞋的坚忍精神，将未观测到变为可观测到，将遥不可及变为唾手可得，既要见"森林"，也要见"树木"。

156
"五重"内涵各不同，重彩收官更完美

2019年4月19日，广东省召开第四次全国经济普查工作会议，我出席会议并讲话。省经济普查办主任、省统计局副局长刘智华主持会议。省统计局副局长杨骁婷，省经济普查办常务副主任、省统计局副巡视员杨少浪，21个地级以上市经济普查办主任和省经济普查办相关专业组负责人，省经济普查办及集中办人员参加会议。

针对"四经普"非一套表单位和个体户登记数据上报即将截止，满打满算只剩下10天时间，全省三分之一的市上报率已经达到100%，有的市上报率甚至超过100%，但负增加值单位数和强制错误率下降速度较慢，重名重码率过高等严峻形势，我提出"重视、重点、重心、重要、重彩"五个关键词，确保"四经普"完美收官。

一是重视程度要更高，防止虎头蛇尾。"行百里者半九十"，"四经普"到了最关键的时刻。各级经济普查办进一步加强组织领导，动员广大普查人员站好最后一班岗，尤为重要和紧迫。2019年开年至今，马兴瑞省长在百忙之中，先后4次批示、查看"四经普"工作，为全体普查人员做出了榜样，为继"四经普"单位清查数创下历史最好成绩之后，按照《第四次全国经济普查方案》规定的时间节点，提前10天，全省非一套表

单位和个体户登记上报率双双基本达到100%，提供了强大的精神动力。"榜样的力量是无穷的"，据统计，从2019年1月1日至4月11日，韶关、中山、茂名3市的市委书记以不同形式关注指导"四经普"工作。广州、佛山、河源、东莞、江门、阳江、肇庆、清远8市的市长严格履行"四经普"责任书的任务要求，强化组织领导，敢于担当负责，"四经普"工作取得显著成效。实践证明，这困难、那困难，主要领导重视就不困难。因此，各级领导对"四经普"工作的重视程度要更高，防止虎头蛇尾。

二是重点指标要更严，防止丢三落四。从单位规模大小来看，规上、规下

企业值得关注的共性问题有三方面：负增加值单位仍占一定比例、营业收入低于税务收入区域集中、主要经济指标均值偏低。从不同专业数据质量来看，工业专业主要存在指标漏报、指标错报、指标异常和拟增加值为负单位较多等问题；贸易专业非一套表单位主要存在普查表填报不完整等问题，如贸易专业表611-3的上半部的单位占比没有下半部大等；投资专业主要存在非一套表611-4极值错误多，错误修改进度缓慢等问题。从主要指标之间的匹配度来看，如从业人员素质和人均应付职工薪酬，珠三角的高学历、高技能、高收入人员比例数，必然大于粤东西北同行业比例数。因此，登记审核中，对主要指标要严扣细酌、应有尽有，防止挂一漏万。

三是重心把握要更稳，防止分心走神。经济普查在不同阶段有其不同的工作重心。比如，现在"四经普"已经进入到争分夺秒的阶段，以4月18日全省"四经普"单位和个体户上报进度来看，广州、阳江、茂名、肇庆、清远、云浮6市上报率达到了三个100%，其工作重心应该放到审核改错上；全省规下单位上报率达到了98.1%，还有5个市上报率低于全省水平，个别市甚至低于90%，其工作重心应该放到抓上报进度上。从分市规下单位数据质量情况来说，已报单位数错误率小于5%的广州、惠州、阳江、清远、云浮等市，特别是广州已报单位数仅次于深圳，达到70多万，但错误率仅有1%。这5个市的重心就应该放到对数据质量精益求精上。因此，掌握工作进程中的重心，既是一门技术，又是一门艺术，有助于防止前功尽弃。

四是重要部门要更紧，防止各自为政。"紧"有两层含义：一方面，部门协作要进一步密切；另一方面，对部门普查之外的金融业不能放松。从利用部门数据比对来看，前一段时间，利用税务、工商等部门的数据，找到了很多隐藏的单位和漏掉的经济指标；利用财政部门的数据，修正了很多行政事业单位上报的不实数据，工作效率得到了较大提高。从部门普查之外的金融业主要数据质量来看，首先是防止漏登漏统，主要是摸清部门普查与经济普查办负责普查中间带类金融业的普查登记。其次是提高普查办负责金融业法人单位上报数据质量，重点审核营业收入与投资收益的情况。另外，对不配合普查登记的行政事业单位，要善于利用主管部门、主管领导做工作、拔钉子，不要小马拉大车，防止扯皮拉筋。

五是重彩收官要更美，防止小富即安。"弄潮儿向涛头立，手把红旗旗不湿"，这是习近平总书记在3年前G20杭州峰会演讲中引用的古诗，正好与省统计局倡导的"构建经济大省之统计强省"相契合。全体统计人员要把"为数据需求者服务"的诺言落实到具体业务工作之中，多做成人之美、锦上添花的好事，少做得过且过、见好就收的憾事。这次经济普查，广东不仅在有效单位数量上要保持全国第一，在数据质量上也要争取第一，才能不负众望。经济普查5年一次，对全省来说，既是经济社会高质量发展的需要，又是经济统一核算的需要，更是实践提升经济普查技术水平的需要。对一个长期从事统计专业的人士来说，经过这样规模的经济普查，将会给人生留下浓墨重彩的一笔财富。对一位入职不久的青年统计人来说，经历一项跨度长达3年之久的经济普查，足以让一个青涩的统计人变得成熟起来。因此，要保持一鼓作气，防止撤火泄气。

会议围绕规模以上、以下单位和个体户以及基本单位普查登记阶段主要数据质量等存在的主要问题，从上报进度、负增加值单位数、分市规上企业营收与税务收入差异单位数、分市分专业主要经济指标均值情况和分市规下单位（个体）数据质量情况等方面，重点分专业进行一五一十、条分缕析的客观具体解读分析，提出许多切实可行的解决办法和措施。11个市经济普查办主任先后简要介绍了本市"四经普"收尾情况和下一步的工作部署，提出了解决当前一些问题的意见和建议。

157
"消差错、重质量，精安排、抓重点，讲逻辑、夯基础，强领导、勤沟通"，确保尽善尽美

那会儿，无论我身居何处，无时无刻不想起——"四经普"。它像一位故人，让我魂牵梦绕。

2019年5月14日，我到中央党校学习。尽管出发之前，各项工作都已安排妥当，但我还是放心不下。

不能再等了，我必须回去，我自忖着。

5月17日晚，"四经普"又一次进入关键时间窗口，我利用周末休息空档赶回省统计局。

5月18日下午，我主持召开省第四次全国经济普查领导小组办公室经济普查收尾阶段专题工作会议。省统计局副局长杨骁婷，省经济普查办主任、省统计局副局长刘智华，省经济普查办常务副主任、省统计局副巡视员杨少浪，省经济普查办相关专业组负责人及集中办人员参加会议。

会上，杨骁婷、刘智华、杨少浪和省经济普查办相关专业组负责人，分别就各自分管的工作和专业进展情况进行详细汇报并提出合理化的意见建议。总的来看，从5月1日起，"四经普"进入查疑补漏和审核改错工作以来，全省上下始终保持"百尺竿头思更进、策马扬鞭自奋蹄"的精气神，一如既往，稳扎稳打，有序推进，成效显著。5月6日，省"四经普"领导小组办公室召开会议对前期登记工作进行小结讲评，着力推进"四经普"收尾工作。5月9日，省经济普查办印发《关于进一步加强普查数据质量控制有关要求的通知》，从"坚持依法普查，严肃普查纪律；强化组织领导，严格执行普查方案；加强业务指导，规范普查数据修改流程；全面开展数据质量检查，深入整改数据质量问题；强化人员保障，确保普查工作圆满完成"五个方面提出要求。

5月14日，省经济普查办印发《广东省第四次全国经济普查事后质量抽查方案》，对"四经普"事后质量抽查工作作出周密安排。截至5月18日，全省已基本完成一套表调查单位普查登记工作，非一套表单位错误率从4月30日的9.66%降到2.04%，下降了7.62个百分点。

我认真研究了国家规定的第一个时间节点（5月15日）截止之时全省数据上报进度和质量情况，并针对第二个时间节点（6月15日）即将临近，"四经普"所具有的时间交会、人员交流、专业交错、指标交织、精力交困等鲜明特点，提出"消差错、重质量，精安排、抓重点，讲逻辑、夯基础，强领导、勤沟通"要求，确保"四经普"工作达到尽善尽美的效果。

一是消差错、重质量。从5月18日《广东省第四次全国经济普查单位工作进度及质量情况表》来看，

在全省经济普查人尽心竭力的共同努力下，尽管全省错误率下降到了2.04%，其中，广州、韶关、惠州、东莞、阳江、清远6个市错误率不到1%，但还有2个市错误率超过10%。从强制错误数来看，100个以下的仅有韶关、河源、东莞、阳江、清远5个市。产出数据与收入不匹配的

投入产出比

现象，各市仍然存在不小比例。因此，要紧紧抓住时间窗口，尽最大的努力和坚强的毅力，千方百计，消除普查表表内、表与表、指标与指标之间的差错，始终盯着数据质量不放松，防止挂一漏万、残缺不全。

二是精安排、抓重点。从各专业要求上报的时间节点来看，从不同专业抽

调人员时可多可少、可前可后。从不同地区工作进度来看，在人员、技术力量上要适当倾斜进度慢的地区。从省里每天反馈给各市需要查疑补漏和审核改错的数量来看，有的单位多，有的单位少；有的专业多，有的专业少；有的工作难度大，有的工作难度小。针对不同情况，要有不同的应对措施和办法，避免手忙脚乱、应接不暇；避免不分轻重缓急，眉毛胡子一把抓；避免束之高阁，置之不理。总之，要具有全省、全市、全县（区）一盘棋的思想，善于突出重点抓关键，精心安排巧布局，防止顾此失彼、虎头蛇尾。

三是讲逻辑、夯基础。"求木之长者，必固其根本；欲流之远者，必浚其泉源。"无论是作为五年一次的经济普查，还是作为下一步经济核算的基础数据，"四经普"数据的逻辑性和基础性显得格外重要。经济普查已经到了即

将全面收获的阶段，无论是全省的经济总量，还是各市的经济量，甚至是市场活动主体的经济颗粒度，日益变得清晰明了起来。数据本身就蕴含着丰富的质量逻辑关系，如果法产关系不明确、投入产出不匹配、主要指标不平衡，就会造成该进来的进不来，不该进来的进来了，结果前功尽弃。因此，逻辑关系不顺的能不能找回来，重点指标不全的能不能补起来，一看责任心，二看职业操守，三看专业能力。要确保数据经得起推敲和检验，防止"张冠李戴""拉郎配""翘翘板"等现象发生。

四是强领导、勤沟通。加强组织领导是确保经济普查圆满完成的重要保障。据统计，2019年1月1日以来，广州、佛山、韶关、河源、东莞、中山、江门、阳江、茂名、肇庆、清远、潮州12个市市委或市政府的主要领导，都先后指导批示过"四经普"工作；

珠海、汕头、惠州、东莞、江门、阳江、中山、云浮8个市市委常委、常务副市长、市"四经普"领导小组组长指导"四经普"工作前后达3次，其中，阳江市达6次之多。下一步，要进一步加强组织领导，确保上下沟通顺畅、左右联系密切，确保国家和省的指示精神、问题解答不折不扣及时传达到位、落实到底——县（区）、乡镇（街道），防止以会议传达会议、以文件落实文件，防止跑偏走调、"挂空挡"的现象发生。

158
咬定青山不放松，数据完美需助攻

2019年4月30日，第

四次全国经济普查入户登记即将关网收官之际，我到省"四经普"集中办，向坚守在经普工作岗位上的统计人员和奋战在全省普查一线的普查员、普查指导员表示亲切慰问和送上节日祝福，并要求广大普查工作人员"不松劲、不松口、不松弛、不松懈"，确保普查登记圆满收官。

在广东统计数据中央多功能控制室，我主持召开了座谈会，听取"四经普"情况汇报，认真组织学习国务院经济普查办印发的《第四次全国经济普查问题解答（六）》，听取了各专业负责人介绍本专业上报数据质量审核状态，并针对非一套表单位的单位（个体）数错误率和负增加值明显下降，但数据结构还不够完美的实际情况，强调要"不松劲、不松口、不松弛、不松懈"。

越是胜利在望越"不松劲"。从《第四次全国经济普查问题解答（六）》上报要求来看，5月15日前须完成数据上报，只有半个月时间。但这一时段与法定的4天假期和月报时间叠加，必须夜以继日。因此，全省上下要"再添一把火、再加一把油"，确保普查登记圆满收官。

越是数据在手越"不松口"。从《广东省第四次全国经济普查单位工作进度及质量情况表》来看，4月23日，全省非一套表单位的单位（个体）数已上报率均超过100%，这些数据来之不易，不能轻言放弃、置之不理，也不能缺三少四，有的一定要指标健全。另外，针对《第四次全国经济普查问题解答（六）》所列举的单位类型，如"采用新技术、以新业态新模式组织开展经营活动，在当地正常缴纳增值税，能够填报全套普查表，但在'地毯式'清查和普查登记中难以找到，无法使用PAD现场采集数据"等情况，一定要按照国家规定，审核无误后于5月

15日前完成数据上报。

越是行政在编越"不松弛"。从单位性质来看，行政事业单位和民间非营利组织占增加值总量的10%；从占增加值权重来看，海关、公安、市场监督和税务等行政单位权重大，普查登记中要做到一个都不能少。针对行政事业单位和民间非营利组织同城、同区、同院等特点，要采取领导分片包干、重点突破的方法，采集到真实可靠的数据。

越是技术在握越"不松懈"。从2019年1月30日省经济普查办印发关于《广东省第四次全国经济普查数据处理工作指南》的通知以来，先后下发了多份相关文件通知，特别是转发了国家《关于普查数据审核修改有关问题的解

答》通知以后，数据审核修改有据，技术保障有力，没有发生网络技术安全问题，但决不能掉以轻心。从"四经普"单位（个体）数来看，比"三经普"多了44.0%。因此，技术保障的压力更大、标准更高，必须根据数据上报的规律和特点，及时指导，主动作为，精准服务，确保网络安全顺畅。

159
催生一批"编表能手"，解决普查年鉴编辑难题

随着经济普查数据审核结束，国务院经济普查办已经完成普查数据的验收，普查资料开发应用工作摆上日程。按照前三次全国经济普查的工作计划和节奏，编印"四经普"年鉴要等到明年，普查数据的时效性会随着时间的延长而衰减。如何做好"为数据需求者服务"，我认为唯有创新，即需要打

破定势，突破传统，发挥专业骨干的突击作用，鼓励在编表方法手段上创新，在速度质量上同步，在数量上超前。通过这次编表，充分展示专业人才在专业领域的地位和专业素养，充分展示专业人才在构建经济大省之统计强省中的风采和支撑作用。我决定以省"四经普"领导小组名义，给优秀编表者颁发"广东省第四次全国经济普查编表能手"证书，附印在普查年鉴中，并给予通报表彰。

2019年10月10日，我及时发起召开专业委员会议，提出要用科学的方法和思维来破解难题，以绩效考核倒逼责任落实，才能完成"四经普"年鉴编辑这项光荣而艰巨的任务。因此，要敢于担当，主动作为，争做第一个"吃螃蟹"的人，发挥主观能动性，练好"三力"，形成你追我赶的良好局面。以"原创力"克服思想障碍，发扬广东敢为人先的

改革精神，勇于打破常规，向困难挑战，率先拿出全国第一份经济普查年鉴；以"动手力"彰显雷厉风行、脚踏实地的工作作风，在规定的时间内完成专业编表任务；以"执行力"展现胸有成竹、无私无畏，根据广东经济结构的特点，不拘泥于老旧的模板，编出属于广东"四经普"自己的特色。

每天进步一点点

2019年11月15日，经济普查年鉴编辑全部按要求完成，共编撰了500多个汇总表种，多达2 000张表式，超过10 000个指标。普查年鉴表式内容丰富，充分体现了广东经济发展特色，尽可能多地反映了经济普查的成果，为后期的资料开发应用提供翔实的数据支撑。

为褒扬在普查年鉴编辑中涌现出的 29 名"编表能手",我在经济普查年鉴撰写序言《留住记忆——向编表能手致敬》,以"致敬自觉、致敬能力、致敬无私、致敬创新、致敬开放"向所有参与编表的专业人员表示致敬。

160
扎实完成事后质量抽查 综合差错率优于全国

2019 年 6 月 13 日上午,国务院第四次全国经济普查领导小组召开"四经普"电视电话会议。国务院"四经普"领导小组副组长、国务院发展改革委副主任兼统计局局长宁吉喆出席会议,对"四经普"事后质量抽查工作进行动员部署。

根据全国统一安排部署要求,6 月 16 日上午,以国家统计局广西调查总队总队长赵太想为组长的国务院经济普查办事后质量抽查组抵达广东,在广东省统计局召开抽查工作见面会。

我出席会议并作表态讲话。要求全省普查人员:一是要统一思想、提高认识。普查数据质量是经济普查工作的生命线,事后质量抽查是经济普查的重要环节,是检验和评判普查工作的重要依据,也是科学合理应用普查结果的重要要求。二是要深刻认识事后质量抽查工作的重要意义,凝聚起做好事后质量抽查工作的思想合力和行动合力。三是要严格按照有关工作规范的要求做好各项保障,严守有关法律纪律规定,不得以任何方式干预、妨碍抽查组的抽查工作,确保事后质量抽查工作顺利进行。

我同时表示"千淘万

漉虽辛苦,吹尽狂沙始到金"。这次经济普查工作,各级领导重视程度前所未有,单位清查登记总量前所未有,工作指导督促力度前所未有,创新依法宣传浓厚氛围前所未有,投入的人力物力前所未有。省经济普查办要严格按照《第四次全国经济普查事后质量抽查方案》和国家统计局局长宁吉喆 6 月 13 日上午视频会议动员讲话精神,积极行动起来,全力以赴,服从安排,狠抓落实,支持配合国务院经济普查办事后质量抽查组开展工作。同时,省经济普查办要进一步抓好数据的审核、查错改错,强化部门协作,共同做好数据评估确认,扎实做好省级事后质量抽查,编辑整理普查汇总资料,开展普查数据发布,谋划资料开发应用,推进地区生产总值统一核算改革。要以国务院经济普查办事后质量抽查为契机,以刚刚开展的"不忘初心、牢记使命"

主题教育为动力,不断夯实全省经济普查的数据基础,为实现广东"四个走在全国前列"、当好"两个重要窗口",为各级党委政府和粤港澳大湾区建设提供高质量的数据支撑。

国务院经济普查办事后质量抽查组组长赵太想指出,经过广大普查人员整整4个月的艰苦奋战,普查现场登记工作基本完成。广东省经济普查办认真履职尽责,在普查试点、普查准备、普查登记等各项工作中付出了艰苦努力,做出了重要贡献。要求广东省经济普查办要严格按照《第四次全国经济普查事后质量抽查方案》及有关工作规范的要求做好各项保障,严守有关法律纪律规定,严格执行《统计法》《全国经济普查条例》和中央有关文件要求。同时,要严格按照中央"八项规定"及其实施细则精神,轻车简从,规范接待。

会后,我陪同赵太想一行赴广州市进行相关抽查工作安排。专门指示副局长朱遂文、杨骁婷,经济普查办常务副主任杨少浪,分别全程跟随国务院经济普查办3个抽查小组前往被抽查地点,协助开展事后质量抽查工作事宜,圆满完成了国务院经济普查办的事后质量抽查任务。

6月26日,省经济普查办召开事后质量抽查培训动员会,统一组织全省95名抽查人员进行培训动员。当天下午,他们奔赴被抽查地点开展实地抽查,严格按照《广东省第四次全国经济普查事后质量抽查方案》的要求开展全省普查事后质量抽查工作。

7月22日,宁局长再次到广东调研指出,根据国家"四经普"数据质量事后抽查结果来看,广东"四经普"主要经济指标差错率小,总体情况很好、没有问题。国务院经济普查办反馈的广东经济普查事后质量抽查结果表明,广东综合差错率仅为1.05%,优于全国平均水平。

161
关键时间节点 准确反映经济真实存在

在"四经普"数据成果落定与统一核算改革正式启动的历史交汇的关键时间节点上,我在2019年11月6—7日连续两日召开"四经普"专题会,提出"深入梳理基础数据、增强编表颗粒度、统一科学核算方法、弄清摸透经济存在、把握各种核算逻辑",全面客观反映全省经济结构与分布。要求省经济普查办各专业组必须以高度的政治使命感和历史责任感,根据国务院经济普查条例和普查方案,结合广东实际,着力做好如

下工作：

一是深入梳理基础数据。只有综合运用各种统计技术工具和手段对普查数据进行全面深入的综合分析，梳理出全省地区各行业结构基础数据，才能更加准确反映经济真实存在。从宏观中观微观各层面纵深观察细化分析梳理直至经济细胞；从大类中类小类各行业分类横看结构条分缕析梳理直至行业小类；从省内省外市内市外把握流出流入切细切实梳理经济直至干净明白。

二是增强编表颗粒度。举全省之力获取的第二、第三产业经济活动单位数据价值无量，而想要真正使其发挥作用，需要分门别类编制系列数据表，精细到颗粒，方能更好为数据需求者服务。遵循国民经济分类形成编表体系；讲究科学方法，充分利用各种现代统计技术手段编出水平编出特色编出精品；主观能动符合广东实际细化颗粒实用见效。

三是统一科学核算方法。贯彻落实中央、省委关于统一核算工作决策部署是现在这一代统计人肩负的一项重大政治任务和光荣使命，省统计局要严格按照国家统计局的统一部署，利用"四经普"提供的丰富的基础数据，采取统一科学核算方法扎实稳步推进全省统一核算工作。高站位讲大局看长远统一核算思想；理思路讲科学出技术统一核算方法；讲原则守规矩合情理统一核算结果。

四是弄清摸透经济存在。建设现代化统计体系之开展经济普查、实施统一核算等均是弄清摸透经济存在的题中要义。在经济普查和统一核算工作进入关键节点时，省统计局要不负使命牢牢把握这个来之不易来得及时的历史机遇，弄清摸透广东经济"家底"。弄清看透广东作为全国经济第一大省的总量结构速度质量效益；弄清看透广东地区间经济发展不平衡和实际差距；弄清看透地区间新经济动脉的流出流入。

五是把握各种核算逻辑。统一核算是一项系统工程，涉及面广，技术要求高，需要在统一核算中按照国家统计局统一部署和要求，结合广东实际，严格把握各种核算逻辑，核准算清各行业各地区数据。严格把握以普查数据为基础；严格把握以增加值率和普查数据质量等为核算依据；严格把握以统计法律法规为准绳。

在此基础上全面系统深入研究分析全省普查数据，确保数据真实客观反映全省经济结构与分布，并于2019年11月25日形成《关于广东省第四次全国经济普查主要成果的报告》上报省政府，获得了马兴瑞省长对广东"四经普"工作的高度评价："这项工作完成得十分出色！"省委常委、副省长林克庆批示："请发改委按照兴瑞省长批示精神，结合十四五规划编制，进一步分析研究。"

162
谋划"统计味"经济普查课题

为做好广东省第四次全国经济普查资料开发应用工作，充分利用经济普查获取的第二、第三产业总体情况和微观数据，对普查资料进行多层次、全方位分析研究，充分发挥普查资料的社会价值，为广东省研究和制定重大发展战略、落实新发展理念和高质量发展要求提供服务。

我要求省经济普查办公室尽早谋划"四经普"课题研究分析工作，列出研究参考方向课题15个、

专题分析研究参考方向课题30个、统计改革研究参考方向课题14个。最后确定省统计局各相关专业处室承担经济普查分析研究题目44个，各地级以上市经济普查办公室承担分析研究重点题目54个，按照任务分工，明确相关人员抓好落实。

我立足于为我所用的目的，组织专题会议，精心研究确定9个课题面向社会招标，采取公平公正的方法，组织专家组以匿名方式评选出最优课题承担人。

2019年12月24日下午，我主持召开省第四次全国经济普查中标课题质量把关会议，提出"统计味、切入点、守纪律"，确保课题质量。要求各课题中标单位负责人对自己负责的课题思路进行简要说明，并与9个课题中标单位负责人面对面就课题内容进行交流。强调各中标单位要紧扣课题，充分利用"四经普"数据，吃透

研究课题的含义，结合国内先进省份、国外发达地区的情况，从以下几个方面做好课题研究，并形成有质量的报告：

一要有"统计味"。要从统计方法入手，解决好指标、范围、体系等问题。例如，"广东产业链形成与统计方法研究"课题，要基于统计方法研究产业链，反映产业链的发展，保证出来的结果有意义、有突破、有办法。如"生产性服务业统计方法及发展研究"要抓重点，生产性服务业的统计方法是重点，要拓宽视野，不局限于广东，要提出具有广东特色的统计方法，看清数据背后的本质。

二要找好"切入点"。

要找准研究切入点，从某个角度或关联性开始。例如，"粤港澳大湾区统计指标体系及方法研究"，要从统计指标体系切入，研究好内地、香港、澳门指标体系差异，提出粤港澳大湾区可比的指标体系；"广东中长经济发展模型与趋势研究"，要重点研究第二产业比重与经济增长速度的关系，并且找到其他关联因子，如 R&D 投入与之关联性等；"结合普查数据地区经济增长动力转换的定量分析"，对第二产业比重在不低于 40% 的情况下动力能不能转换、转不转得过来，要有定量的模型和权重；"新经济的统计测度与 GDP 和核算的相关研究"，要从新经济概念内涵切入，找到各地区的新经济所占比重，以及与之相关联的经济增长关系。

三要"守纪律"。严格遵守《广东省第四次全国经济普查课题招标管理办法》和《广东省第四次全国经济普查研究课题委

托研究项目合同》的要求，尽快提交课题研究大纲，报省经济普查办审定。课题成果不能一稿两用，课题研究最终成果版权属省经济普查办、省统计局所有。未经省经济普查办、省统计局同意，中标方不得擅自对外公开发表或向第三方提供研究成果。

163
普查由问题导向荐
出广州市统计局副局长

2019 年 2 月 25 日，我在参加广东省市厅级主要领导干部坚持底线思维着力防范化解重大风险专题研讨班期间，利用课间、午间和餐间等间隙，与省委常委、广州市委书记张硕辅汇报交流了"四经普"入户登记进度情况。

我对硕辅书记说，当下广州市的个体户清查数量较少、上报率较低，少于深圳、低于东莞，明显与广州实际情况不符。从单位底册数来看，广州占全省比例较大且多数经济主体体量大、影响大，在登记中，如果少一个就会缺一大块；从单位规模来看，广州的总部、楼宇经济发达，看似不起眼的办公场地，人数不多的工作人员，一年产值就有几千万，形小而量不小。只有确保广州单位底册数悉数登记到位，才能保证全省经济普查的总量。硕辅书记对此深表赞同，表示一定要高度重视、形成合力，圆满完成经济普查各项工作。此后，广州的个体经营户抽样上报率确实有了明显提高。

通过这次沟通交流，硕辅书记对"四经普"工作细节有了更多的了解，对全省几十万普查指导员、普查员的辛勤工作有了更深的认识。他认为，在涉

及这种重大国情国力调查中锻炼和培养干部是十分重要且必要的，今后选拔任用干部也要酌情考虑在经济普查中有突出表现、经得住考验的优秀年轻干部。

正是在这种背景下，2019年11月，广东省统计局统计执法监督处（统计设计管理处）处长黄日何同志，被广州市委组织部任命为广州市统计局党组成员、副局长，成为全省几十万普查指导员、普查员通过在经济普查中的辛勤工作、突出贡献而获得个人进步的缩影和代表，也开启了省统计局对外交流干部的序幕。

一直以来，统计系统由于专业性太强，导致在干部对外交流上存在一定的局限性，省统计局更是极少有对外交流干部的机会。此次经济普查期间，我多次利用市厅级主要领导干部专题培训班、到地市调研、到厅局地市讲课的间隙，积极向各市、各

部门的主要领导汇报交流"四经普"工作情况，不断争取党政领导对经济普查和统计工作的理解与支持。此次通过交流经济普查工作中的存在问题的契机，而促成年轻干部被提拔为市统计局副局长的一件"美事"，在全省统计系统、普查工作者之间被传为佳话，佛山市统计局也有意在省统计局选拔一名年轻干部出任副局长。看到省统计局的年轻干部在经历了经济普查的"大考"后，越来越被认可，我这个"大家长"也倍感欣慰。

164
受彰于京城第一场雪中，获国家、省先进

2020年1月6日，北京于昨夜下了入冬以来的第一场雪，国务院第四次全国经济普查总结表彰大会在北京友谊宾馆召开。我和刘智华出席大会。广州市统计局副局长罗志雄代表广东省"第四次全国

经济普查先进集体"、东莞市经济普查办樊丽娟代表广东省"第四次全国经济普查先进个人"上台领奖。

广东省第四次全国经济普查工作按照国务院的决定和国务院第四次全国经济普查领导小组办公室的部署，在省委、省政府的坚强领导和各部门的大力支持下，经过各级普查机构的精心组织和广大普查人员的辛勤劳动，完成了方案设计、综合试点、单位清查、现场登记、事后质量抽查、数据汇总评估等各项工作，取得了重大成果，客观、真实、准确地反映了广东省经济社会发展情况，受到了省主要领导的高度评价。

在普查工作中，全体

普查人员兢兢业业，团结拼搏，克服了各种困难，开拓进取，无私奉献，出色地完成了普查任务，涌现出一大批工作突出的集体和个人，受国务院第四次全国经济普查领导小组表彰的 45 个先进集体和 39 名先进个人就是他们当中的杰出代表。广东省所获先进集体、先进个人数量均居全国第一，这表明国务院第四次全国经济普查领导小组对广东省第四次全国经济普查工作的充分肯定和高度认可。

除了国家表彰，广东省也对在第四次全国经济普查工作中做出贡献的单位和个人进行了表扬。2019 年 12 月 31 日，广东省第四次全国经济普查领导小组、广东省统计局决定授予广州市荔湾区站前街道第四次全国经济普查领导小组办公室等 150 个单位"广东省第四次全国经济普查优秀集体"称号，授予谭雪珊等 300 人"广东省第四次全国经济普查

优秀工作者"称号。

165
创新《广东普查报告》，打造广东统计新品

第四次全国经济普查各项工作已基本完成，马兴瑞省长在肯定"四经普"工作的同时，也对运用好"四经普"成果提出了明确要求。如何完成马兴瑞省长布置的任务，充分发挥好五年一次的经济普查成果的经济效益和社会效益，我陷入了深深的思考。

突然，书桌上工作人员送来的一份《广东统计报告》和《广东人口普查工作简报》映入我的眼帘。五年一次的经济普查，十年一次的人口普查，十年一次的农业普查，何不出一份《广东普查报告》，作为三大普查成果展示载体之一呢？

2020 年 2 月 13 日上午，我发起统计专业委员会会议，智华、少浪、丽

莹、汉杰、惜君、文学参加，研究讨论《广东普查报告》的编辑刊发问题。会议讨论热烈，大家对我的建议十分赞同，一致同意编辑刊发《广东普查报告》。

大家一致认为，为了更好地反映广东利用普查调查数据形成的学术性研究成果，为党政领导和部门提供数据质量服务，刊发《广东普查报告》，有利于统计工作者向外界展示深度挖掘普查调查数据形成的最新研究成果，对于扩大广东统计的影响力具有重要意义。《广东普查报告》刊发工作经局党组研究通过后实施。

我在会上做了小结，对《广东普查报告》提出了三点要求。一是《广东普查报告》作为与《广东统计报告》并行的统计刊物，采取同样的发送范围，列入省局专业年度统计分析报告考核同等条件要求。二是《广东普查报告》以纸介质和电子介质（在"广东统计信息网"开设专栏）形式，不定期刊发。刊登内容来源于全省统计系统和省直有关部门人员根据每一次大型普查、调查获得的统计资料而进行分析撰写的专题报告、理论研究报告以及实证分析报告。刊登内容以精品为主，达到中高端的要求。三是《广东普查报告》由省统计普查中心负责组稿和审稿，分管局领导审核把关，局长终审把关。普查中心要明确管理人员，切实落实好编辑责任，真正把刊物办好。

普查中心动作很快，汉杰牵头认真研究了《广东普查报告》刊发编辑的流程和经费等有关工作，向人事处提交了关于刊发《广东普查报告》上会材料。2月17日，省统计局党组2020年第七次会议审议并同意编辑刊发《广东普查报告》。各处室也迅速响应，积极踊跃向普查中心提供有关"四经普"的高质量稿件。2月28日，我签发了《广东普查报告》第1期——核算处李珠桥撰写的《防范和化解金融风险分析研究——基于广东省第四次全国经济普查数据》。

《广东普查报告》发行期数稳步增加，截至3月底已累计出版发行11期。编辑人员严格把控稿件审核流程，层层把关，确保刊物出品的高质量。

《广东普查报告》第一批上报国家的7篇文章中就有5篇被国家统计局采用，采用率达到了71.4%。其中，《防范和化解金融风险分析研究——基于广东省第四次全国经济普查数据》（第1期）、《单位数跃居各行业之首　批零业聚集态势增强》（第2期）、《广东工业能源消费和利用效率研究》（第6期）和《企业研发投入加大　科技实力稳步提升》（第7期）共4篇获国家统计局信息网采用，《加强经济普查数据质量管理的研究与思考》（第4期）获《中国统计》第3期刊发。

《广东普查报告》多篇报告获上级领导批示。其中，《防范和化解金融风险分析研究——基于广东省第四次全国经济普查数据》（第1期）、《单位数跃居各行业之首　批零业聚集态势增强》（第2期）和《广东法人单位状况分析研究》（第3期）3篇报告获省委常委、广州市委书记张硕辅的批示。《加强经济普查数据质量管理的研究与思考》（第4期）获国务院经济普查办常务副主任、国家统计局总统计师曾玉平批示：请设管司、普查中心阅研。程子林司长阅后认为：本文很有价值，请何平同志和方法处阅，亦请李智同志阅参。按国家要求有两篇优秀分析文章向国家统计普查中心推荐上报。

《广东普查报告》已成为广东统计的"拳头产品"。伴随着刊发期数的增加，有理由相信，它将会刊发出更多的高质量普查报告，以充分发挥经济普查资料的作用，为助力广东统计"创新数据服务年"发挥更大作用。

166

打下基础，留下记忆，继续奋斗

2018 年以来，在省委、省政府的坚强领导下，在各地区、各部门和各级普查机构的共同努力下，经过广大普查人员的艰辛努力以及全省广大普查对象的积极参与配合，广东省第四次全国经济普查完成方案设计、单位清查、现场登记、事后质量

抽查、汇总评估等各项任务，取得了重大成果。

普查结果显示，2018年末，全省共有从事第二产业和第三产业活动的法人单位 312.66 万个，比2013 年末增加205.40 万个，增长 191.5%；产业活动单位 338.86 万个，增加213.32 万个，增长 169.9%；个体经营户 517.60 万个，增长 12.9%。

国家统计局依据广东省第四次全国经济普查资料，统一核算修订后的广东 2018 年地区生产总值为99 944.70 亿元，比快报增加 2 666.9 亿元，增加幅度为 2.74%。其中，第一产业增加值 3 838 亿元，增加 6 亿元；第二产业增加值 41 398 亿元，增加703 亿元；第三产业增加值 54 709 亿元，增加 1 958亿元。三次产业的比重由快报的 4.0：41.8：54.2变动为 3.9：41.4：54.7。

广东事后质量抽查普查数据填报综合差错率仅为 1.05%，充分表明普查

数据质量符合控制标准，是真实的、靠得住的。

马兴瑞省长在省统计局呈报的《关于广东省第四次全国经济普查主要成果的报告》上批示"这项工作完成得十分出色"；对2019 年广东统计工作作出批示："圆满完成第四次全国经济普查，为广东经济做了一次高质量'体检'。"国家统计局局长宁吉喆来粤调研时说道："没有广东普查的成功，不能说全国的成功。"

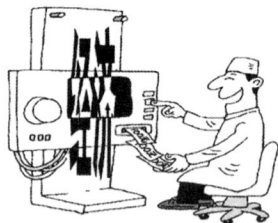

一串串鲜活的数字，一篇篇深刻的分析，一句句动人的鼓励，是全省统计人在经济普查年份最深最真的记忆，也激励着我们继续拼搏奋进。同志们，我们"五经普"再续辉煌。

三、系统谋划的"七人普"

167

粤港澳合作，着眼"四个形成"，谋划推进"七人普"试点

2019年9月18日，我们在珠海召开第七次全国人口普查港澳台和外籍人员普查登记试点工作总结会，进一步加强粤港澳大湾区政府统计机构在人口普查工作方面的交流合作。

首先，诚挚欢迎并感谢出席会议的国家统计局人口就业司一级调研员徐岚，香港特别行政区政府统计处高级统计师黄倩庄，澳门特别行政区政府统计暨普查局副局长麦恒珍，人口、社会暨就业厅厅长李慧冰以及珠海统计局局长周峰，深圳市统计局副局长谢军徽。

然后，我特别感谢一直为试点工作默默付出艰辛努力的深圳市、珠海市各级工作人员。

我认为试点工作十分有意义并且获得了较好效果。人既是生产者也是消费者，是经济社会的重要组成部分，人口统计和人口普查工作十分重要，同时人口普查工作也是粤港澳政府统计机构开展业务交流合作的重要内容。我们要以"四个形成"谋划推进广东省2020年第七次全国人口普查工作：

形成普查登记入户案例示范。以试点为基础，收集整理普查登记入户示范案例，编印成册，为2020年人口普查提供实战案例参考。

形成试点总结报告。省统计局人口和就业处要抓紧时间，在初稿基础上，根据会议讨论结果对总结报告初稿进行补充、修改并及早上报国家统计局。

形成工作方案。面对日益复杂的调查环境，广东2020年第七次全国人口普查要早动手、早谋划，根据这次试点出现的新情况、新问题，提前做好广东省2020年第七次全国人口普查工作方案。具体方案要明确三方面的工作思路：以行政记录为基础、以入户登记为核心、重视新技术运用。

形成一个工作平台。要借鉴第四次全国经济普查的成功经验，以"广东智能普查"为基础，构建广东省2020年全国人口普查智能平台。

168

"重比对、强研判、精切入"，创新应用大数据技术，助力"七人普"工作开展

2019年12月26日上

午，我召集省统计局人口和就业统计处、数据中心等相关人员，与大数据技术团队专题座谈交流，探讨在统计工作中进一步创新应用大数据技术的工作思路，有效助力第七次全国人口普查等大型国情国力调查工作开展。

对运用大数据等新一代信息技术助力推进第七次全国人口普查工作，我提出了"重比对、强研判、精切入"三点要求：

注重比对，利用大数据助力提高普查登记质量。采用新技术手段、利用大数据进一步提高普查数据质量是广东开展"七人普"工作的主要思路之一，通过将行政记录整理结果和入户摸底结果与大数据分析结果进行客观合理比对，从宏观层面上助力防止出现连片的错报漏报现象，提高对普查数据的监控能力。

切实加强大数据与普查对象登记资料衔接方面的分析研判，使经过整理的大数据能够成为助力提高普查登

记质量的有效参考资料，避免因口径不一致产生误导，甚至引起社会质疑。

找准在"七人普"中应用大数据的关键切入点，在人口普查登记工作量大、入户难度大的城镇地区，特别是珠三角地区主要城市的市辖区，通过大数据技术获取与普查登记口径基本一致的区域人口资料，这方面的工作需求尤为迫切，须主动加强与有关市沟通协商。

169
鞍马犹未歇，战鼓又催征，马兴瑞省长发出"七人普"动员令

刚刚完成五年一次的

全国经济普查，又迎来十年一次的全国人口普查。2020年1月19日下午，广东省政府召开全省统计工作暨第七次全国人口普查动员电视电话会议，学习习近平总书记对统计工作的重要论述，认真贯彻第七次全国人口普查领导小组和全国统计工作会议精神，总结"四经普"等2019年全省统计工作，研究部署第七次全国人口普查等2020年全省统计重点任务。省长马兴瑞出席会议并讲话，省委常委、常务副省长林克庆主持会议，省政府秘书长、办公厅主任刘小涛参加会议。我在会上汇报了2019年全省统计工作和全省"七人普"准备情况。

马兴瑞省长高度评价广东省"四经普"取得的重大经济成果。在党中央、国务院缜密部署和省委、省政府的坚强领导下，在全省各地区、各部门特别是统计部门的努力下，广东省"四经普"圆满完成

方案设计、单位清查、现场登记、事后质量抽查、汇总评估等各项任务。经过经济普查和国家统一核算核定，2018 年广东经济总量 9.99 万亿，比快报增加 2 666.9 亿元，稳居全国之首，数据质量在国家随机抽查差错率仅为 1.05%，低于全国的 1.09%。通过普查，摸清了全省第二产业和第三产业的发展规模、布局和效益，了解了广东产业组织、产业结构、产业技术、产业形态的现状以及各生产要素的构成，全面准确反映了广东供给侧结构性改革、新动能培育壮大、经济结构优化升级等方面的新进展，为省委、省政府科学决策提供了数据支撑。

马兴瑞省长指出，要高度重视统计工作。习近平总书记高度重视统计工作，对统计工作作了一系列重要论述，中央专门出台了关于统计工作的实施指导意见，特别是最近召开的中央纪委全会和十九届四中全会都把统计监督与统计工作作为推进国家治理体系与治理能力现代化的重要组成。统计工作是经济工作、社会发展工作中最重要的基础性工作，既有统计调查，又有统计分析，还有统计监督。全省各级政府要高度重视统计工作，特别是政府部门的主要负责人，要提高思想认识，全面重视统计工作；要客观看待经济发展和经济统计工作，尊重统计规律，不能片面追求 GDP 总量、增量；要善于利用统计科学发现、研究经济社会发展问题，要深入调研，走进基层，与市场主体面对面分析解决问题，把统计工作作为推进国家治理体系和治理能力现代化的重要手段。

马兴瑞省长强调，要认真做好"七人普"工作。人口普查十年一次，是一次搞清楚、搞准确广东人口总量、结构等的难得机会。一个经济体真正的竞争力是人力资源，改革开放四十年，中国之所以取得举世瞩目的成绩，关键是拥有丰富的人力资源。广东正打造开放性经济体，竭力吸引各方面人才。"七人普"人口数据将是政府制定教育、产业、医疗、民生等政策的主要依据，为建设宜居宜业广东，提高广东吸引力提供决策参考。各级政府要提高对"七人普"重要性的认识，客观看待人口普查，实事求是，全面查清全省人口数量、结构、分布等情况，真实准确客观反映广东经济社会发展变化，为促进人的全面发展、推动广东高质量发展提供扎实的数据支撑。

马兴瑞省长要求，全省各级政府要加强对"七人普"的组织领导。省委、省政府高度重视"七人普"工作，各级政府要认真贯彻落实全国"七人普"领导小组会议精神，周密部署各项准备工作，全面推进"七人普"各项任务。省委常委、常务副省长林克庆任"七人普"领导小组组长，主抓"七人普"工作，各地市也要安排常务副市长开展普查工作，最好是市政府主要领导亲自抓，全力以赴做好"七人普"各项工作，打好统计数据基础。

会上，我汇报了2019年全省统计系统以创新为驱动构建经济大省之统计强省的工作主线和亮点，尤其是"四经普"工作取得的重大成果和统计"7 + n"改革创新成绩，并介绍了全省人口普查准备工作情况和下一步工作安排。

170
从"内务、内勤、内部"切入，"前松后紧""前内后外"推进"七人普"

2020年3月19日，省

统计局党组对全省第七次全国人口普查准备工作进行了专题研究。

在听取省人口普查办的工作汇报后，我肯定了前一阶段全省人口普查准备工作，分析了在新冠肺炎疫情影响下人口普查面临的"前松后紧""前内后外"的形势，并就做好下一阶段工作提出从"内务、内勤、内部"扎实有序推进广东"七人普"工作。

抓内务梳理人口基础数据。先从省直部门层面出发，协调省公安厅、卫健委、民政厅、教育厅、政数局、数广公司等有关部门获取人口基本信息，进行整理、分析，为正式开展普查数据比对奠定基础。

抓内勤准备各类业务

方案。各级人口普查办适当时候要集中办公，组织人员学习熟悉人口普查方案，精心准备普查试点、业务培训、数据处理、宣传动员等工作方案，下足功夫，练好内功，未雨绸缪，一旦疫情过去，马上可以全力推进各类普查业务。

抓内部远程协调机构、人员、经费"三落实"。目前全省人口普查准备工作总体进展是顺利的，全省21个地级以上市完成人口普查领导小组组建，87%的县级成立人口普查领导小组，落实本年度市本级人口普查经费1.3亿元，县本级人口普查经费3.8亿元。但是，也存在个别市、县工作进度较慢等情况。省人口普查办要继续督导各地普查机构、人员、经费落实，省统计局领导也要落实推进在"创新数据服务年"建设中加强省统计局联系地市工作机制，分别对负责联系指导的市进行督导，及时补足短板推动工作落实。

171
"代表性、创新性、质量性",切实抓好省级人口普查综合试点工作

2020年4月9日,省统计局党组集中听取广东省第七次全国人口普查领导小组办公室关于全国会议主要精神汇报,专题研究省级综合试点等人口普查近期工作。

在听取汇报后,我结合当前亟须谋划推动的五项工作,提出以"代表性、创新性、质量性"落实全国会议精神,抓好省级综合试点工作。

一是召开全省人口普查工作视频会议,传达落实好全国会议精神。同意4月15日召开全省人口普查工作视频会议,总结前一阶段工作情况,研究解决存在问题,部署落实下一阶段工作任务。

二是加快推进乡镇人口普查机构组建。目前,广东在市县级普查机构组建上走在全国前列,要在前期打下的良好基础上加快推进乡镇普查机构组建,争取在4月底提前完成组建任务。

三是谋划好省级普查综合试点。同意广州市承担省级普查综合试点任务,要精心设计好试点方案。试点要突出体现代表性、创新性:选定的试点区域要有充分的代表性,要考虑人口的流动性和复杂性,更加体现广州人口特征,试出问题,试出经验;在疫情防控的形势下,试点工作要有创新性,既要遵循普查试点方案,又要在工作方式方法上突破常规,可考虑通过现场视频等形式,让全省各地在网上观摩试点入户访问登记全过程。

四是加强组织协调。省人口普查办要继续抓好日常工作督导。针对部分地区工作的薄弱环节,列出问题清单,继续发挥省统计局领导挂点抓落实的作用,督导各地狠抓工作落实。

五是把好全过程质量关。人口数据是经济社会最重要的基础资料,要坚持"两防"(防注水、防少漏),实事求是地摸清全省人口家底,经得起抽查核查,经得起历史考验。

172
走实走稳,广东"七人普""六月七步"

目前距离普查标准时点2020年11月1日零时仅剩六个月时间,广东作为人口大省、流动人口大省,普查工作任务重、时间紧,务必时不我待、争分夺秒以"七个步骤"为关键走实走稳,每一步都至关重要。

一是务实搭台。各地

高度重视普查工作，目前省、市、县（区）、乡镇（街道）各级人口普查机构均已全部成立，其中16个市组成由政府主要领导担任领导小组组长、部门主要负责人担任领导小组成员的"七人普""高配机构"。领导小组和办公室这个"台子"已经搭起来，接下来要从纸上落到具体，进一步落实人员配备、经费到位，开展具体业务工作，发挥"台子"作用。这就好比庙已建成，庙里的和尚如何分工挑水等是一个道理，要进一步推动普查机构人员、经费、政策落实落地。各地工作进展情况不一致，还没有落实好的要及时跟踪汇报，按照省人口普查办统一部署和要求，把自己置身全省进行对照补强，为下一步工作开展打牢基础、提供保障。

二是摸清底册。底册不清，则方向不明，形成高质有效的普查底册是基础。省人口普查办目前对全省情况已有比较清晰的底册框架，各地也必须尽快掌握了解本地底册情况，应坚持"三通"来摸清各项行政记录："各显神通"，要充分发挥各自优势，进一步加强收集、比对、整合卫健委、公安部门等提供的行政资料，并将优秀经验做法以工作简报、信息等形式及时在全省各地推广。"上下贯通"，省、市、县（区）、乡镇（街道）各级要加强沟通，各自收集掌握的部门行政记录要互相对碰、查缺补漏、清洗数据，形成真实准确的底册，减少后续工作量。这既是工作要求，也是工作方法。疫情期间，人口流动出现新变化，复工返工的复杂性、不确定性在增加，要及时了解掌握最新情况并做好信息的上下传递。"底册连通"，各级整理形成的普查底册要通过网络、系统连接起来，综合应用。这是大数据时代的要求，也是构建经济大省之统计强省"强大"的要求，充分体现数据的质量性要求。江门的试点和接下来广州的综合试点，各市都要参加，要试出更多更好的方法、提供更多鲜活的案例。

三是开展试点。这次会议主要是进行动员、行政资料整理培训和工作交流。省人口普查办确定广州、江门两个试点城市，目的是通过试点暴露问题、发现问题，试点单位要如实记录试点过程中遇到的问题和难点，通过不断发现错误，及时总结，加以完善。试点不怕试出问题，最怕发现不了问题，问题可以是共性的，也可以是个性的。出现问题可以研究讨论，试出破

解方法，及时与国家沟通提出解决的方法和经验，为全面、正式普查扫除障碍，高质量完成十年一次的人口普查工作。2019年，广东作为全国唯二的省份之一，在全国统计工作会议上分享港澳台和外籍人员普查登记试点入户登记百例，获得各省广泛好评。今年的试点也要试出成果并分享经验，充分体现试点的意义和价值。

四是抓好培训。各地要切实抓好抓紧各项培训工作，精心挑选实践经验丰富的同志担任授课老师，充分准备培训课件，理解、吃透现行普查方案制度，反复开展试讲、问答，锻炼培养出一批优秀授课讲师，省人口普查办将参照"四经普"的做法授予他

们"金牌讲师"称号，从而建立起省、市、县三级普查精干力量，培训出大量优秀普查指导员、普查员，为圆满完成"七人普"工作提供坚实的人力人才保障。

五是入户上门。6月下旬广州的综合试点是一次全流程、多环节的综合演练，要开展入户上门登记，范围涉及社区、农村，会遇到大量外籍人口、疫情期间人口流动不确定等诸多"六人普"没有遇到过的问题，入户上门如何交流沟通、如何配备一定比例能使用英语交流的普查员、如何确保取得真实准确的普查数据等都是试点需要检验和解决的。正式入户登记时，要充分借鉴和吸取综合试点的经验，有技巧有经验、耐心细致向普查对象讲解政策要求和填报内容，取得普查对象的信任和配合，顺利完成普查登记。

六是真实可信。根据新形势的需要，"七人普"

将探索采用普查对象自主填报、电子设备采集、数据实时直接上报等新做法，上传的数据要真实准确，有理有据，经得起历史的检验。马兴瑞省长明确要求实事求是搞准广东人口真实情况，各地要放下包袱、顾虑，坚持依法普查，严格保护普查对象个人信息，加强"两防"（防注水、防少漏），切实保证人口普查数据质量，从而对历史负责。

七是序时进度。国务院、省人口普查办都制订了"七人普"工作进度安

排，每一个步骤、每一个阶段都有时序要求，当前主要是编印简报、召开会议等前期准备工作，接下来要挂图作战，进一步强化时间节点要求，按进度、按要求有序开展，层层抓好落实，压实工作责任，推动人口普查工作顺利实施。

"七个步骤"每一步都至关重要，在七个步骤里，步与步之间有的是顺着走，有的是平行或交叉着走，有的是从始至终都要走，需科学应对，精准行好每一步。全省各地在做好疫情防控工作的同时，要坚持科学、实事求是，加强领导、精心组织，强化协作、密切配合，选好配强普查指导员和普查员队伍，确保人口普查工作顺利实施，为推动广东高质量发展，落实省委、省政府"1+1+9"工作部署提供坚实保障。

173
"两好、两感、两之、两线"，全面推进广东"七人普"

2020年6月21日上午，广东省2020年第七次全国人口普查综合试点（广州番禺）启动仪式在广州市番禺区番禺宾馆举行。我作为省"七人普"领导小组副组长出席仪式并讲话，广州市政府副秘书长刁爱林，番禺区常务副区长吴惠垣，省人口普查办主任、省统计局副局长朱遂文出席仪式，广州市"七人普"领导小组副组长、市统计局局长赖志鸿主持仪式。综合试点启动仪式标志着广东省"七人普"综合试点于6月21日起正式开展入户调查。

人口普查十年一次，是重大国情国力调查。我在启动仪式致辞中提出以"两好、两感、两之、两线"推进广东"七人普"工作，切实摸清广东的基

本状况，为省委、省政府决策提供统计保障。

"巩固好基础、保持好势头"。省长马兴瑞今年初出席全省统计工作暨第七次全国人口普查动员电视电话会议，研究部署有关工作；省里成立了以省委常委、常务副省长林克庆任组长，省直相关部门负责人任成员的省"七人普"领导小组，全省16个市组成由政府主要领导担任领导小组组长、部门主要负责人担任领导小组成员的"七人普""高配机构"；2019年以来，相继在深圳、珠海开展港澳台和外籍人员国家级试点，在江门开展人口行政资料整理省级专项试点。这些都为人口普查工作顺利开展打下了非常好的基础，全省上下要在这么"好"的基础上，将"好"的势头持续下去，直到11月的全面正式普查顺利完成。

"增强紧迫感、保持节奏感"。广东作为人口第一大省，流动人口多、人员

结构复杂，现在距离普查标准时点 11 月 1 日零时仅剩四个多月时间，要全面查清全省人口数量、结构、分布等情况，以及人口就业、婚姻生育、人口迁移流动等特征，任务重时间紧，全省上下要切实增强工作紧迫"感"。省人口普查办制订了工作进度安排，挂图作战，每一个步骤、每一个阶段都有时序要求。此次邀请了全省 21 个地级以上市的 100 多名人口普查工作组织者和业务骨干来观摩、学习、推广省级综合试点经验，要进一步强化时间节点要求，保持工作节奏"感"，按进度按要求有序开展人口普查工作。

"既来之则安之"。番禺文化积淀深厚，要安下心来去发现去捕捉问题，不怕遇到问题，就怕发现不了问题，要有敬业之心、职业之心，走进试点走进社区。番禺区作为省级综合试点具有很强的代表性，番禺的省级综合试点搞好了，对全省的普查工作都有很好的借鉴意义。"七人普"将探索采用很多新的做法，包括互联网自主填报、电子设备采集、数据实时直接上报、行政记录比对以及推行大数据运用等，各地要从番禺试点汲取基本经验做法，遇到问题积极寻求破解之法。此次试点组织了普查业务知识培训和现场入户实践操练，来参加的业务骨干要认真观摩学习，回去后要当老师，对普查指导员和普查员开展培训，将试点经验做法带回去传下去。"七人普"要培养锻炼出一批优秀老师，并授予他们"金牌讲师"称号。

"守住数据质量底线、保住数据质量生命线"。省长马兴瑞明确要求实事求是搞准广东人口真实情况，各地要放下包袱、顾虑，坚持依法普查，切实保证人口普查数据质量。全省上下要守住数据质量底线、保住数据质量生命线，确保"七人普"数据经得起质量抽查，经得起执法检查，确保"七人普"结果是合格品、优质品，希望和期待全国人口第一大省人口普查数据质量第一好，无愧于十年一次的人口普查。

在接受广州电视台等新闻媒体采访时，我就当前普查面临新情况新问题做出回答："新冠肺炎疫情对普查组织工作及普查员上门带来一定的负面影响，但疫情防控期间社区排摸的典型经验及排摸基础资料又对人口普查有一定的借鉴作用。作为此次试点的番禺区既有城市常住人口，也有进城务工的外来流动人口，还有一些外籍人口，在这里进行试点可以为全面正式登记普查积累经验。"

启动仪式相关活动结束后，我和参加仪式活动的领导一起参观了试点指挥部，通过视频连线方式观摩入户登记、指导普查工作，并与普查员及普查对象进行亲切交谈，详细询问工作情况和困难，感谢他们为普查工作所做的贡献。随后，我们前往本次试点之一华景社区指导入户登记工作。

174
"细、增、多"，优化设计"挂图作战"LED 显示屏

为推进全省第七次全国人口普查工作，落实省领导到省人口普查办调研时提出的"统筹谋划，挂图作战，按进度推进"指示，省人口普查办近期完

成 LED 电子显示屏的安装并投入使用。

2020 年 7 月 22 日，我带领在家的省统计局班子成员及二级巡视员到省人口普查办对 LED 电子显示屏进行验收。在观看电子显示屏内容演示后，我对显示屏的设计内容表示充分肯定，同时对显示屏的优化设计提出三点要求：一是在时间上再"细"。在全省常住人口数据实时变化的设计上再细化，令人更明显感受数据的动态变化。二是在内容上再"增"。在全省人口数据基础上增加香港、澳门数据，与时俱进展示粤港澳大湾区人口发展变化趋势。同时增加全省人均 GDP 数据，充分展示广东人口大省的产出效率。三是在功

能上再"多"。显示屏增加视频连接各地功能，实现省市互动交流，达到更好的指挥作战效果。

175
再部署，提要求，林克庆常务副省长要求"七人普"各项工作抓细抓实

2020 年 7 月 29 日，国务院召开第七次全国人口普查电视电话会议后，省政府紧接着召开广东省"七人普"电视电话会议，迅速传达贯彻国务院会议精神，部署全省下阶段工作。省委常委、常务副省长、省"七人普"领导小组组长林克庆作工作部署要求。我主持会议。

林克庆副省长指出，人口普查是党中央、国务院部署的一项重要政治任务。"七人普"被写入2020 年政府工作报告，是今年各级政府和成员单位的一项重点工作。各级政府和普查机构要认真贯彻

落实韩正副总理的讲话精神，按照国家统计局及各相关部委和省委、省政府部署要求，扎实做好普查各项工作，确保全省人口普查高质量完成。

林克庆副省长强调，要全力以赴、扎实做好人口普查下一阶段重点工作。一要切实做好普查保障。进一步落实好普查经费和普查设备，尽快完成普查物资招标采购工作。二要继续做好行政记录整理工作。充分发挥行政记录在普查工作中的作用，加强与公安、自然资源、卫生健康、人力资源社会保障等部门的信息共享，为普查登记信息与相关行政记录的比对工作提供数据支撑。三要切实做好户口整顿工作。公安部门要加强与各地人口普查办的沟通协调，共同推进户口整顿工作的开展，做好集中整顿后的数据整理和汇总。四要认真选聘普查人员。全省需要67万名普查指导员和普查员，要抓紧组建

普查队伍，结合各地具体情况，有针对性、创造性地开展教育培训。五要认真实施入户登记。各级普查机构工作人员要深入登记现场，进行具体指导和检查，同时注意加强疫情防控。在普查数据采集原则上采用电了化方式，鼓励普查对象以自主填报方式登记信息。六要继续加大宣传工作力度。要聚焦重点宣传人群和重点宣传内容，开展针对性强、形式多样的宣传活动，注重发挥主流媒体和新媒体作用。

林克庆副省长要求夯实责任，切实把人口普查各项工作抓细抓实。一是加强组织领导。地方各级政府确保责任到位、措施到位、保障到位，各级普查机构要倒排工期、明确时限，确保普查各项工作协调、有序进行。二是加强统筹协调。各级普查机构要切实发挥好牵头单位的作用，与各地各部门加强沟通协调。三是加强风

险防控。坚持底线思维，切实加强全省人口普查系统预防风险的能力，保证"七人普"的顺利进行和普查数据的安全，确保统计数据质量。四是压实责任。建立健全人口普查责任制，定期对普查工作进行督促推进，落实落细各项工作任务。

随后，我在总结时提出三点建议要求：一是会后各地各单位要第一时间向主要领导汇报本次会议精神，按职责认真贯彻落实。二是做好当前普查的经费物资保障、人口行政记录整理、户口整顿、区域划分和地图绘制、两员"选聘"等重点工作，还要加大宣传力度，使群众理解、关心、支持和参与人口普查。三是竭尽全力

高质量完成人口普查。人口普查调查项目多、工作环节多、涉及面广、工作要求高。"七人普"登记报表包含短表、长表、港澳台居民和外籍人员普查表、死亡人口登记表四个表，总共有91项需要填报的内容，工作量大，特别是这次普查首次加入居民身份证号码的调查项目，增加与其他部门资料的复查比对环节，人口普查向精细化普查迈进，对工作要求和数据质量提出更高要求。各地要迎难而上，奋力拼搏，高质量完成普查工作。各地要在8月10日前将会议贯彻落实情况报省人口普查办。

176
"四要求"，查缺补漏，落实"七人普"专项督查发现问题

2020年8月6日，省统计局党组召开会议，听取广东第七次全国人口普查专项督查情况的汇报，了解前期全省21个地级以上市专项督查的基本情况、存在问题和采取的相关措施，并听取了省人口普查办针对各市反映的问题提出下一步工作建议。

在听取完汇报后，我充分肯定了此次专项督查取得的积极成效，通过督查发现了问题，以督查解决问题、推动落实，有助于下一步工作的开展。目前人口普查工作已经进入临战关键阶段，省人口普查办要进一步抓好各项工作安排落实。

一是厘清问题、压实责任。省人口普查办要"马上办抓落实"推进各项工作，明晰自身责任，发挥好牵头作用；各级人口普查办和统计部门不能"等靠要"，要切实担负起本地区牵头、组织、协调等责任，积极争取政府、部门的支持，做好经费、人员、设备等各项工作的落实。

二是完善薄弱、推进进度。目前全省人口普查工作进展总体顺利，但人口行政记录整理、区域划分和建筑物标绘等工作进度还有待加快，省人口普查办要及时掌握各地人口普查开展情况，及时通报各地工作完成情况，加大对各地的联系指导督促，争取各项工作走在全国前列。

三是统筹谋划、重点突出。省人口普查办要针对各市进度，列出各市问题清单并提交局领导，发挥局领导挂点抓落实作用，督促各地人口普查办迅速解决问题。

四是齐心协力、保障有力。省统计局各相关处室要团结协作，为"七人普"的顺利进行做好保障。办公室要做好经费保障、物资采购工作，执法监督处要做好执法检查工作，

数据中心要做好数据处理准备工作。

177

宁局长：广东"七人普"，我很放心，你要带领大家加油干

2020 年 8 月 24 日下午，国家发展改革委副主任兼国家统计局党组书记、局长宁吉喆在赴广东开展统计督察工作的百忙中，专程来为广东人口经济产出与"七人普""挂图作战"揭屏，并看望省人口普查办工作人员。国家统计局办公室主任毛盛勇一同参加揭屏活动。

刚刚走进省统计局办公楼，宁吉喆局长一行就被一楼天井上"为数据需求者服务"大字吸引了，我向局长解释这是我们广东统计服务理念，也是广东统计人的初心使命。宁局长不住点头称赞，并愉快地与省统计局副局长、二级以上巡视员，各专业处（室、中心）主要负责

人，全省 21 个地级以上市统计局局长握手致意、亲切问候。

随后，我陪同宁局长一起来到省"七人普"集中办，实地查看集中办公环境，看望省人口普查办工作人员，并为广东人口经济产出与"七人普""挂图作战"LED 电子显示屏揭屏。在听我详细介绍显示屏人口普查挂图督战、实时模拟 2019 年经济产出、动态演示人口普查数据、视频连线等功能和广东人口普查工作进展后，宁局长对我叮嘱道："广东是全国人口第一大省，广东的人口普查工作做好了，全国人口普查工作就有底子了，广东统计要坚持改革创新，求真务实，为全国提供广东经验。你是统

计改革创新方面的专家，由你担任省人口普查领导小组副组长，我很放心，你要带领大家加油干。"

与省统计局副局长、二级以上巡视员，各专业处室中心主要负责人，全省 21 个地级以上市统计局局长在省统计局办公大楼前合影后，宁局长对全省 21 个地级以上市统计局局长再次叮嘱，距离人口普查标准时点只剩两个多月了，各级普查机构要按照国务院第七次全国人口普查领导小组的统一部署，进入临战状态，严格执行普查方案，进一步加强普查保障，切实做好人口普查正式登记前的各项准备工作，为高质量开展普查登记打下坚实基础。

178

接受省政府门户网站在线访谈，介绍省"七人普"相关情况，回应网友关切

2020 年 9 月 21 日下

午，我接受广东省政府门户网站"微访谈"专访。专访围绕第七次全国人口普查进行，我就省"七人普"准备工作，本次人口普查的新特点、新举措，入户登记过程中如何保证数据质量、保护公民隐私，普查数据如何使用等问题，回答主持人提问，并与广大网友在线交流。

我介绍了广东省"七人普"准备情况。省"七人普"准备工作启动以来，省统计局党组高度重视，未雨绸缪，以"七个一"推进全省"七人普"前期准备工作。一是做好港澳台和外籍人员普查登记专项试点；二是汇编一本入户登记案例；三是签订一份粤澳人口普查合作协议；四是落实超一亿元省本级普查经费；五是建立一个部门工作机制；六是将完成超一亿人口普查任务；七是将抓数据质量这一主线贯彻到底。目前，全省"七人普"准备工作进展顺利，各级普查机构组建

完成，普查经费物资基本落实，全省综合试点圆满结束，普查宣传逐步升温，普查区划绘图顺利完成，户口整顿、普查指导员和普查员选聘培训工作正在推进，这些都为 11 月 1 日的普查登记打下了坚实基础。

我还强调了省"七人普"时间安排。省人口普查整体工作分为 19 个大项、90 个小项工作任务，省人口普查办创新设计了广东人口经济产出与"七人普""挂图作战"屏，通过"细、增、多"优化设计，集大数据、云技术、统计工具于一体，画质清晰，实现"一屏多用"的功能。这是广东人口普查工作的一项创新，通过实时挂图督战，以"战时"状态，协同联动，推动每一件工作、每一项任务、每一个环节落地见效，确保各项工作按时、高质量完成。

人口普查试点是在正式普查以前，按照普查方

案的要求，在某一特定的区域进行的试验性普查，是全面普查的一项必要的准备工作，试点一般包括专项试点和综合试点。省统计局秉持"新（改革创新）、先（先行先试）、实（落实求实）"的南粤统计之风，以"五个试出（试

出合作交流、工作流程、工作机制与平台、新情况新问题、经验建议）"推进试点工作，圆满完成了省"七人普"专项试点及综合试点各项任务。

普查指导员和普查员是普查入户登记工作的实际承担者，是贯彻执行普查方案的具体执行者，"两员"的素质和业务能力直接关系到普查的质量和成败，广东省应用"广东智

能普查"数字化管理"两员",对"两员"实行精准管理。

相对于第六次全国人口普查,"七人普"主要增加了填报居民身份证号码,普查的登记方式增加了普查对象通过互联网自主填报,数据采集手段由以往普查使用纸表登记,改为使用电子手段登记,登记完成后实时直接上报数据。此外,这次普查还将运用部门行政记录和大数据开展比对核查,确保数据质量。

访谈过程中,广大网友积极参与互动,通过省政府门户网站微博进行在线提问。我就网友关注的人口普查结果何时公布、普查数据会用于哪些方面、因故无法参与入户登记应当如何通过互联网进行自主填报、如果秋冬季节新冠肺炎疫情出现反复人口普查会不会推迟等问题进行了详细解答,积极回应网友关切。

访谈结束后,省政府门户网站在线访谈栏目对访谈内容进行了全文发布。

179
"抓面、抓点、抓关键",推进全省普查摸底工作

2020年10月10日,在国务院第七次全国人口普查领导小组办公室召开"七人普"摸底工作动员视频会议后,省人口普查办第一时间向省统计局党组汇报会议精神及本省贯彻落实意见。在听取省人口普查办的工作汇报后,我对前一阶段全省人口普查准备工作给予了肯定,提出"抓面、抓点、抓关键"扎实推进全省普查摸底工作。

一是抓面。要全面掌握摸底工作进度和有关情况。通过建立工作日报制度、24小时值班制度加强对普查摸底进度的监督指导,及时掌握各地进展情况,保证全省"七人普"摸底和登记工作的顺利进行。

二是抓点。要紧扣时间节点,对照清单、对照标准及时查漏补缺,逐项抓好整改落实。要针对各市进度,列出各市问题清单并提交局领导,发挥局领导挂点抓落实作用,督促各地人口普查办迅速解决问题,将工作向补齐工作短板和解决问题困难上发力。

三是抓关键。要压实各级政府和有关部门的责任,确保各级普查机构和统计局切实承担组织实施的主体责任。各级人口普查机构要强化政府行为,进一步加强组织领导。各级普查机构对辖区内人口普查负全责,要一级抓一级,将工作主体责任层层传导,压实到机构、压实到个人。各级普查机构一把手要亲自调度、统筹指挥,将任务清单梳理到位、责任清单分解到位,确保每一项工作都有分管领导具体来抓。

会上,我还对落实做好省领导现场集中登记相

关事项进行部署，要求尽快落实落细具体登记方案，充分发挥党政领导示范带动作用，为普查登记营造良好的社会氛围。

180
仅剩 5 天，全力以赴，扎实做好人口普查入户登记

倒计时5天

距离"七人普"的标准时点只有 5 天的时间，普查摸底是人口普查的关键环节。2020 年 10 月 27 日，我带队赴佛山市高明区调研人口普查摸底开展情况。

在高明区，我详细了解高明区人口普查开展情况，与更合镇吉田村的普查员进行了耐心交谈，详细了解普查登记工作中遇到的问题、普查的工作量和"两员"补贴等情况，对广大普查人员的辛勤付出表示感谢。当前，全省普查摸底工作有序推进，登记人口已超 1 亿，其中港澳台和外籍登记人口更是超"六人普"登记总量，时间紧、任务重，全省各级普查机构和广大普查员要再接再厉，一鼓作气打好打赢普查现场登记这场关键战役。我就人口普查入户登记工作提了四点要求：

一是要稳定"两员"队伍，保障普查力量，强化业务指导。要继续做好"两员"配备，合理分配"两员"工作任务，落实好"两员"保障和激励机制，保障"两员"人身安全。同时要加强业务指导，持续推进业务学习，实时解决"两员"在摸底中遇到的各类业务问题。

二是继续抓好普查摸底工作，确保普查摸底"全覆盖"。摸清普查小区边界、内部环境、人口居住状况、住户登记方式，做到逐街逐巷、逐门逐户、逐人逐项地进行调查询问，确保"区不漏房、房不漏户、户不漏人、人不漏项"，保证普查数据真实准确完整。

三是压实责任传导，强化组织领导。要压实各级政府和有关部门的责任，强化政府行为，进一步加强组织领导。要一级抓一级，将工作主体责任层层传导，压实到村（社区）、压实到普查小区、压实到"两员"。

四是落实做好当地党政主要负责人参加"七人普"登记和视察普查登记现场的工作。各级普查机构要高度重视，精心部署组织安排好当地党政领导参与人口普查的相关活动，广泛动员广大普查对象积极支持配合入户登记，确保全省普查登记工作顺利完成。

181

战斗打响，鼓足干劲，坚决打赢全省"七人普"登记攻坚战

2020年10月30日，国务院第七次全国人口普查登记工作动员视频会议在北京召开。国务院"七人普"领导小组副组长、国家统计局局长宁吉喆出席会议并对普查登记工作进行动员部署，提出工作要求。会后，广东省人口普查办立即召开会议，迅速贯彻落实国务院会议精神，对全省"七人普"登记工作进行动员部署。我作动员讲话。

我充分肯定了全省"七人普"前期准备工作。全省各级普查机构和广大普查人员要坚持以习近平新时代中国特色社会主义思想为指导，在党中央、国务院的部署下，在省委、省政府的领导下，在前期坚实的工作基础上，鼓足干劲，高标准做好人口普查入户登记工作，坚决打赢全省"七人普"登记攻坚战。

一是要进一步提高对入户登记工作重要性和艰巨性的认识。进一步增强责任感和紧迫感，发扬连续作战的优良作风，鼓足干劲，奋力拼搏，确保入户登记工作万无一失，为普查的圆满成功打下坚实基础。

二是要全力保障普查数据真实准确。按照入户登记要求，确保"区不漏房、房不漏户、户不漏人、人不漏项"；强化依法普查，严格执行《中华人民共和国统计法》《全国人口普查条例》，坚持"两防"做好普查工作。

三是要切实加强组织领导。主要领导要亲自挂帅，广泛动员，及时了解和掌握入户登记工作进展情况；分管领导要全力靠前指挥，积极协调解决可能遇到的各种问题和矛盾。省、市、区三级普查机构要组成若干工作组，深入登记现场进行督查。

四是要持续抓好宣传发动工作。遵照国务院人口普查办会议精神，高度重视、精心安排落实好党政领导接受普查登记工作，以此契机进一步推动人口普查宣传工作。

五是要充分做好风险防控。牢固树立风险意识，制定好风险防范和化解工作预案与工作措施，把24小时值班、情况汇报、意

见反馈、政策解答、数据审核、质量监督等制度落实落细，加强舆论监测管理，及时掌握舆情和情况反映，为工作顺利开展打下良好的社会基础。

省人口普查办副主任、各内设工作组组长及组内人员，各地级以上市人口普查办主要负责人和相关人员参加了视频会议。

182

广东，请宁局长放心，已经做好一切准备

"广东，请宁局长放心！" 2020 年 10 月 31 日子夜时分，在第七次全国人口普查标准时点到来之际，国务院第七次全国人口普查领导小组副组长、国家发展改革委副主任兼国家统计局局长宁吉喆视频连线全国部分省市，我代表广东以铿锵有力、掷地有声的口号向国务院人口普查办强力表态，坚决打好打赢人口普查登记攻坚战。

在与国务院人口普查

办视频连线时，我代表全省统计系统向宁吉喆局长表态发言："全省普查工作人员今夜难眠，广东已经整装待发，进入十年一次的临战状态！第一，广东已经做好一切准备工作；第二，广东普查摸底人口已超 1 亿人，港澳台和外籍人口超'六人普'登记总量，自主填报率在全国居首位，为正式普查登记奠定了坚实基础；第三，广东有信心、有决心，高标准圆满完成'七人普'任务！"宁吉喆局长充分肯定了广东"七人普"前期各项工作，赞许广东是全国经济第一大省、人口第一大省，人口普查工作走在最前面，相信广东后续也一定能够把全省人口普查搞得更加扎实、有效，高质量完成人口普查各项任务。

与国务院人口普查办视频连线后，我紧接着连线省内各市人口普查办，迅速传达宁吉喆局长在视频连线会上的讲话精神，

转达宁吉喆局长对全省普查工作者的慰问和嘱托。广州、深圳、湛江、汕头、韶关 5 市统计局局长向我作表态发言，表示当地一切工作准备就绪，全体普查人员蓄势待发，保证圆满完成普查任务！

随后，我与各地级以上市人口普查办逐个连线，寄语全体普查人员要高质量完成普查工作。强调各地要坚决做到"两防"，实事求是，坚守普查质量这个最重要的"生命线"，确保人口数据真实准确。尽管普查工作辛苦一点、累一点，但有幸参加十年一次的人口普查工作，为党政、为社会管理提供准确的人口数据，是统计人的光荣职责，应

无怨无悔。各地在做好各项普查工作的同时，要充分保护好每位普查员的安全，全体普查人员要共同努力，实现人口普查工作的全面胜利！

省人口普查办主任、省统计局副局长朱遂文，省人口普查办副主任及人口普查办集中办有关人员，各地级市统计局局长、人口普查办负责人和值守人员参加了视频连线会议。

183
学习、领会、动员、部署——落实习近平总书记讲话要求做好"七人普"工作

2020年11月2日，中共中央总书记、国家主席习近平在北京中南海参加人口普查登记，并对切实做好第七次全国人口普查发表了重要讲话，这是对广大统计人的重要鼓舞和激励。11月3日下午，我主持召开党组扩大会，专题学习贯彻习近平总书记

在参加第七次全国人口普查登记时的重要讲话精神。

会议集中学习习近平总书记对切实做好第七次全国人口普查发表的重要讲话内容。习近平总书记强调，人口工作和人口普查非常重要，第七次全国人口普查是新时代开展的一次重大国情国力调查，也是党和国家工作中的一件大事。各级普查机构和普查人员要坚持科学普查、依法普查，更加科学、更加精准、更加严密地做好工作，高质量完成普查任务。全省各级普查机构要认真学习贯彻习近平总书记在参加第七次全国人口普查登记时的重要讲话精神，鼓足干劲，全力以赴，坚决打赢全省"七人普"登记攻坚战。

为更好地落实落细习近平总书记的重要讲话精神，我要求：一要抓登记质量。入户登记是普查中最重要的环节，决定普查数据质量，决定普查工作成败。要精心做好全省入户登记工作，确保普查对象不重不漏、普查数据准确完整，严格执行普查入户登记要求开展普查登记工作。二要抓每日进度。各级普查机构和广大普查人员要拧成一股绳，全力以赴打赢入户登记这场硬仗。各地人口普查办主要负责人都要心中有数，及时将每日普查登记进度和进展情况向上级汇报。省人口普查办要进行全省各地每日内部通报，有力有序推进全省普查登记工作。三要抓全覆盖。各级普查机构对辖区内人口普查负全责，要一级抓一级，将工作主体责任层层传导。要切实负起责任，周密部署，精心组织，结合本地区实际情况，逐项分解入户登记任务，建立健全工

作责任制，确保任务到人、责任到人。

184
再学习，再部署，抓好省委常委会"七人普"工作有关要求贯彻落实

2020年11月6日，广东省委常委会召开会议，认真传达学习贯彻习近平总书记在参加第七次全国人口普查登记时的重要指示精神，听取全省开展"七人普"工作情况汇报，研究部署下一步工作。会后，我迅速主持召开省统计局党组（扩大）会，传达学习省委常委会会议精神，研究省统计局贯彻落实措施。

会上，我介绍了省委常委会会议关于"七人普"工作相关情况，重点传达了省委常委会对全省"七人普"工作的下一步部署。要求全省各级普查机构和广大普查人员要认真学习领会习近平总书记

在参加"七人普"登记时的重要指示精神，要按照省委书记李希在省委常委会会议提出的要求抓好贯彻落实。要切实把人口普查作为党和国家工作中的大事来抓，以对党和人民事业高度负责的态度，高度重视、精心组织，全力以赴做好全省人口普查工作；要坚持科学普查、依法普查，严格遵守常态化疫情防控要求，建立健全普查数据质量追溯和问责机制，不断提高数据采集效率和数据质量，确保高质量完成人口普查任务；要压实工作责任，形成推动人口普查工作的强大合力。省"七人普"领导小组及其办公室要加强统筹协调和业务指导，全省各级普查机构和普查人员要尽心尽职、联动协作。

省委常委会听取全省开展"七人普"工作情况汇报并研究部署下一步工作，充分体现省委对人口普查工作的高度重视和殷切希望，各级普查机构和

全体普查人员要以省委常委会会议精神为新动力、新目标，认真学习贯彻李希书记的讲话精神，以更高的政治站位和高度的责任担当，全力以赴抓好普查登记阶段各项工作落实，为高质量全面完成"七人普"工作打下坚实基础。

为切实抓好省委常委会会议精神的贯彻落实，我们要做好以下五点工作：一要进一步深入学习习近平总书记在参加"七人普"登记时的重要讲话精神，把总书记重要讲话精神领会好、落实好、执行好。二要认真贯彻落实李希书记关于做好全省"七人普"工作的讲话精神。各地要认真抓好学习领会和贯彻落实，推动工作落

实落细落地。三要突出工作重点统筹好各项工作。着力在抓入户登记质量、抓每日进度、抓全覆盖上下功夫见成效，有力有序推进全省普查登记工作。四要搞好再宣传再发动。在普查登记全力推进和攻坚克难的关键阶段，要进一步加强人口普查宣传工作，通过再宣传再发动，获得社会公众对人口普查工作最大程度的支持配合，持续营造良好的社会氛围。五要加强风险防控。要牢固树立风险意识，时刻绷紧风险防范这根弦，严格落实好各项工作制度，进一步严肃工作纪律，特别注重普查登记人口信息资料的保密。

185
正当时，有丰副局长临粤督导"七人普"

2020 年 11 月 9—10 日，国家统计局副局长毛有丰一行莅临广东调研督导第七次全国人口普查登记工作，听取广东省人口普查工作开展情况汇报，并赴广州市、珠海市社区开展实地调研，对广东进一步做好人口普查登记工作提出具体要求。我与国家统计局广东调查总队总队长赵云城、省统计局副局长朱遂文陪同调研。

毛有丰副局长首先来到广东省人口普查办集中办，观看广东"七人普""挂图作战"LED 电子显示屏，详细了解广东人口普查工作进展情况，与集中办普查人员亲切交谈，对大家的辛勤付出表示感谢。

毛有丰副局长对广东人口普查前期各项工作予以了肯定。他指出，"七人普"是新时代开展的一次重大国情国力调查，也是党和国家工作中的一件大事。习近平总书记在参加"七人普"登记时强调，要切实做好"七人普"工作，为高质量发展提供准确统计信息支持。各级普查机构要提高政治站位，认真贯彻落实习近平总书记重要指示精神，抓好入户登记环节，做好自主填报收尾工作，认真开展比对复查，按时保质完成入户登记工作。各级普查机构要攻坚克难，努力克服新冠肺炎疫情影响，继续强化组织领导，层层压实责任，广泛开展宣传，抓好经费落实和"两员"管理，防范系统风险，严明纪律，坚持依法普查，推动"七人普"各项工作有序开展。

我主持汇报会并代表广东统计系统作表态发言。广东将认真贯彻落实习近平总书记的重要指示精神，全力以赴入户登记，坚持科学依法普查，进一步加大宣传力度，持续做好疫情防控，保障普查人员健康安全，扎扎实实做好广东人口普查工作。

随后，毛有丰一行前往广州市天河区猎德街道誉城苑社区和珠海市北京理工大学珠海学院学生宿舍，分别实地调研外籍人口和大学生普查登记工作，详细询问工作进展情况，看望并慰问一线普查人员。毛有丰勉励奋战在一线的普查人员要再接再厉，依法普查，依法保护普查对象信息安全，完成好人口普查这项光荣而艰巨的任务。

186
有依据可追溯，是科学依法普查的重要保障

2020 年 11 月 2 日，习近平总书记在北京中南海参加第七次全国人口普查登记时强调："要坚持科学普查、依法普查，更加科学、更加精准、更加严密地做好工作，高质量完成普查任务。"第七次全国人口普查是新时代开展的一次重大国情国力调查，也是党和国家工作中的一件大事。习近平总书记重要讲话从党和国家事业全局出发，为高质量完成第七次全国人口普查各项任务指明了方向、提供了遵循。坚持科学依法普查，必须针对新时代人口普查的本质特征、客观环境、技术保障和认知水平，以有依据可追溯的方法制度体现和保障科学依法普查。

一是针对普查本质特征，坚持科学依法普查。人口普查 10 年一次，在 960 万平方公里的土地上，面对 14 多亿人口，700 多万名普查人员在 40 天时间内逐户逐人进行登记。这

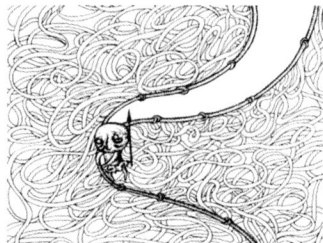

一组数据说明，人口普查是和平时期社会动员最广泛的政府行为，是一项庞大的社会系统工程。广东是人口经济大省，经济发达、人口流动快、人户分离突出、粤港澳联系紧密，普查任务十分艰巨。广东人口普查工作坚持以深入学习习近平总书记关于统计工作的重要讲话指示批示精神和《防范和惩治统计造假弄虚作假重要文件选编》为动力，以"七全"为出发点，层层发动，责任到人，落实到位。"七人普"启动以来，各级领导担起主要责任，加强组织领导、创新工作方法、优化工作流程、强化物资经费保障，保证普查严格按照方案细则有序推进。

二是针对普查客观环

境，坚持科学依法普查。我国幅员辽阔，既有人口密度大的一线城市，也有地广人稀的高山、峡谷、沙漠、海岛；有巷多梯窄的旧城区、城中村，还有犬牙交错的城乡接合部。在疫情防控常态化条件下，普查还面临疫情防控、交通不便、入户找人难等困难和挑战。广东针对珠三角和粤东西北客观环境的差异，主动作为，以创新减少和消除客观环境的影响，以法律规范保障方案细则的落实。积极向国家申请开展在粤香港、澳门人员普查登记试点，编印《粤港澳大湾区人口统计调查入户登记百例选编》；及时与澳门特别行政区签署合作协议，推动粤港澳大湾区统计合作。创新设计广东人口经济产出与"七人普""挂图作战"屏，集大数据、云技术、统计工具于一体，实现"一屏多用"，一目了然。创新开发"人口行政资料整理上报系

统"，为普查员提供方便快捷的功能操作。印发《广东省第七次全国人口普查工作考核评价办法》，加大对粤东西北经费支持、督导力度，确保人力资源经费充沛。将疫情防控工作纳入规范化、制度化、程序化轨道，确保普查防疫两不误。

三是针对普查技术保障，坚持科学依法普查。第七次全国人口普查与前六次相比，最大的不同在于全面采用电子化采集方式，数据实时直接上传至国家系统。数据采集方式的改变给普查技术提出更高的要求，如在数据传输过程中，采用互联网云技术、云服务和云应用部署，要求按照国家网络安

全三级等保的标准进行安全管理；移动端和服务器端采取了严密的数据加密和脱敏技术，数据传输过程全程加密等。广东及时印发《广东省第七次全国人口普查预防风险工作方案》《人口普查51问》，以"七个到位"加强试点培训力度，将"广东智能普查"进行功能升级、程序优化，充分利用部门行政记录和大数据，保障登记数据可比对、可追溯，做到线上安全畅通，线下"区不漏房、房不漏户、户不漏人、人不漏项"。

四是针对普查认知水平，坚持科学依法普查。在"七人普"登记的主要内容中，身份证号码、生育、死亡、住房情况等信息，公众十分敏感。为了确保公民个人信息安全，关于普查机构和普查人员对普查资料的采集、存储、传输、保管、发布、运用等环节，广东提出了全过程、全要素、全方位、全时段新的任务和要求。从

9月中旬开始，广东省统计局主要领导通过上线广东"民声热线"和参加政府在线访谈；举办"大国点名　没你不行"——第十一届"中国统计开放日"暨"七人普"宣传月启动仪式，现场连线21个地级以上市普查员代表，宣誓严格遵守《全国人口普查条例》和保密规定；广泛开展中小学生"人口普查一堂课""小手拉大手"活动，突出政府行为，

持续宣传发动，增强守法意识，加大执法力度，奏好普查的"协奏曲""大合唱"，真正让普查机构和普查人员明职责、知使命，自觉落实"两防"（防注水、防少漏）措施；让普查对象深入了解普查，理解普查，进而积极配合支持普查，切实提高普查数据质量。

187
严肃纪律，质量第一，"三坚持"确保普查数据真实准确

2020年11月30日，我主持召开省统计局党组会议，专题学习国务院人口普查办近期印发的《关于进一步严肃普查纪律高质量做好第七次全国人口普查工作的通知》精神，研究全省进一步贯彻落实意见。

会上，我强调，"七人普"已经进入现场核查阶段，比对复查是普查登记工作的延续，各地要认真做好现场核查的各项工作，对漏报错报情况进行查疑补漏，严把比对复查的时间关口和工作标准，确保人口普查数据真实准确。一是坚持依法普查，遵守法纪不松弛。要进一步严肃普查工作纪律，进一步

严守普查红线，充分利用部门行政记录和大数据，保障普查登记数据可比对、可追溯。二是坚持始终如一，全面抓好数据质量。人口普查的一切工作，都要围绕确保普查数据真实准确这一基本要求来展开。要把数据质量贯穿普查工作始终，严把标准、严格程序、严肃纪律，认真做

好普查每一个环节的工作，确保普查数据质量经得起各方面的检验。三是坚持问题导向，狠抓工作落实。各地普查机构要高度重视比对复查工作，充分利用平台摸底汇总数据和行政资料数据，组织人员对短表登记数据进行逐个普查小区的分析比对，找准薄弱地区和重点人群进行重点督导。各级普查机构要

切实做到思想不松懈，进一步压实主体责任，确保比对复查各项工作规范落到实处。

省人口普查办要组织好比对复查过程中的督促检查工作，成立省"七人普"督导检查工作组，由局领导带队赴挂点地市督促指导按时保质完成比对复查工作，实行全覆盖、无死角、全过程的检查。全省督促检查工作要在12月14日前完成，保证高质量完成人口普查比对复查工作。

188
深入中山调研，拜访慰问百岁老人，觅百岁之秘

2020年12月10日，我带队到中山市古镇的广东莱亚智能光电股份有限公司（简称"莱亚光电"）调研，深入了解灯饰照明企业生产经营状况，并前往东区街道拜访慰问两位百岁老人。中山市委常委、常务副市长杨文龙一同拜访老人，中山市统计局局长黄健华、总统计师丁俊参加企业调研。

我们一行深入莱亚光电多个生产部门，认真了解产品种类、产品特点、生产线、出口贸易等情况，听取负责人介绍公司发展历程，仔细询问去年和今年的生产经营状况、疫情和复杂国际形势影响下经营遇到的问题与困难等，探讨企业以及灯饰照明行业未来发展。我在会上表示，市、镇要为企业发展排忧解难，创造更好的营商环境，统计部门要做好服务，应统尽统，指导企业依法报送统计数据，为党委、政府决策提供真实可靠的统计数据。

调研结束后，我在杨文龙的陪同下来到东区街道拜访慰问两位女性百岁老人，开启了"双杨拜寿"之旅。

我分别与两位老人促膝交谈，了解她们的生活、家庭和身体情况，探寻百

岁之经、长寿之道。看到百岁老人依旧精神矍铄、健康爽朗，我真切感受到生命的真谛。省统计局将充分利用十年一次的人口普查时机，继续百名百岁老人拜访之旅，寻觅百岁之秘，力求充分展示广东老年人精神风貌，倡导健康长寿的生活方式，为全省老龄事业健康发展贡献统计智慧和力量。

其间，我与中山市委书记、市人大常委会主任赖泽华会面，就中山经济和统计工作交换意见。

189
不松劲、不懈力，统筹全力推进普查登记后续工作

为进一步高质量做好全省"七人普"工作，省人口

普查办组成 8 个抽查组，分赴 21 个地级以上市开展人口普查登记工作质量抽查。12 月 11 日，我主持召开省统计局党组会议，专题听取抽查组关于全省"七人普"登记工作质量抽查情况汇报，研究全省人口普查下一步工作安排。

会上，省统计局各抽查组组长详细汇报各组质量抽查情况、存在问题和采取的整改措施，并针对各市问题提出工作建议。为加强统筹全力推进普查登记后续工作，我提出如下意见建议：一是充分发挥局领导挂点抓落实作用。本次质量抽查第一时间贯

彻落实国务院人口普查办文件精神，各抽查组工作到位，按照抽查方案要求认真开展质量抽查，指导各地级以上市积极利用部门行政资料做好比对复查工作，确保普查登记"区不漏房、房不漏户、户不漏人、人不漏项"。通过质量抽查及时发现和解决了问题，推动各地形成抓工作落实、抓数据质量的良好氛围。下一步要继续发挥局领导挂点抓落实作用，督促各地人口普查办迅速解决问题，将工作向补齐工作短板和解决问题困难上发力。二是进一步以问题为导向夯实数据质量。要督促各级普查机构进一步压实工作责任，加大业务指导力度，继续做好查疑补漏工作，将数据质量控制贯穿于人口普查工作始终，确保普查数据真实全面准确。三是积极配合国家做好事后质量抽查工作。要高度重视，提前做好迎检准备，夯实工作基础，按照国务院人口普查

办统一要求，做好资料、物资、人员、技术、后勤、会议和宣传等方面的支持保障工作。目前，人口普查行职业编码、事后质量抽查和统计部门年度定期报告等工作任务重、时间紧，要把握时间节点，统筹推进各项业务工作。

190
迎接考试，国务院人普办来粤开展"七人普"事后质量抽查

2020 年 12 月 14 日上午，国务院第七次全国人口普查事后质量抽查广东抽查组在广州召开省级联系协调会，正式启动事后质量抽查工作。"七人普"事后质量抽查广东抽查组组长、国家统计局湖北调查总队总队长刘顺国出席会议并讲话，我作表态发言。

会上，刘顺国强调了"七人普"事后质量抽查的重要意义，并对相关工作安排进行明确，特别强

调事后质量抽查工作的政治纪律、组织纪律、廉洁纪律、工作纪律、保密纪律等要求。

我现场表态，广东省人口普查办将按照国家统计局宁吉喆局长在"七人普"事后质量抽查动员会上的讲话精神，切实提高政治站位，坚决贯彻落实国务院人口普查办事后质量抽查部署要求，积极主动、务实高效，全力配合抽查组做好事后质量抽查工作，确保圆满完成本次事后质量抽查工作。

随后，在全体参会人员的监督下，刘顺国开启保密信封，获取并宣布广东抽查县区的名单，并公布各抽中区县抽查小组组长和抽查组成员。各抽查小组会后即刻奔赴被抽中

的县区，及时与当地人口普查办召开联系会，在省市县三级人口普查办工作人员的见证之下，开启保密信封，获取抽查小区名单。抽查组工作人员迅速前往抽查小区了解普查小区边界和建筑物情况，开展入户访问。事后质量抽查工作计划在 20 日前完成。

191
初战告捷，研究部署"七人普"下一步重点工作

2021 年 3 月 10 日，我主持召开省统计专业委员会会议，听取省"七人普"初步汇总数据情况的汇报，研讨全省常住人口数变化趋势，部署"七人普"下一步重点工作。

在会上，我充分肯定了全省"七人普"工作。一年多以来，在以习近平同志为核心的党中央坚强领导下，在省委、省政府统一部署下，在各地区各

有关部门的大力支持下，在全省各级普查机构和普查人员的共同努力下，在广大普查对象的积极配合下，广东省"七人普"圆满完成普查现场登记和普查主要数据的汇总评估工作，取得重大成果和显著成效。通过普查，基本摸清了十年来广东人口的总量、分布及结构。"七人普"工作目前已经转入普查数据资料发布、开发利用及总结表彰等阶段，省人口普查办要继续发扬连续作战精神，继续扎实做好普查各项工作，为科学制定全省"十四五"规划、推动广东经济高质量发展，提供真实准确的统计信息支持。

我同时要求，按照"七人普"工作进度安排和国务院人口普查办统一部署，继续做好"七人普"下一步重点工作。一是严格按照国务院人口普查办规定和要求做好普查数据发布工作。参照国家统计局发布内容，确定广东省统计公报发布内容，及时向省委、省政府汇报全省人口普查数据，在国家统计局发布数据后及时发布广东省人口数据。同步为做好人口普查相关数据的解读工作，深入剖析人口数据变化的原因，提前研究普查结果的宣传报道工作。二是及时做好人口普查数据提供服务工作。严格按国务院人口普查办的规定及时做好普查数据的提供工作，在普查数据发布后，建议数据使用部门及时使用人口普查数据，实现精准管理和服务。三是做好人口普查资料审核、编印工作，及早制订普查资料开发方案，全面开展人口普查总结表

彰各项工作，认真做好人口普查数据库和文件整理归档工作。

省人口普查办主任、省统计局副局长朱遂文，省人口普查办业务组、综合组相关人员参加了会议。

192
"两提前、一准备"，抓紧做好人口普查数据发布工作

2021年3月16日，我主持召开局党组第十一次会议，研究并同意广东省第七次全国人口普查领导小组办公室关于广东省第七次全国人口普查数据发布工作有关事项的请示，要求省人口普查办"两提前、一准备"抓紧做好数据发布工作。

"两提前"：一是按照国务院第七次全国人口普查领导小组办公室普查公报发布工作的有关要求，提前上报送审稿，争取尽快拿到国家审核通过稿；二是提前报送省委、省政

府，并将发布工作安排写入省政府工作报告，争取工作主动性，确保4月中旬择机发布全省"七人普"数据。

"一准备"："七人普"数据为社会各方所关注，发布前省人口普查办要主动加强对数据变化解读，充分做足舆情准备工作。十年一次的人口普查数据公布后，社会各层面、各类需求都会被解读，省人口普查办要认真研究相关人口数据变化及其与相关经济统计数据、部门统计数据的匹配性，坚持国家统一标准，坚持方法制度，坚持依法依规发布人口普查数据。同时，未公布数据前，务必加强保密管理，不能通过任何渠道散发，公报发布前不得对外使用。

与会省统计局党组成员一致表示同意省人口普查办汇报的全省人口普查数据发布形式、发布时间和各市普查数据反馈事宜。

四、上下衔接的统一核算

193

南粤GDP：驰援核行48小时——一次紧急呼唤科学核算的光芒之旅

作为中国南方一个重要省份，广东GDP居全国首位，其增长变化牵动人心。

2018年4月12日晚8点30分左右，我刚与核算又一次细抠24项指标，显然没有达到8%的下限，有些沮丧，有些疲惫不堪。

从党组会议室踱回办公室，无精打采地看了一眼正在充电的手机。

一行短信映入眼帘："新洪局长，请复我电话。向新。"

向新，何人之也？

广东省统计局党组书记。

顷刻，接通向新书记电话，他也在办公室，正愁如何落实林少春常务副省长工作要求，全省经济运行实际状况与24项指标预算差距很大，为与预期指标相比差距历史之最。请我明天一早赶往省局，帮助分析分析。

急切而又简短的交流里，向新书记的语气不无恳切。

我当即说："下级服从上级，一定落实好。"

回到家，手机继续充电。

10点左右，老婆接到座机电话，说找我。

一接听，方知省统计局局长幸晓维来电，几句寒暄，幸局长点题说，上午简单座谈后让我准备从广州直飞北京，表示机票他来订。

我说，一定尽全力落实好，帮助广东即帮助深圳。一张飞北京的机票，深圳出得起，也应该做好。

之后，幸局长又在快11点时，挂家里座机聊了一些指标长短及其他情况。

云云。

当夜一直翻滚思忖着全省基础指标与核算情况，辗转难眠至东方吐白，方小憩片刻。

次日早上，7点30分我从家出发，顺顺当当赶至省政府大院。

无奈昨晚上已报的车牌号，省局办公室忘了通知门卫，只好绕了半圈走后门进大院，耗了宝贵的半小时。

一跨入省局，我就马不停蹄依次拜访管核算的杨少浪副巡视员、杨骁婷副局长、工业邱国祥、投资黄俊彪、贸易李良胜、农业李珠桥、服务业李新娇等处长与主持工作负责人，花较多时间同幸局长聊经济指标变化长短，深入浅出探讨可能与操作。

之后，又到向新书记办公室小聊。

在基本了解全省指标长短后，我心里有了一个赴京报告广东核算工作的基本线路图和拜访顺序。

12点30分，我让司机在安全情况下，能快则快，一路快速奔向白云机场，终于踩个正点与准点赶上飞机。也有遭遇小插曲，过安检时被指随身携带的行李箱子超大，须办理托运，结果把时间耗了个精光。

所以当我登机落座时，尽管满头大汗，但可长长舒一口气。

落座时，我在想这次北京之行，一定力所能及，但也非一朝一夕。

实际上，对这次紧急赴京大家也在讨论，集中起来研判，都说可能时间有点晚。对我而言更有同感，一路心情七上八下，来事太突然，太难了。

刚落地，京城天空下着大雨。

站立在出舱口，狂风骤雨迎面扑来。

一见是摆渡车到达，脚下的布鞋显然无用。我即退回飞机舱内，向空姐申请一双一次性拖鞋，卷起裤脚，拿上报纸掩头，在空姐一串小心当心声中冲向摆渡车。

在摆渡车上时，还上移动办公终端办了一会儿公，处理了所有文件。

摆渡车还是快过行走，不多时我即到取行李盘，很快取到行李。我继续趿着一次性拖鞋走向出租车站候车。

4月初的北京，凉寒交替无常，无风则清爽，风来冷飕飕。

这次从广州赴京，我的责任与包袱沉甸甸的，被赋予超负荷能力的新使命，一点也轻松不起来。

在不停的雨中，一路堵车。我先一步到达，除为后一步到达的两人商请预留房间外，立马赶至三里河57号的国家统计局，从8楼逐层至10楼工业，11楼核算、贸易，12楼设计管理，探个非工作日岗位状况究竟。

果然，工业与核算的几个关键专业人员均在岗在位，在充满特别情形的特别岗位上，有了互相理解的守候会意。

当晚9点15分，工业司江源副司长到酒店，看望杨厅和邱国强处长并谈至10点30分，聊了许多鲜为人知的工业数据变化情况，分享了各自的真知灼见。

送江源至酒店门口时，雨已消停。

这个时候，我们三人

方觉饥饿难忍，急行寻觅三里河月坛南街两侧，只剩南北两侧麦当劳和肯德基未打烊，我让店员帮我们做个套餐，一人一汉堡一可乐两鸡腿，吃得乐哈哈，吃得个恰似少年。

回到酒店，我同杨厅又深入探讨了广东经济支撑与统计数据基础的重要性。关乎这些，我们又聊至深夜。

回到房间，夜深人静，未眠总是想。

事悬事难，自然思考多、休息少。

一早从酒店步行至国家统计局东楼，昨晚受杨处长之托安排我们进楼的保卫处门卫，客气地问我们怎么少了一个人。我忙说，还未来。等来了，我再来带。

到了地下餐厅，食物简约而实用，吃而不腻。

我们两人非常知足。

看看时针指向 8 点，同董礼华司长约定的时间已近。

从负一层直达 11 层，

见董司长门已开。我直喊董司长，人未见声已到，倍感亲切，如归如约而至。

一落座，无须铺垫就聊开，往深处聊。

比如，讨论到证券对 GDP 增长的因素影响时，可按"股票 70%、基金 20%、债券 10%"结构算法可能更接近实际；水陆空几个指标用规上服务业营收增长；保费等指标当季有数可参用；R&D 季度依工业推算低估等这些，董司长基本接受。以深圳为例作为因素请国家局重视支持，可列入影响低估因子考虑进去。

又比如，大逻辑 GDP，经济大国 GDP 必有大省 GDP 支撑。同样，大省经

济也需大市鼎力支撑。

上午 9 点开始，核算司向局分管领导报告讨论地方 GDP 增长情况。

等待是期待，也是煎熬与无奈。

我与杨厅等着等着，终于 11 点半有了结果。

"从 5.7% 到 7%，这是一个怎样的核算结果，既收到了完全超出他们预期的效果，也是一次专业能力提升的顶层认可，更是一次尊重科学善纳良言的考量。"

一位同事说："事在人为，缘由天定。你呀，只知埋头苦干，太踏实太豁达，开心过一辈子也挺好。"

"向您的博大胸怀、境界、职业操守、责任心致敬！""像您这样带着我们早准备早行动早沟通，深入基层才有深圳现在的水平。像您这样的人难能可贵！所以，马省长肯定您！专业、职业、敬业。"又一同事有感而发。

而我在想，专业能力

提升永远在路上。

任务在充满不确定性中完成，一切似乎妥妥的。

于是乎，三人都放下心头大石，归心似箭。

我们仨一起打车前后分返广深。的士司机是一个北京纯爷们，昌平区的。他说京城周末不限牌，见堵得不成样，声明走四环上高速。我说听他的，他从二环转三环再转四环，每个拐口均是堵，一路堵。

拐上四环，本以为可以直奔。也是堵堵走走，他见状已举手投降，说赶不上，让我改航班。

我半开玩笑说："的士赶不上，没关系，飞机一定等着我们。"

这不是一个什么咒语，却活生生显灵了。当我们到达办理登机时，发现航班因故未能及时起飞，为我们登机赢得时间。

过安检我们互道珍重即分开。

那一刻，大家心情真的很好。

到达登机口。

我紧绷着的神经，终于放松下来，也想起应该安排一下明天周日上午手头的应急工作。

"志林，通知班子领导明天上午开个碰头会，请核算、工业、商业、投资、社科、服务业、综合处处长（负责人）及相关专业人员与会，先在中控室，后在党组会议室开党组会和局长办公会。"过了一会儿，我又追加了名单："志林，明天上午碰头会追加战兴办和能源办。"

在通知专业处主要负责人来开碰头会的那一瞬间，我内心咯噔了一下。

想到了求下不易，求上更难。这里，唯有脚踏实地做好自己。

当下，过程已成过往，有些体验却十分值得分享。2018 年的广东首季经济开门非常有戏剧性，也可以说是拨开云雾迎来曙光的一季。

"马上就返数了。"

国家局让我传话，是一种分量，也是一种认可。最后送别门口时，董礼华司长认为深圳统计很多改革创新做得很细，值得采信，他同时表示要来调研学习。

我听了内心充满喜悦。继续补充说，在证券交易中，债券与基金都是规模交易，尤其债券就像一个国际"倒爷"，而中国股票小散多、比例高、贡献大，不与债券同质，核算 GDP 影响比重系数应大，提出宜占 70% 结构方显示真正交易影响。他不住点头称赞。

由此，我想到了另外一种分享——围绕着提高深圳统计能力价值链的建立，因为自己终将老去，每个人也终将离开这个工作舞台。

当自己转身离去时，对于我来说，最大愿景是留下没有时空界限的价值观和价值取向，而那正是每个人"三观"（世界观、人生观、价值观）的尺度。

这次省长点名我紧急驰核48小时，虽信任已有结果，却没有结束。我遇见了未了，也感受了科学的力量与追求科学的卓越。我不是作家也不是诗人，更非统计学家、经济学家，而是一名统计专业工作者与操盘手，唯真唯达。

这里的路径简单并不复杂：

独立思考在于掌握实际，熟悉制度不唯制度，思辨不老。

勤能补拙在于摆进切入，摆进自己方有责任担当能力。

心律无镜看不到，却可让你脚踏实地去构筑金钱无法替代的精神家园。

"天道酬勤，有志者事竟成。"

一位同事如是说。

这个季度的数据非常来之不易。从企业到区到市、省、国家，没有马不停蹄、殚精竭虑的持续工作，不可能有最后对数据的解读，也不会有任何可信的话语权。

结果很重要，过程也不可小觑。过程决定结果。

这时我想到了这两天遇见的天象。

去京时滂沱大雨，回深时晴空万里。

来去匆匆。

而此时自己扪心自问，离去的背影后面究竟能为这个团队留下什么？

正如一位同事所言，是你的终究是你的。

那是一种叫能力的东西。

想到见到做到这个的人，无疑是辛苦而又愿意付出者，人在做天在看，不需一一对应回报。

从前天晚上8点30分办公室接电话那一刻开始，

到当下8点30分起飞返深计算，整整48个小时的不停运转紧急驰核南粤经济大省GDP，完全顾不上好好吃一餐，可结果既圆满，又饱满，留下一切都是美好的。

因航路管制晚点，也因由南而下空中时间长，可不停地用食指在CZ3160航班的平板电脑记事本上书写。

空中三个小时。

每当气流颠簸飞机时，空姐总不时过来善意提醒，并好奇立在我身边，看看我究竟涂鸦了什么。

我也会抬起头，问她看见了什么。

她说："看到的，挺复杂的。"

空姐最后一次说完，CZ3160 就开始下降，然后安全落地了。

我打开手机报了平安。

194
"八性"要求，与专业人员共勉，共同做好统一核算工作

2018 年 7 月 13 日，我与核算处干部进行座谈，对搞好核算工作提出"八性"要求，与核算专业人员一起共勉。少浪同志陪同参加座谈。

我首先听取了核算处承担的工作任务和处室人员分工的汇报，详细询问了核算有关工作情况，并对今后做好核算工作提出了"八性"要求：一是有强制性。要尊重国家工作安排，遵守国家各项规定，执行国家核算制度，培养协调统筹解决问题能力。二是有延续性。要有工作的前后衔接，制度规则执行的相对一致，评判标准的相对统一，善于发现问题、把握问题、解决问题，以保证核算方法的科学规范统一。三是有方向性。要不断提高核算业务沟通能力，做好在季度和年度核算时与国家的前置沟通，及时了解国家有关要求和反映广东省核算新问题；要积极与部门进行沟通，精细化把握部门数据，做出正确的核算需求导向；要主动与局内各专业沟通，切入专业内部，把核算要求带入专业审核中。四是有指引性。着重抓好核算对地市统计工作的指引作用，合理引导地市对数据的预期，引导地市注重数据基础来源，充分调动和保护地市的积极性。五是有支撑性。强调数据需有基础指标作为支撑，各地区都要高度重视基础数据对核算数据的支撑作用。六是有特殊性。要注意数据受多因素影响，充分考虑地方的特殊性，改进和完善核算数据评估方法。七是有总体性。要有大局观，认识到核算工作是总体性工作的重要部分，与各专业的工作是紧密相关的，核算工作有赖于各专业的努力付出，体现的是团队精神。八是有指向性。核算要有思辨思想，善于分析核算出现的新情况新问题，加强核算方法技术性研究，审慎判断，创新思维，有服务意识和创新观；要将枯燥的、公式化、模式化的核算工作变成活的、有生命力的工作。

我勉励核算处干部要不断提高自身的应对能力和解决问题能力；要关注社会舆情舆论，提前做好突发事件和热点问题的应对准备，尽努力不后悔；要勇于担当，具有自我牺牲精神和辨别能力，放下思想顾虑以开心、舒心的状态投入工作。

通过与核算处全体干部面对面的交流，我充分感受到核算干部赤诚的工作热情、勠力同心的团队精神，也传递了局领导班

子对核算工作的高度重视，对核算干部的殷切期望和大力支持。

195
交通运输很重要，与广铁集团交流统计工作，完善经济核算方法

2018年12月4日上午，我率队到中国铁路广州局集团有限公司（简称广铁集团）调研交流第四次全国经济普查、运输、投资等统计工作。广铁集团董事、总经理韦皓，总工程师王华参加了座谈交流。

座谈会上，我代表调研组对韦皓总经理百忙之中抽出宝贵时间接待调研组表示了诚挚感谢，也表达了我们此行目的。随着高铁的普及，高铁运输量占比越来越大，高铁发展给铁路运输带来了质的飞跃，也带来了收入的较快增长，但现行运输量统计方法未能真实体现高铁运输的工作数量和质量，政府统计在测算铁路运输业季度增加值时使用运输总周转量增速作为测算基础性指标存在低估。

为进一步完善经济统计核算方法制度，客观反映铁路带来的经济社会效益，加强部门统计和政府统计合作交流，我提出四点意见：

一是经济大省之统计强省建设的背后有各部门的大力支持。广铁集团运输、效益、投资等统计数据表现非常有潜力，铁路货运量是经济"晴雨表"重要指标之一，是市场研判的主要依据。省政府充分肯定统计局对宏观经济发展的研判，统计局准确研判的背后有部门统计数据做重要依据和科学考量，广铁集团的情况更使省政府增强了对经济发展前景的信心。

二是部门统计与政府统计在各自管道上反映，共同推动经济核算方法更趋完善和科学。随着高铁运输等新经济模式涌现，过去的一些统计核算方法可能已经不能真实反映现在的实际情况，希望广铁集团多做研究和探讨，为更精准反映和测算铁路运输业对社会经济的贡献建言献策，发挥作用。

三是认真做好"四经普"，摸清家底和国情国力。铁路系统单独组织普查，铁路普查与地方普查相互补充、相辅相成，铁路系统在很大程度上自成体系，铁路运输主业里同时存在多种经济成分、多

种产业结构和多种单位性质，希望广铁集团摸查清楚，全面真实反映和体现铁路行业全貌。

四是天下统计是一家，希望部门统计与政府统计加强业务交流。广铁集团非常重视统计工作，队伍壮大，人才济济，省统计局主办的《统计与预测》明年要改版为《统计思维与实践》，这是一个统计专业刊物，是一个很好的业务交流平台，接下来要举办一期国际比较项目（ICP）研究，希望广铁集团统计同仁们参加并投稿，发出部门统计的异彩。

韦皓对我们一行来访调研表示热烈欢迎，对省统计局关心铁路统计工作表示感谢，今后希望加强合作，共同推进统计事业前行。随后向调研组介绍了广铁集团关于集团有限公司架构、运作模式、业务经营、统计建设以及"四经普"工作开展等情况。

会上，与会双方还就如何才能真实反映铁路运输业发展成果以及铁路运输对经济社会的贡献等问题展开了交流探讨，达成了共识。

196
把心放平，把脚踩实，以奔跑者姿态做好统一核算

2019年1月22日晚上，正值寒冬，岭南大地寒风料峭。我以一名普通党员身份来参加核算处党支部组织生活会和民主评议党员活动，参与集中学习和支部述职评议查摆问题，我的心里感到很温暖。

我敞开心扉，对核算处党员干部们道出心里话：从讲党性来说，学习是永无止境的。共产党人经常提到不忘初心，作为"龙头"专业的核算处全体党员干部，面对上上下下的数据逻辑关系，既要术业有专攻又要把心放平、把脚踩实，把手上工作一项一项地做完，才能体现党性、不忘初心。

总体上，核算处过去一年的工作任务繁重，2018年基本上已经收官，你们工作任务完成得还是比较好的，后面上下左右还有很多数据需要解释、沟通、汇报。我在全省统计工作会议报告中提到的"九者"中，有奔跑者还要有多一些的"悲情者"，实际上都是"真心者"，充满了酸甜苦辣、不容易。省统计局党员干部队伍一步步出现新变化，内外的认可度都提高了，离不开全体党员干部的共同努力。

今天，我也主动剖析内心思想，正视存在问题与不足，希望与你们共勉：一是在思想意识上，要做好核算"龙头"专业

工作，必须从自己做起，起表率作用；二是在党员标准上，核算是技术领域的业务核心部门，必须有核心的要求；三是在原则作风上，核算与其他专业不一样，需要承受更多的工作担子，要坚持内外有别，对数据处置有基本的判断，坚持大的逻辑和基础指标的匹配；四是在工作态度上，核算应急任务多，比如对派生核算指标的加工，原来有文化产业，现又不断有新的像体育、旅游产业等要面对，核算处都要积极主动，掌握解读数据的专业话语权；五是在党内氛围上，核算处作为一个整体要团结、活泼、生动，可以开展一些文化活动，营造一个更加和谐、利于交流的环境。

虽值严冬，但春天的脚步一天天靠近。希望核算处的全体党员干部进一步加强政治理论学习，不断提高党性修养，更加牢固树立勤奋钻研苦练内功

的作风，严格自我要求，争取为构建经济大省之统计强省做更大的贡献。

197

回首，审视，展望——在 2019 年全省国民经济核算工作会议上的讲话

一年之计在于春。2019 年 3 月 28 日，在这样一个春暖花开、万物复苏的日子，我们在东莞市召开全省国民经济核算工作会议，传达学习全国核算工作会议精神，总结 2018 年度全省国民经济核算工作，研究当前核算工作面临的主要问题与各种挑战，部署 2019 年核算重点工作。

一年的时间如白驹过隙，转瞬即逝。回首这一年的匆匆光景，全省国民经济核算工作在"辛苦"和"有为"裹挟中前行：面对经济下行压力，顺利完成各项数据核算与监测工作；落实三大核算改革，

推动核算工作创新；研究构建广东省新经济统计体系，科学度量新经济发展变化情况；强化数据质量的审核评估，缩小省市数据差距；加强部门统计工作，为统一核算奠定良好基础；提前介入第四次全国经济普查工作，为统一核算做好准备；扎实有序推进投入产出调查工作；开展各项统计科学研究和分析，增强核算工作影响力。

审视当下，核算工作面临"三个难以"：难以实事求是、难以全面实事求是、难以执行核算逻辑。为科学应对压力和风险，各地统计局的"一把手"要管核算、要懂核算！

在实行统一核算中，广东面临"三个'不'挑战"："不太变"，专业方法难以适应地方经济业态变得更快；"不太算"，专业操作难以接受体现地区经济结构差异化；"不全等"，基础数据扭曲数据背后经济存在。

展望未来，新的一年各地要以统一核算为抓手提高核算工作水平：一是坚决落实省委文件精神，推进地区生产总值统一核算；二是认真开展经济普查年度 GDP 核算，抓住机遇解决历史问题；三是抓好原方法季度核算和监测，做好新旧方法数据衔接准备；四是以经济普查数据为基础，全面修订各项派生性产业增加值合适方法；五是推进新经济增加值核算，反映新动能变化；六是开展建筑业和农业增加值核算，充分体现统一核算特点；七是落实文化及相关产业增加值核算，增强文化自信；八是开展省级地方资产负债表试编工作；九是开展自然资源资产负债表编制工

作；十是继续做好投入产出调查研究和 ICP 研究工作。

统一核算并不是要把各市数据算小来完成衔接，而是要上下齐心将基础数据夯实，让全省和各市 GDP 数据都有支撑，全省数据的完整性和全面性提高了，各市数据缺口也弥补了，不需要调减数据也能达到省市差距的完全衔接。因此，要强化基础数据对 GDP 的支撑作用，推动常规统计调查资料和部门统计资料的规范协调，确保基础资料的概念范围口径与核算要求相衔接。

198
时光缱绻辗转，核算想在前头

为有序推进数据报送工作，及时做好经济运行监测和预警，2019 年 5 月 5 日，五一小长假后的第一个工作日，我收拾整理好假日余留的些许倦怠，

主持召开会议，研究 4 月份数据报送工作。

岁月更迭交替，时光缱绻辗转。一季度的结束，也是二季度的开始，要夯实数据基础，统计工作必须想在前头、做在前头，因此 4 月份数据报送工作绝不能放松。我提醒省统计局各专业处要按照"两防"要求，认真督导各地市开展数据报送工作，有效抓好基层统计基础，确保源头数据真实准确、完整及时，为上半年核算工作奠定坚实基础。

会议中，我听取了各相关专业处室关于 4 月份数据报送的情况汇报，并与大家讨论了专业平台数据在统一核算中的作用。

199
抬头看天，核算工作的"北斗七星"

2019年6月1日上午，我主持召开会议，专题研究加强国民经济核算工作，对全面加强当前和今后一个时期全省国民经济核算工作进行深入研究。

当前全党开展"不忘初心、牢记使命"主题教育，广东统计部门"守初心，担使命，找差距，抓落实"就是要清楚明白客观真实反映经济社会发展情况这一统计工作的初心，在全面建成小康社会和实现中华民族伟大复兴的关键节点中牢牢记住和切实担当起精准反映经济社会的存在与发展变化这一重大使命，深入查找统计工作中存在的短板和不足，以全面加强国民经济核算工作为龙头和主要抓手，奋力推动建设经济大省之统计强省。

我认为，做好当前和今后一段时期国民经济核算工作有"七个着力点"，这七个着力点，犹如北斗七星，可以在漆黑无边的夜色中给我们指引方向。

脚踏实地实行统一核算。地区生产总值统一核算改革是中央和省委的重大部署，是全省当前和今后相当长时期统计工作的首要任务。2月28日，省委办公厅正式印发《广东省地区生产总值统一核算改革方案》，省统计局成立了广东省地区生产总值统一核算领导小组，各项工作正有条不紊稳步推进。全省各级统计部门要以讲政治的高度充分认识此项工作的重大历史和现实意义，将之作为"不忘初心、牢记使命"主题教育的头等大事，脚踏实地抓好落实。

关键"一把手"分管担使命成行家里手。核算工作落不落实关键在主要领导重不重视，亲不亲自抓，懂不懂抓。在今年全省国民经济核算工作会议上提出"一把手"分管核算工作的明确要求，全省绝大部分地级以上市落实得很好，但也有个别市未真正落实，主要领导仍游离于核算工作之外，只关心核算结果，未把心思真正放在核算过程，这种现象必须纠正。核算工作是统计工作的龙头，且专业技术性很强，"一把手"必须要有担当的勇气和魄力，花时间和精力走进核算、领悟核算、驾驭核算，成为核算的行家里手。

专业操守先做明白人。核算专业有严格的制度方法和技术规范，而合格的核算专业人员不仅仅应掌握技术规范，更重要的考量是对国民经济运行过程的把脉和诊断，通过对本地区本领域月度、季度、年度和经济普查年度数据的"望、闻、问、切"，充分把握经济运行中的基本逻辑机理，进而作出正确诠释和判断。牵一发而动全身，核算人员必须时刻关注每一个专业、每一个时期、每一个指标的变动，从核算的角度及时传导明确信号，引导各专业做好数据收集工作。

上悉制度方法口径指标。我国经济发展进入新常态，国家统一核算改革正式实施，"四经普"年度 GDP 核算、自然资源资产负债核算、地方资产负债核算、系列扩展核算等进入关键攻坚阶段。在这个重要节点，广东要及时了解和掌握新制度新方法要求，根据广东新经济新变化新特点，主动介入做贡献，深度参与国家核算制度方法口径指标的调整制定，并及早做好工作预案，争取主动。

下联地市县串成一体。国民经济核算是一个系统工程，客观需要全省上下统一思想形成合力才能完成当前繁重的核算任务。按照数据流程轨迹建立工作机制和全程数据质量监控管理机制，省统计局要建立对地级以上市核算工作的督导和考核机制，各市也要加强对县级核算工作的督导。各级都要充分发挥主观能动性，在"四经普"数据质量监控、逐月逐季报表数据"两防"、新经济核算等方面先行先试，创新方法，为全省乃至全国做贡献。当前尤其要组织精干力量，精心组织周密安排，高质量如期完成国家统计局交给广东省的新经济总产出核算的研究任务。

以此练内功真本事强能力。"天将降大任于斯人也，必先苦其心志"，处在今天这个历史重要关头，光荣而艰巨的核算重担落到我们头上，是我们的福报，须倍加珍惜。"雄关漫道真如铁，而今迈步从头越。"直面三大核算改革和一系列核算新任务、新要求，我们必须潜下心来，从市场主体数量规模、经济活动行业分类、各专业统计基础数据入手，循着核算工作流程，抓源头，练内功，真本事，强能力，"吹尽狂沙始到金"，确保高质量完成历史赋予的神圣使命。

有见地精准颗粒度落地。近日，国家统计局宁吉喆局长在接受新闻媒体采访时作出中美经贸摩擦对中国经济影响总体可控的科学判断，其依据和底气就是以核算数据说话。在当前经济总体下行依然的大背景下，全省核算工作者要有正确的政治站位，以实际行动深入调研，密切关注市场主体数量及其经营、人流物流资金流、全要素生产率及直接影响季度核算结果的 24 个指标变动方向和幅度，算全算准算实算细，确保颗粒归仓，用精准颗粒度的生动核算语言来充分体现全省和各地经济存在和走势，为各级党政领导提供优质服务。

200
江淮之间在莲花佛国九华山下：听学核算龙头·论道核算灵魂·落点核算结果

会之重，不言而喻。统一核算是十九大确定要国家统计局落实的三大核算任务之一。

晓超副局长讲话的三大块，块块均重要。

广东核算，在国家统一部署下，踩着核算鼓点落实。2019 开年，省委常委会召开的第一个会，即把统一核算列为第一个议题。

我认为，核算会不单单是龙头会，还是灵魂会。

灵魂安在何处，在方法上。方法，一是把方向切入；二是算法导出。因此方法要管用，管用也有两点，一是管得住，框得住；二是用得上，真实性。

100% 有指标来源基础。

广东核算面临的经济土壤，在方法上具有五个挑战：

变："不变"不适应"变"。广东经济变化快来自外向度、非公经济程度双高影响，经济市场订单起伏变化大，挑战在均衡增长的经济思维与统计定势下产生的诸多统计速度核定公式，扭曲经济实际变化结果。

边："边界"难以体现"边缘"。新经济里头的供应链企业、线上线下模式转变，出现不少没有企业接收的专业，比如类金融。

情："国情"不止于"国际"。联合国核算方法

基于核算与诚信。支出法长期低于生产法，能否理直气壮，首先看方法，其次看来源，这就是核算灵魂。

力："力量"不支撑"力争"。广东大量的规上躲在规下，规下舒服，不用多报表，不用体现全面损益指标，统计力量缺失难以抗争澄清。

风："风格"不立起上下一致"风向"。只看到是注水，没有看到少漏。此时此刻，深感对统计人没有掌声。上下不应是博弈关系，更不是敌对关系，应内部加强管理消化，把本系统问题交给舆论审判，交给法律法规去制裁，不是唯一选项，即使是选项也是下下之选。要有良好的统计环境与人文关怀。

"三个季度"过渡期，

"三个衔接"：年报、普查与快报，速度与总量，总量与分行业结构。

2020 年成为统一核算的常态。方法统一后，严格执行，执行分摊数据。

一起研究经济逻辑，特别好。金融总规模、财政收支、电信总量、交通运输总周转量、R&D 水平匹配度、拟合度，出现严重失序时，应有地区差异性。八项支出以生产性服务业替换。

201
与核算处分享，在中央党校学习的核算领悟

2019 年 7 月 15 日，我参加完中央党校毕业典礼，一刻不歇，风尘仆仆赶回省统计局。之所以这么马不停蹄，是因为感悟时光匆匆，两件事不能等：一是召集会议研究上半年广东经济运行情况，二是根据"不忘初心、牢记使命"主题教育安排，结合研究上半年广东地区生产总值核算工作，为核算处党员干部上党课。

我与核算处的党员同志分享了在学习期间的所学所思所感所悟。回忆点滴，仿若自己又回到了中央党校的神圣殿堂，瞻仰校园内矗立的马克思、恩格斯、毛泽东、邓小平等革命先驱雕像，参观时光斑驳的校史展览馆，在"实事求是"照壁前驻足沉思，在曲折幽静的校园小道漫步，一次又一次刷新对中国共产党初心和使命牵引的感受，一层又一层深化对习近平新时代中国特色社会主义思想的领悟。

初心与使命知易，不忘与牢记甚难。国民经济核算工作必须长期坚持以习近平新时代中国特色社会主义思想武装头脑，才能把初心和使命时常铭刻在心，贯穿核算工作始终，核算工作要围绕三个关键词来开展主题教育，确保取得成效。

其一是"扬弃"。马克思主义思想的起源最初可追溯到《1844 年经济学哲学手稿》，马克思、恩格斯通过对三大思想"扬弃"，并在此基础上创新发展，逐步创建了马克思主义思想体系。新时代核算工作必须提高政治站位，秉承马克思主义"扬弃"的精神，紧跟时代前进步伐，按照中央和省委关于统一核算工作的部署要求，奋力推进三大核算改革，确保中央和省委决策部署在统计部门落地生根结出硕果。

其二是"实践"。实践是检验真理的唯一标准，中央党校三条办校原则的第二条是"坚持真理，随时修正错误"。广东是全国新经济出现最早、发展最快的地区之一，新时代赋予广东国民经济核算工作的新使命，省统计局要把

实事求是运用到核算具体实践当中，以时不我待的精神状态，紧紧围绕省委"1+1+9"工作部署，在完善广东高质量发展评价指标体系、建立完善广东新经济监测和探索构建粤港澳大湾区建设统计监测体系等新领域拓出一条新路，为构建经济大省之统计强省发挥核算工作的龙头作用。

其三是"破锢"。核算工作是最忌禁锢思想和禁闭思维的，只有全面贯彻落实习近平新时代中国特色社会主义思想，把马克思主义哲学作为看家本领，坚持问题导向，提高科学思维能力，破除固有观念，才能不断提高核算工作的能力和水平。当前省统计局正在全面贯彻落实习近平总书记对统计工作的重要讲话指示批示精神，把统计"两防"作为夯实统计基础、出清统计数据的攻坚战来打，核算工作要根据核算制度方法和统计数据流程路径，以统一核算改革为契机，深入思考探究提高统计数据质量的路径和方法，打破核算与专业统计之间、政府统计系统左右上下之间的数据壁垒，形成数据质量评价和监控机制，为广东高质量发展提供数据保障。

我语重心长地叮嘱核算处的党员，在全面建成小康社会和实现中华民族伟大复兴的关键节点上，省统计局必须牢牢守住坚持"实事求是"统全统准统实数据这个初心，切实担当起精准反映经济社会客观存在和发展变化这个重大使命。坚守为人民谋幸福、为民族谋复兴的初心，把初心落实到具体的核算任务中，体现在每个数据里，响应新时代的呼唤，提升统计工作效能和服务水平，做到知行合一、统计为民。

核算处一张张年轻的面孔，跃动着青春的气息，未来将至，未来可期。希望这群年轻人的思想得到又一次洗礼，初心得到又一次夯牢，使命得到又一次铭记，为做好新时代核算工作满格充电。

202
不忘初心使命，以"三个标杆"为目标加强核算工作

从中央到地方，从机关到基层，从城市到乡村，这个夏天，"不忘初心、牢记使命"主题教育犹如星星之火，迅速燎原蔓延，在中华大地如火如荼地上演。2019年7月25日上午，我以普通党员身份参加核算处党支部召开支部扩大会议，推动主题教育往深里走、往心里走、往实里走。

首先，我充分肯定核算处党支部建设特别是主题教育开展以来取得的初步成效。连日来，核算处全体党员干部加班加点、不辞劳苦、夜以继日，算全算实算准算细，全景反映和描述广东上半年经济运行情况，为看透广东经

济"烟雨楼台"提供了大量核算数据依据。我在与大家一起挑灯夜战的工作中仿佛见到支部鲜红的党旗。

我作为核算处支部的一分子，以普通党员的身份参加支部生活既是忠实落实党章的规定，也是履行党员领导干部应尽的职责，践行密切联系基层联系群众的基本要求，我要与大家一道以主题教育具体目标"理论学习有收获、思想政治受洗礼、干事创业敢担当、为民服务解难题、清正廉洁作表率"为导向，将主题教育推向纵深，取得成效。

国民经济核算是统计工作的龙头，而核算处又是全省核算工作的中枢，核算处支部要以主题教育为契机，落实习近平总书记在中央和国家机关党的建设工作会议上的重要讲话精神，做表率、树标杆，打造优秀支部。

在业务能力上树标杆，在加强自身建设上做表率。

结合"统计能力建设年"目标，不断丰富知识储备，全面掌握核算技术规范，提高对国民经济运行过程的把脉和诊断能力，通过对数据深入剖析作出经济运行的正确诠释和判断。

在甘于吃苦上树标杆，在乐于奉献上做表率。做核算工作切忌心态浮躁、计较一时得失，只有坚持吃苦耐劳，守得平淡枯燥，才能不断沉淀、不断积累，进而厚积薄发。

在勤学善思上树标杆，在勇于创新上做表率。要时刻牢记初心宗旨，不断深入思考使命，对现有核算方法制度深入思考研究、立破并举，不停止思辨和创新，跟上广东新经济日新月异的发展变化，全面

真实反映习近平新时代中国特色社会主义思想在广东落地生根结出的硕果。

会场气氛活跃，与会党员干部畅所欲言，以心交心，无拘无束。大家纷纷表示深受教育、备受鼓舞，为进一步提高核算工作质量和水平提供了强大思想与精神动力。

203
在"四个下功夫"上做好 ICP 和 GDP 核算

举办广东省 ICP 和 GDP 核算研讨培训是建设经济大省之统计强省的一项重大举措，须认真筹划、周密安排、取得实效。希望以此为起点，以深化 ICP 和 GDP 核算技术领域研究为突破点，引导和带动全省统计系统乃至全社会广泛关注和参与统计科学研究，形成一个统计研究新气象，打造一支统计科研主力军，产出一批统计科研新成果，开辟一条统计创新新路子。

重点在"四个下功夫"上做好 ICP 和 GDP 核算，服务经济大省之统计强省。

一是在以 ICP 和 GDP 研讨为契机提高广东前沿科研水平上下功夫。ICP 作为一种国际比较统计工具，用于评价和比较各国 GDP 规模和结构，与 GDP 核算关系密切。统计工作者和各方专家学者深入了解掌握 ICP 和 GDP 核算是开展研究国内国际经济问题的前提基础。举办这次研讨培训的初心，就是要以此为契机引导广东全社会在统计理论、统计方法、统计实践和数据分析等方面的研究走向全国乃至国际前沿，全面提高广东统计科研质量和水平。

二是在以国家核算专家和学院派专家学者为学习标杆，提高统计能力上下功夫。举办这次研讨培训旨在搭建起统计实际工作者与国家统计专家、各方统计专家学者的沟通交流平台，为全省统计实际工作者提供良好的科研环境和条件。我们的同志要潜下心来以专家学者为标杆，不断提升自身统计理论水平和统计能力，善于学习、勤于思考、勇于创新，在学习研究中出成果、在服务发展中出思路、在实际工作中出新招。

三是在以我没参加却胜似参加为自觉牢固树立"两求"思想上下功夫。因重要公务我未能与会，希望统计系统的同志特别是年轻统计人倍加珍惜这一难得机会，以"求人先求己"和"求上先求下"的思想自觉与行动自觉，与专家学者进行理论与实践的碰撞，产生头脑风暴，在工作中以理论指导实践，以实践升华理论，把自身锻造成为名副其实的统计专家。

四是在以产学研为良性导向贡献统计智慧上下功夫。参会的专家学者是国家和广东统计的学术精英。希望大家能积极为广东乃至全国统计改革发展贡献智慧，将科研成果转化为统计实践，完善统计核算方法，培养优秀统计人才，真正形成产学研深度融合的良性统计科研生态，充分激发统计创新活力。

204
"三个确保"，做好 2019 年第四季度统一核算，服务地方党政

2019 年 12 月 30 日，我与来访的韶关市委常委、常务副市长华旭初一行座谈，双方就经济运行情况、核算基础数据收集、统计队伍建设、扶贫工作进行深入交流。

我对韶关市委、市政府重视统计工作和关心支持省统计局扶贫点脱贫攻坚表示感谢。当下正处在第四季度数据收官的关键窗口期，韶关要重点围绕第四季度地区生产总值统一核算做好相关工作：一是确保统一核算数据基础扎实，持续"两防"，盯紧关键指标和重要企业（项目），抓好基础数据统

计，全面强化核算基础数据支撑；二是确保统一核算数据"完全衔接"，深入分析和准确研判指标变化，严格审核把关，科学真实反映经济运行；三是确保数据发布规范，按照统一规定发布数据，为数据需求者服务。

华旭初代表韶关市委、市政府感谢省统计局对韶关发展、统计工作、脱贫攻坚和队伍建设等各方面的关心、支持和指导，特别是我为韶关市领导干部作的"多维解码广东经济"专题讲座，反响热烈，效果很好。华旭初介绍了韶关近期经济发展、统计工作和精准脱贫等工作，表示市委、市政府将进一步重视和支持统计工作。

205
"四个不同"解析当前核算改革，"五个统一"推进核算改革落地

2020 年 1 月 18 日，省统计局召开全省地区生

产总值统一核算工作会议，全面落实党中央、国务院关于地区生产总值统一核算决策部署和省委、省政府的具体要求，正式开展广东地区生产总值统一核算工作。我作为省地区生产总值统一核算领导小组组长，省统计局党组书记、局长出席会议，并就全省统一核算工作作讲话。

本次会议的顺利召开标志着全省地区生产总值统一核算工作进入新的篇章，在新时代背景下，地区生产总值统一核算与以往相比有"四个不同"：一是核算主体不同。核算主体由原来的分级核算变

成以上一级为主体，下一级参与配合。二是能力要求不同。改变核算方式后，各市需要进一步提高诠释核算数据的能力，全面掌握核算方法流程和技术。三是把握方向不同。统一核算改革后更加强调顶层设计，数据首先在国家层面统一核算，逐级核算到地市县区后有可能存在一些指标方向上的不一致。四是核算环境不同。在中央要求加强统计监督的背景下，更加注重核算制度的规范执行，保证数据有来源、方法准、制度正，需要刀刃向内，自我革新。

为确保顺利全面推进统一核算改革，全省统计部门要做到"五个统一"：一是统一思想认识。地区生产总值统一核算是党中央、国务院的决策部署，必须以讲政治的高度，把思想认识统一到"两个维护"的高度上来。二是统一制度方法。省地区生产总值统一核算实施方案在

核算制度、核算方法、数据来源、核算机制、核算过程等方面，对各市数据进行统一操作，确保了核算数据总量、结构和速度的完全衔接。三是统一集中行动。统一核算是一项前无古人的工作，要求大家必须有舍我其谁的改革创新勇气和使命担当，上下联动步调一致，确保改革落地。四是统一纪律规矩。开展核算工作必须严守规矩和纪律，经得起监督和考验。五是统一数据发布。各地要严格遵循数据发布规定，在数据正式发布前注意做好保密工作，并做好舆情预案、监测和处置等工作。

206
高要求，重质量，严把广东省投入产出课题质量关

2020年2月28日上午，我主持召开广东省投入产出课题研究质量把关会，逐一听取各中标课题

研究负责人的开题报告陈述。

我开宗明义地说，投入产出表揭示了国民经济各部门之间技术经济联系和互相依赖关系。利用投入产出技术分析和研究投入产出各种关系，揭示广东经济发展中各部门相互依存、相互制约的数量关系，无论是对省委、省政府决策还是统计工作都具有重大的意义。本次投入产出课题经省统计局党组精心研究选定，课题中标单位是遵循公开、公平、公正、择优的原则和相关法律法规，通过向社会公开招标，严格按照各项评审程序产生确定的，是投标单位中综合实力最强的团队。

各课题承担单位在研

究过程中，要重点把控好课题研究方向、技术方法、数据基础、课题质量、成果应用等要点。一是各课题承担单位要认真吸收会议提出的意见建议，进一步完善课题大纲，确定课题研究方向和创新重点，并定期通报研究进展，按时保质完成课题。二是各课题承担单位在课题研究过程中必须基于投入产出方法、技术和确定的研究方向。三是充分利用投入产出表、广东统计年鉴等统计资料数据，深入挖掘开发数据资源要素，形成高质量的研究成果。四是各课题研究要有自己的特色，力戒泛泛而谈、面面俱到，研究结果要有针对性和实用价值，可应用于指导现实、解决实际问题。五是按照《广东省投入产出研究课题招标管理办法》和《广东省投入产出研究课题委托研究项目合同》的要求，课题成果版权属于省统计局所有，未经省统计局同意，不得擅自对

外公开发表或向第三方提供研究成果。

各中标课题研究负责人表示将认真听取省统计局提出的意见、建议，特别是要把局领导的指示要求贯彻到下一步的报告撰写工作之中，努力形成高质量的课题报告。

207
从"四个维度"做好服务业统计，因应统一核算重大改革加强衔接，着力提升数据精度

为进一步提高促进专业基础数据质量和核算工作水平，2020年3月31日，我召集有关专业部门，深入研究因应地区生产总值统一核算重大改革和国家统计局最新《季度地区生产总值统一核算方案》

服务业相关指标变化，指导专业处切实加强与核算部门的衔接互动。

服务业统计尤其现代服务业作为前沿统计专业，面临许多新的业态、形态均出现在这个经济领域所带来的统计挑战，地区生产总值统一核算中的使用广度与深度不断提升，纳入季度GDP统一核算的基础指标由上年的8个增加到目前的14个，对全省乃至各市地区生产总值核算与专业数据质量提出更高要求。面对新形势、新变化，服务业处和核算处应从"四个维度"着手抓好下一步工作。

一是保持核算方法上下一致。在制订《广东省地区生产总值统一核算改革方案》时，应实现国家对省、省对市核算方法一致，减少省级在核算使用指标上的调整。

二是加大对专业数据的使用程度。地区生产总值核算方案强化了对服务业行业数据的使用，颗粒

度更加细化，对服务业统计数据质量的要求进一步提高。核算、服务业统计专业应形成良好的沟通联动，加强工作对接与数据剖析，打造增强统计专业能力、建设统计强省的有效工作机制。

三是切实优化规模以下服务业抽样调查工作并推动数据使用。积极与国家统计局沟通，促进核算方案对规模以下服务业数据更为直接有效的使用，激发基层专业统计工作者的积极性，提高现有统计报表数据的价值与意义，形成专业统计数据质量与核算工作水平相互促进的良性循环。

四是坚持省市核算数据科学合理衔接的底线不能破。按照科学统一的方法核算各市季度地区生产总值，实现全省与各市汇总数据基本衔接，分摊超出合理区间的差额，及时、真实、准确反映地区经济发展实际。

会上，杨骁婷、杨少

浪分别汇报了1—2月规模以上服务业数据、统一核算方案变化和下一步工作思路。与会人员一致认为对新的核算方案，应及早研究、学深悟透，加强对数据的动态评估与试算工作，由点到面，把数据分析切实切细，不断创新统计数据服务能力。

208
研透核算新方案，提升核算能力，做好疫情下统一核算工作

地区生产总值统一核算方案，意义重大，特别是在新冠肺炎疫情造成巨大冲击的形势下，必须认真做好准备工作和核算工作，及时做好经济监测预警。2020年4月2日，我

专门组织召开一季度地区生产总值核算研究会议，针对新核算方案和基础指标对季度地区生产总值影响进行分析研判。

为做好一季度核算工作，开好头，我对核算工作提出三点要求：一是要吃透核算方案，准确研判新核算方案和基础指标对GDP的影响程度。尽快下发核算方案，督促各市深入学习领会，重点抓好核算方法改革、统计数据质量审核以及统计分析等工作，确保季度GDP核算按时高质量完成。二是要做好对上、对下以及部门之间的沟通工作，及时了解第一手资料，进一步提高数据和核算的精准度。特别对于无法取得当季数据的情况，争取多渠道多维度获取数据。三是要着力关注权重、系数变动的影响因素，找到背后的原因与逻辑。对部分新增的基础指标进行分析研判，切实加强核算的科学性与统一性。

209
以"统一方法为灵魂、科学准确为核心、过程用心为关键、客观真实为指向"的基本核算逻辑把握一季度地区生产总值统一核算

2020年4月17日，省统计局召开2020年全省第一季度地区生产总值统一核算视频电话会议，贯彻落实全国地区生产总值统一核算会议精神，研究部署和落实全省第一季度地区生产总值统一核算工作。我以省统计局党组书记、局长、省地区生产总值统一核算领导小组组长名义出席会议并讲话。

我认为，在统筹抓好新冠肺炎疫情防控和经济社会发展的背景下，广东要全面贯彻落实全国第一季度地区生产总值统一核算会议特别是国家统计局李晓超副局长讲话精神，扎实做好全省一季度统一核算各项工作，确保拿出

全面真实准确反映广东经济存在的核算数据。全省一季度地区生产总值统一核算工作要牢牢把握好以"统一方法为灵魂、科学准确为核心、过程用心为关键、客观真实为指向"的地区生产总值统一核算的基本逻辑，并将之忠实贯穿于整个核算过程和每个工作节点。

统一核算的灵魂在于统一方法。地区生产总值统一核算是党中央、国务院和省委、省政府的重大决策部署，国家统计局去年全面实施第四次全国经济普查年度GDP统一核算方法以来，自上而下实现了地区生产总值总量结构速度的基本衔接，广东的核算数据实现了完全无缝衔接，真实准确反映了全省和分市县区经济总量结构速度，充分表明了全国统一方法是核算工作的灵魂。广东依据全国季度地区生产总值核算方案精神，结合实际研制印发的广东方案，既忠实遵循顶层设计，又体现广东创新，各地各部门必须以此为规范开展各项核算工作。

统一核算方法的核心在于科学准确。统一核算方法是否经得起社会各界的"放大镜""显微镜"检验，是统计部门必须要面对的挑战。广东的季度统一核算方法，既遵循了国际通用标准的2008版SNA和2016版CSNA，按照"先行业，后综合"程序核算，力求科学合理，又结合"四经普"后行业基础数据来源的细分，力求实现细化经济颗粒。为此，各级统计部门一定要服从好、坚守好方法制度，特别是切实做好"两防"统一思想和行动，提高基础数据和核算的精准度，与此同时也要做好解读，诠释数字背后经济与统计的关系。

科学准确核算的关键在于过程用心，"细节决定成败，过程决定结果"。在一季度的新冠肺炎疫情下，统计部门敢于直面前所未有的新情况、新困难、新问题、新挑战，包括金融、交通和电信等行业统计在内的每个操盘手都能坚守岗位，用情用心用胆用力做好各个环节工作，时刻关注经济细胞分裂，及早监测经济指标脉动，切实保障核算基础数据的准确，充分体现经济大省之统计强省的良好精神风貌。今天进入了核算期，全省每一名核算人员要充分发挥"龙头"和"龙尾"作用，要学会计算负增长，正确看待负增长。首先做一个观察员，全方位、多维度深度观察行业数据变动趋势和程度；其次成为一个切入者，以核算专业方法对国家反馈的全盘核算数据进行"开膛破肚"，条分缕析，夯实所有进入核算程序的数据；最后做一个操盘手，最终确保落定的整盘经济数据客观真实。

核算过程用心的结果在于指向客观忠心。实事求是、客观真实是统计人最大的讲政治，也是统计核算过程用心的终极体现。在核算过程中只有把实事求是作为核心价值，才能找出经济发展中的堵点弱点难点痛点，为各级党委政府决策提供经济"晴雨表"和"指示器"，以有助于所采取的经济政策措施效果最佳。新方案中季度 GDP 使用基础指标从原有 24 个增至 36 个，颗粒度化指向更细化更科学。核算人员要用数理工具、统计工具、核算工具和综合评估等客观体现整个国民经济运转的量变和质变，让大家看明白统计核算真正的价值所在。

210
科学度量经济的"指示器"：自上而下的 GDP 统一核算

2020 庚子年初，一场突如其来的新冠肺炎疫情席卷全国，目前仍在全球蔓延肆虐，对全国经济增长和居民生产生活造成巨大冲击。与此同时，中国统计领域也正在进行一场深刻的变革，地区生产总值统一核算改革于 2020 年初正式实施。

对疫情影响下的一季度全国全省经济怎么看，GDP 统一核算改革后地区生产总值怎么算，在这里与各位分享。

（1）现代治理能力，数据支撑决策。

——用数据说话之经济数据。

2020 年 4 月 17 日，国家统计局新闻发言人就 2020 年一季度国民经济运行情况答记者问。经初步核算，一季度国内生产总值 206 504 亿元，同比下降 6.8%。分产业看，第一产业增加值 10 186 亿元，下降 3.2%；第二产业增加值 73 638 亿元，下降 9.6%；第三产业增加值 122 680 亿元，下降 5.2%。

一季度经济数据引起社会各界广泛关注，也对中央经济决策形成重要支撑。"2020 年中国 GDP 增长目标还要不要设、怎样设"成为热议话题。在同天召开的中央政治局会议上，首提"六保"，正是基于一季度经济数据作出的科学决策。4 月 23 日，李克强总理主持召开部分省市经济形势视频座谈会，强调直面困难挑战，坚定发展信心，稳住经济基本盘，力保基本民生。

从广东看，一季度实

现地区生产总值 22 518.67 亿元，同比下降 6.7%，降幅小于全国 0.1 个百分点。分产业看，第一产业增加值 876.60 亿元，下降 0.3%；第二产业 7 978.07 亿元，下降 14.1%；第三产业 13 664.00 亿元，下降 1.5%。

——用数据说话之金融数据。

从全国看，3 月末广义货币（M2）余额 208.09 万亿元，同比增长 10.1%，增速分别比上月末和上年同期高 1.3 和 1.5 个百分点。月末人民币贷款余额 160.21 万亿元，同比增长 12.7%，增速比上月末高 0.6 个百分点；月末人民币存款余额 200.99 万亿元，增长 9.3%，增速比上月末高 1.2 个百分点。

从广东看，一季度金融机构人民币存款余额同比增长 13.4%，比 1—2 月增速高 2.3 个百分点；一季度贷款余额增长 16.8%，比 1—2 月高 1.4 个百分点。其中工农中建交五大行存款余额占比为 44.8%，贷款余额占比为 45.9%；存款余额增速 12.5%，低于全部机构存款余额增速 0.9 个百分点，贷款余额增速 16.9%，高于全部机构存款余额增速 0.1 个百分点。

在新冠肺炎疫情影响下，从金融数据看金融体系对实体经济信贷支持力度明显加大，在信贷供给总量增长明显的同时，信贷结构优化，信贷支持的针对性和有效性在增强。

——用数据说话之结算数据。

美国时间 2020 年 4 月 20 日，WTI 原油 5 月期货合约 CME 官方结算价 -37.63 美元/桶，创人类历史上第一次期货交易价格负值。4 月 22 日，中国银行发布公告称，经确认，-37.63 美元/桶为有效价格。中行原油宝多头客户损失惨重，除损失全部投资本金外，每桶还需赔偿人民币 266.12 元。

美国芝商所 4 月 15 日修改原油合约交易规则，调试 CME 交易系统，允许结算价格出现负数，但未引起中国银行的警惕。

4 月 14 日晚，两张在社群中流传的消息截图显示，中国农业银行正在对央行数字货币 DCEP 的钱包进行内测。这一迹象表明，全球首个由央行推出的数字货币或将落地；DCEP 可能支持可编程的智能合约，有可能从根本上改变金融、支付行业的商业逻辑。

在世界金融体系中，规则最为重要，谁掌握了规则制定权，谁就掌握了主动权。

（2）经济运行，怎么看。

过去习惯于从正增长研判经济运行，当下要从负增长思维角度观察经济基本面变化。一季度全国 GDP 下降 6.8%，是在统一核算下一次不可能复制的压力测试。

GDP 核算的三种方法：生产法，行业增加值加总；收入法，各部门可支配收入加总；支出法，最终产品使用加总。三种方法在结构上各有用途，总量上相互校验、相互支撑，几乎要动用经济社会统计全部领域的数据作为核算基础。

从供给端三大产业看，全国 GDP 第一产业下降 6.3%，第二产业下降 9.6%，第三产业只下降 5.2%。其中第二产业权重超过 35%，第三产业接近 60%。其中第三产业缓冲第二产业大幅下滑带来的影响，第三产业中的批发零售贸易业、住宿餐饮、交通邮电占比 23.9%，跌幅最大；信息服务业和金融业占比 24.7%，正向增长，是对冲负增长的主要力量；其他服务业占比超 30%，跌幅 1.8%，是决定第三产业跌幅的最重要力量。其他服务业中一类是居民服务业、文化娱乐业等市场主导的部门，占比小；一类是政府主导下的非市场生产部门，占比约 80%，没有同步下降，甚至还会出现正增长。非市场服务生产部门的存在，其产出核算刚性直接对冲市场生产部分，成为整个第三产业经济增长的压舱石。

从需求端"三驾马车"看，全国社会消费品总额下降 19.0%，固定资产投资下降 16.1%，进出口下降 6.4%。最终消费支出拉动 GDP 下降 4.4 个百分点，资本形成拉动下降 1.4 个百分点，货物和服务净出口拉动下降 1.0 个百分点，合起来就是 -6.8%。非市场消费部分大体稳定，比如虚拟住房服务不会因为疫情而变化，教育等公共服务消费也会照常发生，有些部分如卫生服务、公共管理服务甚至还会提高。

我在分析 2020 年一季度广东经济数据时认为，-6.7% 的结果来之不易，是由于突发严重事件带来的结果，并非经济发展基本面的正常反映，不具有历史可比性。广东经济在受疫情巨大冲击影响的同时，还体现了经济发展的"韧""变""机"三大特征。

（3）经济核算，怎么算。

统计工作的龙头在 GDP 核算，遵循的是国民经济核算制度，有一套严格规范的核算体系。当前正在实施的统一核算改革是党中央、国务院的重大决策部署。

2017 年 6 月 26 日，中央全面深化改革领导小组第三十六次会议，审议通过《地区生产总值统一核算改革方案》，标志着地区生产总值统一核算改革正式启动。2017 年 7 月 30 日，中办、国办正式印发《地区生产总值统一核算改革方案》，明确规定地区生产总值统一核算改革的总体要求、主要内容，统一核算的资料来源、数据修订与公布、组织实施等。《广东省地区生产总值统一核算改革方案》于 2019 年 1 月 30 日经省委全面深化改革委员会审议通过，2019 年 2 月 28 日以省两办名义正式印发。

统一核算改革主要有四方面内容：一是改革核算主体，二是改革核算方法，三是改革核算工作机制，四是有序开展派生产业增加值核算。统一核算的具体实施包含三个层面：一是普查年度的统一核算，二是季度的统一核算，三是常规年度的统一核算。

目前，广东统一核算改革实施工作正根据国家统计局部署有条不紊开展。2019 年 11 月，依据各市"四经普"数据，省统计局对各市 2018 年 GDP 进行统一核算，形成 2018 年最终核实数，实现省市总量完全衔接。2020 年 1 月，以 2018 年经济普查核算结果为基期，省统计局对各市 2019 年一至四季度 GDP 实施统一核算。2020 年 4 月，以统一调整的 2019 年一季度数据为基期，以季度

GDP 统一核算方案为遵循，省统计局对各市 2020 年一季度 GDP 实施统一核算。这是从基期数据、核算方法到核算流程都严格遵循"统一"原则的季度 GDP 统一核算。

季度统一核算要关注六个方面：一是《季度地区生产总值统一核算方案》的主要变动，二是主要基础指标的变动（取消财政八项支出），三是统一核算方案使用的部门指标，四是 36 个基础指标对全省 GDP 影响，五是农林牧渔业核算方法，六是一季度全省及分市统一核算结果。

在统一核算时要遵循四个基本逻辑：一是统一核算的灵魂在于统一方法，二是统一方法的核心在于科学准确，三是科学准确

的关键在于过程用心，四是过程用心的结果在于指向客观忠心。

（4）经济增长，指向在哪里。

2020 年首季，为广东经济庚子年史上极其不易的一季。在省委、省政府坚强领导下，全省经济渐次经风雨化影响，从 1 月下旬起，经历艰难 2 月，全力以赴稳住 3 月。

当下广东经济运行可从五个方面把握：一是从宏观指标匹配性看，基础指标支撑偏弱；二是从实施分季度核算 GDP 看，首次出现季度负增长；三是从近现代历次经济危机相关数据看，每次危机化解的时间均缩短；四是从研判疫情对全省经济影响看，时序点位的增长变化大；五是从规上工业增加值增速来看，3 月出现显著反弹。

这里，以"九表"诠"数"全省经济变化。

第一类表，时间维度"点位表"：受新冠肺炎疫情

影响，广东一季度经济增长出现实施 GDP 分季核算史上首个负增长季度，成为历史低点，也是新的起点。

第二类表，行业维度"长短表"：全省国民经济行业齐全完备，各自支撑着全年 10.7 万亿经济大体量，在新冠肺炎疫情影响下各行业对 GDP 贡献的影响和变化不一。

第三类表，企业维度"细胞表"：企业有经济有，企业强经济强，每个行业前 100 强、50 强、30 强，都是经济块头与增长支撑点。

第四类表，区域维度"权重表"："一核一带一区"有着不同的经济比重，显示出其动态影响的大小

变化。在近 18 万平方公里的全省区域上此消彼长，有着"东边不亮西边亮"的经济韧性，也是区域不平衡性的另一种回旋余地。

第五类表，变化维度"指标表"："四经普"之后，GDP 由国家统一统算，涉及基础指标从之前的 24 个增加到 36 个。其中财政"八项支出"，改为"六个指标十三项构成"的工资增长。

第六类表，"三驾马车"维度"依存表"：单复产复工只解决供给问题，光有产能没有订单亦不行，需新老基建投资拉动，同时稳住广东内需外贸基本盘。

第七类表，新经济维度"贡献表"：新经济较少依赖传统的人力和资本，而以新技术、新业态和新产业模式产生经济成果，对冲疫情影响，成为广东经济新的增长点。

第八类表，快速问卷维度"晴雨表"："四上"企业敏感反映经济增长冷暖，值得去关注、把握和

服务，形成市场基础性与政府重要作用的合力与高效，给予新的赋能，培育全省经济新增长。

第九类表，任务目标维度"时序表"：从"时间经济"看疫情影响目标任务，时间紧迫，疫情之外"抢时补短盯盘"显得时不我待，须一月一月抓，一个季度一个季度补，稍纵即逝，时不再来。

核算 40 年：增长起高楼，GDP 宴宾客，罕见负一季，进入历史低点开启新的起点。

2020 年第一季，从采集数据、国家核定 GDP 至诠释解读数据，我的脉搏都随着数据变化而跳动。打开"-6.7%这盘变化无限的数"，尽管面临挑战，却也充满期待和希望。

211
抓重点，抓台账，抓能力，抓服务，务实扎实提高核算能力

2020 年 5 月 12 日，我

以一名普通党员的身份参加省统计局核算处党支部召开的扩大会议，并结合核算工作实际，为核算处党员干部讲党课。

抓住才会有机会获得

我对今年的核算处党支部工作表示认可。今年以来核算处党支部按照党中央、国务院决策部署和省委、省政府工作要求以及省统计局党组的具体安排，全体同志全力投入统筹推进疫情防控和经济社会发展当中，创新疫情防控下的核算方式，扎实推进地区生产总值统一核算、地方资产负债表编制、自然资源资产负债表编制三大核算改革，高质量完成首季地区生产总值统一核算和各项重大任务。当前，

核算任务仍然繁重，核算处全体党员干部要以"不负韶华、只争朝夕"的精神状态，全面贯彻落实全省统计工作会议精神，努力开创核算工作新局面。我认为要从以下几个方面努力：

要围绕省委、省政府当前中心工作这个大局，围绕真实反映广东经济发展状况的目标，突出重点，发挥特色，取得积极成效。一方面，做好地区生产总值统一核算的延伸工作，推进民营经济、生产性服务业、现代服务业等派生产业统一核算，积极开展体育、旅游等派生产业核算研究，全面真实反映各产业现状。另一方面，要对核算基础数据进一步挖掘。近年来广东在现代金融领域不断创新发展，金融要素市场化、金融主体多元化、金融产品迭代过程加速，使得传统金融业版图日益模糊。当此之时，加强顶层设计，建立金融业统计报表制度，把系统

外的金融企业纳入统计，意义十分重大，核算处要把金融业统计报表制度作为一项重点工作，作为如实反映金融经济的一项重要措施来落实。

地区生产总值统一核算改革后，省统计局核算处作为全省21个地级以上市地区生产总值核算的主体，责任愈发重大，要以强烈的责任感和担当精神继续做好统一核算工作。要严格落实党中央《关于深化统计管理体制改革提高统计数据真实性的意见》《统计违纪违法责任人处分处理建议办法》《防范和惩治统计造假、弄虚作假督查工作规定》，规范核算制度、核算方法、核算流程，完善核算台账，要经得起执法部门的监督和检查，经得起群众的提问和考验。

核算是一门科学，有自身的体系、技术和规范，合格的核算专业人员对方法研究要做到"钻进去"，不断增强学习新知

识、掌握新本领的自觉性和紧迫感。同时核算也是一个描绘经济运行状况的工具，考量核算人员对国民经济运行过程的把脉和诊断能力，核算人员还要从技术中"走出来"，必须时刻关注每一个专业、每一个时期、每一个指标的变动，通过对各项数据的"望、闻、问、切"，充分把握经济运行中的基本逻辑机理，进而作出正确诠释和判断。

核算处是全局唯一一个没有劳务派遣人员的专业处室，核算人员要以一个人当两个人用的精神，争挑重担，积极进取，奋勇争先，不断提升"精气神"，凝聚正能量，开创新局面，按照局党组提出"创新数据服务年"的要

求，为省委、省政府科学决策提供优质统计服务。

212
坚持"三个不动摇"，切实做好半年统一核算

2020 年 7 月 16 日，省统计局召开上半年地区生产总值统一核算工作视频会议，贯彻国家统计局上半年地区生产总值统一核算视频电话会议精神，开展全省今年上半年地区生产总值统一核算。我作为省统计局党组书记、局长及省地区生产总值统一核算领导小组组长出席会议，并就做好今年上半年地区生产总值统一核算工作作了讲话。

我充分肯定了全省地区生产总值统一核算改革取得的成绩，并向为地区生产总值统一核算改革在广东成功落地付出艰辛努力的同志们表达了崇高的敬意。地区生产总值统一核算是党中央、国务院的

重大决策部署，在当前统筹做好疫情防控和经济社会发展形势下，负责核算工作的全体人员要进一步提高政治站位，增强"四个意识"，坚定"四个自信"，做到"两个维护"，切实做好上半年地区生产总值统一核算工作。

我认为，做好上半年全省地区生产总值统一核算工作关键要坚持"三个不动摇"：

一是坚持统一核算不动摇。在全国会议上国家统计局李晓超副局长就此按照党中央关于地区生产总值统一核算决策部署精神做了统一要求，此前省委、省政府主要领导也对此提出明确要求。地区生产总值统一核算改革落地以来，核算的基础正进一步夯实，统一核算的方法和流程更加科学规范，核算改革不断向纵深推进。实践证明，没有统一就没有权威、没有可比性。核算专业人员必须牢牢坚持做到方法的统一，才能切

实保证季度地区生产总值核算改革高质量推进。

二是坚持基础指标核算不动摇。季度核算从过去的 24 个基础指标转变为现在的 36 个基础指标，是核算地区生产总值最重要的基石，没有基础指标就难为无米之炊，操守者不仅心里要清楚，同时还需向各级党政领导讲明白、解释清楚。核算专业人员必须牢牢坚持基础指标核算不动摇，下大力气做打基础、强基础、重基础的工作，始终坚持"两防"，始终做到数据有来源，做到数据真实准确，不注水也不少漏，统一核算数据才会有高质量，真正做到实事求是。

三是坚持提高核算能力不动摇。马兴瑞省长多次要求统计系统要科学统计、准确统计、全面统计，体现各项变化。核算是一盘大数，其中数据来源既有综合统计，也有部门统计，此外还有大量"未观测"数据。把各种渠道数据纳入核算这个大盘，专业能力显得非常重要，从这点来说提高核算能力和水平一直在路上。核算专业人员必须坚持提高核算能力不动摇，不断探索大核算的各项构成，将能力的边际扩展到部门统计、条条统计和"未观测"里面，不断提高核算能力和水平，才能全景描述经济存在和脉动，全面反映广东做好"六稳"，落实"六保"成果。

213
把握"统""变""摊""有"，坚决执行全国统一的核算制度方法

2020 年 10 月 19—20 日，省统计局召开一到三季度地区生产总值统一核算工作视频会议。我出席会议，提出做好一到三季度全省地区生产总值统一核算工作，把握"统""变""摊""有"。

统一核算在于"统"。党中央、国务院关于地区生产总值统一核算改革决策部署是统一要求，在执行统一核算的过程中，必须清醒认识到"统"的顶层设计刚性力度，进一步增强"四个意识"、坚定"四个自信"、做到"两个维护"，站位在全国高度，坚决执行全国统一的核算制度方法。

适应方法在于"变"。经济运行环境在变，今年以来中央和省委密集出台各项经济策略措施推动经济高质量发展，统一核算方法也要跟上适应，根据经济各种变化采用相应的方法，国家统计局顶层技术方法的变化，省一级必须提高统计能力去适应，做到统一核算上下衔接，就是要把握好统一核算的"统"跟方法的"变"的内在联系。"变"既体现在工作措施上，也体现在为经济发展服务上，只有如此，才会提升统一核算的能力水平。特别强调的是，各地一把手只有亲自分管核算，走进核算，才可以调动全局力量，实现统一核算数据真实反映经济存在。

落实结果在于"摊"。统一核算改革实现上下衔接的一个重要技术方法简

而言之就是"摊"。国家统计局基于经济的变化采用科学衔接分摊，对各个行业都运用对应的系数，使得最后核算数据结果体现经济增长的高低变化。全省统计人要有这个勇气，不为迎合个别领导而弄虚作假，而是从数据变化中尽早发现问题，找准经济支撑点，洞悉数据背后的内在逻辑，真实准确、全面及时反映经济实际情况。

核算根基在于"有"。"一花独放不是春，百花齐放春满园"，始终要把基础数据作为基石，每个行业的基础指标都是地区生产总值统一核算的基础，没有真实准确的基础指标就没有真实准确的核算结果。要切实抓好"两防"夯实基础指标数据，才能精准把握经济脉搏，做出科学预判。同时，在当前经济环境下，做好沟通解释宣传，科学处理好经济形势研判与统一核算相统一，也是对统计人的一个重要考验。

214
深入佛山调研强调监测过程、核算科学、抓早干实统计理念于佛山之意义

2020年12月3日，我带队到佛山市开展统计业务工作交流，并分别前往禅城区和高明区拜访百岁老人和开展深入基层联系高明区调研活动。佛山市委副书记、市长朱伟，市委常委、常务副市长蔡家华等市领导及市直相关部门主要领导参加座谈会。其间，佛山市委书记鲁毅会见我们一行，并就广东经济和统计工作交换意见。

座谈会上，朱伟首先代表佛山市委、市政府感谢省统计局对佛山经济社会发展及统计工作的关心、支持和指导。朱伟指出，今年以来，佛山市委、市政府深入贯彻落实党中央、国务院决策部署和省委、省政府工作要求，在常态化疫情防控中统筹推进统

计调查工作，努力克服新冠肺炎疫情带来的冲击和影响，经济运行趋稳向好，与全省经济增速差距逐步缩小。佛山市委、市政府将进一步重视和支持统计工作，全力支持佛山统计系统采取有效措施做好"两防"工作，提高统计数据质量。

我对佛山市委、市政府重视关心统计工作表示感谢，并充分肯定了佛山市经济发展和统计工作。统计数据是反映经济的"晴雨表"，统计部门的职责就是要努力让数据接近最真实、让方法接近最科学，准确反映经济社会发展成就。一是过程监测的管理很重要。统计部门要及时监测企业一套表平台数据，了解各行业各地区进度情况及存在问题，密切跟踪关注数据变化情况，准备好数据异常情况说明和材料供国家查询，做到心中有数。要加强与部门的沟通联系，确保数据生产各环节运行通畅。二是

经济核算是有方法制度的。地区生产总值核算方法是相对科学的，具有可比性、规范性、标准性的特点。经济核算是对多个统计指标流量变化的综合分析，统计部门要注重每个指标的增减变化，综合分析整个经济增长面上的情况。三是干实事要抓早。2020年只剩一个月的时间，目前当务之急是打好"十三五"收官之战，为"十四五"规划奠定坚实基础。统计部门要争取主动，抓早抓紧做好统计数据监测，加强台账管理，确保统计数据有依据可追溯，经得起检验。省统计局将尽全力做好统计服务工作，切实解决佛山统计工作中遇到的难点和问题，协助佛山统计系统更加扎实有效做好统计工作，为佛山高质量发展提供统计支撑。

座谈会后，我在佛山市委常委、常务副市长蔡家华的陪同下来到禅城区祖庙街道和石湾镇街道拜访慰问两位百岁老人，开

启探寻百岁老人生命密码的第一站。我与两位老人促膝交谈，对他们嘘寒问暖，详细了解他们的生活情况和身体状况，并向老人们取经长寿秘籍。看到百岁老人们祥和的神态、开心的笑脸、健康的身影，感受到生命的非凡存在与力量呼唤。百岁老人是一个特殊的群体，研究这一群体，寻觅生命之秘，可以总结出很多健康长寿的规律。要充分利用挖掘第七次全国人口普查数据，进一步摸清全省老龄人口状况及分布，展示老人风采，总结长寿之道，倡导健康的生活态度，弘扬尊老敬老的社会文明之风，推动全省老龄事业健康发展。

随后，我赴高明区开展领导干部深入基层定点调研，并以"解构数据·看透经济·提升现代治理能力——'七逻辑'诠释当下经济运行变化"为题，为高明区领导干部授课。高明乡村振兴领导小组成员单位主要领导，乡镇（街道）主要领导和联络员近百人聆听讲座。

215
干得好是首，统得好是能，算得好是心，监得好是通

2021 年 1 月 11 日上午，我会见来访的东莞市委常委、常务副市长喻丽君一行，听取东莞市近期经济运行和统计工作情况介绍，并就当前经济运行总体情况，统计核算怎样看、怎样干提出个人观点。

统计是经济社会发展现象在数量上的反映，发展的存在是首要的，是硬道理。广东改革开放以来经济总量雄居全国首位，是广东领改革开放之先，发扬闯的精神、创的劲头、干的作风的生动体现。中国为世界经济增长贡献份额越来越大，更是体现了以习近平同志为核心的党中央的大国担当。统计数据变化实质就是经济社会的脉征，是经济社会转型升级、治理体系和治理能力状况以及市场主体尤其是实体经济经营状况的综合表现。经济是干出来的不是统出来的，今年以来全国和广东统筹做好疫情防控与经济社会发展，统计数据呈现了经济的稳定恢复态势，充分表明统计核算客观反映了在广东经济土壤上的经济成果，反映了经济土壤上的精耕细作，也反映了土壤上的温光水肥状况。

统计既是世界观又是方法论，既是一门学科又是一门应用技术，既能认识世界又能解释现象。统计核算专业性强，要求统计人既要敬业更要专业，要有"拿走你的辛苦，但有一种叫能力的东西却拿不走"的精神境界和"让方法靠近科学，让数据接近真实"本领才能真正统全统准数据。在当前"两个大局"叠加疫情影响背景下，面对大数据、互联网、云计算等新土壤上葳蕤生长的新经济，能不能统得好是对统计核算能力新的考验。统计核算涉及国民经济的各行各业，我们既要脚踏实地做好政府综合统计，又要指导协调好部门统计，既要统全规上，又要统准规下，加强统计基层基础建设尤为重要，持续利用各种平台全方位多层次培训基层统计人员，全面提升统计业务技能，不辱历史和时代使命，在向第二个一百年目

标奋斗新征程中，实事求是刻录和展现广东"干"的成果。

用心过程决定最后结果，细节决定成败。统计核算是一个庞大的系统工程，从数据源头到核算出结果所经过的每一个阶段每一个环节，必须做到精益求精才能产出高质量数据，整个过程都需要用心用情用力去细究每个变化，将责任与担当体现在统计核算的每个细节。经济运行是一个系统整体，经济现象此消彼长是正常的现象，新冠肺炎疫情影响工业增速，而农业和服务业必然会自然修复经济，整体经济也将随着各项国家宏观调控手段措施的落实

而稳定恢复。新时代南粤统计人有着优良的传统，守正、向上、团结、创新、奋斗基因深植内心。党建业务深度融合，"忘忧红九林"的深远寓意将进一步促进我们每一位统计人铸就敬业专业之魂，用我们一颗忠诚心和一双勤劳的手以统计语言全景描述出广东高质量发展的点线面。

高质量做好统计核算对经济运行的动态准确监测，需要在遵循统一制度方法和手段工具的基础上，对经济各产业行业甚至经济细胞的苗头性、趋势性变化充分把握。这些变化情况信息的来源是多方面、多方位、多层次的，包括与各级党政的沟通、与上下级统计部门沟通、与经济主管部门的沟通、与统计部门内部专业的沟通和与景气监测企业等市场主体的沟通等，还包括事前事中事后的沟通。沟通的过程也是一个提高监测精度的过程，使经济监测更准确更有效。

喻丽君对此高度赞赏，表示这次来省统计局上了一堂生动深刻的经济运行和统计实务课，东莞市下一步将参照"统计通论"全面加强统计队伍建设、全面加强基层基础建设、全面加强统计人员素质培训、全面加强经济运行监测，并扎实做好数据经济统计试点工作。

216
把握"五大关系"，高质量统一核算庚子年广东地区生产总值

2021 年 1 月 17 日，省统计局召开 2020 年全年地区生产总值统一核算工作视频会议，我作为省统计局党组书记、局长及省地区生产总值统一核算领导小组组长出席会议并讲话。

我充分肯定实施地区生产总值统一核算改革以来，特别是在庚子年复杂的经济运行变化背景下全省地区生产总值统一核算改革取得的成绩，向大家

表达了敬意和问候，并就做好全年地区生产总值统一核算工作提出把握好"五大关系"明确要求。

一是把握好科学性、基础性与统一性的关系。核算工作首先要讲科学，遵循科学、规范、严谨、细致原则，先行业后综合才能算全算准算细，才能在整个统计工作中发挥其龙头作用；基础数据来源是核算最重要的基石，唯有来源于政府综合统计和部门统计的基础数据真实准确，核算结果才会高质量实事求是；统一核算就是顶层设计，实践证明，没有统一就没有权威、没有可比。统一核算工作人员既要提高政治站位遵循顶层设计，又要提高核算能力，真正把握好科学性、基础性与统一性相统一。

二是把握好服从、服务与说服的关系。服从是统一核算的基本要求，党中央、国务院关于地区生产总值统一核算改革决策是顶层部署要求，核算工作必须不折不扣从上到下逐级服从，坚决做到顶层要求落地；为数据需求者服务是统计核算的天职，包括数据提供、数据解构、数据解读和变化研判，在每一季度核算数据出来后，须及时发出统计声音，发挥经济变化"晴雨表""方向标"作用；说服是在经济发展不稳定因素增多特别是经济下行、核算数据与预期相离甚至相悖的情况下，统一核算工作人员要做好坚持实事求是及时与党政的沟通汇报和应对外界压力等各项工作，要敢于接招敢于亮剑，用数据说话。把握好服从、服务与说服的关系是核算工作的驾驭能力和引领能力的具体体现，核算工作绝不能被外部力量牵着鼻子走，要通过遵循制度、主动服务、公开透明保障统一核算结果真正落地。

三是把握好测算、估算与预计的关系。站在"十三五"与"十四五"交汇点上，作为政府综合统计部门，根据发展趋势科学测算"十四五"规划目标和2035年远景目标，做到心中有数服务党政非常必要；估算是大致的推算，与测算有所区别，需要考虑到测算过程中的误差和经济运行变化的实际结果，估算要考虑内外因素变化，估算区间要留有一定余地；预计弹性更大一些，需要有过去的基础、当下的现实和未来的走向，更要充分考虑采取的经济政策效果。统一核算工作人员算过去全年的数，站在当下想未来，这盘数里面充满着过去、现在和未来的关系。统一核算工作人员作为统计专家要懂得用好测算、估算和预计的各种工具，同时也要留有余地，主动作为，当好高级别的核算工作者。

四是把握好数据、数据变化与数据背后经济意义的关系。统计工作最重要的是实事求是，当全年地区生产总值统一核算数据落定摆在面前，这就是经济运行的最终成果，也是按照统一核算方案算出来的最终成果；此时重要的是以平常心对待数据变化，要通过这盘数据去复盘本地区全年总体经济运行的变化，看清经济运行特点，形成真实反映经济变化的成绩单，而不要再无谓地持续纠结于前期指标、计划目标和与其他地区比较；同时也要把来自国家层面提出的核算重点和方向及时向当地党政领导汇报清楚，把数据及数据背后的经济意义解构好、认识透、讲清楚，为党政部门制定经济政策确定经济措施提供合理建议，并做好舆情分析和预案，确保统计核算风正帆悬。

五是把握好我为、为我与无我的关系。为数据需求者服务，首先是"我为大家"，在"粤治慧"平台经济运行主题，专门有一个统一核算版块，主动开放制度流程方法和数据为各个经济部门和各级党政服务；然后是"为我"，地区生产总值核算是属地概念，中央直属和地方直属的有关统计部门都要为统一核算提供基础数据，在统一核算这一盘棋里，可以请部门统计力量来作为统计专家，纳入为统一核算服务行列，确保基础来源真实准确；"无我"，意味着无我的境界，要有"拿走你的辛苦，但有一种叫能力的东西却拿不走"的精神境界，选择了统计，就选择了诗和远方。面对各种各样的统计需求，把握好我为、为我和无我的关系，三者之间有很大的牵引力和创新力，在工作过程中追求无我，创造新的境界。

217
克服自高自大，方可高大

大潮起珠江，站在"两个一百年"的历史交汇点，迈进"十三五"规划圆满收官、"十四五"规划开局起步的新征程，在2020年岁末和2021年年初，我多次主持召开座谈会，解剖数据，把脉经济，深入浅出谈及涉统看待地方经济增长，需克服自高自大，方可高大。

全年数据逐渐浮出水

面，眼下个别地方专业同志向管理层传导统一核算的不全面做法，有些自高自大、自以为是、故步自封的情绪弥漫着。一些声音强调自我的逻辑与简单测算甚至研判的数据，便妄议成为统计结果的数据。这样的思维模式，危害数据背后经济增长的实际指向，使经济脱实向虚，对经济的可持续发展，有百害而无一利。统计人要摒弃这种以自我为中心、只见树木不见森林的调子，克服自高自大，方可真正高大。

作为政府综合统计部门，眼中有数据，方能清澈明朗；心中有统计，方能服务党政决策。一要"让数据接近真实"。把统计数据质量作为统计工作的生命线，牢固树立质量第一的理念，坚持统计工作的独立性，确保统计数据真实准确、完整及时。二要对数据变化泰然处之。统计工作最重要的是实事求是，当全年数据尘埃落定摆在面前，这就是经济运行的最终成果，保持一颗平常心对待数据的波澜变化，不骄傲自大，不盲目攀比，更不妄自菲薄。要秉持"不以物喜、不以己悲"的忘我情怀，通过繁复的数据去复盘本地区全年总体经济运行的变化，看清经济运行特点，形成客观真实反映经济变化的成绩单。三要深挖数据变化背后蕴藏的经济意义。为数据需求者服务是统计人的天职，在一次次的数据采集、数据提供、数据解构、数据解读和变化研判中，把数据本身及数据背后的经济意义解构好、认识透、讲清楚，及时发布数据、丰富发布内容、创新发布方式，唱响统计最强音，讲好数据背后的故事，发挥其经济变化"晴雨表""方向标"作用，为党政制定经济政策、确定经济措施提供合理建议。

统计既是世界观又是方法论，既是一门学科又是一门应用技术，既能认识世界又能解释现象。统计专业性强，要求统计人既要敬业更要专业，既要有"让方法靠近科学"的本领统全统准数据，更要有职业操守把这一方法与核算逻辑讲清楚。一是留白。中国古典水墨画中讲究留白，含蓄内敛的空间留白，方寸之间更显天地之宽。统计核算中亦需留白，留白即留有余地，不去邀功请赏，不去抢时报告，更不可成为一个幕后推手去推波助澜，丧失统一核算的底线。统计测算、估算和预计中都要留有余地，测算需要考虑到测算过程中的误差和经济运行变化的实际结果；估算是大致的推算，要考虑内外因素变化，估算区间要留有一定余地；预计的弹性更大一些，需要有过去的基础、当下的现实和未来的走向，更要充分考虑采取的经济政策效果。二是全面。统计核算涉及国民经济的各行各业，要全面把握综合、部门与上下的关系。在当前"两个大局"叠加疫情影响背景下，面对大数据、互联网、云计算等新土壤上葳蕤生长的新经济业态，既要脚踏实地做好政府综合统计，又要指导协调好部门统计，既要统全规上，又要统准规下。要加强统计基层基础建设，持续利用各种平台，全方位、深层次、多专业培训基层统计人员，全面提升统计业务技能。

2020年以来全国和广东统筹做好疫情防控和经济社会发展，统计数据呈现了"高""大"恢复态势，经济增速高，经济总量大。在这种背景下，更要平心静气、戒骄戒躁、

脚踏实地、求真务实。一要理顺逻辑。统计是经济社会发展现象在数量上的反映，统计数据变化实质就是经济社会的脉征，是经济社会转型升级、治理体系和治理能力现代化以及市场主体尤其是实体经济经营状况的综合表现。统计人要深刻把握一个逻辑，经济是干出来的不是统出来的。统计核算不是万能的，它依据基础数据而计算，客观反映经济社会发展变化。试图通过统计核算而改变经济实际运行轨迹，在逻辑关系上不通，不应成为工作取向。二要踏实肯干。踏实肯干意味俯下身子干统计的无我境界，要有"拿走你的辛苦，但有一种叫能力的东西却拿不走"的精神追求，潜心笃定、矢志不渝开始这场修行。选择了统计，就选择了辛劳和汗水、客观和真实、付出和无悔，也就选择了诗和远方。改革开放以来，广东经济总量雄居全国首位，

这正是广东领改革开放之先，发扬闯的精神、创的劲头、干的作风的生动体现。在向第二个一百年目标奋斗新征程中，广东统计人更要不忘初心，砥砺奋进，不辱历史和时代使命，实事求是刻录和展现广东经济"干"的成果。

制造业是国民经济的基础，是科学技术的基本载体，更是一个国家的科技水平和经济实力的体现。广东改革开放40年来，抓住全球产业大势，特别是新一代信息技术和传统制造技术有机融合，取得了举世瞩目的成就。在成绩面前，切莫沾沾自喜，更要笃定心志发展制造业，坚决防止经济脱实向虚。怎样咬定制造业不

放松？一是要夯实基础。产业链、供应链安全稳定是打造新发展格局战略支点的重要基础和必然要求。坚持制造业立省不动摇，推动产业基础高级化和产业链现代化，持续稳链补链强链控链，推进绿色低碳循环发展，厚植产业优势。二是要搭建骨架。做强做优新一代电子信息、绿色石化等十大战略性支柱产业集群，做新做精高端装备制造、前沿新材料等十大战略性新兴产业集群，提升产业整体竞争力。以培育壮大10个战略性支柱产业集群和10个战略性新兴产业集群为重点，加快搭建形成世界级产业集群的主骨架。三要补短锻长。聚焦补齐短板奋力攻坚，尽快解决一批"卡脖子"问题。围绕锻造长板前瞻布局，广东省在5G、超高清视频等领域具有较强竞争优势，要坚持精耕细作，致力把行业长板变成世界级顶板。全省各地市共同努

力，推动制造业高质量发展，在新的高度挺起广东制造的产业脊梁。

218
发扬"三牛"精神，坚持"三从三看"，坚持统一核算服务中心大局

2021年2月19日，辛丑春节假期刚过，省统计局核算处党支部召开支部（扩大）会议，学习习近平总书记在2021年春节团拜会上的重要讲话精神，学习全国优秀共产党员卢永根等同志先进事迹，交流春节期间所见所闻所感，并结合本职工作畅谈在局党组坚强领导下感恩奋进的决心信心和具体举措。我以普通党员身份参加会议并就"十四五"开局之年和今后一个时期广东全面深入贯彻党中央关于地区生产总值统一核算改革决策部署作讲话。

老黄牛　拓荒牛　孺子牛

我充分肯定了近年核算工作取得的成绩，认为全省核算工作面对经济普查、地区生产总值统一核算改革和新冠肺炎疫情对经济冲击影响等前所未有的挑战，迎难不难，发扬"孺子牛、拓荒牛、老黄牛"精神，高质量完成各项核算任务，确保党中央决策和国家统计局核算改革部署在广东落实落地见效，全面客观准确及时描述广东全省和各地经济高质量发展的总量、速度和结构，非常不易，值得赞许。勉励全省核算人员在辛丑牛年更有"牛"气，乘势而上，感恩奋进，继续一往无前、风雨无阻，开启"十四五"核算工作新篇章。

一是从结果看过程。高质量的统计核算，要体现一个地区经济活动的最

终成果，更重要的是对这一结果的背后过程的描摹刻画。一方面，全年核算结果是逐月逐季累加的过程，做好全年核算工作，就必须不打年盹、抓紧起步、抓好开局；另一方面，核算结果是各种复杂因素互相交织的过程，既有经济因素又有社会因素，既有国内因素又有国际因素，既有直接因素又有间接因素，核算人员要有职责担当，从产业行业和市场主体上切入切深切细，对此进行过程描述和量化。需要充分抓住观察窗口期，结合经济规律科学思辨考量，找准经济循环中的亮点支点和堵点痛点，及时传导有效信息，引导经济平稳健康发展，为核算结果夯实基础。

二是从过程看构成。核算工作曾经也被称为"综合平衡"，做好核算工作，必须平衡好三个维度上的构成。一为时间上的平衡，对GDP数据进行修订是国际上的通行做法，核算数据必须根据更加完整、可靠、细化的基础数据进行制度化修订，初步核算数、最终核实数、经普修订数，都是核算结果在不同时间维度上的科学反映。要求核算人员在每个节点上都需要正确看待和认真对待，做到前后平衡衔接。二为指标上的平衡，在季报快报和年报平衡衔接过程中，须充分考虑到不同核算指标总量、速度和结构等的平衡。要求核算人员具备全局、长远目光和实事求是的操守。三为方法上的平衡，让方法靠近科学，让数据接近真实。统一核算固然要执行统一方法，但固定的方法也有"失灵"的时候，此时需要核算人员转变思维，在遵循统一核算制度前提下寻找出更适合当地实际的方法，才能长短结合、辩证客观地研判地区经济发展状况和趋势。

三是从构成看上层。统一核算是党中央作出的决策，是顶层设计。上层从全局的角度对总量速度和行业结构的把控与衔接更加准确客观，对地区的核算基础数据和经济运行情况掌握更加充实，这一点毋庸置疑，不能有半点含糊。统一核算工作中必须不折不扣由下而上逐级服从，在严格遵循统一核算方法的基础上，核算人员一方面要主动与上一级做好产业行业数据衔接，与各专业和部门一同夯实基础数据，真实准确反映经济变化，另一方面把国家和上层把握的核算重点与方向及时向当地党政领导汇报清楚，把数据及数据背后的经济意义解构好、认识透、讲清晰。

219 "三话三个一"，高质量做好"十四五"开季统一核算

2021年4月17日，省统计局召开2021年全省第一季度地区生产总值统一核算视频电话会议，贯彻

落实国家统计季度地区生产总值统一核算工作会议精神，开展全省第一季度地区生产总值统一核算。我应邀出席会议并讲话，提出以"三话三个一"高质量统一核算全省一季度地区生产总值。

第一句话是感动付出。2019年第一季度统一核算改革以来，全省核算系统上下敢于担当奋斗，不辞辛劳付出，以过硬的核算技术和上下协同的统一步调推进改革，实现了核算结果上下完全衔接，横向科学可比。特别是在2020年经济经历了前所未有的新冠肺炎疫情冲击，统一核算面临了巨大困难，全省统计系统以闯的精神、创的劲头、干的作风出色核算出全省和各地经济活动总成果，得到省委、省政府主要领导的高度肯定，成绩来之不易。正是如此，在面对一季度错综复杂的经济形势时，各地核算人员有信心有能力肩负起广东第一经济大省经济总量

的统计核算责任。昨天的省政府常务会议审议通过国家统计局对广东统计督察反馈情况的整改方案，决定以"两办"名义发文加强统计工作，充实统计力量，恰是省委、省政府对统计重视关爱和充分信任的最好表达。

第二句话是正确看待。3月25日，国务院召开经济形势分析会研判当前形势，李克强总理提出要保持清醒头脑，今年前高后低趋势是大概率事件，既要看同比，也要看环比，还要看两年平均增长。各地要冷静客观理性看待核算结果，基数高低影响很大，不要因为一个季度的高或低而乐观或沮丧，要有平常心，数据正式核定前不能随意误导领导，不要把自己造出来的压力压在自己身上，而应该把经济运行交给主管部门，把更多精力用于研判数据背后的经济现象，全面客观辩证看透数据。

第三句话是如何做好。

统一核算结果出来之后，如何使核算数据落地，客观诠释数据背后经济情况，让各级党委政府接受认可是统计核算的硬核功夫。有些地方反映工业用电增速与工业平台数增速不匹配，这里面既有经济结构问题，也要考虑基础有没有打好，有没有漏统问题。"子不嫌母丑"，国家统计核算今年使用了新的评估办法，核算结果或许远没有平台数据高，但各地必须适应和遵从，绝不去抱怨，最根本的做法就是大力夯实统计基础，以不变应万变。

第一个"一"是把握好"一盘数"。受去年低基数影响，一季度各项指标增速普遍高，很多人一

下子失去评判方向，就像踩在棉花上一样。一季度全国 GDP 增长 18.3%，这是个准星。有的地方专业平台数较高却达不到理想增速，这里既有国家对经济稳定恢复的整体研判，也有如投资房地产等专业部分项目无法提供凭证的数据核减。"儿行千里母担忧"，国家使用专业审核系数、统一核算系数、衔接系数、精准系数等，目的是更客观真实反映当前经济运行，推动高质量发展。而万变不离其宗，核算数据一定要有基础和核算逻辑。各地要把握好"一盘数"，一方面是统好基础数据，这是基本点，另一方面是系数准，这是技术能力。

第二个"一"是培育好基础指标"一棵树"。今年季度 GDP 核算基础指标由去年的 36 个变为 40 个，就像一棵大树，枝丫有粗有细。影响最大的还是工业特别是制造业，指标影响程度各地区各不相同。指标涉及各个部门各个领域，这要求各部门要强化措施，打牢基础，抓好发展。省领导指出，统计部门是最重要的部门之一。各地统计部门要把 40 个基础指标长短情况及时讲清楚，引导相关部门抓好工作。要把握好统计工作"三三制"规律，抓住黄金时间节点，提前谋划好工作。

第三个"一"是坚持好统一方法"一个框"。所有核算都是在同一个方法制度框架下的统计核算，所有使用方法都是同样的。各地统计部门要从琢磨数据转到琢磨事情，用安静之心、学习之心、感恩之心、向上之心把方法制度看通透，把握好各季度比重，掌握各季度动态变化规律和趋势。解构数据要做到通俗化，让统计方法制度跃然纸上，让人可信可敬。过程不重视，结果徒悲伤。要坚持结果导向、问题导向，消除统计问题和经济问题混杂不清的现象，沧海横流显本色。